湘潭大学中国史文库

湖南省教育厅重点研究项目结项成果

民国湖南学术思想史研究

Minguo Hunan Xueshu Sixiangshi Yanjiu

王继平 等◎著

湘潭大学出版社

图书在版编目（CIP）数据

民国湖南学术思想史研究 / 王继平等著. -- 湘潭 : 湘潭大学出版社, 2019.1
ISBN 978-7-5687-0286-7

Ⅰ. ①民… Ⅱ. ①王… Ⅲ. ①学术思想－思想史－湖南－民国 Ⅳ. ① B260.5

中国版本图书馆 CIP 数据核字 (2018) 第 302473 号

民国湖南学术思想史研究

MINGUO HUNAN XUESHU SIXIANGSHI YANJIU

王继平　等著

责任编辑：暴红博
封面设计：李　平
出版发行：湘潭大学出版社
社　　址：湖南省湘潭大学工程训练中心
电　　话：0731-58298960 0731-58298966（传真）
邮　　编：411105
网　　址：http://press.xtu.edu.cn/
印　　刷：长沙鸿和印务有限公司
经　　销：湖南省新华书店
开　　本：787 mm×1092 mm 1/16
印　　张：37
字　　数：570 千字
版　　次：2019 年 1 月第 1 版
印　　次：2019 年 1 月第 1 次印刷
书　　号：ISBN 978-7-5687-0286-7
定　　价：76.00 元

目　录

下编　民国湖南文艺教育思想研究

绪　论
民国时期湖南学术的发展及特点

王继平

民国是中国学术史上发展的一个重要时期，它具有两个转型时期的重要特征：一是延续了晚清中国传统学术向近代学术转型的进程，实现了中国传统学术向现代自然科学和人文社会科学学术体系的转变；二是马克思主义的传播及其在人文社会科学领域的运用，改变了民国学术界的面貌，并由此而诞生了中国马克思主义人文社会科学各学科。民国时期湖南学术的发展，也是在这一背景中进行的，并且取得了长足的进步。在第一届中央研究院81名院士中，湖南籍院士有3名，而且集中在人文学科，他们是哲学家、逻辑学家金岳霖和中国语言文字学家杨树达、法学家周鲠生，占28名人文学科院士的10.71%。此外，还出现了杨昌济、翦伯赞、周谷城、吕振羽、向达、舒新城、李达、李剑农、蒋廷黻、齐白石、黎锦熙、田汉、欧阳予倩、丁玲、周扬、成仿吾、余嘉锡等一大批哲学家、史学家、文学家、法学家、教育家、文字学家以及作家、艺术家等等①，他们在各自领域的工作，构成民国湖南学术史的鸿篇巨制，在民国学术界占有重要的地位。

① 民国时期现代科学学术体系已经建立。与传统学术不同的是，它包括了人文社会科学和自然科学两大门类。本书限于资料的限制和作者学科背景的局限，仅限于对民国湖南人文社会科学领域的描述，自然科学领域暂付阙如。关于民国湖南学术史的下限，以1949年中华人民共和国成立为限。就具体学人而言，则以其主要学术活动、学术成就以及学术影响为取舍。

一、湖南史学家的异军突起

经世致用是晚清湖南学术的传统，以经世为依归的史学研究则是晚清以来湖南学术发展的一大特色。晚清经世史学的开山代表作当属贺长龄与魏源通力合作的结晶《皇朝经世文编》，该书猬集清道光以前众多官员学者的奏稿论述，涉及学术、政事、文教、刑制、礼制、兵政、河务、兵防等，文章达1300多篇，辑为120卷，共300多万字，其中“言学之属六，言治之属五，言吏之属八，言户之属十有二，言礼之属九，言兵之属十有二，言刑之属三，言工之属九”。[①]《皇朝经世文编》“是中国近代经世学的划时代文献，标志着嘉道年间经世思潮的形成”[②]。同时，也是晚清湖南经世史学之滥觞。经世史学的典型代表人物主要有魏源、王闿运、李元度、李桓等，他如曾国藩、左宗棠、胡林翼、曾纪泽、陈天华、杨毓麟和曾鲲化等在史学方面虽无专门著述，但其史学观与经世史学为一脉相承。进入民国，史学研究仍然是湖南学术的重镇，出现了李剑农、翦伯赞、吕振羽、周谷城、向达、蒋廷黻等一大批史学家，成为民国史学界令人瞩目的史学家群体，对新中国成立以后的史学界也产生了深刻的影响。

李剑农（1880—1963），又名剑龙，号德生，湖南邵阳人，以研究政治史、经济史著名，代表作是《中国近百年政治史》（《中国近百年政治史》由李剑农成名作《最近三十年中国政治史》及补写的篇章合刊于1942年，2011年中华书局再版）以及《先秦两汉经济史稿》（生活·读书·新知三联书店1957年版）、《魏晋南北朝隋唐经济史稿》（生活·读书·新知三联书店1959年版）、《宋元明经济史稿》（生活·读书·新知三联书店1957年版）。

李剑农主张历史进化论，并试图探寻历史发展的规律。他通过对中国古代经济的研究，特别是对生产方式和生产工具变化的考察，得出了历史是进化的过程。他认为，历史的进化过程就是新事物代替旧事物的过程，“新者得半之位，而今日之新者，又渐为

---

① 《魏源集》，中华书局1983年版，第157页。

② 陶用舒：《近代湖南人才群体研究》，岳麓书社2000年版，第211页。

余半之旧者，以次递演，斯为进化”①。这种进化是渐进发展的，“凡社会组织之变革，及各种文化形式之成长，皆由渐次进展而来”②。而且，进化的过程也并非一帆风顺，“历史之进展常走曲线”③。在阐明历史发展是一个进化过程的基础上，李剑农力图探寻历史发展的原因，他认为历史发展都是有其原因的，“历史的事变如流水，不能由我们用刀去截断。后时代的变化，都是在前时代已经成了问题，后时代的人物事迹，都是前时代的产儿。”④ 他从中国经济史研究的实践中得出结论，指出历史进化的根本原因是生产力的发展：“冶金术渐次进步，其影响所及，工具随之改良，生产随之增进，分业随之繁密，金属货币随之成立，商业随之进步，社会经济出现空前之发展，同时上层建筑之政治结构亦开始发生变化”，皆由生产力的增进。⑤ 这一结论符合历史唯物主义的历史观点，但由于李剑农没有系统地研究和接受马克思主义，他又陷于历史循环论的局限中。他认为，“中国历史上有一种所谓‘一治一乱’的周期律：每次统一约二三百年之间，必要经过一二次的小屠杀；到了二三百年又要经过一次大屠杀。自秦汉以来，这种周期律的表现是历历不爽的”⑥。“中国近三十年的政治史，大部分还是为中国旧历史上的周期律所支配。……所以近年来的混乱战争，纵然没有帝国主义的势力侵入，也是不能免的。”⑦

在史学方法上，李剑农重视史料的作用，主张应当用史料来说话，强调历史的客观性。他说：“我们研究历史的人，最宜注意的，就是以客观的事实下判断，不要以主观的感情下判断。”⑧ 例

---

① 剑农：《调和之本义》，《太平洋》第1卷第1期，1917年，第2页。

② 李剑农：《先秦两汉经济史稿》，生活·读书·新知三联书店1957年版，第28页。

③ 李剑农：《先秦两汉经济史稿》，生活·读书·新知三联书店1957年版，第83页。

④ 李剑农：《最近三十年中国政治史》，上海太平洋书店1932年版，第1页。

⑤ 李剑农：《先秦两汉经济史稿》，生活·读书·新知三联书店1957年版，第37页。

⑥ 李剑农：《中国近百年政治史》，中华书局2011年版，第56页。

⑦ 李剑农：《最近三十年中国政治史》，上海太平洋书店1932年版，第647页。

⑧ 李剑农：《中国近百年政治史》，中华书局2011年版，第63页。

如，关于中国文明的起源问题，他不赞成当时流行的殷周起源论，认为这种说法的主要依据是甲骨卜辞，而“现时所得之甲骨卜辞，既不足以包括殷代文献之全部，而甲骨 文之尚未考释明白者，又居大多数也”①，因此必须持谨慎态度。同时，李剑农还主张从整体上来研究历史，即将历史看作一个整体并运用整合方法和比较方法来研究历史。在研究中国古代经济史时，他将经济的发展变化当作是各种因素相互影响的一个整合体来考察，尤注意各种因素的关联。同时，对南北方经济的状态进行对比研究，以明确中国经济发展的整体状况。李剑农不单纯是一个学者，也是一个社会活动家，有强烈的用世想法，但作为一个历史学家，他在民国学术史上具有重要的地位，正如萧致志教授所评价的：

李剑农在史学上的主要贡献：一是在中国近百年政治史的研究中取得了杰出的成就。所著《中国近百年政治史》曾译成英文，为国内外学者广泛引用和参考。二是开拓了中国古代经济史的研究。其《中国古代经济史稿》运用唯物史观，探求中国社会发展规律，是新中国建立后第一部系统的中国古代经济史著作。他的史学观点和治学经验，足资后学借鉴。②

民国湖南学术界另一位既具学者身份又是著名的社会活动家、外交家的是历史学家蒋廷黻先生。

蒋廷黻（1895—1965），湖南邵阳（今邵东）人，1911 年赴美求学，获哥伦比亚大学博士学位；1923 年回国任南开大学第一任历史系主任，与梁启超成为南开大学史学系的奠基者。1925 调入清华大学任历史系主任，1935 年后弃学从政，历任国民政府行政院政务处长，1945 年被任命为中国驻联合国常任代表。主要研究中国近代史特别是近代以来外交史，著《最近三百年东北外患史》（1932 年）、《中国与近代世界的大变局》（1934 年）、《中国

---

① 李剑农：《先秦两汉经济史稿》，生活·读书·新知三联书店 1957 年版，第 3 页。

② 萧致志：《李剑农：世界级大史学家》，《武汉大学学报（社会科学版）》2003 年第 1 期。

近代史》（1938 年）等，编有《近代中国外交史资料选辑》（上、中，1931 年，1934 年），著述虽然不多，却是民国时期一位有影响的史学家。

蒋廷黻在哥伦比亚大学学习时，师从海斯教授。海斯是美国"新史学"的代表人物。新史学派以实证主义为基础，强调史学的实用价值和社会功用。蒋廷黻深受其影响，这反映在他的史学撰述活动和史学著作中。他的史学代表作《近代中国外交史资料选辑》和《中国近代史》就是其体现。就中国国际关系史而言，当时比较权威的是英国人马士撰写的《中华帝国对外关系史》，蒋廷黻不满意马氏著作材料和观点的片面性，因而决心自己来做。按照实证主义史学的方法，蒋廷黻发现和协助故宫博物院整理《筹办夷务始末》，并由此完成了《近代中国外交史资料选辑》，虽然由于种种原因未能完成《中国外交史》的撰写，但这本资料集反映了他的史学思想和观点。《中国近代史》则反映了蒋廷黻强调史学的实用价值和社会功用的史学思想。蒋廷黻认为，近代以来中国的问题根本上是一个近代化的问题："近百年的中华民族根本只有一个问题，那就是：中国人能近代化吗？能赶上西洋人吗？能利用科学和机械吗？能废除我们家族和家乡观念而组织一个近代的民族国家吗？能的话，我们民族的前途是光明的；不能的话，我们这个民族是没有前途的。因为在世界上，一切的国家能接受近代文化者必致富强，不能者必遭惨败，毫无例外。并且接受的愈早愈速愈好。日本就是一个好例子。"① 因此，他以近代化作为近代中国历史发展的线索和评判的标准，把洋务运动、戊戌变法、辛亥革命看成是相互衔接的、不断深化的近代化的运动。这种观点对国内史学界 1980 年代以来的片面的革命史观的转变产生了重要的影响。

向达（1900—1966），湖南溆浦人。字觉明，笔名方回、佛陀耶舍，土家族。1919 年考入南京高等师范学校；1924 年后任商务印书馆编译员、北平图书馆编纂委员会委员兼北京大学讲师；

---

① 蒋廷黻：《中国近代史》，岳麓书社 1987 年版，第 11 页。

1935 年秋到牛津大学鲍德利图书馆工作，在英国博物馆检索敦煌写卷和汉文典籍；1937 年赴德国考察掠自中国的壁画写卷；1938 年回国后任浙江大学、西南联合大学教授；抗战胜利后，任北京大学历史系教授兼掌北大图书馆，从事敦煌俗文学写卷和中西文化交流等领域的研究，著有《唐代长安与西域文明》及《史料目录学引论》《伦敦所藏敦煌卷子经眼目录》《汉唐间西域及南海诸国古地理书叙录》《关于三宝太监下西洋的几种资料》等。

向达的学术成就，主要在中西交通史、中国边疆史地以及敦煌学等方面。向达旧学根底深厚，又曾留学欧洲，因此他的史学理论及方法具有中西兼备的特点。他认为："近代科学进步是以纯粹科学的发达为基础。纯粹科学是体，应用科学是用。有体然后有用。单只讲用，还是中学为体，西学为用那一套。……今日如果不务根本，只图眼前，则中国将来科学的前途，可能与同治时代的维新同其命运。"① 他的《中西交通史》和《蛮书校注》就是中西兼通的史学典范。向达还特别注重文献研究与实地考察相结合的研究方法，他在 1942—1944 年三年中两次参加西北科学考察团，在茫茫塞外间多次进行学术考察。向达曾亲自奔赴阳关、玉门关遗址，通过结合古书《史记》《元和志》《太平寰宇记》《新唐书》和敦煌石室写本《寿昌县地境》中相关记载进行史地互校，对玉门、阳关遗址以及玉门改置一事进行了深入探究，使他的敦煌学研究建立在坚实的史料基础之上。此外，向达还注重"以诗证史，诗文互参"的研究方法。在对唐朝"柘枝舞"进行考证时，由于诸多史料皆不存，向达于是另辟蹊径，采用"以诗证史"的方式从《全唐诗》中"寻章摘句"，进而对"柘枝舞"的名称来源、服装、舞姿舞态进行全面阐释介绍。②

除上述三位史学家外，民国湖南史学界引人注目的是出现了一个马克思主义史学家群体，以吕振羽、翦伯赞、周谷城为代表。

吕振羽（1900—1980），邵阳人，中国马克思主义历史科学的

---

① 邓锐龄：《忆向觉明师》，沙知编《向达学记》，生活·读书·新知三联书店 2010 年版，第 167 页。

② 孙延青：《向达学术思想初探》，湘潭大学硕士学位论文，2016 年。

重要奠基人之一，主要史学著作有《史前期中国社会研究》《殷周时代的中国社会》《中国政治思想史》《简明中国通史》《中国社会史诸问题》《中国民族简史》《史学研究论文集》《史论集》《吕振羽史论选集》《中国历史讲稿》等。

翦伯赞（1898—1968），桃源人。中国马克思主义历史科学的重要奠基人之一，主要著作有《历史哲学教程》《中国史纲》（第一、二卷）、《中国史论集》《历史问题论丛》等，并主编了《中国史纲要》。

周谷城（1898—1996），湖南益阳人。1927年以后，先后在上海暨南大学附中、中国公学、中山大学、暨南大学任教。周谷城一生著述颇丰，六十多年来，著述数百万字，出版专著十余部，发表论文两百余篇。代表性著作有《生活系统》（1924年）、《农村社会新论》（1927年）、《中国社会史论》三卷（1931年）、《中国通史》两卷（1939年）、《中国政治史》（1940年）、《中国史学之进化》（1947年）、《世界通史》三卷（1949年）。

吕振羽、翦伯赞、周谷城求学和开始治学的青年时代，正是马克思主义在中国传播并得到社会科学界进步人士欢迎的20世纪二三十年代，他们或通过师友、或接触共产党员、或通过阅读进步书刊，对马克思主义产生兴趣并逐步开始应用马克思主义对中国社会、中国历史进行研究，在加入进步组织特别是加入共产党后，则自觉地以马克思主义作为学术研究的指导，从而成为中国马克思主义史学的开创者。吕振羽是在1925年考入湖南大学结识李达以后开始接触马克思主义的，大革命失败后，他在北京系统地研究了马克思主义，在30年代初期的中国社会性质论战中，开始运用马克思主义研究中国社会，相继出版了《史前期中国社会研究》《殷周时代的中国社会》《中国政治思想史》等专著和数十篇论文，成为了马克思主义史学家。翦伯赞则是在吕振羽等人的影响下，开始用马克思主义研究观点研究中国社会和中国历史问题。先后发表了《中国农村社会之本质及其历史的发展阶段之划分》《前封建时期之中国农村社会》等论文。周谷城则在五四时期开始接触马克思主义，认真研读了英文版和德文版的《资本论》原著及有关共产主义的小丛书，并与毛泽东在一师同事，进一步探讨马克思主义，因此在学术研究中自觉地运用马克思主义观点，在第一次大革命时期，他就运用马克思主义观点分析中国的实际问题，撰写了《论租谷》等文章，还出版了《农村社会新论》一书，在当时获得了较大的社会反响。

中国社会科学院历史研究所史学史研究室1996年出版《新史学五大家》，将中国马克思主义史学家郭沫若、吕振羽、范文澜、翦伯赞、侯外庐五人称之为“新史学”五大家，湖南历史学家吕振羽和翦伯赞名列其中两家，反映了民国湖南历史学在中国马克思主义史学中的地位，也构成了民国湖南学术史辉煌的一页。

二、马克思主义理论与方法的运用

瞿林东先生在《唯物史观与中国史学发展》一文中写道：“20世纪中国史学最显著的进步，是历史观的进步。输入进化论，是一大进步；输入唯物史观，是更大的进步。”[①] 的确，近代中国史学发展史上，进化论的输入，导致了王朝家谱式的封建史学的崩溃和以“叙人群之进化”的“新史学”诞生；民国时期，马克思主义唯物史观的输入，不仅从根本上改变了中国史学的面貌，也改变了中国人文社会科学学术的面貌。在这一转变的进程中，民国湖南学术界秉承了“敢为天下先”的湖湘文化精神，较早地运用马克思主义理论和方法研究学术，形成了民国湖南学术史的一大特色。

最早运用马克思主义理论与方法研究学术的湖南学者是李达。作为党的创始人之一的李达，较早地接受了马克思主义，在脱离党的实际工作之后，李达一直在从事马克思主义的传播、宣传和研究工作，在学术的各个领域都运用了马克思主义的理论和方法，为中国现代学术的马克思主义运用作出了贡献，也是民国湖南学术界第一个运用马克思主义理论与方法研究学术的学者，对湖南学术界接受和运用马克思主义理论与方法起到了示范和引导作用。

---

① 瞿林东：《唯物史观与中国史学发展》，《史学史研究》2002年第1期。

李达在学术上的贡献，首先是他对马克思主义哲学即历史唯物主义和辩证唯物主义的阐释和传播。最早是对历史唯物主义的接受和运用。唯物史观是马克思主义揭示的认识人类社会的真理。在党的创立时期，李达即用唯物史观对中国社会问题进行解剖，体现了他对唯物史观的初步的理解、阐释与运用。他最早一本哲学著作即《现代社会学》（1926 年）就是对马克思主义唯物史观进行阐释的著作，也是中国马克思主义者对唯物史观最早、最系统的阐释。在这本书中，他结合中国革命的实际，全面地阐释了社会的本质、构造、起源、家族、氏族、国家、社会意识、社会变革、社会进化、社会阶级、社会问题、社会思想、社会运动、帝国主义、社会革命等一系列唯物史观的基本问题。他还翻译了中国第一本专门介绍唯物史观的著作《唯物史观解说》。[①] 李大钊的《我的马克思主义观》是中国最早阐释马克思主义唯物史观的文献，但李达却是最系统、最全面地阐释唯物史观的早期马克思主义者。同时，李达还在湖南大学开设社会学课程，传播唯物史观，对湖南青年学生接受马克思主义产生了重要的影响。

《社会学大纲》则是李达阐释和研究马克思主义唯物辩证法的经典之作。该书 1935 年北平大学法商学院作为讲义首次印行，1937 年 5 月由上海笔耕堂书店出版，同年再版三次。在该书中，李达完整地阐释了唯物辩证法的基本原理，指出："当作世界观看的唯物辩证法，当作自然科学与社会科学的成果之普遍化的概括看的唯物辩证法，其中包含着两个部分，两个领域，即唯物论的自然观（自然辩证法）与唯物论的历史观（历史辩证法）。唯物论的自然观，以自然现象的发展法则为对象，因而它是自然诸科学的成果的概括；唯物论的历史观，以社会现象的发展法则为对象，因而它是社会诸科学的成果的概括。"[②] 该书毛泽东曾读过 10 遍，并称之为"中国人自己写的第一本马列主义哲学教科书"，向延安抗日军政大学和哲学研究会作了推荐，在中国马克思主义传播史上产生过巨大影响。

---

① ［荷］郭泰（H. Gorter）著，李达译：《唯物史观解说》，中华书局 1932 年版。

② 李达：《社会学大纲》，《李达文集》第 2 卷，人民出版社 1981 年，第 282 页。

其次，李达阐释了历史唯物主义与社会科学诸学科的关系，对中国马克思主义的社会科学诸学科的创立和发展奠定了理论基础。他指出："唯物论的自然观与唯物论的历史观，是唯物辩证法与自然诸科学及社会诸科学之间的媒介的环。"① 他还具体说明了唯物史观与其他社会科学学科的关系②，鲜明地阐释了唯物史观在人文社会科学中的指导地位。

李达对马克思主义哲学的研究和阐释，是中国早期马克思主义重大贡献，也是民国湖南学术史上凸显的一页，成为民国湖南学术史上在人文社会科学领域运用马克思主义理论与方法的开端。历史学则是民国湖南学术界运用马克思主义理论成果显著的领域，成为民国湖南学术史的特色，也是民国湖南历史学发展的特色。其中杰出的学者当推吕振羽和翦伯赞。

吕振羽曾直接受教于李达先生，他在考入湖南大学之后，由于积极参加学生运动，受到夏明翰的注意，推荐他去听李达的"社会学"课程，从此结识李达并接受了马克思主义的唯物史观，为其运用马克思主义开展研究史学奠定了理论基础。据吕振羽夫人江明回忆，李达时常告诫吕振羽，研究历史必须坚持以马克思主义为指导：

> 研究中国历史要注意两个向题：一是方法论，要生动地应用马克思主义的理论，切不可误入实用主义或机械论的歧途；二是史料，要尽可能充分地搜集史料，鉴别真伪，切不可歪曲历史的真相。③

正是在李达的影响下，吕振羽运用马克思主义唯物史观，对中国社会历史进行研究，成为了中国马克思主义史学的开创者之一。在民国时期，吕振羽运用马克思主义研究中国历史的著作主要有《史前期中国社会研究》《殷周时代的中国社会》《中国政治思想

---

① 李达：《社会学大纲》，《李达文集》第2卷，人民出版社1981年，第282页。

② 参见李达《现代社会学》，武汉大学出版社2007年版，第9—10页。

③ 江明：《展读遗篇泪满襟——记李达和吕振羽的交往》，《文献》1980年第4辑。

史》《中国民族简史》《中国社会史诸问题》《简明中国通史》等，确立了他在中国马克思主义史学研究中的地位。《史前期中国社会研究》是吕振羽的第一部史学著作，也被学界视为其成名作，是他在中国大学当教授时，在其讲稿《中国上古及中世纪经济史讲义》基础上写成。成书于 1934 年，是为中国社会史论战而作。该书由北平人文出版社 1934 年初版；1936 年，日译本由东京改造社出版，题为《中国原始社会史考》；1943 年，上海耕耘出版社将此书再版，题为《中国原始社会史》；1947 年，上海耕耘出版社又出版了《史前期中国社会研究》《殷周时代的中国社会》合辑本，书名定为《中国社会史纲》。翦伯赞曾经评价说："吕振羽对于中国先阶级社会史的研究上，是尽了一个开辟的任务。"① 1937 年出版的《中国政治思想史》则是第一次用马克思主义对中国古代哲学思想和政治思想进行系统考察，梳理并架构了中国思想史的系统，开创了以马克思主义研究中国思想通史的先河。《简明中国通史》是第一部用马克思主义唯物史观写成的中国通史，该书分为上下两册，上册于 1941 年在重庆完成并出版，下册 1948 年完成，1948 年 5 月，上、下册一起出版。由此可见，吕振羽运用马克思主义研究中国历史，无论是在史前社会的研究，还是在思想史领域的研究，乃至中国通史的研究与撰写，都有着筚路蓝缕的开创之功，正如著名史学家蒋大椿所概括的：

（吕振羽）在中国马克思主义史学创始期作出的开拓性贡献主要有：第一，开拓了马克思主义的中国原始社会史研究，"给无人过问的史前时期整理出一个粗略系统"。在史料学上，吕振羽则成为运用马克思主义观点研究中国古代神话传说以探求历史的第一人。第二，首创殷代奴隶社会说。第三，最早提出西周封建论。第四，最早提出中国封建社会内部分期理论根据，并对中国封建社会内部分期作出了最初的划分。他也是中国封建社会内部资本主义萌芽问题的最早提出者。第五，他的《中国政治思想史》是

① 翦伯赞：《历史哲学教程》（修订四版），新知书店 1947 年版，第 170 页。

用马克思主义理论和方法系统地研究中国思想发展史的开山之作。①

在中国马克思主义史学创立的过程中，湖南另一位史学家翦伯赞也作出了贡献。翦伯赞在20世纪二三十年代受到学术界马克思主义思潮的影响，开始接触并接受了马克思主义，特别是吕振羽对其影响很大。1928年秋，经由弟弟翦仲襄介绍，翦伯赞与吕振羽相识。“从此，两人经常在一起研究马克思主义理论，探讨中国的历史和社会问题。”② 在中国社会性质和社会史论战中，翦伯赞受吕振羽影响，先后在1930年底1931年初发表了《前封建时期之中国农村社会》《中国农村社会之本质及其历史的发展阶段之划分》等文，初步展示了翦伯赞以马克思主义唯物史观研究中国社会历史的成果。1937年加入中国共产党后，在从事党的活动之余，开始自觉地运用马克思主义研究中国历史。出版了《历史哲学教程》和《中国史纲》（即1943年、1946年先后出版的《中国史纲》一、二卷，即今《先秦史》和《秦汉史》）、《中国史论集》等著名马克思主义史学著作。

翦伯赞在中国马克思主义史学的建立过程中的贡献是巨大的，主要体现在他的《历史哲学教程》和《中国史纲》两部著作之中。《历史哲学教程》是一本出版于抗战初期的探讨历史理论和方法的专著。在这部著作中，翦伯赞结合历史实际，对马克思主义的唯物史观和辩证法作了系统的阐述，并且运用历史唯物主义的观点和方法，对30年代的中国社会史论战作了批判性的初步总结，集中反映了翦伯赞的历史观，有学者评论说：

《教程》是从历史哲学的高度，以社会史论战以来思想理论战线上马克思主义与形形色色非马克思主义的斗争为背景，力图运用马克思主义观点对一些错误的历史理论，尤其是那些“在中国历史研究领域中曾经或一直到现在还可以多少发生一些支配作用

---

① 蒋大椿：《八十年来的中国马克思主义史学（一）》，《历史教学》2000年第6期。

② 张传玺：《新史学家翦伯赞》，北京大学出版社2006年版，第32页。

的几种理论体系之彻底地澄清。”《教程》一书的另一任务，就是阐发历史唯物主义，论述马克思主义的历史哲学，为中国马克思主义史学研究提供科学的理论思维和方法论。①

20 世纪 40 年代初期，中国马克思主义史学界通史撰写蔚成风气。实际上自晚清夏曾佑编写《最新中国历史教科书》（1903、1904 年商务印书馆印行），开章节体通史体例以来，史学界鲜有有见地的通史著作。在中国马克思主义史学经过 20、30 年代的创立时期后，以马克思主义理论来梳理中国历史成为紧迫的任务。继吕振羽《简明中国通史》和范文澜《中国通史简编》之后，翦伯赞开始以马克思主义理论指导编撰《中国史纲》，先后完成一、二卷，即先秦和秦汉部分。在这两本书中，翦伯赞以唯物史观分析中国历史材料，确立了自己的关于中国原始社会、奴隶社会和初期封建社会历史发展的体系，特别是他的“西周封建论”，观点自成一派，丰富了中国马克思主义史学中关于历史分期的学说。

除历史学外，民国湖南学术界接受并运用马克思主义研究人文社会科学的领域，还有文学界。成仿吾、周扬、周立波、张天翼、田汉、丁玲、贺绿汀等一批作家和文学家，或在创作理论或方法上接受了马克思主义的文艺主张，或在文艺实践中坚持了马克思主义的艺术观点，形成了令人瞩目的民国湖南文艺家群体。而周扬以其马克思主义文艺理论研究，成为中国马克思主义文艺理论和文艺批评领域的代表人物之一。

周扬在 20 世纪 30 年代初即致力于马克思主义文艺理论和苏联文艺的介绍，其中 1933 年在《现代》杂志上发表的《关于社会主义现实主义和革命浪漫主义》，是国内较早系统介绍“社会主义的现实主义”文艺理论的论文。此外，他还发表了《文学的真实性》《十五年来的苏联文学》《现实的与浪漫的》《现实主义试论》《我们需要新的美学》等系列论文。这些论文的显著特征是大量引用马克思、恩格斯、列宁、斯大林及普列汉诺夫等经典作家关于文艺理论的论述，并努力建构中国马克思主义文艺理论的体系，这

① 桂遵义：《马克思主义史学在中国》，山东人民出版社 1992 年版，第 298 页。

对于马克思主义文艺理论的传播产生了积极的效果。

周扬的马克思主义文艺理论思想主要体现在他编辑的《马克思主义与文艺》一书之中。该书按“意识形态的文艺”“文艺的特质”“文艺与阶级”“无产阶级文艺”及“作家、批评家”五大专题辑录马克思、恩格斯、普列汉诺夫、列宁、斯大林、毛泽东、鲁迅、高尔基等人关于文艺的论述。从体例的编排和内容的选择来看，反映出周扬对马克思主义文艺理论的理解。在“序言”中，周扬则对马克思主义文艺理论，特别是毛泽东《在延安文艺座谈会上的讲话》的基本精神进行了论述，既是对马克思主义文艺理论和党的文艺政策的宣传，也是周扬文艺思想的表达。他指出文艺是劳动人民创造的，必须为劳动人民服务，这是文艺的本质：

> 文艺从群众中来，必须到群众中去。①
>
> 文艺为什么是从群众中来的呢？马克思主义者回答：人类一切的文化，包括艺术与文学，都是群众的劳动所创造的。手本是劳动的器官，恩格斯却证明了它同时是劳动的产物。正是由于劳动，由于适应日益复杂的新的工作，人的手才达到了这种熟练的程度，以致它仿佛凭着魔力似地产生了拉斐尔的绘画，托尔华尔得森的雕塑，巴加尼尼的音乐。②

围绕“大众化”“提高与普及”“如何表现新的群众的时代”三个问题，周扬进行了马克思主义的阐述。他指出，“大众化”不是简单地看作就是创造大众能懂的作品，以为只是一个语言文字的形式问题，而不知道同时甚至更重要、更根本的是思想情绪的内容的问题。他赞同毛泽东指出的大众化“就是我们的文艺工作者的思想感情和工农兵大众的思想感情打成一片”的观点，认为只有“思想情感真正地做到与工农兵大众的思想感情打成一片，这样才能完成文艺大众化的任务”。③ 关于普及与提高，他认为首先需要解决的是立场问题，只有站在人民大众的立场上，把人民

---

① 周扬编：《马克思主义与文艺》，作家出版社 1984 年版，“序言”第 1 页。
② 周扬编：《马克思主义与文艺》，作家出版社 1984 年版，“序言”第 2 页。
③ 周扬编：《马克思主义与文艺》，作家出版社 1984 年版，“序言”第 13 页。

大众的需求即普及的要求放在第一位，才能正确地解决普及与提高的问题。关于如何表现时代的问题，周扬赞同毛泽东延安文艺座谈会上讲话的精神，认为“根据地与非根据地的区别，不但是两种地区，而且是两个时代。到了根据地，就是到了中国历史几千年来空前未有的工农兵和人民大众当权的时代。因此根据地的作家必须描写新的人物，新的世界”①。总的来说，周扬作为中国马克思主义文艺理论和文艺批评的代表人物，在新中国成立之前致力于马克思主义文艺理论的宣传，致力于党的特别是毛泽东文艺思想和政策的宣传与阐释，对中国马克思主义文艺理论的形成作出了贡献。

三、传统学术的延续与西方学术方法的运用

民国时期是中国学术从传统到现代的转型时期，中国历代形成和积累的学术理论和方法依然为学人们继承与弘扬，同时，西方现代科学的理论与方法也在不断传播并被学者们接受。因此，民国学术呈现中与西、传统与现代交汇融合的特征。民国湖南学术也同样呈现这一特点。

在继承传统学术思想与方法并取得巨大成就的当属杨树达先生。杨树达（1885—1956），字遇夫，题寓所为积微居，晚年自号积微翁，湖南省长沙县人。1898 年考入湖南时务学堂；1900 年入长沙求实书院，学习数学、英语等西学课程；1905 考取官费留学生，东渡日本，就读于京都第三高等学校。1911 年回国后短暂任过湖南教育司职员，嗣后一直在湖南省立第四师范、第一师范、第一女子师范、北京法政专门学校任教，历任北京高等师范学校国文系教授和代理主任、教育部主编审员、清华大学国文系和历史系教授。1937 年回湖南任湖南大学中文系主任、文学院院长直至新中国成立，1948 年被国民政府中央研究院选为首届院士。杨树达是著名的汉语言文字学家，主要从事汉语语法和文字学研究，于金石、甲骨和古文字训诂、音韵及汉语语法、修辞等有精深的

① 周扬编：《马克思主义与文艺》，作家出版社 1984 年版，“序言”第 15 页。

造诣。著有《汉书补注补正》《词诠》《马氏文通刊误》《中国修辞学》《积微居小学金石论丛》《积微居金文论》等20余种著作及《形声字声中有义略证》《说中国语文之分化》等上百篇论文。

在语法方面，杨树达有精深的研究，主张语法与训诂相结合："盖明训诂而不通文法，其训诂之学必不精；通文法而不明训诂，则其文法之学亦必不至也"①；"凡读书者有二事焉：一曰明训诂，二曰通文法。训诂治其实，文法求其虚。清儒善说经者，首推高邮王氏。其所著书，如《广雅疏证》，征实之事也；《经传释词》，捣虚之事也。其《读书杂志》《经义述闻》，则交会虚实而成者也。呜呼！虚实交会，此王氏之所以卓绝一时，而独开百年来治学之风气者也！"② 他的语法方面的著作有《马氏文通刊误》《高等国文法》和《词诠》。

在修辞方面，著有《古书疑义举例续补》（1924年家刻本）、《中国修辞学》（1933年世界书局出版，增订改名为《汉文言修辞学》，1954年科学出版社出版）、《古书之句读》（1929年文化学社出版，增订改名为《古书句读释例》于1934年商务印书馆出版）。

杨树达在小学（文字学、训诂学）方面有很高的造诣。陈寅恪先生曾称赞说："寅恪尝闻当世学者称先生为今日赤县神州训诂小学之第一人。今读是篇，益信其言之不诬也。"③ 其代表著作《中国文字学概要·文字形义学》，周秉钧先生也给予极高的评价，认为该书有四大特点："博采了汉字研究的新成果""清理了象形和指事的界限""细分了汉字结构的类型""揭示了汉字发展的一些规律"。④ 此外《积微居小学金石论丛》《积微居小学述林》等文集中也收录了不少文字、训诂方面的论文。

在甲骨文、金文研究方面，杨树达著有《积微居甲文说》《卜

---

① 杨树达：《高等国文法·序例》，商务印书馆1930年版。

② 杨树达：《词诠·序例》，商务印书馆1928年版。

③ 陈寅恪：《杨树达积微居小学金石论丛续稿序》，《金明馆丛稿二编》，生活·读书·新知三联书店2001年版，第260页。

④ 《杨树达文集》之九《中国文字学概要·文字形义学》，上海古籍出版社1988年版，"后记"第2—6页。

辞琐记》《耐林广颂甲文说》《卜辞求义》《积微居金文说》等著作。杨氏自述治甲骨、金文体会时说："大抵甲骨之学，除广览甲片，多诵甲文，得其条理而外，舍是二术，盖不能有得也。就形以识其字，循声以通其读，然后稽合经传以明史实，庶几乎近之矣"①；"余于甲文，识字必依篆籀，考事则据故书，不敢凭臆立说。自信于方法上或无大谬耳。"②

在古籍辑校、注释、考证方面，杨树达先生也是硕果累累。著有《周易古义》《老子古义》《论语古义》《论语疏证》《春秋大义述》《汉书补注补正》《汉书窥管》《汉代婚丧礼俗考》《淮南子证闻》《盐铁论要释》等，还有单篇论文收入在《积微居小学金石论丛》《积微居小学述林》及《积微居读书记》中。杨树达先生的古籍整理工作，旁征博引，考据精详，学界赞誉颇高。陈寅恪先生曾评价其对《论语》的疏证，"汇集古籍中事实语言之与《论语》有关者，并间下己意，考订是非，解释疑滞，此司马君实李仁甫长编考异之法，乃自来诂释《论语》者所未有，诚可为治经者辟一新途径，树一新楷模也"③。

杨树达先生以留学生背景，不为世俗功利所诱惑，亦不附庸所谓"新学"而媚俗，专心致志于文字、训诂、甲骨、金文等国学研究，且成就巨大，是民国时期执国学牛耳之大师，实为民国学术转型时期继承和光大中华文化的大家，也是民国湖南学术发展的辉煌代表。

在民国时期，致力于弘扬传统学术的还有钱基博和李肖聃。钱、李二先生在弘扬湘学、特别是在考镜湘学学术谱系方面功不可没。1924 年，李肖聃先生为纪念长沙《大公报》创办 10 周年，应邀撰写了《湘学小史》，1934 年，他又撰写《湘学叙录》。1946 年，在湖南大学任教的李肖聃在此两文的基础上撰成《湘学略》，

---

① 《杨树达文集》之五《积微居甲文说 · 自序》，上海古籍出版社 1986 年版，第 1 页。

② 《杨树达文集》之五《卜辞琐记》，上海古籍出版社 1986 年版，第 3 页。

③ 陈寅恪：《杨树达论语疏证序》，《金明馆丛稿二编》，生活 · 读书 · 新知三联书店 2001 年版，第 262 页。

述北宋周敦颐至晚清谭嗣同共二十六学略，涵括宋以来历代湖南学人及流寓学人。[①]条理了自宋至清末湘学代表人物的学术脉络，共二十六家，曰：濂溪学略第一、衡麓学略第二、南轩学略第三、紫阳学略第四、岳麓学略第五、阳明学略第六、船山学略第七、恒斋学略第八、九溪学略第九、邵阳学略第十、镜海学略第十一、益阳学略第十二、二贺学略第十三、邹邓学略第十四、曾左学略第十五、罗山学略第十六、玉池学略第十七、岳阳学略第十八、湘绮学略第十九、葵园学略第二十、鹿门学略第二十一、郎园学略第二十二、浏阳学略第二十三、校经学略第二十四、诸儒学略第二十五、流寓学略第二十六。

1943年，钱基博先生撰写了《近百年湖南学风》一书，叙汤鹏、魏源、罗泽南、李续宾、王鑫、胡林翼、曾国藩、左宗棠、刘蓉、郭嵩焘、王闿运、阎镇珩、邹代钧、罗正钧、谭嗣同、蔡锷、章士钊等17位“文人、学者、循吏、良相、名将”“好学深思”之学行，是一部近代湘学略或者湘学学案。

关于湘学谱系，在此之前，只有王先谦、杨毓麟有简单的论述，且意见并不一致。王先谦认为：“湘学肇于鬻熊，成于三闾，宋则濂溪为道学之宗，明则船山抱高蹈之节，迨乎乾、嘉以后，……湘人乃笃守其乡风，怀抱其忠义。经世之作，开风气之先；讲学之儒，奏戡乱之绩。”[②]杨毓麟则认为当自濂溪始：“自濂溪周氏，师心独往，以一人之意识，经纬成一学说，遂为两宋道学不祧之祖。胜国以来，船山王氏以其坚贞刻苦之身，进退宋儒，自立宗主。当时阳明之学遍天下，而湘学独奋然自异焉。”[③]

推动民国湖南学术研究的还有刘人熙和他创办的船山学社及《船山学报》。刘人熙（1844—1919），字艮生，号蔚庐。湖南浏阳人。曾就读于长沙城南书院，同治六年（1867）中举人第一名，主讲道州书院，纂修《平江县志》。光绪三年（1877）中进士，任工部主事。光绪十年（1884）任会典馆纂修官、总校官。1889年

① 钱基博、李肖聃：《近百年湖南学风·湘学略》，岳麓书社1985年版。
② 苏舆编：《翼教丛编》，上海书店出版社2002年版，第176页。
③ 《杨毓麟集》，湖南人民出版社2001年版，第35页。

外调直隶州知州。后游历豫、赣、桂等省，官至广西道员。1907年返湘，任中路师范监督，旋任湖南教育总会会长。湖南光复后任都督府民政司长，1915 年参与反袁驱汤斗争，创办《大公报》。著有《刘人熙日记》和《蔚庐文集》，校印注释王船山遗著有 9 种，共 83 卷。

刘人熙服膺船山学说，于 1914 年 6 月在思贤讲舍旧址（原船山祠）创办船山学社，被公推为社长，并于 1915 年 8 月创办了《船山学报》。《船山学报》的宗旨是："倡明正学，以新吾湘"，"广船山于天下，以新天下"。主要刊布船山未刊著作和研究船山思想的文章。《船山学报》因经费困难，至 1917 年编辑完成第 10 期停刊，1932 年 2 月复刊，至 1938 年 6 月停刊。《船山学报》对推动民国时期湖南船山以及湖南学术研究有一定的作用，诚如刘苏华先生评价的：

《船山学报》以弘扬王船山爱国主义思想和爱民族的精神为宗旨，以砥砺国人承担社会重任、振兴中华民族为目标，对于传播船山思想与船山文化起到了重要的作用，成为二十世纪初年学术思想界一支异军突起的劲旅，极大地推动了当时的社会思想解放运动。与此同时，《船山学报》也一直是湖湘学人的战斗阵地与精神家园，汇集了大批学贯中西的学者和仁人志士，包括中国近现代著名学者王闿运、文廷式、赵启霖、陈三立、欧阳中鹄、周逸、杨昌济等都曾为该刊撰稿。中国近现代一批学人正是通过《船山学报》得以成长起来。①

在传承湖南学术传统的同时，民国湖南学术对于现代西方学术理论与方法也是持开放和包容的态度的。杨昌济、金岳霖在哲学、伦理学、逻辑学、教育学等方面的成就，就反映出民国湖南学术对西方现代学术开放包容的特点。

杨昌济的教育背景具有中西交汇的特点。早年杨昌济与大多数传统士子一样，接受儒教教育并锐意科举，曾入岳麓书院学习，

① 刘苏华：《船山学报（一）》"前言"，湖南师范大学出版社 2009 年版，第 9—10 页。

但应试不售，遂在家乡设馆授徒。在清末留学浪潮中，他负笈出洋，留学10年。先是1903年赴日本，进入东京弘文学院学习，1906年在弘文学院结业后升入东京高等师范专门攻读教育学。1909年转赴英国留学，攻读哲学、伦理学和心理学，1912年获英国阿伯丁大学文学士学位之后又赴德考察9个月，在此期间，还去瑞士游学。1913年春回国。这就造就了杨昌济中西贯通的学术背景。李肖聃曾说："怀中于三十以前既已博究儒先之书，十余年中又益求英日学者之说，固有得于时代之精神，而其心光湛然，力抗流俗。浩然有以自得于己，则友朋皆莫及也。"①

杨昌济在伦理学、哲学、教育学诸方面均有造诣。在伦理学方面，他对传统道德和西方道德均采取批判地吸收的态度，对于封建的家庭、家族、婚姻道德采取批判的态度，而于传统道德中的优秀成分则加以吸收："余生平待人有五字：一曰恕，犯而不校，躬自厚而薄责于人；二曰介，不尽人之忠……。此五字可配仁义礼智信五字。余生平循此行之，亦可以免于尤悔，始信圣人'言忠信，行笃敬，虽蛮貊之邦可行矣'之言不我欺也。"② 尤其主张为人须有坚韧的意志和高尚的品质，"人有强固之意志，始能实现高尚之理想，养成善良之习惯，造就纯正之品性。意志之强者，对于己身，则能抑制情欲之横恣；对于社会，则能抵抗权势之压迫。"③"吾无过人者，惟于坚忍二字颇为著力，常欲以久制胜，他人以数年为之者，吾以数十年为之，不患其不有所成就也。"④"欲实现此久之大理想，固非一手一足所能为力，亦非一朝一夕之所能为功。故实行尤必继之以坚忍，始能竟实行之功也。"⑤"要而言之，人之立身最要一诚字。诚者，物之终始，不诚无物。人能存诚，乃是真人物，乃是真学问。……至诚而不动者，未之有也，

---

① 李肖聃：《杨怀中先生遗事》，王兴国编《杨昌济文集》，湖南教育出版社1983年版，第379—380页。

② 《杨昌济集》上卷，湖南教育出版社2008年版，第489页。

③ 王兴国编：《杨昌济文集》，湖南教育出版社1983年版，第69页。

④ 王兴国编：《杨昌济文集》，湖南教育出版社1983年版，第68页。

⑤ 王兴国编：《杨昌济文集》，湖南教育出版社1983年版，第366页。

不诚未有能动者也。”① 对于西方的禁欲主义和快乐主义，杨昌济亦持批判的态度，“唱快乐主义者，谓吾人一切行为之目的在于快乐，其实不然。吾人非毕生专欲求快乐者，乃求满足快乐以上之要求者也。吾人行为之目的，常在与行为之遂行（即活动）而不在快乐。”② “要之，快乐乃心理的事实，非可以为道德的理想也。”③ 倾向于自我实现主义，主张人的活动不能仅仅依靠自然法则来解释，人是存在着欲望的，道德存在的原因主要是因为人有自我实现的需求。人存在的目的不是为了一时的快乐，而是为了自我理想的实现。

在哲学方面，杨昌济生平的哲学思想没有形成完整的体系，早期受到宋明理学尤其是陆九渊唯心观点的影响，中期从国外留学回来之后对西方唯心主义哲学的批判吸收，到后期关于进化的唯心主义历史观，其哲学思想总体上是偏向于唯心主义的。他曾说：“余本自宋学入门，而亦认汉学家考据之功；余本自程朱入门，而亦认陆王卓绝之识。”④ 但对西方主观唯心主义、唯物主义均有所批判，“主观的观念论，以为实在者独有表象而已，认识之对象全为主观之所产，如斯则单任自已之存在而已”，“亦可见纯粹之主观的观念论终不能成立矣”。⑤“物质的一元论，谓物质为万有之本体，所谓精神者亦由之而成，唯物论属之。此论于哲学上有不成立之地位。假令精神之现象由物质而成，照彼等之说，非有多数物质之集合不能构造事物，然则所以集合之者何耶？物体之灭，由于物体之散，然则所以使之散者何耶？”⑥ 杨昌济晚年正是唯物史观和社会主义学说传入中国之时，他对此也有思考：“在今日进步之机械的或科学的生产状态，苟实行广义之共产主义，果无所窒碍耶？”“共产的社会成立之际，……劳动者果能忠实劳动，不

① 王兴国编：《杨昌济文集》，湖南教育出版社 1983 年版，第 367 页。
② 王兴国编：《杨昌济文集》，湖南教育出版社 1983 年版，第 254 页。
③ 王兴国编：《杨昌济文集》，湖南教育出版社 1983 年版，第 254 页。
④ 王兴国编：《杨昌济文集》，湖南教育出版社 1983 年版，第 203 页。
⑤ 王兴国编：《杨昌济文集》，湖南教育出版社 1983 年版，第 291 页。
⑥ 王兴国编：《杨昌济文集》，湖南教育出版社 1983 年版，第 296—297 页。

减于今日之状态耶?"① 反映了他对于社会思潮的敏锐思维，但终其一生，杨昌济主要哲学思想是属于唯心主义的，尤其是客观唯心主义的哲学思想更加明显。

杨昌济一生除留学生涯外，基本从事教育工作，先后在湖南高师、一师、四师和北京大学任教，于教育颇多研究与实践，尤服膺教育救国的思想。他曾说："吾辈救世惟赖此一枝笔。改革思想，提倡真理，要耐清苦、耐寂寞。望翻然改图，天下幸甚!"② 在教育作用、教育目的、教育的主客体、教育内容、教育方法、教育课程以及高等教育诸方面，都有独立的见解，形成了系统的教育思想。③

金岳霖先生（1895—1984），出生于长沙。1907 年，进入雅礼大学预科；1911 年，考入清华学堂；1914 年，毕业于清华学校高等科，同年官费留美，在美国宾夕法尼亚大学学习，后转入哥伦比亚大学；1920 年，获美国哥伦比亚大学政治学博士学位；1921 年，到英国学习，在伦敦大学经济学院听课；1925 年回国，长期在清华大学任教。1948 年，当选中央研究院第一届院士。主要从事哲学研究，把西方哲学与中国哲学相结合，建立了独特的哲学体系，著有《论道》《逻辑》《知识论》和《罗素的哲学》。

金岳霖先生长期在国外留学，对中国传统学术也有较为深入的了解，因而在比较深刻的层面上运用西方现代哲学、逻辑学理论与方法，对中国学术进行批判性的重构，形成了自己独特的哲学与逻辑学体系，对现代中国学术产生了重大的影响。他的《论道》和《知识论》两部重要的哲学著作，建构了有着鲜明特色的哲学体系，对中国哲学的发展产生了深远影响。

他首先在中国引进罗素的《数学原理》，向中国学术界介绍了书中的命题演算、谓词演算、类演算和关系演算；首先在中国学术界讨论了逻辑系统的种种理论问题，特别是讨论了一致性（无矛盾性）、完全性和独立性等元逻辑性质。他在 20 世纪 30 年代出

---

① 王兴国：《杨昌济的生平及思想》，湖南人民出版社 1981 年版，第 187 页。

② 《杨昌济集》上卷，湖南教育出版社 2008 年版，第 676 页。

③ 参见李沛诚：《杨昌济教育思想简论》，湖南教育出版社 1983 年版。

版《逻辑》一书，是最早把现代逻辑学传入中国的几位逻辑学家之一。他是在中国传播现代逻辑最有成就的逻辑学家。①

金岳霖先生在民国学术史上具有重要的地位，正如袁伟时教授评价的那样：

> 旨在为中国科学的发展扫清道路的金岳霖的哲学思想客观上成了马克思主义哲学的同盟军。它在总结非马克思主义哲学的发展，提供理论思维方面为中国现代哲学作出了不可磨灭的贡献。这些贡献丰富了中华民族的文化遗产，因此理应得到应有的重视。②

杨昌济和金岳霖的研究体现了民国湖南学术史上引进和融合西方现代学术理论与方法的特色，使民国湖南学术的发展具有了现代性转变的趋势。因此，它与历史学的独领风骚，马克思主义理论与方法的运用，构成民国湖南学术发展的鲜明特色，使民国湖南学术呈现出缤纷的色彩，是湖湘文化敢为人先、经世务实学风的继承与发展。

---

① 《“纪念金岳霖先生诞辰 120 周年学术研讨会”部分主题演讲摘录》，《重庆理工大学学报（社会科学）》2015 年第 12 期。

② 袁伟时：《金岳霖哲学思想性质辨析》，《金岳霖学术思想研究》，四川人民出版社 1987 年版，第 106 页。

上编　民国湖南学术思想研究

杨昌济学术思想研究

周　萍

杨昌济作为近代杰出的伦理学家、教育家和哲学家，学术界对他的讨论却时断时续，没有形成足够的重视。在杨昌济去世后的60年时间里，鲜有对他的专门性研究，直到20世纪80年代，杨昌济的著作才得以被不断整理出版。随着杨昌济的《达化斋日记（校订本）》（湖南人民出版社，1980）和《杨昌济文集》（王兴国编，湖南教育出版社，1983）等作品相继问世，杨昌济的学术研究取得了阶段性的成果，同时也兴起了一股探寻杨昌济学术思想的热潮。在众多的当代学者中，王兴国教授是对杨昌济学术思想分析最透彻的、最具代表性的学者，他长期致力于杨昌济学术资料的搜集和补充工作。到了2008年，王兴国在其主编的两卷本《杨昌济集》（湖湘文库编辑出版委员会系列丛书）中对很多内容进行了二次扩编，在过去的基础上补充了很多杨昌济学术思想的原始资料，使得相关的资料收集工作趋于完善。另一方面，他还出版了专著《杨昌济先生的生平及思想》（湖南人民出版社，1987），为后来的学者提供了许多有关于杨昌济第一手的珍贵资料。同时期还有另外一位学者李沛诚也对杨昌济学术研究作出了巨大的贡献，他相继出版了《杨昌济的教育思想简论》（湖南教育出版社，1983），《杨昌济教育思想及教育实践》（湖南教育出版社，1998），系统地介绍了杨昌济的教育思想及教育实践活动。以上所形成的研究成果构成了目前研究杨昌济学术思想的必备参考书目，奠定了当代杨昌济学术理论研究的基础。

除了上述的杨昌济思想述评的重要专著外，此外还有相当数量的学术论文也可被算作杨昌济学术思想的研究成果，如王兴国的

《近代湖湘伦理思想的变迁》、孙海林的《论杨昌济教育思想的基本点》、李佑新的《青年毛泽东与杨昌济的思想关系及其湘学渊源》、肖朗的《吸收与改造：康德伦理道德思想在近代中国》、刘岳丙的《杨昌济的思想与日本》（上、下）、彭大成的《杨昌济的英才思想及对毛泽东的影响》《杨昌济与湖南大学的创立》，等等。众多学者从不同的角度对杨昌济的思想进行了仔细的分析和阐述，但是到目前为止多集中于杨昌济的伦理学思想、教育思想（其中包括德育、体育思想）及其对毛泽东、蔡和森等学生的影响的研究，对杨昌济哲学思想的讨论还相当有限。

从地域来看，目前国内杨昌济研究的重镇是湖南和北京，这一方面与杨昌济的生活和成长轨迹有着密切的联系。杨昌济生长于湖南，其后在湖南和北京长期从事教育工作，其思想的形成深受湖湘文化的影响，同时又经历了北京五四运动和资产阶级改良思想的洗礼。另一方面，杨昌济曾经留学日本，在日本生活的数年时间是其学术思想形成的重要时期，并留下了中西方思想交融的深刻印记。随着《杨昌济文集》和《达化斋日记（校订本）》在海外的刊行，日本学界也有部分学者开始关注杨昌济的学术思想，他们侧重于研究处于西方文化主流思想环境影响下杨昌济思想的变迁。

综上所述，杨昌济学术思想的研究到目前为止已经有了重大的突破，其丰富的学术内容为中外学者追寻20世纪不同学术思潮的脉络提供了很多线索。但是以学术研究的广度视角来判断，当前的杨昌济学术思想研究还停留在对其教育、伦理方面的专项性研究，具有相当的局限性。杨昌济作为贯通古今、融会中西的学者，学术界对于其思想形成的渊源、其中西思想的碰撞对比与融合，以及他的思想形成发展变化的整个脉络还有待进一步的挖掘和探究，尤其是杨昌济在哲学上对于唯心主义和唯物主义的辩证探讨。作为特定时期承上启下的一位学者，笔者认为有必要对杨昌济学术思想进行一次较为系统的梳理和归纳。

一、杨昌济的学术思想渊源

杨昌济（1871—1920），又名杨怀中，湖南长沙县东乡人氏，出生于一个传统的知识分子家庭。自其高祖父于乾隆末年举家迁移来到板仓，“与异性接触，得新感化，又与同宗隔离，脱旧思想”①，开始注意培养子弟读书。到了杨昌济这一代，板仓杨氏已经出了数代读书人，并成为当地颇有名望的家族。另一方面，杨昌济的母亲向氏一家历来以理学传世，以“书香门第”著称：其高外祖父向曾贤（鲁斋公）是晚清进士，曾外祖父向贵铎举人出身，外祖父向肇昆也是一个读书人。向家与杨家通过世代联姻，建立起了比较牢固的关系，而这种联系对于对杨家子弟在教育方面的影响是很深远的。

向家和杨家的知识分子以理学传统为尊，对杨昌济来说也不例外。在他的父亲杨书祥的启蒙教育下，杨昌济从小就开始系统地接受传统儒学的教育。从“四书”“五经”等儒家经典，到程朱理学大家周敦颐、程颢、程颐、王阳明等人的论著，杨昌济都进行了认真的研读，并初步掌握了文字训诂、历史、哲学等方面的传统知识——这为其以后的学术研究提供了宝贵的学术财富。杨昌济曾感慨：“自省粗有知识，实秉于家庭之教育，祖父之遗传，外大母之余泽，不独荣其本枝，且有以及于其所出，可不念哉！吾考吾母之世系，上溯至鲁斋公，又以见君子之泽，源远而流长也。”②对于少年时代的杨昌济来说，家庭教育让他掌握了传统儒学尤其是宋明理学基本的治学方法，同时也深刻影响了其最初的知识构架和世界观的形成，为杨昌济的思想奠定了基调。

家庭教育对于一个人成长的影响无疑是最直接的，然而来自于外部环境的影响同样也值得重视。在分析杨昌济学术思想的渊源时，有几位湖湘名士是不能不提及的——他们的思想和学说从某种意义上来说代表着传统儒学和湘学的精华，对于杨昌济日后学术思想的形成起到了指导性的作用。

第一位是湖湘文化集大成者王夫之。首先，杨昌济曾经坚持将王夫之的著作当成每日必修的功课之一，在《达化斋日记》中我

① 杨昌济：《达化斋日记》（校订本），转引自王兴国《杨昌济的生平及思想》，湖南人民出版社 1981 年版，第 7 页。

② 杨昌济：《外大母黄宜人行述》，《达化斋日记》（校订本），第73—74 页。

们可以很清晰地看出这点。对于杨昌济来说，首先，王夫之强烈的爱国主义精神对其影响是非常深刻的，杨昌济曾评价说："王船山一生卓绝之处，在于主张民族主义，以汉族之受制于外来之民族为深耻极痛。此是船山之大节，吾辈所当知也。"① 这种朴素的爱国情怀不仅是湖湘文化的具体体现，也促成了后来杨昌济"教育救国论"思想的形成，这是一个非常显著的影响。其次，对于王夫之的哲学思想，杨昌济也有过仔细地研究，并认为"王船山通微……通微者深思之功也……深则能研万事微芒之几"②。所谓的"通微"，就是王夫之对于哲学思考的注重。杨昌济对此深以为然，并在日后的学术研究中始终坚持深入思考的治学态度，这不得不说又是一个显著的影响。更具体地来分析，杨昌济部分哲学思想的根源就来自于王夫之。如杨昌济曾说："吾人观察宇宙之现象之时，无论何人皆知其变迁无息，若以其所见之异致为事物之异，则万有时时变化，无一不变化者，虽我亦然。我之思想、我之身体时时不同。昨日之我，固非今日之我；今日之我，又非明日之我。"③ 这里所反映的事物不断变化的哲学思想，就来源于湖湘传统儒学中的"求变"的思想，这和王夫之辩证的动静观的哲学思想也是契合的。再次，王夫之知行统一的学说对于杨昌济的影响也比较深，这点体现在杨昌济反对偏重于知或者行任何一方，体现在杨昌济对于国粹主义和民族虚无主义两种极端的否定上，也体现在后来杨昌济的教育实践中，如对重视体能训练、讲究卫生等主张他对学生是即言传且身教的。综合而言，从对王夫之的学术研究发端，杨昌济先后又研读了周敦颐、陆九渊、王阳明等程朱理学大家的学术著作，并积累了深厚的古文学术功底。

另一位就是晚清湖湘文化的标志性人物曾国藩。晚清以来，湖南宋明理学的复兴、尊孔读经思想的重新流行都与曾国藩有非常大的关系，以"经世致用"的思想为代表，曾国藩所提出的部分

① 杨昌济：《静观室札记》，《中国哲学》1980 年第 3 辑。

② 杨昌济：《达化斋日记》，王兴国编《杨昌济文集》，湖南教育出版社 1983 年版，第 25 页。

③ 王兴国编：《杨昌济文集》，湖南教育出版社 1983 年版，第 310 页。

思想和主张对于晚清湖南学术的整体发展都产生了深远的影响，近代许多湘籍进步思想家都不同程度地受到曾国藩学术思想的影响，这其中就包括杨昌济。这种影响是多方面的：其一，作为宋明理学世家，杨昌济的父亲首先就十分推崇曾国藩的思想。他经常以《曾文正公全集》的内容教授族中子弟，并以曾国藩的治学、处世之道教育年幼的杨昌济，使得经世致用的思想从小就在杨昌济的心中扎根。其二，曾国藩作为当时宋明理学的继承者和复兴者，他所强调的"务实"的理念受到了杨昌济的极力赞同，并认为这是非常正确的治学和修身方法，日后杨昌济在教育学生时也多次提到。其三，曾国藩虽然大肆提倡尊孔读经，宣扬宋明理学，但他对于其他各学派主张采取兼容并蓄的态度，认为诸子百家各有所长和值得学习的地方，杨昌济后来"一宗宋学"却又"不废汉学"的折中调和态度不可谓不受曾国藩的影响。其四，曾国藩在哲学上反复强调宋明理学中的"诚"，即周敦颐所解释的"诚"乃是"五行之本，百行之源"的万物本源，是一个独立的实体。这种儒学上的唯心主义，对于日后杨昌济唯心主义哲学思想的构建产生了直接的影响。总结来说，青年时代的杨昌济，就其思想倾向来说，属于近现代新儒学的一员，而这种儒学正是根植于曾国藩学术思想的基础之上。

戊戌变法后，杨昌济较多地接触了康有为、梁启超、谭嗣同等人的著作，受他们的影响较深，他的思想开始有了很大的变化，否定了一些自己曾经的主张，逐渐与宋儒分道扬镳。

鸦片战争中，英国的坚船利炮强行地敲开了中国的大门，同时也惊醒了沉浸于八股文中的中国中坚知识分子阶层。他们中的部分人率先站了出来，并提出了"师夷长技以制夷"的进步观点。中国的进步知识分子已经不满足于现状，并开始从西方世界找寻真理。20 世纪初叶，得益于戊戌变法前康有为等人的长期宣传和清政府的"新政"，中国掀起了一股留学的高潮，杨昌济就是在这时候留学的。1903 年杨昌济赶赴日本，进入东京弘文学院学习，1906 年在弘文学院结业后升入东京高等师范专门攻读教育学。1909 年杨昌济转赴英国留学，攻读哲学、伦理学和心理学，1912

年获阿伯丁大学文学士学位之后赴德考察九个月，在此期间，还去瑞士游览了一番。1913 年春回国，结束了其长达十年的异国学习之旅。（此种说法是建立在王兴国教授的杨昌济是 1913 年归国的观点之上的）

留学期间，杨昌济系统地学习和研究了西方教育学、哲学和伦理学等知识，并且掌握了一些西方的自然科学知识。在日本留学期间，杨昌济开始接触教育、心理、论理、教授法、管理法等课程，见识了明治维新后作为新兴资本主义国家的日本的新制度及新风尚，这些所学所见所闻在冲击杨昌济的同时也促使了其思想逐渐走向进步，并且引发了他对国内教育和政治改革的重新思考，他甚至还尝试用新掌握的自然科学知识和儒家传统观点融合起来。如力学原理中“轻物运重”和“重物轻移”的观点，就被杨昌济用来试图解释中国的一些社会现象，并提出以精神的力量，即所谓以“积诚”将社会变革力量由小变大，最终推动社会的变化。长达六年的日本留学，使杨昌济系统学习了日本当时先进的教育理念，并就此促成了他“教育救国”思想的形成。在英国留学期间，杨昌济对西方的哲学史、伦理学史以及当时流行的各种哲学流派产生了浓厚的兴趣，对古希腊的传统哲学到近代欧洲各国的现代哲学，早期资产阶级进步思想家的哲学到近世的资产阶级哲学流派都进行了比较详细的考察和比较，对于伦理学上的禁欲主义、利己主义、快乐主义和功利主义等各种主义也有过深入的探索和分析。杨昌济不仅留心西方伦理学说的演进，并且注重反思人们的道德伦理观，对于西方的哲学学说，杨昌济并非一味地接受和认可，而是结合中国当时的国情，加以自己的思考，最终形成自己的见解。今日考察杨昌济的哲学、伦理思想的根源，很大一部分就来自于杨昌济留学期间的系统学习和深入思考所形成的独特见解。

此外杨昌济还十分注重社会调查，尤其是对教育制度表现出浓厚的兴趣。杨昌济留英期间利用闲暇时间对英国的幼儿园、孤儿院、小学、中学直至大学都进行了深入的调查了解，并且将学校的课程设置、教学方法、师资培养、学校领导管理体制、办学经费来源等一一列举出来，细心考察。除了对教育制度的考察，杨昌济对政治、法律等各项制度，甚至人民的生活习惯都无不留意，并且从中肯定那些值得我们学习和借鉴的地方。通过这些实地考察，杨昌济可谓真正做到了“对于中西学术源流，政治风俗，瞭如指掌”①。

总结来说，李锐同志曾经对杨昌济的一番评价用来解释杨昌济的思想渊源很是确切：“对于中国旧文化很有修养，尤其对于宋明理学有深刻的研究；同时他又吸取了王船山、谭嗣同、康德一派的学说，考察了欧洲旧民主主义的社会制度和风气，加以抉择、批判、融合，因此自成一种比较有进步性的伦理思想和讲究实践的人生观。”② 贯通古今，融合中西，这不仅是就杨昌济学术思想的博大精深而言，同时也是对杨昌济学术思想的来源和基础的最好总结。

二、杨昌济学术思想的发展脉络

戊戌变法之前，年轻的杨昌济像中国当时绝大多数的知识分子一样，相信通过科举之路能够伸展自身的抱负，所以他先后参加了数次科举考试，但是都名落孙山，最后只得了个“邑庠生”的称号。这一时期的杨昌济，主要受封建思想文化的熏陶，笃信孔孟程朱之学，其学术思想还只是初具萌芽，未成系统，而他的世界观也主要偏向于唯心主义。

就教育思想而言，此时杨昌济的思想多着重于对自学和读书的认识之上，虽然对于教育思想有了初步的认识，但是总体上还停留在一个中国传统儒学知识分子的认识上。这主要表现在三个方面：首先，就教育的重要性而言，年轻的杨昌济自幼深受其父的影响，很早认识到教育相比政治的重要性，认为教育能够“修身养性”进而改变人的思想，这也坚定了他日后以教育为己任的终

---

① 曹典球：《杨昌济先生传》，王兴国编《杨昌济文集》，湖南教育出版社 1983 年版.，第 385 页。

② 公页：《简述杨昌济的伦理思想》，《湖南师院学报（哲学社会科学版）》1979 年第 2 期。

生信念。在科举考试备考期间，他经常利用业余时间去私塾教学，所教授的内容也多以传统儒学经典和宋明理学为主。其次，关于教育的目的性，杨昌济根据自己几年的教学实践总结认为，教育的首要目的在于转移人的性情，“能移子弟性情使笃厚，是第一等教法，教之本也；讲解经书，其用也；文艺末也。”[①] 从这里我们可以看出，杨昌济认为转移弟子性情是教育的首要任务，这来源于他对于传统经书的领悟和自身敦厚的品性，与传统儒学所倡导的德育是相似的。再次，关于教育的方法，杨昌济认为作为教员首先必须具有自我反省的精神，对于学生应该和颜悦色，多加诱导，从道理上说服学生，而不是一味地责怪学生。在其毕生的教学生涯中，杨昌济始终都坚持以敦厚的品性对待学生，这也给使得他的学生深受其影响。从这点来说，杨昌济的这种精神是非常值得我们钦佩的，由此我们也可以看出他教育方法的根源在于他最初对于教育方法的正确认知。最后，就学习的目的而言，杨昌济认为，“必有圣贤之学识，而后可发为忧世悯俗之辞。少年为学，但宜默识圣贤之遗训，而一一躬践之。”[②] 以传统经书为主要内容，杨昌济对学习目的的看法依然停留在传统知识分子的认知上，由此也可以推知，在旧式私塾中他在教育弟子的过程中，所倡导的关于学习的目的的内容应该也是一致的。

就哲学思想而言，此时杨昌济哲学思想的最大特点在于宋明理学的深刻影响。这种影响在《达化斋日记》中随处可见。如如陆九渊所主张的“求放心”的唯心主义思想对于杨昌济的影响。陆九渊所谓的“求放心”，就在于其所认为不需要进行社会实践而仅仅通过修养自身心性就能够达到与宇宙浑然融为一体的境界，这是一种唯心主义的修身方法，对此杨昌济非常赞同，并认为：“神不外散，主宰万物之气象，见得天地万物皆若拱而向之者。”[③]；又如关于事理的论述，杨昌济认为：“天下之事，皆在可了不可了之间；天下之理，皆在可解不可解之间……求一了百了者妄也，一

① 王兴国编：《杨昌济文集》，湖南教育出版社 1983 年版，第 5 页。
② 王兴国编：《杨昌济文集》，湖南教育出版社 1983 年版，第 6 页。
③ 王兴国编：《杨昌济文集》，湖南教育出版社 1983 年版，第 14 页。

解百解者凿也。”① 这可以解释为事理的解决和转化是存在着合理的方法的，理的运用非常重要。这种思想可以说来源于对程朱理学中事理的论述，是一种朴素的唯心主义思想观点。总体上来说，此阶段杨昌济的哲学思想多受到宋明理学唯心主义的影响，而这恰恰也对其以后唯心主义哲学思想的构建产生了关键性的作用，可以认为，此时为杨昌济哲学思想的开端。

就伦理学思想而言，中国传统的伦理学思想依然主导着杨昌济的思维方式，这种表现体现在以下几个方面：其一，关于理欲关系的阐发，杨昌济就认为“已成为劫数，未成为杀机。在天运为阴长阳消，在人心为欲胜理灭”②，即人心欲望的此消彼长与天理循环是相互对立的，一个人要克制欲望以保证天理的正常运转。这与传统理学中所强调的“存天理，灭人欲”的思想观念显然存在着非常明显的联系。其二，关于封建道德的论述，年轻的杨昌济对于圣贤的学说十分赞同，“始知非礼勿视，非礼勿听，非礼勿言，非礼勿动之功，一刻不可怠也。”③ 从这里我们直接可以看出杨昌济伦理思想依然停留在传统思想的范畴中，西方伦理学的思想还未出现在杨昌济学术思想的系统中。

甲午中日战争中国战败的消息传到国内，举国震惊，紧接着《马关条约》的签订更是激起了全国人民的愤慨和抗议，一时间，广大知识分子强烈的民族自尊心和爱国热忱都被唤醒了。原本还沉浸在自己科举考试数次落第的苦闷中的杨昌济也有种猛然惊醒之感，转而投身于不久以后康梁所发起的维新变法运动。这是杨昌济思想从守“程朱氏之说”，维护封建统治到主张改良变法的重大转折时期。

1895 年到 1898 年的这几年，杨昌济主要在乡里授徒。此时“他的思想虽然还没有脱离宋明理学这个基地，但学习的重点逐渐转向了经世致用之学”。④ 受龚自珍、魏源、康有为、梁启超等前

---

① 王兴国编：《杨昌济文集》，湖南教育出版社 1983 年版，第 8 页。
② 王兴国编：《杨昌济文集》，湖南教育出版社 1983 年版，第 9 页。
③ 王兴国编：《杨昌济文集》，湖南教育出版社 1983 年版，第 6 页。
④ 王兴国：《杨昌济的生平及思想》，湖南人民出版社 1981 年版，第 27 页。

辈进步思想家的影响，杨昌济认真研读了当时被视为改良变法理论基础的《春秋公羊传》，思想上开始趋近于资产阶级改良派。如对于康有为的“大同”思想，从“待到千年后，洪荒一再开”①从这句诗中，我们就能明显感觉出杨昌济对此是持有肯定的态度的。此外，杨昌济在这时也开始接触部分带有唯物主义观点的著作，并做了仔细的分析。仔细研读王夫之《张子正蒙注》过后，他在日记中如是写道：“阅张之《正蒙》，毫无辛卯岁（一八九一年）义理悦心之味，足以见嗜欲之纷心，而至道之难闻也。”② 从字面意义上理解，杨昌济将道之难求的原因归结为本身的贪婪和充满欲望的心，依然站在宋明理学中理的角度来考虑，不过在随后的部分日记中，我们却发现杨昌济理学思想产生了细微的变化。例如，杨昌济对被历代理学家奉为信条的“正其谊而不为其利，明其道而不为其功”不以为然，他认为理财是每个家庭的要务，节俭可以养廉，可以在自家需求得到满足后帮助其他的人，这是一种良好的习惯。从生活伦理学的角度来考虑，杨昌济的这种思想显然是非常具有现实意义的，同时我们也可以清晰地看到，杨昌济不再刻板地坚持宋明理学的思维逻辑，而是开始从现实的角度去考虑学术的问题。思维的逐渐开化，也让这个时期的杨昌济开始主动学习“西学”，与其他的爱国知识分子一样，从“西学”中探寻出救国的新道路。杨昌济深感要学习西方之学就必须掌握西洋文字，于是便开始刻苦自学英文和日文，这也为他日后留学打下了坚实的基础。

1989 年，杨昌济开始在岳麓书院的学习。当时岳麓书院的山长是湖南顽固守旧派的代表王先谦。对于改良派的活动，王氏十分反感，想方设法阻止学生参加维新运动，妄图维护尊孔的守旧思想和封建秩序。然而改革之势在中国已成，维新运动带来的改革思想也早已深深根植于杨昌济的内心，他利用一切机会参加维新派的各种活动：杨昌济加入了南学会，成为“通讯会友”的一员，积极参加南学会的演讲，热情地学习新学和新政。在此期间，

① 王兴国编：《杨昌济集》一，湖南教育出版社 2008 年版，第 463 页。
② 王兴国：《杨昌济的生平及思想》，湖南人民出版社 1981 年版，第 29 页。

杨昌济发表了《论湖南遵旨设立商务局宜先振兴农工之学》一文，系统地阐述了他当时的变法思想。首先，杨昌济在文中指出，近年来新法新政效果甚微的首要原因是商学不兴，没有充分发展民族资本主义商业。民族工商业的脆弱，必然会导致政治上的软弱。其次，要发展工业和农业，杨昌济详细阐述了振兴工农之学的方法。最后总结指出：振兴商务和振兴农工是改革的当务之急。仔细分析，杨昌济的变法思想带有某些鲜明的近代中国资产阶级改良派特征，即在提出不少进步主张的同时，也存在着很多致命的缺陷。事实上，资产接改良派最大的弊端就在于始终缺乏完全反封建的勇气和决心，所有的主张都是以维持旧有封建秩序的改革为前提。在杨昌济未接触到马克思主义思想之前，这种资产阶级改良派的维新思想对其影响是比较深的。举个形象的比喻来说，此时杨昌济的学术思想就是维新思想与传统思想的对半开。两种思想的混合糅杂，使得这一时期杨昌济的学术思想具有复杂性：就哲学思想而言，他一方面深受谭嗣同的影响，“余研究学理十有余年，殊难极其广大；及读谭浏阳仁学，乃有豁然贯通之象。”① 另一方面又仍然坚持从传统经典中探寻哲学的奥秘，如他对王夫之《宋论》的仔细阅读。就伦理学思想而言，杨昌济非常赞同妇女的解放和新型婚嫁观，对于女学他也十分拥护，这些都体现了他伦理思想的进步性，但是同时对于很多传统的伦理思想他也并未表示出明确的反对。

戊戌变法失败后，杨昌济初步看清了清政府的腐朽和科举功名的虚伪，回到家乡设馆授业，以教书为生。虽然在农村过着半隐居的生活，然而杨昌济心中却依然为国家的前途命运时时感到忧虑，他一方面督促自己自学，另一方面等待时机以实现自己的救国宏愿。

这是杨昌济积极向西方寻求救国救民真理的时期，同时也是杨昌济学术思想形成的关键时期。在这一阶段，杨昌济认真学习和考察了东、西方资产阶级的教育学、哲学、伦理学等社会科学和

① 杨昌济：《达化斋日记》，湖南人民出版社 1981 年版，第 165 页。

自然科学，初步形成和掌握了资产阶级民主主义的世界观和方法论；与此同时，由于久居英、德，也自然而然地接触了一些马克思主义的学说，懂得一些马克思主义的政治术语，虽然只是粗浅的了解，没有了解马克思主义的精神实质，然而毕竟与马克思主义产生了交集，并为其学术思想提供了进步思想的养分。

自立志以教育救国以来，杨昌济始终就关心着如何通过教育的手段来解决中国的现实问题。教育思想的不断进化，可以看成其学术思想逐渐走向成熟的标志。杨昌济出国留学的首要目的，就在于通过学习外国的先进教育理念，日后在中国创办新式学校，实现普及教育的目的，进而实现中国的复兴——这点与当时爱国仁人志士提倡变法图强，实现中华民族伟大复兴的终极目标是相契合的。在此阶段，杨昌济广泛学习和吸收西方先进的教育教学理念，每到一个国家必考察当地的教育制度，他在英国留学期间就曾经仔细考察过英国的教育情况，并于日后发表了《论英国教育之情形》一文。在该文中，杨昌济从国民教育、社会教育等多个方面进行了认真的对比分析，并从中得出可以用来改良中国教育的理念和方法。如对于使英国贫苦儿童能够上学的各级学校夜校制度，杨昌济非常欣赏，并提出中国的教育也应该注意到教育平等的问题，这个观点带有明显的进步主义色彩，也体现了此时杨昌济教育思想的一种转变。深入地了解了西方的教育制度，使杨昌济进一步认识到教育的目的“在吾国人能输入西洋之文明以自益，后输出吾国之文明以益天下，既广求世界之智识，复继承吾国先民自古遗传之学说，发挥而光大之”①。既重视和热爱本国文化，也提倡正确地接纳外国文化，进而强调本国文化为世界文化要做出贡献，这显示了杨昌济教育思想的一种重要转变。另一方面，杨昌济又特别提到了政治与教育的区别，以日本的教育制度为例，他认为政治不能够影响到教育，教育的地位应该超过政治，只有这样才能保证教育救国的实现。仔细分析，这种认识也可以算是杨昌济教育思想的继续发展。

---

① 杨昌济：《劝学篇》，王兴国编《杨昌济文集》，湖南教育出版社 1983 年版，第 202 页。

留学期间，杨昌济的学术思想更趋近于资产阶级改良派。一方面，他深受西方资产阶级思想的影响，开始强调个性解放，突出自我的作用。杨昌济引述孔子和孟子的话作为自己的理论支撑，试图阐述个性解放、突出自我观点的正确性。王兴国认为，杨昌济的这种观点对于“提高个人的社会地位，尊重个性的解放，无疑都是有进步意义的”。[①] 但从本质上来说，这种过分地强调个人的作用以改变社会甚至宇宙的观点依然是唯心的。与宋明理学所强调的唯心思想不同的是，资产阶级唯心观具有鲜明的改造社会的现实目的。另一方面，杨昌济又非常赞同资产阶级民权思想和谭嗣同“以民为主”的观点，并认为“欲强中国，当蓄力于小民，士大夫积其教化之功，小民各自积其学问、阅历、兴举、扩充之功。积累久之，民智大开，则勃然兴起而莫能御之矣”。[②] 杨昌济首次认识到了民权的重要性，同时也反映他此时进一步摆脱封建学说的束缚，思想变得更加积极进步。仅就当时的社会环境而言，清朝的统治虽然濒临崩溃，各种学说也不断涌现，然而传统守旧势力的影响依然巨大，作为系统地接受了封建宋明理学教学的知识分子，杨昌济的这种变化虽然还没能完全打破其固有的思想体系，但是他终究还是向前迈出了坚实的一大步。

有一点值得注意的细节是，杨昌济这个时期虽然着重于学习西方先进的理论知识，然而他对于翻译外文文献的热忱也是非常高的。在日本留学期间，他就和朱德裳约定利用课外时间进行文献翻译，虽然在留学期间由于种种原因未能完全实现，但是这种想法在杨昌济回国以后得以付诸实施，《西洋伦理学史》《伦理学根本问题》等译著的出版不仅影响了杨昌济的学生，同时也推动了我国教育学、伦理学领域的发展。杨昌济急于将国外先进学术思想介绍回国的这种爱国情怀，使得他对于学习好国外先进理论知识的迫切性更加强烈，而在日后随着杨昌济这种不断学习和翻译工作的开展，杨昌济学术思想也渐渐成型。

---

① 王兴国：《杨昌济的生平及思想》，湖南人民出版社 1981 年版，第 54 页。

② 杨昌济：《达化斋日记》，王兴国编《杨昌济文集》，湖南教育出版社 1983 年版，第 24 页。

经历了十年的留学生涯，杨昌济回到了阔别已久的湖南，并继续从事教育工作。这一时期，杨昌济一方面向学生传授和介绍西方先进的哲学社会科学和自然科学，培养了许多年轻的进步学生，如毛泽东、蔡和森等；另一方面则结合自身所学积极开展对各学术领域的研究，完成和发表了一批涉及国外的教育学、哲学、伦理学等知识的书籍和论文，如《西洋伦理学史》（上、下）、《论英国教育之情形》等，真正确立了他完整的学术思想体系。

这一时期，杨昌济学术思想最主要的变化集中在伦理思想方面，他伦理思想主体的构建也基本形成。一方面这与杨昌济所从事的社会活动有关，另一方面则源自于他从国外留学归来后的感悟所致。杨昌济归国以后，主要在湖南第一师范授课，但是他又兼任湖南高等师范学校的伦理学、教育学教授。对当时的高校教师来说，杨氏系统的教授伦理学乃是首创之举。杨昌济详细地介绍了伦理学的发展和西方各个流派，同时结合自身所学从中国传统学术的角度去阐发当时存在的各种伦理有关问题，使当时的学生受益匪浅，对于湖南师范人材的培养也起到了重要的促进作用。曹典球高度评价说杨昌济伦理学、教育学课程的开设“在湖南教育史中实别开一新纪元，不可忽视！”① 杨昌济伦理思想中西兼顾的双重性，在当时虽不是首创，然而却也称得上独树一帜。就其思想内容而言，他主要对中国封建时代的伦理道德和当时社会存在的陈规陋习进行了批判，然而他的理论依据又同时来自于西方伦理学理论和中国传统的学术思想体系。如杨昌济自身的道德观，就同时融合了中国的性理学和英国功利学派的伦理思想，非常注重实践。又如杨昌济所著《论语类钞》一文，就明显可以看出他伦理思想的双重性特征。黎锦熙介绍该书的评述可谓恰如其分：“旁征泰西教理学说，析其同异，无所牵附，故博而不凿。即《论语》之内容而析为类，自成系统，亦无碎义，故约而不拘。”② 总

---

① 曹典球：《杨昌济先生传》，王兴国编《杨昌济文集》，湖南教育出版社 1983 年版，第385 页。

② 杨昌济：《论语类钞》，王兴国编《杨昌济文集》，湖南教育出版社 1983 年版，第 67 页。

结来说，杨昌济的伦理思想具有很强的学术性和丰富的内容，但他的思想同时又具有社会性和实践性——杨昌济的伦理思想对当时的社会产生了广泛的影响：杨昌济的进步思想首先在湖南的大学的进步知识分子群体中萌发，直接促成了湖南五四时期最早的进步社团新民学会的成立，该学会的章程就非常鲜明地反映了杨昌济的进步思想。后来，杨昌济的思想又在北京大学的自由土壤上生根发芽，并最终为五四运动和后来的革命运动输送了进步学术思想的新鲜血液。

就教育思想而言，得益于西方完整教育体系的学习和中国传统教育体系的启示，这一阶段杨昌济的教育思想已经成型，同时对于中国的教育制度他也有了自己独到的看法和见解。在《教育与政治》一文中，他指出："教育与政治有密接之关系，互相为因，互相为果。无善良之政治，则不能有善良之教育；抑可云无善良之教育，则不能有善良之政治。"[①] 阐明了教育与政治的关系，并在随后进一步强调教育是关乎到未来的，而政治只能维持现在。最后，他根据实际情况总结道："欲救国家之危亡，舍从事国民之教育，别无他法。"[②] 这可以看作是杨昌济的教育救国思想的具体体现，同时也反映出他教育思想的最终成型。另一方面，杨昌济在《教育上当注意之点》一文中又提出了改革我国教育的多项具体措施，如整顿学校纪律，改良寄宿学校的宿舍，重视历史、地理等人文学科的学习，学生应该阅读报刊杂志，提倡实业，等等，为我国教育制度的改革提供了许多非常有参考价值的建议。这也可算作杨昌济教育改革思想的具体体现。

三、杨昌济学术思想的内容

（一）杨昌济的教育思想

作为我国近代杰出的教育学家，杨昌济对于教育事业的发展十分关注。杨昌济曾说，他"以直接感化青年为己任，意在多布种

① 杨昌济：《教育与政治》，《湖南教育杂志》1913 年第 16 期。
② 杨昌济：《教育与政治》，《湖南教育杂志》1913 年第 16 期。

子，俟其发生”①。杨昌济在教师生涯中培养了以毛泽东、蔡和森等为代表的一大批优秀青年，他们后来都成为了社会改革的中坚力量。杨昌济的一生经历了数个不同的时期，从早年在乡下私塾孜孜不倦地求学（1877—1889），到在家乡设馆授徒的短暂教学生活（1890—1902），接着是十年国外的再次求学（1903—1912），最后是学成归国后从教生涯的继续（1913—1920）。从乡村塾师到北大教授，杨昌济的教育思想逐渐走向成熟，直到“欲栽大木拄长天”理想的提出。在他的治学和授业的过程中，杨昌济不仅将中国传统的教育理论与西方近代的先进教育思想进行了有机的结合，同时还将它们实践化了。这种教学结合的良性互动，反过来又促进了杨昌济教育思想的发展，由最初的改良主义教育思想转变为最终的民主主义教育思想，逐渐形成为一个内容丰富的体系——带有鲜明的特色和十足的科学性。

杨昌济根据自己长年研究教育理论所得以及依据教学的实际需要，先后撰写了大量的有关教育的评述，如《论语类抄》《劝学篇》《治生篇》《记英国教育之情形》《教育与政治》《教育上应当注意之点》《余归国后对于教育之所感》《告学生》等文章；同时，杨昌济还比较系统地翻译和介绍了很多西方近代哲学和伦理学的著作，如《各种伦理主义之略述及概评》《哲学上各种理论之略述》《西洋伦理学史》等。另外，杨昌济还编写了讲义《教育学讲义及附录》，参与了部分教育类教科书的编写。杨昌济的教育思想便体现在他的这些作品和教学实践中，形成了涵盖教育救国论、教育作用论、教育目的论、教育主客体论、教育内容论、教育方法论、教育课程论、高等教育论等内容的完整体系。

1. 教育救国论

教育救国论可以算作杨昌济教育思想最为核心的部分，它是杨昌济生平教育思想的主体内容，也是杨昌济教育思想的最终目的之所在。杨昌济曾说：“吾辈救世惟赖此一枝笔；改革思想，提倡

---

① 杨昌济：《致教育总长范源濂书》，王兴国编《杨昌济文集》，湖南教育出版社1983年版，第344页。

真理，要耐清苦、耐寂寞。望翻然改图，天下幸甚!”① 表达了他以教育事业为救国之主要方法的人生目标。事实上，杨昌济教育救国论的形成并非一蹴而就，它的最终形成是时代对杨昌济的影响，也是杨昌济强烈爱国思想的最终使然。

杨昌济所生活的时代，正值国家多事之秋，民族苦难深重。青年时代的杨昌济，见证了满清政府垂暮之年的最后挣扎，面对内忧外患的局面清朝统治者一方面对内加强对人民的压迫和剥削，另一方面则加紧与外国侵略势力妥协和勾结，使得中国在半殖民地半封建的道路上渐行渐远。清政府企图以尊孔复古的思想实现对人民思想的继续控制，然而中国终究被甲午中日战争的惨败而深深刺痛到了民族的神经，戊戌变法吹响了改革和思想求新求变的号角，引得无数爱国仁人志士奋起奔走呼号，积极探索救国道路。这对于杨昌济的影响是直接而深刻的，此时的杨昌济也萌生了自己的救国想法：“变科举、变学校，变之自上者也。变学术，变之自下者也。”② 即从教育开始实习自下而上变法的思想。留学时代的杨昌济，在谈到留学之目的时曾说：“余自弱冠，即有志于教育。值世局大变，万国交通，国内人士，争倡变法自强之议，采用东西洋各国成法，创兴学校，以图教育之普及。余以为处此时势，非有世界之智识，不足以任指导社会之责。”③ 杨昌济便是带着教育救国的信心毅然出国留学，从西方先进教育制度中寻求具体的方略。在日本留学期间，杨昌济始终没有改变其教育救国的初衷，与杨度、杨树达、周大烈、方表等人组织了“中国学会”，致力于研究和探讨各种与救国有关的学术问题；学成归国后的杨昌济，拒绝了政界伸出的橄榄枝，坚持着以“输入文明指导社会”为义务的不变信念，在反复告诫即将出国的留学生的同时，他自己也是这么做的，一心以教育为己任。回到湖南的杨昌济，

① 杨昌济：《达化斋日记》1919 年 10 月 26 日。

② 杨昌济：《达化斋日记》，王兴国编《杨昌济文集》，湖南教育出版社 1983 年版，第 28 页。

③ 杨昌济：《余归国后对于教育之所感》，王兴国编《杨昌济文集》，湖南教育出版社 1983 年版，第 52 页。

先后在省立第四师范、第一师范、湖南高等师范学校和湖南商业专科学校任教，在长沙当了五年教员。杨昌济说："教育者，寂寞之事业，而实为神圣之天职，扶危定倾，端赖乎此，有志者固不以彼而易此也。"[①] 他又说，"吾以为救国之道，舍学末由。"[②] 这些其实都反映了他对于教育救国论坚定不移的信念。直到生命的最后几年，杨昌济依然在为发展中国的教育事业而努力，而他的思想信念更加地坚定："世之论国事者，莫不以振兴教育为根本之至计矣。"杨昌济突出强调了民族和国家的根本大计在于振兴教育，体现了他对教育重要性矢志不渝的认知。

从内容上来说，杨昌济教育救国论的核心观点在于，他认为教育是国家成立的根本条件之一，古今中外莫不如是。教育是关系到国家百年大计的重要事情，一国教育所培养出来的人才的多少、好坏、优劣是能够决定这个国家未来的发展趋势的。同时，杨昌济还认为通过教育所带来的社会改革是自下而上的，即通过教育的影响先让普通民众的思想观念发生改变进而传递到上层统治阶级，最后可以促使整个社会救亡图存思想的形成。仔细分析，杨昌济这种教育救国论的理论基础来源于他对当时中国社会现状的分析，传统教育所带给他的认知和西方近代教育思想的融合又直接作用于他的教育救国思想。从本质上来说，杨昌济的教育救国论是其资产阶级改良主义思想的一个重要组成部分。

2. 教育作用论

所谓"教育作用论"，其实是对杨昌济有关教育的社会作用的论述的具体总结和阐发，它基本概括了杨昌济对于教育社会作用的认知，反映出杨昌济有关教育的一些实际想法。

就内容来说，教育作用论主要着力于探讨教育的社会作用，分析教育是否万能的问题。事实上，这个问题来源于西方教育学史上长期存在的两种对立观点的争论：即教育万能和教育并非万能。前者的代表主要是支配18世纪西方思想界的法国启蒙派。该学派坚持认为理性是支配这个世界一切事情的原理，如宇宙按照一定

---

① 杨昌济：《教育与政治》，《湖南教育杂志》1913年第16期。

② 杨怀中：《劝学篇》，《公言》第1卷第1期，1914年10月。

秩序运转，生物各个器官都各有其作用等，其实都是理性在起作用。所以，人类社会也是被理性所支配的，每个人都得按照理性的原则去行动，以理性行事就不会产生任何错误。启蒙派进而将这种理论应用于教育学上，认为积极兴办学校，改良教育，就能够使人们通过教育的作用明白理性的存在，懂得分辨善恶是非，最终学会趋善避恶，社会犯罪也就相应地会不断减少了。由此来说，教育是万能的。后者则是以19世纪生物学、遗传学等学科的众多学者为代表，这些人从各自的学科角度出发，一致认为人不仅收到理性的支配，还受到感情、遗传基因等多种因素的影响。以遗传学为例，一个人性格的形成来自于父母的遗传，而这种遗传就决定了他以后的发展方向。仅仅认为通过教育的手段就能够让一个原本性格恶劣的人成为善良的人，这从遗传来说就根本说不通。因此，教育并非万能的。

对于这两种观点，杨昌济都持否定的态度，并分别进行了批判。他一方面认为，提倡教育万能的启蒙派过于极端，它只考虑了理性的因素。事实上，当理性与情感相冲突之时"吾人不常从理性之命而抑制感情冲动"①。另一方面，对于秉持教育并非万能观点的人，杨昌济也相应地从遗传的角度进行了反驳。他一方面认为遗传只不过是一种发展中的倾向，这种倾向日后的表现需要外部刺激和内部反应的共同作用，如一个人天生有音乐才能，然而从来不给予他后天的培训和熏陶，这种才能同样表达不出来，没有音乐才能的人，后来即使怎么给予他刺激都不可能使他生出音乐的才能。另一方面，从遗传学的角度来说，杨昌济又说"据进化论之所言，生物生来所得之性质，非一生如此者，因适应周围之事情而变化其性质，故生物有遗传性，同时又有适应性。"②杨昌济认为，与启蒙派过分强调后天作用类似，过分强调遗传性，即先天作用的观点也是片面和极端的。

---

① 杨昌济：《教育学讲义》，王兴国编《杨昌济文集》，湖南教育出版社1983年版，第107页。

② 杨昌济：《教育学讲义》，王兴国编《杨昌济文集》，湖南教育出版社1983年版，第108页。

据此，杨昌济提出了自身的观点，他总结说："故教育虽非万能，不能不谓为可能。"① 接着他又说，"故教育不仅可能，且有大势力。"② 杨昌济认为教育既非万能又不是完全没有大的作用，教育对于社会发挥作用的可能性非常的大。从这里看出，杨昌济对于教育的重要性很早就有了认识，这也可以看成是他教育救国论的一个有机组成部分。

不过，在分析杨昌济的教育作用论的时候，我们不能忽略一个重要的事实，即杨昌济的教育思想一度是偏向于资产阶级改良主义的，所以这里又涉及对教育的社会作用如何实现的进一步思考——这个问题清晰地反映出杨昌济教育思想主张的某种变迁。杨昌济曾说："非有改造人心之教育，养成健全之中等社会，则善良之政治终不可得而望，有志者所宜奋袂而起也。"③ 这说明他首先将教育对象的重点放在中等社会，即当时的资产阶级身上。但是由于受到西方教育制度的启发，同时杨昌济又提出要普及全民教育："余思吾国今日，不仅当注意于儿童之教育，又当注意于年长者之开通；不当徒为身家殷实之子弟图远大之前程，尤当为家道维艰者之子弟图谋生之良计。"④ 这种思想后来所产生的一个积极的效果在于，毛泽东等人据此创办了带有进步色彩的"工人夜校"。

3．教育目的论

在认真分析了教育的社会作用之后，杨昌济接着提出关于教育的第二个问题：教育的目的是什么？或者说教育应该培养具有什么性格的人？杨昌济认为解决这个问题的方法或者说措施就是教育目的论。

所谓教育目的论，杨昌济认为主要有三个方面的内容：其一，"教育不可不以与生存于社会之能力于个人，为第一之目的。"⑤ 在他看来，教育的首要目的，在于培养个人能够生存于这个社会的

---

① 王兴国编：《杨昌济文集》，湖南教育出版社 1983 年版，第 110 页。

② 王兴国编：《杨昌济文集》，湖南教育出版社 1983 年版，第 110 页。

③ 杨昌济：《教育与政治》，《湖南教育杂志》1913 年第 16 期。

④ 杨昌济：《记英国教育之情形》，《湖南教育杂志》1913 年第 14—15 期。

⑤ 杨昌济：《教育学讲义》，王兴国编《杨昌济文集》，湖南教育出版社 1983 年版，第 114 页。

必要能力，即今天我们所说的智育。杨昌济强调当今社会生存竞争激烈，科学技术进步日新月异，要想在这种竞争的社会环境中获得生存的资格，就必须接受教育。在接受教育的同时，杨昌济还指出需要有强健的体魄才能够更好地应对生存竞争，所以教育也应该注重对学生体育的培养。其二，“教育不可不使儿童能理解环象，能知对之之趣味，此教育之第二目的也。”① 杨昌济认为光重视智育和体育是不够的，要让接受教育的孩童同时也要能够用心去感悟自然界奇妙的现象和社会生活文化中美好的一面，进而培养出高尚的生活情操。杨昌济认为这点很重要，对于失败的人来说，这样能够获得心灵的慰藉并重新振作；对于成功的人来说，这样可以防止他们被社会不良风气侵蚀最后堕落腐化。在今天看来，这其实就是德育和美育教育的部分内容。其三，“教育又不可不养成可得贡献于社会之生存发达之性格，此教育之第三目的也。”② 杨昌济明确提出，个人与社会的关系是非常紧密的，每个人的身体与精神，都被社会所制约，若脱离了社会，人的身体和精神都将不复存在。在这里杨昌济对个人和社会的关系展开了哲学上的辩证讨论，着重从道德的角度分析了教育的目的。他认为，人出生的时候精神还是一张白纸，对儿童而言他们还根本没有善恶正邪之分，所以此时无论是家庭教育还是社会、学校的教育，对其性格的形成都有非常大的影响，教育的目的就在于培养出为社会做突出贡献的个人，即有着良好的道德，能够为社会提供自己的力量的人。只有这样，我们才能够享受到社会所回报的恩泽。杨昌济强调由这种存在着公共心、同情心的人所组成的社会与由其他的人所组成的社会相比，必然会取得胜利。事实上这里就是在强调德育对于个人的重要性。

总结来说，杨昌济所倡导的“教育目的论”，其本质就在于强调教育的目的就是全面培养人们的德智体美教育的发展，使个人

① 杨昌济：《教育学讲义》，王兴国编《杨昌济文集》，湖南教育出版社 1983 年版，第 117 页。

② 杨昌济：《教育学讲义》，王兴国编《杨昌济文集》，湖南教育出版社 1983 年版，第 120 页。

能够更好地适应社会生存竞争，同时让人们生出公共事业心和同情心，一起推动社会的整体进步。

4. 教育的主客体论

关于教育的主客体的讨论，事实上是教育学中由来已久的一个问题，它同时也属于哲学的范畴。关于教育对象的不同定义，使得许多学者对于教育的认知也存在着分歧。杨昌济对此也做过分析，并提出了一些自己的看法。

杨昌济首先提到了近代法国教育学家卢梭对教育的定义。卢梭认为教育存在着三种不同的类型：自然的教育，物的教育和人的教育。杨昌济以人的教育为例进行了仔细的分析，并认为卢梭所谓的人的教育，就是人与人之间的情感教化，如将自己的知识和智慧传授给别人就是教育。换言之，教育的主体是人，客体也只能是人。类似于人教会动物杂耍技艺的行为，虽然包含着人的情感教化，但是由于其客体不是人，所以就不能称之为教育。这种观点在当时得到了许多学者认同，然而杨昌济否定了这种观点，他认为不一定感化就都能称之为教育，如人际关系交往中，经常会出现无意识的感化行为，这种无明确目标的感化就不能叫做教育。杨昌济进而提出："有目的、备方案与人以意识的感化，乃谓之教育。"① 对于教育的主客体，杨昌济认为："第一，教育之主体，不可不为人；第二，教育之客体，又不可不为人；第三，教育不可不为有目的、有方案之意识的感化。"② 具体来说，教育的主体是人，但是必须已经是心性均已成熟之人；教育的客体是人，但是必须具备接受教育的可能性。所以，真正的教育是心性已经成熟的人对于心性未成熟的人有目的、有方案的意识上的感化。

由此来看，杨昌济对于教育主客体的主体论述是建立在西方教育学的基础之上的，但是他又特意强调了主客体的必要条件，实在称得上一种比较独到的见解。虽然总体上杨昌济还未脱离传统

① 杨昌济：《教育学讲义》，王兴国编《杨昌济文集》，湖南教育出版社 1983 年版，第 101 页。

② 杨昌济：《教育学讲义》，王兴国编《杨昌济文集》，湖南教育出版社 1983 年版，第 101 页。

教育主客体的分析，对于教育的定义也值得商榷，然而也可算是一家之言，具有独立思考的精神，与同时代的许多教育学家相比确实又进步了不少。

5. 教育内容论

对于教育内容的看法，杨昌济有两个主要的观点：

第一，他认为应该重视中国传统文化的教育。中国传统文化中包含着几千年来不断积累沉淀的深厚文化底蕴，学习和了解本国的传统文化，对于年轻人道德的培养有非常重要的作用。杨昌济曾说："然各国学校虽重实科，古文之教授亦尚不废，国民自古传来之精神的财产，固不可不珍重而保守之。"① 接着，他又说："彼为德育之计，且课学生以汉文矣，况吾国经书之所载，乃吾国固有之文化，其关系于青年之德育尤为深切，而可忽焉不讲乎？"② 对于学生，杨昌济也经常反复告诫，学问并不一定完全得向外国求教，本国文化博大精深，经、史、子、集等书籍犹如一座巨大的文化宝藏等待被发掘。在当今国家与国家间的交流变得日益密切之时，文化的互动也会很频繁，在学习好本国文化的基础上再融合外国先进的文化思想，将来的发展实在是不可预料的。虽然急于学习外国的文化是为了实现祖国的尽快富强，也可以称得上学习的正当努力，然而，"若忽于国文、国学，则精神思想莫由启发，纵令外国语甚熟，能与西人对答如流，亦终不能大有益于社会。"③ 这里深刻反映出杨昌济对于中国传统文化的认知，即强调从本国文化中提取精华，重点培育学生德育的思想，这与杨昌济所强调的以德育为中心的德智体美全面发展的教育思想主体是一致的。

第二，杨昌济认为应该重视历史、地理、哲学等人文科学的教育。他说："凡人不可无历史、地理之知识。历史者合古今为一连

---

① 王兴国编：《杨昌济文集》，湖南教育出版社 1983 年版，第 54 页。

② 王兴国编：《杨昌济文集》，湖南教育出版社 1983 年版，第 55 页。

③ 杨昌济：《余归国后对于教育之所感》，《湖南教育杂志》1913 年第 17 期和 1914 年第 3、4 期。

续，地理者合世界为一全体。”① 历史、地理的学习能够让学生形成全面的世界观和人生观，它们同时也是构成自我的重要因素。相比于数学、英语等学科而言，历史和地理能够更好地培养学生的道德，使学生能够了解和重视本国的文化，对于世界发展的总体形势能够有更清晰的认识。对施教者来说，培育学生的良好道德和正确的人生观、世界观也正是教育的目的所在。至于哲学，杨昌济认为它属于精神科学，也具有非常重要的价值：“个人必有主义，国家必有时代精神。哲学者，社会进化之原动力也。一时代有一时代之哲学思想，欲改造现在之时代为较为进步之时代，必先改造其哲学思想。”② 哲学重要的价值体现，在于促进国家精神的产生，相比于自然学科带来社会的进步，杨昌济认为时代精神的培育更加的重要。结合当时的时代背景来分析，杨昌济的这种看法具有一定的道理。

6. 教育方法论

教育方法是教育学的重要组成部分，采取怎样的教育方法基本可以体现出教育者的教育目的和教育基本态度。杨昌济认为，在教育目的基本确定之后，首先要考虑的就是实现教育目的的方法。在他看来，教育方法主要有三种：即教授，训练和养护。所谓教授，就是向学生传授知识，培养他们身心和智力的发育；训练，则是通过施教者的言传身教，直接感化被教育者，端正他们的人生方向，培养他们善良的品性；养护，就是保护学生的身体使其能够健康发育成长。

杨昌济首先指出，教授与训练之间存在着密切的联系，即“吾人为教授之时，同时为训练；为训练之时，同时为教授”③。他强调，教授主要是关于智力和认知的方面，训练则直接与人的意志和意识的活动有关。通过对认识和意识辩证关系的分析，杨昌济指出了两者之间互为相通的原因，但是同时他又说教授与训练

---

① 杨昌济：《教育上当注意之点》，《湖南教育杂志》1913 年第 16 期。

② 杨怀中：《劝学篇》，《公言》第 1 卷第 1 期，1914 年 10 月。

③ 杨昌济：《教育学讲义》，王兴国编《杨昌济文集》，湖南教育出版社 1983 年版，第 136 页。

是有区别的：教授的最终目的在于使受教育者得到智力的开发和身心得到提升，而训练则在于端正受教育者的意志和品行，明确人生的发展方向，两者的侧重点是不一样的。就教授论而言，杨昌济分析了西方教育发展的不同阶段，认为教授应该根据教材的种类性质而采取不同的教学方法。当时西方基本的教学模式称为“教授之形式的阶段”，它分为三段、四段、五段几种不同的教学方法。杨昌济总结认为，教授之阶段是基于心理学和论理学的提示而确定阶段的划分的，如先提示，接着比较，再综合，由特殊到普通，这就是运用了论理学中的归纳法。综合之后，再通过应用，将普通变为特殊，这又是伦理学中的演绎法。施教者如果能够明白这其中的奥妙，就能够完全收到教授的效果。对于教授的方式，杨昌济认为主要有两种：第一种就是只有教师的活动，教师通过演讲、说明等形式让受教育者被动地接受知识，这种方式称为注入式的教学方式。注入式的教学方式又分为三种，即以实物演示的教学方式，教师示范的教学方式和演讲式的教学方式。第二种为教师自问答法，也可称为开发的教学方式，即被教育者参与进来，并且在教师的引导下得出某些问题的答案或者主动掌握某部分的知识。这种方式主要通过课题式和问答式的方法来具体实施。在杨昌济看来，开放式的教学方式是优于注入式的，因为相比而言前者的弊害更少。

其次，杨昌济强调养护是家庭最关重要的义务，也是学校不可忽视的责任，对体育的重视对于儿童的健康成长有关键性的作用，对于国家的生产、国家兵员素质等方面也有很重大的影响。他认为养护分为积极的养护和消极的养护两种，前者帮助学生身体发育，如体操，游戏，手工劳动等，后者使学生避免受到损害，如注意学校卫生和疾病的预防等。就积极的养护而言，杨昌济特别提到了体操，并称之为养护手段最关键的部分，体操能够带动全身各部分的活动，不仅能够让人的体型变得更加优美，也能够让人的感觉更加地敏锐，动作更加地敏捷。杨昌济接着又提出，积极的养护另一个关键的部分就是奖励各种运动。以英国和日本各著名大学为例，无不重视各项运动的开展。对教育者来说，奖励运动是应该积极提倡的，中国国民文弱的由来，其中的原因之一就在于不注重户外运动的开展。就消极的养护而言，杨昌济认为应该注意让学生避免从事危险的活动，如擅自下河游泳，随意攀爬等，在疾病的预防上要注意日常预防和临时治疗的结合。杨昌济指出，学业过重不利于儿童生长发育，容易引起各种身体不适。学生饮食不干净，也容易引起疾病。学校的卫生要经常打扫，尽量消除细菌的隐患，学生自身也要经常注意清洁，等等。通过这些具体措施，我们可以明显地看出杨昌济对于教育方法的细致分析，他所总结的这些东西对于今天的教育来说依然具有现实意义。

7．教育课程论

关于学校课程设置的问题，杨昌济认为首先应该区分学校的种类，即普通教育和专门教育。结合西方教育学课程体制的不同划分与中国近代教育课程的设置，杨昌济对我国近代普通教育中学校课程的具体设置提出了一些实际的看法。

杨昌济认为，普通中学应该开设三个大的教科：即基础的教科、智识的教科和技能的教科。基础的教科又包含言语（包括本国语言文学与外国语言文学）、数学、修身共三门，这些都可以称之为其他学科的基础；智识的教科包含历史、地理、物理、化学、博物（包括植物、矿物和动物）共五门，主要目的在于传授学生科学知识；技能的教科则包含图画、唱歌、手工、体操共四门，主要在于训练学生的专业技能。三大教科综合起来共 12 科，共 15 门课程，基本涵盖了近代普通教育的各个方面，突出了德智体美全面教育的总体要求。对于不同课程的内在要求，杨昌济提出“然教授之际，务必谋各教科教材之联络”①。即各个不同课程之间存在着一定的联系。杨昌济进一步指出，这种联系并非术语要相同或相似，而是学生在学习一门课程的时候能够帮助他记忆和学习另一门课程的知识，在这种有机的互动中逐渐培养出学生正确理解的能力。

在各普通学校具体教程设置与安排的问题上，杨昌济则认为：

---

① 杨昌济：《教育学讲义》，王兴国编《杨昌济文集》，湖南教育出版社 1983 年版，第 163 页。

“简单者、为他教科之基础者、具体者，宜先教之；复杂者、解释之要他科之智识者、抽象者，宜后教之。”① 对于同科教材之间的排列，杨昌济认为有两种方法：第一种为阶段排列法（又可以称为直进教案），简单地说就是将一门学科的教授时间按阶段划分，如某科教授总体时间为两年，第一年可以开设其一半的课程，第二年则可以开设其剩余的课程。他指出这样的好处在于学业量平均，但缺点是耗费的时间长，且不容易适应学生智力和精神不断发育的客观要求。第二种方法为圆周排列法（又可以叫做圆周教案），与第一种方法平均学业量不同的是，此种方法遵循的是先大概学习完总体，然后再进行仔细地进行学习的思路。相比于阶段排列法，杨昌济比较赞同这种方法，认为这样的安排使学生在长期的学习过程中不容易出现学了不久就忘记的现象，便于帮助学生巩固所学知识，但是杨昌济也指出圆周排列法的缺点在于学习内容的反复容易引起学生的厌倦之感。所以，杨昌济总结认为，在实际的课程安排中应该根据具体科目的特点来做出相应的调整，这里体现了杨昌济课程安排思路的灵活性。

8. 高等教育论

杨昌济常年致力于我国近代的教育事业的发展，对于我国近代教育事业作出了突出的贡献，而这其中他最为关切的就是近代我国大学和高等教育的建设，尤其是湖南大学的成立，就与杨昌济的努力有很大的关系。

杨昌济认为，教育的振兴是国家复兴的必经之路，“然教育之中又自有其根本焉，则大学教育是也。”② 他认为与普通教育相比，大学教育尤其重要，这主要表现在两个重要的方面：首先，杨昌济认为，必先有大学教育才能有普通教育，大学教育充分发展才能够带动普通教育的振兴，才能够为普通教育提供足够的师资力量，同时大学教育对于学术的发达也有非常重要的意义；其次，大学教育尤其是师范教育能够为小学、中学等初级学校提供高素

① 杨昌济：《教育学讲义》，王兴国编《杨昌济文集》，湖南教育出版社 1983 年版，第 164 页。

② 王兴国编：《杨昌济文集》，湖南教育出版社 1983 年版，第 346 页。

质的教员。杨昌济曾说："高等学校不发达，则中学校均绝其来源，此非教育前途之福也。"① 体现了他对高等教育发展的重视。对于湖南高等教育的发展，杨昌济尤其用心，他曾经写信给民国教育总长范源濂，提出重新开办湖南高等师范学校的要求，并详细地阐述了湖南创办大学的重要性："以欧美各国之例推之，中国各省皆应立一大学，而湖南则尤有立大学之资格者也。"② 其后，杨昌济又撰写《论湖南创设省立大学之必要》一文，专门向当时的教育部提出在湖南设立大学的要求，并成立了"湖南大学筹备处"，由他亲自主持具体筹备的事宜。虽然杨昌济最终未能看到湖南大学的成立，然而他对于湖南大学成立的贡献确是不容忽视的。

在杨昌济看来，大学是培养国家人才的摇篮，中外部分推动社会变革的关键性人物，都是从大学教育中走出来的，所以他对青年大学生的学业是非常支持的。毛泽东、蔡和森等人在湖南一师读书之时就得到了杨昌济很多的帮助，他们经常聚集于"板仓杨"寓探讨学术问题并向杨昌济积极求教，为日后学有所成奠定了坚实的学术理论基础。在出国留学这件事上，杨昌济持有非常肯定地态度，并认为："吾国非无好学深思之士，于本国之学问素有研究，惜其无世界之知识，其所学尚不足应当世之急需。如此之人，若能驰域外之观，则其所得较所学小生必更有深且切者。此诚吾所祷祀以求者也。"③ 留学生在国外学成归来后，就能够更好地利用所学为我国的社会发展作出重要的贡献。至于训练论，杨昌济认为应该注意两个方面的内容：其一，训练宜根据学生精神发达的程度来考虑，如对于精神发达程度较低的小孩就应该采用命令的形式，而对青少年则多采取劝谕告诫的方式；其二，教育者应该注意学生的个性，即今天所说的"因材施教"。具体的训练手段，杨昌济提出大致有五种：命令与禁止，赏罚，游戏与作业，教谕，示例。总结来说，杨昌济的教授与训练互相结合的各种措

① 王兴国编：《杨昌济文集》，湖南教育出版社 1983 年版，第 52 页。

② 杨昌济：《致教育总长范源濂书》，王兴国编《杨昌济文集》，湖南教育出版社 1983 年版，第 344 页.

③ 杨怀中：《劝学篇》，《公言》第 1 卷第 1 期，1914 年 10 月。

施和方法非常具体，且实施性非常强，体现了杨昌济对于教育方法的仔细思考。

（二）杨昌济的伦理学思想

1. 树立正确的人生观

作为我国近代著名的伦理学家，杨昌济同时又是教育家。所以，这两种身份重叠的结果就必然导致杨昌济伦理思想中存在的教育性，而这也恰恰是杨昌济伦理思想的第一部分内容：如何树立正确的人生观。杨昌济将自身的伦理学思想融入到日常的教育教学工作中，将正确的思想传授给他的学生，教导他们树立正确的人生观，对于他们以后的人生大有帮助。具体而言，他有关于人生观的伦理思想包含以下几方面的具体内容：

第一，做人要先立志，并有坚定的信仰。杨昌济认为，一个人在立下志向之后，就必须坚定自己的信仰毫不动摇，不能轻易放弃自己所坚持的主义，这样做任何事情都能够获得成功。他曾说："人有强固之意志，始能实现高尚之理想，养成善良之习惯，造就纯正之品性。意志之强者，对于己身，则能抑制情欲之横恣；对于社会，则能抵抗权势之压迫。"① 意志的作用是巨大的，它可以帮助人们实现理想，对于道德的改造也是非常有帮助的，在这里杨昌济强调了意志的作用，说明意志对于人的重要性。接着他又说："若己身之利益与社会之利益有冲突之时，则当以己身之利益为社会之牺牲。虽然牺牲己之利益可也，牺牲己之主义不可也。"② 这里体现出杨昌济对坚定信仰的看法，也反映了他进步的革命思想。在马克思主义未传入中国之前，杨昌济的这种主张无疑是非常具有革命性的。

第二，力行节俭的生活原则。杨昌济自幼多遭苦难，人生际遇多坎坷，造就了他克己的现实主义态度。杨昌济一生提倡生活节

---

① 杨昌济：《论语类钞》，王兴国编《杨昌济文集》，湖南教育出版社 1983 年版，第 69 页。

② 杨昌济：《论语类钞》，王兴国编《杨昌济文集》，湖南教育出版社 1983 年版，第 70 页。

俭，反对铺张浪费，对于中国历来存在的某些浪费的陋俗深恶痛绝。观其伦理思想，他主要从精神和物质两个方面多次论述了其节俭的思想。在其早期的日记中，他记述道："一宫室也，须知有主家之经营，匠人之辛苦。一器用也，须知有先民之矩矱，置买之艰难。一衣服也，须知纺绩裁缝之劳。一饮食也，须知耕种烹饪之苦。"① 这反映了他对于生活艰难的深刻认识，接着他又写到："今人多以鄙吝为耻，殊不知俭以养廉。"②这里又从立身的角度强调了节俭的重要性，杨昌济认为节俭可以让人自立，可以培养人们形成良好的道德观念，能够实现个人价值的体现。传统理学认为，理财是一种小人的行为，然而杨昌济厉行节俭事实上就是对这种观点的一种批判，这不仅体现了杨昌济与宋明理学的分歧所在，也可以看成是杨昌济在精神层面对节俭的代表性论述。从物质的角度来说，杨昌济还主张俭以惜物，认为节俭是一个人所必须具备的品质。他以日本实业家诸户清六为例，指出这位日本商人虽然家境殷实，但在生活上同样奉行节俭。另一方面，杨昌济在提倡节俭的同时又反对那种没有针对性的、守财奴式的惜物。在民族大义和公共事业面前，个人的利益应该让位于国家和民族的利益，慷慨解囊是每个人义不容辞的责任——这反映出杨昌济伦理思想的全面性。

第三，做人做事要有坚忍的态度。杨昌济认为，人要想获得成功就必须学会坚持和忍耐。他曾说："吾无过人者，惟于坚忍二字颇为著力。常欲以久制胜，他人以数年为之者，吾以数十年为之，不患其不有所成就也。"③ 杨昌济以我国和外国历史上的一些著名人物为例，具体阐述了这个道理。如宋明理学的代表人物朱熹，他的才智虽比不上张栻，然而他依靠多年坚持学习进行积累，终于也成为大有成就的人。又如达尔文花了 20 年的时间才完成进化论，斯宾塞尔耗费了 36 年才完成《道德原理》的著述，这些都是

---

① 王兴国编：《杨昌济文集》，湖南教育出版社 1983 年版，第 10 页。

② 王兴国编：《杨昌济文集》，湖南教育出版社 1983 年版，第 12 页。

③ 杨昌济：《论语类钞》，王兴国编《杨昌济文集》，湖南教育出版社 1983 年版，第 68 页。

坚持的结果。将此等道理如果放诸于做人做事之上，同样也是非常有道理的。在劝诫自己的学生之时，杨昌济曾说："欲实现此久大之理想，固非一手一足之所能为力，亦非一朝一夕之所能为功。故实行尤必继之以坚忍，始能竟实行之功也。"① 杨昌济所提倡的坚忍的人生伦理观点在此体现得淋漓尽致。

第四，要有待人以诚的态度。这里的诚与宋明理学所强调的带有神秘色彩的"诚"相区别，杨昌济主要是从道德的角度来强调的。杨昌济很早就认识到了诚的重要性，并认为"待人处事，一当出以至诚，然后得圣贤之正，而行之邦家无怨"②。此时的局限性在于，杨昌济是从士大夫的角度表达了诚的意义，对于封建制度虽有所不满然而并没有提及到它对于整个社会的重要性。在西方留学十年后，杨昌济的伦理思想得到了极大的扩充，对于诚的看法又有所不同。此时他已经透过国外的社会情况逐步认清中国的现实，开始对中国普遍存在的尔虞我诈行为进行批判，他指出："要而言之，人之立身最要一诚字。诚者，物之终始，不诚无物。人能存诚，乃是真人物，乃是真学问……至诚而不动者，未之有也，不诚未有能动者也。"③ 杨昌济认为诚能够感动一切，也是推动一切的重要原因，虽然这里存在着过分夸大教育道德力量的嫌疑，但是也反映了杨昌济对于诚的重要性的认识。

2. 对传统封建道德的批判和吸收

对于中国近代的伦理学家来说，如何客观地看待传统的封建伦理道德是一个必修的课题。这个问题不仅涉及传统伦理道德的辩证讨论，也关系到对传统的伦理观如何有机继承和吸收。对此，杨昌济也有着与别人迥异的看法。他的观点主要集中在以下几点：

首先，对于封建传统伦理的批判。杨昌济曾说："吾国社会道德之腐败，其由来甚远，盖数千年专制之结果也。"④ 由此可见，他对于封建伦理的本质认识是非常清楚的。具体来说，杨昌济对

① 杨昌济：《告学生》，《国民》杂志第1卷第1号，1919年。
② 王兴国编：《杨昌济文集》，湖南教育出版社1983年版，第3页。
③ 杨昌济：《告学生》，《国民》杂志第1卷第1号，1919年。
④ 杨昌济：《教育与政治》，《湖南教育杂志》，1913年第16期。

于封建传统伦理的批判又集中在三个方面：

其一，对于封建礼教中所强调以“三纲”之说为核心的价值观，他表示了强烈的反对，认为中国三纲之说其实是在助长暴虐和残忍的风气，它限制了人们争取自由和平等的权利。过度的压制，对于教育等制度也是非常有害的。这种观点来源于资产阶级反对封建阶级而提倡的“自由、平等、博爱”的思想，杨昌济经过国外的多年学习领悟到了这种思想，并将其用来作为批判封建伦理道德的有利工具。中国封建历史上层出不穷的因三纲之说而引发的惨剧，以及西方封建时代迷信宗教残杀异教徒的行径，杨昌济都认为这是封建伦理毒害所致。

其二，对于封建家族制度存在的弊端，杨昌济也进行了深入的批判，并在《治生篇》中作了具体的阐述。他认为宗族主义思想容易引发家庭不睦，依赖思想产生，宗族好坏不分，宗族风气闭塞保守导致社会整体风气难以净化等诸多问题。如关于兄弟不可互相依赖的问题，他就指出：“彼兄弟之坐享其成者，怠惰因循，不求自立，以兄弟之资助为当然，而不知因人而食之为大可耻。”[①]杨昌济认为兄弟依赖就会容易引发被资助之人习以为常而变得懒惰，不晓得羞耻的问题，这种情况其实对兄弟之间都不是什么好事情。至于如何解决这些问题，杨昌济分别提出了自己的看法，他引用英国的继承制和家族分别居住的制度，强调宗族独立生存的好处，指出“英人殖民事业之成功，实由于此”。[②]虽然这种看法值得商榷，但是他对于封建家族的批判无疑是非常正确的。

其三，对于封建包办婚姻的批判，事实上杨昌济本人就是封建婚姻的亲身经历者，所以对此他可谓感同身受。这种由父母包办的婚姻，杨昌济认为容易产生诸多危害：男女之间婚前未曾谋面，婚姻幸福何从谈起；婚姻俨然沦为了买卖，女子被变相地剥夺了婚姻自由；早婚早育的生育观念使得人口质量无法得到有效的保

---

① 杨昌济：《治生篇》，王兴国编《杨昌济文集》，湖南教育出版社 1983 年版，第 231 页。

② 杨昌济：《治生篇》，王兴国编《杨昌济文集》，湖南教育出版社 1983 年版，第 229 页。

证；允许纳妾的一夫多妻制是封建婚姻的残余，是继续蔑视妇女权利的行为。杨昌济曾感叹道："呜呼惨已！结婚为百年大事，不问本人之愿意与否而迫使行之，又为人身之买卖，而女子竟不能不忍受之，无法律上之保护，可谓惨无天日！此亦中国野蛮之习，立法行政者所宜加之意也。"① 这是杨昌济对夫权主义的具体批判，表达了他对妇女的同情，而主张婚姻自由，提倡一夫一妻制等观点来自于他留学西方之后伦理学观点的进步，同时也体现了他对于封建伦理道德认识的深刻认知——今天来看，这种认识的进步意义非常明显。

其次，对传统封建伦理道德的批判性吸收。杨昌济对于封建传统伦理道德的批判虽然建立在他所学习的西方伦理学理论的基础之上，但是同时他的伦理思想中依然包含着中国传统伦理学的因素，他对于传统封建伦理道德也并非持完全反对的态度。作为深受儒家传统思想影响的知识分子，杨昌济对于部分传统的伦理道德理念是认同的，他在日记中曾写到："余生平待人有五字：一曰恕，犯而不校，躬自厚而薄责于人；二曰介，不尽人之忠……此五字可配仁义礼智信五字。余生平循此行之，亦可以免于尤悔，始信圣人'言忠信，行笃敬，虽蛮貊之邦可行矣'之言不我欺也。"② 这里体现了杨昌济对于儒学道德思想的信服，并以此作为自己的人生信条，从侧面反映出他对于中国传统伦理道德的一种吸收。

另一方面，对王夫之理欲统一思想的赞同也反映了杨昌济对传统封建伦理道德的吸收。这种吸收的过程并非直接的，而是杨昌济通过对谭嗣同学术思想仔细学习和研究后的结果。宋明理学中所谓"理"，就是指人的理性，"欲"则可以理解为人的情感和欲望，传统的理学认为理和欲是对立的，而王夫之则否定了这一观点。谭嗣同对于王夫之的这种理论十分赞同，并据此认为朱熹的"人欲净尽"的观点和王阳明的"满街圣人"的观点是不正确的。

① 杨昌济：《达化斋日记》，湖南人民出版社 1978 年版，第 28 页。

② 杨昌济：《达化斋日记》，转引自王兴国《杨昌济的生平及思想》，湖南人民出版社 1981 年版，第 132 页。

杨昌济十分赞同谭嗣同的看法，并抄录了谭嗣同的部分论述。杨昌济在批判禁欲主义的论述时指出："禁欲主义以理性抑压感情，决不为欲望若快乐之所动，此乃极反于人性之自然者也。"① 可以看出，杨昌济对于理欲统一的伦理思辨明显吸取了前人的经验。

3. 对西方伦理思想的批判和吸收

作为杨昌济伦理思想的重要来源，西方伦理思想对他的影响是比较深的，通过对西方各种伦理学说的批判和吸收，杨昌济伦理思想得以在中国传统伦理道德思想的基础上更加完善。具体来说，他对于西方伦理思想的批判和吸收集中在以下几点：

第一，对于禁欲主义的批判。禁欲主义分为两种，一种是伦理学和哲学上的禁欲主义，还有一种是宗教中的禁欲主义。杨昌济主要对伦理学上的禁欲主义展开了批判，如前文所说，杨昌济认为禁欲主义是有违人性的，禁欲主义虽然承认理性的作用，但是却又妄图完全依靠理性的作用来强行控制人情感的变化，以实现最后达到道德的制高点。这种想法本身割裂了理性与人性的联系与统一，与杨昌济所支持的理欲合一的观点是相冲突的，所以杨昌济从中国伦理学道德的角度对其进行了批判，并坚决反对这种观点。

第二，对于快乐主义的批判。快乐主义起源于古希腊的基列内派，伊壁鸠鲁将其发展成为系统。该主义认为，快乐就是人生的目的，人的价值由其快乐分量的多少所决定，快乐就是道德的理想境界，而这种快乐的根源来自于精神而非生理上所感受到的快乐。杨昌济否定了这种观点，并认为快乐是在活动顺利进行之后对欲望得到满足的一种精神状态，"唱快乐主义者，谓吾人一切行为之目的在于快乐，其实不然。吾人非毕生专欲求快乐者，乃求满足快乐以上之要求者也。吾人行为之目的，常在于行为之遂行（即活动）而不在快乐。"② 接着，他又说："要之，快乐乃心理的

① 杨昌济：《各种伦理主义之略述及概评》，王兴国编《杨昌济文集》，湖南教育出版社1983年版，第250页。

② 杨昌济：《各种伦理主义之略述及概评》，王兴国编《杨昌济文集》，湖南教育出版社1983年版，第254页。

事实，非可以为道德的理想也。”① 直接将快乐的定义划入了心理学的范畴。从学术的角度来分析，杨昌济的这种分析是值得肯定的。

第三，对自我实现主义的辩证看待。这种思想起源于亚里士多德，在近代则以康德、菲希特、黑智儿等人为代表，主要强调人的活动不能仅仅依靠自然法则来解释，人是存在着欲望的，道德存在的原因主要是因为人有自我实现的需求。人存在的目的不是为了一时的快乐，而是为了自我理想的实现。这可以看成是道德的一种说明。对于此种观点，杨昌济选择辩证地来看待，他认为相比于快乐主义以感情自我，禁欲主义以理性为自我的片面观点，自我实现主义比较全面，感情和理性都包含在内，这也是这一学说能够得到多数学者支持的原因。但是，杨昌济又认为，“其所谓自我之实现，不免有失于空漠之嫌。”② 从这里可以看出，杨昌济对于该学说是进行过认真的思考的。

（三）杨昌济的哲学思想

从本质上来说，杨昌济生平的哲学思想还未完成最终的定型，从早期受宋明理学陆九渊唯心观点的影响，到中期从国外留学回来之后对西方唯心主义哲学的批判吸收，再到后期关于进化的唯心主义历史观，他的哲学思想一直以来都是偏向于唯心主义的，然而我们容易忽视的一个历史节点在于，1917 年俄国十月革命后马克思主义思想被系统引入后带给中国的巨大的影响。对于终身嗜学的杨昌济来说，这种全新的理论是有可能被他拿来进行思考和分析的。杨昌济非常喜欢阅读李大钊、陈独秀等早期马克思主义学者所主编的《新青年》，并为《新青年》撰写了《结婚论》等充满进步主义色彩的文章，同时在马克思主义未传入中国之前，杨昌济就先后提出了“劳动神圣”“勤工俭学”的进步思想，这些

① 杨昌济：《各种伦理主义之略述及概评》，王兴国编《杨昌济文集》，湖南教育出版社 1983 年版，第 255 页。

② 杨昌济：《各种伦理主义之略述及概评》，王兴国编《杨昌济文集》，湖南教育出版社 1983 年版，第 272 页。

都从侧面反映了杨昌济后期思想的进步。研究杨昌济的哲学思想，我们可以试着从中国传统哲学的影响，西方哲学的影响和马克思主义哲学的影响三个角度对杨昌济的哲学思想进行初步的探寻，得出他哲学思想的整体结构。

从中国传统哲学的角度来分析，杨昌济主要受到宋明理学的影响。宋学主要分为两个主要的流派，即程朱派和陆王派。从现有的资料来看，杨昌济的部分哲学思想来源于对宋明理学两大学派的辩证吸收，他既不偏向于陆王派，又不反对程朱派的学说。他曾说："余本自宋学入门，而亦认汉学家考据之功；余本自程朱入门，而亦认陆王卓绝之识。"① 由此，他的哲学思想产生了以下几部分的内容：

第一，客观唯心主义世界观的形成。在传统哲学中，世界观的研究被称为"本体论"，即强调世界的本原为何物。杨昌济的世界观受到宋学影响较深，陆九渊主张宇宙就是人的内心，人的内心就是宇宙的主观唯心主义思想，认为通过修养本心就能够达到和宇宙合为一体的境界。杨昌济早期非常认同这种观点，他认为做学问的方法就在于"求放心"，通过静坐冥思，整理内心，排除一切杂念，就可以以心观心，从而将心凝聚，出现主宰万物的气象。这显然就是受到了主观唯心主义思想的影响。其后，关于世界本源的解释，杨昌济开始反对王阳明的学说转而赞同朱熹的看法。朱熹曾经主张"格物致知"，认为"理"或者"道"是宇宙万事万物的本源，一切不同的事物都是从"道"中产生的，"道"存在于世间万物之中，并且通过事物的不同形式表现出来。杨昌济对此深以为然，他说："宇宙为一全体，有贯通其间之大原则，宇宙间所有一切之现象悉自此大原则而生。吾人当深思默会，洞晓此大原则，所谓贯通大原也。"② 在这里，杨昌济强调宇宙间存在着一个"大原则"，它是宇宙一切现象产生的原因。人们主观思想的产生都是基于对"大原则"的认识，人们道德上的实践都是贯彻

① 杨怀中：《劝学篇》，《公言》第1卷第1期，1914年10月。

② 杨昌济：《论语类钞》，王兴国编《杨昌济文集》，湖南教育出版社1983年版，第85页。

着“大原则”。很明显，杨昌济这种看法与朱熹的观点非常相似，这是一种非常明显的客观唯心主义的思想。

第二，关于认识论的哲学理解。杨昌济曾说：“于认识之研究，有两极重要之问题焉，一为认识之本质如何之问题，一则其起源如何之问题也。”① 就认识论而言，他的哲学思想是偏向于王阳明所倡导的主观唯心主义思想的。他曾提出“体魄界之中心点，吾身是也；灵魂界之中心点，吾心之灵是也。曰为己，又曰无我，何也？宇宙内事，皆吾性分内事，为己者为此也。”②，这里就反映出他主观唯心主义的思想。王阳明所提倡的“致良知”的思想，杨昌济也十分赞同，并认为就是要发挥人认识的主观能动性，摆脱各种已存在定义的描述，才能够明白事物真正的道理。关于认识的本质问题，杨昌济从唯心主义的角度出发，认为认识的本质在于感性的认识和理性认识的区别，我们通常认为外物是客观存在的，并通过感觉和知觉来认识外物，随着经验的不断积累，表象就会越来越丰富。然而，这种常识是靠不住的，表象绝不是对外物的具体描写，每个人很有可能根据自身感觉的不同而得出不同的认识。杨昌济的这种观点在今天来看，充满着主观唯心主义思想，具有很大的局限性。杨昌济还比较赞同王阳明的“知行合一”学说，该学说主张知就是行，行就是知，即认识的主体与认识的对象是合而为一的。两者都是主观的东西，不具有客观的实际意义。王阳明还特别强调“思”在认识过程中的关键性作用，杨昌济认为这点是比较正确的。不过，杨昌济在王阳明学说的基础上又融合了王夫之的学与思并重的观点，即认识的主体与对象是有区别的观点，最后总结认为，人应该“即知即行”，知代表着人精神上的活动，而行则看成人身体上的活动，意思就是人在明白了该如何做之后就应该立即去付诸实施。从这里可以看出，杨昌济强调的是认识的主体和认识的对象是统一的整体，它们是主观的但同时又无法否认认识的客观存在。这里反映出杨昌济的认

① 杨昌济：《哲学上各种理论之略述》，《民声》第1卷第1—3号，1916年11月。

② 杨昌济：《达化斋日记》，王兴国编《杨昌济文集》，湖南教育出版社1983年版，第24页。

识论深受我国传统哲学思想的影响，其关于认识的主要思想是主观唯心主义的。

从杨昌济哲学思想的第二个阶段，可以看出他留学回国后思想上的部分变化。在这一时期，他撰写了《哲学上各种理论之略述》等文章，系统介绍了西方哲学的各种学说，同时从中吸取了西方哲学思想的精华，阐发了自己的独到见解。不过，此时他的哲学思想依然是唯心的。由于他所介绍的西方哲学的庞杂，我们仅截取其中的某些内容来对杨昌济这一时期的哲学思想进行分析。

第一，对西方主观唯心主义的批判。西方主观唯心主义哲学家巴莱克等人曾提出一切事物都仅仅是人的感觉的复合的观点，对此杨昌济进行了批判。他说："主观的观念论，以为实在者独有表象而已，认识之对象全为主观之所产，如斯则单任自己之存在而已……亦可见纯粹之主观的观念论终不能成立矣。"① 杨昌济提出的部分问题是这些主观唯心主义所无法解决的，从而否定了巴莱克等人主观唯心主义思想的观点，这里也反映出杨昌济哲学思想的部分转变。

第二，对西方唯物主义观点的批判。在杨昌济留学国外期间，他主要接触的是机械唯物论。这种理论包含一元论、二元论、多元论等，它着重强调外力的作用，试图从机械力的角度来说明一切事物运动的原因，它的缺点在于忽视了事物内在的运动能力，具有很大的片面性。杨昌济对此进行了深入的批判，他以物质的一元论为例，指出："物质的一元论，谓物质为万有之本体，所谓精神者亦由之而成，唯物论属之。此论于哲学有不成立之地位。假令精神之现象由物质而成，照彼等之说，非有多数物质之集合不能构造事物，然则所以集合之者何耶？物体之灭，由于物体之散，然则所以使之散者何耶？"② 杨昌济所提出的问题显示出他对于唯物主义是有过仔细研究的，他对于西方唯物主义某些观点的批判也有理有据，然而他的哲学思想并未就此转变为辩证唯物主义，因为他对西方唯物主义的批判是彻底的，他完全否定了唯物

① 杨昌济：《哲学上各种理论之略述》，《民声》第1卷第1—3号，1916年11月。
② 杨昌济：《哲学上各种理论之略述》，《民声》第1卷第1—3号，1916年11月。

主义的正确性。由此可知，他的哲学思想应该是赞同客观唯心主义的。

第三，对于宗教的思考。杨昌济曾说："有神无神，为哲学上一大问题。然常人信仰，则皆于暗默之间认有上帝之存在。天命之谓性，道之大原出于天，此上帝之观念，实为伦理思想之中坚。"① 接着，他又以西方人所尊崇的上帝为例，指出中西方在宗教精神上是一致的，即都是主张敬天爱人的思想。杨昌济否定了西方人所谓的"中国人不认为天有人格，而仅仅把天视为抽象法则"的观点，并强调天是存在着人格的，"唯天有人格，故人对于天而负道德上之责任。"② 这里可以看出杨昌济对于宗教思想并不否定，相反他本身也是存在着宗教思想的。就天是否具有人格的问题而言，杨昌济的论述明显地反映出他哲学思想具有客观唯心主义的倾向。

总结来说，杨昌济前两个阶段或者说其生平的主要哲学思想发展都是坚持着唯心主义的，尤其是客观唯心主义的哲学思想在他的身上表现得更加明显。但是，如前文所言，马克思主义哲学思想的传入，对于具有进步意识的杨昌济来说也属于西学的范畴，从历史的角度来推断，杨昌济如果从俄国十月革命以后就开始接触马克思主义，那么其后期的哲学思想中就会发现马克思主义哲学思想影响的痕迹。今天，我们可以试着探讨下马克思主义哲学思想对杨昌济的影响。

众所周知，毛泽东是我国近现代伟大的马克思主义学者，他的"实事求是"的思想就是马克思主义的最好体现。毛泽东的思想来源，一方面与他对马克思主义思想的不懈研究，另一方面与其早期受到杨昌济学术思想的影响是分不开的。毛泽东自己曾指出杨昌济对他的影响是非常深的，美国作家索尔兹伯里也提到："李锐在研究了毛在这个时期写的笔记后发现很难区别哪些是毛自己的

---

① 杨昌济：《论语类钞》，王兴国编《杨昌济文集》，湖南教育出版社 1983 年版，第 76 页。

② 杨昌济：《论语类钞》，王兴国编《杨昌济文集》，湖南教育出版社 1983 年版，第 77 页。

思想，哪些是杨教授的思想。两人的思想似乎是融合在一起了。”①这里从侧面反映出杨昌济的学术思想是追求进步的，而他的哲学思想也是有可能与马克思主义哲学思想产生交集的。尤其是五四运动以后，在北大任教的杨昌济在《新青年》上发表了数篇充满进步思想的文章，他在日记中写到：“在今日进步之机械的或科学的生产状态，苟实行广义之共产主义，果无所窒碍耶？一、今日之生产组织，由社会主义的见解而观察时……劳动者果能忠实劳动，不减于今日之状态耶？”② 杨昌济很明显地提到了未来的社会主义，他对未来社会主义的种种设想和研究，也可以看作是他哲学思想的一部分，这里就存在着马克思主义思想的早期痕迹。只是遗憾的是，杨昌济先生的哲学思想随着他的离去而就此止步，马克思主义哲学思想的影响可谓一闪而过。

四、杨昌济学术思想的特征

杨昌济一生学术思想的内容非常丰富，他在教育、伦理、哲学等多个领域都有自己独到的见解，而他学术思想所表现出来的特征也很明显。具体而言，有以下几点：

（一）贯通古今，博通中外

这是杨昌济学术思想的首要特征，也是最明显的特点。启蒙于传统儒家学说和宋明理学，杨昌济的少年时代就系统地接受了我国传统学术的熏陶，奠定了坚实的学术基础；十年的国外留学，日、英、德三国的留学经历开启了杨昌济学习西方先进思想文化的大门，全面地学习西方的教育学、伦理学、哲学等理论让他的学术造诣再次得到了提升。然而，杨昌济并未就此止步。终其一生，杨昌济始终都以好学的认真态度孜孜不倦地吸取中西文化的精髓，其学术研究始终秉承着独立深思，对中西方不同学术思想采取兼容并蓄的方法。李肖聃曾说：“怀中于三十以前既已博究儒

① ［美］哈里·索尔兹伯里：《长征新记》，新华通讯社《参考消息》编辑部译编，1986 年，第 46 页。

② 王兴国：《杨昌济的生平及思想》，湖南人民出版社 1981 年版，第 187 页。

先之书，十余年中又益求英日学者之说，固有得于时代之精神，而其心光湛然，力抗流俗。（而）浩然有以自得于己，则友朋皆莫及也。"[①]杨昌济用其一生的学术研究，真正实现了"学贯古今，博通中外"。

（二）有批判地吸收和借鉴

对于杨昌济来说，中西方文化的全面学习极大地拓展了他的学术视野，使得他能够站在学术的高点去认真地考虑问题。无论是中国传统的学术思想的根深蒂固，还是西方近代学术思想的旁征博引，杨昌济的学术思想始终都未完全地偏向于其中的任何一方，他的学术思想是两种不同文化交汇融合后总结出来的独立的果实。杨昌济的学术思想，无论发展到何阶段都有种不变的坚持：即始终坚持对于中西方不同学术思想的有批判地吸收和借鉴。而这也正是杨昌济学术思想第二个明显的特征。

杨昌济的这种坚持是全方面的，他学术研究的几乎每一个领域都真正地做到了这一点：就其教育思想的具体表现而言，杨昌济就特别强调同时学习好本国传统文化和外国先进科学知识的重要性。在他看来，对本国传统文化的良好掌握能够帮助我们更好地认清国情，并且可以为今天文化的发展提供有益的帮助，学习好外国的科学知识是国家发展的必然要求。就其伦理学思想而言，杨昌济也同样强调辩证地吸收中外的伦理学思想。外国的伦理学思想固然有完整的体系，所阐述的思想也有积极可取的地方，对于批判我国落后的封建伦理道德提供了理论依据；但是我们不能够就此忽视中国传统伦理学的价值，因为很多伦理学对于今天学生人生观的构建依然有很大的帮助，如礼义仁智信的传统儒学伦理道德的阐发，对于学生优良品格的培养就很有意义。就其哲学思想而言，他对于西方哲学思想也并非囫囵吞枣式的学习，反而更多地是建立在中国传统哲学思想基础上的对西方部分哲学思想的批判。综合这些来看，杨昌济的学术思想始终都是有批判地吸

---

① 王兴国编：《杨昌济文集》，湖南教育出版社 1983 年版，第 379—380 页。

收和借鉴，他的学术思想既存在思想的独立性，又有对中外先进学术思想的包容性。

（三）折中调和，相对保守

当然，有一点我们是无法否认和忽视的，那就是杨昌济的学术思想始终都是保守的。这一方面与其敦厚坚忍的人格品性有关，另一方面则是他出于学术角度的认真思考。杨昌济曾说："吾之所望者，在吾国人能输入西洋之文明以自益，后输出吾国之文明以益天下，既广求世界之智识，复继承吾国先民自古遗传之学说，发挥而光大之。此诚莫大之事业。"① 这里突出展现了杨昌济对于中西方文化的态度，由此也可以很清晰地看出他学术思想上的保守倾向。

具体而言，杨昌济这种学术上的保守性深刻地影响了他的许多行动。对于学术，他始终都坚持以中体为主、西体为用的原则，即始终注意以传统学术思想为根本的方针。就哲学而言，杨昌济对于西方的主观唯心主义思想和机械唯物主义思想等都进行了批判，他的思想上始终都存在着进步的因素，然而他终究没有选择走上马克思唯物主义辩证观的道路。就伦理学而言，他猛烈地抨击了中国封建时代落后的各种伦理道德，并积极提倡西方先进的伦理道德观念，但是同时他在教学过程中又会经常强调某些儒家传统伦理道德的重要性；对于学生，他始终都强调主要通过改造自我或者类似于西方资产阶级民主改革的方式来实现改造社会的目的，要多从中国的传统文化中汲取营养；对于革命，杨昌济始终都提倡社会改良而非彻底改革，希冀于通过传统的方式来改变上层建筑而不是考虑自下而上的全面彻底的变动。杨昌济以"教育救国论"为终身奋斗目标，虽然同情革命，但是他始终都把希望寄托在少数人的身上，尤其是中产阶级和那些他所认为的足以推动整个社会变化进程的天才级的人物。杨昌济学术思想的保守性，可谓渗透进了他行动和思维的各个方面，影响非常深远。

---

① 杨怀中：《劝学篇》，《公言》第1卷第1期，1914年。

（四）资产阶级改良思想贯穿始终

作为一名有志于救国的进步学者，深处于社会剧烈动荡的时代，在考虑如何救国之前必然会有思想上的强烈诉求，而这种诉求往往就催生了信仰的产生。信奉何种主义，是考察我国近代这些著名学者不可避免的一个问题。对杨昌济来说，他所坚持的，是贯穿始终的资产阶级改良主义思想。

事实上，当代部分学者认为杨昌济的学术思想经历了一个变化的过程，即从资产阶级改良主义到资产阶级民族主义思想的转变。这种看法的依据在于，杨昌济后期思想经历了部分变动，思想开始倾向于民族主义。对于这种观点，我们无法给予完全的否定，但是却有必要强调杨昌济资产阶级改良主义对其终身的影响。戊戌变法之时，杨昌济深受康梁、谭嗣同等人的影响，并撰写《论湖南遵旨设立商务局宜先振兴农工之学》一文，申明了自己的改革主张。这篇文章明确地告诉了世人杨昌济是资产阶级改良主义的支持者。其后杨昌济留学外国，积极参加进步的救国组织，但是最终却选择了“教育救国论”的道路，他说：“吾自度非破坏才，且志在学问，不能从军也。”① 这反映了他当时受到了西方资产阶级改良主义思想的影响：杨昌济比较赞同西方客观唯心主义思想，并认为资产阶级民主改革的方式对于改变中国当时社会的现状也是可行的。留学归国后，杨昌济先后翻译了引进了西方部分先进的伦理学和哲学方面的书籍，比较系统地介绍了西方的学术思想。在这个过程中，杨昌济阐发了自己的思想见解，通过对他见解的研究我们依然发现，他对于资产阶级改良主义思想的坚持。如对于社会进化论的历史观的赞同，在强调人和动物的区别之时，杨昌济认为要坚持“以合群为教”的方法，这却又是过分夸大了教育、伦理、哲学等上层建筑的能动作用，企图仅仅通过对人们的教化来实现社会改造的总体目标。这不仅是一种唯心主义思想的体现，同时也表明了他资产阶级改良主义的态度。到了

---

① 王兴国：《杨昌济的生平及思想》，湖南人民出版社 1981 年版，第 51 页。

杨昌济学术生涯的后期，我们可以考察他最后所著的《告学生》一文。俄国十月革命以后，包括马克思主义思想在内的西方各种学术思想在中国流行，促成了五四运动时期学术上百家争鸣的局面。对于这种情况，杨昌济明确地告诉学生，要“树立一种统一全国之中心思想”。这种思想旨在确立自身的信仰，并且能够结合本国的具体国情。在杨昌济看来，当时中国国事变坏的原因在于官僚垄断的腐败和国民自身尚未觉醒的悲哀，虽然未直接提出何种思想为改变中国当下局面的最佳措施，但是从侧面我们也可以看出杨昌济资产阶级改良主义思想不变的倾向。

五、对杨昌济学术思想的评价

言及于此，事实上我们对于杨昌济学术思想的总体脉络有了清晰地认识，对于其学术思想也可以作出如下评价：

（一）杨昌济学术思想的总体评价

就学术思想的总体而言，杨昌济的学术思想充满着进步主义的色彩。杨昌济的学术思想在我国近代学术思想发展中占有重要的地位，尤其是在教育学、伦理学、哲学等学科他积极地引进西方先进的学术思想，为我国的学术发展作出了重要的贡献。

在教育学上，一方面，他考察了日本、英国、德国等国家的教育系统后，将国外完善的教育学理念引入中国，提出了教授、训练、养护的教育方法，即注重德智体美全面发展的教育培养模式，即使在今天看来也是非常具有进步意义的。杨昌济把对于德育的重视放在其终身的教学生涯中的首位，他所提倡的坚忍自力等积极的人生观对于后来毛泽东、蔡和森等马克思主义革命者都产生了非常积极的影响。另一方面，杨昌济对学生要努力学习本国文化知识的殷切希望反映了他对于本国文化的重视，这与我们今天所弘扬的振兴民族学问的目标是一致的。

在伦理学上，杨昌济对封建伦理道德的批判可谓振聋发聩，它给予了当时封建的卫道士狠狠的一击，从科学的角度破除了长期以来封建伦理道德对我国伦理思想的禁锢。杨昌济是我国近代系统引进西方伦理学思想的第一人，他所介绍的伦理学理论知识有力地推动了我国的伦理学发展，并丰富了我国近代伦理学理论知识。同时杨昌济所提出的部分伦理学思想也值得我们重视，如他所提倡的节俭的人生原则与我们今天倡导的节俭节约的社会意识不谋而合；他对于打牌、赌博、不注意卫生等陈规陋习的批判，直到今天依然可以算作我国构建社会主义精神文明建设的重要组成部分。

在哲学上，他所提出的“知行合一”的思想对于我们今天的为人处事非常有意义，抛开杨昌济唯心主义思想的部分来分析，这种思想是值得我们学习和发扬的。

（二）杨昌济学术思想内容的独特性

就其学术思想的主要内容而言，杨昌济的学术思想具有一定的独特性。这不仅来源于杨昌济终身对于学问孜孜不倦地不懈追求，同时也和他贯通古今，博通中外的学术特点相联系。以杨昌济的伦理学为例，虽有对我国传统道德的继承和对外国先进伦理思想的引进，但它并不属于我国封建主义伦理思想的体系，又和西洋资产阶级的伦理学说不尽相同，而是把上述两者改造加工后转化成我国近代历史转变中一种比较完整的富有革命和资产阶级改良思想体系的伦理学说。杨昌济的这种独特性，在教育学、哲学等上也有具体的体现，“真理在两极之间”可以算作是对他学术思想内容的最好总结。

具体而言，论及到杨昌济学术思想的独特性，就有必要将他的伦理思想单独剥离出来做一个认真的比较分析。如前文所述，杨昌济伦理思想的独特性更多地是表现在对于中西伦理思想的有机结合的运用之上的——简而言之，就是对中国传统伦理道德中优良品德有选择性地阐发和诉诸于西方进步伦理的思想武器对“三纲”伦理和封建陋习的讨伐两者之间的合理利用来构建自己完成的伦理价值体系。与同时代的众多伦理学家相比，这个特点非常地鲜明：郭嵩焘猛烈地抨击晚清士大夫阶层的腐败，更多地是站在传统学术的角度所论述的；谭嗣同率先站出来批判封建“三纲”的陈腐伦理思想，却未能完整地阐述西方自由、平等和博爱的进步伦理思想……杨昌济不仅是最早地将西方伦理思想系统地引入中国的先行者，同时也是较好地将两种不尽相同的伦理体系结合在一起的伦理学家，这种变化深刻地影响了其后毛泽等、蔡和森等人伦理思想的形成。

至于教育思想的部分，在如何区分不同教育学家的教育思想之前，有必要弄清楚教育的三个基本问题：首先，教育的目的是什么？其次，实现相应的教育目的的手段又是什么？再次，教育应该培养怎样的人生观和价值观？同时期的许多教育学家都有着自己的答案，著名教育家徐特立认为，教育的目的在于按照既定的社会形式，培养出与社会政治经济相适应的、具有一定的人格的人。他所强调的教育是适应社会发展的教育，更侧重于智育的内容。在教与学的问题上，徐特立赞成以教师为主导作用与因材施教的教育模式。崇尚西方新式教育的教育学家蒋梦麟则认为，教育的目的在于培养不同类型的人才，并培养学生养成科学的精神和社会的自觉性，他更侧重于发挥学生自治的作用，并造就出有思想和有担当的学生。与他们相比，杨昌济的教育思想的独特性在于，他始终强调德育所发挥的关键性作用，提倡德育为先的教育理念。强调只有学生具有一定的思想品德，才能够真正地学好知识，并学以致用，成为有担当和能够拯救国家的栋梁——这与其“教育救国”的思想是契合的。同时在教育手段上，杨昌济没有单纯地强调老师或是学生单方面的作用，而是具体情况具体分析，并结合家庭教育的方法。这在当时是具有一定的进步意义的。

（三）杨昌济学术思想的局限性

当然，杨昌济的学术思想也存在着许多的不足和瑕疵，甚至是错误的思想。如他对于机械唯物主义的批判，就存在着完全否定唯物主义成立可能性的片面思想。用今天马克思主义辩证唯物观来分析，杨昌济的这种思想无疑就存在着很大的片面性。这种错误的产生取决于杨昌济始终过分地看重教育、伦理、哲学等上层建筑的社会改良作用，坚信资产阶级改良主义道路的可行性，并将社会改良成功的希望寄托在中产阶级和极少数人的身上，而没有注意到社会真正的改革力量是人民。这又是杨昌济学术思想的保守性和局限性的体现。

结论

总而言之，我们从杨昌济学术思想的渊源出发，仔细地考察了他学术思想不同时期的转变，并认真地从教育学、伦理学、哲学三个角度分析了杨昌济学术思想的总体内容，得出杨昌济学术思想的总体特征：杨昌济的学术思想融合了中外学术思想的精华，总体倾向于中国传统学术思想体系，并具有一定的保守性。杨昌济通过对西方学术思想的具体论述，阐述了自身部分独特的学术思想，如在教育学、伦理学等方面的思考，推动了我国近代学术思想在相关领域的发展，这是非常具有进步意义的。但是由于其始终坚持以唯心主义，尤其是客观唯心主义思想作为理论指导，使得杨昌济的部分学术思想又存在着很大的局限性。这些特征也正是杨昌济学术思想总体内容所在。

当然，以上结论仅仅是建立在现有的关于杨昌济先生的资料的基础之上，所依据的主要也是王兴国教授所搜集编著的《杨昌济的生平及思想》《杨昌济文集》，杨昌济自己所著的《西洋伦理学述评》《伦理学根本问题》以及部分当代学者所撰写的与杨昌济学术思想内容有关的书籍，所以这里所述的杨昌济的学术思想可以看作是一次学术上的初探，基本可以代表杨昌济学术思想的主体。以上对杨昌济学术思想的部分内容仅供参考，以为杨昌济后来的学术研究提供一些有价值的意见。

向达学术思想研究

孙延青

近代以降，中西方文化交流日盛。伴随着西方史学思想的引进传播，中国传统史学体系在“冲击与碰撞”中开始解构与转型。其中作为晚清“舆外史地学”和“西北史地学”余绪的“中西交通学”衍生为独立学科。一批学人如沈曾植、陈垣、张星烺、冯承钧等开始致力于中西交通学研究，向达为其中之卓然代表。

向达，字觉明，又字觉民，笔名方回，佛陀耶舍，一生勤于著述，所获颇丰，在中西交通学领域终以《唐代长安和西域文明》《中西交通史》《中外交通小史》立世，与张星烺、冯承钧“鼎足而三”，一道开创了中西交通史学科体系。后期致力于整理校对中西方交通学史料，为中西交通学的发展作出了不可磨灭的贡献。

在中西交通学之外，向达还长期耕耘于敦煌学、边疆民族史学、西北考古和目录版本学等诸多学科。他曾远赴西欧英、法、德诸地图书馆，抄录整理回来大量珍贵的敦煌文书；通过整理汇编敦煌经卷和俗文学目录，厘定出了俗文学与佛曲间的体裁界限；并将“唐代俗文学”从“唐代佛曲”中分离出来，着重对“俗讲”这一文学体裁进行系统的体系构建；此外向达还两次奔赴西北考察敦煌石窟壁画，为敦煌石窟的保护工作作出了突出贡献。在边疆民族史学上，向达同样颇有造诣，尤其是对南诏史学有细致而精深的研究。

本文以向达的学术成果为研究对象，通过系统地收集和整理向达学术文章，结合其生活的时代背景和史学动态，重新梳理向达的治学取向和治学路径，全面地展示向达在中西交通学、敦煌学、边疆民族史学等领域内的学术成就，并总结其治学方法特征，进而发掘出向达史学本身所具有的典范意义，为其史学研究贡献出应尽之力。

一、向达生平与学术道路

（一）向达的学习生涯

向达1900年2月19日出生在湖南湘西溆浦县麻阳乡一个“官僚地主家庭”[①]。祖父向师棣，字伯常，曾担任过曾国藩的幕僚，被誉为“溆浦三俊”之一。而父亲向学耿则在广东梅县担任知事。向达幼年曾跟随父亲小住于梅县，喜好读书，加之父亲对他的悉心指导和自身勤奋好学，学业精进很快。后父亲病故于知事任上，因家境清苦，母亲舒和玉只能带着向达和其他儿女一并返回湖南故里。母亲虽不识字，却很重视子女的学习教育，省吃俭用供向达读书，此外溆浦老家余有藏书，更是为向达创造了良好的读书环境。向达先期就读于溆府小学堂，后又以全优的成绩毕业于常德第二师范附小，最终考入了长沙著名的明德中学。

明德中学由近代教育家胡元倓创办。胡元倓“磨血育人，为国储才”，特别注重自然科学、英文和体育教育，一切以培养实用人才为先。因而向达在明德中学期间，广泛涉猎，在打下坚实英文基础的同时还积极参加体育锻炼。向达业余喜好足球，素有“铁脚”[②]之称。当向达于1917年中学毕业时，受到举国“实业救国”思潮影响，立志报考北洋或南洋大学，然后赴美攻读化学专业，做一名实业家。由于家道中落，无力承担学费，只得第二年改考东南高等师范学校数理化部，并终以第一名的成绩就读化学专业。

时值“五四运动”风起云涌，“民主”与“科学”的呼声方兴未艾。在国家危亡之际，向达积极投身“反帝爱国”运动中，

---

① 向达：《向达的自传》，沙知编《向达学记》，生活·读书·新知三联书店2010年版，第1页。

② 阴法鲁、萧良琼：《中国敦煌学的开拓者》，沙知编《向达学记》，生活·读书·新知三联书店2010年版，第17页。

但逐渐认识到单纯地学习西方“声、光、电、化学”技艺并不能从根本上实现民族的救亡图存。在一年后，向达带着“灭人之国，必先去其史”的忧患和思考改入“南高”文史地部，开始走入“史学研究之道路”。①

“南高”学术氛围浓厚，倡导“昌明国粹，融化新知”。作为南方学术重镇，尤重国学史学与实践之学相结合。因而向达在入学之初，即在“学衡派”柳诒徵、汤用彤、陈鹤琴等老师言传身教下，一方面博览群书，攻读中国典籍，畅游于文史的天地间；另一方面积极参加学校学术团体，在担任学校“史地研究会”的总干事后还参与创办和编辑《史地学报》刊物。在“南高”的四年学习生涯中，向达打下了深厚的史学基础，在学习实践中还与柳诒徵、陈训慈、竺可桢、张其昀、缪凤林、郑鹤声、胡焕庸等师友在《史地学报》上面发表了大量史学与地学的文章，包括《朝鲜亡国的原因及其能否复兴之推测》《希印古代交通考》《赫部民族考》等多篇文章，这无疑锻炼了其写作技艺，同时启蒙了他对中西方交通学的学术兴趣，终使得“南高史地学派隐为当时可与北大新文化派相抗衡的学术派别之一”②。1923 年“南高”并入了新筹建的东南大学。向达以校友的身份从东南大学毕业，获得了历史学学士学位。

（二）供职商务印书馆和北平图书馆

大学毕业之后，向达凭借出众的文史学识和英文功底，考入上海商务印书馆编译所担任英文见习编辑。商务印书馆云集王云五、何炳松等杰出出版人士，他们本着“普及教育”和“学术独立”原则有志于出版百科全书，以帮助国人了解国外学术动态。向达兢兢业业工作，不仅独立翻译包括亚里斯多德的《伦理学》，勒柯克的《高昌考古记》以及《印度现代史》《斯坦因敦煌获书记》

---

① 阎文儒、阎万钧：《向达先生小传》，沙知编《向达学记》，生活·读书·新知三联书店 2010 年版，第 6 页。

② 吴忠良：《南高史地学派与中国史学会》，《福建论坛（人文社会科学版）》2005 年第 2 期。

《斯坦因黑水获古纪略》《中国印刷术之发明及其传入欧洲考》等在内的英文资料，还与梁思成一道翻译了韦尔斯的《世界史纲》，与丰子恺一起合著了《东方艺术与西方艺术》等书籍。在翻译写作的过程中，向达广泛涉猎，接触到大量的西方和日本的汉学研究成果，尤其是关于中西交通史学和敦煌学方面的前沿知识。这无疑开阔了向达的学术视野，夯实了其史学功底。向达"渐渐走上了研究中西交通史之道路"①，并以此确立为治学方向。

1930 年，北平图书馆新馆成立，著名教育家蔡元培担任馆长，副馆长为袁同礼。向达在北平图书馆研究员赵万里引荐下，离沪赴京担任北平图书馆编纂委员会委员，参与编纂《国立北平图书馆馆刊》。北平作为学术重镇，学风鼎盛，名家云集。在工作之余，向达在此结识了素有"南冯北陈"之称的冯承钧和陈垣，他积极向陈垣、冯承钧等第一代中西交通史学前辈虚心请教，还与王重民、孙楷第、赵万里、刘节、贺昌群、王庸、于道泉等青年学者一道朝夕相处，砥砺学术。时值 1931 年，恰好中国与瑞典组织的"中国西北科学考察团在居延烽燧遗址发掘出的万余枚简椟藏于北平图书馆"②，更加便利了向达从事中西交通史与敦煌学的研究。

借助图书馆的天然优势资源，向达徜徉于中西交通学领域，学识大增。先后著述出版了诸多力作。如 1933 年的《中外交通小史》，1934 年刊出《中西交通史》，这是中国最早的有关中西交通学的系统之作。当然最负盛名的是 1933 年在《燕京学报》上发表的《唐代长安与西域文明》一文。向达从服饰、绘画、乐舞、民族迁移等诸多角度全面展示了唐朝与西域文明之间的互动交融，是研究唐代长安史、中外关系史的重要参考资料，被英国著名科学家、中国科技史专家李约瑟博士称为"有关唐代长安西方人之

① 阎文儒、阎万钧：《向达先生小传》，沙知编《向达学记》，生活·读书·新知三联书店 2010 年版，第 6 页。

② 刘超著：《讲台上的民国》，天津人民出版社 2014 年版，第 177 页。

卓越论文"[①]。这是向达学术生涯的代表作，由此奠定了其在中西交通史学领域的权威地位。除了交通学领域，向达在图书馆工作时相继发表了一系列关于图书馆学的文章，如《明清之际中国美术所受西洋之影响》《汉唐间西域及海南诸国古地理书绪录》《方东润著述考》《明清之际之宝卷文字与白莲教》《关于三宝太监下西洋的几种资料》《汉唐间西域及海南诸国古地理书叙录》《元代马可波罗诸外国人所见之杭州》等多篇图书馆学文章。而在佛学敦煌学领域，向达相继写成了《摄山佛教石小记》《摄山石刻补记》《龟兹苏祇婆琵琶七调考原》《论唐代佛曲》等文章，展露出出众的学术天赋和学术功底。"在学术人生道路上迈出了坚实的一步"[②]，并被何炳松称赞为"精于中外史学"[③] 的有为青年。

（三）欧洲学术考察生涯

由于向达在中西交通史学和敦煌学领域取得瞩目成就，1934年向达被北京大学聘任为北京大学历史系讲师，授课内容为"明清之际西学东渐史"。当时记载有关中西交通史的敦煌经卷大多收藏于国外图书馆，难以一窥全貌。要综览敦煌经书全貌，必须远渡重洋。一年之后，向达即被袁同礼选中，作为交换馆员和王重民一道到英国牛津大学图书馆"影印及研究英伦博物馆所藏敦煌写经"，以揭示"汉籍文献的分布、存佚状况"。[④]

英国人斯坦因将第二次中亚考察时在敦煌掠得所得的大部分敦煌经卷藏于英国，但尚未对其进行有效编目。因而向达在抵达英国之后，先期在牛津大学图书馆整理中文图书，后于1936年秋天赴大英博物馆东方部致力于整理中国敦煌经卷文集。他对每一敦煌卷子都加以拍照，"写上卡片、记上编号、卷子名称、长短、所

---

① 阴法鲁、萧良琼：《中国敦煌学的开拓者——向达》，沙知编《向达学记》，生活·读书·新知三联书店2010年版，第19页。

② 贺龄华：《向达先生与我的父亲》，沙知编《向达学记》，生活·读书·新知三联书店2010年版，第270页。

③ 何炳松、郭斌译：《西洋史学史·序》，商务印书馆1929年版，第1页。

④ 荣方超：《"交换馆员"王重民、向达欧洲访书考》，《国家图书馆学刊》2013年第3期。

存行数，并抄下其前五行与末五行”。[1] 在 1936 年到 1937 年一年时间之内，向达累计看了500 余份卷子，此外还抄录收集了一部分《太平天国文书》，殊为珍贵。

1937 年向达去德国、法国两地进行学术考察。在法国巴黎国家图书馆继续整理研究馆藏的敦煌卷子以及有关明清之际天主教西学东渐的一些文献档案。这一批卷子主要为伯希和所窃取。在德国柏林普鲁士科学院向达则翻阅了勒柯克及柯兹格夫从吐鲁番所窃取的古文书、石窟壁画和唐人写本。向达以“一个热爱祖国文物之学者，以严肃认真之态度，顽强卓越之精神”[2]，对中国流散在外的珍贵史料俱进行了抄录和拍照整理，待到 1938 年归国时，从西欧携带了将近二百万字资料。

向达在归国时，抗日战争已经一年有余。因北平图书馆已经迁移至昆明，向达于是辞职回到家乡溆浦小住并开始着手继续钻研所携资料。但不久之后向达被浙江大学史地系聘为教授。向达偕同家人一道迁往广西宜山担任史地系教授。在“浙大”期间，向达一方面教书育人，一方面围绕着“敦煌学”与“目录版本学”领域在《图书季刊》上发表了《伦敦所藏敦煌卷子经眼目录》《记伦敦所藏的敦煌俗文学》《瀛涯琐志——记巴黎本王宗载“四夷馆考”》等多篇文章。此外向达将掌握的 100 多种第一手西方敦煌卷子统一编为《敦煌别录》，引起了国人对敦煌文献的重视，并掀起了研究“敦煌学”的热潮。

（四）两次西北科学考察之行

向达 1938 年回国后在浙江大学短暂教学半年之后接到北京大学聘书，于是在 1939 年秋天辗转到昆明担任北京大学文科研究所专任导师一职。当时北京大学、清华大学和南开大学已经合并为西南联合大学，向达于是又兼任西南联大的历史系教授，主要讲授“中西交通史、印度通史、中印关系史、隋唐五代史、中国近

---

① 向达：《唐代长安与西域文明》，重庆出版社 2009 年版，第 163 页。

② 阎文儒、阎万钧：《向达先生小传》，沙知编《向达学记》，生活·读书·新知三联书店 2010 年版，第 10 页。

代考古发现史、亚洲史、历史研究法、中国史料学等”。① 向达虽然木讷于言，却敏于行。在备课教课时十分认真，据学生邹衡回忆，向达最喜欢以“教案卡片”的形式授课。后向达凭着其在中西交通学领域内的学识涵养，于1942—1944年间两次参加了中央研究院、中央博物院和中国地理研究所共同发起组织的西北史地考察团，主要围绕着“额齐纳河流域”和敦煌故地进行考古发掘工作，进而“复查敦煌附近之文物”。

第一次科学考察在1942年9月至1943年7月，为期10个月。在参加科学考察团前，向达就在给舒新城的一封信中提及：“弟近颇有志出塞，在大漠中过三数年清静生活，尚未得机会也。”② 因而向达作为从北大借调而来的学者，异常珍惜这次机会，他“慨允担任调查事宜”③，并担任历史组主任。

向达于9月份从昆明出发，途经重庆、兰州，最后经行河西走廊武威、张掖、酒泉，最后出嘉峪关于10月9日晚抵达敦煌故地。敦煌地处塞外茫茫大漠中，向达当晚宿住于中寺，第二天便与同为西北科学考察团的张大千等人一道游历敦煌石窟。莫高窟外榛芜荒凉，但石窟内却别有洞天。向达甫一进洞，在前三日的泛览中，便为石窟内雕塑佛像和残存的壁画所深深吸引。

敦煌石窟内佛像眉宇圆润，线条轮廓分明，肌肉丰满，花冠精细。而绘制于石洞墙壁的残存壁画则依稀可见当年的风韵。壁画或为佛本身故事，或为僧尼故事，这种集中印度、中亚以及中原多种风格融汇于一体的壁画风格不仅反映出中外文化交融的盛状，同时也是当之无愧的中国文化艺术瑰宝。向达停驻其间三月之久，

---

① 阴法鲁、萧良琼：《中国敦煌学的开拓者——向达》，沙知编《向达学记》，生活·读书·新知三联书店2010年版，第22页。

② 徐俊：《书札中的雪泥鸿迹——中华书局所藏向达致舒新城书札释读》，见樊锦诗、荣新江、林世田主编《敦煌文献·考古·艺术综合研究：纪念向达先生诞辰110周年国际学术研讨会论文集》，中华书局2011年版，第11页。

③ 李光谟：《从清华园到史地所——李济治学生涯琐记》之“1941年11月22日李济致信汤用彤”，清华大学出版社2004年版，第312页。

"朝夕徘徊于诸窟之间，纵观魏隋李唐以及宋元之名迹"①，以至于后来在给曾国藩曾侄孙女、时任中央研究院研究员的曾昭燏写信时在提及敦煌石窟时这样写道："六朝诸窟，素朴庄严，李唐诸窟，雍容华丽，唐窟诸供养女像最佳，面容丰满、仪态万方，几欲拜倒，真可称为国宝"②，乃至顿觉"平生之乐，无逾于此"③。向达扎扎实实地对"千佛洞诸窟作一详细的记录，每一窟之壁画塑像名目、保存情况、前人题记等一一备录，整理蒇事"④，并记述为《敦煌千佛洞各窟剥离剜损略表》，为敦煌石窟壁画开展系统地保护奠定了坚实的基础。12 月份因塞外苦寒、飞雪漫天，转而抄录当地有价值的敦煌文书，并对所见的和搜集到的文书进行拓片备份。

第二年开春向达依旧风尘仆仆奔波于敦煌大漠之间，一方面调查文物古迹，"一访榆林窟之胜"，"复往游榆林窟，摩挲残迹"⑤；另一方面为证明"两关遗址"猜想，他结合古代史料典籍，多次亲自考察南湖和大小、方城盘域，以勘探两关行迹。

但向达在敦煌实地考察过程中也发现诸多问题。一是敦煌石窟地处塞外，自然条件较为恶劣。石窟常年饱受风沙摧残，"风水侵蚀，流沙壅塞，洞窟淹没者，与年剧增，保护之举，正不易缓耳"⑥。二是一些"社会名流"在观摩、临摹壁画时，为探视隐藏在里面的先前壁画常剥离表层的后期壁画。这种任意勾勒使得在敦煌甬道墙上留下了清晰的剥画断面，对敦煌壁画造成了"二次

---

① 向达：《莫高、榆林二窟杂考》，《唐代长安与西域文明》，重庆出版社 2009 年版，第 311 页。

② 1942 年 10 月 11 日向达致曾昭燏的信，见荣新江编《向达先生敦煌遗墨》，中华书局 2010 年版，第 377 页。

③ 向达：《莫高、榆林二窟杂考》，《唐代长安与西域文明》，重庆出版社 2009 年版，第 311 页。

④ 1942 年 10 月 22 日向达致曾昭燏的信，见荣新江编《向达先生敦煌遗墨》，中华书局 2010 年版，第 377 页。

⑤ 向达：《莫高、榆林二窟杂考》，《唐代长安与西域文明》，重庆出版社 2009 年版，第 311 页。

⑥ 1942 年 10 月 11 日向达致曾昭燏的信，见荣新江编《向达先生敦煌遗墨》，中华书局 2010 年版，第 377 页。

伤害”。面对此等情况，向达先生痛心疾首，不久写成《论敦煌千佛洞的管理研究及其他连带的几个问题》一文，在反映洞窟壁画状况的同时提出将敦煌石窟收归国有，成立纯粹的学术管理机构管理等建议，并交由傅斯年和李济观效。不久傅斯年将此文推荐至重庆《大公报》，署名方回，他在文章前加以按语：“此文为友人某君所著。顷自敦煌寄来者。于敦煌文物之原委，历历如数家珍。盖此君乃今日史学界之权威，其研究中外交通，遍观各国所藏敦煌遗物，尤称独步。”① 这篇文章赢得广泛认可和共鸣。后经向达和其他学人的一道呼吁努力下，敦煌在 1944 年元旦成立敦煌艺术研究所，著名的旅法画家常书鸿担任所长，敦煌艺术石窟由此得到有效管理和保护。

第一次西北考察之行，考察团出行准备仓促，经费极度紧张。此外还饱受诸如严寒、匪患、物价等外界因素干扰。但向达逡巡流连于敦煌仍旧达 10 个月之久，以极大的意志力和忍耐力对敦煌故地进行了初步探究，为第二次西北考察奠定了良好的基础。

1943 年，西北科学考察团再次筹划组建，仍旧由中央研究院史语所、中国地理研究所和北京大学等多家单位共同组织。与上次所不同的是，向达担任历史考古组组长，夏鼐先生担任副组长，向达学生阎文儒担任组员。三人间，向与夏是故交，与阎则为师生。三人相处融洽并于 1944 年 3 月踏上征程。

在抵达河西走廊后，他们先期对敦煌城东附近的佛爷庙古墓葬群进行考古发掘，在相继清理出 10 余座汉代墓葬后，采集到一批画像砖、玉器、陶俑等随葬遗物。后由于暑期将至，酷热难耐，考察进而移至千佛洞内。向达通过查阅《大藏经》和敦煌遗书，对洞内的佛像及菩萨像以及壁画中的佛教史迹画、风情画等进行再研究。此外向达在工作之余还抄录了任子宜所藏的禅宗史料。

9 月份时，考察团一行在月牙泉附近发现新墓址，向达参与并相继“清理出 7 座墓葬”。② 与此同时敦煌艺术研究所发现了 70 余件北魏遗留下来的残余经片，向达参加了六朝残经的鉴定工作并

① 欧阳哲生主编：《傅斯年全集》第 3 卷，湖南教育出版社 2003 年版，第 311 页。
② 李怀顺：《再论抗战时期的西北科学考察团》，《敦煌研究》2013 年第 6 期。

写成《国立敦煌艺术研究所发现六朝残经》一文，殊为珍贵。

在此之后，考察团原打算奔赴新疆吐鲁番考察高昌遗址，卒因新疆政治动荡未能成行，向达于是提前回到四川，开始整理两次西北考察的资料文献，并于 1944 年 12 月在《图书季刊》上发表了《记敦煌石室出晋天福十年写本〈是寿昌县地境〉》一文，同时拟写了《西征小记》《两关考》《莫高、榆林两关杂考》《罗叔言〈补唐书张议潮传〉补正》等文章，虽然未能成稿，但作为阶段性成果，后经过“补正”在 1950 年后陆续出稿，一并收录于《瓜洲谈往》一书中。向达第二次西北考察与第一次不同的是注重了对墓葬的发掘，并从多方位角度开始对敦煌壁画进行全面研究。

（五）新中国成立前后的岁月

1945 年抗战胜利结束，随着北大、清华和南开的相继复校，向达以北京大学历史系教授的身份随同返京。向达将自己的工作重心转移至图书馆学上。他有鉴于国内外学术发展现状，基于自己在图书馆学的工作经历，先期认识到增设图书馆学和博物馆学的必要性和迫切性。最终在他的大力倡言下，北大校方成立了相应学科，向达也于 1948 年底兼任北京大学图书馆馆长一职，为图书馆学的开拓和发展作出重要贡献。

但在国共内战背景下，时局危难，民众困苦。作为一个爱国者，向达在治学的同时深刻认识到国民党“真内战，假和平”的阴谋。他积极投身到爱国民主运动之中，与陈寅恪、汤用彤、朱自清、俞平伯、金岳霖等 13 位教授一道在发起的《保障人权宣言》上签名，后又与俞平伯、沈从文、容肇祖等人发表了《北大教授宣言》，大声疾呼保障人权，反内战反饥饿反迫害，积极“倾向于进步”。结果在国民党当局特务拟定的黑名单中被列为“第三位”。但向达刚正不阿，不为所动，依然用自己的实际行动来表达对国民党统治的不满和对新生活的向往。北平解放后，向达继续担任北京大学图书馆馆长一职，并在 1954 年起担任历史研究所第二所第一副所长、中国科学院哲学社会学部委员以及《历史研究》《考古学报》《史学译丛》编委等职。

此外，向达1951年曾随军参加了赴朝慰问团，在与志愿军相处的一个多月中深刻感受到了“国际主义和爱国主义的精神”① 教育。回国之后，受到中央民族部委委托，向达奔赴南疆吐鲁番、焉耆、库车、喀什、和田等区域宣传民族政策。虽然工作繁忙，但在工作之余，向达依然耕耘于中西交通史、敦煌学、图书馆目录版本学领域。他在新疆宣传过程中，结合自己的亲身实践，对天山南北和东西交通遗址及石窟寺庙进行了考察，同时将视野扩散至边疆民族史学和西南西北交通地理学，并以此为基础，将眼光投向于边疆民族史学领域。不久之后向达写成了《唐代记载南诏诸书考略》《南诏史略论》等文章，填补了边疆民族史学的空白。此外向达身为土家族，还和潘光旦曾经一道到湘西土家族聚居区域进行实地调查，提出成立“土家族是单一民族”和成立“土家自治区”等问题。

但时至1957年，由于向达先生性情耿直，坚持“百花齐放”的学术观点，这与当时的“五朵金花”形成针锋相对之势，加之被别有用心的人以莫须有的“土家族自治州州长”问题为难，结果在反右运动中被诬陷错划为第二号大右派分子，身心遭受严重打击。

政治上失意的向达从此绝意政治，不再议论时政。他将自己回归于学术之中，在1962年，向达耗20年心血的《蛮书校注》定稿。在完成此举之后，继续围绕中西交通史学域，开始着手系统性地整理和校对中西方交通史古籍。他沿袭“朴学”治学传统，经过慎重考虑选择，从历代中西交通学史料典籍中厘定开列出了42本有代表性的书目。

这些书目先前原多存于“正史”中，一部分书目又经从别国抄录而得，大多数未经过系统性的刊正斧定。向达本着“博采众长，未雨绸缪，则亡羊补牢，犹未为晚”的宗旨开始校订版本，着手系统地整理出版《中外交通史籍丛刊》。向达认为此举于国于民甚有价值，并决心以余生的精力独自完成这个计划。在研究过

① 向达：《向达的自传》，沙知编《向达学记》，生活·读书·新知三联书店2010年版，第4页。

程中，向达大量翻阅古籍版本资料，并对标点、注释、文案都详加斟酌，用力颇深，提出了不少创见并相继开拓出了中国与南洋国家关系史、中非关系史等诸多领域。1964 年向达为了《大唐西域记》中梵文问题，还亲往广州中山大学虚心向陈寅恪请教。两人相谈甚欢，交流甚广。在向达离粤时，陈寅恪写下了《甲辰春分日赠向觉明》三绝句。附录如下：

其一：慈恩顶骨已三分，西竺遥闻造塔坟。吾有丰干饶舌悔，羡君辛苦缀遗文。

其二：梵语还原久费工，金神宝枕梦难通。转怜当日空奢望，竟与拈花一笑同。

其三：握手重逢庾岭南，失明膑足我何堪。倘能八十身犹健，公案他年好共参。①

向达在岭南大学期间还受到中山大学历史系的邀请，做了一场题为《敦煌学六十年》的报告。通过对敦煌学的回顾与展望，为学生们娓娓道来敦煌的历史与地理，将敦煌藏经洞经卷的史料价值和研究现状全面地展现在这场学术报告中。回京之后，向达在治学之路上越走越远，继而发表了诸如《西域见闻琐记》《西游录校注》等近 20 篇文章，而他所辑录刊定的《郑和航海图》《西洋番国志》《两种海道针经》也在他的艰辛努力之下得以出版。但此时"左"倾已然愈演愈烈，"文革"甫一开始，向达就被批斗为"反动学术权威"，身体与心灵遭受到巨大的折磨打击，不久之后，1966 年 11 月 24 日的早上，一代良史，陨然西落，饮恨以殁。

二、向达的中西交通史学研究

（一）中西交通学发展历程和向达治学过程

鸦片战争之后，国门肇启。在西方列强冲击之下，以林则徐、魏源、徐继畬、姚莹等为首的开明之士遵从经世致用学风，将自

① 陆键东：《陈寅恪与向达在康乐园的会晤》，沙知编《向达学记》，生活·读书·新知三联书店 2010 年版，第 283 页。

己的视域扩散至域外各国风土人情。他们广泛搜集资料相继编著而成了《四洲志》《海国图志》《瀛环志略》《康輶纪行》等书籍，书中提出“师夷长技以制夷”，进而“了夷情”“习其技”的观点。这种主动“开眼望世界”的姿态无疑拓宽了国人视野，促使更多的人摒弃传统九洲八荒、天圆地方、天朝中心的史地观念，自发地去关注中西方文化的历程与前景，这无疑为中西交通史学的学科出现和发展作出了前期铺垫。

其后随着西方考古学和西方汉学的渐次传入，中国传统史学体系在以梁启超为代表的“新史学”学派解构中出现了分化，一批新式学科通过参照西方兰克史学流派发展建立起来。作为晚清舆地之学余绪的中西交通史学正是在这样的分科环境中应运而生。

在中西交通学领域上，向达之前已有沈曾植、梁启超、陈垣、张星烺、冯承钧等人做了有益探索。例如沈曾植曾整理考证《岛夷志略》，并且围绕着海外地名写成了笔记体《海日楼札丛》一书。梁启超在维新变法失败后倡导“新史学”革命，他以全球化的眼光审视中国与世界的关系，着重思考中西方之间的互动交融。他将郑和航海与达迦马、哥伦布进行横向比较，并尝试梳理明清之际的“西学东渐”史实。这些新思维无疑打破了学术思想藩篱，带动引领了研究中西交通史学新的热潮。

陈垣在 1917 年发表《元也里可温考》一文，他从宗教学角度着眼，全面地回顾了基督教在中国的渊源发展历程。陈垣结合中西史料，沿着唐之景教、元之也里可温教、明之天主教、耶稣教直至近世的基督教路径，深入考察并系统论证了元朝基督教之传承脉络。此外还写成了《开封一赐乐业教考》《火祆教入中国考》《摩尼教入中国考》《回回教入中国考》“古四教考”以及《元西域人华化考》等文章，拓宽了中西交通学治史领域，“诚为中西交通史开时代的先锋”。①

冯承钧和张星烺有留洋背景，他们采用近代治学方法，在翻译引进西方汉学成果的同时阐述自己的学术见解。其中张星烺历经

① 修彩波：《近代学人与中西交通史研究》，光明日报出版社 2012 年版，第 9 页。

十余年努力，从卷帙浩繁的历代正史、野史、文集笔记中旁征博引，辑录著成《中西交通史料汇编》一书。书中内容丰富，考据详实，天文、地理、政治、经济、风土人情无所不包，第一次系统地将中西交往史实展现出来，被公认为中西交通史领域研究的“奠基之作”。而冯承钧则师从伯希和，终身致力于研究中西交通和南海边疆史。他翻译和引入了大量西方汉学家的经典著作，如希勒格的《中国史乘中未详诸国考证》、伯希和的《郑和下西洋考》、沙畹的《摩尼教流行中国考》《西域南海史地考证译丛》《中国西部考古记》等文，为中西交通学注入了新的生机，对中西交通史产生了极大的推进作用。诚如顾颉刚在《当代中国史学》中称冯为“近四十年最大的史地译家”，“本世纪我国学术界在海外交通史研究方面贡献最大的一位学者”。①

发轫于清末民国时期的中西交通史学在沈曾植、陈垣、张星烺、冯承钧等人的开辟和耕耘之下，在诸多专题如元朝的也里可温教、南洋交通史等取得了瞩目成就。但沈、陈等人的贡献主要集中在专题的考辩和史料的收集整理阶段。中西交通史学科仍然从属于“域外史学”，并没有完全脱离“旧史学”的范畴。此外中西交通史还存在着“交通”“关系”等概念界定不清问题。这无疑十分不利于这一“分科之学”的长远发展。

向达有鉴于此，在进行了大量前期准备工作和有益尝试之后顺应学科发展潮流，通过俯览整个中西交通学科全貌，并开始尝试着对中西交通概念和研究方向进行界定和阐释，进而对中西交通史进行系统性的梳理和构筑。

向达最早接触中西交通史学是在南京高等师范学校期间。他师从柳诒徵、陈衡哲等老师，并在他们教诲下，谨守“史地学派”治学传统，注重实地考察和文献结合，进而萌发了对中西交通史学的治学兴趣。在商务印书馆期间，向达大量翻译西学著作，尤其是伯希和和勒柯克的西学著作以及斯坦因在中国西北敦煌发掘的纪实，在商务印书馆的岁月确定了他治学于中西交通史的治学

① 修彩波：《近代学人与中西交通史研究》，光明日报出版社 2012 年版，第11 页。

旨趣。在北平图书馆的工作期间向达著述成《中西交通史》《中外交通小史》和《唐代长安与西域文明》三部著作，它们的发表初步勾勒出中西交通史的框架体系，并最终成就了向达在中西交通治学领域一生的学术成就。后向达将工作重心转移至中西交通史学书籍的整理校订工作中。他亲自拟定了 42 种书，并统一入录于《中外交通史籍丛刊》中。这是向达晚年的唯一夙愿，可惜终因“文革”浩劫而罹难，成为永远无法弥补的遗憾。

向达在中西交通史学领域用功既久，着力尤勤。现围绕着其治学成果而一一论述。

（二）《中西交通史》和《中外交通小史》

向达在 1930 年著述成《中西交通史》一书，并在 1934 年由中华书局出版。《中西交通史》一书包括小引和绪论在内分为十章，在这本仅五万字的小书中，向达以时间为主轴，通过探寻中西交通史实，系统地介绍从上至先秦、下至晚清“上下几千年，纵横九万里”的中西文化交流盛况，进而力求改变“两千年来得中西交通，都在若蒙若昧之中”① 的学术懵懂状态。

向达在绪论中即阐明本书宗旨“想将中国同欧洲诸国在政治同文化方面初步的交通情形，作一鸟瞰的叙述”②，进而从两千多年的交通史迹中窥探出“因中西交通而发生的更广阔的世界”③。基于这一宗旨，向达从政治文化角度系统地勾勒述及至鸦片战争后的中西交通全貌，并以佛教和西学的传入为分界点，将中国文化分为三部分。

向达认为先秦以前中国的原生文化在自然孕育中，是“中国固有文化发长时期”④。他围绕着“中华民族起源”这一命题而展开叙述。由于中国史籍中常道及西方，如《穆天子传》提及周穆王至昆仑山会见西王母，《逸周书 · 王会解》中提到的西域方国，

---

① 向达：《中西交通史》，岳麓书社 2012 年版，第 8 页。
② 向达：《中西交通史》，岳麓书社 2012 年版，第 6 页。
③ 向达：《中西交通史》，岳麓书社 2012 年版，第 4 页。
④ 向达：《中西交通史》，岳麓书社 2012 年版，第 6 页。

加之近代“民族主义思潮”泛滥，因而产生诸如“中华民族西来之说”。向达对此进行了仔细考辨，主张从“人类学”“地质学”和“考古学”等“地下资料”作勘考来区别对待以“中华民族西来说”，进而结合纸上文献资料以补阙释疑。

从汉朝至唐宋，向达认为中国在佛教的影响之下，与外族有所联系，并且“一天密似一天”[①]。张骞通使西域之后，汉朝在西域建立都护府并开始与罗马帝国“互相闻问”，但仍然处于“若明若悟”之中。而秦汉以后，印度文明中佛教传入中国，并且开始植根中土。通过与儒释道三家交流融合，开始深刻地影响中国文化的发展进程。待到唐朝国盛时期，国威远及西域，中西交流往来密切，唐朝都城长安以及洛阳、广州等均为胡人胡商聚居之地。西域源源不断向内地传入胡服、胡食、胡乐等西域风俗，而新入的宗教诸如拜火教、摩尼教、景教等也开始影响唐人生活。但这一时期佛教显然更胜一筹。至于唐宋时期中外交通，主要有陆路与海陆两条途径，陆路主要以印度、伊朗为典型，海陆则主要以希腊、罗马和阿拉伯为代表。

及至元明清为西方文化输入的时期。向达认为元明以来的中西交通开始有了“清明”的观念[②]，中国同西方的文化愈来愈近，而与印度的文化渐行渐远。由于中西交流之盛，前所未有。因而他在此用足笔墨，对元代以后的中西交通尤其是西学东渐内容进行了着重介绍，为我们还原了元明清真实的中西交往盛况。

蒙元曾经多次西征，在军事征伐过程中相应地促进了民族的文化交流。蒙古军中各民族兼而有之，同时元朝实行“东西兼蓄”的外交政策，在其广泛的政治影响力和兵威影响之下，诸多基督徒纷至沓来，开始授教。如柏郎嘉宾和隆如美等人便是受教皇派遣，东来开教。在传教的同时，海外诸多色目人纷纷前往元朝旅行经商。其中最为著名的是马可波罗等人东来。向达考察介绍了马可波罗等人在中国经商、游历的过程，认为马可波罗归国后的

① 向达：《中西交通史》，岳麓书社 2012 年版，第 6 页。
② 向达：《中西交通史》，岳麓书社 2012 年版，第 8 页。

著述“大多很是可信”[①]，并大胆猜测由于该书在西欧的广泛影响力，促成了中国四大发明——纸、印刷术、火药和罗盘在西方的传入，甚至还对哥伦布发现大陆有过帮助。

在述及明清时期中西文化交流时，向达着重对中西间的航海进行对比研究。在介绍完西方的迪亚士发现好望角、达迦马开辟出欧洲至印度航线、哥伦布发现新大陆以及麦哲伦环游世界等后，将视线转向郑和的七次航海壮举。当时中国国贫民弱，而通过突出郑和的七次航海壮举无疑提振了国民信心和民族自豪感，于国于民都有重要的现实意义。

此外向达还特别提及了明清时期与欧洲文明和的双向互动。由于中西交通畅通，在明朝隆庆万历一直到清朝乾隆二百年间，西方商人和传教士纷至沓来，西方的天文历法、哲学、算术、舆地、火器等近代西方科学技艺开始传入中国，而中国的漆器、丝绸、瓷器以及古典经籍等也随着西归的传教士开始渐次传入西方。向达认为交流虽然呈现出碎片化倾向，未能“即值根基”，但点点滴滴却也蔚然成观，于中于西都是“开振古未有之奇局”。[②]

在1933年10月出版的《中外交通小史》一书中，向达同样将中西文化交流状况作为研究对象，并进一步对中西交通史学进行了论述。与《中西交通史》所不同的是，他以“亨利·玉儿所著的《东城记程录从》一书为蓝本”[③]，主要围绕着希腊罗马文明、中亚、阿拉伯伊斯兰文明以及印度文明与中国的互动交流加以介绍，侧重于对中国中古时代与西方文明状况进行横向梳理。同时对元朝以前的中西交通史进行了针对性的补充。并为在中西文化交流中做出突出贡献的几位外国人进行重点介绍。因而与《中西交通史》相辅相成，无疑充实完善了中西交通史学科的内容框架。

向达在该书中首次尝试着对中西交通学进行概念解释。正如他所说交通史有两个含义：“一是就交通制度的本身而言，如中国历代交通器具的变迁以及交通时间的缩短，都是这一类交通史中讨

---

① 向达：《中西交通史》，岳麓书社2012年版，第36页。

② 向达：《中西交通史》，岳麓书社2012年版，第78页。

③ 修彩波：《近代学人与中西交通史研究》，光明日报出版社2012年版，第9页。

论的资料；一是就这一个地理单位同又一个地理单位在各时代交往的情形及其影响而言，如中国同日本历代往来的梗概，和其在文化上所激起的变革，那是这一类交通史索要讨论的"①。在经过向达的概念厘定以及和同时代的张星烺一起著书倡导，"中西交通史"这一学科概念正式确定。

向达在《中外关系小史》中同样将中国置于国际视野中，力图打破当时学界认为的"中国的文化自古都以为是孤立的、不受外来影响的"这一盛行观念。向达汲取最新考古学成果，从比较语言学方面入手，认为中外各民族交流源远流长，文化错综杂糅的脉络有迹可循，并强调"中国文化无时无刻不与其他民族发生关系"。②

此外向达还详细论述了中国与希腊罗马、中亚、伊斯兰阿拉伯以及印度的交往状况。他认为中国最先接触的是西域文明。但先秦之前二者交往不甚明了，直到张骞凿空西域和两汉西域都护府的设立才奠定了内地同西域间交流的良好基础。其后印度佛教开始通过西域传入内地。中印两国在"政治上的来往，不绝于书"。③为了特别注明佛教在中印两国间的文化纽带作用，向达特辟《印度文化之东来》一章，从社会政治角度，深刻分析了佛教在中国的萌生到扎根的历程。他指出汉朝到六朝是佛教初始传入时期，由于当时国内政治动荡不安，儒学式微而玄学开始在精神上与佛教遥相呼应，乃至六朝时期中国开始吸收印度文化为最。唐朝为佛教文化在中国传播的第二个阶段。尤其是以玄奘为代表赴印取经，游学17年之后回国建立起法相宗（唯识宗），此外天台宗、净土宗、禅宗也先后涌现，乃至在宋朝哲学上表现为一种"儒释两家经过汉魏以至于唐的交荡互激，所发出来的一种混合物"，佛学至此对中国文化影响极其深远。除此之外，中国当时在医学、美术、天文、音乐和印刷上都或多或少吸取了印度文化。向达通过实地考察与文献结合，在对比研究之后，发现敦煌石窟、云冈

① 向达：《中外交通小史·绪论》，商务印书馆1930年版，第1页。
② 向达：《中外交通小史·绪论》，商务印书馆1930年版，第2页。
③ 向达：《中外交通小史·绪论》，商务印书馆1930年版，第28页。

龙门石窟等佛像及绘画技艺深受印度画风影响。在音乐上在唐朝十部乐中则有天竺乐一部等。

但对于印度文明，向达在肯定其积极影响因素之外，还特别指明其负面作用。认为“自从印度文化传入中国，中国人的向后思想日益增长，控制自然的能力远逊于从前”①，并且在汉代以后，不仅创造的思想赶不上先秦，在科学和技艺方面的发明也开始渐渐衰落。因而印度文化有必要承担一大部分的责任。

此外，向达同样关注了中国同阿拉伯的文明交往。阿拉伯作为海上丝绸之路的重要枢纽，它自东向西承接了东西科学技艺。向达在此特别指明唐玄宗天宝时期怛罗斯战役。是役，唐朝“士卒死亡略尽，所余才千余人”。怛罗斯战役不仅改变了中阿间地缘格局，同时中国的造纸术和罗盘等经此一战开始传到大食，进而通过阿拉伯传到西欧，深刻影响了欧洲的文明进程。“即此两端，已可见其关系之密切及其同中西文化交通的影响了”②。

与《中西交通史》关注西方文化所不同的是，向达除继续对中印文化、中阿文化以及明清西学潮进行深入研究之外，还着重关注中国文化对周边国家地区的辐散影响。他将视野导向朝鲜、日本、安南、缅甸等周边藩属国，认为在唐宋以后都曾深受中国文化深远影响。他们大都仿效借鉴中国制度。如朝鲜“开科取士，诵读诗书，俨然汉家威仪”③，日本曾经派遣使者赴唐学习并进行大化改新等。关于中国文化“南传与东被”问题，通过阐释与对周边国家的讨论，开始在学界上引起其他学者的关注，并且进一步扩大了中西交通学的研究视野，有助于我们全方位地认识中国与周边国家的文化交流盛况。

作为向达在中西交通史学领域内的奠基之作，两书立论新颖，脉络分明。向达在《中西交通史》和《中外交通小史》这两本姊妹书中第一次对中西交通学的学科概念进行了界定，同时以中西方文化生活交流为考察后对象梳理了秦汉至晚清近两千年的中西

---

① 向达：《中西交通史·绪论》，岳麓书社 2012 年版，第 7 页。
② 向达：《中外交通小史》，商务印书馆 1930 年版，第 42 页。
③ 向达：《中外交通小史》，商务印书馆 1930 年版，第 50 页。

交往历程，为我们展现出中西交往的交融历史盛况。中国也不再孤立一隅，而是作为世界的重要组成部分参与进来。向达不仅丰富了中西文化交流的内涵，更为“中西交通史”概念的提出和学科的发展作出了突出贡献，被顾颉刚认为是“中西交通史研究贡献最大者之一”①。

（三）《唐代长安与西域文明》

如果说《中西交通史》和《中外交通小史》是向达在中西交通学领域的一次有益的宏观尝试，那么《唐代长安与西域文明》则是向达在中西交通史学领域内的一次卓越的微观探究。《唐代长安与西域文明》发表于1933年《燕京专号》上。它的发表奠定了向达在中西交通学领域内的权威地位。

唐朝“起自西陲，历事周隋”，“上汲汉、魏、六朝之余波，下启两宋文明之新运”，可谓“取精用宏，于继袭旧文物而外，并时采撷外来之菁英”。② 自开国以来兼收并蓄，与周边各国文化交流甚为频繁。尤其是在河西走廊间，西域各国使者、商人、胡姬慕名而来，作为文化传承媒介与汉人一道在绘画、歌舞、书法、服饰、戏剧、文娱和宗教等方面创造出气象万千的璀璨文明，进而散发出华丽富态的夺目之光。

对于唐代与西域文化之交流，在向达之前，已经有一批学人对这一领域有所关注。如冯承钧的《唐代华化蕃胡考》和日本京都学派代表人物桑原骘藏的《隋唐时代来往中国之西域人》可称典范。但向达在研究过程中发现他们虽然考证详实精确，但前者以“蕃胡华化”为限，所举材料仅仅从《新旧唐书》而得，视野略显狭隘。而后者在论及人物时虽取材广泛，但对于“各方面之文物”，则“语焉不详”③，未能道尽。有鉴于此，向达重新涉足这一领域。他汲取前人经验教训，博采众长，除引用《新旧唐书》之外，同时征引诸如诗文文集、谱牒碑刻、道藏佛典以及敦煌文书。

---

① 顾颉刚：《当代中国史学》，上海古籍出版社2002年版，第112页。

② 向达：《唐代长安与西域文明》，重庆出版社2009年版，第1页。

③ 向达：《唐代长安与西域文明》，重庆出版社2009年版，第1页。

向达通过梳理西域各国使者、歌姬、商人、官员在长安的生活轨迹和人生阅历，从而以全景式的画卷来展现中西文明之间的互动交融，透过其笔触，为我们勾勒出一幅中西各民族的风情画。这种具有“中西交相辉映性质”的历史剖面更能展现唐代的气象万千和双向交流之间的相互影响。

在本篇中，向达开宗明义界定了西域地域，主要指代玉门、阳关以西乃至于伊朗高原这一广阔区域。印度本应从属于西域，只是由于中印文化源远流长，从往过密，非一文所能述及。唐朝时期洛阳虽然与西域同样往来密切，但长安作为国都意义非凡，更具有代表性。此外有关洛阳的材料与之相较相形见绌，因而向达选定长安为限，以流寓于此的西域人为考察对象。通过探讨其来华原因，按照国别体的描述方法，从诸多生活角度，论及西域人在长安生活的方方面面。

向达结合史料分析指出唐朝“兼收并蓄”的原因。他认为“李唐氏族，出于蕃姓，似有可信”①，因身为异族，因而以“兼收兼蓄”的姿态接受西域文明，以“怀柔”的一面接纳了大量西域胡人。例如在贞观初期，太宗在平定突厥之后，即听从温彦博之议将突厥人迁于朔方，“其入居京师者近万家”②。高宗乾封、咸亨年间，河陇一带武威、张掖、酒泉、敦煌四镇陷没吐蕃，导致西域人入长安者归路断绝，域外诸族、使者只能流寓于长安民间，并在此“买田宅”“殖资产”，“仰靠鸿胪寺供给”。玄宗肃宗年间，回纥直接出兵助唐平“安史之乱”，待平乱四千余“胡客无一人愿归者”。由此及至唐宪宗元和年间，“回纥留京师者常千人”等。

围绕着来源国别，向达将之分为四类：其一是魏晋南北朝以来入居华夏，华化虽久，其族姓犹皎然可寻者的西域人；其二是逐利东来的西域胡商；其三是到中土传教而来的宗教僧侣；其四是作为人质入宫的西域诸国王子。

归类之后，向达由远及近依据国别的方式梳理出流寓长安的主

① 向达：《唐代长安与西域文明》，重庆出版社 2009 年版，第 3 页。

② 范邦瑾：《唐代蕃坊考略》，《历史研究》1990 年第 4 期。

要为以下国家：于阗尉迟氏、疏勒裴氏、龟兹白氏以及昭武九姓胡人。向达结合斯坦因等人研究断定西藏文献中 Vijaya 即为于阗尉迟氏。于阗尉迟氏出处主要有三：其一是后魏尉迟部，主要以尉迟敬德最为著名；其二是入居长安作为质子的于阗尉迟王族，向达从《历代名画记》中推断出唐之凹凸派画家尉迟拔质那和乙僧父子为于阗国质子；此外还有一批尉迟氏族囿于文献匮乏故而不可考。向达用此类比的方法同样叙述了疏勒裴氏和龟兹白氏。疏勒一支主要源于唐初“大率以质子宿卫京师，遂留不去”[①]。裴氏一支人才辈出，相继涌现出循吏裴玢、裴沙、僧人慧琳以及乐工裴神符、裴兴奴等人。关于龟兹白氏，向达则从《隋书·音乐志》入手推断出白氏应在隋朝时已入长安。龟兹以“管弦伎月，特善诸国”[②]，在隋唐“九部乐”中均设有龟兹乐，盛极一时。

在论及昭武九姓胡人时，向达提到“九胡”有两说，一为《唐书》所言“康、安、曹、石、米、何、火寻、戊地、史”；二为《文献通考》中“米，史，曹，何，安，小安，那色波，乌那曷，穆”。向达认可桑原骘藏、藤田丰八等人说法，认为：“凡西域人入中国，以石、曹、米、史、何、康、安、穆为氏者，大率俱昭武九姓之苗裔也。”[③] 其中康和安氏同为显族，曹氏一族则多出乐工和画家。其他诸如米氏、石氏、何氏、域外波斯人等不一而论。

西域各族的迁居打破了他们原来的社会生活组织，并且伴随着经济文化交流的增多，开始逐渐适应汉族的生活方式，与汉族结成了新的共同体生活，历经数代之后，华化益甚，已经可以称之为中国人了。但由于先前不事农桑，只得着力于“买田宅”“殖资产”，从事商业活动。因而路上和海上丝绸之路沿线的“广州、洪州、扬州、洛阳、长安”诸多城市形成胡商聚集之地。

向达着眼于全国，在对胡商的分布做了全盘勾勒之后，开始重点考察丝绸之路的终点长安。他从唐代文献和宗教寺宇中得出了

---

① 向达：《唐代长安与西域文明》，重庆出版社 2009 年版，第 4 页。
② 玄奘：《大唐西域记》，中华书局 1985 年版，第 54 页.
③ 向达：《唐代长安与西域文明》，重庆出版社 2009 年版，第 11 页。

长安西市“贾胡则似多聚于此”① 的结论。并以诗证史，围绕着胡商，从王绩的《过酒家》、张祜的《白鼻騧》、李白的《醉后赠朱历阳》等人诗文中将视野扩散至于胡店和胡店中胡姬这一为人所忽略的群体中间。“胡姬招素手，延客醉金樽”“妍艳照江头，春风好客留”，胡姬的存在无疑为长安增添了另一份色彩。而随之带来的胡戏也成为长安士人争相观澜的娱乐活动，胡旋舞、柘枝舞等西域舞蹈均风行于长安酒肆亭台间。

长安之盛唐气象不仅体现在开放性，还表现在它的包容和吸收性。唐朝善于吸收外来文化，对“一切文物亦复不简华夏”②，以“兼收并蓄”的姿态对西域各族的文化和生活进行吸纳融汇。在累居长安百年之久的西域各族的影响之下，源自西域的风俗相继东传，开始从服饰、饮食、宫室构造、乐舞、绘画、波罗球以及宗教文化等方面影响汉人生活，“胡化”一时蔚然成风。以至于在宪宗元和年间，“长安少年，耳濡目染，变本加厉”，“长安中少年有胡心矣”。③

向达重点关注长安“胡化”风尚，从“衣食住行”的角度特别开立《长安前后长安之胡化》一节，为我们展现出长安多姿多彩的另一面。

他认为长安“胡化”首先表现在宫室建筑构造风格上。魏晋时期修建的大同龙门石窟还呈现典型的印度风格，但唐朝时期的凉亭已经开始习用西亚水法风格。尤其是贵族竞先“引水潜流上遍于屋宇”，以成“四隅积水成帘飞洒”和“檐上飞流四注”的水帘效果。既能粉饰宅第，又能解暑降温。

如果说“住”的方面仅仅局限于达官贵族阶层，那么“胡服、胡帽、胡食”则已经渗透到“两京”社会各个阶层和日常生活各个方面。胡服，胡帽在长安大盛，《新唐书·五行志》中就有“天宝初，贵族及士民好为胡服胡帽，妇女则簪步摇钗，衿袖窄小”的记载。向达指出宫人在骑马的时候由永徽初的帷帽变为开元时

---

① 向达：《唐代长安与西域文明》，重庆出版社 2009 年版，第 26 页。
② 向达：《唐代长安与西域文明》，重庆出版社 2009 年版，第 30 页。
③ 向达：《唐代长安与西域文明》，重庆出版社 2009 年版，第 4 页。

的胡帽，此外还有“回鹘妆”在宫内也很盛行。“髻堆”“乌膏注唇”甚至“赭面”等西域及吐蕃妆容在士人间也不鲜见。王国维认为着胡服是因为“战术变更，由车战而易为骑战，故不得不然也”。[①] 向达力求史论结合，从壁画、陶俑和诗文中旁征博引，同时在王国维的相关论述中对唐朝着胡服的认知上进行发散。他认为唐朝着胡服有“心生欣羡，为所化耳”[②] 的一方面原因。

至于“胡食”，向达特别指出胡食在唐朝转盛，以至于“开元以后，贵人御馔，尽供胡食”。胡食种类中胡饼、带芝麻的油煎饼等广为流行，而以高昌葡萄酒和波斯三勒浆为代表的西域酒更是丰富了唐朝的饮食选择。这种富有特色的饮食风貌无形中滋养了万千士人的口腹之欲。

“衣食住行”与生活息息相关。“汉着胡帽，胡着汉帽”几为同一家。在系统地论述完生活起居方面之后，向达笔锋一转，将视野转向西域传之而来的画派与乐舞。向达在 1926 年所述的《龟兹苏祇婆琵琶七调考原》已对音乐有所考察，因而他上下相联系以还原唐朝真实的画派乐舞世界。

中国自魏晋以来，礼坏乐崩。音乐和绘画的残缺使得隋代“宫商七声”竟然不能相通，只得假借龟兹乐人苏祇婆的琵琶七调，这才使得七声归正。向达指出七调均源自印度。唐朝所有的十部乐中即有八部大曲来自西域少数民族和国外。其中又以西域的龟兹乐最为流行。同样受印度影响的还有画法，“凹凸深浅”即是典型的天竺画法。以吴道子为代表的唐之人物画受其影响，在人物线条之外，“微分浅深”。

向达结合断定“六朝以来之乐舞和绘画，几乎有以西域传来之新乐与新画风为主体之势，至唐遂臻于极盛之势”[③]。西域人中曹氏、裴氏、安氏、康氏等多以乐舞为生，与歌舞相伴生的西域乐器和舞蹈也开始逐渐赢得士人心羡。唐朝士人多喜纵情于西域胡旋舞、胡腾舞、柘枝舞等，健舞和软舞大行其道，别开生面，

---

① 向达：《唐代长安与西域文明》，重庆出版社 2009 年版，第 31 页。
② 向达：《唐代长安与西域文明》，重庆出版社 2009 年版，第 32 页。
③ 向达：《唐代长安与西域文明》，重庆出版社 2009 年版，第 32 页。

充分展示了唐朝盛世景状。

胡风的浸染以及开放的心态使得唐朝在应对域外宗教时更加爱游刃有余。唐朝允许宗教信仰自由，除三教之外，对景教、伊斯兰教以及火袄教等都接纳。同时允许修建各宗教祠堂，以至于在长安坊间多有宗教寺院。

唐朝与西域文化的“交相互影”使得多元文化得到充分发展。而向达首次对唐代长安、洛阳包括服饰、饮食、宫室、乐舞、绘画、宗教、游乐等诸多方面的“胡化”现象做了全方面、多层次的系统研究，为我们展现出折射唐人对异域文化兼容并包、海纳并举的盛世气度，让人尤觉得声色照人。向达在《唐代长安与西域文明》一文中考证颇精论据极详，在保证深度的同时又不忘可读性，以至于在当时引起了相当大的反响，诚如英国李约瑟所言，乃“有关唐代长安与西方人之卓越论文”①。

（四）主持整理中西交通学史料

向达自幼深受“南高学派”影响，结合他在商务印书馆和北京图书馆的工作经历，在走上治学中西交通史之路后，就特别注意对中西交通史学史料典籍的收集和整理。

1934年，向达被委派到西欧进行学术考察。在以收藏东方写本善本而著称于世的牛津大学的鲍德里氏图书馆工作时，他就详细地检索了馆内所藏的12册《永乐大典》、200余部明版书以及15种太平天国史料典籍。还抄录了大约成书于16世纪的《顺风相送》《指南正法》等海道针经②。

在1936年移至大不列颠博物馆及巴黎国立图书馆查看汉籍时，向达又抄录了在明清之际西方来华的耶稣会士以及和太平天国相关的文献资料。在欧洲的四年时间，向达累计整理抄录了二百余万字材料，诸多国内佚书得以重现于世进而得以参照补正佚文，

---

① ［英］李约瑟：《中国科学技术史》第1卷第2分册，科学出版社1975年版，第411页。

② 张广达：《向达先生文史研究的贡献》，沙知编《向达学记》，生活·读书·新知三联书店2010年版，第71页。

为保存中西文明交通史料留下了浓墨重彩的一笔。

此外，向达还尤为注重收集古代中国与南海国家关系方面的文献资料，尤其是关于郑和七下西洋的历史典籍。此后向达围绕着郑和航海行程资料，专门撰述刊登过《关于三宝太监下西洋的几种资料》一文。他将该文分成三部分，分别对“郑和的家世及其贡献”“研究的资料”以及“对罗夏侯懋所著的《三宝太监西洋记通俗演义》”进行阐释，力图从多方史料中全面还原真实的郑和家世、人物生平及其航海历程。

自永乐三年（1405）到宣德八年（1433），郑和前后凡七次下西洋，共历时近 30 年之久。它是我国古代规模最大、船员最多、船只最大、历时最久的远洋航行。《明史·郑和传》中记载：郑和下西洋是为“且欲耀兵异域，示中国富强”。可惜郑和下西洋档案《郑和出使水程》为明郎中刘大夏取而焚之，现如今只能从随行船员南京巩珍《西洋番国志》、崑山费信《星槎胜览》、会稽马欢《瀛涯胜览》等书中一窥究竟。由于年代久远，几种航海资料在流传过程中出现多种版本。

向达广泛寻究梳理，经过系统收集和整理辑录后发现《西洋番国志》除有述古堂藏本、知圣道斋藏本之外，还有浙江采进四库馆本等版本。而《星槎胜览》除有今通行的天一阁和覆东方学会两卷本之外，还有国朝典故两卷本。关于《瀛涯胜览》，向达发现有删订本和足本之别，并在此特别补阙了《瀛涯胜览》的《国朝典故》版本。至于《星槎胜览》的四卷本，除了《纪录汇编四卷本》之外，还有《历代小史》等版本。向达经过系统地比较两卷本和四卷本之后，认为四卷本“文采灿然，远胜二卷本”。① 以上这些书目版本均为学界所忽视和遗漏。向达的辛苦辑录工作无疑丰富了郑和七下西洋的研究内容，拓宽了研究视野，为郑和下西洋的研究作出了重要贡献。

向达在对南洋的中西交通史有所关注之外，还将目光转向于汉唐间的西域诸国，并开始对该段时期的古地理书籍进行系统的归

① 向达：《唐代长安与西域文明》，重庆出版社 2009 年版，第 439 页。

纳整理。由于汉唐间“世乱最亟”，加之佛教传入，魏晋以来诸多高僧“轻万死以涉葱河，重一言而之柰苑”。向达辛苦“缀遗文”，仿效董沛的《明州系年录》开始收集论述这一时期内的西域及海南诸国的古代中西交往史略。他以极大的耐心从《梁书》《隋书》中辑录了大量的轶失书籍绪录，如《吴时外国传》《扶南记》《外国事》等零散史料，这些书籍如今大多仅存书目及绪录，而向达批阅多载，于1930年完成《汉唐间西域及海南诸国古地理书绪录》一文，虽然只有前半部，后半部未就，但无疑开辟了魏晋中西交通史的新领域，扩展了治外史学的视野，为后人从治中西交通史付出了应尽之力。

1958年，向达先生在中西交通史学耕耘30年之后，为了更好地促进中西交通学学科发展，经过深思熟虑和其他中西交通史学者共同发起主持整理《中外交通史籍丛刊》的出版工作计划。他从浩瀚史籍中钦定了42种具有代表性的史籍进行校订，旨在通过开展对历代具有代表意义的中西交通史料典籍的校对，进而对“亚洲各国史和中外交通史的研究，会有一些帮助”①，他提出了具体的选定方法，在《〈中外交通史籍丛刊〉整理缘起》中作了详细说明：

我们对这套《丛刊》的整理，基本上拟采取下列办法进行：

一、每一种书根据各种版本作初步校勘，选出一个比较好的作底本，然后博采众本，校定出一个比较好的本子。

二、对各书原文加以必要的注释，旧注有错误的地方也尽可能加以订正。

三、原文一律加新式标点并分段。

四、每种书都加上新的序言，将该书内容作一简单评介及校勘根据说明。必要时并附地图和人名地名索引。

五、对于有些重要而又罕见的书，我们打算用原本影印，供专

① 向达：《〈中外交通史籍丛刊〉整理缘起》，向达校注：《西洋番国志》，第1页。

家们参考。①

通过制定具体遴选标准，并且经过选定版本、添加注释、标点、序言以及索引等一系列工作，既保持了《中西交通史籍丛刊》的整体风格统一，又照顾到中外史料典籍内在的差异性，并且适应了现代书目体系，方便了后人的阅读和认知。这42种具有代表性的书目如下：《郑和航海图》《佛国记》《大唐西域记》《西洋番国志》《南海寄归内法传》《岭外代答》《诸蕃志》《高丽国经》《异域志》《岛夷志略》《真腊风土志》《长春真人西游记》《西游录》《西使记》《瀛涯胜览》《星搓胜览》《释迓方志》《西洋蕃国志》《西洋行程记》《皇明象骨录》《咸宾录》《皇明四夷考》《殊域周咨录》《大唐西域求法高僧传》《东西洋考》《海语》《海国见闻录》《海录》《唐大和上东征传》《福建市舶提举司志》《粤海关志》《日本考》《慧超往五天竺国传》《日本一鉴》《异域录》《圆仁入唐求法巡礼行记》《越娇书》《西洋朝贡典录》《满文本异域录》《顺风相送》《指南正法》《汉唐以来西域南海古代地理书辑佚》。

向达按照此工作计划，着手进行校对工作。他亲自整理校对出了《郑和航海图》、巩珍的《西洋番国志校注》以及《两种海道针经校注》三本书，于1961年、1962年间相继出版。

在校对的同时，向达还为这几本著作作序，先后写下了《校注巩珍西洋番国志的序言》《两种海道针经序言》《郑和航海图序》《西游路校注》《郑和航海图》《西域见闻琐记》等多篇文章。这几篇序言观点新颖，内容充实，实为“研究中西海上交通史必读的精心著作”②。正当向达着手继续校注其他书籍的时候，无奈各种政治运动尤其是“文革”开始波及北大校园，偌大校园再也无法安放一张安静书桌，而向达后期所计划的关于中国与非洲交通史料选辑《自明初至解放前中国与非洲交通史料选辑说明》等

① 向达：《〈中外交通史籍丛刊〉整理缘起 》，向达校注：《西洋番国志》，第1页。

② 张广达：《向达先生文史研究的贡献》，沙知编《向达学记》，生活·读书·新知三联书店2010年版，第76页。

诸多工作再也无法继续。不久之后，向达遭受身心迫害于1966年含冤于地下，再也无法从事他一生所热爱的学术工作了。

纵观向达的治学之路，中西交通史无疑是他用功最久、着力最深、成就最为显著的领域。从“南高”时期一直到去世前夕，向达一直念念不忘中西交通学科的发展建设。从《中西交通学》和《中外交通小史》的初露锋芒到《唐代长安与西域文明》的“夺目光辉”，向达躬身耕耘，不仅界定了中西交通学的学术概念，还以宏远的视野为我们展现出中西交通史全貌，完善了中西交通史学科的框架体系。此外向达以唐代长安为典型，从微观入手细致入微地为我们展现出唐代长安中西交往民族融合的历史盛况。而向达对郑和下西洋以及对明末清初的西学东渐传教士的特别关注，同样为我们展现出文化交融的历史图景。

晚年向达以极大的毅力立志在有生之年完成《中外交通史籍丛刊》和《中国与非洲交通史料选辑》两项系统的资料汇编和搜集校对工作，可惜因各种政治运动接踵而至，《中外交通史籍丛刊》仅仅校订完三册戛然而止，而《自明初至解放前中国与非洲交通史料选辑》如今更只剩下一纸《说明》，成为无法弥补的遗憾。但经过他的努力，中西交通学已经成为一门日趋成熟的学科，并且在现当代已然成为“显学”，受到越来越多的学者关注。向达对中西交通学的卓越贡献值得每一个晚辈敬仰。

三、向达与敦煌学研究

（一）敦煌学的发展历程和向达治学过程

敦煌地处河西走廊西端，作为著名的佛教圣地，自古以千佛洞内精美的佛像和壁画闻名于世。1899年，道士王圆箓在清理敦煌第16窟甬道内的积土时无意间发现了藏经洞。藏经洞内保存了上至六朝、隋唐，下至宋代的写本刻本典籍，内容多涉及中国古代政治、军事、历史、文学、哲学、地理、艺术等，总数达5万余件，其中佛经占90%以上，具有极高的学术研究价值。

但这份传统文化遗产却未能得到政府有效管辖和妥善保护，诸多经卷写本、话本、壁画、佛像塑像等先后被外国“科考探险队”掠取而去，其中尤以英国人斯坦因、法国人伯希和、德国人勒柯克、日本人橘瑞超、俄国人奥登堡、美国人华尔纳为最。洞内古代文物由此四散各处，被保存于英国不列颠博物院和巴黎国家图书馆等地。

敦煌藏书和洞内文物的散失对中国文化造成了难以估量的损失，而西方学者却依托收藏而来的敦煌藏书、壁画佛像并对此进行了系统的整理和研究。1925 年日本学者石滨纯太郎在大阪怀德堂讲演时率先使用“敦煌学”一词，经过东西方学者的共同努力，使得敦煌学在 20 世纪 30 年代初形成新兴学科，引起了世界瞩目。以至于在全世界掀起了研究“敦煌学”的热潮，敦煌学成为“今日世界学术之新潮流也”①。后随着敦煌学研究的深入，敦煌学的研究内容也在逐步扩展，由先期的以研究敦煌遗书和敦煌石窟艺术进而覆盖到凡是与敦煌石室所发现的文献以及敦煌石窟建筑、壁画、雕塑以至敦煌的史地文化等相关的问题，都在敦煌学的研究范围之内。

国人最早开始收集、整理研究敦煌藏书的是罗振玉、王国维、刘半农等人。由于当时国内未能对敦煌石窟进行有效的管理，他们只得从一文一经开始，在伦敦、巴黎等地开始整理、抄录敦煌文献。但国内相比较之国外则相形见绌。面对四散的敦煌藏书只能将残余的敦煌遗书编录为《敦煌劫余录》，乃至国学大师陈寅恪曾发出“敦煌者，吾国学术之伤心史”② 的慨叹。

向达在商务印书馆期间开始接触敦煌学，随后便与敦煌学结下了不解之缘。

1925 年夏，向达在读及《隋书·音乐志》时对隋唐音乐和唐代佛曲产生了浓厚的兴趣，由此一发不可收拾，先后在《学衡》及《小说月报》上发表了《龟兹苏祇婆琵琶七调考原》《论唐代佛曲》两文。向达此时已经开始有意无意间尝试通过利用敦煌出土文献去论述隋唐音乐与佛曲等相关问题。

---

① 陈寅恪：《敦煌劫余录序》，《历史语言研究集刊》1930 年第 1 版。

② 陈寅恪：《敦煌劫余录序》，《历史语言研究集刊》1930 年第 1 版。

在担任商务印书馆编译员期间，工作勤勤恳恳的向达，在广泛涉猎的同时，开始翻译了大量西方英文学术资料。其中在翻译《西域考古记》《斯坦因敦煌获书记》《斯坦因黑水获古纪略》的过程中，一方面加深了对西方考古学的理解，另一方面又对以斯坦因、伯希和、柯兹洛夫等为首的考古学家掠夺中国文物，尤其是敦煌石室经书表现出了极大的愤慨。随着研究的逐步深入，向达愈发认识到了敦煌藏书的遗世价值所在，这无形中也坚定了向达躬耕敦煌学术的决心。

在北平图书馆工作期间，向达尽数浏览馆内所藏的敦煌文书残卷。在1934年，北平图书馆与英国牛津图书馆达成协议，向达开始了在欧洲为期四年的“交换馆员”生涯。在牛津图书馆内，向达查阅了斯坦因从中国盗去的大量敦煌经卷，而在大英博物馆东方部内，向达致力于敦煌经卷研究，先后阅读了500余本经卷，并对重要文献进行了拍摄整理。此外向达还曾游历过巴黎国家图书馆与德国柏林普鲁士科学馆进行学术考察，并最终怀着近200字的珍贵史料回归祖国。

在归国后，围绕着抄录的敦煌史料，向达对伦敦所藏的敦煌卷子进行目录整理，相继写成《伦敦所藏敦煌卷子经眼目录》和《记伦敦所藏的敦煌俗文学》两文，并发表于《图书季刊》和《新中华杂志》上。

向达于1942年奔赴敦煌参加了两次“西北史地考察团”，着重对敦煌石窟藏书壁画及周边地理进行学术考察及发掘工作。此外还游访玉门、阳关等旧址。在敦煌进行实地考察期间，向达在饱览文献壁画之余，还发现了敦煌管理存在的诸多问题。在重庆《大公报》上发表《论敦煌千佛洞的管理研究及其他连带的几个问题》一文，敦促政府对敦煌进行管理。在随后的第二次西北科学考察时，向达对敦煌故地墓葬群进行了一定的考察，并围绕着新近发现的六朝残经进行了鉴定。后相继写成了《记敦煌石室出晋天福十年写本〈寿昌县〉地境》《唐代俗讲考》《罗叔言〈补唐书张义潮传〉补正》以及西北考察追记《两关杂考》《西征小记》《莫高、榆林二窟杂考》等文。

抗战胜利后，向达积极投身于敦煌学科的发展建设当中。并曾于1948年12月与王重民一道参加“北京大学五十周年纪念敦煌考古工作展览”。在会议期间，向达将自己收藏的敦煌经卷和拓本倾囊展览出来，极大地宣传普及了敦煌学的学科知识。在新中国成立后，向达虽将研究重心置于中西交通史学和边疆民族史上，但仍然关注敦煌学科的发展。不仅参加过过国家承办的“敦煌文物展览”活动，并曾于1957年与王重民、王庆菽、周一良等人合力编著《敦煌变文集》，并为之亲自撰写引言。1964年，向达还在南下广州中山大学拜访陈寅恪时作过“敦煌学六十年”的主题报告，进一步为敦煌学的学科发展作出应有贡献。

向达作为我国研究“敦煌学”的第二代代表学者之一，在20世纪30年代开始着力耕耘于敦煌学领域，并终身致力于推动我国敦煌学的发展，为我国敦煌学发展作出了卓越贡献。

（二）整理汇编敦煌经卷和俗文学目录，奠定了敦煌学研究的框架

向达先生曾经游历西欧，在英国牛津图书馆、大不列颠博物馆以及法国巴黎国家图书馆与德国柏林普鲁士科学馆进行了为期四年之久的学术考察。向达结合其在图书馆的工作经验，在这期间重点关注馆内所藏的敦煌经卷版本和俗文学，并亲自对这些经卷进行目录整理。先后写下了《记伦敦所藏的敦煌俗文学》和《伦敦所藏敦煌卷子经眼目录》两文。

《记伦敦所藏的敦煌俗文学》一文发表于《新中华杂志》（一九三七年第五卷第十三号页）。向达在英国时将其在伦敦大不列颠博物馆见到的四十余张敦煌俗文学卷子钩稽出来，并“将号码和名称作成一简目，附列于后”①。需要注意的是，向达在编列名称时并不是按照卷号而简单罗列，而是“性质归类”②，从卷子中对内容进行分类整理，将相同内容归置于同一名号，以方便后人检索。这是我国最早的系统汇总伦敦敦煌俗文学的专门之作，为俗

① 向达：《唐代长安与西域文明》，重庆出版社2009年版，第189页。

② 向达：《唐代长安与西域文明》，重庆出版社2009年版，第191页。

文学史的研究发展搜集提供了诸多史料。向达还对所见的俗文学的内容和存轶状况进行了简要评介说明。他认为这些俗文学资料，在思想方面，受到佛教的影响最大。在题材上面，则较为繁复。有以佛经为主题的，有以历史为主题的，还有取材于相沿的传说的。

此外向达还详细抄录了一些当时尚未为人所周知的篇目，如《汉将王陵变》《秋胡》等，他认为敦煌俗文学作为"活的词汇收集"载体，在俗文学演技过程中产生出诸多活的语言，如日常谚语格言等，对宋以后的俗文学宫调、杂剧、传奇小说等产生了深远影响。此外为尽可能地还原俗文学原貌，向达对各版本俗文学进行了参校，如《降魔变》《舜子变》等，显得殊为珍贵。

《伦敦所藏敦煌卷子经眼目录》一文发表于《图书季刊》(1939年新第1卷第4期）上。由于现存的敦煌经卷多有残缺和散佚，有些内容由于整理不当而被四散各处。因而向达在阅读经卷的时候，对每一卷都记有编号和卷子名称，在附上其长短与所存行数的同时还抄下前五行与后五行。在这份目录中向达的版本目录学功底可见一斑。向达通过对经卷的简记和整理有助于我们"比勘异文，抉择优劣"。而后世学者沿着向达的治学成果比照敦煌经卷，克服了诸多阅读障碍。周一良在《敦煌吐鲁番文献研究论文集·序》中曾深情地写道："经过他们的系统阅读所编写的目录和提要，提出并解决了不少有关历史、考古、文学、目录学等方面的重要问题，把敦煌文献的整理、利用和研究大大地向前推进了一步。"① 于细微处见精神，这份目录的刊定不仅体现了向达严谨的治学态度，更保存了诸多敦煌经卷目录信息，为敦煌学的发展作出了卓越贡献。

此外向达在《唐代俗讲考》（刊登于《燕京学报》第十六期）的附录中对伦敦、巴黎、北京和私人所存的敦煌俗讲文学作品目录进行了汇总。向达根据刊布者，一一注明了馆藏出处和卷号，共计整理出了55种俗文学作品。这是当时所能收集到的最多最全

---

① 周一良：《敦煌吐鲁番文献研究论文集·序言》，中华书局1982年版。

的俗文学作品目录。在附录《长兴四年中兴殿应圣节讲经文》中，向达甚至全文抄录，极大地帮助了我们理解讲经文的概念和俗讲仪式。

在敦煌文献整理方面，向达在新中国成立后曾参与了由王重民、王庆菽、周一良主持的《敦煌变文集》的整理校对工作。《敦煌变文集》共收录编选了78种敦煌写本，采取一人主校，其余五人互校的方法。向达除了负责编校其中六种变文之外，还与他人一道轮流校对了其余诸篇变文，付出了诸多心血。

（三）确立了“俗讲”的名称和体裁，明确俗讲和佛曲的体裁差异

敦煌石室藏书中的讲唱类俗文学作品在刚刚面世时，以其迥异于诗词类的独特体裁赢得了众人的瞩目。为了确定这一文学体裁作品名目，敦煌学先驱的罗振玉在1924年将《维摩诘经讲经文》和另外以佛经为主题内容的讲唱作品一并称为“佛曲”三种，并率先在其所著的《敦煌零拾》中将之命名为“佛曲”。但郑振铎先生于1929年在考察敦煌残卷中《目连变》《八相变》等本身题目中自带“变文”之义的讲唱类作品时，则撰文提出了这些俗文学作品应称为“变文”。

向达早先在1925年夏天翻阅《隋书·音乐志》时，开始初步接触到佛曲和敦煌俗文学。在《龟兹苏祇婆琵琶七调考原》一文中，他通过比较苏祇婆七调、中乐七声、西洋音符以及“北宗音名”，用详实的事例推证出唐朝的燕乐，辽之大乐均导源于苏祇婆七调。苏祇婆的琵琶七调中“娑陁力”“般赡”合“旦”调而三，均来源于印度北宗音乐，其他“鸡识”“沙识”“沙侯加滥”“沙腊”“俟利箑”五调“虽俱无证”，但“苏祇婆七调与北宗音乐之渊源，固甚显然”。[①] 由于当时向达接触的材料有限，仅仅止限于徐嘉瑞《敦煌发见佛曲俗文时之推定》和南卓的《羯族录》二文，因而向达在文中第三部分论及苏祇婆七调与佛曲关系时认为佛曲

---

① 向达：《唐代长安与西域文明》，重庆出版社2009年版，第215页。

中有“娑陁力”“般赡”诸调均属于佛曲。同时又循罗振玉在《敦煌零拾》中将三篇俗文定名为“佛曲”之误，将敦煌所发现的俗文学与佛曲二者混为一谈，以为“佛曲俗文，都是苏祇婆传来七调之支与流裔”。①

后来向达在反复翻阅三篇俗文学作品时，并不见有宫调的痕迹，开始对罗振玉的“佛曲”命名产生怀疑。在意识到所占资料的局限时立刻托人从北京图书馆抄录敦煌卷子俗文学三篇，后又在《支那学》刊物上浏览到一篇介绍敦煌《目连缘起》《大目乾连冥间救母变文》的文章，终于意识到敦煌发现的俗文学与唐代的佛曲是两种不同的文学体裁。此后向达为正罗振玉之误，写成了《论唐代佛曲》一文。

向达在文中从《隋书·音乐志》、南卓《羯鼓录》、陈旸《乐书》中钩沉出佛曲的源流，并结合佛曲的名目，尝试着厘定出了佛曲的概念：“佛曲者，是由西方传入中国的一种乐曲，有宫调可以入乐。内容大概都是颂赞诸佛菩萨之作，所以名为佛曲。大约为朝廷乐署之中所有，不甚流行民间。”②

在解释了佛曲的概念之后，又对在敦煌发现的俗文学与唐代佛曲的关系进行了深入探讨，通过重新审定徐嘉瑞和罗振玉的《敦煌发见佛曲俗文时之推定》《敦煌零拾》两篇文章，断定宫调佛曲是为一种音乐，而敦煌所发现的俗文学藏本如《缘起》《变文》等虽然也涉及佛教，但终归是民间的一种通俗文学题材。这种讲唱文学所代表的“俗讲”与佛曲完全是两种文体。至此“俗文学”经向达的“考证”和郑振铎先生的一并呼吁，罗振玉的“佛曲”一说逐步被学界抛弃。向达通过界定“俗讲”的文体命名，并通过对“佛曲”概念的澄清，解决了“俗讲”和“佛曲”的定位问题，并拓宽了俗文学的研究范围，对敦煌俗文学的发展作出了卓越贡献。

① 向达：《唐代长安与西域文明》，重庆出版社 2009 年版，第 218 页。
② 向达：《唐代长安与西域文明》，重庆出版社 2009 年版，第 220 页。

（四）对“俗讲”体裁进行理论体系构建

向达立足于“俗讲”，在厘定了佛曲与俗文学的界限之后，开始对敦煌俗文学进行分类，并就俗文学的仪式、话本、起源及演变进行深度探究。

向达从梁慧皎所著的《高僧传》13卷切入，通过勾勒出俗讲的内容和材料间接地证明了俗讲在唐代佛教寺院中盛行已久。他认为“俗讲”来源有两途，一为“转读唱导”，二为“清商旧乐”，多与佛教和南朝的清乐有关联，自有佛教和音乐的成分在其间。诸多高深的佛经经由唐代僧人“转读唱导”而成通俗易懂的“俗讲”，以至于“俗讲”在唐朝时蔚然成风，在社会民间上广为流行。

俗讲的仪式则“率有定式”，向达通过比照唐代日本僧人圆仁《行记》和宋代元照所著的《四分律行事抄资持记》卷三的《释导俗篇》可知，“俗讲”一般有“十法”，由于多在“夜下明”或“通夜”设座，因而“故开随坐”，但担任讲授解经者“必登高座”①，以示其庄严和隆重。后来向达在法国巴黎图书馆游历时，翻阅到伯希和所窃取的敦煌3849号卷子，由于其所附的纸背中详细载有讲授《维摩经》的俗讲仪式，在侧面得知相较于一般讲经仪式，俗讲又多了一个特有的“押座”环节。至此，向达通过对文籍的梳理，“俗讲”仪式之梗概大体展现于我们眼前。

向达结合敦煌经卷的内容，通过细致考证敦煌俗讲经文的内容差异，对“俗讲”内容进行分类：一为“押座文或缘起”，标题为“押座文”或者“缘起”均可以归为此类；第二类为如《目连变》《王陵变》之类的变文，这些多是采自当时庭间流传的历史故事而成，一般散韵相间，说唱结合；第三类则多是从佛经书上撷取而成，如《仁王般若经抄》取材演化自《仁王般若经》等。向达疑此应该归为“讲经文”。周一良认为向达的分类“辨近人一律称变

① 向达：《唐代长安与西域文明》，重庆出版社2009年版，第239页。

文之误，尤具卓识”。[①] 向达通过自己的考证将唐代俗讲变文类别清晰地呈现于读者面前，尤便于后人遵从此分类按图索骥，极大地推动了敦煌俗文学朝更深入更细致的方向扩展。

此外向达还关注探究俗讲文学的演变和衰败原因。最早见于唐元和年间的“俗讲”文学在宋以后不再见诸于史册，由唐入宋，在长达四百余年的发展演变中归于沉寂。向达认为“俗讲”的衰败主要由于与摩尼教交从过密，因而南宋当政者在清除摩尼教的同时，便殃及了“俗讲”。“俗讲”虽然不再，但由之衍化而来的宋朝“说话人”却继续长存。向达详加比对了敦煌俗讲和宋朝“说话人”之“四科”之后，认为“说话人”中故事题材与《汉将王陵变》《季布骂阵文》等“俗讲”作品渊源颇深，“俗讲”实为“宋代说话人中讲史书一科之先声”，而“说经说参请，又为唐代诸讲经文之支与流裔”。[②]

此后向达尝试对“俗讲”的话本名称进行归类整理。先前经过向达和郑振铎先生的考证倡导，敦煌藏书中“佛曲”和“俗文学”已然被证明为两种题材作品，罗振玉的“佛曲”一说逐步被学界抛弃。但此后围绕着敦煌藏书“俗文学”的命名却存在分歧。郑振铎和王重民先生则倾向使用“变文”。向达鉴于这种体裁的作品还有“缘起”“词文”等内容名目，统用“变文”一词有以偏概全之弊，无法覆盖到“俗文学”的其他体裁作品，因而主张使用“俗讲”一词。

尽管现在学界已经习惯使用“变文”这一命名，但向达先生对“变文”名称的思考时至今日依然有启发价值。乃至周绍良先生也认为“对这一批材料如果漫无区别地都称之为‘变文’是很不妥当的，这样就贬低了唐代丰富多彩的民间文学，而混淆了不同的文艺种类”[③]，张鸿勋教授在向达的基础上也提出了应该“充

① 周一良：《读〈唐代俗讲考〉》，《敦煌变文论文录》，上海古籍出版社 1982 年版，第 189 页。

② 向达：《唐代长安与西域文明》，重庆出版社 2009 年版，第 248 页。

③ 周绍良：《谈唐代民间文学——读〈中国文学史〉中“变文”节书后》，见周绍良、白化文主编《敦煌变文论文录》，上海古籍出版社 1982 年版，第 405 页。

分尊重抄卷原有的标名”① 来对俗文学作品进行分类命名等。

作为敦煌学领域的早期代表人物，向达从佛曲研究入手，进而逐步过渡到敦煌俗文学领域并取得了丰硕成果。他第一次将俗文学从佛曲中分离出来，明确区分了佛曲与俗文学的体裁差异，同时开始尝试对俗文学的名目、源流和演变进行系统归纳整理，为“敦煌俗文学的研究提供了一个基本的框架”②。虽然现在看来，有些见解需要进一步甄别商榷，但诸多开创性贡献时至今日依然具有指导意义和启发价值。

（五）对敦煌史地学的研究

在敦煌学领域，除了进行学术考察之外，向达还积极对敦煌史地学进行研究。1942—1944 年，向达曾经两次参加西北考察团，万里远征，行旅匆匆。向达此行一为奔赴敦煌榆林石窟进行学术研究，二为“以其所得供当世从事西北建设者之参考”③。向达后来根据行程见闻及“两关”“两窟”实地考察，写成了《瓜洲谈往》一书，其分为四部分，其一为《西征小记》，其二为《两关杂考》，其三为《莫高、榆林二窟杂考》，其四为《罗叔言〈补唐书张议潮传〉补正》。

在《西征小记》中，向达以其学者的敏锐眼光忠实地记述了行程中途径河西走廊间的古代遗址和文物建筑，同时夹叙地方人文历史。其中对兰州、武威、张掖和酒泉四地所存的木塔、碑文、佛像寺庙所记颇详。他以小见大，根据武威银塔碑文中“于阗国王大师从德”的记载进而推断出该物为“于阗国供养千佛洞之物”。④ 虽然对该铭文未能一窥全貌，但对瓜沙曹氏与于阗关系研究无疑大有裨益。

向达在对玉门关和阳关两关遗址进行考证的时候，他采取地下文物和纸上遗文相结合的方法，广泛征引《史记》《元和志》及

① 张鸿勋：《敦煌俗文学研究》，甘肃教育出版社 2002 年版，第 5 页。
② 王艳：《向达欧洲访书记》，《图书情报工作》2004 年第 3 期。
③ 向达：《唐代长安与西域文明》，重庆出版社 2009 年 3 月版，第 268 页。
④ 向达：《唐代长安与西域文明》，重庆出版社 2009 年 3 月版，第 268 页。

《太平寰宇记》《新唐书》相关记载，同时结合西欧巴黎所藏的敦煌石室写本《寿昌县地境》一说，推算出如今南湖西北方的古董滩即为阳关故址，而距此70千米的小方盘城则为汉代玉门关遗址。由此他肯定了王国维对玉门关在小方盘城的判断。

关于玉门改置问题一事，向达在对比汉简和《史记》《后汉书》之后，认为在太初年前，河西已经设立武威、张掖、敦煌等四郡。贰师将军李广利在征伐大宛败退过程中是先入玉门进而西抵敦煌，故并非王国维所持的玉门关在太初二年（前103）前位于敦煌东面的观点。关于六朝以来玉门关迁址问题，向达认为汉朝至六朝时，玉门关一直位于敦煌之西北，直到隋唐时候，由于"伊吾路"的开通，玉门关开始东迁，进而位居至敦煌以东的晋昌县境。

在谈及敦煌、榆林二窟时，向达围绕着《武周李君修佛龛记》中所述的东阳王事迹进行考证。由于原石碑已然破损，向达只得结合甘肃张维曾经所获的拓本进行甄校，后又从北平图书馆中搜寻到东阳王元太荣驻守瓜洲时所遗文献的敦煌藏本，认为元太荣为即东阳王，这与贺昌龄的观点不谋而合。此外向达进一步指出东阳王元太荣又名元荣，而"非脱字也"。

考证完东阳王事迹之后，向达将注意力转移至榆林石窟内的佛教艺术。他从洞窟内的壁画风格和洞窟形态入手，认为榆林窟各石名大抵皆在9世纪到11世纪这段时间内命名，而非斯坦因早前所认为的"榆林窟创于九至十世纪、题名皆为元代的观点"。至于洞内艺术，向达从画壁制度、粉本比例和凹凸法及空间观念等多个维度出发，认为敦煌作为中西交通要地和佛教东传的前岸，诸多西域画家流寓至此，风格或多或少受到印度佛教的深刻影响。莫高窟、榆林两窟在建设过程中，西域画家的参与使得石窟内壁画得以融合中西之风，成此不朽之作。

作为一门集研究、发掘和整理保护敦煌地区文物和文献的学科，敦煌学经过百余年发展，现在已经蔚然大观，与藏学和徽州学一并为中国三大区域文化。追今抚昔，当我们回望敦煌学发展时，向达写下了近十余篇关于敦煌学的文章，在敦煌石窟、敦煌遗书和敦煌史地三大领域中均作出了开创性贡献，诚为“中国敦煌学的开拓者”①。

向达筚路蓝缕启山林，栉风沐雨砥砺行。在极其艰难的情况下，从英国、法国、德国等地图书馆对馆藏敦煌残卷进行拍照整理，累计抄回携带了近120万字资料。后两次参加西北考察团，除在敦煌一带对壁画和石窟进行了实地考察之外，还将其在敦煌石窟时发现的管理问题进行了登报呼吁，终使敦煌石窟成立了敦煌艺术研究所，使之得到妥善的管理和保护。此外向达不仅归类整理了敦煌遗书目录，还通过源流、演变等进行诸多考证，对敦煌遗书中的俗文学和佛曲进行了系统的体系研究。并围绕着敦煌史地学，对玉门关、阳关进行了遗址勘订，并将莫高、榆林二窟中壁画的佛教艺术与西域印度画风进行了对比研究。这些努力弥足珍贵，极大地推动了敦煌文学研究的发展，至今泽被后世，值得学界铭记。

四、向达在边疆民族史学上的成就

向达一生治学严谨，著作等身。纵观向达治学之路，除在中西交通学和敦煌学领域做出卓越的学术成就之外，在边疆民族史学上同样造诣颇深。向达曾经奔赴新疆写成《西域见闻琐记》一文，而在西南地区地理方面则多有所成，这主要体现在《唐代纪载南诏诸书考略》《南诏史略论》和《蛮书校注》上。

晚清边疆舆地之学成为风气，但学者大多从治西北史学，致力于西南南诏史学的却寥寥无几，直到20世纪初，一批如方国瑜、徐嘉瑞等云南本土学者开始将目光移至于唐代南诏史学。向达1939年夏天时曾在北京大学任教。当时北大已经迁往云南昆明，因而向达从唐朝西南边疆史学入手进而接触到南诏史学。并围绕着“南诏史”的研究，对袁滋的《云南记》、韦齐休《云南行记》、樊绰的《蛮书》、窦滂的《云南别录》、徐云虔《南诏录》

① 阴法鲁、萧良琼：《中国敦煌学的开拓者》，沙知编《向达学记》，生活·读书·新知三联书店2010年版，第17页。

等诸书目多有探索，虽然这一领域向达并未“豁然贯通”①，但却对南诏史上的“民族、语系、史料”问题等都做了一定的考证。作为向达的学术成果，这一领域同样值得进行深入探讨。

（一）对南诏历史上的史料问题进行了针对性研究

唐代以降，中原与西南间的交往日益频繁。尤其是南诏崛起以后，两地使节不绝于路。南诏作为西南地区大国，在唐懿宗后期寇边不止，甚至多次攻掠成都。但有关南诏事略除见于《新旧唐书》之外，难觅其迹。有鉴于此，向达开始系统收集有关南诏史的历史典籍，从唐朝使者入手，进而收集到袁滋的《云南记》、韦齐休《云南行记》、樊绰的《蛮书》、窦滂的《云南别录》、徐云虔《南诏录》等诸书目。由于这些书目均由唐朝入诏使者“目识亲览”，亲自书写，因而作为第一手资料具有极高的史料价值。可惜袁、韦、窦、徐仅存书目，向达在对袁、韦、徐、窦等个人出使事迹进行一定考证之外，主要对现存樊绰《蛮书》进行了重点推介，并结合《新旧唐书》等书中相关记载寻求其一鳞半爪，进而尝试对南诏史学典籍作有针对性的补充。

唐朝贞元十年（794），袁滋被唐任命为南诏使出使云南。他将沿途见闻著书写成《云南记》，向达从交通史学角度，系统地考察了袁兹经行之路，由石门路至安甯城，进而途径曲驿、欠舍川和云南城，终达阳苴咩城。此后韦齐休则是在长庆三年（823）取道清溪关路，经行卬、雅、黎、嶲诸州行至南诏。向达在对窦滂、徐云虔、卢携等人所著的关于南诏书籍均作了一定解读之后，着重对仅存的《蛮书》进行了系统介绍。

安南毗邻南诏，其得失存亡对唐朝影响甚大。樊绰在任安南经略使从事时开始系统地收集编纂南诏资料，编著为《蛮书》一书。其内容分为《云南界内途程》《山川江源》《六诏》《名类》等十卷。书中对唐朝时云南地区的人文历史、风俗习惯、行政制度连带周边国家关系问题均做了深入介绍。是为《华阳国志》之后，

---

① 向达：《唐代长安与西域文明》，重庆出版社 2009 年 3 月版，第 117 页。

“现存论述西南历史地理最古最好的记载”。①

《蛮书》成书较早，在历代传播过程中各书收录不一。向达从目录版本学出发，对各版本次《蛮书》优劣情况进行了系统对比。如发现《永乐大典》中的《蛮书》辑本多有脱落错误，并且错简颇多。而《四库全书》中虽有疏漏，但却多有补益。向达结合《四库本》和《大典本》，从金石文字、地理民族语言诸多方面进行校勘，不仅完善了《蛮书》旧本，同时还考察了南诏、安南和唐朝三者之间的相互关系。向达历时 20 年之久，以一已之力终成《蛮书校注》一书，充分体现了向达朴学功力。

（二）对南诏史上的民族问题进行了初步探讨

云南地处我国西南边陲，自古为少数民族聚居之地。由于远离中原，交通不便，加之历代留存的史料较少，因而诸多关键问题难以言明，如南诏“民族堆积层次问题”便一直困扰着学界。向达批阅典籍，从两爨、六诏、青羌、剑羌、大羌循迹而来，对南诏的民族问题进行了深入探讨和研究。他大胆假定，小心求证。认为东爨乌蛮、西爨白蛮、六诏以及青、剑、大羌等是从陇山山脉一带迁移过来。围绕这这一假设，从地名的沿革，开始追溯羌族和氐族的迁徙历史。

秦汉以来，氐族羌族在陇山山脉一带一直受到压迫，因而开始了南下的迁徙之路。他们中一支从米仓、金牛、阴平分道进入四川，进而由五尺道入滇并改名为爨。其中西爨白蛮为氐族，东爨乌蛮为羌族。而另一支则从岷山西边西康境内移居至今天大理周围，是为六诏。两者同源却异途。

向达通过解读《史记·西南夷列传》和《华阳国志·蜀志》，以金沙江古今异名为例，对这两支氐羌族所经行地名进行梳理。他从音韵学角度出发，发现书中记载古时岷山以西彝族称金沙江为“若水”“诺水”和“诺矣江”，而如今凉山彝族称黑为“no”，大水为“yee”，即译为“黑水”。向达认为“若、诺以及泸字，俱

① 向达：《唐代长安与西域文明》，重庆出版社 2009 年版，第 126 页。

是一声之转，俱是指的一条水”①，实为“no—yee”的转音。故岷山西边诸地地名多为氐、羌族的旧时名称，至今未变。而岷山以东地名汉化痕迹则较为明显，地名称谓多随汉译，并未多变。

向达认为这是由于岷山东西间氐羌族受压迫程度不一，岷山东部巴蜀一带，历来受压迫至深，而岷山由于道路崎岖，气候复杂，以至于两地各民族之间虽有移动，但相较岷山以东，以西民族由于“汉弱彝强”，在地名上具有浓厚的民族成分。

向达后从传说和姓氏两方面来考察两爨和六诏两者关系。由于古时氐族、羌族多生活于陇山山间，故“陇山及陇坂九回”自然成为其民族象征图腾。“一般行役对于陇头的流水陇坂的九回，也不胜其幽怨之情”②。但是向达结合《续汉书·郡国家志》和《后汉书·西南夷》中关于“陇坂”的记载，发现在岷山中部邛崃上同样流传着类似的情结。此外在哀牢夷族的故事中，也有关于“九隆”的感生神话记载。向达认为“九隆者，九隆也”，如同汉人郡望一般，不应为巧合，他猜测里面或许隐藏着民族迁移的历史事件留待研究。

向达还从羌、氐族之姓名中进行考证。羌族和氐族虽然身居陇山，却也有姓氏之分。但氐族由于多与汉族杂居，因而汉化水平较高，几大豪族苻、尹、杨、李、吕、张等皆为汉姓。在《蛮书》所记白蛮中，尹、杨、李、吕、张等同样为白蛮望族，有汉姓可查达到12家。相反羌族由于汉化程度较低，故乌蛮汉姓较少，在唐朝有汉姓可查者寥寥无几。由此向达在考查姓名时进一步证实了氐族羌族的迁移路线猜测。东爨乌蛮和六诏属于羌族，而西爨白蛮属于氐族。东西两爨为沿着岷江流域进入云南东部的氐羌族，而六诏则是于岷山以西进而逐步迁徙到大理周围的。

五、向达学术研究特征

向达一生著作等身，在中西交通史、敦煌学、边疆民族史学和目录版本学诸多领域均有涉猎，为我们留下了宝贵的学术遗产。

① 向达：《唐代长安与西域文明》，重庆出版社2009年版，第143页。
② 向达：《唐代长安与西域文明》，重庆出版社2009年版，第142页。

纵观向达学术之路，向达有三个学术特征非常明显：一为“学贯中西，新旧兼通”；二为“文献研究与实地考察相结合”；三为“以诗证史，诗史结合”。

（一）学贯中西，新旧兼通

向达出生于传统的“官宦世家”，家里富有藏书，底蕴深厚。向达在父辈言传身教下，自幼广泛涉猎，博览群书，阅读了大量中华历史文化典籍。在就读于长沙明德中学时认真学习英语，又打下了坚实的英文基础。1919 年在南京高等师范学校学习文史时，在“南师”“学衡派”柳诒徵、汤用彤、陈鹤琴等老师悉心指导之下，学术视野进一步扩展，并受到了系统的“史地”学术锻炼。

向达在上海商务印书馆担任编译员期间接触到美欧西学和汉学。在翻译过程中阅读了大量西方著作，如亚里斯多德的《伦理学》、勒柯克的《高昌考古记》以及《印度现代史》《斯坦因敦煌获书记》《斯坦因黑水获古纪略》《世界史纲》《鞑靼千年史》《匈奴史》等，努力汲取国外先进学术成果。而后在北平图书馆工作时，通过和学术名家同仁间的切磋学艺，学识增进不少，乃至由于在北平图书馆表现优异，作为交换馆员赴欧交流。1934 年至 1938 年四年间向达通过翻阅敦煌遗书，极大地提高了敦煌学领域的学识修养。及至在新中国成立后，向达又扎扎实实地开始中西交通史料学的整理。结合向达的学术之路，他既有深厚的国学背景，又有坚实的西学基础，在校汻《蛮书》和撰述《中西交通史》《中外交通小史》时可见一斑。

在西南联大期间，向达已经着力对所能寻找到的《蛮书》各版本进行校对、勘误；后又从金石、地理、民族、正史对《蛮书》进行校注诠释。从 1939 年到 1962 年截稿，向达历时 20 余年终成《蛮书校注》一书。向达挚友金克木在回忆向达校注《蛮书》时言及向达治学根底深厚，既采用新式的卡片方法，另一方面又继承传统的古籍校勘方法。他在批阅古籍时在书眉上写满了批注。有圈点又断句，联系到向达出身于东南大学—南京高等师范这一新式学堂，“通晓外文，从事译述，可是同时继承了读书的古老传统。……于是对向先生的学兼新旧十分的佩服了”。①

中外交通史资料卷帙浩繁，内容广博。时间跨度上下几千年，空间上则纵横几万里，而且非惟史学，还涉及政治学、文化学等诸多学科领域。向达在此同样展示出了广阔的国际视野和深厚的学术功底。

向达曾经阅读过亨利玉尔所作的《东域记程录丛》、美国东方学家、人类学家贝特霍尔德·劳费尔博士的《中国伊朗编》等外文著作。在《中外交通小史》写作过程中，向达便结合国外研究成果，对中国历史与世界历史进行比较研究。

他从宏观上把握全局，认为中国文化并不孤立存在，而是一直同其他民族联系在一起。“自世界史的意义阐明以后，读史的人既知道这一民族在历史上所发生的大变动往往影响到其他民族的兴盛与消亡。”② 他以匈奴民族西迁、魏晋南北朝时期法显玄奘西天取经，隋唐文化的东去和日本大化维新、元明以后中国同西洋又相接触等为例，为我们展现了多民族跨地区之间的文化交流。这既有综合体系性的思考，又有独到的专题性解读。同时还有诸多研究心得体会，在当时对时兴的民族孤立主义进行了有力的回击。

此外向达在对敦煌遗书进行学术研究时，对印度佛教和印度北宗音乐进行了相应研究，甚至亲自学习梵文。

关于中学和西学之间关系，向达曾说：“近代科学进步，是以纯粹科学的发达为基础。纯粹科学是体，应用科学是用，有体然后有用。单只讲用，还是中学为体、西学为用那一套，今日如果不务根本只图眼前，则中国将来科学的前途，可能与同治时代的维新同其命运。”

向达一生对中西方文化兼容并蓄，真正实现了博古通今，学贯中西。也正因为向达展现出其博大的视野和宽广的学术胸怀，为此在史学领域开辟出了新的天地。

---

① 金克木：《由石刻引起的友谊》，沙知编《向达学记》，生活·读书·新知三联书店 2010 年版，第 130 页。

② 向达：《中外交通小史》，商务印书馆 1930 年版，第 2 页。

（二）文献研究与实地考察相结合

文献研究与实地考察一直是我国历代经世学者治学的优良传统。向达在治学期间，一直身体力行，谨守史家传统，出自于“南高史地学派”的他特别注重文献研究与实地考察相结合，力求史论结合。

向达在南京高等师范学院读书时，便深受柳诒徵、汤用彤、陈鹤琴等老师治史传统影响。“南高”学派特别重视实地考察研究，同时也提倡文献研究与实践之学相结合。因而在“南高”期间，向达积极参加“史地学会”，自觉进行学术实践。在1925年大学毕业不久之后，即与好友郑鹤声两次考察南京摄山附近的千佛岩和舍利塔，先后写成了《摄山佛教石刻小纪》和《摄山佛教石刻补纪》两篇文章，后均发表于《东方杂志》上。

向达于1942—1944年三年中两次参加西北科学考察团，在茫茫塞外间多次进行学术考察。向达曾亲自奔赴阳关、玉门关遗址，通过结合古书《史记》《元和志》《太平寰宇记》《新唐书》和敦煌石室写本《寿昌县地境》中相关记载进行史地互校，对玉门、阳关遗址以及玉门改置一事进行了深入探究。最终确定了现今南湖西北方的古董滩即为阳关故址，小方盘城则为汉代玉门关遗址。

在敦煌石窟，向达结合史料对窟内的佛像及菩萨像以及壁画中的佛教史迹画、风情画等进行再研究。此外在途径河西走廊时，详细记录了武威、张掖、酒泉等地的风土人情。至今看来，这些宝贵实录十分具有史料价值，有些记载为学界所用。

新中国成立后，向达曾于1951年深入新疆，他利用有限的时间仍然亲自到库车的渭干河口考察附近的寺庙遗址等。向达后来在这些实践活动时深情地写道：“回想以前埋首伏案于伦敦、巴黎的图书馆中摸索敦煌残卷，以及匹马孤征，仆仆于惊沙大漠之间，探夜秉烛，独自欣赏六朝以及唐人的壁画，那种‘摘埴索涂’‘空山寂历’的情形，真是如同隔世！但是今天我们的心情不是过去的所谓'感慨系之，而是'凡在见闻，莫不欣跃。"① 而这些学术实践活动无不展现出向达践行文献研究与实地考察相结合优良的治史传统，值得我们每一个人悉心学习。

（三）以诗证史，诗史结合

向达在对唐朝"柘枝舞"进行考证时，由于诸多史料皆不存，于是另辟蹊径，采用"以诗证史"的方式从《全唐诗》中"寻章摘句"，进而对"柘枝舞"名称来源、服装、舞姿舞态进行全面阐释介绍。

柘枝舞由西域而传入中原，作为健舞，冠绝于世。关于"柘枝"一词来历，向达从薛能《柘枝词》中觅得一二。"悬军征柘羯，内地隔萧关。"② 原石国又称柘枝，柘羯。故柘枝一舞应源自西域石国。围绕着柘枝舞的服饰，在唐朝诗人张祜、白居易、刘禹锡、沈亚之等著名诗词人作品中多有描述。如张祜《观杭州柘枝》中"红罨画衫缠腕出"，《观杨瑗柘枝》中"促叠蛮鼍引柘枝，卷檐虚帽带交垂。紫罗衫宛蹲身处，红锦靴柔踏节时"。白居易在其所著的《柘枝词》中同样有"绣帽珠绸缀，香衫袖窄裁"等相关记载。向达由此考证出柘枝舞者装束，一般头戴锦帽，身着五色罗衫，足穿锦靴，皆为胡服。关于"柘枝舞"节奏，向达继而从白居易《柘枝妓》中"连击三声画鼓催"、刘禹锡《和乐天柘枝诗》中"鼓催残拍腰身软，汗透罗衣雨点花"等诗中指出"柘枝舞"是一种"以鼓声为节奏"③ 的刚健明快之舞。《全唐诗》洋洋洒洒五万余首，而向达终"以诗证史"，通过搜录摘引诗人诗篇，进而梳理出"柘枝舞"的源流及舞姿等重要信息，充分显示了向达"以诗治史，诗史结合"的特点，值得后人深思学习。

结语

向达一生勤于著述，所作颇丰，在中西交通学、敦煌学、边疆

---

① 向达：《唐代长安与西域文明》，重庆出版社 2009 年版，"作者致辞"。
② 向达：《唐代长安与西域文明》，重庆出版社 2009 年版，第 51 页。
③ 向达：《唐代长安与西域文明》，重庆出版社 2009 年版，第 52 页。

民族史学、目录学等诸多学科领域均取得了瞩目的成就。

在中西交通学领域，其代表性著述《唐代长安与西域文明》至今仍是研究唐史和中外关系史的经典著作，也奠定了其“海内学者，自陈寅恪师而后，治唐代典章制度，中外文化交流之史事，成绩之昭著，尚无出其右者”① 的史学地位。而在《中西交通史》和《中外交通小史》两本著作中，向达则厘定了中西交通学学科概念，并将中国置于广阔的国际视野中，初步建构了中西交通史学学科。此后向达晚年致力于整理中西交通学史料，为中西交通学作出了卓越成就。

在敦煌学领域，向达奔赴西欧抄录整理敦煌史料，并两次参加西北科学考察团对敦煌一带进行实地考察。此外围绕着“俗讲”这一文学体裁进行概念界定、仪式论述和渊源考证等。在边疆民族史学和目录版本学等领域，向达同样做出不可磨灭的贡献。

关于向达的治学特征，同样引人注目。向达出身南高师范，师从柳诒徵、汤用彤“学衡学派”，得考证之真传。在工作之后，博采西方治学之长，实现了“新旧兼顾，中西兼通”。此外向达又特别注重文献研究与实地考察相结合以及“以诗证史”的治史方法。

向达之于史学贡献甚大，这些学术财富至今依旧值得后人学习，学界应该对其学术给予更多地关注和发掘。

---

① 阎文儒、陈玉龙编著：《向达先生纪念论文集》，新疆人民出版社 1986 年版，第 68 页。

杨东莼学术思想研究

王凯丽

杨东莼（1900—1979），别号岂匏，又名杨东莼，1927 年改名为杨东莼，民国年间湖南籍著名的历史学家、翻译家、教育家、社会活动家。作为历史学家和翻译家，他终身服膺马克思主义，并以自身独特的学术优势和丰富的社会实践经验，对中国的学术作出了巨大的贡献。作为教育学家和社会活动家，他在师范教育和干部教育方面取得了卓越的成就。尤其是在革命战争时期，坚决执行党的统一战线政策，不畏艰险，周旋于白区和苏区之间，为中国的革命事业贡献了自己的力量。就杨东莼的学术活动而言，可分为求学之路、哲学之路、史学之路以及教育之路四个方面。他从启蒙教育，依次到小学教育、进步学堂教育、朱子祠高等小学、中学、北京大学渐次完成了自身的求学生涯。1923 年离开北大后，曾在醴陵县甲种师范讲习所讲课，后又在长郡中学与协均中学任中学教员。东渡日本后，着手于哲学翻译及史学著述事业。从日本归国后，先后就任各内迁院校，全力支持学生的民主革命活动，传播马克思列宁主义理论，后经厦门大学秘密前往香港，代陈其瑗出任香港达德学院院长。也曾五下广西，三任校长，从担任广西高等师范专科学校校长始，到代表救国会入桂商谈国是，再到建议当局响应统一战线，又到出任地干校教育长，直到“西大”校长，为广西的教育事业奉献了自己的力量。后又调任华中师范学院担任第一任院长。直到晚年，仍孜孜不倦地献身于文教事业，除担任国务院副秘书长、民主促进会中央副主席外，还出任中央文史研究馆第三任馆长。杨东莼的教育实践活动深受民主革命的影响，从“六三”示威，到“北京中国劳动组合书记部”，再到"上海文化界救国会"，直到"全国救国会海外工作委员会"，他始终投身于存亡继绝的浪潮里。就学术思想而言，杨东莼分别在哲学翻译、史学著述、教育理论三方面体现出来。翻译事业主要是通过翻译狄慈根、摩尔根以及马克思、恩格斯论著，向国人介绍宣传马克思主义辩证法原理。而史学著述主要是通过运用新型的唯物史观、进化史观、历史相因论、现实关怀感的史学理念来撰写《本国文化史大纲》《中国学术史讲话》《高中本国史新编》这三本专著。而他独创的教育理论观点在社会实践活动中的应用，体现了他的教育思想。

一、杨东莼生平及求学之路

（一）生平求学背景

1900 年农历三月八日寅时，杨东莼出生于湖南醴陵渌江乡河西村（今称"西山史家老屋村"），这是一个湖光山色、钟灵毓秀之地。杨氏祖上原籍隶属江西省高安县，曾祖父自营生计，经商糊口，故盆钵满载。祖父虽为科举秀才，但在"师夷长技以制夷"理念陶染下，对开煤矿、设书局等洋务活动充满热情，但因缺乏商业头脑，最终以破产收场。父亲杨策也是秀才，思想偏激进，早年间在"甲午中日海战"的刺激下，毅然弃笔从戎，后留学日本学习陆军军事并加入了中国同盟会。

杨东莼出生时，国事日下，世风危艰。杨策为其取名"岂匏"，是祈望他像匏瓜般，不止是挂在那里供别人观看，而是要让人吃的，做一个有用的"匏瓜"。然而因时局动荡，杨策志高存远，故在杨东莼幼年时就离家求学，而母亲陈氏偏又经常疾病缠身，在杨东莼 5 岁时就驾鹤西去，留下他与胞弟杨人鞭相依为命。幸得干妈童氏悉心照料，兄弟二人得以健康成长。

杨东莼 6 岁入蒙馆①，学会诵读《三字经》《百家姓》等必读

① 据杨慎之的《杨东莼年谱》卡片资料记载，杨东莼念了三年私塾，而杨东莼 1944 年在《读书通讯》第 92 期发表的文章《我的读书过程》中称"前清季年我读过两年私塾"，这里以杨东莼自己回忆的时间为准。

书。后因醴陵县城开办小学，便由私塾转到小学读书，小学教学方法与私塾不同，老师不仅讲解文章词义，还教授学生做科举策论文章的门道。杨东莼曾说："我因年龄太小，听不出什么道理，只觉得小学比私塾自由些、好玩些。"① 后随杨策到长沙明德学堂进习，学堂的新式教育激起了他对学习的浓厚兴趣，而明德学堂作为革命思想的策源地以及领导发动武装起义的联络点，不经意间在杨东莼幼小的心田播下了革命火种，为他日后从事革命事业指明了方向。后因父亲去世，他不得已又回到醴陵进入醴陵县城朱子祠高等小学学习，期间辛亥革命爆发，便频繁参与学校的罢课学潮，并初次接触英文但连最基本的基础拼音都不曾学会，直接导致在两次报考长郡中学后改学德语。考虑到升学方便因素，他又跟着英语班的学生补习英语，中学四年间通过对英语和德语的刻苦学习与专研，外语水准有极大提升。中学第二年，在老师的影响下，在数学与几何方面花费不少精力。中学第三年，开始涉猎时政杂志，变革思想影响尤甚。中学第四年，开始阅读《说文解字》，并养成用古字的习惯，直到新文化运动后才逐渐改变。

中学毕业后，杨东莼与同学谢君一同北上投考北京大学。起初几个月，他们寄住在北京大学的西斋公寓里，此后与湖南同乡邓中夏住在一起，而邓中夏作为马克思主义的热忱倡导者，或多或少使杨东莼沉寂的心理有些许波动。他曾因参与"六三请愿"被扣押，释放后又考为北大预科新生。当时北大学制为预科两年、本科四年，就读一年后，杨东莼因课程与中学无异，故申请休学，以旁听生身份自由选听学业必修课。后经邓中夏创议，他们租住公寓并取名"曦园"，开始集体学习，实行"新生活"，坚持"工读互助"。这是一个非商业性学生公寓，实行"劳工神圣"的信条宗旨，严格实行"三不"公约，即：不做官、不纳妾、不狎妓。力行新风尚，以新道德取代旧道德，提倡采取行动，寻求解决社会问题的方案。后又同邓中夏等人参与"北京大学马克思学说研究会"的创办活动，并积极参与平民教育演讲团活动，后又随邓

① 杨东莼：《我的读书过程》，《读书通讯》1944年第92期。

中夏深入长辛店铁路工人群众内部，了解工人爱国活动的情形，宣传革命道理，还专门去工人家里进行访问，动员他们成为强有力的盟军，壮大革命队伍，并借工头邓长荣办酒席请客之机，制定筹建劳动补习学校的计划书。1921 年，杨东莼进入本科学习，此时劳动补习学校亦正式开课，他在学习期间坚持每周去轮流教授“常识”课，以期启发工人觉悟，教育组织工人。年底，因北京共产主义小组的成立，中国共产党亦准备成立北京社会主义青年团充当党的辅助机构和预备学校，杨东莼是积极的参与者之一。1922 年，与罗章龙共同参与了中国第一个工人阶级的内部刊物机关报《先驱》的办刊事宜，该报通过介绍马克思主义、国际共产主义以及苏俄的活动状况及发展趋向，为当时的青年运动提供了思想舆论武器。在北大读书期间，因生活所迫，他曾以笔名“采岩”用语体文从德文本中翻译了一部托尔斯泰的小说《克鲁斯奏鸣曲》及毕希纳的《达尔文的学说》在报纸周刊发表，同时又应醴陵同乡李石岑的邀请，在上海《时事新报》副刊《学灯》发表译作《生命的渊源》。他在翻译的同时，还通过阅读《新潮晨报》等报刊关注国际形势，专注于马克思主义问题的研究。

1922 年冬，因家庭、婚姻、学费等现实问题，杨东莼从北京回到湖南，任教于醴陵县甲种师范讲习所，并向学生介绍《新青年》《改造》等进步报刊书物，后因政治色彩太明显被开除。后在长郡及协均学校，除却承担教学任务，担任刊物《协均周刊》的主编，还在毛泽东出席监誓的情况下，加入中国共产党，后因政治原因脱离组织。1923 年夏，开始翻译诗人海涅的作品，并在《协均周刊》发表，期间又完成了《实践理性批判梗概》《怎样研究本国史》的文章写作，翻译了泡尔生的《哲学概论》中《康德之形式的合理主义》一文，同时编辑出版了《顾颉刚编现代初中本国史参考》《中国近代史参考资料（近世条约）》一册。1924 年，他投身于革命，在长沙加入国民党，并被选举为醴陵县临时县党部常务执行委员，化名为“罗东莼”进行秘密活动。后转任长郡中学教务主任，并二次入党。经何叔衡推荐介绍，兼任《国民日报》编辑，后凭借出色的演讲能力出任湖南总工会宣传部部长及《工人日报》报社社长，此时，工人运动正朝气蓬勃，势头旺盛。然而世事难料，“马日事变”的爆发浇灭了工农革命的火花，但杨东莼正处于热血方刚、斗志昂扬的年纪，故不久后与郭亮、李立三等人在汉口出席第四次全国劳动代表大会。在大会期间，党组织决定让杨东莼担任长沙卫戍司令张国辉的秘书，后因他的组织关系被发现，故取消了提议。不久党组织又决定让杨东莼改名为杨志诚充当军人张加佑的秘书，但因遭到何键揭发，最后被迫离开部队，因此也再次失去了与党组织的联系。大革命失败后，杨东莼遭到全县通缉，无奈之下，只好在胞弟杨人鞭和好友李明灏的资助下在12月东渡日本留学，从此开始了他的流亡生活。

（二）三年留日经历

“如果说，刚来日本时，他的心灵徘徊于沉寂和激情之间，那么走上马克思主义哲学翻译、研究之路，无疑使他变得沉稳。他从20年代的革命主义者向30年代的书斋隐士转变。”[①] 这句话无疑是对杨东莼三年留日生活的最佳评价。在日本期间，杨东莼除翻译狄慈根的四部经典著作[②]外，又曾翻译出版了恩格斯的《费尔巴哈论》、摩尔根的《古代社会》。而此时国内的政治氛围，虽因国共合作全面破裂而极度紧张，但马克思主义思想学说却出乎意料地占据了中国的学术思想阵地。杨东莼开始撰写旨在宣传唯物辩证法的《赫格尔与傅尔巴哈》，他认为费尔巴哈对辩证法的见解不全面，除自然科学外，应力求用唯物论原理解释人类社会历史。杨东莼翻译的《狄慈根之哲学》《思想之方向转变》《从自然科学的唯物论到自然的唯物论》，这三篇都是宣传唯物论的文章，恰好迎合了学术界的马克思主义风潮。1928年冬，他开始关注国际形势，写成了《世界之现状》一书，在国内引起强烈的反响，被称

---

① 周洪宇：《杨东莼大传》，华中师范大学出版社2014年版，第121页。

② 即《人脑活动的本质》（又名《辩证法的唯物观》）、《论逻辑书简》《一个社会主义者在认识领域中的漫游》《哲学的成果》。

为“研究国际近事的最好的书”[①]。而他开始在学术界占有立锥之地是因两本论著的面世。一是《本国文化史大纲》，它采用新型的写作模式对中国的思想文化进行了笼统的概括，在同时代的史学著作中算是佼佼者，但杨东莼对自身要求极高，认为此作“不成东西”，故继续在思想文化领域从事史学著述工作。基于此缘由，另一著述《中国学术史讲话》便应运而生。该书通过叙述中国思想文化的发展历程，对具体事件进行细致的个案研究。杨东莼还另译傅立策的《评托尔斯泰主义》讲演稿，他认为该文不仅详细阐述了托尔斯泰主义的产生根源与社会成长，还利用唯物辩证法原理析解了托尔斯泰著作中的某些内容，这是他翻译此演讲稿的主要出发点。

杨东莼从日本归国后，根据旅途撰笔发表《产业合理化与妇女问题》一文，它通过探讨资产阶级产业合理化对妇女劳动者的作用力，对其压榨剩余价值的手段进行揭露，触发了一系列的社会问题，引起了许多人的注意与思考。1932 年，他应好友之托，执教于中山大学并教授两门课程。而此时新桂系军阀李宗仁、白崇禧为大力发展文化教育事业，四处招揽人才，创办广西省立师范专科学校。同年 10 月间，杨东莼在好友刘斐劝说下来桂就职于广西师专，并在国统区秘密建立革命据点，传播马克思列宁主义思想，同时在《青年界》杂志上发表了《从读书谈到青年的出路问题》《世界恐慌中的日本资本主义》等文章。杨东莼任职后，便开始着手聘请知名进步教师，并提出民主自由的教学方针。正是因为这种新型的教育和学习方法，广西师专办学效果十分显著，从此名声大噪，赢得了白色统治区域下的“红色据点”的称誉。杨东莼通过创造自觉学习的氛围环境，引导学生走上自觉学习的道路，促使马克思主义思想在广西师专迅速传播，但很快就引起广西当局的注意。1934 年夏，他被迫离开师专前往上海致力于爱国事业。除却参加教育座谈会，他还加入中国农村经济研究会和生活教育社，后被沈钧儒等人招为“上海文化界救国会”成员，

---

① 杨东莼：《世界之现状》，昆仑书店 1929 年版，第 3 页。

期间又经郭亮的介绍，第三次加入党组织。旋即又发表了《八本〈说文解字〉伴着我到了北京》，通过对陈旧教育体制与新式教育体制的比较，运用新角度和新方法研究解释中国传统古典著作以及西方精神文明，进而熟练掌握并使用新的思想理念及史学方法。“两广事变”后，因李宗仁等人一再邀请沈钧儒赴桂林共商国是，出于各方面安全考虑，救国会最终决定让杨东莼以救国会成员的身份参加广西当局主持的抗日救国人士大会。在会上他详细论说其政治主张导向，话语间着重强调建立抗日民族统一战线的重要性。“西安事变”后，同好友刘斐[①]再次前往广西，劝告李宗仁切莫“自立为王”，而应该坚定地站在抗日民族统一战线的阵营里。

（三）投身救亡教育

抗日战争全面爆发后，杨东莼从上海回到长沙，担任张治中的高级参议员，并主持当地的救国会工作，积极进行抗日救亡的宣传活动。期间，他利用张治中同国民党党部陈果夫、陈立夫之间的嫌隙，以及他与张治中的关系，组织成立了湖南文抗会，旨在公开合理地为抗敌后援会出谋划策，广泛开展抗日救亡工作。除此之外，他还在《申报每周增刊》发表了《论辛亥革命》，在《新世界》发表了《我们怎样纪念今年的双十节》，在《新世纪》发表了《辛亥革命的意义及教训》三篇有关辛亥革命的纪念文章，反映出杨东莼作为一位马克思主义哲学家、史学家，在国难临头时拥有睿智的头脑和冷静的思维，厘清了中华民族的前途道路，发出“我们为着要完成辛亥革命未完成的反帝任务，为着实现中山先生的遗教，求中国的独立自由，毫无疑问地应当加入和平阵线以抵抗侵略阵线。只有这样才是中华民族的生路”[②] 的号召。1938 年 6 月，杨东莼从长沙回到上海，向沈钧儒汇报了湖南各界的抗敌情况，并发表文章《抗战一年来的湖南》，他认为虽然保卫武汉是这一时期的中心工作，但是巩固湖南地理位置也十分重要。随着日寇入侵，湖南人民在党组织的领导下团结起来，以期保卫

---

① 国民党桂系高级将领，湖南醴陵人。

② 杨东莼：《论辛亥革命》，《申报每周增刊》1936 年第 1 期，第 40 页。

守御湖南。武汉沦陷后，长沙大火，中共组织及进步团体被迫转移阵地，杨东莼在周恩来的同意下准备前往延安工作，此时正好刘斐来信称广西当局需要一位得力干将来筹办广西地方建设干部学校，杨东莼在征得李克农①的同意下，并与黄旭初②约法三条，即一是关于学校的训练计划由教育长主持制定：二是教职工人员由教育长物色；三是学校的经费预算由教育长全权支配，在得到黄旭初的应允后，杨东莼正式担任地干校教育长。地干校自开办到结束共两年。杨东莼在老革命家徐特立的建议下模仿延安"抗大"和陕北公学的办学模式，致力于将广西地干校建设成为"南方抗大"的事业。后因桂林政治社会局势急剧恶化，同时又受到特务的监视，杨东莼便借广西基层干部的名义出去调研，回到桂林后便提交辞呈，而黄旭初也礼貌性地批准他的辞职。抗战爆发后，因原先中学"三三制"的教学体制不能满足战时的需求，故国民中学普遍创立。随着日军日渐南下，在"保卫西南运动"的号召下，杨东莼加入了"保卫西南专号"的论战。他认为，"国民中学，是乡村工作最基层干部的训练机构，而建设干校，却是乡镇长训练机构，是干部的继续教育场所。国中和干校，只是培育干部的一个过程两个阶段。"③ 地干校作为国民中学总组织，通过对课程内容、教学方式以及训练方法的整合、深化与升华，逐渐形成了一整套完整的干部训练系统，孕育了一批合格的战时干部。

"皖南事变"后，桂林政治形势严峻，杨东莼在指导《救亡日报》安全撤离后，便经桂林去香港，并参与了全国救国会海外工作委员会的事务架构，发表了文章《我们对国事的态度和主张》，就日本侵略者对知识分子、文化教育事业的摧残进行了猛烈的抨击，同时痛斥了国民党反动派的不抵抗政策。1941 年 8 月，新知书店以中国出版社的名义出版了由杨东莼校阅、湘潭人肖敏颂翻

① 李克农，今安徽巢湖市人，抗战时在国民党统治区协协助周恩来、叶剑英开展抗日民族统一战线工作。

② 黄旭初（1892—1975），今玉林市容县人，1931 年起连任广西省主席 19 年。

③ 杨东莼：《国民中学与地方干部学校的联系问题》，《广西教育通讯》1940 年第 1 期。

译的俄国哲学家赫克的《哲学对话》，该书通过介绍马列主义及革命思想，加强了抗战时期部分地区的文化宣传力度，尤其是在香港和重庆等地产生了重要的影响。不久日军发动太平洋战争，杨东莼等人在中共组织的安排下，分批返回桂林，后从重庆到乐山，并在武汉大学教授中国政治思想史。他利用教授课程的机会，在课堂上向学生积极宣传马克思主义原理，鼓励支持进步学生投身于民主革命运动，并对学生运动给与指导。在武汉大学期间，杨东莼在《读书通讯》上发表了《我的读书过程》一文，就他自1906年进入私塾始直至1940年底担任广西地方建设干部学校教育长这三四十年间的求学、治学之路作了大概的叙述性总结，并再次失去了与党组织的联系。1946年后，他陆续执教于各内迁高校，并发表文章《学习漫话》及《直挺挺地站起来》，意在倡引师生应“学用相长”，以适应抗战需要，艰苦抗战一致对外，赶走日军侵略者。后秘密出走香港出任达德学院代理院长，并教授中国百年史。学院后因鲜明的政治进步色彩和“学习自动、学术自由、生活自治”的教学原则，触犯到港英当局的政治底线，遭到政府撤销它在港注册资格，学院被迫停办。杨东莼后经潘汉年安排，出任香港《大公报》顾问。

（四）供职高校及统战工作

新中国成立后，杨东莼从香港到北京参加全国政协会议，期间受到周总理的单独接见，并对他作了八字评价：“见多识广、胆小如鼠”，对他今后的工作方向提出建议①。经深思熟虑后，杨东莼决然前往艰辛清苦的广西省担任广西大学校长。任职期间，他费尽心力解决学校的解放、接受、管理、恢复、调整、入轨等棘手问题。1952年他应广西群众的建议及要求，写信给时任中央人民政府军委会情报部部长李克农，期望毛主席可以为广西大学题写校名。年底，他收到毛主席亲笔题写的“广西大学”四个大字，并赞同在广西大学调整后成立广西师范学院。1954年，经批准后

① 一是出任上海市教育局长；二是回广西任大学校长。

出任华中师范学院院长。他上任后认为，建设社会主义要靠真才实学，积极发展人才师资与教育科研事业，故成果颇多，佳绩频出，捷报频传，华中师范学院学术呈现出一派生机勃勃的场面。在华师任职期间，他还组织筹建武汉市与长沙市的民进地方组织。同年夏天，被调往北京任国务院副秘书长以及民进中央副主席，主持民进中央机关工作。在此期间，他因对中共中央的国内阶级斗争形势认识不足，发表了一系列带有“左”倾激进言论色彩的文章，如《何物自由主义》等，都是针对反右倾扩大化的情况而言的，事后杨东莼对此坦诚反思。当中共中央提出“向科学进军”的口号后，他又撰文发表《从宇宙火箭上天看科学发展的两条道路》，论证了社会主义制度的优越性，笃信长期坚持党中央路线的重要意义。1961 年，他审阅了溥仪的自传体回忆录《我的前半生》，并在《光明日报》发表文章《百家争鸣与群众路线》。他认为，“只把书本知识看作知识，不把生活实践和生产时间长看做‘本钱’，则是不合适的”①。并在焦琦与肖贤法的介绍下，第 4 次加入共产党组织。1964 年，与刘大年提议成立中国近代社会历史调查工作委员会。“文革”爆发后，虽遭受巨大冲击，仍不畏反动势力而以各种方式进行抗争，坚持为被错划的右派知识分子写证明材料。在 72 岁高龄时，与周世钊、胡愈之通过汪东兴向毛泽东进言，并就青年教育问题提出意见，被时人称为“三老进言”。1974 年担任中央文史研究馆馆长一职。1976 年，与马雍、马巨二人完成了《古代社会》的全部重译工作。1979 年仍在继续翻译狄慈根的《对话录》。一生服膺于马克思主义，为中国近现代的教育事业以及党的统战路线的宣传工作奉献了自己的力量，不久因病在京逝世。

1900—1979 年，从目睹辛亥革命到见证改革开放，杨东莼富有传奇经历的生涯，在中国近现代社会史上留下了自身的足迹。著名历史学家李侃说：“此老不但学贯中西，而且政治阅历丰富，对近现代政坛风云、文化历史遗迹、各种人物，如数家珍。平时

① 杨东莼：《百家争鸣与群众路线》，《光明日报》1961 年 5 月 8 日。

还是一派学者风度，温文尔雅。开会、谈话，其言娓娓，思路清晰，说理透彻。对人诚恳热情，对事认真耐心。他与许多高层民主人士还密切。”① 这无疑是对他最中肯的评价。

二、杨东莼哲学翻译之路

杨东莼作为中国较早接触马克思主义的学者，在大革命失败后，因亲眼目睹了大批青年学生被北洋政府大肆屠杀的惨景，内心世界极度恐惧。为把自己从弥漫着前所未有恐怖的精神世界中救助出来，杨东莼开始向理性哲学道路迈进。早年间，他在北大图书馆无意间读到康德著作《逻辑学》，并对此产生了浓厚的兴趣。虽康德写作风格文字晦涩难懂，但他坚持每日阅读原著十页，碰到疑难处就请教他人，为日后从事哲学著述译路铺平了语言基石。抵日后，杨东莼思绪万千，便致力于马克思主义中国化的规律与实践的探索，开始运用唯物辩证法思想翻译反响强烈的哲学著作。现就他的翻译著作从哲学思想、翻译理念、哲学成就三方面作详细的分析并试而论之。

（一）哲学思想

杨东莼在翻译狄慈根《辩证法的唯物观》的译者序言里写道：“中国式东方思想汇合之区，东方思想的恶魔，便掌握了中国人的世界观人生观。尤其是现在的青年，是未来的舞台上的主角，目下却也陷在东方思想的迷魂阵里，到处都是烦闷的呼声，到处都是苦闷的痕迹，而找不到他们确切的出路。现在介绍这部书与中国的青年们见面，或许就是青年的生活之指针。”② 所谓“东方思想恶魔”即趋向于保守文化的“国粹主义”，它在否定西方文化问题上走向极端。杨东莼力求通过向青年人介绍科学的唯物辩证史

---

① 李侃：《可敬可亲的长者——记文史资料工作的开拓者申伯纯、杨东莼、阎宝航、米暂沉》，中国人民政治协商会议全国委员会文史资料委员会办公室：《周恩来同志倡导政协文史资料工作四十年纪念集》，中国文史出版社 1999 年版，第 535 页。

② ［德］狄慈根著，杨东莼译：《辩证法的唯物观》，昆仑书店 1929 年版，第 3 页。

观，帮助他们树立正确的价值观。此时政治处于昭和时期的日本也陷入捕捉左派分子的恐怖气氛中，虽然研究宣传马克思主义比较艰难，但杨东莼身上那种“初生牛犊不怕虎”的血气方刚劲儿促使他拿起笔杆通过文章的方式向青年人发出号召：“现在我们所急需指示出路之指南针，即冲破罗网的武器。什么是指南针？什么是武器？这或者只有辩证法的唯物论。只有它，才可以确立我们的世界观；只有它，才可以确立我们的人生观；它才可以使我们‘把握’这一时代，它才可以使我们认识这一时代。”[①] 从中可以看到，杨东莼认为辩证唯物论是指导青少年在前进路上的法器，并道明了革命前进的方向，也帮助青少年重新树立“三观”。另一译作《新唯物论的认识论》的序言也讲到，思维是人脑的机能，而一切事物都是思维的对象，故它们可以通过各种方式被认知。此外，他又认为人类的存在方式应该由经济状况、谋生手段决定。所以，杨东莼的译作一出版，就迅速在中国文化界平静的湖面上激起层层涟漪。

1932 年，经杨东莼与宁敦伍合译的恩格斯著作《机械论的唯物论批判》问世了。这部论著，不仅叙述了马克思主义哲学与古典哲学两者间的外在联系，又重新解释了哲学的基本精神，还阐述了科学唯物史观的含义及基本信仰。杨东莼等人的译本是截取德国人赫尔曼·唐尔克《马克思主义文库》一书中的第三篇进行翻译的，也是在中国继林超真和向省吾之后的第三个较好的译本，故译本一经出版，学术界人士就对此赞不绝口。

总而观之，杨东莼的翻译事业自始至终都围绕着唯物辩证法而进行，并扮演了中外文化交流使者的角色。

（二）翻译理念

杨东莼在翻译过程中，坚持以“盗火者”的牺牲精神和精益求精的工作态度为指导，力求尽自己最大力量将翻译工作做到最好。

---

① 杨东莼：《思想之方向转变》，《民铎》1929 年第 10 期，第 4 页。

其实杨东莼的外语基础并不扎实，早年间因在高等小学期间英文教员的态度不负责而没有掌握英语拼音基础，故在长郡中学改学德文。后基于学业形势，自学英语以求谋生。在北大求学期间，他开始慢慢接触翻译德语著作，久而久之积累了一定量的德文经验。为了提升翻译能力，他又与北大同学罗敦伟、张树荣共同发起组织了“日文班”，并聘请了日本明达商科毕业的周洛先生授课。所以杨东莼赴日后，就依靠生硬的外语基础翻译马克思主义著作，困难尤甚。在翻译摩尔根的《古代社会》一书时，因该书专业性很强，行文又晦涩难懂，用现代词汇进行翻译是很具挑战性的，尤其是在他的外语水平并不高的情况下。然而，基于“明知山有虎，偏向虎山行”的意念，他先进行直译，再根据字典解释附会原意比照原文，反复咀嚼、推敲每一章、每一段甚至每一句的意思，再对译文进行反复修改并加以润色，最后才加以定稿。这种精益求精的翻译态度促使他在 73 岁的高龄又与马雍、马巨二人合作重译了摩尔根的《古代社会》。为了确保重译的质量，杨东莼还委托驻英大使宋之的从国外带回最好的版本。在翻译过程中，他们又重新做了一系列的校订、补注、注释工作，通过“老中青”三结合的方式，朝九晚五地进行工作，终于历时 5 年完成了这部将近 60 万字的译文著作。

有时候为了确保译文的准确性，他就谦逊地请别人与自己共同翻译，在选择合译者时也特别谨慎，如《费尔巴哈论》的合译者宁敦伍。宁敦伍是马克思主义理论翻译家，曾翻译出版了匈牙利伐尔加的著作《帝国主义没落期之经济》，后又被推选为“中国社会科学家联盟”主席，为培养进步的社会科学工作者灌注了全身心的精力。正因为宁敦伍有这样的社会学术背景，杨东莼才决定找他合译，从侧面反映出他认真负责、孜孜不倦的工作态度。

杨东莼对德国哲学家狄慈根的著作兴趣很浓，即使年过花甲，热情犹存。1978 年，由杨东莼全部重译的经三联书店出版的《狄慈根哲学著作选集》被推出，其译稿虽经过马雍、马元德认真核对，但在核对后，杨东莼自己仍重新校对了三遍。这种甘愿坐冷板凳、具有深厚历史责任感的奉献精神值得我们深思。

（三）译著成就

约瑟夫·狄慈根，是只受过中等教育且是制革工人出身的德国哲学家。杨东莼之所以翻译他的作品，不仅仅是因为马克思、恩格斯、列宁等人对他自身的密切关注，亦因马克思等人对他著作的高度重视。恩格斯认为他的《人脑活动的本质》，虽辩证法思想只是短暂性的闪现，但关于自在物与想象物间联系的论述，被称誉为具有非凡创造力的天才。此外，列宁也对狄慈根的著作研究甚深，曾评价道："工人们要想成为有觉悟的人，应该读一读约·狄慈根的著作，但任何时候也不要忘记，他对马克思和恩格斯学说的阐述并不总是正确的，只有从马克思、恩格斯那里才能学到哲学。"[①] 狄慈根虽非科班出身，但通过自身经历证明工人亦能够独立掌握唯物论。故杨东莼在这双重原因下，开始独自翻译狄慈根的著作。不出意料，该作一经出版便好评如潮，赢得了同行学者的称赞。

摩尔根花费近40年时间完成的巨著《古代社会》的问世，标志着真正意义上的民族学诞生。马克思决定结合自身的唯物主义观探究摩尔根的独到论述，但因自然原因离世，恩格斯接手遗留任务后，着手《家庭、私有制和国家的起源》的撰写工作，他肯定了母系氏族性质上的文明与现代，他说道："这个重新发现，对于原始历史所具有的意义，正如达尔文的进化理论对于生物学和马克思的剩余价值理论对于政治经济学的意义一样"，树立了具有历史意义的里程碑。杨东莼外出偶然间接触到摩尔根的《古代社会》后欣喜若狂，因觉察到整个学术界充溢着对它的热捧，并且对研习马克思列宁思想理论尤其是原始社会阶段历史具有借鉴价值，他便贪婪地汲取其中的营养。当时的中国局势动荡，气氛紧张，文网严密，此书只有以世界名著的姿态展现在中国广大读者面前，才会被翻译出版。根据这一"捷径"，杨东莼开始了这项浩浩荡荡的"理论性"工程。在翻译工程过半时，同乡好友张栗原

① 《列宁全集》第19卷，人民出版社1960年版，第61—62页。

曾主动参与过两章的翻译，后因病中断，杨东莼继续独自翻译完成。而成书后又经冯汉骥修改、校订，最终在上海昆仑书店在1929年、1930年分两册出版。在1935年还被收入商务印书馆出版的“汉译世界名著”和“万有文库”，1957年由三联书店再次出版。

《产业合理化》是杨东莼撰写的趋合于时代大势的专论，后在商务印书馆主办的《东方杂志》发表。虽然经济学领域他之前未曾涉足，但因通过翻译马克思、恩格斯、狄慈根等马克思主义著作，拥有扎实的政治经济学基础，且加上青年时期在北大求学期间所积累的丰富的社会实践经验，故能对科学管理的经济问题及社会政策有深度认知与论见。在书中，杨东莼认为：“合理化的意义，是应用种种根据技术与计划的秩序所发生的方法，以达到经济的向上，货物生产的增加，货物价格的低减以及货物的改良诸目的。”接着又揭示了产业合理化的表现：“这种新式的劳动榨取方法，自然使生产额加多，而资本家各项的支出如电灯如燃料如管理如工资等都要减少，所以结果资本家的利润加大。”① 最后对失业加大、生产过剩、形式单调三方面解释了合理化的劣势，必然会招致全世界市场整体重新被分割的争端与冲突。杨东莼这些深刻的见解，促使我国早期对科学管理的翻译与介绍跳跃到了一个新阶梯，为中国思想界重新注入了新鲜的空气，促使学术文教界的有识之士开始注意“产业合理化”运动，引发时人的思考。

此外，他还帮助校阅克鲁泡特金的《法国大革命史》，因其在同时代的历史变革性题材作品中独具特色，赢得众学者连连称赞，故经杨东莼与胞弟杨人鞭校阅翻译出版后，在当时的学术文化界反响尤烈。时至今日，为了让这部著作重新进入广大读者的视野，“六点学术·民国系列”于2006年又将其重新出版，再由华东师范大学出版社再版。而由杨东莼校阅、湘潭人肖敏颂翻译的俄国哲学家赫克的《哲学对话》，之所以也能够在形势紧张的抗战期间盛行，原因有二：一是调动了民众抗战的革命性；二是提升了地

① 许康、史晓斌：《杨东莼对“合理化”的介绍——科学管理法传入中国源流探索之五》，《科学与科学技术管理》1997年第3期。

区抗战的宣传度。

从1921年到1979年，从《生命之渊源》到未刊版的《对话录》，56年间杨东莼始终孜孜无怠地献身于哲学翻译事业。这种求学奉献品质，对青年学者有深刻的指导意义。正如唯物辩证法认为的，一切事物都具有两面性，杨东莼的留日哲学翻译旅途虽布帆无恙但也充满挑战，虽独在异乡但也在孤灯相对之余获得了宝贵的治学经验。

三、杨东莼史学之路

杨东莼是中国当代著名的史学家，东渡日本后，便全身心投入到唯物辩证法的研究工作中，从此他开始了漫长的学术生涯，逐步确立了自身的史学思想。《本国文化史大纲》分为三大编，围绕中国传统文化的产生、发展、高潮、挑战、杂糅、衰落进行了初步的叙述与探讨。《中国学术史讲话》通过“讲话”的体裁，将全文分为12讲，这12讲下又有94个小标题，分别对在当时学术史上产生过重大影响，并且对现当今生活还有影响的事件加以叙述。而《开明新编高级本国史》则将人类社会划为四个时期，不仅在教材架构上独树一帜，还详细地列出年代表等阅读必备要素供读者参考，其旨在提高广大学生的主动性及独立性。现就他的著述对其史学思想、史学理念及史学成就进行具体的阐述与考究。

（一）史学思想

1. 唯物史观

关于对“历史”的认识，杨东莼曾这样下定义：“历史有广义和狭义的区别。广义的历史包括宇宙间一切生物与无生物的进化过程和递变现象；植物有它自身的历史，地球有它自身的历史，一切生物和无生物，都莫不如此。”“所谓狭义的历史，即专指人类社会的进化过程和递变现象而言”，总而言之，“历史是人类社会活动的进化历程之事迹及其有系统的记述”。[①]

---

① 杨东莼：《高中本国史》，见周洪宇主编《杨东莼文集·专著卷》中，第623—624页。

杨东莼在论著撰写过程中始终坚持唯物史观思想，他认为，“经济基础决定上层建筑”，而他对于“文化”的定义就是对此观点最好的证明。他认为，“文化就是生活”“各民族的生活方式，各有文野高低之不同，但是，因为只要是一种民族，都只有其生活方式，故此就有其自身的文化。”① 简单来讲，纯粹意义上的文化就是学术思想，但从根本上究之，文化是由社会生产工具所决定的，它不仅决定了生活方式的原始性和文明性，而且使物质生活标配升华到精神文明高配。

运用唯物史观中的进化史观叙述历史事实，亦是他史学思想的表现手法。杨东莼将初民生活进化时期分为蒙昧与野蛮两大阶段。蒙昧时代又分为初期、中期、高期。野蛮时代亦是如此。蒙昧时代初期人类以自然界果物、植物为生，到中期后开始使用火种、石器，同时开始捕鱼狩猎，再到高期时，人类发明了弓箭，并开始制造木具、编制纺织。而野蛮时代初期人类从狩猎到饲养家禽，并开始种植植物，中期时就逐水草而居转入游牧生活，高期时发明了铸铁开始使用铁器。而铁器的使用，意味着人类爬上了全新的社会阶梯并开始新的征程。以上这六个阶段进化过程，便是“初民——先史的民族——的生活状况一般，全世界无论哪一民族，其祖先都无不经过此种进展的历程”。② 而中国初民的生活状况在两大阶段中又大体分为三个时代：渔猎时代、游牧时代及农业时代。需要注意的是，神农氏这个时代，并没有进化到野蛮时代的高期。其实，旧派史学家之所以认为人类生活方式的进化是由半神体人主宰的，是因为他们不懂得唯物进化史观的道理。科学地讲，所谓半神体人——燧人氏、伏羲氏、神农氏不过是火、畜牧、农业发明的象征而已，故进化史观可以作为科学的指导方法帮助人类走出以往偏见的思维定式圈。尔后，杨东莼又着重重申了社会政治生活中人类社会从原始社会到奴隶社会再到封建社会

---

① 杨东莼：《本国文化史大纲》，见周洪宇主编《杨东莼文集·专著卷》上，第1页。

② 杨东莼：《本国文化史大纲》，见周洪宇主编《杨东莼文集·专著卷》上，第15—16页。

直至资本主义社会的一般演进法则。

2. 历史相因整体观

历史相因的整体观，亦是杨东莼史学思想的表现特征。在《中国学术史讲话》中，学术思想从萌芽到解放分野再到混合，从儒学独尊，到道教发展，再到佛教影响，从理学到西学东渐，再到朴学，又到今文学，直到最后的新文化运动，杨东莼以鸟瞰式眼光从学术的整体脉络入手，阐述了中国学术思想的演变过程。虽然学术和思想的变更起初只是会让少数人受益，但是随着经济社会基础的递进式蜕化，其思想文化亦会出现颠覆式转换。比如"三家之学"的更替，孔学重"中庸、名分、孝悌"、老学尚"无为、清净、清谈"、墨学言"兼爱、非攻、节用"，三家之学，因开山鼻祖成长环境相异，故造就了他们的思想主张不同。只是儒学的思想恰好符合统治者的胃口，且又适应于中国自给自足的小农经济的社会经济组织形式，故儒学可以作为我国的正统思想霸占中国思想界两千多年。又如"经学三变"，一变为董仲舒在儒学中杂糅了阴阳五行说；二变为刘歆将阴阳学从儒家学中分离，力倡古文经学；三变是郑玄校注释疑自成一家，混合兼修古今文经学。从这两个例子可以看出，杨东莼深谙"历史相因"之理，并从整体上把握学术思想框架，从而对具体的思想事件进行宏观入手微观阐述。

杨东莼利用全球的视野所编写的《国际新闻读法》，书中绪论明确说明了阅读国际新闻的主要动机是在世界友国的援助下争取民族解放独立，并明析国际情势的各个特征，在把握其变动情形的基础上，预测未来的发展动向。虽然，国际上一切大小事变都会直接或间接地影响到中国，但中国自身的波动也会作用于全世界，杨东莼通过大历史观将中国历史置于全世界历史的背景下，就中国是世界之一环的关系链而言，对国际新闻进行解读与评论。因为在近代，中国不仅仅是西方资本主义国家最大的商品倾销市场及原料供应地，也是资本主义体系和社会主义体系矛盾尖锐化的的牺牲品。在西方侵略中国的过程中，中国民众虽还遭受着北洋军阀的血腥剥削，但仍掀起了如火如荼的民族解放运动。杨东莼认为，中国作为世界链条上的一环，在世界大战期间坚持全民族抗战，必然会改变整体间的国际关系网，胜利也就计日而待。

3. 人本现实感

杨东莼思想的重要特点便是具有强烈的人本现实感。在“农业经济下的民生”一章中，从奴隶制国家管理下的民生，到封建制国家统治下的民生，再到国际资本主义侵略以来的民生，他专门别置一章来叙述中国自古以来的民生问题，足见他现实人本感的重要性。他认为，要解决民生问题，如氏族社会中的奴隶问题就要废除私有财产制度；封建制国家时期要根本性变革其经济与政治机能；近代社会中的双重压迫问题就要驱逐列强及铲除权势。就“教育”来讲，杨东莼认为，从八国联军侵华战争后，清朝开始正式废除科举制，将书院改为学堂。而民国经整顿后，又进行新学制的厘革。但是这种学制由于受西方影响严重，推行 30 年间几近无成效可言，甚至社会上还出现了“教育破产”的呼声。他认为造成这种现象的根本原因在于，现代的学校是资本主义社会的产物，不论课程还是精神都是基于资本主义的需要出发的，培养为资本主义服务的学生也是大势所趋。然而，中国此时才刚刚迈进资本主义的大门，封建型自给自足的农业、手工业仍发挥着至关重要的作用，所谓的资本型教育模式并不适用于中国社会，故教育破产在所难免。他认为，政府应基于本国的基本国情考虑，从现实人文关怀的角度出发，形成一种能够适应于我国社会需要的教育模式，从而使得愈来愈多的人有学可上，为中国栽培众多现实服务型人才。此外，杨东莼还在《高中公民 社会问题 政治概要》一书中，专门就社会问题如何解决给出了三点建议：一是首先解决农村问题，农村的复兴就意味着工商业的发达，所谓的劳动问题与职业问题就迎刃而解，所以应治标而不只是一味地治本，从各个方面同时着手解决同一问题；二是应消灭一切外来压迫，其中最主要的是摆脱帝国主义的束缚与奴役；三是在学习西方社会体制时要基于自身的特殊国情。一般来说，社会问题与现实问题、人文问题是有连带关系的，故他的史学思想具有强烈的人文关怀在于情理之中。

（二）治史理念

1. 科学、理性、客观

杨东莼在史学写作中践行科学、理性、客观的治史理念。

对于模棱两可的史书记载，他本着自然的精神去论证具体的历史史实。如在上文中提到的社会演进的一般法则，其实这一法则同样适用于中国。但是，由于古代社会尤其是上古史谜团众多，故古史研究进程异常缓慢。就研究难度、进程迟缓而论，杨东莼认为原因有二：一是古史自身的可质疑性；二是后儒的肆意渲染。正如《韩非子·显学篇》所说："孔子、墨子，俱道尧、舜，而取舍不同；皆自谓真尧、舜，尧、舜不复生，将谁使定儒墨之诚乎？"明确记载了儒家通过对尧、舜加以臆想、渲染，使之成为他们理想中的尧、舜。所以只有运用地下考古学对中国古史加以辅证，才能获取较真实的历史依据。至于奴隶制国家的分水岭，根据安阳县所出土的龟甲兽片可知，商朝是奴隶制国家，而根据王国维在《殷周制度论》中认为，"夏、商、周三朝实为三个不同的种族或部落，其发展的途径是平行的；但旧史每视为同种族之三个朝代的更迭，而误为一直线的继承。"① 从这句话可以看出，夏商周可能是平行部落，即有可能同时都是奴隶制国家。所以他认为奴隶制国家的分水岭问题，尚未厘定成说，只能期候考古学突破此端口。现在的陈述只是就前人的考订、论断，作一个简单的假想罢了。另外，他还专门提到，广大学者学生应注意"无纯粹的社会现象"这一论断，因为由于社会演进的规则，前后异质间的社会形态必定会有某些联系，换句话说，前者定会对后者留有余渣影响，如奴隶制国家会存有氏族社会的时代特征，而封建时代也会孑余奴隶制度的年代色彩。

所以，当我们在阅读古书、古史时，万不可植入先入为主的观念以存门户之见，应根据科学的考古学知识，考究历史轨迹，尽量还原真相，再现真实场景。而在"地方制度与地方官制之演变"

---

① 王国维：《观堂集林》卷十《殷商制度论》，见杨东莼《中国文化史大纲》，第351页。

这一小节中，他又提出了新的质疑。周朝之前存在“服”和“州”两种地方划分尺度。然而他认为，所谓的“五服、九服及九州之说”，都是后儒自行附会的，并例举出三点理由：一是古代疆域划分与王朝统治时间不相契合；二是土地规整太过于精准，与当时的科学技术并不相符；三是铁具使用的具体时间与古史记载不切合。通过陈列的这三点理由，更加坚定了他对真正历史负责的信心，也从侧面反映了他笃定的传疑态度。除此之外，从他本着科学客观的精神意志所编著的论著《本国文化史大纲》目录里，读者可以清晰看到他的“传疑”精神一直贯彻在他的写作过程当中，从传疑的井田制度、到传疑的乡治制度，再到传疑的参政制度，又到传疑的教育制度，直到传疑的兵制制度，都是佐证他“传疑”精神最好的例子。

对历史人物的客观评议亦体现了他的治史理念。汉朝盛行阴阳谶纬之学，虽然桓谭极力反对谶纬，但是当时仅有一人、不仅向深陷其中的儒家诸生发出号召，还对当时的思想界进行严厉的批判。他就是王充。他的著作《论衡》“释物类异同，正时俗嫌隙”，有较大的影响力。他的“自然”“命论”“论鬼”思想，虽前后主张论述有出入，但它可以否定当时社会盛行的灾异鬼神之说，以正时俗嫌隙，在当时的思想界特立独行，独树一帜，实为两汉不可多得的思想家。梁启超是百日维新运动的砥柱中流。戊戌变法失败后，他流亡日本，习日文阅新书，逐渐开始与康有为的思想脱轨。当康有为大肆提倡设立孔教会、定立国教等思想时，他就极力反驳康有为的主张。他曾说，“吾雅不愿采撷隔墙桃李之繁葩，缀结于吾家杉松之老干，而沾沾自鸣得意；吾诚爱桃李也，唯当思所以移植之，而何必使与杉松淆其名实者。”[①] 这段话虽然是针对保教问题而发表的论述，但却间接地对康有为拿西学来比附孔子之事，进行了严厉的攻击。从戊戌失败后到辛亥革命前这段时期，梁启超在思想界有很大的权威性，单就“破除旧思想”一事，就有很大的说服力。不过辛亥革命后，他开始在政界活跃，

---

① 梁启超：《国闻报》，见杨东莼《中国文化史大纲》，第259页。

希望借北洋军阀势力来推行他的立宪政治，而一战后，他又大力提倡“东方精神文明复兴”之说，退回到“整理国故的”老路子上，开历史的倒车。从开拓历史的先锋者到倒退的尾巴主义者，梁启超的心路历程有如过山车般落差。故杨东莼站在史学者的立场上，本着理性的态度，对梁启超作出了客观的评价，即称他为“清代思想史之结束人物”。

杨东莼还对“学术的厄运”具有深刻的研究，并对此提出精辟的论见。因后人认为，秦一统六国后所推行的“焚书坑儒”政策是学术的厄运，而杨东莼却不以为然。原因有二：“一是秦始皇所焚的诗书百家语”，只是民间所藏的，至于‘博士官所职’，是没有焚烧的。二是秦始皇焚书虽多绝没有焚尽天下之书，坑儒虽多，绝没有坑尽天下之儒。”① 他认为此事的发生绝非偶然，而是因它在社会上摸索到自身的生存根据。秦始皇未降服诸国前，主张意在推行权称功效、实用主义的法家学说；统一天下后，又主张旨在稳固统治、厘定名分的儒家学说；直到战国时期，商业资本始终不曾取代土地资本，封建统治也未演进到产业革命阶段，所以儒术就一直成为皇室治理天下的思想武器。而刘邦通过借用人民的力量建立汉朝后，在位后发出“吾乃今日知为皇帝之贵也”的感慨，充分反映了从小根深蒂固的儒家伦理纲常思想论调对他影响尤甚。故以儒家学说为指导思想，并非始于汉武帝的“罢黜百家，独尊儒术”，因为它自落地起就找到自身的寄存依据。此后，除却魏晋南北朝时期的儒学遭受佛教、道教冲击外，中国学术界几乎未激起任何波澜也未经受任何碰撞，杨东莼认为这才算是真正意义上的学术的厄运。

2. 经世致用

除此之外，经世致用亦是杨东莼的致史理念。在编写《本国文化史大纲》时，他的取材标准为“到底我们祖先的哪些活动是

---

① 杨东莼：《本国文化史大纲》，见周洪宇主编《杨东莼文集·专著卷》上，第190—191页。

和我们相关呢？是影响到我们现在的生活呢？"① 简单点说，即"经世致用"。他曾论述撰写《高中本国史》的意义在于"叙述中华民族的拓展，与历代文化政治社会的变迁，以说明本国现状的由来：同时注重近代外交失败的经过及政治经济诸问题的起源，已说明本国国民革命的背景，指示今后中华民族的应有的努力；至于过去政治经济诸问题，其有影响于现代问题，并培养其观察判断的能力"。② 写作此书时，正处于日本帝国主义侵略中国时期，作者在借鉴前人及同行学者研究硕果的基础上，融合自身的独特会意，并始终围绕"经世致用"的主题，故字里行间充溢着浓烈的爱国主义色彩。又如清朝初期，学者的真精神即是经世致用，后因考据学风的盛行，"经世致用"的原则被抛弃。道光年间，清朝内忧外患不断，局势动荡，提倡脱离现实埋头于故纸堆的考据学便开始丧失它的社会存在依据，有志于经世之务的学者应局势的需要开始将西来之学与经世致用的精神相结合，形成新的学术学科—今文经学，名噪一时的维新运动应运而生。杨东莼极力强调，"经世致用"作为社会的进步思潮，对社会所产生的积极影响不可估量。另外，就孔子成为正统思想的起因来讲，也充分体现了他经世致用的精神理念。夏曾佑在《中国历史教科书》中第一编第二章中曾说过，老子学说之所以不能经久持远地发展，并不是因为他的思想主张宗旨过高，而是因为他违背了社会经济进化的原理，他不懂政治组织会随着经济基础的变化而变化，仍大力提倡自然无为的混沌生活状态，期望建立理想的乌托邦王国。但是他反对鬼神术数，无疑为后继学人在思想界立足开辟了道路。而墨子学说之所以灭亡是因为他的"兼爱"主张，他的一切思想几乎都是从"兼爱"出发的，然而在封建政治肆行的时代，"兼爱"学说并不适合于统治阶级的需要，所以是不被社会所容纳的。而孔子思想的中心，即是"孝"，它不仅适合于宗法制的家族制

---

① 杨东莼：《本国文化史大纲》，见周洪宇主编《杨东莼文集·专著卷》上，第3页。

② 杨东莼：《高中本国史》，见周洪宇主编《杨东莼文集·专著卷》上，第623页。

度，还迎合了中国封建政治统治者的需要，中国两千多年的封建统治秩序稳固如山，故孔子思想就可以与封建政治并存。正如夏曾佑所说的“中国的历史，即孔子一人之历史”。总之，正因为儒学思想适应了封建自然经济基础，故可以占据中国思想界两千余年，“经世致用”同样也适用于这里。

换句话讲，学术只要有益于国事，并为封建政治服务，为封建统治者服务，不是不切实际的吹嘘空谈，就属于经世的范畴。

（三）史学成就

1.《开明新编高级本国史》

《开明新编高级本国史》一书引书量颇丰，不仅涵括了新中国以来全部中学历史教科书中中国史这部分内容，还在选材上力求多样化，书中章节比例也一反旧例，重新调整后在经济、社会等方面的比重明显增加。如在叙述清朝的历史时，从内政、外交、武功、内乱等方面分别各著一章进行详细陈说，这对中学教员开展教学工作无疑提供了巨大的帮助。此外，还将本国历史置于世界的大背景之下加以论述，如上古史中，杨东莼在叙述“欧人之东略”这一章中，利用清朝的年号来阐述这一时期内世界范围内所发生的重大事件。通过对东西方在同一时段但经历不同事件进行比较，从而让读者对晚清的历史有更加深刻的认识。同时，该书不仅对每一重大事件作了详细的解释说明，而且对每一事件的各个方面都有完整的讲述。就中古史中第二章到第十一章，至始至终都在描述汉朝历史，从秦汉之际、前汉、王莽时期、再到后汉、两汉，从政治、制度、交通、再到学术、宗教、社会，都各成章节作了明晰的交代。在编著方法上，他采取章节体体裁，并以进化史观对中国社会的演进过程进行阐述；从开头的“简说”，到结尾的“毕言”，再到书末的“注释”，这种编著方法，在当时的历史教科书中堪称创举，为教科书的结构构筑提供了模板，而这种体例也一直延续到21世纪。此外，此书还采纳公元纪年，并提供了49张表格及30幅图表，这在当时是史无前例的。在叙述方法上，杨东莼借助了“新史学”的研究方法，在以马克思主义唯物史观为指导思想的前提下，基于历史史实的基本史料，本着科学严谨的工作态度的同时引入自身的观点去陈说中国的历史。他在书中经常旁征博引，命词遣意虽简素无华但饶有趣味，虽是运用西方的历史研究方法，但仍从中国客观实际出发，深度挖掘国史，为当时史学界相关教材提供了范本。

2.《中国学术史讲话》

《中国学术史讲话》一书，通过运用“变”“融合”“批判”三种理念，对书中从原始社会学术思想的萌芽到五四新文化运动这一贯穿古今的历史思想进程作了详细的论述，这种研究方法在当时的中国开风气之先，为中国的学术研究做出了贡献。这部著作是杨东莼基于当时中国学术界兴起的“整理国粹”热潮，应北新书局之邀所写的。该书有三大特色：一是阐明了学术思想蜕变的大致趋势。从上古术数、诸子争鸣，到独尊儒术，从无为而治到儒道佛三家碰撞交融到再到宋代理学，从清朝的新汉学到乾嘉考据这四大变化，详细叙述了中国学术思想的演变过程。二是注意论述各学派之间的思想交融。从“儒表法里”到综合各家并以老庄为中心、从黄老之学到以儒家为中心而杂糅阴阳学，这种思想融合在中国历史上有长远的影响力。三是对传统学术作了批判性的科学总结。从朴学到今文经学，从龚自珍、魏源到康有为、梁启超，客观的批判性精神始终渐进性地渗透于中国学术思想进程中。作者在20世纪30年代能有这样的认识见解，说明他已经拥有很高的学术认识水准，足以证明杨东莼在史学方面的突出成就，这亦是此书在当时的同类著作中出类拔萃的缘由。“通古今之变，成一家之言”，这是对写史的极高要求，无疑杨东莼的这篇著作达到了标准，邓立勋在仔细阅读《中国学术史讲话》后，对此评价极高，并向广大读者提议到，如果想对30年代中国学者的学术思想研究水平有充分的了解与认知，无疑此书是最好的参考书目。

3.《本国文化史大纲》

《本国文化史大纲》是一部唯物文化史著作，在书中杨东莼运用摩尔根的进化论思想、李大钊的马克思主义思想来研究中国的学术文化史，不仅摆脱了“观念论”的历史叙述，还形成了自身独具匠心的编著方法。他运用整体的、综合的、思辨的叙述方法使中国文化史研究进入一个新天地；阐明了自己与现代及现代生活相关的选材角度，体现了文化的现实性；形成了创新文化史的写作模式，这在当时学术界无疑是大胆尝试之举。同时，在编著方法上，他打破史家一贯的按照朝代更替叙述朝代活动的惯例，而是以一个一个的历史事实为单元，虽不是“流水账簿”，但也是“总簿”，可以让广大学者、读者对本国文化史有清晰的认识。在叙述方法上，一般史学工作者认为应“秉笔直书”，力求还历史一个本来的面目，或者运用夹叙夹议的方法，叙述与议论齐头并进。然而他认为前者会因参考史料不准而谬种流传，后者作者则会站在自身的主观立场上去叙述历史，有先入为主之嫌，故杨东莼就在叙述方法上力求运用客观的经济解释阐明历史现象。本书的另一大特点就是运用社会科学的分科研究方法来研究中国历史。比如在社会政治生活之部一编中，从中国社会的演进到政治制度的变迁，从官制、乡治制度的演变到参政、教育、司法、兵制的演进，从各式宗教流派到纲常礼教教义，他紧紧围绕“经济基础决定上层建筑”这条主线，并从“唯物”和“文化”两方面去阐述中国学术思想文化成长历程史实。除此之外，《本国文化史大纲》还专门全面地论述了社会的文化特质与民族特征，故此书当时作为高级中学及大学预科学生的历史教材来讲，在同时代的史学教材中自然处于上乘。因新模式、新研究方法的实践，此书一出版，读者就热情买账，一跃跻身于当时畅销的文化史书籍前列。

杨东莼的史学论著是基于客观因素的驱策完成的，他在马克思主义史学研究的过程中，虽精通了史学研究的灵气与悟性，但很多学术理念与研究方法都带有探索的性质，故在著述过程中难免会有粗疏之处。如他往往只注重经济基础的支配性作用，并始终运用这一观点去解释大部分历史现象，有时候会有牵强附会之疑，忽略了文化自身也具有相对独立性，也没有对上层建筑的反作用进行叙述分析。如他针对前人关于学术的厄运是由于“罢黜百家，独尊六经”的观点，明确提出了自己的看法。他认为学术厄运的根本原因在于社会经济没有发展到产业革命阶段，传统经济基础并没有变更。而事实上，南宋“交子”的产生标志着商品经济的发达，而明朝江南地区雇佣手工工厂的出现标志着资本主义经济的萌芽。很明显，他在运用、附会物质决定意识这一原理来解释历史现象。他往往着重强调著作中历史活动的现实意义，即便是它并未在当时有紧要效用，他都要将其原原本本地叙述出来，从而忽略了那些在当时发挥过重大作用但又对现在没什么影响的历史内容。如在论述理学思想时，渐次以16个小标题逐一介绍。从周敦颐的濂溪之学、邵雍的康节之学、张载的横渠之学，到程颐程颢之学；朱熹之学又集理学之大成；再从南轩之学、东莱之学到象山之学；从永嘉、永康之学到到文行之学；又从白沙之学、“知行合一”、蕺山之学到东林景逸与泾阳之学。这16个代表学派中，以“濂溪二程”为理学正统，朱熹是理学集大成者，而明代的陆九渊与王阳明的心学是理学的延伸发展，其他的学派虽然亦是理学分支但并未对当时的社会产生重大意义，而杨东莼却在叙述时着墨同样之多，不得不说他取材标准有失偏颇。但在史学思想实验初期，有识之士中不免会表达某些有失偏颇的看法，即“在学术上表现出不同程度的片面性”。如果能站在这个角度分析杨东莼的史学思想，那他在史学道路上的不足之处也就不言自明了。

四、杨东莼教育之路

杨东莼是当代知名教育家，他的教育生平发轫于1923年执教长郡中学、协均中学，直到1957年调任国务院副秘书长才结束。1929年他发表了《中国过去教育的批判》一文，文章针对传统习例的诸多现象，从经济角度出发，深刻批判了中国过去教育脱离客观的政治经济形势而存在的情形。紧接着第二年又发表《学潮与苦闷中的学生》一文，针对学生思想会随着教育环境的变化而变化造成学界与政界相勾结从而陷入恶性循环的状况，杨东莼站在经济立场上，运用马克思主义唯物辩证法原理解释了经济问题与教育问题之间的内在联系，为从苦闷环境中被解救出来的青年学生拨开了迷雾。同年，他又发表了《最近各国教育之趋势》及

《评所谓读书运动》等文章，它们都从侧面反映出早期间他对教育问题的见解。从师范教育到干部教育再到高等教育，杨东莼在长期的教育实践中逐渐形成了一套自身的教育管理方法及思想。现就从他的教育实践活动着手，对他的教育思想进行详细的探究，并试而论之。

（一）教育实践活动

1. 筹办广西师范专科学校

1932 年初，桂系军阀为与蒋介石相抗衡，便开始积极地到处网罗贤才，培养骨干力量，故“广西师范专科学校”应时而生。秋季，杨东莼接到好友刘斐及时任广西省教育厅厅长李仁任邀他赴桂工作的来信，同时李宗仁、白崇禧也多次来电督促他上任，10 月他来桂就职。杨东莼上任后，虽然表面上响应当局军阀的号召，本质上却带领广西师专向着红色革命道路前进。为把师专建设成一所新型的师范专科院校，培育一批热血革命青年志士，杨东莼开始四处招徕人才，首先聘请了一批知名进步教师。当时由于学校开设的课程并没有统一的教材，杨东莼就鼓励各执教教师亲自编写所讲授教材，当然也可以采用名著作为示例教本，以望将新思维、新思想引进校园。由于杨东莼聘请的教师大部分都是共产党员，所以他们任职后就把中共“六大”的决议精神贯彻在平时的教育课堂中。他们摒弃了传统教育的陈旧方法，向着集体主义教育方向前进，为广西教育界注入了一股新鲜的民主空气。而杨东莼小巧妙地利用桂系军阀与蒋介石之间的矛盾，在白色气氛笼罩下的广西师专，暗地里建立了红色革命据点。虽然广西当局并不提倡马列主义思想，但为增加与国民党对峙的资本，巩固发展地方割据势力，在实行的“三自三寓”① 政策无法赢得群众的拥护的情况下，桂系军阀开始实行比较开明的政治策略，允许新思潮在广西传播，这就为新思想在广西的传播扫清了障碍，此后广西师专完全按照杨东莼的政治意志办学。杨东莼虽然一心想把

① 三自三寓：即军事自卫、政治自治、经济自给，寓兵于团、寓将于学、寓征于募。

广西师专变为革命活动的策源地，但学校并不能强制要求每个学生都必须信仰马克思主义，针对这种情况，他提出了学习上“自由研究”和生活上“集体生活”的办学口号。自由研究是指在思想学术方面可以对各种思想流派学习探究，没有明确的硬性规定，而集体生活是要求在生活中要团结一致，互助共勉，在愉快活泼的环境气氛中，将学习与工作同时兼顾搞好。

杨东莼认为，学生们只有通过自由研究，对各种新思想、新思潮相比较鉴别，才会知晓何种思想是真正能够为社会、人民服务的。为了真正落实“自由研究”政策，他从教学方法上进行革新，采取课堂授课与学生自学相结合的方式，并引导学生拟定量身化的自学计划，参与经常性的自由商讨；开设相关形势政策课程，了解时事热点，认清革命形势与前途，继而指导学生运用新观点、新思维、新思路去分析社会问题；举办各种问题研究报告会，定期开展纪念周讲话，就学生间存在的诸种问题作精练的分析；邀请外来民主人士来校讲演，以期帮衬学生拓宽眼界。杨东莼还鼓励学生广泛阅读，师专图书馆书架上陈列了各思想、各流派的书籍，当广西《师专校刊》出版了创刊号后，他又为刊物写了创刊词。除此之外，杨东莼还要求广大师生深入农村做社会调查，进行实地学习，故暑假期间，经他组织，由薛暮桥带领学生，前往广西个别农村地区进行经济调查，希望学生能对土地租佃情况及中国农村的社会经济结构及性质有大概的通晓，帮助学生进一步了解农村阶级斗争，深化对马克思列宁主义的认识，正确理解阶级斗争的本质问题。这些重大成果都是杨东莼倡导“自由研究”风气产生的。

而为了贯彻“集体生活”政策，杨东莼在广西师专专门建立了班主任制度，负责管理学生日常的思想、学习及生活工作。而两三个月召开一次的“生活促进会”是“集体生活”中最富有教育意义的实践活动，因为每个学生都会就自身近况进行深刻的品评与反思，即集体生活中的“自我教育”，故长期生活在这种紧张活跃、团结愉快的气氛环境中，广西师专学生逐渐养成了“集体生活”的习惯，对未来艰辛形势充满信心并迎难而上，为广西革命运动及中等教育培养了大批战时人才。但是任何新生事物都不会径情直遂，师专后因政治倾向太过于鲜明而遭到广西当局警告。不久，杨东莼就被迫离职前往上海继续从事著述事业。

2. 创办广西地方建设干部学校

1938 年，桂系军阀在中国共产党抗日民族统一战线的策略及国共第二次合作的影响下，接受了周恩来的建议，开始创办广西地方建设干部学校。但这面大旗应由谁扛？这是一个令人费思的问题。而此时杨东莼恰好经过桂林来拜会李任仁，经刘斐及李任仁的极力推荐与挽留，再加上广西省政府主席黄旭初亦三次登门造访，请求他留在桂林工作，杨东莼通过慎重考虑并与李克农商量后，提出了留任的三个条件：一是地干校的教学用人由他负责；二是地干校的训练内容、方法计划由他制定；三是广西当局不可听信特务的讹传。对于这三个硬性条件，李宗仁、白崇禧、黄旭初满口应允，并召开会议加以解释和承诺。至于为何广西当局会同意让杨东莼担此重任？这是有根据因由的。由于 1936 年爆发了“倒蒋”的“两广事变”，国军压境广西，蒋、桂战争一触即发。大批反蒋人士力劝李宗仁、白崇禧等人自立门户，只有杨东莼以救国会成员的身份建议李宗仁、白崇禧等人应顾全大局，运用和平方式解决矛盾，从而避免了一次战争，再加上广西师专的办学成效，大家都有目共睹，故广西当局认为杨东莼是顾大局、识大体的人，定能担此大任。

杨东莼在各种社会实践活动中始终贯彻着党组织在不同时期提出的方针政策。广西地干校到底应该采取怎样的办学方针？他一筹莫展。恰逢革命家徐特立经过，他便特意上门请教并听取其建议，制定出办学方针，即“坚持抗战、团结、进步；培养民主精神和民主作风；提倡集体主义精神”。地干校延展了广西师专的办学经验及民主精神，并积极招揽、吸收原师专的优秀生源。地干校在两年内办过 4 期，短期集训县以下乡镇一级的基层干部 1400 多名，总口号是“集体领导，相互合作，突击完成”。在具体管理措施上，他首先聘请了一批政治、思想进步人士，如秦柳芳、周钢鸣、胡愈之等人，因为他们能适应战时需要，担负起培养基层干部的历史任务。其次，课程比例为七分政治、三分军事，上课方式为名人演讲与小组讨论相结合，同时干校学员在校编制采取军队的军事化训练，生活、学习统一式管理，并“遵循‘少而精、由浅到深、由近到远，由简到繁、由具体到抽象、由被动到自动’的原则”。① 通过这一训练方法，不仅调动了干校学生在生活中的积极性、能动性，还培养了学生平时在学习中的时间性、高效性。再次，杨东莼还对地干校学员的训练提出了六个要求：“(1) 提高学生自动精神；(2) 培养学生自觉纪律；(3) 唤起学生战斗的工作精神；(4) 实施集体自我教育；(5) 实施战时生活，强调动员精神；(6) 理论与实践并重，并力求两者的密切联系。”② 最后还号召学员每天晚上及周六日全天都要去学校附近的村庄宣传抗日救亡道理。值得注意的是，应广西当局的要求，地干校从第二期开始编制女生中队，训练方针与教学方法虽然同男生一致，却取得了超预期的训练的效果。正是由于开放的教学环境、新型的训练方法以及进步的教学内容，地干校很快引起了敌对分子的注意。1940 年 6 月间，国内政治形势急剧恶化，桂林也不例外，不仅黄旭初因特务告密开始亲自检查校务，杨东莼的行动也受到限制。迫于局势危急他提出辞职，但仍集中精力在地干校的结束工作上，首先对两年间地干校的工作作了概括总结，基于考虑，他编写完成了一部 90 万字的著作——《两年来的干校》，还亲自在导言中书写了《两年来本校的自我批评》一文，为研究广西战时教育提供了珍贵史料。其次是有计划、有步骤地撤退中共党员及民主进步人士，采取“四步走”策略：先立即撤退一线党员，再准备撤退二、三线党员，又安排四、五线党员继续潜伏在桂林，最后与学校骨干教师就潜在风险进行部署，做到未雨绸缪。而皖南事变后，革命形势进一步严峻，杨东莼感到时事危艰，不能继续待在广西，便经钦州去了香港。

---

① 熊林：《杨东莼与广西地方建设干部学校》，《中共桂林市委党校学报》2011 年第 4 期。

② 汤有雁：《“广西地干校”的回顾》，《广西文史资料》第 17 辑。

3．掌印广西大学

新中国成立后，杨东莼进京参加全国政协会议，期间受到周总理的接待，周总理对他的工作方向提出两点建议：一是出任上海市教育局局长；二是担任广西大学校长。从20世纪30年代起，杨东莼就曾三下广西：一是担任师专校长一职；二是“六一运动”后代表救国会入桂商谈救国之策；三是主持地干校工作。不得不说，杨东莼似乎在冥冥之中已经注定与广西的教育事业有着某种难分难解的缘分，再加上李维汉及张云逸的再三邀请，基于多重考虑，他最终选择继续南下广西。

新中国成立初期的广西，条件异常艰苦，不仅校舍相当简陋，就连办公场所也不成样子。但值得欣慰的是，不同于在广西师专、地干校时期的实践活动，以前他必须隐蔽他地下党员的身份，想方设法培养民主进步革命志士，而现在，在中共桂林市委的具体领导下，在学校党委组织的支持下，杨东莼在广西顺利地开展相关工作。

杨东莼上任后，按组织指示，将南宁师范学院并入广西大学后改为广西大学师范学院。广西大学是在社会大变革时期成立的。一般来讲，每当一种新的制度在初期推行时，人们在思想上总是会表现出很大的踌躇性与迷茫性，尤其是从旧社会过渡到新社会，所以学校里总是充斥着新旧思想的对立。针对此情况，他紧紧围绕师生的思想政治问题在广西大学礼堂作全校性的相关演讲。他的报告大约每月一次，每场长达三小时，而且每次都座无虚席。这是因为，他的报告结构紧密、语言流畅、结合时事、目的性强，主要是针对旧知识分子意识形态的思想改造，使听众感觉报告都是针对自身而言的，故特别认真听讲，即使有人事先请假，亦会改变计划去听讲座，不得不说杨东莼在教育宣传方面的影响力之深。

杨东莼不仅广纳贤才，还知人善任。林焕平任教广西大学就是他的的功劳。杨东莼原在香港代理达德学院院长时，曾受林焕平之邀担任南方学院的近代史专题客座教授。后迫于香港当局强令，南方学院被迫关闭，林焕平回到内地准备前往南开大学任教。然而因杨东莼不仅来信、打电报，还专门派学校干部上门邀请，再加上中共中央华南局的建议，林焕平最终来到广西大学任教。这充分体现了杨东莼重视人才的诚心与毅力。

为了加强阶级教育，杨东莼还积极动员全校师生参加土地改革运动，并以林焕平为领队人。但因师生中的一大部分人是地主家庭出身，再加上林焕平打起了退堂鼓，并主动向杨东莼反映说明畏难缘由，运动一时间难以开展。杨东莼了解情况后，就组织全体土改师生作了一场动员大会报告。这场大会持续了整整四个小时，针对师生的复杂思想与微妙心理，杨东莼通过妙趣横生、雅俗共赏的演讲方式，极大地调动了广大师生的积极性，缓解了他们对土改工作的恐惧心理。故动员大会结束后，土改工作团人员都满怀激情奔赴"土改一线"。杨东莼在"西大"任职间，校内弥漫着民主、自由空气，不仅校学生干部由民主选举产生，就连基层的班组长、团支委都是直接选举产生的。而且，学校对个别家庭经济困难的学生推行助学金制度，经民主评定后公示。生活在这样的民主气氛环境下，学生的学习积极性很高，为新中国的建设和发展奠定了人才基础。

1951—1952 年间，全国各地到处展开了轰轰烈烈的"知识分子思想改造运动"和"三反运动"。在这次运动中，杨东莼表现得尤为积极。他认为，思想改造即除旧换新，知识分子应自觉在研习马列主义道理的同时摒弃自私小农思想。杨东莼在做动员报告时，在会上以身作则就自己曾经三次入党后又三次脱党的行为作了深刻的自我检讨，结果在全校师生中造成了强烈的震动，也大大加速、促进了运动进程。他还着重强调了工人阶级的领导及影响力，号召学校在调整改造行政机构的同时，明确它的中心任务就是搞好教学、培养合格人才。1953 年，全国范围内开始院系调整，广西大学被裁撤，中南教育部采纳了他关于"西大"撤销后成立师范学院的提议，而这一建议不仅使广西获得大学建制，亦为广西的教育建设存得骨干力量。

4．首任华中师范学院院长

1953 年底，杨东莼调任华中师范学院院长。

杨东莼到校后，尤其重视学校的师资培养及科学研究问题。在师资培养方面，杨东莼尊重和爱护有真才实学的人。对于老教授，他总是想法设法地尽量发挥他们的才能及作用，如钱基博教授；对于青年教授，他总是考虑如何在政治、工作方面给予帮助，如张舜徽教授；对于青年教师，他不仅言语教导还予以行动扶持，如章开沅。不得不说，杨东莼一直不遗余力地在各个方面关注教师的成长与发展。在科学研究方面，1954 年 9 月，华中师范学院发布了《关于科学研究工作》的文件，文件指出："在研究上既不能'好高骛远，脱离实际'，也不能过于拘谨，应紧紧围绕师范教育和普通教育问题，积极开展科研工作。"据有关资料详细记载，"1954 年暑假后，学院教师提出 150 项课题，着手研究的有 69 项，完成 16 项；1955 年，共提出 178 项课题，完成 93 项，计划以外的完成 18 项，两次共完成 127 项。"[①] 对于当时华中师范学院处于发展初期阶段能取得这样的成绩是可喜可贺的。虽然科学研究仍然处于起步阶段，但是毕竟为学院科研的未来发展打开了良好的端口。需要注意的是，1956 年，国家提出普通教育 12 年发展远景计划，要求高等师范院校要又多、又快、又好、又省地培养中等学校教师。对此，华中师范学院责无旁贷，所以它当时所面临的主要任务就是要创办发展业余高等师范教育（即函授部与夜大学），加强对在职中等学校教师的思想政治教育，提高在职中等学校教师的专业知识水平。在杨东莼主持和领导下，华中师范学院主动承担了创办函授专修科的艰巨任务。同时，为了帮助函授生学习，还编辑出版了相关刊物——《函授教育通讯》，并专门召开相关工作会议。因为函授教育属于业余教育，故函授学科的教学内容和组织形式都必须要适应业余学习的需要，华中师范学院函授教育事业的繁荣为推动它进一步向中南地区的其他省份扩展奠定了基础。

除却前文提到的担任达德学院院长外，杨东莼从师专到地干校、从西大到华中师院，不论是国难教育还是高等教育，始终坚

---

① 章开沅：《建设社会主义要靠真才实学——怀念老院长杨东莼同志》，《华中师范大学学报（人文社会科学版）》1983 年 3 期，第 5 页。

持办学方针为现实需要服务。

（二）教育思想

杨东莼任职期间的教育思想可以分为两方面：国难教育和高等教育。在教育实践过程中，他反复强调：在教育过程中，教育者本身也是受教育者，这与他北大求学期间在劳动补习学校任教经历有关。因为在那里，他虽是一个教工人及其子弟认字识理的老师，同时却也对机器发动机是如何运转有所通晓，不仅增长知识，开拓眼界，还经历了革命思想的洗礼，更加坚定了从事马克思主义事业的信心。现就从国难教育和高等教育两方面入手，对他的教育思想进行详细的探究。

1. 国难教育

国难教育主要表现为三方面：一是集体主义教育；二是自由研究：三是功利性教育。

杨东莼在广西师专所倡导的“自由研究”是根据蔡元培在北大期间实行的“自由研究”的办学方针借鉴而来的，两者在具体的教育指导思想上亦同亦异。相同的是都主张在学术思想上各抒己见、自由发挥；不同的是，北大教育是单纯地从学术研究出发，而师专教育则是站在无产阶级的立场上，从无产阶级政治出发，不只是纯粹的学术研究。事实证明，学生们通过“自由研究”，在学术上各抒己见，畅所欲言，间接地影响了越来越多的学生开始接受马克思列宁主义的观点。与一味地向学生灌输马克思主义思想相比，这样的教育方法，更能启发学生们的政治觉悟。“如果去掉了民主精神和民主作风，干校就培养不出抗战需要人才。”① 他成立的“生活竞进会”，不仅促使广大教学工作者及学生积极参与讨论并发言，还大大提升了他们自身的锻炼能力。广西地干校第一期学员结业时，依照广西当局有关规定，毕业学员一律要加入国民党、三青团。基于此规定，杨东莼曾在全校做过一次三民主义主题的演讲。而对于指导员，他并没有执行广西当局“强迫入

① 杨东莼：《广西地方建设干部学校的自我介绍》，《建设研究》1939 年第 1 期，第 1 页。

党”的命令，而是遵循“自愿”原则，这就为广西地干校留下了大批的革命进步力量，为后来的“专区训练班”奠定了人员基础。

实施集体主义教育，不仅仅是战时的需要，还是动员学员政治性、革命性、积极性必须要遵循的原则，而集体训练又是一切活动的参考标准。杨东莼认为，学员大部分人都带有分散性的假公济私、自私利己等松弛习气，所以着重强调了学员们进行自我教育的重要性。他强调，“集体的自我教育正是要打破自私自利的个人主义，正是要从一切集体活动中发扬互助友爱的精神，正是要从集体的纪律中去养成完善的工作者应有的修养和工作态度。”“集体主义”生活改变了学生的自私狭隘的思想观念，确立了集体主义精神，并通过自我教育与自我批评的方式，塑造了学生遇见问题就设法解决的性格。这一做法不仅维护了团体纪律，更促使学生热爱集体生活，增进了彼此间的友谊。杨东莼通过对集体主义思想的详细阐述、论证与宣传，并采取了相应的措施，使学生逐渐融入集体生活，并培养了集体主义精神。他又认为，集体教育也是理论与实践相统一的教育，杨东莼在广西地干校提出的六条训练方针，正是此观点的实地运用，当然始终是围绕着集体教育的轴心转动。集体主义教育通过对个人与集体的关系进行适当的处理，促使青少年对自身的行为与思想有明确地认知。

杨东莼曾指出，“教育是为政治服务的一种工具，脱离政治的单纯教育是不存在的，不着眼于改革腐败政治而单纯寄希望于教育本身的功能，这是自欺欺人。”“现在正是国难当头的时候，我们在这紧急的时候至于关着门来高谈教育的救国论，却是自掘坟墓呵！”“我们既明白地认识了教育和政治经济的关系，又明白地认识了教育的作用，则我们那今后的工作，应随着政治经济为转移，决不可使教育孤立。要这样，师专才有前途之可言。”[①] 从杨东莼被迫离开广西师专时，白崇禧对他的态度转变就可以印证这一观点。因为当时十九路军建立了福建人民政府，面对蒋介石军队的进攻，寻求与红军的合作。而苏区却在王明“左”倾路线的

① 杨东莼：《师专前途的希望》，《师专校刊》1933 年第 1 期，第 1 页。

指导思想下，认为十九路军有很大的欺骗性，拒不出兵援助，导致了福建人民政府的垮台。这一导火索，直接导致了桂系军阀走上了坚决反共的道路。而杨东莼又在地干校聘请了大批的共产党员，故他离开广西师专是意料之中的事情。杨东莼离开广西后前往上海，当时上海教育文化界正兴起了一场读书运动，他针对此运动发表了自己的看法。虽然当时有人说读书运动是书店老板的营销策略，但他却认为，读书运动的兴起，是由于中国农村经济的解体、市场经济的兴起以及现代教育的普及。他向当时学生大声呼吁道，读书时应从时代处境出发，适应于社会的高度需求，理论联系实际，有意识地把握社会现实。他还向学生推荐以宣传马克思列宁主义为主的阅读书目，这从侧面体现出他在教育理论方面的长远目光。

1938 年桂林生活教育社成立，杨东莼被当选为理事之一。“生活教育”是一种全新的办学理念，它恰好满足了战时教育的实际需求。他认为，“生活教育能发展到这一新的阶段，其主因就是由于生活教育一开始就把握住了客观的现实。今天的客观的现实，便是抗战保国的伟大运动；因此，生活教育的远景，就必得是这一伟大运动的具体反映。”① 很明显，他的国难教育侧重于教育的功利性，是要为政治、经济、社会服务的。在主持广西地干校工作期间，针对社会上出现的“教育破产”声音，他认为，应该一律停办那些对抗战完全没有直接帮助的学校，然后在政府的宏观调控下，兴办能够适应抗战需要的高等院校，比如理科大学、工科大学、农科大学、医科大学、抗日政治大学等与日常社会生活息息相关的大学或专科院校。同时要改造小学、调整中学，提高教学中政治教育所占比重，以期适应战时需要。教育只有根据所处的时代背景，结合现时的实际情况，摒弃过去“学非所用”观点，进行教育体制的改革，才能适合社会需要，为抗战胜利作出巨大的贡献。在抗日战争时期，杨东莼在《书院与学校》一文中，列举阐述了传统书院教育模式的闪光之处，并指出传统教育旨在

① 杨东莼：《生活教育的远景（代论）》，《战时教育》1939 年第 3 期，第 12 页。

培养学生独立自由的性格，塑造信仰精神的人格教育。国难期间，学校为了激发学生的斗志，提高学生的正义感，培养学生的社会感，采取了一系列的适时措施，然而不可否认的是，传统书院所涵括的可贵精神与服从意志恰好是可以为国难教育服务的。毕竟书院“修身齐家治国平天下”的信念锤炼，是致力于培养不受功利诱惑的学生，而杨东莼实施的救国救民教育实践，为他“教育是为政治服务”的观点作了强有力的辅证。

2．高等教育

杨东莼高等教育中的教育思想亦主要有三个方面：一是以教学为中心；二是重视学术科研；三是教育要为社会主义服务。

杨东莼高等教育中特别重视师资教学问题，在广西大学期间，对于有才能的青年学者他倾力帮衬。如广西籍青年钟文典。钟文典原先是在北京大学担任郑天挺教授的助理，杨东莼闻讯后，打算专门去拜访。后钟文典主动求见杨东莼，最终架不住杨东莼的诚恳情意，答应回广西大学任教。在华中师范学院任职期间，杨东莼将主要精力集中在学校教育模式的转变上，因为华中师范学院过去一度以培育干校革命精神为主，现在应该朝学术正轨的教导面转型。杨东莼认为，“建设社会主义要靠真才实学”，所以他着重强调师资培养问题，就培养师资问题还专门召开会议，达成了“培养师资以自力更生为原则，对老教师要考虑到如何提高，对青年教师要考虑到如何培养”① 一致意见。具体做法从两方面出发：一是年迈教师应阐扬专长，相携帮持；二是青年教师应进修深造，实地练兵。据统计，1953—1955 年，学院前后派出 53 位教师前往其他各省高校学习。

在杨东莼的领导下，华中师范学院明确提出要重视科学研究。“双百”方针提出后，基于此大背景，杨东莼又开始积极倡导创办《华中师院学报》，在创办过程中坚决贯彻科学性、理论性及创造性的理念。正是由于《华中师范学报》科学的编辑原则，学报所发表的论文整体显示出较高的学术水平，从而使它成功跻身于中

---

① 黄杰、杨立人：《当代知名教育家和社会活动家杨东莼教授》，广西师范大学社会科学联合会编《纪念杨东莼先生文集》，广西师范大学出版社 1994 年版，第 53 页。

国高校学报中具有较大影响力学报前列。杨东莼还主持召开了华中师范学院的第一次科学讨论会，这次大会因旨在检阅其科研成果，故邀请了武汉地区政府机关、其他院校以及外省部分兄弟院校的代表参会，对专题报告及论文主题进行深度探讨。这不仅可以指导学院的教学、科研工作，也对广大教学工作者今后的科研道路有极大的启示意义。杨东莼在会上发表了对于科学研究的看法，他认为，高师科学研究方针未进行合理地贯彻；从研究范围来说，对本院教学问题研究不够，特别是对普通教育中的许多实际问题研究不够；有些教师，还没有养成从事科学研究的习惯，没有为提高教学质量而从事科学研究的紧迫感，存在着为科研而科研的倾向；在深入中学实际方面，有的还没有认识到解决高师培养规格的重要性。他还强调，要开好讨论会，一定要争鸣。①总而言之，杨东莼对于科学研究工作相当重视，并始终贯彻在他的教育理念当中。

他认为，“建设社会主义要靠真才实学”，在新中国建设初期，教育为更好地服务于社会主义，必须全力落实党中央有关方针政策，华中师范学院的历史博物馆会议由此召开。在会议中，他充分肯定了学院历史博物馆自创立以来取得的可喜成绩，又针对某些不足之处提出了自己的意见。他认为：“历史博物馆是运用实物、图片、模型，帮助学生把学到的静的历史与动的实际相结合，并在将来自己教学时能利用历史文物贯彻直观教学原则，培养中学生爱国主义精神。”他还认为，“历史博物馆的努力目标在于逐步拓展为教学服务的范围，才能更好地贯彻社会主义的教育方针。”通过这些平时活动，恰恰说明杨东莼一直遵循教育要为现实服务的教育思想原则。

除此之外，为了深刻贯彻理论联系实际这一方针，他在广西大学任职期间，不论是教学活动抑或是课外活动，经常号召各院系学生参与各类实习活动。如 1951 年暑假，法律系学生在桂林市人民法院学习、经济系学生在桂林进行工商业资本调查、土木系学

① 黄杰、杨立人：《当代知名教育家和社会活动家杨东莼教授》，广西师范大学社会科学联合会编《纪念杨东莼先生文集》，广西师范大学出版社 1994 年版，第 55 页。

生到河南开展测绘工作学习，等等。而在华中师范学院任职4年间共组织5744人经历9次实习活动。杨东莼认为，“高等师范的教育实习，是师范规格培养的重要环节。”① 教育实习对学生的益处主要体现在四方面：一是深化政治理论知识；二是强化文化品质涵养；三是提升专业知识技能；四是指导毕业工作分配。毋容置疑，通过各类实习，不仅大大充实了广大师生的专业知识，还极大地提高了他们的社会工作能力。

总的来讲，杨东莼的教育实践活动对当时教育界有很大的影响力，而通过对其教育管理思想的剖析，不仅可以洞悉他成为绩效卓然的教育家的因由，亦可探究他深层意义上的学术思想，为现代从事于教育领域的工作者提供了经验及借鉴意义。但是杨东莼在教育思想及实践方面也有一些不足之处，比如在现实与读书的关系上，他过分夸大了现实对读书的影响，他对“为学问而学问的人”提出了批评，他号召“要用最经济的方法，去读最有用的书”，读书也要进行合理化但其实二者是相互作用的；在大我与小我的关系上，他过分注重整体性教育，从而轻忽了局部能力的发挥。杨东莼只注意到教师个体以身作则从自身出发的弊端，会陷入个人主义训练的泥潭，却没有意识到教师“为人师表”的表率作用，其所行措施及方法未免颇有偏激。而且在新中国建立初期，杨东莼发表的绝大多数文章带有明显的“左”倾色彩，比如《人民的新闻事业不容许右派分子插手》《何物自由主义》等文章，虽都是反右派斗争扩大化的产物，但毕竟历史事实并不会随意被涂改装饰，这是他在教育领域的不足之处。

结　语

杨东莼是具有唯物史观的翻译家、史学家、教育家，他严谨治学的态度为我们留下了丰硕的文化遗产。在哲学翻译方面，他主动去接触、宣传唯物辩证法，并自觉地以此为指导从事马克思主义著作研究。在史学著述方面，作为“三四十年代中国八大史学

① 黄杰、杨立人：《当代知名教育家和社会活动家杨东莼教授》，广西师范大学社会科学联合会编《纪念杨东莼先生文集》，广西师范大学出版社1994年版，第55页。

家之一”，他运用新型的唯物史观、进化史观、历史相因观所撰写的《本国文化史大纲》《中国学术史讲话》《开明新编高级本国史》在当时学术界都具有一定的文化影响力，尤其是在尝试运用唯物史观考察中国的文化史方面具有独到的贡献。在教育实践活动及教育思想中，他从担任广西高等师范专科学校到出任广西地干校教育长到广西大学校长到华中师范学院院长，不仅为广西和武汉地区的教育事业奉献了自己的力量，而且实际推行效果斐然。章开沅教授曾用两句小诗表达他对恩师杨东莼的仰慕之情，即“不占人间一抔土，愿化春雨润新苗”①。

对于杨东莼的不足之处，可以用他的三段话语来解释：一、“许多知识分子对人、对事、对种种主义和种种学说的看法，多少还处在一种朦胧的状态之中”；二、“在这许多学派中、在这许多主义中、在这许多学者中，彼此间究竟有什么本质上的分歧和界限，我们大多数人是不甚了解的，甚至有不少人也不想去了解。这是因为当时我们这一辈的知识分子的精神世界实在贫乏的可怜。渴极思饮、饥不择食；正是当时的写照”②；三、“于是迫着他们不能不采取一种确定的手段和方法，去应付这种需要，换句话说，就是迫着他们不能不采取明确的立场，去应付这种需要。”③

总而言之，为了应对中国近现代所面临的的挑战与危机，众多有识之士在未深刻认识理解新理论、新方法的前提下，就用它们来指导各式各样的学术及社会实践活动，虽难免会有粗疏，但在当时的学术界无疑是大胆尝试之举，具有开创之功。

---

① 章开沅：《建设社会主义要靠真才实学——怀念老院长杨东莼同志》，《华中师范大学学报》1983 年第 2 期，第 5 页。

② 杨东莼：《前事不忘后事之师——为纪念“五四运动”四十周年而作》，见周洪宇：《杨东莼大传》第 28、34 页。

③ 杨东莼：《中国学术史讲话》，江苏教育出版社 2005 年版，第 248 页。

周鲠生学术思想研究

赵　勇

学术意义上对于周鲠生的研究主要是国际法领域周鲠生的学生和相关学者所进行的，国内关于周鲠生的研究资料和成果较多，主要包括三方面：

首先，周鲠生著作及论文汇总。随着国际法学界对于周鲠生关注度的提高，他的很多学生对其著述进行了收集，并通过论文等形式对他的法学思想进行深入的讨论。由于周鲠生生活的年代跨度很大，再加上不同时期他对于自身作品多有删减和修改，所以关于他的著述搜集工作比较繁杂，很多原始资料也出现重印或修订，如主要著述《国际法大纲》和《国际法》等就有上海商务印书馆版本和最新的武汉大学出版社出版的版本。遗憾的是，至今尚未出版关于周鲠生的传记，而关于其论文文集主要有两本：1993 年武汉大学法学院国际法研究所编的武汉大学出版社出版的《周鲠生文集》；1999 年王铁崖、周忠海编的深圳市海天出版社出版的《周鲠生国际法论文选》，基本收录了周鲠生不同时期所发表的国际法论文。

其次，关于周鲠生的国际法方面的专题论文和书评。主要有卜璐的《周鲠生国际法思想评述》、韩培德的《周鲠生先生生平、贡献和设置周鲠生法学奖学金的重要意义——在武汉大学法律系本科生、专科生、研究生大会上的讲话》和《纪念、回顾与展望——在纪念周鲠生先生诞辰一百周年暨国际法研究所成立十周年大会上的讲话》、梁西的《联合国与中国——纪念周鲠生先生诞辰一百周年》、朱与墨、李崑鹏的《周鲠生国际法思想及其外交实践述评——湖南一师法政人物思魂录之四》、张文彬的《国际法：西方传统与中国特色——重读周鲠生〈国际法〉随想》、欧阳军喜的《历史要重演吗？——1948 年的周鲠生胡适之争及其意蕴》等，都站在不同的角度对周鲠生国际法等学术研究进行了一定程度的探究。

再次，介绍周鲠生生平事迹的述略和著述。涉及周鲠生评述的著作主要有王铁崖的《国际法资料选编》、杨际贤的《中国百年教育家思想精粹》、武汉市政协文史资料委员会出版的《武汉文史资料》、裴艳的《留学生与中国法学》等。而周鲠生生平事迹的述略和相关的论文主要有李谋盛的《周鲠生教授传略》、刘中猛的《国际法之父周鲠生先生述略》、吴友法的《武汉大学学报史略（1930—1948）》、费泉惠《国际法权威周鲠生》等。都从不同的角度对周鲠生的生平及贡献给予了评价，也可算作是对周鲠生学术思想的部分研究。

相比于国内对于周鲠生学术研究的总结和评价等，到目前为止，海外尚无专门的机构和个人系统研究周鲠生的学术思想，已有的相关内容主要是美国、日本学者以及华人从法学角度较零星的介绍和对周鲠生出版著作的收录和引用，例如 Martinus Nijhoff Publishers 出版的系列关于中国国际法研究的著述《中国当代国际法的远景》等，海牙国际法学院的海牙国际法年书和 1995 年的亚洲国际法年书，还有东京大学也有学者发表的《国际法在中国：中国关于世界秩序视角的合法方面》，都对周鲠生的国际法思想和著述进行了简单的评价。另外，Ann Kent 在美国宾夕法尼亚大学和斯坦福大学出版社出版的《中国、联合国和人权：服从的局限性》和《超越服从：中国、国际组织和全球安全》中也对周鲠生关于国际组织和联合国的研究进行了评价。另还有美国《国际法》杂志对周鲠生《国际法》进行了评论，指出周鲠生在很多地方提到美国时都用词“美国帝国主义”；另一方面，他夸大了苏联在国际法一些规则的作用。比如“苏联是 1928 年《巴黎和约》里第一个坚持放弃战争的主要力量”①，他没有提到合约是由美国和法国两个国家提出，并是这两个国家邀请苏联的。

---

① Hungdah Chiu, The American Journal of International Law, American Society of International Law, Vol. 77, No. 4 (Oct., 1983), p. 977.

总体来说，周鲠生学术思想的研究取得了一定的进展，但是总体上仍然未全面系统化，主要局限于国际法方面，而对其学术思想褒者居多，但这并不代表周鲠生学术思想并不存在局限性。如果要全面了解周鲠生学术思想的主要内容，就必须主动深入探寻他的政治法律、外交和相关历史以及教育各方面的学术研究。

一、周鲠生学术思想的形成

（一）周鲠生的生平和学术思想形成的背景

1. 个人简介

（1）个人生平

周鲠生（1889—1971），本名周览，后易名鲠生，汉族，湖南省长沙人。1889 年 3 月 6 日，周鲠生出生于一个贫寒的教书先生家庭，4 岁丧母后他跟县衙做录事的父亲一起生活，不幸的是，10 岁又丧父。万幸的是，其父亲生前深受私塾东家苏先烈（时任长沙知府）赏识，且周鲠生勤奋聪慧。因此，父亡后周鲠生获得苏先烈的相助，受其生活上的照顾，并留在苏家私塾中继续读书。

①“神童周览”①

周鲠生幼时天资聪颖，才智过人。寄人篱下苦读三年，13 岁的周鲠生在苏先烈的资助下保举应试，居然以文章名列榜首的成绩考取秀才，“神童周览”一时被传为佳话。随后，在清末废除科举、兴办学堂时，谭延闿在长沙创立湖南省立第一小学（第一师范前身），周鲠生靠官费入学，成为首批入学者中最年轻的学生，学习成绩也总是名列前茅。周鲠生秉性耿直，不畏权贵，“一次在抗议学校当局欺压学生的学潮中带头‘闹事’，被谭延闿开除出校”②，但谭延闿惜才，十分器重“才子周览”，批给他官费留日，

① 徐正榜、张琦著，《国际法学家、教育家周鲠生》，萧志华主编《武汉文史资料》1990 年第 2 辑，第 1 页。

② 周如松：《周鲠生先生传略》，《中国当代社会科学家》第 5 辑，书目文献出版社 1983 年版，第 153 页。

17 岁的他开始了留学的生涯，这也是其成为一代名师和法学巨匠的基础。

②亚欧留学

1906 年，17 岁的周鲠生因成绩优异，官费留日，告别故乡只身东渡日本，先学实业，后入早稻田大学攻读政法、经济等学科。他在日本留学期间，加入同盟会，随后又回国参加革命。回国后，他与出身湖南望族的黄芳君结为伉俪。婚后不久，周鲠生便赶去武汉，在汉口参与创办了《民国日报》，后报社遭到查封，编辑人员都被通缉，周鲠生只身逃到上海，并得到黄兴的协助，于 1913 年再度离开故土，获得官费到英国爱丁堡大学学习，并获“政治经济学硕士学位”。[①] 后又到法国巴黎大学进修，并获得法学博士学位。此时，正值一战结束，周鲠生和其他留学生一道参与巴黎的阻止中国代表在《凡尔赛和约》上签字的爱国活动。后周鲠生在 1921 年的年底回到中国，在商务印书馆担任编辑和法制经济部主任。第二年，到北京大学从事研究及文化教育的工作。

③四校立学

1922 年，周鲠生开始了在北大的教学生涯，兼任政治系的主任。1926 年北伐开始后，他放弃北大教职，南下赶赴广州参加革命。此时，广东国民政府筹备改组广东大学为中山大学，周鲠生参加了筹备工作。1927 年北伐军占领南京之后，周鲠生留在南京，担任东南大学（翌年改为国立中央大学，即南京大学）的教授、政治系主任。1928 年，周鲠生前往武汉，和李四光、王星拱等积极参与国立武汉大学的筹建。1929 年 9 月，他任国立武汉大学教授兼政治系和法律系主任和法科所所长，1935 年又改任法科研究所主任和法律系主任，1945 年至 1950 年，又任职武汉大学校长。周鲠生从任教北京大学开始，筹备中山大学，再任教东南大学，筹备武汉大学到任职武大校长，前后达 28 年，为高等教育事业作出了卓越贡献。

---

① 王伟：《中国近代留洋法学博士考（1905—1950）》，上海人民出版社 2012 年版，第 166 页。

④美国讲学

1939 年 4 月，周鲠生前往美国，争取美国对华援助、对日禁运，并探寻美国的外交走向，并且将自己所见所闻及见解反馈决策层。1939 年 11 月 9 日，周鲠生致函王世杰，提及中国对美外交应注重四点：促成美国负责行动、对日禁货、取得新借款、防止英法对日妥协。周鲠生到美后积极开展活动，会晤资深民间人士，与美国学术界、著作界熟人谈话，基本摸清了美国朝野的对华倾向以及对于中日问题的主张，大致分为三派[①]："特别对华同情者，倾向于商约失效后由国会实行通过对日禁运法案"的"国际主义者"；主张不由国会通过对日禁运法案的"折衷派"；主张"美国从远东政治上退出，专顾经济商业利益"的"孤立派"。且"孤立派"占上风，"除非日本挑衅或国际局势有大变动，美国对日禁货案无提出通过之希望矣"[②]。1940 年 3 月，周鲠生又致函王世杰，提议请美国有力人士到国内观察，提出"西南经济建设计划"[③] 来争取借款和吸引美国实业家直接对华投资。后来周鲠生在美国不断讲学并继续为联合国筹备而努力。1944 年 7 月，周鲠生担任旧金山筹备联合国会议中国代表团顾问。1945 年 4 月，他担任出席太平洋学会年会中国代表。1945 年夏，周鲠生回国出任武汉大学校长。解放后，周鲠生继续担任武汉大学校长，并任中南军政委员会委员兼文化教育委员会副主任。1950 年起周鲠生赴北京任外交部顾问，走入了其外交和立法生涯。

⑤外交生涯

新中国成立后，周鲠生主要从事外交和立法工作，担任过外交部顾问、我国第一部社会主义宪法起草工作顾问、中国人民外交学会副会长，并历任全国人民代表大会代表和全国人民代表大会法案委员会副主任委员。他为恢复我国在联合国的合法席位进行

---

① 中国第二历史档案馆编：《任骏、周鲠生等为汇报美国外交走向事致王世杰函(1939 年 4 月—1944 年 5 月)》，《民国档案》2010 年第 2 期，第 22 页。

② 中国第二历史档案馆编：《任骏、周鲠生等为汇报美国外交走向事致王世杰函(1939 年 4 月—1944 年 5 月)》，《民国档案》2010 年第 2 期，第 29 页。

③ 中国第二历史档案馆编：《任骏、周鲠生等为汇报美国外交走向事致王世杰函(1939 年 4 月—1944 年 5 月)》，《民国档案》2010 年第 2 期，第 27 页。

了一系列斗争，并亲自审定中华人民共和国的英文国名 The People's Republic of China，还建议使用“中国人民志愿军”的名称赴朝作战。1954 年，周鲠生担任我国第一部宪法的起草工作顾问，提出了许多中肯的意见。周总理在 1955 年万隆会议上提出“和平共处五项原则”，就是采用了周鲠生的建议，“‘互相尊重领土主权’改为‘互相尊重领土与主权完整’，‘平等互惠’改为‘平等互利’”。[①] 1958 年 8 月，周鲠生等三位国际法专家应召来到北戴河，并提出中国应以 12 海里为领海宽度。1958 年 9 月 4 日，根据周鲠生的建议，中国政府颁布《中华人民共和国关于领海的声明》，第一条即宣布“中华人民共和国的领海宽度为 12 海里，并适用于台湾和澎湖列岛”，并宣布渤海为中国内海。自此，中国有了法定的领海宽度。“周鲠生先生在新中国赞襄政府外交二十余年，永垂青史”[②]。

（2）个人著作

周鲠生先生一生好学不厌，笔耕不辍。他熟读经史子集，通晓英日法德诸国语言，60 岁以后还学会俄语，具有阅、译、写多种外文原著的能力。他还博览群书，深入研究国际法、国际政治及外交等，并将研究与教学相结合，他每讲一门课，即编一套讲义，许多讲义还出版成著述，许多文章散见于各种报刊杂志，但是因日本侵华战争和“文化大革命”两场浩劫，有些论文和专著已不复存在。从 1922 年《万国联盟》到 1976 年《国际法》的问世，周鲠生先生有著作 30 多部、论文 300 多篇，其中以国际法为主。武汉大学法学院国际法研究所在 1993 年编辑并于武汉大学出版社出版了《周鲠生文集》，但只包括在《现代评论》《东方杂志》和《外交评论》上发表的文章。另外，1999 年，王铁崖和周忠海编辑并于海天出版社出版了《周鲠生国际法论文选》。其著作则大体有四类：

第一类，国际法研究。首先，国际法理论研究，包括《国际

---

① 刘中猛：《国际法之父周鲠生先生述略》，《兰台世界》2011 年 10 月上旬。

② 周鲠生著，李谋盛主编：《周鲠生文集》，武汉大学出版社 1993 年版，第 16 页。

法大纲》，被采用为教材和主要参考书，还有在《国际法大纲》基础上又著成的《国际法》。周鲠生在晚年不遗余力地编撰《国际法》的平时法和战时法，但遗憾的是战时法没来得及完成。其次，国际法发展的研究，包括《现代国际法问题》《国际立法之发达》《国际公法之新发展》和《现代英美国际思想动向》。再次，结合时政的国际法具体问题研究，如《万国联盟》《领事裁判权》《不平等条约》等。周鲠生著作及其版本详见下表：

种类	著作名称	版本
国际法理论	《国际法大纲》	商务印书馆 1929 年初版 商务印书馆 1932 年版 商务印书馆 1934 年版 商务印书馆 1935 年版 上海书店 1989 年版 中国方正出版社 2004 年版
	《国际法》	商务印书馆 1976 年初版 武汉大学出版社 2007 年版
国际法发展	《现代国际法问题》	商务印书馆 1931 年版
	《国际立法之发达》	商务印书馆 1931 年版
	《国际公法之新发展》	商务印书馆 1934 年版
	《现代英美国际思想动向》	世界知识出版社 1963 年版
时政国际法问题	《万国联盟》	商务印书馆 1922 年版
	《领事裁判权》	商务印书馆 1923 年版
	《不平等条约十讲》	太平洋书店 1928 年版 太平洋书店 1929 年版
	《日本暴行与国际法》	独立出版社 1939 年版

第二类，国际政治和外交。周鲠生的国际政治外交研究主要分为国际政治理论、时政研究和外交理论的研究，主要著作和版本如下表：

种类	著作名称	版本
国际政治理论	《国际政治概论》	神州国光社 1930 年初版 神州国光社 1932 年再版
时政研究	《中俄关系与中东铁路》	商务印书馆 1933 年版
	《Winning the peace in the Pacific》 （译《赢得太平洋的和平》）	New York：Macmillan Publishers，1944 （纽约麦克米伦公司 1944 年版）
外交理论	《解放运动中之对外问题》	太平洋书店 1927 年版
	《革命的外交》	太平洋书店 1928 年版
	《非常时期之外交》	中华书局 1937 年版
	《抗战中各国外交之动向》	独立出版社 1938 年版
	《战时外交问题》	青年书店 1940 年版

第三类，史学研究。主要包括政治史研究和外交史研究，而以《近代欧洲政治史》和《近代欧洲外交史》最为著名，并互相弥补，形成体系。主要史学论著及版本如下表：

种类	著作名称	版本
政治史研究	《欧美政治史》	京师大学校法科讲义铅印版
	《近时国际政治小史》	商务印书馆 1923 年版
	《最近国际政治小史》	商务印书馆 1929 年初版 商务印书馆 1933 年再版
	《近代欧洲政治史》	商务印书馆 1933 年版 2007 年武汉大学出版社再版
外交史研究	《近代欧洲外交史》	商务印书馆 1927 年版 武汉大学出版社 2007 年再版
	《近代各国外交政策》	中正书局 1934 年版

第四类，教育研究。首先，高等教育讲义、教科书及演讲集，如《法律》（商务印书馆 1923 年）、《海牙国际法学院演讲集》。其次，公民教育，《新学制公民教科书》《公民》等。

周鲠生百余篇论文，大部分学术及政论性论文散见于《甲寅杂志》《太平洋》《东方杂志》《现代评论》《晨报副刊》《新时代半月刊》《外交评论》《中兴周刊》《大陆评论》《国闻周报》《民意周刊》《国立北京大学社会科学季刊》《国立武汉大学社会科学季刊》《中国法学杂志》《政法研究》《大公报》《光明日报》《人民日报》等杂志报刊。周鲠生的论文，一方面，是对内忧外患的国内外政治形势和外交作出分析和评论，针砭时弊，并提出建设性见解，以唤醒国人，起到舆论作用。他在抗战中发表了大量文章，如：《日本对华侵略政策》《东省事件与国际联盟》《国民对东省事件应有之觉悟》《东省事件怎样解决》《外交与国防》《对日外交》《中国与国联》《欧洲政局与远东和平》《时事报告》《中国外交史之一页〈外交之检讨〉》《对日抗战中之外交》《世界危机与中国》等。另一方面，也有评介国外出版的新书和演讲稿，如《武汉大学社会科学季刊》设有新刊介绍与批评专栏，周鲠生于此多次发表文章，介绍国外学者国际法新作与新思想。他十分重视书评，带头撰写，他一人独撰 37 篇，占总篇幅 24%。[①]

2. 时代背景

20 世纪是一个整体转型的时代，不惟政治、经济、文化、思想都在这一时期逐渐实现近代的转型。周鲠生几乎经历了这个时期所有重大的社会政治变革和和近现代学术思想的完整变迁。在这个过程中，他的学术思想也随着时代变迁而逐步发展和完善，他学术思想不同发展阶段也被打上时代的烙印。

（1）社会政治变革

近现代历史的演进过程中，存在着诸多关键的历史节点，这些重大的历史性社会变革极大地推动了中国历史的发展，置身于其中的人们也都受到了不同程度的影响，对周鲠生来说也不例外，他在欧美经历了一战二战，在国内也积极投身辛亥革命和北伐，并在解放战争后拒绝赴台，继续任职武汉大学校长。革命的经历使周鲠生更加感慨国家面临的苦难，立志为国分忧。

随着中国半封建半殖民地化的加深，1905 年，孙中山与黄兴等在东京成立了同盟会，组织辛亥革命。1906 年在日留学的周鲠生十分感慨清室腐朽，国弱民穷，也积极投身反清活动，并参加了

① 吴友法：《武汉大学学报史略（1930—1948）》，《武汉大学学报》2000 年第 5 期。

同盟会，回国后也积极赴武汉宣传民主革命，但也因此被迫再次离开中国，逃往英法。而此时正值第一次世界大战期间，在欧的周鲠生亲身经历欧战的烟火，并于巴黎参加了为阻止中国代表在《凡尔赛和约》上签字而掀起的爱国活动热潮。1924 年，在共产国际及苏联代表的帮助下，国民党同共产党进行第一次合作，成立国民革命军，开始北伐。1926 年南下广州的周鲠生以文人之身从事革命，丝毫不怯枪弹，甚至提出自己在反袁时期曾经负责炸药工作，以此主动请缨，与其他革命青年一同走继续北伐之路。"七七"事变后，日本开始全面侵华战争，而周鲠生不忘国难，赴美讲学的时候积极探索美国外交动向，为抗日出谋划策。抗日战争胜利后，国民党名为谈判，实为真内战。1945 年下半年，国共双方围绕受降问题发生冲突，并从局部冲突到全面内战爆发。1945 年夏从美回国的周鲠生，继续留在武汉大学从事文化教育工作。解放后，他拒绝了国民党的邀请，没有去台湾，而是留在大陆继续担任武汉大学校长。1950 年起周鲠生接受周恩来总理的邀请，赴北京任中华人民共和国外交部顾问，为新中国的立法和外交作出了卓越贡献。

（2）学术思想变迁

近代以来，列强入侵和西学大肆涌入，向西方学习成为时代的主题，学术思想实现了它的近代转型，学术研究与政治活动紧密结合，且各方面有了新的变化，具体表现为公法律例学的兴起、国际政治及外交研究的开始、近代教育的转型等。

首先，近现代国际法的兴起与发展为周鲠生的国际法研究提供了条件。周鲠生的国际法研究深受西方传统国际法影响，并实现了西方传统与中国特色相结合。国际法一定意义上是"近代欧洲的产物"①，产生于国际法始祖格老秀斯所著《战争与和平法》和为"三十年战争"而召开缔结的《威斯特伐利亚和约》的基础上。经历了一战和二战，国际法的基本原则体系建立、主体范围的扩大、内容不断更新与丰富，并逐渐系统化、法典化。19 世纪中期，

① 周鲠生：《国际法》上，武汉大学出版社 2007 年版，第 33 页。

国际法领域扩大到东方。国际法在中国经历了三个阶段的发展：第一阶段（清朝后期），中国开始接触并零星翻译一些西方近现代国际法的思想与著作。1839 年，林则徐委托翻译《万国法》《各国律例》。1860 年《北京条约》后，洋务派认为“公法是外交的至宝”[①]。因此，在北京设立同文馆，且同文馆总教习丁韪良翻译了《万国公法》《公法会通》等国际法著作，创造了许多汉字法律术语。此时，许多日本政法名词也传入中国，“日本通用的‘国际法’被中国法学界普遍采用”[②]。1864 年发生的“丹麦商船事件”[③]，使国人认识到国际法的作用。第二阶段（民国时期），我国学者才开始在西方理论模式下，撰写一些国际法著作。留学归国的周鲠生先生便是这一时期的代表人物。他自 1922 年在北京大学开始执教生涯后，便一直奋斗在我国国际法研究的前沿，发表了大量著作。第三阶段（新中国），以周鲠生为代表的近现代中国国际法学界主力基本上留在了大陆，为新中国国际法开拓奠基，也为我国培养了大批国际法人才。而新中国的外交政策使新中国脱离西方主导的国际法律体系，开始全方位学习前苏联。新中国初期国际法实践丰富，比较好地为新中国处理各种国际法问题提供了理论支持与法律见解。

其次，近现代国际政治外交的兴起与发展为周鲠生政治学和政治外交史的研究奠定了基础。国际政治外交的研究从 20 世纪初开始进入现代时期，主要以主权国家为基础，侧重于外交史、国际关系和国际法。1919 年英国戴维资助威尔士大学建立国际政治系，并设立“伍德罗·威尔逊讲座”[④]，这标志着独立的国际政治诞生。国际政治理论和国际政治的形成、发展、内容和方法都逐渐形成体系。而在中国，国际政治最初是从西方引进的，是一个“舶来

---

① 周鲠生：《国际法》上，武汉大学出版社 2007 年版，第 43 页。

② 周鲠生：《国际法》上，武汉大学出版社 2007 年版，第 2 页。

③ 1864 年 4 月，普鲁士公使李福斯在天津大沽口海面捕获 3 艘丹麦商船，中国以“内洋”（领水）的国际法原则和不予以接待相威胁，使普鲁士释放商船并赔偿。

④ 李少军：《国际政治概论》，上海人民出版社 2006 年版，第 5 页。

品"[①]。随着中国综合国力的壮大及其世界影响力的上升，国际政治有了快速的发展，经历了两个阶段：第一阶段，"前史"时期，从20世纪20年代开始，中国学者著出一批有价值的著作，如《国际关系史》《欧洲外交史》等。在这期间，周鲠生便出版了《国际政治概论》，"为国民政治教育之一助也"[②]。同时，随着全球外交的逐步开展，外交学不断发展。中国近代外交研究兴起于第一次鸦片战争前后，主要经过晚清、民国和新中国三个阶段的发展，最初翻译引进和评介国际关系及外交史，开始着力于包括外交制度在内的制度建设。但"中国外交学目前尚介绍国外研究成果，借鉴外来概念和研究方法讨论问题阶段"[③]。1949年11月，在新中国外交部成立大会上，周恩来明确指出中国外交研究任务是"我们应当把外交学中国化"[④]。周鲠生从20世纪50年代开始便致力于中国的外交实践，为新中国的外交事业作出了卓越的贡献。

再次，近现代教育的兴起与发展使得周鲠生受东西方教育影响，为成为一代国际法专家、外交家和教育家打下了坚实的基础。中国近代教育开端于洋务运动时期的新式学堂，经历了四个阶段的发展：第一阶段，洋务运动时期。洋务运动兴办了工业技术学堂、军事学堂、外国语学堂等新式学堂，作为中国近代仿照资本主义教育建立起来的新式学堂，打破了封建传统，冲击了科举制度。洋务运动时期同时是留学教育的开始，经历晚清、民国两个时期的发展，留学教育几度出现了留学欧美、日本、苏联的高潮，取得了明显成效，造就了大批高级专门人才。第二阶段，戊戌变法时期。此时期是高等教育的开始，维新变法兴办京师大学堂，并改革科举，废除八股取士。第三阶段，清末新政时期。建立新式学校体系，1902年《钦定学堂章程》确立了中国近代教育的第一

---

① 赵可金：《中国大陆国际关系理论研究四十年》，台北《东亚研究》2007年第1期。

② 周鲠生：《国际政治概论》，神州国光社1930年初版，第1页。

③ 王福春、张学斌：《西方外交思想史》，北京大学出版社2005年版，第2页。

④ 高飞：《我国外交学研究的现状和主要问题》，《国际论坛》2007年第1期。

个学校系统，1903年《奏定学堂章程》建立了从小学到大学的完整体系，1905又废除了科举，教育体制实现了近代的转型。第四阶段，民国时期。蔡元培改革北大，以后各大学也按照北大制度办理。留学教育和高等教育的兴起为周鲠生留学日欧创造了条件，尤其是在欧洲的政法教育对他的学术思想产生了深远的影响。从思想上来说，由于从小接触到新式教育，周鲠生思想比较开放，眼界也相对开阔，对不同的学术思想都能认真对待，这也使得从一开始他的思想就并未受到传统学术思想的完全禁锢。同时，多年的海外学习也为周鲠生独立进行研究与教学奠定了基础。多年的留学经历，周鲠生对于吸收新鲜知识尤其是先进的西方学术思想表现出了非常浓厚的兴趣。而且他所读著作多为原版，这也保证了他所接触到的学术思想具有原创性。

（3）湖湘文化熏陶

周鲠生深受近代湖湘文化的熏陶。湖南人素具强烈的担当精神、敢为人先的开拓精神和心忧天下的爱国精神。近代以来，中国面临内忧外患，众多湖南志士纷纷投入救亡图存的革命浪潮，比如湖南地区在戊戌维新和辛亥革命时期涌现出谭嗣同、黄兴等相当一批有担当的爱国志士。周鲠生也经受了社会变革和革命的洗礼，在日本期间，他便加入了同盟会，在回国后也积极投入辛亥革命中。此后，他被迫离开故土，远渡重洋到英国，身在异域的他，更加关注国民和国家的命运。因此，再次回国后，面对山河破碎、民生凋零的状况，他立志改良人心风俗，变革社会政治。同时，近代以来，湖湘文化提倡经世致用，“师夷长技以制夷”。为了摆脱屈辱、强国富民，国人自然而然地就将西方文化列为学习的对象。受湖南经世学风的影响，周鲠生也认为应当学习西方先进的知识和技术，学以致用。对他而言，政法是他的专业，也是他的所长之处。因此，他一直都力求从政法外交等来寻求一条救国救民的道路。

（二）周鲠生学术思想形成的过程

周鲠生在社会政治变革中经受历练，而学术思想的变迁、东西方教育的发展和湖湘文化都对周鲠生产生了一定的影响。因此，在学术的研究上，周鲠生对于西方法律政治外交学说关注较多，而革命的经历和多年教学工作是他学术成长的基础。周鲠生学术思想的形成发展经历了如下三个阶段：

1. 萌芽期（1906—1929 年）

周鲠生学术思想研究的最初尝试集中于国际政治和外交史的研究，并致力于公民教科书的编纂，标志着其学术思想的萌芽。其中代表作有 1924 年出版的《新学制公民教科书》初级中学用、1927 年出版的《近代欧洲外交史》和 1929 年出版的《近时国际政治小史》。而将周鲠生学术思想的萌芽期主要历史分期定为 1906 年至 1929 年，是因为周鲠生学术思想的萌芽，主要是在其多年留学经历的知识储备基础上，通过教学研究的实践和革命实践，将理论与时事相结合，并于 1929 年前后初步形成了国际政治和外交史的体系。而 1929 年周鲠生《国际法大纲》的出版也标志着周鲠生学术思想的发展进入了另一个阶段。周鲠生学术思想的萌芽期主要经过储备和探索两个阶段的发展。

第一阶段：储备期，即 1906—1921 年这段时期。周鲠生留学亚欧 12 年，而其多元而漫长的留学经历是其理论知识储备的阶段。欧洲是近代国际法、国际政治和外交的起源地，周鲠生的学术研究是建立在对欧洲政治及法律学术的全面掌握的基础上，可以说是达到"学理精深、学识宏富之境"[①]。在此时期，周鲠生著作类几乎没有，主要是 1915 年以后陆续在《甲寅杂志》和《太平洋》上，针对个别政治理论和时政问题发表的 20 多篇文章。政治理论问题文章有《共和政治论》《责任内阁与元首》《外交使节与国会同意权》等；而时政问题，在一战结束前，有《中俄交涉评》《日俄新协约》《外蒙议员问题》等。一战结束后，主要集中于万国联盟问题，有《万国联盟之三大意义》《万国联盟与强制仲裁》《万国联盟之组织及职务》《战前战后之国际政局》等。除政治问题以外，周鲠生还发表了几篇法评类文章《法理之上中德绝交观》

① 裴艳：《留学生与中国法学》，南开大学出版社 2009 年版，第 295 页。

《狄骥之法学评》等。

第二阶段：探索期，即1922—1929年。周鲠生先后在北京大学、东南大学担任教授及政治系主任工作，曾主讲过国际法、国际关系、国际政治、外交学、欧洲外交史、欧洲政治史、比较宪法等课程。在此期间，周鲠生也曾放弃北大职务南下参与北伐革命。因此，在教学研究的基础上，他著作出版近十本，主要是具有民主革命思想的政法通俗读物，包括《近时国际政治小史》《万国联盟》《领事裁判权》《近代欧洲外交史》《解放运动中之对外问题》《革命的外交》等。而论文类，主要是在《东方杂志》《现代评论》《外交评论》《国立北京大学社会科学季刊》上发表文章百余篇，主要是针对时政的政论性文章。另还有政治、国际法、宪法、外交及教育方面的文章，如政治方面有《政治哲学》《民族主义与国际主义》《现代日本的政治》等；国际法方面包括领事裁判权、租借、关税、约法、国际争议、国际仲裁、国际联盟等；外交方面有《国会与外交》《民众运动与官僚外交》《国内战争中的对外问题》《国民革命与外交》《今后的外交》等；教育方面有关于教育风潮的文章及《教会学校的教育》《英国学生生活》等。

周鲠生的学术思想最终的萌芽主要体现在其对国际政治基本理论的概括以及政治外交史的分析。

其一，对于国际政治的研究除了针对时事的分析，主要成果有国际政治基本理论的研究。1923年他出版了《近时国际政治小史》，1929年又在这本书的基础上增补出版了《最近国际政治小史》。在此书中已初步可以看出周鲠生对于国际政治研究的深刻认识，包括为何要研究国际政治、如何研究国际政治和国际政局变动的关键；尤其是他对欧战前后局势的深刻分析以及欧战对远东乃至世界政局的影响，在当时对于如何解决战争和和平问题更是具有深刻的现实意义。例如，在书中序言部分，周鲠生着重分析了国际政治研究之必要性、趋势和范围。他认为：“人类社会，有许多事变，自表面上看起来，好像偶然发生的，其实他们都有很深远的原因。”[1] 这些事变的原因实际可分出近因和远因两个，“严格的说起来，近因只可说是那些事变的导火线，惟有远因，才算是事变的真正的原因。”[2] 但实际上，当时很多人只是看到近因，而忽视了真正的根源，从而导致未能补救许多事情，这就需要以科学的方法考察事物的真相和前因后果。但遗憾的是，科学研究方法并未被广泛运用到国际事情，而现今世界社会连带相依，因此研究国际政治是十分必要的。就国际政治的范围而言，周鲠生认为国际政治含义很广，广义的解释“就是研究国际关系的事情”[3]；狭义的解释，“就是研究国际社会组织原则”[4]，国际政治实际上就是对现存国际重要的一般关系、国际社会连带相依关系或局部问题及性质和解决方法的分析，并求得合理的互利的国际生活方式。同时，周鲠生认为国际政局的关键在于欧洲，“欧洲的政治，是世界政治的原动力”。[5] 周鲠生因此也就陷入了欧洲政治中心论的传统泥淖中。

其二，周鲠生在此阶段也有对于政治外交史的研究，主要代表作是《近代欧洲外交史》。在此书中，周鲠生认为外交史“当依19世纪以来支配国际政治的思想主义，分为若干时期。而正统主义、民族主义、帝国主义及国际主义之四者，次第供我们以分段之目标”。[6]

他以维也纳会议、法国二月革命、普法战争和欧战为主要标志，将国际政治思想主义分四段，从而将外交史分期为四段，打破了传统的以国际重大事变为分期标准，且两者相比以政治主义

① 周鲠生著，王云五编：《最近国际政治小史（万有文库第一集一千种）》，商务印书馆1929年版，第1页。

② 周鲠生著，王云五编：《最近国际政治小史（万有文库第一集一千种）》，商务印书馆1929年版，第1页。

③ 周鲠生著，王云五编：《最近国际政治小史（万有文库第一集一千种）》，商务印书馆1929年版，第9页。

④ 周鲠生著，王云五编：《最近国际政治小史（万有文库第一集一千种）》，商务印书馆1929年版，第9页。

⑤ 周鲠生著，王云五编：《最近国际政治小史（万有文库第一集一千种）》，商务印书馆1929年版，第12页。

⑥ 周鲠生：《近代欧洲外交史》，武汉大学出版社2007年版，第5页。

为标准“既可得其特有之长处，同时亦可兼有前一个标准之便利。盖依时代政治主义分出之四个时期，与依前项国际大事变分出之三个时期，彼此分段固有交接之点，有共同的特征”。[①] 按照国际政治思想主义分期确实能涵括国际重大事件，但是这种以主义为上的思想显然不符合辩证唯物主义的观点。

除此之外，周鲠生也深刻认识到法律教育的重要性。1922 年他在《东方杂志》上发表的《领事裁判权》中就提出了要想废除领事裁判权，改变中国法律的被动地位，就需“改良并提高法律教育”。[②] 另一方面，周鲠生也认识到国际政治是国民必备的知识。在初级中学的《新学制公民教科书》中，他对人和社会、个人的习惯、家庭和学校、国家和政府、国际法等概念和内容，以及如何过国际生活、怎样解决国际争端和国际和平问题等进行了简单的阐述和分析。此后，提高公民教育也可以说是周鲠生后期从事国际政治和国际法研究的一个目的之一。

2. 形成期（1929—1950 年）

周鲠生在前期教学经验的基础上，继续在武汉大学的教学中不断探索研究，将前期的研究进行补充，并逐渐形成理论体系，实现了学术思想多元化。他此期间不管是国际法、政治外交思想，还是史学和教育思想的研究都得到了深入发展，主要标志是 1929 年以后其《国际法大纲》中的国际法的体系初步形成，此后他的研究重心也逐渐转移到国际法上来。其代表作有 1929 年商务印书馆出版的《国际法大纲》、1930 年神州国光社的《国际政治概论》、1931 年商务印书馆出版的《现代国际法问题》和《国际立法之发达》、1933 年的《近代欧洲政治史》等。而 1950 年后周鲠生走向了外交实践，从而也标志着周鲠生学术思想的发展进入了另一个阶段。周鲠生学术思想的形成期主要经过三个阶段：

第一阶段：1929—1939 年。周鲠生任武汉大学政治系和法律系教授和主任，后又任职法科所所长，多重职务的他，成为武汉

---

① 周鲠生：《近代欧洲外交史》，武汉大学出版社 2007 年版，第 6 页。

② 周鲠生：《领事裁判权问题》，武汉大学法学院国际法研究所编《周鲠生文集》，武汉大学出版社 1993 年版，第 156 页。

大学政法巨匠。1929 年，40 岁的周鲠生在学术上出版了其成名作《国际法大纲》，代表着其国际法思想已经初步形成体系。与时俱进的他又于 30 年代先后出版《现代国际法问题》《国际立法之发达》《国际公法之新发展》，对其国际法研究进行补充。政治研究，周鲠生著述了《国际政治概论》，同时，为了和《近代欧洲外交史》相补充，又著有《近代欧洲政治史》，史与论相结合，其国际政治的思想也逐渐形成体系。外交研究，这段时期，周鲠生主要围绕抗战而展开外交研究，写作有《非常时期之外交》《抗战中各国外交之动向》《近代各国外交政策》。除这些著作以外，周鲠生又在《国立北京大学社会科学季刊》《新时代半月刊》《外交评论》等刊物上发表论文百余篇。国际法方面，主要包括国际法与国内法、国人在国际法之地位、战争权和战争法问题、国际法新趋势等，还有具体实践上的国家承认问题、国联等问题。国际政治方面，主要有孤立主义与国际主义、现代独裁政治、现代国际政治概况、欧日美等最近国际局势的变迁和远东局势等。外交方面有国防外交、国民外交、五年来国民政治的外交、现实主义潮流下的中国外交方略和抗战与外交问题等。教育方面发表了《读书的兴趣》《公民教育的几个基本问题》《地方政治与大学教育》等。

第二阶段：1939—1945 年。周鲠生在美讲学，并成为太平洋学会中国代表。这段时期，周鲠生的学术研究成果较少，主要是围绕二战外交的开展和太平洋问题，出版的著作有《战时外交问题》《赢得太平洋的和平》，发表论文有《战后的太平洋》《太平洋永久秩序》《这一战的意义》等。

第三阶段：1945—1950 年。周鲠成为武汉大学校长，并且坚持讲学。这段时期，他的著作仍然比较少，发表论文十多篇，包括战后日本、战罪犯审判等战后问题，原子能等集体安全问题，国际公法的前途和宪法中外交的运用等。1948 年周鲠生还与胡适之间展开关于国际局势看法的“历史要重演吗”的争论，主要围绕西方国家的对德对日政策和前苏联是否危险两个问题而进行，他认为英美的对德对日政策，可能会导致德日两国军国主义的复活，从而重蹈覆辙，并且在扶持利用战时这两个强敌以抵制其他一个战胜的盟国。而周鲠生与胡适对国际局势的不同认识，“大约就是他们俩人后来政治归宿不同的原因”①。

周鲠生学术思想发展主要体现在其对政治外交的继续探究分析以及对国际法与时俱进的不断深入研究。

其一，周鲠生继续在《最近国际政治小史》的基础上增补出版了《国际政治概论》。在此书中周鲠生对于国际政治的研究，包括对国际政治研究的必要性和目的、趋势和历史变迁等的基本理论仍是沿袭前者的观点，而对国际政治的范围，周鲠生不仅从广义和狭义的角度去分析，而且将国际政治的研究分别概括为一般的研究和特殊的研究两个方面：一般的研究是“对于国际政治全体为抽象的研究，以期于错综纠纷之国际关系中求一个统一观念，立一个贯通的原则”②；特殊的研究是“对于国际关系上之种种特殊问题，分别为具体研究，以求对于一个单独的问题得到详细的知识”。③ 通过一般和特殊的两种研究相互促进对国际政治的研究，这无疑是对国际政治的辩证的客观认识。

其二，周鲠生鉴于当时国际法领域苦于无满足教学的教材之现状，而吸收了西方传统的国际法理论，并将之加以发展，著出了《国际法大纲》。在序言中周鲠生指出：“书中所述原则，大抵依据西方先辈学者的著作，不过偶尔参以著者自己的观念。”④ 大体内容包括导论、本论和附录。导论部分主要阐述了国际法的意义、性质、历史、根据和渊源等基本问题。本论包括两卷：卷上为实体法，包括国际法的主体、客体、国际交涉和国际交涉机关四编；卷下为程序法，包括国际争议和战争两编。附录包括了国际联盟规约、常设国际法庭组织法、海牙国际争议和平解决条约、关于战争及中立法规之国际文件等。《国际法大纲》建构了最基本的国

---

① 欧阳军喜：《历史要重演吗？——1948 年的周鲠生胡适之争及其意蕴》，《安徽史学》2011 年第 4 期。

② 周鲠生：《国际政治概论》，神州国光社 1930 年初版，第 1 页。

③ 周鲠生：《国际政治概论》，神州国光社 1930 年初版，第 10 页。

④ 周鲠生：《国际法大纲》，武汉大学出版社 2007 年版，第 2 页。

际法理论体系，是民国时期中国移植西方国际法并使其逐步本土化取得成功的重要成果，在当时很有影响力，1929 年至 1935 年的几年时间，先后出版三版，甚至一度成为日本东京大学国际法方面必读的教科书。同时，周鲠生还出版了《现代国际法问题》和《国际立法之发达》，与时俱进地对国际法的新趋势和新发展进行探析，实现国际法研究的时代发展。

除此之外，周鲠生还为了完善政治外交的研究，在北京大学及武大所编的政治史讲义的基础上，出版了《近代欧洲政治史》。他认为“广义的政治史原包括内政与外交”①，但是在课程设置中外交史是和政治史分开的。为相互区别和相互补充，在叙述国际关系的《近代欧洲外交史》出版之后，他又出版了《近代欧洲政治史》，“本书主要叙述欧洲国家的内政”②。他以政治运动的发展为脉络，以维也纳会议、德意志统一和欧战将欧洲政治史分为自由宪政运动时期、民族统一运动时期、社会运动时期三个时期。周鲠生的欧洲政治外交史著作的出版，也标志着周鲠生政治外交和史学的研究形成了跨学科的研究体系。

3．成熟期（1950—1964 年）

周鲠生学术思想成熟期，主要是将前期的理论研究运用于中国的实践，理论联系实际，进一步升华成有中国特色的国际法思想体系。周鲠生学术思想的成熟主要表现在国际法方面，主要标志是其巨著《国际法》所形成的独具西方传统与中国实际相结合特色的国际法体系。

1950—1964 年，周鲠生开始赴北京任新中国外交顾问，运用所得的国际法和外交理论在外交上为新中国外交贡献了一己之力。同时，年逾古稀的他还在 1963 年著述了《现代英美国际思想动向》，第二年，他的 60 万字的巨作《国际法》也脱稿完成。除此之外，周鲠生还围绕时政及中国外交上面临的问题在《光明日报》《人民日报》等报刊上发表论文 20 多篇，为其提供国际法依据，为舆论造势，如《从国际法论和平共处的原则》《斥关于台湾局势

① 周鲠生：《近代欧洲政治史》，武汉大学出版社 2007 年版，第 1 页。
② 周鲠生：《近代欧洲政治史》，武汉大学出版社 2007 年版，第 1 页。

的谬论》《联合国干涉“西藏问题”是非法的》《国际法并不支持印度对中印边界问题的立场》等。

周鲠生在20世纪50年代后，更多的是将已有的国际法理论运用于中国实际的问题当中来，后来他又将中国的实际问题融入到理论的探讨中来，从而实现了理论与实际相结合。他的国际法思想在《国际法大纲》中初步形成体系。他一直不断追随时代的发展，并在《现代英美国际法的思想动态》中分析了英美关于国际法地位、国家主权及相关问题的两种新思想动向，认为英美国际法的思想动向是扩张主义思想成主流，同时“英美国际法扩张主义派的思想同美帝国主义政策制定者的霸权思想基本上是一致的，矛头都指向国家主权”[①]，因为他们认为“国家主权对于帝国主义者所谓建立世界法治或法律秩序（实即统治世界）的狂妄野心构成理论和实际上的重大障碍”。[②] 周鲠生看到了帝国主义的扩张野心，给时人敲响了警钟。

此后，周鲠生在《国际法大纲》的基础上又出版了宏篇巨著《国际法》，根据自己的认识，对国际法传统理论和中国的国际法实践进一步进行系统介绍和论述。《国际法》主要包括导论和十二章主要内容，导论部分周鲠生对国际法概念、渊源、派别、历史、编纂和国际法与国内法关系等基本问题进行了详细的总结和论述。另十二章主要论述了国际法主体、客体、外交关系、条约、国际组织和国际争端等问题。周鲠生在阐述国际法各个问题的时候，不仅全面引证了各国有关的有代表性的国际法学说，并搜集了大量的相关典型事例作佐证。更值得注意的是，他在引经据典的同时还密切联系了中国面临的很多国际法实际问题，作出了深入分析并提出了建设性的建议。周鲠生的《国际法》不仅仅是一本理论性的专著，也是一本国际法案例的宝典，形成其独有的国际法体系。它不仅是中国当时最为系统和权威的国际法著作，而且在

---

① 周鲠生：《现代英美国际法的思想动态》，王铁崖、周忠海编《周鲠生国际法论文选》，海天出版社1999年版，第390页。

② 周鲠生：《现代英美国际法的思想动态》，王铁崖、周忠海编《周鲠生国际法论文选》，海天出版社1999年版，第390页。

现代国际法处理中也日益受重视。

二、周鲠生学术思想的基本内容和特点

（一）周鲠生法学思想的内容及特点

周鲠生通过《国际法大纲》和《国际法》构建了其国际法理论体系，集中反映了他国际法思想的精髓，并在世界国际法学中自成一派，独具其特色。

1. 周鲠生国际法思想的内容及特点

周鲠生在国际法研究中，不仅系统性地阐述国际法基本理论，而且引经据典，以丰富的实例进行论证，并与时俱进地对国际法新发展进行探索。

（1）阐明国际法基本理论

国际法基本问题的研究是认识和解决国际法领域具体问题的前提和根本。周鲠生在《国际法大纲》和《国际法》中全面引证了有代表性的国际法学说，以其准确明了的语言对国际法定义、性质、历史、渊源、派别，主体和客体等基本问题进行了详细的总结论述，并形成其独有的国际法体系。

国际法的定义，周鲠生早年在《国际法大纲》中并未明确定义，而是为讲述之便采用奥本海的说法："国际法是那部习惯的及协定的规则，世界文明国家所认为在他们相互关系上，对于他们有法律的拘束力者。"① 即国际法是为规范文明国家相互关系之行为的规则。晚年他在《国际法》中，引证对比西方奥本海教本和苏联科学院教本的国际法定义，并评价：奥本海教本中的定义只从法律形式着眼，强调文明国家，掩盖了国际法的阶级性；苏联教本中的定义表明了国际法的阶级性，但过于强调和平共处和集体强制促使的作用。最后，周鲠生综合双方观点并对国际法作出定义："国际法是在国际交往过程中形成出来的，各国公认的，表现这些国家统治阶级的意志，在国际关系上对国家具有法律约束

① 周鲠生：《国际法大纲》，武汉大学出版社2007年版，第3页。

力的行为规范，包括原则、规则和制度的总体。”① 在这个定义中，实际就隐含了周鲠生对国际法的性质、渊源、根据及主体等问题的看法。

第一，国际法的性质及划分。国际法具有国际性、法律性、一般性和阶级性。在国际法的划分上，周鲠生在《国际法大纲》中并未遵循西方国际法传统观，而是将国际法分为实体法和程序法。而在《国际法》中，将国际法按传统分为平时法和战时法，但是其战时法在晚年并未完成。

第二，国际法的渊源。周鲠生从国际法的性质推论出来国际法的渊源是惯例和条约，因为国际法规范上表现各国的协调的意志只有惯例和条约两种方式。而美国威尔逊的教本中渊源还有国际法庭和国内法庭裁决及外交文件等，周鲠生认为这些只能算是历史意义上的渊源，而不是法律上的渊源。

第三，国际法的根据及派别。“国际法的根据是公认”②，即各国的一致同意。根据对国际法根据的看法，国际法分五派。20 世纪初，国际法有格老秀斯派、自然法学派、实在法学派，且实在法学派逐渐成主流。一战后，新出现有社会连带法学派和规范法学派，且美国还出现了现实主义和新现实主义的国际法思想。周鲠生认为，西方的国际法思想活动，主要在反动方面发展，“显然是帝国主义企图统治世界的反映”③。

第四，国际法的历史。“将国际法定为一分明的独立的研究部门始于 16 世纪”④，格老秀斯是国际法的始祖，因为他的著作《战争与和平》的重大效果。而“国际法成为现实的势力影响国际行为，是从《威斯特伐利亚和约》开始”。⑤ 随着资本主义的发展，资本主义社会思想和利益的国际法规则也不断发展，直到 19 世纪，国际法领域向东方推进，国际法也表现出帝国主义的面貌。

① 周鲠生：《国际法》上，武汉大学出版社 2007 年版，第 3 页。
② 周鲠生：《国际法大纲》，武汉大学出版社 2007 年版，第 13 页。
③ 周鲠生：《国际法》上，武汉大学出版社 2007 年版，第 24 页。
④ 周鲠生：《国际法》上，武汉大学出版社 2007 年版，第 34 页。
⑤ 周鲠生：《国际法》上，武汉大学出版社 2007 年版，第 34 页。

十月革命后，苏联《和平法令》等民主原则的实践，《国际联盟盟约》《联合国宪章》等和平原则，将国际法推入发展新阶段，且出现社会主义和帝国主义两个体系的斗争。

第五，国际法的主体是国家。周鲠生认为国家需要承认和继承，并具有基本权利和义务。国家作为国际法主体的基本特征是有主权，此外，国家还有独立权、自保权、平等权、管辖权。而一国如违反国际义务，损害别国权利，就有国家直接、间接和债务责任等问题，并承担一定后果，如精神上的满足、物质赔偿和刑事制裁。

第六，国际法的客体。周鲠生在《国际法大纲》中指出，国际法客体包括领土（领陆、领水、领空），而领土有其取得方式，且在领土内外有法权。在此周鲠生并未提及人在国际法当中的地位，而在《个人在国际法之地位》中指出：个人是国际法的客体，但“现行国际法上个人已经是有些国际权利义务的主体”。[①] 依据归纳的方法，个人与国际法有直接关系，包括：个人行为的处罚、个人权利的保护、个人的国际出诉权、国际机关的规则，个人行动的国际效果。在《国际法》中，周鲠生指出国际法客体有居民和领土，之于居民“国籍乃是他们与国际法之连锁”[②]，包括国籍问题、外国人法律地位问题、引渡和庇护等问题。

（2）例举国际法代表成案

周鲠生在解释理论的过程当中，引证了各国有关的法律规定和各派学者学说，并搜集了大量的相关典型事例作佐证。

第一，国际法的主体国家。在国家承认问题上，周鲠生举出三例“英国在一九二五年之承认南美各国（原属西班牙殖民地而独立者）”，“一七七八年法国之承认北美十三州同盟”，“一九零三年美国之承认巴拿马”[③] 来阐述新国家的承认分情势不同对待。国家

---

① 周鲠生：《个人在国际法之地位》，王铁崖、周忠海编《周鲠生国际法论文选》，海天出版社 1999 年版，第 56 页。

② 周鲠生：《个人在国际法之地位》，王铁崖、周忠海编《周鲠生国际法论文选》，海天出版社 1999 年版，第 56 页。

③ 周鲠生：《国际法大纲》，武汉大学出版社 2007 年版，第 24 页。

承认之方式，周鲠生在每一种方式中都举有一例，如直接方式的“一八七八年之柏林条约承认塞尔维亚，门的内哥罗及罗马尼亚之独立”，间接方式的“法兰西与北美十三州同盟在一七七八年结有通商同盟条约，即为法国承认美国之表示”。[①] 国家的联合，现存实例，“有大不列颠爱尔兰联合国，此联结成于一七零七年英吉利苏格兰之联合与一八零零年爱尔兰之合并”。[②] 国家保护关系有两个重要的实例，即高丽于1905年成为日本的被保护国；埃及之于1914年成为英国的被保护国。永久中立国的实例，欧洲有三个永久中立国，即瑞士、比利时，卢森堡。国家之责任，外国人住在一国或通过一国，无享受较所在国的本国人更优的待遇之权利，如特例“一八七一年法国国民议会关于因围攻巴黎革命党所加之损害，通过恤金，即不分内外人待遇一律”。[③]

第二，国际法的客体领土。领海中海湾不只被一国陆地所抱围，则一般无论其湾口如何地狭，不是领海，它们是公海的一部分，如1910年英美之间有所谓北大西洋沿海渔业案。领海中海峡，周鲠生例举了意大利、俄国、英国等国家海峡问题的案例。领空各国立法之实例，周鲠生指出欧战前才开始有空中立法，而其立法一般地基于空中主权之原则。例如“英国国会在一九一一年通过，而在一九一三年修正之航空，使英政府有禁止飞艇通过英国领海及海条例”。[④] 领土中变相的割让，周鲠生也举出了占住与管理、委任、统治、让管、抵押、租借五种形式的各国具体事例。

第三，条约。周鲠生认为欧洲帝王口头的“一六九七年俄国彼得大帝曾与德意志的蒲兰丁堡国主弗列得列三世订立口头盟约”不符合现代实践[⑤]，并举证《哈瓦那关于条约的公约》与《联合国宪章》规则来说明条约特征是成文协议。

① 周鲠生：《国际法大纲》，武汉大学出版社2007年版，第26页。
② 周鲠生：《国际法大纲》，武汉大学出版社2007年版，第2页。
③ 周鲠生：《国际法大纲》，武汉大学出版社2007年版，第49页。
④ 周鲠生：《国际法大纲》，武汉大学出版社2007年版，第62页。
⑤ 周鲠生：《国际法》下，武汉大学出版社2007年版，第506页。

第四，国际争端。周鲠生举多个例子来说明解决方法之强迫方法，且历史上，强迫手段大都是强国对弱国进行干涉或侵略，“1962 年美国对古巴革命政府采取的‘隔离’的非法措施”①，而这是不为国际法承认的。战争是最后且最重大的强迫手段。周鲠生还通过此联系 1884 年法国炮击中国的福州，亦是用报仇之名义。

第五，战争。战争终止之方式，历史上亦不乏先例，例如在 1867 年法兰西和墨西哥之战争、一战中德间及美德间战争。周鲠生认为战争和约中预备和约自身即是一个条约，对缔约国双方有拘束力，如澳大利与法兰西萨地尼亚之战争。

（3）探索国际法新理论

国际法发展的趋势，周鲠生认为是“现代国际法的新趋势，主由两项事实促成”②，即公法学说的革新与国际生活的变迁；并总结新趋势包括国际法的根基、主权、平等原则、国家基本权利、个人在国际法上之地位、国际法与国内法、战争及战争法等观念的变动。

第一，国内法与国际法。国际法与国内法相互区别，周鲠生认为：“国际法是国家间相互关系的行为规范，而不是个人间或个人和国家间关系的规范；它是各国公认的规范，而不是一国的立法部制定的规则。”③ 周鲠生说的两点区别也基本上是国际法与国内法最显著的区别。周鲠生认为国内法与国际法两者也相辅相成，相互补充，在法律效力上的关系表现为“国际法在执行上对于国内法之依赖，国内法在立法上所受国际法之限制”。④ 国际法对国内法的依赖有三种方式：国际条约与国内法同等地位（美洲）；条约须经国会同意（德国）；条约需依立法行为（英国）。国内法受国际法限制，国际法对国家权力有法律限制。

---

① 周鲠生：《国际法》下，武汉大学出版社 2007 年版，第 650 页。

② 周鲠生著：《现代国际法的新趋势》，王铁崖、周忠海编《周鲠生国际法论文选》，海天出版社 1999 年版，第 3 页。

③ 周鲠生：《国际法》上，武汉大学出版社 2007 年版，第 3 页。

④ 周鲠生著：《国际法与国内法》，王铁崖、周忠海编《周鲠生国际法论文选》，海天出版社 1999 年版，第 21 页。

第二，国际组织与国际法，周鲠生认为国际组织乃现代重要的合作方式的法律形式。对于国际联盟，其积极作用是“现今的发展实构成国际平时法的长足的进步”①，然缺陷是自创始之初的基础就是维持西方既得利益，并表现出维持国际和平与安全上的软弱无力，这就注定着失败。而联合国是在集体安全原则基础上建立的影响最大的维持国际和平与安全的国际组织，但在有些问题上被以美国为代表的资本主义国家所操控。同时，国际组织与国际法关系，周鲠生认为一些国际组织的规章制度牵涉重要的国际法问题，但这些组织属于国际行政范畴，且在公法里自成体系。

第三，国际争端与国际法。周鲠生认为国际争端分法律性、政治性和事实性争端，而解决争端有强迫与和平的方法，“现今国际法上承认的解决国际争端的方法只能是和平解决方法”②，而国际法上和平解决方法有政治的方法和法律的方法，即外交谈判、斡旋、调停和仲裁。

二战后，周鲠生又分析了英美关于国际法地位、国家主权及相关问题的两种新思想动向，认为英美国际法最突出的思想动向是主张“国际法将发展为世界法或人类共同法”③ 的扩张主义思想，而“否定国家主权成为国际法方面的一种扩张主义派或世界法派的主导思想，也就是英美方面国际法学说的主要动向”④，而这两种思想动向本质上“恰恰合于帝国主义”⑤。

（4）周鲠生国际法思想的特点

新中国成立之前，国际法经过北洋政府和抗日战争两个时期的发展，当时国际法虽然面临着社会动荡与变迁，但其研究的发展

① 周鲠生著：《国际联盟与国际法》，王铁崖、周忠海编《周鲠生国际法论文选》，海天出版社 1999 年版，第 159 页。

② 周鲠生：《国际法》下，武汉大学出版社 2007 年版，第 650 页。

③ 周鲠生著：《现代英美国际法的思想动态》，王铁崖、周忠海编《周鲠生国际法论文选》，海天出版社 1999 年版，第 389 页。

④ 周鲠生著：《现代英美国际法的思想动态》，王铁崖、周忠海编《周鲠生国际法论文选》，海天出版社 1999 年版，第 391 页。

⑤ 周鲠生著：《现代英美国际法的思想动态》，王铁崖、周忠海编《周鲠生国际法论文选》，海天出版社 1999 年版，第 389 页。

并未有所停止。

北洋政府时期，出现了李大钊和张润之合译的《中国国际法论》、陈宗熙译的《国际公法之将来》、彭学沛编译的《国际法概论》、宁协万著的《现代国际法》、周鲠生的《国际法大纲》、高增麟编著的《国际法概要》、李圣五编著的《国际公法论》等译著和论著30多种，其中实际上以译著为主，且后期为教材性质的居多。其中影响比较大的是宁协万的《现代国际法》和周鲠生的《国际法大纲》，两者同是学成归来，并成为大学著名的法学教授，也同以编著教材的目的出版了其著作。但是《现代国际法》是宁协万对历年国际法的札记、讲演稿、译述、论著等进行系统整理，"仿德国黎斯特国际法与英国罗连士国际法之例，分作四部以成本书"①，并以此书作为讲课的范本。而周鲠生更多的是根据各国的国际法理论，尤以英法国传统国际法的影响最为深刻。

抗战时期，也出版了一批有分量的国际法专著和译著。崔书琴的《国际法》、张道行的《国际公法》、吴泽炎译述《国际公法的将来》等。其中，崔书琴的《国际法》一书在当时是影响较大的著作，这书在周鲠生《国际法大纲》体系的基础上有所发展，其大体内容为绪论、国际法人、平时法、争议法、战时法、中立法六编及附录。而与周鲠生的体系不同的是，他不再是采取实体法和程序法的体系，而是按平时法、战时法、争议法和中立法的体系。而在国际法人即国际法主体的认识上，他认为国际法人分为完整的国际法人和不完整的国际法人，完整的国际法人指的是主权国家，不完整的国际法人即指如被保护国、属国、委托领地、交战团体、叛乱团体、国际政治组织。这也是崔书琴在周鲠生的国际法体系基础上的发展。新中国成立后，周鲠生出版了另一巨作《国际法》，也是按平时法和战时法的体系，遗憾的是周鲠生有生之年战时法并未能完成。而周鲠生的《国际法》相比其他的国际法著作，更系统更全面，也更加注重案例和中国实际问题的分析，实现了理论与实践的结合。

---

① 宁协万：《现代国际法》，商务印书馆1927年版，第1页。

①全面的国际法理论系统

周鲠生的国际法思想形成了全面的理论体系，涵括国际法各重要的基本理论和各家学派观点，并对其作了详细的注释。周鲠生的国际法体系之全面是当时他人无法企及的，具体表现在：

首先，周鲠生的论著中将国际法重要的基本理论和实践阐述无遗，尤其是《国际法》，系统地论述了国际法平时法所有重要的基本理论和原则，还讲述了各国处理涉外案件的大量实例，并将中国的一些外交及国际法实践列入当中。

其次，周鲠生的论著中每个专题都是旁征博引，引证各学派的观点，除了对西方国际法的基本理论观点进行引述，兼收英美学派和大陆学派的观点，还备述了非传统西方国家的观点，并对各学派学说力求作出公允的评价和比较论列。如对国际法的定义，他是对前苏联和西方传统观点都进行一定的评价，并综合前苏联观点和西方传统观点对国际法进行定义。在国际法的起源问题上，周鲠生并未完全认同传统国际法观点所认为的是近世文明的产物，而是从历史的角度分析古代和中世纪对国际行为约制的规律，而近世国际法达到确定的观念成为独立的法系，人们对其形成确定的观念。

再次，周鲠生的论著《国际法》列了1500多条附注，法律术语及人名也都一一注释英文，注明论据和资料出处，对正文补充论述，体现了作者精益求精的态度。《国际法大纲》中书首列有参考书目，书末还附录《海牙国际争议平和解决条约》《国际联盟规约》《常设国际法庭组织法》英文参考文件。而《国际公法之新发展》“书中援引的资料，更足为有志精研各种问题者的指导”①，其既可以作教材，便于学习国际法之人阅读，又可以作为专著，以便进行参考。

②理论与实践相结合

周鲠生的国际法思想中十分注重理论与实际相结合，除了对理论的详细成案例案说明，还注重与中国实际相结合。

---

① 梁鋆立：《评周鲠生著〈国际公法之新发展〉》，《外交评论》1935年第4卷第4期。

首先，除了对理论的阐述，周鲠生还重视对成案的研究。著述中引述了大量有代表性的成案，一一加以分析，创造了理论与实践相结合的范例，体现了他对国际法的宏观把握能力以及渊博的知识。

其次，他还在著作中，在几乎所有的国际法问题上，都同中国的具体实际相结合，不但对旧中国的国际法问题进行深入研究，还将新中国所进行的国际法斗争经验和掌握的材料反映于著述中，如不平等条约、领事裁判权和租界问题；对新中国的承认与继承等。

③ 与时俱进

周鲠生除了编书外，还时刻保持着学术研究的敏锐性和与时俱进。

首先，周鲠生对国际法学术理论前沿十分关注，对国际法中有争议的问题及新问题及时作出了分析。20 世纪后，随着航空事业不断发展，领空开始成为国际法新问题，而对于领空是否属于国家领土存在着争议，于是周鲠生分析当时主流的空中自由说、空中主权说、空中共管说三大学派观点及各国立法实例，并提出："空中与地面之关系，较之海洋与海岸之关系为密切。国家之支配空中，较之其支配海上更为紧要。"①

其次，周鲠生还对国际法理论的发展时刻予以关注。自 1923 年开始他就在《国立北京大学社会科学季刊》发表了一些国际法论文，30 年代他到武汉大学教国际法，并在《国立武汉大学社会科学季刊》发表国际法论文，这些文章被辑入出版的《现代国际法问题》《国际公法之新发展》，共收入 27 篇文章，主要是理论研究与当代问题研究，包括国际联盟、国际争议等问题。这些著作和论文是周鲠生结合国际法新的发展趋向，从新的事例中探求国际法理论，是对已有的国际法研究的补充。

④西方传统与中国特色相结合

周鲠生先生受西方国际法学教育，并对英美、大陆两大法系法

---

① 周鲠生：《国际法大纲》，武汉大学出版社 2007 年版，第 62 页。

学学术全面掌握，再加上国际法本身所具有的西方传统，故其国际法思想体系和内容沿袭了西方传统主流国际法理论。他对西方国际法学者的研究成果作了广泛的吸收，引证的学者包括边沁、奥斯丁、格老秀斯、普芬多夫、奥本海等西方国际法代表，而其中许多学者都是实在法学派。19 世纪末 20 世纪初，周鲠生出国留学之时正是实在法学派流行时期，所以周鲠生的国际法深受英美实在法学派影响，如国际法的根据；但新中国以后，中国效仿前苏联，连法学研究也不例外，所以周鲠生先生的国际法思想也吸收了前苏联国际法学界的诸多观点。周鲠生十分了解国际法在中国的发展，又具有丰富的经验，所以在其著作中，几乎对所有国际法问题都结合中国实际作一定的阐述，阐明中国法学界的思想和观点，包括旧中国和新中国众多的国际法问题，表现了中国的特色。

2. 周鲠生宪法思想的内容及特点

周鲠生在法学上的研究除了国际法，还有宪法的研究，虽然没有关于宪法的名著，但是他曾在新中国之前发表十余篇关于宪法的文章，主讲过“比较宪法”等课程。民国时期和新中国成立后，都曾参与制定宪法的工作，时人评价“周老对于欧美各国宪法的制定经过和宪法条文的来龙去脉，讲解如流，真是一部各国宪法的辞典”①。周鲠生的宪法研究主要集中于各国宪法、宪法草案、省宪与国宪、宪法与国际法和外交的关系等。

(1) 各国宪法

周鲠生对于法国宪法的研究主要是对于法国制宪及法国著名法学家狄骥的研究。他于 1917 年即在《太平洋》上发表了《法兰西第三共和制宪史论》和《狄骥之法学评》，并于 1921 年至 1923 年在《太平洋》连载发表《读狄骥宪法学》。狄骥是社会连带主义法学派首创人，他将当时的社会连带主义思潮系统化，并最先将其融入法学，尤其是与宪法学直接结合，在批判历史和现实中提出其独特而庞大的宪法思想。狄骥从实证的角度对社会连带关系进

① 李谋盛：《周鲠生教授传略》，《晋阳学刊》1988 年第 6 期。

行分析和研究，社会连带是客观现实，并推导出社会经济、道德、法律规范，然后到法律规范是最高的，其整体是客观法。他还认为国家来源于强者与弱者的分化，是统治者与被统治者在政治上的分化，而国家制定和执行的是实在法，国家受客观法限制，以实现客观法为目的的，所以客观法高于实在法。一切法律规范最后目的是个人，国际法的主体不是国家而是个人。周鲠生认为其不仅走到极端，且在实用上也有困难。在资本主义新的历史条件下，狄骥强调人是一种自觉的社会存在，社会规律因构成社会的人有自觉性，而与自然规律有很大区别，但狄骥否定了规律的客观性。而且突出地宣扬阶级合作、阶级调和的观点，没有看到社会连带关系本质及阶级，具有超阶级色彩。

周鲠生对于其他各国的宪法也十分了解，例如在解释国际法是否被赋予与国内法同等效力时，他例举了最著名的北美合众国宪法和最先开始实施的 1919 年的德意志共和国新宪，并分析“德宪第 4 条，实为随后奥地利宪法和爱沙尼亚宪法中条文的模范”。[①]捷克斯拉夫宪法和 1931 年西班牙宪法中也有同类的条文。对战争权的限制方面，周鲠生也分别例举了法、美、瑞士、爱沙尼亚、芬兰诸国的宪法条例，并具体到某条某宪条文。这些都证明了周鲠生对各国的宪法都十分熟悉，尤其是和国际法相关的条例。

周鲠生对于中国宪法的研究主要集中于省宪与国宪和宪法草案。1922 年周鲠生在《太平洋》上发表了《省宪与国宪》，1924 年又在《太平洋》上发表了《国宪与省自治法》。关于为何要实行省自治，周鲠生认为其有两方面原因：其一，实行省自治具有必然性，“现今纷乱之时局究当以何方法解决之？吾以为根本的解决，仍当归于省自治一途。大规模的，笼统的，从上发动的，中央本位的解决计划，已经是屡试而无结果，今后亦不见有成功之望。”[②] 其二，省自治具有积极意义，利于巩固民国国基，实现民治，且“以中国之大，决不是可依中央集权政策，以一中央政府

① 周鲠生著：《宪法中之国际的趋势》，王铁崖、周忠海编《周鲠生国际法论文选》，海天出版社 1999 年版，第 14 页。

② 周鲠生：《时局之根本的解决》，《太平洋》第 4 卷第 2 号，1923 年。

支配全国政治而能善其事的”。[①]关于省自治的实现，周鲠生认为：“欲巩固民国国基实行民治，自非地方已树立自治之基础，各省人民能自行整理本省政事不可；且既曰自治，当然以民治为主义，实行自治之省，当立有省宪，以为政权行使之规律。一省之中至少表面上可以维持法治之形式，而渐以发扬民治之精神。”[②]即省自治的实现包括两方面内容：其一，对于中央，省与中央权力实行合理划分，确立省自治之地位，自上而下地建立联邦制统一国家。其二，对于省，省内部实行民治，全省人民自行处理本省应该商讨和决议的事项。

关于宪法草案，周鲠生在1922年于《东方杂志》上发表了《读广东省宪法草案》，1933年在《中兴周刊》上发表了《关于宪法上的意见数点》，1934年在《东方杂志》上发表了《宪法草案评》和《评宪法草案审查修正案》，1936在《国立武汉大学社会科学季刊》上发表了《宪法草案的修正与实施》和《中华民国宪法草案评》，1948年在《自由与进步》上发表了《从制宪到行宪》。在《宪法草案评》中，周鲠生对国内宪法草案的消极态度进行了批判，并指出：“有人讥笑法国人，说他们的法律是为着违犯而制定的。如果这句话要移用到中国，至少在国家根本法之场合，不能不说是近乎事实。”[③]周鲠生先后对宪法人民权利义务和国民生计教育部分和政制部分进行具体分析。草案中国民权利义务及生计占据重要地位，共有三章，其采用了一般宪法的权利自由和公共义务的相关规定和国民党民生主义思想，但是周鲠生认为关于人民权利自由、国民经济教育、义务教育等大有考虑的余地。而宪法中最有争议的是政制，草案所采的是五权分治，但周鲠生认为：“草案对于中央与地方之权限及省县市组织之规定，似乎是起草者自身看得最有价值的处所；但是自我们看来，草案这一部

① 周鲠生：《时局之根本的解决》，《太平洋》第4卷第2号，1923年。
② 周鲠生：《时局之根本的解决》，《太平洋》第4卷第2号，1923年。
③ 周鲠生：《宪法草案评》，李谋盛主编《周鲠生文集》，武汉大学出版社1993年版，第232页。

分，在立法政策和技术上都没有甚么特别的贡献。”① 而对于宪法解释权，其付诸国民大会或者国民委员会，这些都是偏政治性质的组织，并不适合行使宪法解释权，而应组织特殊的司法性质机关来解释。周鲠生的这些对于宪法草案的评价，有一定的可取性。

（2）宪法与国际法的关系

周鲠生于1933年在《国立武汉大学社会科学季刊》上发表了《宪法中之国际的趋势》，结合米金.格茨埃维奇关于国际的趋势的观点，指出：“宪法中之国际的趋势，在政治上代表和平民主的倾向，而其法律意义是将国际法的原则引进宪法里面，给以国内法的保障，而形成公法的统一。”② 而这种趋势最早出现在法兰西大革命时代的宪法里，实现了国际条约宪法的形式、宣战的宪法程序、外国人权利的保护和战争手段的废弃，这体现了现代的和平思想，因此可谓国际联盟《规约》和巴黎《非战公约》的先驱。同时，周鲠生分述新现代宪法的国际趋势特别表现在六个方面：国际法效力的保障；战争权的限制；仲裁义务的接受；条约权的限制；少数民族的保护；宪法裁判所对于国际法案件的管辖。

周鲠生1922年在《东方杂志》上又发表了《国宪上之外交权问题》，1947年在《中华法学杂志》上发表了《宪法中之外交原则》。周鲠生充分认识到宪法和外交的关系，他认为宪法乃国家的根本大法，其中规定包括了外交活动在内的所有国家活动之根本原则、国家机构的外交职权和公民涉外基本的权利和义务，虽然宪法中关于外交的专门条款相对有限，但其内容十分丰富。

（3）周鲠生宪法思想的特点

民国时对于宪法的研究更多地局限于政治体制及主张和权利问题等，并不是引证法律，从法律的角度维护人权。如宁协万在《国宪修正论》中指出国宪“仅规定一部人民之权利，不但非全民宪法，并不足称半民宪法。就男女言，则仅定男子之政权；就四

---

① 周鲠生：《宪法草案评》，李谋盛主编《周鲠生文集》，武汉大学出版社1993年版，第239页。

② 周鲠生：《宪法中之国际的趋势》，王铁崖、周忠海编《周鲠生国际法论文选》，海天出版社1999年版，第141页。

民言，则对于无产之劳工并未保护”①，同时他还提出了信仰自由、男女平权、劳工保护以及提倡教育独立主义等方面的政治主张。周鲠生的宪法思想与当时世人对于宪法的研究有一定的区别，体现了民主性与时代性，并密切联系各国法律。

周鲠生的宪法思想体现了以人为本的民主原则，这在他对省自治和宪法草案的研究中可以看出。他主张发展民主宪政体制，完善国家机构体系，保障人民基本的权利和自由。他认为民治是省和国家的基础，应该由全省人民自行处理本省事务。他还对宪法的权利和义务以及民生进行了着重的分析，认为人民应享受权利自由，不能对其进行限制和停止，要防止法律对人权的摧残。同时人权自由的保障与立法机关的行为不是相对立的，而社会秩序和公共利益所必要的也不应该是立法机关本身。

周鲠生的宪法思想也是与时俱进，具有鲜明的时代性。现代的和平和民主是国际社会发展的趋势，周鲠生认为随着社会的发展，法律也必将逐步走向完善，而国际法逐步融入宪法是时代发展的必然。同时，周鲠生时刻关注时事的发展和具体问题的研究，尤其是对当时的省宪运动及宪法草案的制定，周鲠生从宪法的角度作出了具体的评价。

周鲠生的宪法思想中十分注重联系和对比，其在各宪法具体问题的研究上都能旁征博引各国宪法条例，并将其相关条例联系起来进行对比和评价。同时，周鲠生还将宪法同国际法和外交结合起来研究，这在宪法的国际趋势和宪法草案中是最好的体现。例如在论述新现代宪法的国际趋势时，他在分条论述宪法的国际法效力中对比了德国、奥地利和西班牙等国的宪法条文，认为各条文措词大同小异，但公法上的解释却有特殊的争点，共同的是都在原则宣布和公认上达到一致，这和美国宪法存在着一定的差异。

（二）周鲠生政治学思想的内容及特点

周鲠生研究国际法，同时对国际政治和外交都深有研究。首先

---

① 宁念慈：《回忆我的父亲宁协万先生》，《文史资料选编》第14辑，中国人民政治协商会议北京市委员会文史资料委员会1982年版，第178页。

是三者学科关系密切，国际法研究需从国际政治的现实出发，国际法与外交领域共同点也很多，例如外交谈判、缔结条约、宣战讲和等，此类外交事件则包括国际法的主要材料。其次，中国半殖民地半封建社会的政治现实决定了中国的爱国学者重视对国际政治和外交的考察和研究。

广义的政治包括内政和外交，国际政治是对各国政治的研究，而某种意义上外交是国家政治的延伸，在此将周鲠生的政治思想分为国际政治和外交两方面。

1. 国际政治思想

周鲠生的国际政治思想主要涵盖在对时政的研究中。周鲠生认为“现今一般社会亦渐感觉国际政治知识的重要，而苦于缺乏适当的读物。为补救此缺陷，爰择讲稿之一部分，参以其他材料”①，编成《国际政治概论》。《国际政治概论》阐述了国际政治的基本问题、近年变迁及发展趋势、重大事件及重要组织，并分析了国际战争原因及民族主义问题等。在其时政问题研究中也包括了国际联盟、国际争端及国际安全等问题。

（1）国际政治的目的

周鲠生认为：“大凡研究事物现象，可以说有两个目的：一个是学问的，一个是实用的。”② 前者是在专为寻求知识本身，换句话说，就是为学问而研究学问；后者是在获得实际的功用。国际政治的研究兼具这两个目的，就是一方面为着学问而研究，同时亦有实用的目的。研究国际政治的目的主要有四个：其一，“为人类全体谋平和福利，求世界新组织”③。周鲠生认为世界长久和平是需要大家设法去组织的，而一个完善的和平组织的建立需要从破坏和平的原因入手，对保障和平的方法有个系统的研究。其二，“我们要做一个资格完全的国民，也有懂得国际政治的必要”④。欧战的教训就是世人认识到秘密外交的危险性，官僚式的外交也不

① 周鲠生：《国际政治概论》，神州国光社 1930 年初版，第 1 页。
② 周鲠生：《国际政治概论》，神州国光社 1930 年初版，第 1 页。
③ 周鲠生：《国际政治概论》，神州国光社 1930 年初版，第 4 页。
④ 周鲠生：《国际政治概论》，神州国光社 1930 年初版，第 4 页。

能代表国民的意志，而实行国民外交，实现监督政府外交政策，则要求国民有一定的外交常识，即对国际政局和外交关系有一定的知识。其三，为了推广科学研究的范围和增加人类知识。其四，“国际关系变动直接影响于社会个人的生活，应适应国际社会情势的转移，养成个人生活上必要的世界知识”①。

（2）国际政治研究的趋势

周鲠生认为当今国际政治的研究限于有限范围的人，且研究目的并不是为和平、为科研、为提高国民素质、提升知识，大多注重在职业上的作用，比如外交家、外交官、新闻记者、热心平和运动之人和团体、研究历史和国际问题的学者等。欧战以后，各国都认识到国与国之间政治经济和文化等关系密切，所以欧美出现了积极研究国际政治的新倾向。欧洲的大学出现了国际政治新学科，例如英国伦敦大学、法国巴黎大学等，还有一些研究国际政治的学院和机关，比如海牙学院、国际联盟和国际劳动事务局等。同时，还出现了很多有名的著作者，例如狄肯生主刊的《国际手书》、美国刊行的国际关系文件等。国际政治研究的材料也相比以前，相对公平正确很多。

（3）国际政治的范围

周鲠生主要从两个角度分析国际政治研究的范围：一个是从广义和狭义的角度分析，认为国际政治为国际关系和国际原则；另一个是从研究的角度将其分为两个方面，他认为“研究国际政治可分为一般的研究和特殊的研究”②。一般的研究以国际政治全体为研究对象，以求统一观念和贯通的原则；特殊的研究以具体的特殊问题为研究对象，以求对此单独的问题得到精确详细的认识。一般研究为特殊问题的研究提供系统性的指导，而特殊研究可为一般研究提供必要的材料。至于研究方法，特殊研究的方法比较简单，即将重要的国际政治问题列出进行个别研究，研究结果各自成一单位。一般研究比较复杂，可分为历史角度、制度上和思想上的研究。历史的研究应该从近50年的国际政治变迁开始，制

---

① 周鲠生：《国际政治概论》，神州国光社1930年初版，第5页。

② 周鲠生：《国际政治概论》，神州国光社1930年初版，第10页。

度的研究应从法理和政策两方面入手，包括传统国际社会组织、国际机关和国际政治问题解决办法等关于制度问题的研究，思想的研究则着重于对思想主义的分析和评价。

①国际政治变迁

周鲠生认为“近代欧洲政治是世界政治的原动力”[①]，因此，研究国际政治应以欧洲政局为中心，而其历史研究的起点是德意志统一。维也纳会议建立起来的欧洲均势在德意两国的统一后出现了根本性改变，近东问题也又复起了。俾斯麦的外交使大陆政策成功，而德皇威廉第二世界的政策使德国开始了对外扩张，欧洲诸国形成了很多的秘密协定，最终形成三国同盟与俄法英同盟对峙，虽出现了短暂的“武装平和”[②]，但近东危机、民族势力冲突、殖民活动竞争等使欧战随之而起。欧战的惨剧让世人深刻反省，可惜的是巴黎和会本有改变国际政治的机会，但是只形成“不公平的、不合世界公益的和局”[③]，这为未来的国际政治留下了无限的隐患，国际政治还是迟早不免走向战争的死路。

②国际政治特殊问题

周鲠生在国际政治特殊问题上，主要围绕国际协约、国际组织和机关、国际争议、国际裁军、国际战争等方面来研究。国际协约中，周鲠生着重分析了华盛顿会议、罗卡诺保障协约和非战公约，周鲠生认为美国华盛顿会议的目的在于限制军备问题和改变太平洋及远东问题现状，而罗卡诺公约和非战公约等对解决欧洲安全和国际和平问题有一定的积极意义。通过一系列会议和协约，各国开始重视裁军、争议和战争问题，周鲠生认真分析了国际战争的定义、性质和原因，并提出了自己的解决问题之建议。他认为国际战争的原因有近因和远因，近因是导火线，远因即真正远因，每个战争都有其特殊原因，也有战争的共同原因，国家是从战争状态里出来的，而人类的群感产生爱国主义，经济动机等自利主义和战士兵器发展，这些都是共同促成战争爆发的原因，但

---

① 周鲠生：《国际政治概论》，神州国光社 1930 年初版，第 13 页。

② 周鲠生：《国际政治概论》，神州国光社 1930 年初版，第 23 页。

③ 周鲠生：《国际政治概论》，神州国光社 1930 年初版，第 44 页。

根本原因是“盲目的民族主义”。周鲠生还从均势政策、秘密外交、经济利益、历史冲突等方面来分析欧战的原因。而国际战争的解决方案，周鲠生认为要根除战争祸源，“非根本的从人心上施教育不可，造出一种国际主义精神”①。

③国际政治思想主义

周鲠生认为民族主义与国际主义都是属于现代的重要政治因素，而每个民族的形成都有种族、地域、语言、宗教、政府的同一，经济上的共同利益，共同的历史、理想和传习和情感等要素，而民族情感上升为政治思想，民族主义即是一种本能，“如果民族不能组成统一国家，世界便不能维持和平，这就是民族主义的精髓。”②19世纪中叶民族主义开始广泛传播，并形成自有的特点：民族主义是革命的，带有民主主义，主张统一。民族国家的成长是近代文明的贡献，民族主义有利于发展个性、增进人类自由，并使世界上的国家各自探用自己的生活组织，以促进人类文化的进展。但是民族主义也有弱点：首先，其政治眼光狭小，易失掉世界共同利益的观念和合作精神，甚至变为地域主义、自利主义。其次，容易变成军国主义、专制主义。而现代政治洪流中，出现了共产主义和国际主义两种抵制民族主义的思潮，共产主义是以阶级而不是以国家或民族为本位，其具有国际的性质，而国际主义则为民族主义的要件，国际主义不仅可以使民族主义发扬光大，还可以弥补其不足。

④国际安全问题

周鲠生对于国际安全问题的关注除了在具体国际法问题当中深有体现，还在《赢得太平洋上的和平》中有所表现。《赢得太平洋上的和平》是以周鲠生在太平洋关系协会和蒙特大会上所提交的报告《太平洋地区的永久秩序》，以及他发表在《国际事务》上的文章为基础修改扩充而成。此书代表了一个中国人关于太平洋地区如何赢得长久安全的远东计划，周鲠生例举了太平洋重建所面临的一系列问题，如太平洋地区种族、组织、战后中国和日本等。

① 周鲠生：《国际政治概论》，神州国光社1930年初版，第207页。

② 周鲠生：《国际政治概论》，神州国光社1930年初版，第219页。

周鲠生站在中国的立场，希望能友好和平地解决中国境外的领土问题，并主张日本不应被毁灭，在《大西洋宪章》之保证下，日本可以存在并繁荣，并有权选择是否保留天皇等。这本书当时颇受关注，因为周鲠生是国民政治会议委员和著名国立武汉大学国际法教授，且中国官方与非官方有关战后目标期望等意见本来就非常受世人关注。

2. 外交思想

周鲠生对外交的研究主要围绕着基本概念问题和外交理论及其发展研究，并结合国际法和进行外交关系和外交史研究，其对外交的深刻研究在其后来任国家外交顾问的实践上亦有体现。

（1）外交基本问题

周鲠生认为“外交是国家对外政策的重要工具，也就是国家进行国际斗争和合作的手段”①，每个国家都设有国内和国外的外交机关，如国内的元首、政府、外交部和国外的外交使节、外交代表等，他们享有独特的礼节及身份地位的尊荣及外交特权和豁免的特殊权利义务。除了外交机关，还设置有领事机构和人员来保护本国侨民、处理手续等事务和促进贸易文化交流。

（2）外交理论

周鲠生研究了不同历史阶段的外交理论，包括秘密外交、革命外交、非常外交、国民外交等。

首先，秘密外交。周鲠生认为外交不能单靠个别少数专门的人主持，而应广求公众的助力。同时外交有两种不同的观念，狭隘的观念是专注本国特殊政策目的，广博的观念则是注重人类共同的利益。而狭隘的动机便出现秘密的手段，从18世纪宫廷外交慢慢出现了秘密外交的变迁，秘密外交是外交方法和外交政策的秘密，是专制政治的遗习。周鲠生认为欧战的一个原因就是秘密外交助长了国际猜疑、恐惧和仇恨。秘密外交问题的解决则需从国内扩大民主。

其次，革命外交。周鲠生认为国民革命中，中国应该学习十月

① 周鲠生：《国际法》下，武汉大学出版社2007年版，第432页。

革命以来的俄国，在外交上进行系列革命性创举，来打破鸦片战争以来牵制中国的不平等条约体系。北伐期间协助国民政府用革命外交的手段收回国权的革命经历让周鲠生对革命外交有了更深的认识，其写就《革命的外交》一书，对当时的革命外交作了精辟的总结。他认为对待那些老练的帝国主义，中国就应该采取主动的和攻势的外交。革命的外交包括两个要义：打破那些既存的传习成见和规则，“我们对于既存的国际规则、惯例，或条约的束缚，都要一概打破”①；利用民众的势力，获取民众的信任和援助。

再次，非常外交。“九一八”事变以来，中国进入面临民族危亡的非常时期，这就需要重整外交阵线，打开外交上的新局面。周鲠生认为此时的外交应先分清目的和方法，最大的问题便是中日问题，所以外交的第一个目的是对中日问题求得和平满足的解决，即保全国权、避免战祸，为力争和平坚持主权原则进行谈判。第二个目的是当和平目的不能达成时，应结合或者利用国外的势力来牵制敌人，以弥补自国战争实力方面的欠缺。同时，外交活动和政策应该是公开的和值得国民信任的。而此时期中国外交应对方针主要是进行日内瓦、华盛顿、伦敦等方面的外交活动。首先，争取让国联施行规约第十六条制裁日本，虽然日本退出国联了，但不代表制裁规定不适用，而应以第十七条规约说明日本应受十六条制裁。国联虽无力，但不能放弃也不能盲目依靠。其次，寻求英美俄国列强援助，同时也保持同德意的友善关系。再次，排斥依附于他国或参加左右派别国家集团，应维持国际上的独立地位。国际局势千变万化，非常时期就应该采取非常外交。

再其次，国民外交。周鲠生的国民外交是基于国际社会正处于和平与战争的十字路口的客观现实，并结合历史经验、国际政治和国际法分析提出的。欧战的大教训使世界上的人觉得秘密外交是很危险的，官僚式的外交不能代表国民的意志，于是出现了国民外交。周鲠生对国民外交理论的研究分前后两个时期，前期论证的重点是国民外交的性质和内容等，后期主要阐述国民外交的

① 周鲠生：《革命的外交》，太平洋书店1929年版，第3页。

形式。

其一，周鲠生认为“国民外交当然不是说由国民自己来处理外交，国民外交的主旨只在使一国的外交政策受国民直接或间接的支配”①，不可或缺的条件是国民必须对外交常识和国际政治有一定的认识。间接的支配即可通过国民代表机关，对外交进行民主监督，具体表现为宪法的监督、立法的监督和政治的监督，体现了外交民主化的原则。

其二，周鲠生认为国民外交相比于正式外交，其具有主体民间性、交往广泛性、形式多样性、性质半官方性等特征。国民外交主要通过各行各业、各阶级个人或代表团体友好活动等民间非官方的接触来实施，外交涉及政治、经济、科技、文化和教育等各方面。而形式上可以是正规的双边和多边谈判会议，也可以是非正式的个人访问，并就具体事宜达成一致，联合声明或签订协议等。

3. 政治学思想的特点

周鲠生的政治学思想在一定程度上体现了近代政治思想“政术”和“政理”的结合，所谓“术”即方法，“理”即理论。一方面，近代以来中国有识之士更多的是对救国救亡道路的探索，同时受中国传统政治思想和西方实用主义的影响，因此周鲠生在其政治思想中多有体现的是对中国实际问题的政治见解和方略。他深具国际政治头脑和眼光，并重视广泛的国际交往，懂得中国应该如何在国际外交漩涡中趋利避害。另一方面，周鲠生也重视国际政治理论和外交理论的研究，包括国际政治一般研究和特殊研究等，还涵括各个阶段外交理论的变化等。

周鲠生政治学思想具有强烈的开放性。所谓开放性即一方面吸收和学习其他学科或其他学派的理论研究方法或有益成果；另一方面不断吐故纳新，扬弃过时内容，产生新的内容，从而使理论不断发展，研究方法得到完善，并保持其独特风格。周鲠生一方面深受西方教育的影响，因此其政治思想上更多强调的是不论是

① 周鲠生：《国际公法之新发展》，商务印书馆1934年版，第313页。

在政治法律上或是外交上，都应学习西方先进和有益之处，并批判地吸收前人以及同时代人创造的有益思想理论成果。例如英法传统政治思想和主义等，成为他思想的主要来源。另一方面，国际政治和外交都是随着时代的发展而变化的，周鲠生的政治思想也是紧跟时代的潮流，根据国际政治形势的发展变化修正自己的观点，自觉地实现理论的与时俱进。例如在国际联盟问题上，可以看到他一个理想主义的知识者从热望到忿恨，并提出了对改造国联与外交政策的构想，一针见血，直击要害，且具有强烈的前瞻性和紧迫的现实性。

周鲠生的政治学思想具有民主性，并包含着深沉的历史感。他重视西方民主政治的发展，通古今地研究民主政治的变迁和趋势，并以历史形成和国情为依托来探索未来民主政治的发展，他希望人们从公民视角看待国际政治问题，增进对国际政治的认识。同时，他主张追求外交的民主化，对外交进行民主监督，而为更好地实现民主监督，更需要人们加深对国际问题的认识。这有利于提高人们民主主义觉悟，激发追求民主政治和探索民主政治建设的热情。

（三）周鲠生史学思想的内容及特点

随着中国近代社会历史进程的推进，中国近代史学亦踏上近代化之征程，逐步实现专业化。置身其中的周鲠生致力于国际问题的研究，但也认识到以史为鉴的意义，所以其政治法律和外交研究的各方面都从史开始，尤其是其近代西方政治史和外交史的研究，以《近代欧洲政治史》和《近代欧洲外交史》为代表，形成了理论体系。

1. 治史态度

历史是一门复杂的学问，正如英国克拉克爵士在《新编剑桥世界近代史》中所指出的，历史不只是人类生活的延续，也是思想意识的延续。同时，“历史虽是发源于记录，而记录绝不是历史。”① 历史不仅仅是叙述，也是在叙述的基础上进行认识和判断，而这种认识和判断是否科学和客观，很大程度上取决于史学的态度。周鲠生在史学的研究上对历史知识、历史规律、历史经验教训和历史的真实性等问题一直秉持着严谨的态度。

首先，对于历史知识，触类旁通，广泛了解各方面历史。周鲠生深刻认识到政治史、外交史和国际法之间的联系。其一，“外交史者，属于政治史之一部分”②，只是后来将外交史从政治史中分出来，作另一专史研究。而外交同属于政治，内政政策及内政的变动改革，总会影响对外关系和外交政策。所以除了政治史以外，他还专门著述外交史，两者互相补充。其二，研究外交史，必须兼顾国际法。近世外交以遵循国际法为原则。研究国际法，亦有研究外交史之必要，因为外交史可以提供国际惯例证据，说明国际章约的由来。所以，周鲠生的学术思想结构中横向地涵括对国际法、政治和外交三者历史的研究。

其次，总结历史规律，寻求适用及对发展有益。历史于今意义十足重要，鉴往知来，正如龚自珍所说：“出乎史，入乎道，欲知大道，必先为史。”③ 周鲠生认为通过对政治史和外交史的研究及对历史规律的总结，“可以识得一个时期中支配国际政治之动力，而可于错综纷纠之国际事变中寻出一个系统”④，而这种动力和系统有利于对当今国际形势和外交的把握。

再次，反省历史，记住历史经验教训。欧战结束后，周鲠生认识到战争的后果是“经过四年以上的战争，结果不但国际均势完全倾动，即各国一切政治、社会及经济组织的基础，亦同感动摇”。⑤ 世界变动如此之大，而社会生活组织形式和传统社会理论必将得到改造，共和民主和国际主义必将成为趋势，但是民族主义及独裁政治演进的影响仍然存在，战争隐患依然存在。周鲠生

① 李大钊：《史学概论》，《李大钊全集》第4卷，河北教育出版社1999年版，第279页。

② 周鲠生：《近代欧洲外交史》，武汉大学出版社2007年版，第1页。

③ 李智媛：《龚自珍“尊史”思想研究》，《零陵学院学报》2002年第12期。

④ 周鲠生：《近代欧洲外交史》，武汉大学出版社2007年版，第6页。

⑤ 周鲠生：《近代欧洲政治史》，武汉大学出版社2007年版，第272页。

指出必须对日德意三国保持警惕，同时决不能成为英美妥协外交的产物，也诚如他所言，免不了二战的惨烈局面。二战后，周鲠生积极研究远东局势和太平洋国际安全问题，并指出要改变依赖美国的以往外交，实行独立自主的外交政策。

再其次，尊重历史事实，真实地反映历史的发展。周鲠生在政治史和外交史的研究中十分注重对历史事实的客观反映。他认为历史的研究以一般事实为基础。“盖历史之对象，原来以事实为本，对于一般事实无最小限度的明确的知识，历史的研究即缺乏基础。”① 而研究历史的任务即是在整理事实的基础上去理解事实，并寻出其进步真理。

2. 治史观念

周鲠生政治史和外交史的研究仍保持传统的史学观，以欧洲为中心，将欧洲近代政治的发展历史分为三个运动时期，将欧洲近代外交史分为四个主义阶段。

（1）欧洲政治中心论

周鲠生认为：“近世国际政治以欧洲政治为中心。欧洲外交向为世界政治之主动。”②所以政治外交史的研究是以欧洲为研究重点，以强国为主体，由此并及世界全局。维也纳会议以后由俄、奥、普、英四国主持欧洲政治，后来法国、意大利、美国、日本加入，欧洲政治扩张为世界政治。但是由于美国从前不闻外事，而其他的二三流国家，政治上居于被动地位，在外交上也只有特殊情况才加入外交谈判中，所以在政治外交上这些国家并不特别涉及。

（2）政治运动史论

周鲠生认为政治史即是运动史发展的过程，根据主流政治运动发展，结合维也纳会议、德意志统一和欧战三个关键，将欧洲政治史主要分为三个时期：

第一时期（1815—1848 年），自由宪政运动时期。维也纳会议以后，欧洲政治出现了新的联合组织，即所谓神圣同盟与四国同

① 周鲠生：《近代欧洲外交史》，武汉大学出版社 2007 年版，第 3 页。
② 周鲠生：《近代欧洲外交史》，武汉大学出版社 2007 年版，第 6 页。

盟。君主的团结和专制使得被压制的民族逐渐反抗，为自由解放而运动。这种运动兼具立宪和民族独立两种性质，并从 1820 年以后逐渐席卷整个欧洲，尤其是七月革命胜利后，英法德意纷纷奋起，自由宪政运动的气势更加高涨。

第二时期（1848—1871 年），民族统一运动时期。1848 年法兰西二月革命后，德意志、意大利和奥匈帝国等国掀起欧洲声势最浩大的民族革命运动，民族主义得势。民族运动的主要结果是促进了自由政治制度的扩张，"民族统一之时代同时亦是宪政确定之时代。"①

第三时期（1871—1918 年），社会运动时期。1870 年法国宪法改革，直到 1875 年宪法确立，国民议会确立共和政体。而 1871 年德意志帝国建立，政治的统一使其飞速发展，专制政治与军国主义相结合使其抱有更大野心，震慑欧洲，最终促使英法俄三国秘密签订协约。同时，意大利力图"恢复旧土"的国际主义思想不断发展，各国政治变化摇动了欧洲政治的均势，最终导致欧战的爆发。经过四年的战争苦难，共和主义、民主主义和国际主义不断发展，但是战后意大利等国独裁政治，民主政治的发展亦非可预言也。

（3）政治主义决定外交

周鲠生认为外交一定程度是受国际政治的思想主义支配，而根据历史分期标准，以国际大事变的标准显得主义混杂，而以政治主义分期可与国际大事变分期有固然的交点，所以以政治主义分期更为合适。而按照 19 世纪以来各时期占支配地位的国际政治思想主义，外交史可分为四个时期：

第一时期：正统主义（1815—1848 年）。维也纳会议之后，神圣同盟及四国同盟支配着欧洲政治，而他们在政治上以正统主义原则保护旧王朝和抵制革命运动。直到法国二月革命，神圣同盟权力被倾覆，正统主义也一蹶不振，路易·拿破仑称帝于法使得民族主义得势，成为欧洲政治之支配的势力。

① 周鲠生：《近代欧洲政治史》，武汉大学出版社 2007 年版，第 157 页。

第二时期：民族主义（1848—1871 年）。意大利和德意志的统一，实现了民族主义。1871 年普法战争后，新兴民族国家德意志势力膨胀，欧洲的国际问题变成新旧国家势力的冲突问题，是帝国主义对外发展和彼此争霸的问题。

第三时期：帝国主义（1871—1914 年）。德意志统一的结果是使得既存的欧洲均势动摇，造成了几十年的武装和平局面。但是所谓的大德意志主义以及意大利运动等以民族利益为名义去实现帝国主义目标，帝国主义之间的势力冲突至于极点，最终导致四年余的空前大战争。

第四时期：国际主义（1919—1927 年）。欧战结束后，世界和平运动渐露头角，巴黎和会上决定设立国际联盟，从而国际主义代替帝国主义，虽然至今仍方兴未艾，但已经逐渐成为国际政治新趋势。

3. *治史方法*

周鲠生史学研究主要是从世界专门史的角度，对史学和政治学、外交学的交叉学科政治史和外交史进行研究。所以，他对史料的甄选和研究方法上都很重视。

首先，史料。周鲠生史学研究的史料主要是当时的外文资料或较早的文献及图片史料。政治史方面主要是欧洲各国自身的政治事件记载研究和近代欧洲政治史论著、英国年度登记 18 世纪以来的史料等。外交方面主要是欧洲一般的外交史著述、欧战起源及欧战以后外交文件和著述、特殊国家外交论著、相关国际条约与历史地图等。周鲠生在史料的选择上，追求史料的正确性，他认为只有经过时间考验的史料才是正确的。"第四个时期，即国际主义时期，则今方开始，且关于最近的政治事情，不容易得到正确的史料。"[①] 同时，注重史料的对比，尽量对各国多种史料进行辨别选择，保证正确和客观公正，并通过第一手国际条约、历史地图来进行论证，在使用史料时，也要做到保持结论的客观性。

其次，研究方法。周鲠生对于政治史和外交史，首先采取的是

① 周鲠生：《近代欧洲外交史》，武汉大学出版社 2007 年版，第 6 页。

学科的研究方法，政治史和外交史都是跨学科领域研究，必先明确对其定义、关系及其研究范围和内容。然后采取历史的方法进行历史分期和构架，划分出叙述单元。政治史的研究，他分析了地理、年代及逻辑三种划分方法的利弊，采取了折中的以时代政治潮流分期，分国别叙述各国政治变化，并总结出共同政治现象的方法。而外交史的研究，他也分析比较了地理、时代及按重大国际问题及外交活动分述三种方法的利弊，采取了按时代政治主义分期，分国别叙述各国外交问题的方法。

再次，叙述方法。周鲠生在政治外交史的研究上，史论结合，并认真总结变迁和分析新趋势。他的论述的编撰主要采取的是分专题模块一一论述，对重大政治事件的来龙去脉和外交的前因后果进行有条理的总结。例如他将维也纳会议的问题设成一个专题，并从维也纳会议的欧洲政治背景、会议的召集、会议的形势和成绩等方面分析，每一方面又分成个别小模块论述，同时还对维也纳会议的性质及其是否属于公会进行了论断。

4. 史学思想的特点

周鲠生的史学研究是传统史学和新史学的结合，其不仅具有传统史学的特点，而且也具有新史学的特点。

一方面，在史学观念和研究对象上，他仍然保持着传统史学的特点。其一，他仍然秉持传统的“欧洲政治中心论”的观点，在政治外交上将各国分为强国和二三流国家。其二，他一直遵循史学政治传统，以国家民族及上层政治为中心。政治史在史学中有其重要地位，西方史学最早的史学著作是政治史方面的关于战争和英雄的史诗。而众多史学学科也都是从政治史分衍出来的，例如政治思想史、法律史、战争史和外交史等。随着史学的专业化和现代化，更出现了以兰克史学为代表的以国家民族及上层政治为中心的实证考据史学。而外交史从政治史中分离出来后，其研究的范围仍然局限于上层外交关系及外交政策和手段的变迁。周鲠生受客观主义史学的影响，传承了国家或民族的史学传统和基本历史价值观念，史学观念中有着鲜明的民族和国家色彩，倾向于自上而下地研究历史。

另一方面，在研究目的和方法上，他具有新史学的特点。周鲠生的政治外交史研究是一定程度上在为现实服务的，不仅包括在政治外交上为探索民主政治建设提供历史借鉴，而且是为增进全体国民对国际政治和外交的认识，培养公民意识。研究方法上，鉴于交叉学科的研究，他采取了科学的学科研究和历史研究方法，史与论相结合，有着实事求是，疑中求信和独立思考的科学精神 。

（四）周鲠生教育思想的内容及特点

周鲠生的教育思想主要包括法律教育、公民的素质教育和高等教育的完善等方面，从个别教育到一般教育，都有其独到的见解。

1．*法律教育思想*

法律是社会科学的一支，也是专业职业教育的一种，法律教育的意义毋庸置疑。周鲠生从学校和学生、硬件和软件各个角度对如何提高法律教育提出了建议。

首先，学生应有深博的文科根底。“完全的法律教育，需要外国文的素养，高等普通科学的预备，并且要有其他社会科学的知识。”[①] 普通科学即是伦理、论理、心理和历史等，而其他社会科学包括社会学、经济学、政治学和史学等。

所以，作为一名学生，除了要认真学习法律学科知识，还应跨学科进行综合学习，并充实外文和外国法律知识。在这个方面，周鲠生以身作则，成为最好的典范，通晓六国语言，兼顾国内外政治法律、外交、历史、经济学等各学科知识，成为政法学界的一代名师。

其次，改善国内学校教学内容和设备。周鲠生主张将国内的法政学校同国内大学的法科归并，同时提高教学的程度。这不仅能节约办学成本，同时能利用原有的资料，并将节约的这些成本更多地投入到教学设备的提升上来。学校可以仿效西方办学，一律采用四年制，第一年专门致力于学习必要的社会科学和文史哲等课程，至少受两年的高等普通教育，再入法律学习。另外，中国

---

① 周鲠生：《领事裁判权问题》，李谋盛主编《周鲠生文集》，武汉大学出版社1993年版，第158页。

近世涉外的法律问题越来越多，这就要求能对西方先进的法律知识有所认识，所以应另外再设课程以充实外文和外国法律知识。法律不是死板的存在，而是随着时代的发展而变化，这就需要改善设备，需有丰富的藏书室和硕学的教授团，以启发科学的研究精神。考虑中国专业的法学者不多的现实和西方法律发展的先进，可以适当多聘请外国学者来充实教学队伍。这些具体的建议体现了周鲠生对国外法律教育办学和教学经验的借鉴，且很多都和现代的学校情况相一致。

再次，扭转世人对法律教育的认识。当时国内有轻视法政院校的倾向，很多人认为法律是不兴的科学，也只有懒于用功的人才会去学，而这类心理对于推进法律教育产生了一定的阻碍，这就需要改变对法律学科及其作用的看法，从历史和现实的角度去把握和警醒世人，促使其加深对法律的认识。如何提高人民对法律的认识和认知，也是现代社会所面临的一个沉重的话题。

2. 公民教育思想

1917年至1929年是民国时期公民教育的黄金时代，教育界、教会和新闻界纷纷掀起公民教育运动，教育目标为“养成健全的公民”，公民教材的编写和出版也蔚为大观，主流的有三套，分别由商务印书馆、中华书局和世界书局出版。商务印书馆编译所所长王云五成立了“中小学教科书委员会”，并延聘组织专家编纂“新学制教科书”，这成为近代教科书发展史上的一座高峰。小学使用较多的是李泽彰编的《新学制公民教科书》四册，初中使用的较多的是周鲠生编的《新学制公民教科书》。周鲠生在商务印书馆先后出版了《新学制公民教科书》共三册，现存有多个版本，如《公民教科书》上下两册、《新学制公民教科书》上下两册和《初级中学公民》。

周鲠生的公民教科书包含三部分内容，即中国的学生必须具备的公民知识，包括三方面：其一，社会生活和政治组织的概念；其二，民国的组织和法律的概况；其三，社会经济问题和国际关系。教科书的主要目的是告诉学生什么是人和社会、家庭和学校、个人的习惯、国家、政府等，什么是国际法、国际条约、国际组织，如何过国际生活，怎样解决国际争端和国际和平问题等。在序言中周鲠生还叙述了公民学科的发展过程，民国原有的学制中，中学和师范院校第四年设有法制经济学科，要旨是“养成公民观念及生活上必需之知识”①，教授的内容是现行的法规及经济之大要。学制改革后则采用公民学科代替法制经济，全国教育也正式定用公民科，并着手编订课程纲要。

周鲠生的公民教育思想与其他公民教育教科书的差别在于他开创性地将中国的公民教育分为理论性知识、历史和现实状况两个部分，并将民国的政制置于世界政制的变迁和架构当中，使学生能清晰地认识中国的政治结构和现代世界政治的特点，而不是单纯地阐述理论和道德精神要求。当时比较盛行的另一公民教育教科书《公民读本》（中华书局）出版的主旨是教授“公民所必需之知识及道德”，并列出八个要点：民国组织之大要；民国立法、行政、司法之大要；国民与国家之关系，及其权利、义务之大要；国家财用与国民生计之大要；法治国之精神；自治制之大略，及其能力之养成；国际竞争及现世界之趋势；民主国立国之元气等。但其并未就中国的历史和现实进行清晰的阐述。民国二十二年（1933）世界书局公民教材更是指出“我不盲从，不随声附和”。②提醒世人是公民，不是狗，不是奴才，在情感上呼吁公民意识。

3．高等教育思想

周鲠生对如何促进高等教育发展问题的看法主要围绕学生、教师、学校建设、教学科研、风气等方面展开。

首先，学校建设。周鲠生认为高等院校需要普遍发展，更要重点发展。当时教育不景气，北大校长胡适曾在《大公报》上建议用10年时间去集中一切人力、物力和财力把国内包括北大、清华、武大、浙大、中大等几所重点大学办成像剑桥、牛津那样的世界一流大学。当时周鲠生也如此认为，应重点充实和加强建设那些教员好、设备好、环境好的学校。他指出：“到处办校的结果，反倒无力补充好学校，与其多办学校，实在不如集中几个比

① 周鲠生：《新学制公民教科书》第一册，商务印书馆1924年版，第1页。
② 潘文安、戴渭清编：《高级公民课本》第四册，世界书局1928年版，第4页。

较好的学校来充实。”[①] 而作为武大的校长，他认为将来武大至少要能容纳五千人到一万人，这样才能负起一等大学的责任，而武大后来也确实做到了。

其次，师资。周鲠生认为一流的学校应该建筑在一流师资之上。他主张应兼容并包，而不是受学术门派和裙带关系影响，只要有真才实学，不管是英美还是德日派，都应大胆聘用。这在当时受宗派之见影响很深的社会，实属难能可贵，而周鲠生也经过许多努力，有效地提高了武大的整体师资水平。

再次，学生。周鲠生认为大学是“造人”和“出品”，即出人才和科研成果，而这需要在很多方面作出努力。所以在学生学术培养上，要使学生能及时掌握学科的新知识、新理论和新动向，提高其学习和思考能力。同时，也要关注学生的生活和安全，在危急时刻要最先对学校师生的生活和安全作出妥善安排，并鼓励群策群力，团结互助，共度难关。另外，他还主张教学育人，应二者并重，他常以“以日进不已之精神，做继往开来之工作”来勉励学生，还鼓励学生应该坚持学习，大学学习只是学习的开始。周鲠生对学生的关爱和对学生学习、科研、生活以及思想各方面的付出，人们是不会忘记的。

再其次，风气。周鲠生经常呼吁要在学校内制造研究的空气，在学术上要追求自由，努力奋斗。在“出品”工作上作出有学术价值的创新贡献，是大家不懈努力的目标。

4. 教育思想的特点

周鲠生的教育思想是教育与国情紧密结合，个别和一般相结合，理论与实际相结合，科研与教学相结合的共同体。

首先，周鲠生是基于中国基本国情，认识到国民对国际问题知识的缺乏，从而强调使广大人民成为有政治、法律、国际关系意识的“健全的公民”。同时，周鲠生在分析撤销领事裁判权应作准备时，也深刻认识到要改善中国不乐观的法律状态，只靠法律和机关的完善是不能解决问题的，还需要大量的专业人才，而适任

---

① 车英：《武汉大学校园雕像：周鲠生校长（在任 1945—1950）》，http：//blog. sina. com. cn/s/blog_ 4c03c5970100 hx3k. html，2010 年 4 月 19 日。

的司法人才都是靠法律教育养成的。

其次，周鲠生的教育思想涵括从政治法律的个别教育到公民的一般素质教育，同时，政治法律的个别教育属于公民的素质教育内容，素质教育内容包含政治法律等个别教育。

再次，周鲠生的教育思想中十分注重理论与应用相结合。周鲠生认为在学校教育的立场上，应该理论与应用并重。他指出当时国民党政府“提倡实科，压缩文科”，在教育偏重应用而不重视理论的研究的做法实在是不妥当的。因此他认为武大今后的政策，对理论要多注意。

最后，周鲠生认为科研与教学也应该相结合，要及时将最新的理论研究成果注入到现实的教学当中来。他在当时的教学和研究当中，就身体力行地将主义联系实际，以维护国家民族的尊严和利益。

三、周鲠生学术实践

（一）法学实践

1. 国际法实践

周鲠生一生经历了旧中国的乱世和新中国的建设，动荡的社会使他对中国的现实问题给予很多关注，而国际法就是他用来解决中国现实问题的武器，无论旧中国还是新中国的国际法问题，他都十分熟悉，并有很多斗争的亲身体验。

（1）旧中国国际法问题的实践

周鲠生主要对旧中国的不平等条约、领事裁判权、租借地、势力范围和外国人特权问题等都进行了深入的分析，以求维护中国的合法权益。

① 不平等条约

周鲠生将其在北京大学的讲稿出版成《不平等条约十讲》，并在《东方杂志》和《太平洋》等刊物上发表了大量论文，来阐述不平等条约的危害和废约的必要性。这些论著是国际领域对不平等条约进行系统研究的较早成果，主要是对不平等条约的意义、起源、内容及废约进行了系列研究。

首先，不平等条约的含义。周鲠生认为："所谓不平等条约者，乃是国际条约之包含有些条文，造成种种法律关系，超越一般国际法所许范围之外，片面的侵害或限制对方缔约国的主权的。"① 以此为标准，条约的性质包括两方面：超越国际法所许范围；片面的，即非双方的。这使得国际法许可范围内的限制主权条约排除在不平等条约之外，不平等条约的定义得到进一步明确。

其次，不平等条约的内容。周鲠生对于中国的不平等条约进行了具体的历史分期和国家类别分析，从1842年的《南京条约》到1915年的"二十一条"，中国的不平等条约主要经过三期：第一期（1842—1858年），外国人开始获得不平等权利；第二期（1858—1876年），外人权利扩大；第三期（1895—1915年），中日关系开新局面。周鲠生还根据条约内容及效果将不平等条约分为三类：法律类，包括领事裁判权、税收、外人特权等；政治类，包括租界、租借地、势力范围等；经济类，包括关税贸易、航行权等。对于各类不平等条约，周鲠生都深入分析其不合法性和危害，为中国废约提供了不少的理论支持。

再次，不平等条约的废除。周鲠生认为中国的不平等条约的结果不同，其废除的步骤和方法也不同，具体有三种办法可采用：片面宣告废除，即根据"事状如恒"原则，情势变更后则条约失去根据而失效；共同谈判法；单独谈判法。这些方法是从实际角度出发，以最小的牺牲来换得废约。但实际上政府的实践也和这些方法相差甚远，极端主张不妥协，主要通过采取革命的手段来废除不平等条约，直到新中国成立，中国人民才摆脱不平等义务的束缚。

② 领事裁判权

周鲠生明确定义领事裁判权"就是一国的人民，在他国的领土内，不受那国的法权管辖；而驻在那国的本国领事，对于此等

① 周鲠生：《不平等条约十讲》，王铁崖、周忠海编《周鲠生国际法论文选》，海天出版社1999年版，第316页。

侨民，行使裁判权”。[①] 而中国的领事裁判权内容主要包括五方面：其一，不牵涉外国人的诉讼事项，与领事无关，均属本国法权；其二，同国人民间的诉讼，属该国领事和法庭法权范围内；其三，另两国人民诉讼，由此两国依法处理；其四，无约国人民控告有约国人民，法权属于有约国；其五，本国与缔约国争讼，法权属被告人之国。领事制度的复杂，周鲠生从法律的角度都进行了具体分析，同时他也认识到近世不平等的领事裁判权不仅侵害我国主权，造成司法系统紊乱，而且还导致中国人民的不公平裁判，损伤我国司法尊严。周鲠生从国际法的角度论证领事裁判权是“断乎不能任其存在”，而撤销领事权，可以采取三种办法：混合裁判所；参用外国法律裁判官；完全适用中国的司法。而我们极力要求的就是达到第三种的目的。为了达到这种目的，中国需要作出大量的准备：完善的法律；适用的法律机关；历练适任的法官和律师；提高法律教育水平等。周鲠生的这些认识对于当时北京政府推行“修约”运动起到了积极的作用，这些建议和具体实施的办法不仅适用于当时，而且对于今天中国的法律事业发展仍有着重大的指导意义。

③租借地和势力范围

不平等条约所产生的特殊产物还包括租借地和势力范围，周鲠生着重分析了租借地和势力范围的形成、法律性质和当时之地位，并力图为维护领土完整和恢复主权提供理论支持。

租借地是列强在中国的一种豪取强夺手段，不但危害国家主权，且开瓜分中国之端，引起许多对外关系的纠纷。列强在华租借地开始于19世纪末，德国首开租借之端，租借得胶州湾，随后俄国、法国、英国等都纷纷租借地。周鲠生借用国际私法上的租借理论，界定租借的法律性质包括三方面：主权保留于中国；有一定期限；不许转租第三国。所以在法律上，租借地仍是中国领土，中国不过在租期中自己暂不行使行政管理权，由承租国使用此部分土地，行使管理职能，中国有收回的权利。这一观点为我

① 周鲠生：《领事裁判权问题》，李谋盛编《周鲠生文集》，武汉大学出版社1993年版，第140页。

国提出收回租借地提供了法律上的依据。而于当时，华盛顿会议虽有讨论中国租借地问题，但各国态度不一，最后也只有胶州湾被收回，且日英两国以政治经济上的关系和军事防御上的必要为由声明无交还。这种性质的理由明显是无限地拖延时间和占据租借地。周鲠生认为中国必须趁废除不平等条约运动的声势兴起，从事于租借地收回的运动，以租借地主权在中国和“情势变迁，条约解除”① 的原则为由，按各租借地的关系分别交涉谈判。

对于列强在华势力范围，周鲠生认为是列强依据租借地的支配，在中国海岸各占军事根据地，实行经济侵略，并出现了瓜分中国的形势。列强的势力范围本来是属经济上的权利，不同于以土地占有为目和以政治支配为目的的势力范围，是一种特殊的国际关系，此种范围的国家享有的是独占的或优先的经济利益，可以说是一种“利益范围”。

④ 抗战中的实践

抗战时，周鲠生运用国际法到处演讲和发表论文鼓励抗战，武大很多抗战电文也出自于他手。而且他还身体力行地参与和组织民众抗战，并捐款捐物支援抗战。

“九一八”事变后，国际联盟派李顿爵士率领“国联调查团”来中国调查“九一八”事变，但因偏袒日本帝国主义，而将事变归因于抵制日货运动。周鲠生发表论文《东省事件与国际联盟》，对调查团提出严厉批判，并指出调查团报告书是英法等强国绥靖政策的结果，国际联盟对日本的无力很令中国国民失望。同时，周鲠生还参与与调查团的谈话，并引经据法，阐述实事，令全团为之折服，这对后来的较客观的报告的撰写，起了积极的促进作用。

周鲠生在抗战中发表了大量论文，主要包括：其一，对日本的无比愤恨和对祖国及人民的热爱；其二，对日斗争的策略和斗争手段，即利用列强间的矛盾和世界舆论来牵制和打击日本；其三，抗战的持久性和复杂性；其四，全民族团结一致誓死抗战，反对

① 周鲠生：《租界地问题》，李谋盛编《周鲠生文集》，武汉大学出版社 1993 年版，第 70 页。

妥协投降；其五，艰苦踏实地进行抗战工作，多做事少说主义；其六，中国被日本侵略之根源在于积弱太深；其七，中国的抗战是为独立和生存而战，也是为世界正义而战；其八，英美是为其自身利益而参战。这些论文为当时抗战的宣传和全民族抗战提供了一定的舆论支持。

周鲠生用国际法为旧中国的政治和社会现实问题寻求法律理论支持的例子不胜枚举。例如周鲠生认为清室优待条件的法律性质并不是一个国际条约，也非私法性的契约，民国政府在法律上有修改权；中国海关的处分和改革是中国内政问题；"万县惨案不仅仅是英国的暴行，而且是对中国领土的侵犯行为，其应当承担相应的国际责任"。[①] 周鲠生的这些论述是一个国际法学者在忧国忧民的同时，学以致用，体现了其通过国际法去解决现实问题的高超水平。

（2）新中国国际法问题的实践

新中国成立后，周鲠生结合了其外交部门的工作实践，对新中国的承认和继承、和平共处五项原则、领土和边界、外交关系、在联合国的合法席位、华侨等问题等作了详细精湛的论述。

① 新中国的承认与继承

新中国成立后面临的首要国际法问题便是国家的承认和继承问题。周鲠生认为："中华人民共和国是延续旧中国的新政府，而不是一个新国家。"[②] 所以在国际关系上，应该具有原有的法律地位，例如新中国在联合国和在安理会等机构的地位，中国政府在国外的所有财产等，中华人民共和国都是合法的继承者。此外，周鲠生认为新中国在阶级本质上已经成为新的历史类型的国家，而与新的政权或社会制度所不相容的国际义务是不能接受的，因此新中国不能接受成立之前不平等条约所强加的国际义务。而在权利继承的问题上强调新中国是同一国际法主体的延续和继承，在面对原有义务时坚持认为新中国是"新的历史类型的国家"。周鲠生对于新中国承认和继承问题的观点显然是受到前苏联国际法学者

---

① 周鲠生：《万县案的法律性质》，《现代评论》第4卷第95期，1926年。

② 周鲠生：《国际法》上，武汉大学出版社2007年版，第135页。

观点的影响，出现对国际法主体国家的概念产生定义的理解误区。

② 和平共处五项原则

周鲠生在国际法研究中深入分析了国家权利和五项原则的关系及地位，每个国家都有其主权和独立权、自保权、平等权和管辖权等权利。他认为五项原则中，“互相尊重领土主权”包括“主权”和“领土完整”两个方面，是国家在国际社会中必须承担的义务。“互不侵犯”是遵守法律及维护国际秩序必有的保障。“互不干涉”是国家主权平等的应有之义，也是现代国际法中一个公认的基本原则。“平等互利”将互利和平等联系起来，也说明了只有在平等的基础上才能实现互利，也只有实现互利才算是真正的平等，这是对国际法平等原则的发展。“和平共处”是维持和发展现代国际关系的的基本条件，也是现代国际法发展之前提。其中，五项原则中互相尊重、互不侵犯、互不干涉、平等互利四项原则是和平共处原则的必要条件。而中国一贯坚持互不侵犯原则，奉行和平政策，并愿意共同承担互不侵犯的义务。

周鲠生不仅使得和平共处五项原则被提升为现代国际法的基本原则，而且还发展了现代国际法，使传统的国际法开始了质的变化。周鲠生从法律的角度论证了和平共处五项原则完全符合国际法，且对五项原则中的每一个术语和概念都进行反复推敲，力求高度准确和科学。也正是在他的建议下，周恩来总理将“互相尊重领土主权”改成“互相尊重主权与领土完整”，将“和平互惠”改为了“平等互利”，并在万隆会议中正式采用此新提法。

③ 外交关系

周鲠生将中国复杂的对外关系同其在外交部门的工作实际相结合，把外交关系的形式归纳为四种：正式外交、半外交、非正式外交和国民外交。新中国成立后，中外建交需满足一些条件和通过一定的程序。对新中国采取友好态度和接受互相尊重主权及平等互利原则是一般条件，同国民党反动派断绝关系则是特殊条件，而谈判是建交所要经过的程序。中国政府按照不同国家及同中国关系的具体情况进行区别对待。

首先，正式的外交关系。“以双方互派常驻使节为其主要特征”①，是根据国家主权平等的原则，经过双方同意而建立的。新中国对那些持持友好态度、同国民党政府断绝关系，并愿意建交的国家，都建立正式外交关系，例如社会主义的兄弟国和亚非新独立民族国家等。

其次，半外交关系。“半外交关系的特征，表现在双方停留在互派代办的形式。”②新中国对那些采取暧昧或不够友好的态度，未完全同台湾国民党脱离关系的国家，虽其承认新中国政府并希望建交，但仍拒派高级使节，只派最低级别使节，建立半外交关系，例如中英和中荷。

再次，非正式外交关系。其指尚未正式建交的两国，进行直接的外交谈判，且互设联络机构。新中国对拒绝承认新中国，持敌视态度，并继续同台湾国民党保持关系的那些国家，通过接触和谈判，打破常规与其进行长期的大使级外交，建立非正式外交关系，例如中美关系。

最后，国民外交关系。“主要表现在个人或代表团体进行友好访问，发展国家间交往关系”③，有时可通过非官方的接触，人民代表团体就两国的关系问题的看法达成一致，共同发表声明或联合公报；也可就某具体事务达成协议并正式签订民间协定。例如中日关系。

周鲠生对外交关系的归纳凸显了他在外交上的智慧，而且也丰富了国际法的外交理论，对世界国际法和外交理论的发展作出了卓越贡献。

④ 领土问题

周鲠生先将国际法理论同国内外形势相结合，就领土问题中领海、边界等问题提出了切实可行的外交实践建议。

首先，领海。领海宽度对沿海国防和安全及经济利益都有着重大的意义。英美等海洋强国曾一度坚持 3 海里的领海宽度，但是周

① 周鲠生：《国际法》下，武汉大学出版社 2007 年版，第 432 页。
② 周鲠生：《国际法》下，武汉大学出版社 2007 年版，第 437 页。
③ 周鲠生：《国际法》下，武汉大学出版社 2007 年版，第 441 页。

鲠生认为我国的领海宽度应采用直基线方法起算，并宣布为12海里。根据周鲠生的建议，中国政府于1958年9月在《中华人民共和国关于领海的声明》中宣布："中华人民共和国的领海宽度为12海里，并适用于台湾和澎湖列岛"①，且渤海为中国内海。自此，中国有了法定的领海宽度和外国商船及军舰通过制度等方案。而此领海宽度的立场也被后来的《联合国海洋公约》在领海宽度和领海基线问题上所认同。

其次，边界。国家领土的范围是依据边界而确定的，包括陆地、水域、空中和地下等多个方面。周鲠生认为："国家边界的形成不外乎是基于以下两种事实：或者由于传统习惯所形成，或者由于条约的划定。"② 国家的边界线以有形和无形的掺合一起组成，是在长期的历史发展过程中根据历来双方的行政管辖范围而形成的。关于中印边界问题，周鲠生发表了《印度地图改画中印边界是不合法的》和《国际法并不支持印度对中印边界问题的立场》等文章，他认为中印边界问题是"过去英国帝国主义从印度向中国的西藏和新疆推行扩张和侵略政策和活动所造成的"③ 历史遗留问题。独立后的印度片面修改边界的地图是不符合国际法的。周鲠生明确指出中印中间只有一条"传统习惯边界线"，且这条线具有充分的历史和事实根据。他并从四个角度依次反驳印方观点：其一，中国并未忽然改变立场；其二，中国政府也从未"默认"过中印边界已经划定，而是将其作为未决的问题"保留"下来，印度"缄默就是同意"的论断和有效控制原则的论断也不符合当事国意志和国际准则；其三，印方所谓边界条约的存在尚待考证，且有些条约本身是非法无效的；其四，印方"历史过程、地理原则先天规定边界"④ 的论断也完全不成立。关于中缅边界问题卡佤山"1941年线"，周鲠生也根据国际习惯法和条约法，提出可根

---

① 林海：《周鲠生：新中国国际法奠基人》，《检察日报》2014年12月16日。

② 周鲠生：《国际法》下，武汉大学出版社2007年版，第358页。

③ 周鲠生著，《国际法并不支持印度对中印边界问题的立场》，王铁崖、周忠海编《周鲠生国际法论文选》，海天出版社1999年版，第488页。

④ 周鲠生著，《国际法并不支持印度对中印边界问题的立场》，王铁崖、周忠海编《周鲠生国际法论文选》，海天出版社1999年版，第499页。

据互谅合作的原则将这条线做些调整。边界争议具有复杂性和长期性，周鲠生的这些观点和经验对于今天边界争端的处理仍然具有积极的指导意义。

2. 宪法实践

旧中国时期，周鲠生关于宪法的实践，主要是20世纪20年代参与制宪的工作及省宪运动中对广东等省的宪法草案的分析评价。北伐后周鲠生曾应国民政府之邀，被聘参与制定宪法的工作，但因不满蒋介石的独裁统治而数月后辞任。省宪运动兴起，伴随自治思想和联邦制度理论的发展以及省宪自治的实践，时人纷纷对此展开争论和探讨，尤其是《东方杂志》和《太平洋》等刊物，而周鲠生即在这些刊物上发表了一系列文章，对宪法草案及其修正案进行了评价，并提供了宪法上的相关意见。同时，周鲠生也认识到宪法草案是否有成立之机会，成立了又是否和以前的宪法和约法一样徒具其文，这些都是未知数。而实际上在这些宪法文件中涉及真正宪政原则的也真的几乎没有实现。

新中国成立后，周鲠生曾任职全国人大法案委员会的副主任委员，主要负责法案的审议和修改工作，后又担任我国第一部社会主义宪法起草工作的顾问，从各角度对宪法草案进行了研究和推敲。而宪法草案中涉及国际法的，毛泽东都充分尊重他的意见，如第三十六条中“关于全国人民代表大会常务委员会的职权”①，周鲠生对其进行了深入的思考和认真的研究，并提出增加批准和废除同外国缔结条约的条款，毛泽东批语称此条应采纳周鲠生意见。1954年9月15日，第一届全国人大第一次会议在北京召开，周鲠生作为人民代表出席了大会，并与千余全国人大代表一起，对宪法草案进行了认真的讨论，并一致通过了新中国的第一部宪法。

（二）政治外交实践

周鲠生对近代国内外大部分重大国际政治和外交事件都进行过

---

① 穆兆勇：《史海钩沉：共和国第一部宪法起草中的四位顾问》，《党史博览》2003年第9期。

研究，并能够运用这些政治外交的研究和已有的国际法理论来判断国际形势和处理国际问题。

旧中国时期，周鲠生曾在北伐期间应武汉国民政府外交部长陈友仁邀请，担任外交部顾问，参与收回国权的运动，在此期间他协助了国民政府以“革命外交”手段，收回了汉口和九江的英租界。九一八事变爆发后，周鲠生关注了整个事件的发展，并不断地发表文章阐述其看法和外交政策建议。尤其是其东省事件与国际联盟的五篇系列文章，他不仅对李顿国联调查团的报告书提出了严厉的批评，还有力地从国际法角度批驳了日方所提出的是为阻止铁路被破坏才行使自卫权的理由。周鲠生认为所谓自卫权的行使是限于一定的场合，而日方的情况是不构成迫使采取军事行动的，且攻占数百公里外的宽城与营口并不是迫不得已的自卫，只是日本用自卫做政治行动的口实。周鲠生揭露了日本蓄谋已久的侵略行径，一定程度上配合了当时国民政府的外交活动。而周鲠生也因此闻名而被选为东省事件委员会委员，后又加入了国际反侵略运动大会的中国分会，并被推选为理事；同时他又成为中国代表团顾问，赴美出席旧金山会议，为中国探索美国外交走向和寻求抗战支援。周鲠生由此而更深入地参与到抗日的决策中来，他根据国际法和对国际关系形势的判断，提出要避免成为妥协外交的牺牲品，而应该寻求英美合作的国际联合干涉行动，且对德意两国有期望。周鲠生对国际局势的判断符合二战的走向，且很大程度上影响了抗日战争的方向。

新中国成立后，周鲠生应周恩来总理之邀担任外交部顾问，并任外交学会的副会长，其间他参与了当时许多重大外交事项和外交政策的制定，对我国重要的外交问题提出了很多正确处理意见，“毛主席和周总理对周先生都很重视，重要的外交文件，非经周先生提意见，周总理是不批发的”①。二战后，周鲠生认为应该从中华民族的利益出发，改变过去外交上一味依赖美国的做法，执行独立自主的外交政策。同时，他还为在联合国恢复中国的合法席

---

① 武汉市政协文史资料委员会编：《武汉文史资料》1990年第2辑，第10页。

位进行了系列斗争，他认为中国是联合国创始国和安理会常任理事国之一，新中国是解放前的中国之延续，理所当然可继承和享有在联合国的合法席位和其他权利。中国的在联合国代表权问题只是程序性问题，不属于“联合国宪章第 18 条 2 款需要三分之二多数表决的‘重要问题’”①。除此之外，周鲠生还亲自审定中华人民共和国的英文国名，在朝鲜战争期间还建议中国以“中国人民志愿军”的名义赴朝作战，以避免在外交上变成作战国。另外，周鲠生还参与了一些外交上对外的会见和谈判，如他曾应周恩来总理邀请出面同联合国的秘书长哈马舍尔德和英国的国际法专家沃尔多克商谈要事。

（三）史学实践

周鲠生以大量近代西方政治外交著述和历史地图等史料的研究和严谨的史学态度，为世人留下了十分丰富的近代欧洲政治史和外交史著作，这是他治史实践的重要体现。

周鲠生于 1927 年出版的《近代欧洲外交史》，主要是根据他在北京大学讲授外交史的讲义写成，全书总共分为4 篇，主要包括两方面内容：外交关系，即国际关系变迁的事实；外交术，即事件过程中的外交活动与手段以及效果。从维也纳会议开始，将欧洲外交分为正统主义、民族主义、帝国主义和国际主义，并夹叙夹议各国外交政策及活动。他著的《近代欧洲外交史》对外交变迁的论述，都贯穿了他的政治主义决定外交的主张。

除《近代欧洲外交史》外，周鲠生还在 1933 年出版了《近代欧洲政治史》，这也是根据他在北京大学讲授政治史讲义写成。全书总分为3 编，主要是近代民主政治发展的历程，以政治运动为主线，分为自由宪政运动时期、民族统一运动时期和社会运动时期，并分析欧洲诸国政治变化、欧洲共同的政治现象和各个时期时代思潮的特征。

另外，周鲠生在国际法中也是十分注重国际法历史的发展，从

---

① 周鲠生：《中国在联合国的合法权利必须恢复》，王铁崖、周忠海编《周鲠生国际法论文选》，海天出版社 1999 年版，第 514 页。

16 世纪开始，他着重分析了国际法的资本主义化，并在十月革命后社会主义以及资本主义两个体系并存。同时，周鲠生还论述了中国近代国际法从译著移植到与现实相结合的发展。在国际法外交关系问题中，周鲠生还探究了国家的外交形式发展经历了帝王或宫廷外交、政府或官僚外交和国民外交三个演进阶段，而前两种外交使得秘密外交逐渐发展，这也是导致欧战爆发的重要原因之一。

（四）教育实践

周鲠生致力于文化教育事业 20 余年，在中国的素质教育和高等教育等方面都作了探究，为中国的学术科研以及教育作出了贡献。

1. 素质教育实践

周鲠生留学归国后不久，便担任商务印书馆主编，在此期间，他参与主编了初中的《新学制公民教科书》，主要从政治、法律、国际关系方面对学生必备的公民知识进行了总结梳理，教科书受到时人的广泛关注，对于当时的公民教育运动和公民素质教育起到了积极作用。同时，在国际政治和外交民主化问题的研究中，他也再三地强调作为一名公民，必须对国际政治和外交知识有一定了解，以利于实现对外交的民主监督。

2. 高等教育实践

周鲠生曾经参与了中山大学和武汉大学等高校的重组和建设，1922 年还曾经为湖南大学起草了《湖南大学组织令草案及说明书》。此后，他成为了大学的一代名师和校长，还不懈努力地致力于提高教学水平、科研水平和追求学术自由。

首先，高校建设。周鲠生把武汉大学建设成为国内著名重点大学，经历解放的洗礼更加坚定地迈步发展。因为抗战，武汉大学被西迁四川乐山，抗战胜利前夕，周鲠生临危受命，继王星云接任武汉大学校长。而此时武大面临着两个难题：进步学生被特务密告问题和迁校复校问题。面对特务密告的问题，周鲠生决定效法蔡元培的做法，绝不无缘无故地开除任何一名学生；面对迁校复校问题，周鲠生也是进行了精心的筹划和安排，最终全校师生历尽艰辛终于全部平安东还。解放战争过程中，武大又经受“六一惨案”等国民党对进步学生的加害事件，周鲠生对此十分悲愤，组织全校师生奔走呼号和进行斗争，甚至成立法律顾问委员会为学生辩护，在斗争中周鲠生与学生建立了亲密的友谊。武汉临近解放时，面对白崇禧命令武大迁校桂林，周鲠生也是坚决拒绝，“任何情况下，决不迁校”，并妥善安排师生生活。周鲠生在学校危急时刻总是临危不乱，稳定全校人心，使得武汉大学得以完好无损，为高等教育事业作出了贡献。

其次，提高教学和科研水平。周鲠生认识到师资的重要性，所以他一方面注重提高自己的知识水平和教学水平，课前他都十分认真备课，对教学的重难点和争论点都认真考虑。教学过程中也注意教学艺术，不仅教学重点突出，主次分明，并旁征博引，层层剖析，最后还会进行客观评价，畅谈自己的独到见解。这有利于开发学生思路，提高学生的分析能力，引导学生进一步钻研，把学生引入到更高的学术境界。有时他采取课堂讨论的形式，由学生自选专题和参考书后拟出大纲，并写成文章去上堂报告，然后他全面总结指点，这种自主学习的方式有利于提高学生的学习和思辨能力。同时，周鲠生每讲一门课都结合当时最新的科研成果编一套讲义，而这些讲义最后都被出版为教材，这对提高高等教育的教学和教材水平都产生了深刻的影响。另一方面，周鲠生十分敬佩蔡元培兼收并容和重用人才，所以他在美国讲学时就总是亲自登门邀请选中的留学生，最后来武大应聘的青年教授达到50多人，其中就有著名的“哈佛三剑客”①。武大因此建起了一支教学水平高和学术力量强大的师资队伍，这也是武汉大学富享盛名的原因之一。

再次，追求学术自由。周鲠生曾在与胡适的信中感慨北大的思

---

① 20世纪40年代哈佛大学有3位优秀的中国留学生：韩德培、吴于廑和张培刚。抗战后3人先后受武汉大学校长周鲠生邀请到武大任教，成为“武大三剑客”，后韩德培成为中国国际私法学泰斗，吴于廑成为中国世界史学科的主要开拓者和奠基人，张培刚成为发展经济学创始人。

想自由和兼容并包，“大学有学府的尊严，学术有不可以物质标准计度之价值，教授先生们在社会有不可侵犯之无形的权威，更有自尊心。”① 且周鲠生在《现代评论》上一贯主张反思大学教育里的党派背景，五四运动使大家看到学生在政局方面的影响，因此各党派也来大学发展学生，最终导致学生成为党派斗争的牺牲品。因此周鲠生不偏向共产党和国民党任何一方，只在意学术与思想的自由，而自由氛围也使武大成为地下党活跃之地，堪称国统区的“小解放区”。1947 年 6 月 1 日的凌晨，国民党因来缉拿藏匿于武大的共产党员，造成“六一”惨案。周鲠生主张政治事件通过司法途径解决，于是组织成立了以韩德培为主的“法律顾问委员会”出庭为受审学生辩护。周鲠生也是基于这种学术自由的教育理念，克服重重困难，广揽贤才，调整学院，使武大成为有着文、法、理、工、农、医等科的综合性大学。

四、周鲠生学术思想的意义

周鲠生的学术思想不仅广博精深，而且也互相联结形成一个巨大的国际问题之网，形成其独特的体系，影响着学术的发展，甚至对今天的现实问题仍有借鉴和指导意义。

（一）学术意义

1. 法学思想的意义

周鲠生的一生以国际法闻名于世，韩德培先生尊称他为“国际法之父”。总结周鲠生国际法研究的生涯，他对国际法研究及国际法的发展作出了巨大贡献。同时，周鲠生在宪法方面的工作和对中国宪法制定的贡献也是不可磨灭的。

首先，推动了中国国际法研究。周鲠生是中国国际法学研究的先行者，开启了理论与实践相结合的研究，并初创中国的国际法学体系。韩德培曾评价周鲠生的《国际法》是“我国国际法著作

---

① 王凯：《令胡适念念不忘的周鲠生》，《民国的背影：那些人那些事》，电子工业出版社 2010 年版，第 8 页。

中理论联系实际的一个典型和榜样”①。回顾中国国际法的发展，直到清末，中国才开始重视和引入国际法，且国际法研究基本上处于外译的阶段。民国时期，中国国际法学者才开始在西方理论的指导下，撰写国际法著作。而正值学成归国的周鲠生在此时便开始了在北京大学执教的生涯和国际法研究，此后他一直奋斗在国际法研究的前沿，发表了大量国际法论著，其中代表作《国际法大纲》曾被日本东京帝国大学的法学部国际法科定为必读的参考书和教材。而《国际法》在格劳秀斯和奥本海等西方传统国际法的基础上结合马列主义和中国实际，创设了中国国际法学的体系，并对领空、领海等新领域有所涉及。《国际法》在世界的国际法学中自成一派，更是新中国第一部自己的最全面和系统的国际法专著和教材，也是近百年来中国国际法学的归纳和总结，成为中国学者以后研究国际法著作的的范本，具有很高的学术价值。同时，周鲠生从事国际法教育 20 余年，为我国培养了大批国际法人才，这也为中国以后的国际法研究奠定了基础。

其次，促进了国际法的发展。周鲠生将国际法和中国实践相结合，为建设中国特色的国际法提供了有益的经验和正确方向。无论是贫弱的旧中国，还是外患不断的新中国，周鲠生都能将国际法理论运用到中国面临的现实问题中来，并将外交中的一些实践做法上升为理论来影响国际法的发展，这也是建设有中国特色的国际法学的必由之路。中国特色的国际法，实际上就是一方面将国际法理论同中国实际统一起来，运用已有的国际法理论处理有关的国际法问题，为中国的外交实践服务，并阐明中国对国际法问题的立场和观点；另一方面是将中国的外交实践和国际法新观点和新作法上升为理论，推广到国际范围，贡献于国际社会，促进国际法的发展。周鲠生在此两方面都做到了极致，不仅将国际法运用到中国实际问题，而且将中国遇到的国际法问题穿插到国际法当中，并将其丰富的实践经验和所掌握的一手材料反映于国际法中，作出精湛的论述来阐明其观点。周鲠生认为“和平共处

---

① 韩培德：《周鲠生先生生平、贡献和设置纪念周鲠生法学奖金的重要意义》，《法学评论》1986 年第 1 期，第 4 页。

原则本身就应被看作现代国际关系的维持和发展的基本条件，也即现代国际法发展的前提”①，从而将和平共处五项原则提升为现代国际法之基本原则。李谋盛评价周鲠生的《国际法》时说：“这部专著的突出贡献，破天荒地将新中国率先倡导的‘和平共处五项原则’提升为现代国际法的基本原则，这就使传统的国际法学在国内和国际开始了质的变化。”② 一切国际法规范都受和平共处五项原则的国际法基本原则总体制约，加强了现代国际法的逻辑性、法律的严格性和政治原则性。同时，也有利于国际法维护国家主权与领土完整和国际和平与安全的两项主要任务。而近世社会主义国家及第三世界同强国的政治经济交往中，和平共处五项原则的运用所取得的显著成果也清晰地反映了周鲠生对现代国际法发展所作出的贡献。

再次，引领中国宪法国际新趋势。周鲠生认识到政治和平民主的倾向和宪法与国际法的现代趋势，并将国际法引进到宪法当中，尤其是宪法草案的制定过程中，牵涉国际法的问题，他都进行了认真的研究，并提出了可行性意见，深为中央领导同志所赞赏。董必武曾赞道：“周老对这次宪法的制定，作出了很大的贡献。”③ 作为宪法起草的顾问，周鲠生由此见证了新中国第一部宪法从起草到出台的整个过程，为宣传贯彻宪法，为新中国的建设事业继续贡献力量，光荣地完成了自己的使命。

2. 政治外交思想的意义

周鲠生根据国际政治和中国外交实践，以其远见卓识将国际法、国际政治和外交的理论和实践有机地统一起来，建立了一个完整的政治外交理论体系，提升了理论与实践的深度。

周鲠生将国际政治的演化同其思想和历史研究糅合一起，并实现了跨学科的“国际转向”。他认识到在向西方学习的过程中，不只需要看自古迄今在欧洲国际政治本身的发展变化，尤其要研究

---

① 卜璐：《周鲠生国际法思想评述》，《武大国际法评论》2010 年第 1 期。

② 李谋盛：《周鲠生教授传略》，《晋阳学刊》1988 年版，第 52 页。

③ 韩培德：《周鲠生先生生平、贡献和设置纪念周鲠生法学奖金的重要意义》，《法学评论》1986 年第 1 期。

这些思想、概念以及范畴传播到中国后的内涵是否发生变化，所以秉持“研究国际关系，不能不以欧洲政局做研究的中心”① 的观点对国际政治进行研究，在《国际政治概论》中他清晰地分析国际政治的重要概论，并指出作为国民“应适应国际社会情势的转移，所以养成个人生活上必要的世界知识”。② 他对外交理论也作出了许多精辟的论述，形成了一套独具特色的外交理论。其中，国民外交的理论就是其外交理论体系的一个重要组成部分。经过周鲠生的长期斗争实践和相关经验积累，他的国民外交理论逐渐发展成既有坚定的民主原则，又有灵活的形式和丰富的内容，对新时期的外交方针政策产生了深远影响。通过国民外交理论的提出和完善，可见周鲠生功力之所在，而这与周鲠生勤于探索的学习态度和理论联系实际的治学态度是分不开的。

同时，在实践上，他又将国际政治理论与外交政策分析相联系，并且向实际靠拢。周鲠生通过对现实的需要和以往历史经验和教训的反思，推动中国外交政策向独立自主调整，有利于正确认识当前的国际形势和进行外交政策分析，使得中国对重大国际问题以及同世界的关系有了更新的认识，也领悟到中国要在国际事务中发挥更大作用，就要积极主动自觉地全面加入现代国际社会，这也可以说是第三世界国家对国际之贡献。

3. 史学思想的意义

周鲠生对于国际法的历史和政治外交史的研究，无论是对于史学研究、学科研究和现实都是十分必要的。

首先，出于历史研究的必要。历史是人的历史，而政治外交活动是人类最基本的活动之一，而形成的法理是对人类活动的约束，所以法政外交的史学是历史研究的必要。同时，历史的发展是漫长而曲折的，20 世纪的中国历经苦难，从抗争走向胜利和振兴，中国史学也经历了大变革和严峻考验，并进行了深刻的反思。这是中国历史发展的必然，也是中外史学交往的结果。处于史学新

① 周鲠生著，王云五编：《最近国际政治小史（万有文库第一集一千种）》，商务印书馆 1929 年版，第 12 页。

② 周鲠生：《国际政治概论》，神州国光社 1930 年初版，第 5 页。

旧交替的转折点，周鲠生揭示了史学的近代内涵，走科学化道路，进一步踏上走向世界的路径。

一方面，周鲠生的史学研究呈现了近代史学的科学化特点。随着19世纪自然科学的发展，包括史学在内的社会科学也逐渐科学化。同时，各学科间联系日益紧密，史学研究范围也相应扩大。政治外交史不仅是史学不可或缺的部分，而且与各史学的分支都有着内在的联系。周鲠生也看到这种形式的转变，他的史学研究也开始借鉴其他学科的方法，明确跨学科研究的重要概念及研究方法，以历史事实为基本的出发点，以近代的科学方法为武器，以实事求是的科学态度进行研究，并理论联系实际，将历史上理论的探索更多地运用到现实的实践当中来，把史学的发展走向推向近代一个更高的阶段。

另一方面，周鲠生的史学思想开启了与国际化接轨的道路。民国时期，随着外国学术思潮的传入，国人开始着手于外交制度的研究，因此关于外交史的研究也迅速发展起来且初具规模。而周鲠生的《近代欧洲外交史》是当时第一本欧洲外交的史学著作，纵观全书可见他在论述史学事实时，往往依据的是当时比较前沿的史学观点。他综合列述各国的史学观念，引用了大量外文文献，彰显了他对史料甄选的智慧眼光，也可见他视野的宽广和学识的深厚，更便于他人把握欧洲外交史的发展动态，并根据其援引资料再次研究。同时，周鲠生在对各种国际政治外交问题的研究中，以独立、积极、客观负责的态度作出评价，体现了历史研究的国际新趋势。

其次，出于学科研究的必要。一方面是任何学科的研究都应该从其历史的发展开始，通古才能知今；另一方面是政法外交史学与其他学科的关联性决定了它在史学以及学科发展中仍将起重要的带头作用。历史的发展是漫长而曲折的，20世纪的中国历经苦难，从抗争走向胜利和振兴，中国史学也经历了大变革和严峻考验，并进行了深刻的反思。这是中国历史发展的必然，也是中外史学交往的结果。处于史学新旧交替的转折点，周鲠生揭示了史学的近代内涵，走科学化道路，进一步踏上走向世界的路径。

再次，处于现实的必要。一方面，政法外交已经并正在同现实社会生活的方方面面都发生着联系，并构筑了庞大的体系，这就决定必须重视对它的研究。另一方面，历史的研究面临着历史与现实的问题，中国国情决定了众多有识之士围绕着救亡图存和师夷长技以制夷，以总结各国政治民主和外交的历史经验。

4. 教育思想的意义

周鲠生对中国的素质教育和高等教育都作出了重要的贡献，可谓是一流的名师，同时也是一名出色的校长。

首先，周鲠生的公民教育理论在提高公民素质教育和理论的完善方面发挥着重要作用，他认为“公民则重在研究社会环境的状况，把个人修养纳做是人生适应社会的条件”①。他的初级中学的《新学制公民教科书》出版后得以广泛传播，受到世人的广泛好评，当时只要受过小学以上教育的人很大一部分都读过这些公民教科书，社会的秩序很大程度上也是靠这些早年受过公民教育的人支撑起来的。李慎之先生回忆自己上初中时的公民课，用的就是商务印书馆出版的教材。公民课上教授的国家政府的权力与责任、个人的权利与义务等内容，给他打下了终生的思想烙印，以至于晚年时自嘲地说：“自己在全国人大常委会当过五年委员，也算是参加国家立法工作了，可是所依凭的法律知识居然不过是六十年前从初中学到的那一点儿东西。”②

其次，周鲠生对高等教育的建设和教学科研的发展上作出了不可磨灭的贡献，这对于新中国的教育及学术产生了深远的影响。他在动荡的年代，建起了一支学术力量强大的师资队伍，著述了大量学术界广泛瞩目和重视的学术成果和讲义教材，培养了一批可造的政法菁英，办起了一所享有盛高声誉和地位的多学科综合性大学。他一生只为追求真理，为中华民族奉献一己之力，其深厚的爱国情怀及其科学严谨的治学态度，值得后学者学习和继承。

---

① 周鲠生：《新学制公民教科书》第一册，商务印书馆1924年版，第1页。

② 章诗依：《一位民国官员编写的公民教材》，http：//www.360doc.com/content/13/0326/22/9338438_274126861.Shtml。

（二）现实意义

周鲠生学术思想的研究不仅是对其过去的缅怀，更多是探究其对现实的意义，以更好地指导未来。

1. 国际法思想的现实意义

首先，周鲠生的学术思想有利于维护国家权益。周鲠生的一生大部分时间都是致力于从政治法律的角度如何解决中国所面临的不平等问题，维护国家主权和领土完整。解放前，他一心于教育研究，他曾对其长女周如松道："解放前我一直致力于废除不平等条约的研究，写过《不平等条约十讲》，作为小册子出版。"① 解放后，他走向从政，并且将其真正的学问和研究成果付诸实践。而其丰富的研究成果和实践经验也是其留给后人的宝贵财富，尤其是其在国际法上所论述的和平共处五项原则，不仅成为国际法基本原则规范，而且使得国际法更有利于解决维护国家主权与领土完整，维护国际和平与安全的两大任务。随着现代全球化的发展，第三世界国家也逐步加入到世界的政治和经济交往当中来，和平共处五项原则也被广泛运用，并取得了显著成果。

其次，有利于国际争端的解决，维护国际和平与安全。二战后，世界各国在经济上联系日益密切，在和平与发展的潮流中，各主权国家的政治也逐渐趋于平等，无论是国际组织还是国际会议中，大国操控以谋私利的局面已不复存在，如何建立一个和平与发展的世界是人类共同的愿望。在多极化的世界政治关系格局和趋势中，要实现繁荣发展，需要在和平安定的国际环境中实现各国的友好合作，同时发展又是加强和维持世界和平稳定的根本途径。但是至今世界还是存在许多不平衡和不安定的因素，很多国际争端问题仍然是悬而未决，周鲠生提出至今为国际法所承认的解决国际争端的方法目前只有和平解决方法，包括外交谈判、斡旋、调停和仲裁的政治和法律的方法，尤其是政治的争议，比较有弹性的解决方法更适用。这对于当今国际争端的解决有一定

① 徐正榜、张琦：《国际法学家、教育家周鲠生》，《武汉文史资料》1990 年第 2 辑，第 9 页。

的实践指导意义。

2. 政治学思想的现实意义

首先，有利于中国社会主义现代化建设。中国社会主义现代化建设的重要一环是实现民主政治的建设，而民主政治的建设和依法治国、法制建设以及国民法律意识的提高息息相关，民主政治的建设要求依法治国，而实现依法治国则必须加强法制的建设，法制的建设又需要提高国民法律的意识。周鲠生对近代西方民主政治的发展进行了探索，且认为在外交上“一国的外交政策受国民直接或间接的支配”①，即应该以人民代表机构实施民主监督，以实现外交的民主化，而这对现代的民主政治建设仍有一定的意义。同时，他不仅主张要在高等教育中提高法律教育的水平，而且要在国民教育中加强人们对政治法律的认识，提高人民民主政治意识和法律意识，促进法制建设，实现依法治国。

其次，有利于开创外交事业新局面。周鲠生吸收了中外法律文化之精华，并深入研究中国社会现状，丰富其国际法思想，同时，他对国际形势识时务地进行分析，并提倡独立自主的外交政策，这对中国的外交工作发挥了并将继续发挥重要的作用。当今世界各国形成了相互依赖的世界经济体系，各国需要充分依据各国国民意志，并通过民间进行的外交来实现各国的沟通和交往，即大力推行开放的民主化国民外交。其有益之处颇多：其一，这顺乎了国际政治民主化的思潮，有利于提高国际关系的民主气氛。其二，有利于各国经济共同发展，共同繁荣。其三，有利于消除误解，解决国际争议，且便于全球谈判，对制止战争有一定的作用，从而实现和平与发展。周鲠生倡导外交民主化的国民外交为越来越多的国家所重视和接受，这对当今的外交和世界的和平与发展无疑具有重要意义。

3. 教育思想的现实意义

首先，公民教育是个永恒的主题。在现代社会里，如何培育人们有效地参与国家和社会公共生活、培养明达的公民是公民教育

① 周鲠生：《国际公法之新发展》，商务印书馆 1934 年版，第 313 页。

亟待解决的问题。当今的公民教育分别被理解为“有关公民的教育”即对国家历史、政体和政治生活的认知；“通过公民的教育”即积极参与学校和社会活动；“为了公民的教育”即知识与能力、过程与方法和情感态度与价值观。周鲠生的公民教育思想包括政治法律、社会生活与社会经济、情感三方面，将理论性知识与历史和现实状况相结合，不是单纯地阐述理论和道德精神要求。周鲠生的公民教育思想对今天的教育也具有重要意义，也是中华民族重要的精神遗产，“藏之名山，传之不朽”。

其次，周鲠生的高等教育思想对于今天的高等教育也意义深远。高等教育的职能是培养专门人才、开展科学研究和服务社会。虽然当今的高等教育已经发生翻天覆地的变化，取得了举世瞩目的成就；但同时，有目共睹的是，高等教育仍然存在着教育体制、办学、教育管理方式等许多问题，它仍处于现代化的进程中。如果教育不能率先实现现代化，就会影响国家社会主义现代化的进程。周鲠生对于学校与学生、硬件和软件的认识，对这些问题有着借鉴意义和指导意义。

周鲠生的学术思想具有深刻的学术影响和现实意义，他的学术思想一定程度上符合历史唯物主义和辩证唯物主义的观点，其坚持群众的观点，抗战中主张全民族团结一致誓死抗战。他也坚持以联系发展的观点看待国际政治和外交，时刻把握国际政治的走向，判断国际形势的发展，并逐渐认识到各国相互间形成相互影响的外交关系，因此在抗战中中国应该积极外交，即争取英美的合作和国联的联合干涉，并对德意两国的政策保持警惕。外交研究上，他认为无论是以重大国际事件还是按国别叙述，都只是孤立的研究，不能真正地了解事实和判断事实。不同时期各国外交间有不同的密切关系，按照时代的分类，对一切有关系的事件同时进行研究，从而得出相互关系和因果关系等。其在史学方面的研究，基本上具备了史家四长，即写史“史才”、丰富的“史学”、识鉴和判断历史是非曲直的“史识”和秉笔直书的“史德”。但由于其个人的局限和时代的局限，难免也有其不足之处。

首先，国际法方面，周鲠生笼统地将西方奥本海教本和苏联科学院教本的国际法定义结合一起，给国际法定义以阶级性，显然是不科学的。应该从法律阶级性、规范性和强制性等一般共性角度分析。在国家的承认与继承问题上，其对国家的概念认识发生了误差，把马列主义中的“国家”和国际法上的“国家”的概念混淆了，两者范畴完全不同，前者是阶级统治工具，后者是国际法主体。在评判苏联的国际法贡献时也显然不够客观，他在《巴黎和约》问题上夸大了苏联的作用。

其次，政治外交方面，周鲠生以时政研究为主，很多都是附和时局，成为政策与舆论的宣传和事后的论证，从而缺乏学术自主性。虽然周鲠生一直追求学术的自由，但难免显得政治色彩浓厚。例如在武汉大学接管工作时，他注重保护学生的生命安全，从客观上保护了中共地下党，导致国民党官员的相对不满。武汉大学军代表朱凡在《武汉大学接管工作总结》中评价道：“在思想上是保守与落后，他虽以国际法见著，但与其说他是一个学者，不如说是一个政客。他政治手腕厉害，灵机应变，饱有经验，非那些书呆子可比。所以我们不把他做学者看，而作为政客来看。”① 另外，周鲠生的政治学研究也体现了中国政治学研究的缺陷即整体研究空洞化和微观研究碎片化，他的政治学研究并未形成如国际法一样系统的理论体系。

史学方面，他对政治外交史采取专题式的叙述方法，不能十分生动地将国际政治的风云变化和跌宕起伏表现出来，略显枯燥。且由于当时的历史条件，书中也有不符合马克思主义历史观之处，例如其以欧洲为政治中心的陈腐观点，笼统概括“一般国际政局，都是从欧洲政局演成的”②，以及以上层政治为主的从上往下进行的研究方式。另外，由于年代关系，其书中很多的国名、人名与现在的通用译名也不一致，这也是有目共睹的，在武汉大学新出版的周鲠生众多著作中都有明确表现。

教育方面，周鲠生对教育的研究并未理论化，更多的是就个别

① 林建刚：《韩德培的梦想与遗憾》，《经济观察报》2011 年 10 月 28 日。

② 周鲠生著，王云五编：《最近国际政治小史（万有文库第一集一千种）》，商务印书馆 1929 年版，第 12 页。

问题提出的建设性见解，除了《新学制公民教科书》以外，基本上没有其他关于教育的著述。同时，他的教育思想蕴含了浓厚的实用主义，无论是公民教育还是他的法学思想和政治学思想，一切以提高国民素质为目的。

周鲠生的学术思想固然还有其他的不足之处，在此不予以赘述。但无法否认其一代国际法之父的地位，也不可磨灭这一代名师校长和知名外交家的积极贡献，亦不能忘怀其博学爱国，追求进步的精神。

结　语

清末民初，面对着国家危亡和惨遭蹂躏之历史困境，面对着世界政治和社会之深入变革，面对着学术跨世纪的“三千年未有之大变局”，周鲠生适应着时代的要求，走出湖湘，走出国门，走向世界的他处，寻求一份知识的力量和一条救国救民之路；归国后他毅然投入了革命，投入了教育，投入了政法历史研究的海洋，为拯救旧中国和建设新中国不断奉献着，并在政法史学以及教育各领域留下了重墨的一笔，令世人为之折服。横望周鲠生广阔渊博的学术知识体系，纵视周鲠生饱经社会磨砺的一生，可以看到他独特的学术思想是非常值得我们仔细去探讨的。

对周鲠生学术思想的探析，需认真分析和论述其时代以及个人的背景，尤其是其漫长的人生经历及不同的时代对他学术思想所产生的影响。因此，在分析其学术思想的形成时，需选择关键的历史节点对其形成过程进行科学的分期。更需注意的是，周鲠生的学术思想发展是理论与实践相互促进的过程，各个领域的思想也有其纵向发展脉络和横向的联结。所以在探析其学术思想的内涵时，更多地应该从其理论内容和实践两方面去分述各个领域的发展及特点。最后，也是最重要的是，应该看到周鲠生学术思想的伟大之处，以及对学术和现实的深远意义，并以“去其糟粕，取其精华”的态度看待周鲠生的学术思想，摘其闪光之处，继承之，发展之。

如前所述，周鲠生的学术思想可分为萌芽期、发展期和成熟期三个历史阶段，主要涵括了国际法、国际政治和外交、政治外交史和教育四个方面，最后发展成以国际法为主体的学术体系，并最终体现于外交的实践。诚然，基于周鲠生学识的渊博精深，限于资料的匮乏和自身能力，尤其是对国际法的认识及史学理论的把握不是特别全面，也只能对周鲠生的学术思想进行一次初步的探析和总结，其中部分看法仅供参考。对周鲠生学术思想有了一个大概的了解后，就能更好地避免学术上的不适之处，就能更好地找准其学术定位，使进一步的学术研究更有针对性。

中编　民国湖南史学思想研究

论李达及其史学思想

吴少鹏

李达是我国杰出的马克思主义理论家，中国共产党的主要创始人和早期领导人，中国最早传播马克思主义的先驱者之一，也是最早提倡用马克思主义唯物史观研究历史的学者，对唯物史观在历史学领域的发展壮大起到了重要作用。将李达作为研究对象来源于导师的课题《民国湖南学术思想史研究》，而将李达的史学研究作为重点是因为在对李达同志的生平和思想的了解后，被李达的人格魅力所吸引，对他在史学领域的研究有所感悟而且李达的史学思想是较少被人们研究的，李达在史学方面的研究还未引起更多学者的关注，有进一步研究的可能，遂尝试研究李达及其史学思想。

李达是一位博识多闻的学者，其研究涉及哲学、教育学、法学、经济学、史学等多个领域。首先，他在马克思主义哲学方面的研究成果是巨大的，有一系列的专著。学界对李达的研究也多集中在马克思主义哲学方面，有着较为广泛和深入的研究，其次在法学、经济学、教育学方面的研究也是硕果频出，而对于李达在史学方面的研究成果则较少，关注不多。学者陈答才在《近三十年来李达研究述评》中对于李达研究的相关现状也肯定了这一观点，认为对于李达在史学领域的研究成果学界目前关注较少。可以看出对于李达及其在史学领域的研究还有待开发，值得进一步深入挖掘。

李达的著作里并没有专门论述历史学的著作，他的历史理论和史学思想主要集中在他的《现代社会学》《社会学大纲》和一些关于社会经济史的著作中。在这些论述社会经济的著作中，李达运用唯物史观的基本原理，分析社会现实问题，将学术研究和社会发展结合起来，为中共领导的社会革命提供理论基础。有关研究李达史学的著作有罗海滢的《李达唯物史观思想研究》，主要研究了李达唯物史观思想发展的历程，及李达运用唯物史观研究中国马克思主义哲学和社会主义理论等问题，其对李达唯物史观的研究注重在哲学领域，对宏观考察李达史学思想有启示作用。苏志宏的《李达思想研究》一书在第二编中阐述了李达的社会历史观的形成与发展，对李达在近代社会历史领域的研究有着较多的研究。此外还有撰写李达传记的作者如宋镜明和王炯华等，在传记中也有涉及李达史学研究的方面，但都不详细。

期刊论文有陈先初的《湖湘传统史学及其近代转型》，以湖湘文化的传承为脉络，以湖湘学者为中心，论述了湖湘传统史学的特点及近代以来湖湘学者在新史学和唯物史观研究领域作出的贡献，在文中他肯定李达是我国传播和研究唯物史观的早期代表人物，作出了巨大贡献。李维武的《李达对唯物史观的多向度开展》，以唯物史观为纲，考察了李达唯物史观思想在政治哲学、历史学、经济学、法理学等方面的开展，为深化对李达唯物史观的了解提供思考。洪认清的《李达的历史理论和史学思想》通过论述李达的历史理论及其对中国史学的影响和李达的社会经济史研究及其影响两方面阐述了李达的历史理论和他在社会经济史研究领域中的史学思想。鲁涛的博士论文《李达史学思想研究》是近年来研究李达史学思想的集大成者，作者把李达视为一名历史学家并用研究历史学家史学思想的方法来对李达史学思想做了大量和深入的研究。作者认为传统史学是李达史学思想形成的理论根基，唯物史观是李达史学思想形成的理论依据，李达本人良好的史才是他史学思想形成的主观条件。在此基础上作者论述了李达的历史理论、史学理论和史学方法，其研究着重于在史学理论方面对李达史学思想做研究。此外，还有文章也从社会经济史方面论述了李达的史学思想，这类文章有卢琼的《论李达的中国近代经济史研究》，该论文对李达的一系列经济学方面的著作如《中国产业革命》《中国现代经济史之序幕》和《中国现代经济史概观》

等论著的研究，厘清了李达经济史学思想发展的范式和影响。裴庚辛的《论李达对中国近代经济研究的贡献》通过对李达在经济史领域的研究，认为李达的研究开创了近代经济研究的新范式，为中共认识近代社会性质提供了参考。

李达是受人尊敬的马克思主义学者，他长期在大学教书，建国后历任湖南大学和武汉大学的校长，很多学者都受到过他的指导，撰写了很多怀念李达的文章，这类文章有助于我们了解李达的性格和价值观，对于他的学术研究态度和方法也可有一定的了解。翟清福的论文《李达与吕振羽的史学渊源》介绍了李达和吕振羽的交往及在史学研究上对吕振羽的影响。姚薇元的《难忘李校长对我的教诲》记述了李达在武汉大学担任校长期间，对青年教师教学工作的关心和指导。胡绳的《在李达同志诞辰 100 周年纪念会上的讲话》肯定了李达是杰出的马克思主义学者，是不屈不挠坚持真理的学者。侯外庐在他的回忆录《韧的追求》中也回忆了与李达的交往，将李达视为他终身的老师，给予李达很高的评价。

综上所述，有关于李达和其史学的研究近年来开始受到学者的关注，并有了不少的成果，但也有些不足之处：对李达的研究有的只对其学术成就的一方面展开研究；有的研究涉及较大的范围，未能把握住李达在史学研究上内在的逻辑，对李达的史学成就多持肯定意见而没有阐释李达在史学研究领域的不足。鉴于此，本文尝试再就李达及其史学研究做一番探讨，试图发现李达个人以及他的史学研究间的联系，对李达的史学研究做一个系统的梳理，并把他的研究放在一个大历史背景下做一个评价，从而进一步丰富对李达的学术研究成果。

一、李达生平简介

李达字永锡，号鹤鸣，1890 年出生于湖南省零陵县（今属永州市冷水滩区），七岁开始入私塾跟随当地的先生读书，从小熟读四书五经，受到传统中国文化的熏陶。15 岁时，李达考入公费的永州中学，在中学期间李达接触到了一大批先进的思想文化，开阔了思想和眼界。当时的中国正处于清朝末年，清政府腐败不堪，列强瓜分中国划势力范围而治，革命势力迅速发展，想要推翻清王朝的腐朽统治。这时的李达和大多数想要投身革命的青年一样，参加了反对帝国主义侵略和清政府腐朽统治的爱国主义的活动，在运动当中他开始了救国救民的思考。1913 年，李达抱着“实业救国”和“科学救国”的理想考取了湖南留日官费留学生赴日本留学，后因病辍学。1917 年他再次赴日本留学，在日本留学期间，李达初步接触到了马克思主义，并开始用马克思主义理论找寻救国救民的方法，这时候俄国十月革命胜利的消息使李达坚定了潜心研究马克思主义理论以此作为救国救民的良药。在日本期间，李达翻译了《社会问题总览》《唯物史观解说》和《马克思经济学说》三本著作并由中华书局在 1921 年出版，是国内最早一批宣传马克思主义的著作。1920 年回国后，李达积极地和陈独秀、李汉俊等人合作开始了中国共产党的创建工作，并担任《新青年》的编辑和《共产党》月刊的主编，在这期间他发表了《第三国际（即国际共产党）大会的缘起》《劳动者与社会主义》《马克思还原》等一系列介绍马克思主义和共产党的文章。1921 年，李达开始代理担任党的发起组书记，7 月作为上海发起组代表出席了党的一大，并当选为中央宣传部主任，9 月李达创办了人民出版社。1922 年 7 月，李达出席了党的二大，11 月应毛泽东的相邀赴湖南任湖南自修大学学长，与毛泽东一起主持湖南自修大学的校务，研讨马克思主义，培养党的干部和开展理论宣传工作。这年暑假，李达从长沙回上海与陈独秀商讨国共合作问题，因与陈独秀在此问题上意见不合以及个人的自身境况，李达回到长沙后与陈独秀断了联系，逐渐脱离了党组织。1926 年，李达的著作《现代社会学》出版。1928 年，在国民党的通缉和逮捕的危险情况下，李达与邓初民等创办昆仑书店，并翻译出版了《法理学大纲》一书。1929 年发表了《中国产业革命概观》《社会之基础知识》《民族问题》等著作，结合中国现实用理论来阐释了现阶段的革命性质、对象、动力和前途问题。1930 年，他翻译出版了马克思的《政治经济学批判》和河上肇的《马克思主义经济学基础理论》。1936 年写作完成《经济学大纲》和《货币学概论》两部作品，是当时学界用马克思主义研究经济学的代表作品。1937 年李达的《社会学大纲》出版，并寄给毛泽东，毛泽东阅后称赞该书是中国人自己写的第一本马列主义的哲学教科书。抗日战争爆发后，李达生活陷入困境，在此期间李达在困苦的生活条件和反动特务的监视下依然坚持研究马列主义，笔耕不辍。抗日战争胜利后，李达担任湖南大学法律系教授，用马列主义观点来讲授法理学，完成了《法理学大纲》的写作。1949 年，李达帮助中国地下党策划了程潜的起义，湖南和平解放。同年 9 月出席了中国人民政治协商会议第一届全体会议，被选为政协委员，12 月，在毛泽东等作历史证明人，刘少奇作介绍人，经党中央批准重新入党。

新中国成立后，李达相继担任湖南大学和武汉大学校长，发表了《〈实践论〉解说》《〈矛盾论〉解说》等一大批宣传马列主义的文章，并将《社会学大纲》重新编写，主编为《马克思主义哲学大纲》。在担任武大校长期间，李达制定了一系列新时期的教学计划，用马克思主义来指导教学，为新中国培养了大批人才。在此期间他还亲自创办武汉大学哲学系，兼任系主任，使武大成为新中国马克思主义哲学的研究重地。1966 年林彪提出了“顶峰论”，李达公开提出这是不符合马克思主义发展规律的，是错误的，并多次对国内的“左”倾思想提出批评。“文革”爆发后，李达被打倒并被非法开除党籍，含冤去世。1980 年，中共中央为李达彻底平反，恢复党籍和名誉，1981 年，李达生前著作被编入《李达文集》，由人民出版社出版。①

二、李达史学思想溯源

（一）湖湘文化是李达人生价值观的源泉

李达是湖南人，生于斯长于斯，从小就深受湖湘文化的熏陶，和众多的湖南人一样，他的身上也拥有湖南人“吃的亏，霸得蛮”的思想品格和气质。有学者指出所谓“蛮”主要指“湖南人所具

① 上述生平事迹依据《李达年谱简编》（宋俭、宋镜明编《中国近代思想家文库·李达卷》，中国人民大学出版社 2015 年版）整理。

有的独立不羁、不肯调和、不肯轻易服人、无所依傍、浩然独往的精神特征”。① 李达性格倔强，坚持真理，不屈服于强权和谬误，这样的品格贯穿他的一生在他人生各个时期都有体现。中共二大后，因为不满陈独秀在国共合作问题上“以个人身份加入国民党”的意见，李达据理力争和陈独秀发生争吵，并离开了陈独秀领导的党中央，专注于学术研究和马克思主义的传播工作中。李达脱党后就进入大学任教，大革命失败以后国民党反动派在思想文化领域加强控制，对宣传马克思主义的作品一概收没烧毁，在大学等地方安排特务盯梢，秘密逮捕了一大批红色教授，并规定在大学课堂里严禁教授与马克思主义有关的知识。李达作为一名红色教授也自然被国民党反动派盯上了，并被特务打过，但他仍然敢于在课堂上讲授和宣传马克思主义，吸引了一大批爱国青年来听他的课。抗日战争爆发后，全国各地的学校被迫停课，李达也失业了，不得不返回家乡躲避战乱，生活日益贫困。1944 年他的家乡零陵沦陷，李达被迫和妻子逃往道县，在深山野林里东躲西藏达一年之久，其间又遭土匪洗劫，几乎冻死饿死。但这样艰苦的环境并没有打消他治学的态度和积极性，依旧坚持著述，笔耕不辍。建国后李达又回到了大学课堂继续教书。他认真负责，开拓进取，培养了一大批青年马克思主义学者；他还写了多部通俗易懂的宣传马克思主义的作品，使广大人民群众得以了解和学习马克思主义。大跃进时期全国上下“左”倾思潮泛滥，流行着“人有多大胆，地有多大产”的浮夸口号，毛泽东认为是可行的，代表了农民积极建设社会主义的热情，是值得肯定的。李达认为这样的浮夸口号虽然是人民建设社会主义热情的体现，但违背了实事求是的原则，容易造成浮夸盛行，会对党领导的社会主义建设带来危害。“如果不顾客观规律，违背实事求是原则，共产主义就会搞成破产主义，大跃进就会变成大后退，人民公社就会变成人民空社。”② 李达运用了多种方法来证明，据理力争，“争到最后，

① 湖南省文史研究馆编：《湖湘文化述要·绪论》，湖南人民出版社 2013 年版。

② 海波、王鲁：《纪念和学习李达同志——哲学系教师座谈纪要》，《武汉大学学报》1981 年第 1 期。

毛泽东同志终于在这个问题上承认了错误”。[①] 1960年代开始，我国学术界掀起了一股极左思潮，林彪提出了“学语录是学马列的捷径”“毛泽东思想是马列主义顶峰”的错误思想，李达坚决反对林彪宣扬的“顶峰论”，说：“是‘顶峰’，不发展了吗？这是违反辩证法的！”有人提醒他说这是林彪讲的，他说：“我知道，我不同意。”还说：“错误的东西，不管是谁讲的都不能同意！”“文革”爆发后，李达被错误打倒，含冤去世，他在生命的最后关头依然挂念的是他未完成的著作《马克思主义哲学大纲》，并叮嘱身边的同志继续努力完成该著作。李达的一生始终是坚持真理敢言敢争的，他的个性正是湖南人“蛮”的特质，是湖湘文化孕育了这样一位坚持真理，不屈不挠的马克思主义学者。

（二）湖湘文化经世致用史学思想的熏陶

经世致用的思想是湖湘文化的核心，湖湘学者历来主张研究致用的学问，寻找治国安邦、济世安民之道，这是湖湘文化的传统，被一代代的学人继承并发扬光大。湖湘学派的奠基人胡安国用尽一生来研究儒家经典《春秋》并以“强学力行，以圣人为标的，志于康济时艰”[②] 的经世思想完成《春秋传》。这样的成就一方面是传统儒家知识分子希望著书立说完成学术研究的志向，但更重要的一方面是胡安国希望在《春秋》中找到致用的知识，试图达到抵御金军、收复中原的目的。他的继任者胡宏继承并发扬了他的经世致用的思想，强调“学圣人之道，得其体，必得其用。有体而无用，与异端何辩？”[③] 所谓“用”即经世致用，即把所学应用到现实中去，发挥实际作用。明清之际的王夫之继承并发扬了湖湘文化经世致用的学术传统，并对近代湖湘文化和湖湘学人产生了重要的影响，他在《读通鉴论》这部史论专著中提到：“所贵

---

① 胡乔木：《深切悼念伟大的马克思主义理论家李达同志》，《武汉大学学报》2000年第6期。

② 《胡安国传》，《宋史》卷四百三十五。

③ 胡宏：《与张敬夫》，《胡宏集》，中华书局1987年版，第131页。

乎史者，述往以为来者之师也。”[①] 也就是强调今人研究历史要能为后来者提供借鉴，用经世致用的思想来治史，在研究史实的情况下寻找合理的治国治世之道。总之，“湖湘学派的一个突出特点是强调经世致用，主张‘通晓时务’‘留心经济’、反对‘腐儒’学风，因此其较为看重历史，重视借鉴历史上经验教训为现实政治服务。”[②] 李达继承了湖湘学人经世致用的文化传统，以坚韧的品格努力研究经世致用的学术，希望能为社会、国家服务。他后来转向马克思主义思想的研究就是因为他希望用马克思主义来救中国，并深入研究马克思主义，找到了走社会主义道路这一条救国救民之路。

（三）强烈的爱国主义情怀

爱国主义是湖湘知识分子从古至今代代传承的品格，历史上有很多湖南籍的爱国者。屈原在得知楚国都城被秦国攻破后投身汨罗江，至今被后人纪念；南宋末年，蒙古铁骑包围长沙城，长沙面临危亡的局势，长沙军民和各个学院的学生团结起来英勇抗战，多次打败蒙古铁骑，纵使粉身碎骨也决不投降；明末清初，王夫之领导湖南百姓英勇抗击清军，试图挽救明朝于危亡，在抗清失败后，他归隐衡山坚持著述，来传承儒家文化，保存中国传统文化的火种。历代爱国志士的爱国主义精神奠定了“湖湘人士视救国救民为己任，作为信念与篇规代代传承的是：天下兴亡，匹夫有责；拯危救世，舍我其谁”[③] 的这样的精神。李达也被历代湘人的爱国精神所影响，对爱国志士王夫之有着崇高的敬意，在纪念王夫之的学术会议上他还谈到：“我们纪念王船山，首先因为他是一个热烈的爱国主义者……他当时反抗民族压迫，摸索救国真理，具有很大的热忱。”[④] 在湖湘文化浸润中成长的李达自小受到湖湘

---

① 王夫之：《读通鉴论》卷六，中华书局1975年版。

② 陈先初：《湖湘传统史学及其近代转型》，《湖南大学学报（社会科学版）》2013年第1期。

③ 曲广娣：《论湖湘文化及其对李达的影响》，《湖湘论坛》2009年第2期。

④ 李达：《纪念王船山逝世二百七十周年学术讨论会开幕词》，《江汉学报》1962年第12期。

文化里爱国主义的影响，并将此作为生命的依附和最重要的品质，爱国主义思想是他在一生中坚守和努力践行的。

李达生于1890年，他成长的年代是中国国力衰弱、民生凋敝的年代，鸦片战争开始后，西方列强打开中国的国门，他们的侵略使中国逐步沦为了半殖民地半封建社会。帝国主义的侵略和清政府的腐败激起了爱国志士探索救国救民道路的热情，一大批的爱国志士尝试用他们的知识和生命挽救处于危亡中的祖国。1909年，李达考入京师优级师范，期望用“教育救国”的思想来提高国民的知识文化水平进而使国民觉醒，国力富强。辛亥革命推翻了清王朝的统治，中华民国建立后，孙中山宣传兴办实业，进行经济建设，李达遂改学理科，并赴日本留学，投身“实业救国”的道路。后来的中国又陷入军阀混战，在中国发展实业来进行经济建设变得不可行。在“教育救国”和“实业救国”的理想都破灭后，此时的李达也陷入迷茫中，不知该如何做才能救中国，“当时我们就像在漫漫长夜里摸索道路的行人一样”①，空怀救国之志却总被现实的困顿挡住去路。此时的李达因为患肺病从日本回国在家乡休养，自身的困苦和国家的贫弱使李达的内心极度苦闷。1917年，李达再度留学日本，在此期间俄国十月革命的成功使他开始学习和研究马列主义。1918年5月，李达号召留日学生回国参加了对段祺瑞政府的示威请愿活动，这次请愿活动并没有成功，反而造成大量无辜百姓受伤。请愿活动的失败，使李达认识到在反动统治下简单的温和的示威游行是行不通的，反动统治者势力强大，又掌握着国家暴力机器，温和的手段只会是无济于事的，“只有由人民来推翻反动政府，像俄国那样走革命的道路。”② 十月革命是靠马列主义指导才得以胜利的，马列主义的成功也被广大知识分子视为中国革命胜利的法宝，李达遂在请愿失败返回日本后开始潜心研究马克思主义，从中寻找救国救民之道。可以看出李达选择马克思主义作为救国救民的指导思想是经过亲身的实践认知得来的，经过了曲折的探索过程，自此李达终身信奉马克思

① 李达：《李达文集》第4卷，人民出版社1988年版，第731—733页。
② 李达：《李达文集》第4卷，人民出版社1988年版，第731—733页。

主义，研究马克思主义，把马克思主义作为自己的信仰。

在建立了马克思主义的信仰后，李达撰写了一大批宣传和研究马克思主义的作品，而这些作品都有着一个共同的出发点和目的，那就是救国救民。1937 年，李达的著作《社会学大纲》出版，李达在扉页上题写了“献给英勇的抗日战士”的字，意在鼓舞对日作战的将士们，希望他们能掌握科学的理论和知识，武装自己的头脑，“用科学的宇宙观和历史观把精神武装起来，用科学的方法去认识新生的社会现象，去解决实践中所遭遇的新问题，借以指导我们的实践。”① 希望战士们通过学习科学知识，解决战斗中的问题，战胜日本帝国主义保家卫国。通过这段话可以看出，他的著作里饱含着他的强烈的爱国主义思想，在遭受日本帝国主义侵略的时候，李达希望用马克思主义作为理论的武器来为全国抗战作出自己的贡献，解决在抗战中遇到的难题，向将士们宣传科学的马克思主义，使将士们能够从马克思主义中寻找克敌制胜的法宝，解决战斗中遇到的种种难题进而打赢这场战争，保卫国家和民族不受日本帝国主义的荼毒。1937 年日本发动卢沟桥事变，开始全面侵略中国，国民政府在正面战场节节败退难以抵挡日军的侵略。这样的失败一方面是因为中日军力的悬殊造成的，一方面又是因为蒋介石政府在此前“攘外必先安内”的错误政策造成的，这样的错误政策使国内的抗日力量被大大削弱，使日本有了可乘之机。李达借《社会学大纲》的出版来宣传马克思主义就是为使广大将士能正确了解科学的马克思主义，消解他们对马克思主义的误解，使全国各个战场的将士们能同心协力、共同抵抗日本帝国主义的侵略。此外，李达还鼓舞将士们用科学的方法解决实践中所遭遇的难题，也是为抗战提供科学的理论指导。中日国力的悬殊注定了中国的抗战是长期的，非要持久战不可，只有团结广大人民群众，深入敌后战场，消耗日军的有限的作战能力才能赢得全国战场的最后胜利。《社会学大纲》中饱含着马克思主义的科学的唯物论和辩证法，这样的科学思想可以为战士们在战争中提

---

① 李达：《社会学大纲》，武汉大学出版社 2007 年第 4 版“序”。

供科学的思维方法和理论指导，帮助战士们赢得战争。

三、运用唯物史观来进行史学研究

李达是我国早期马克思主义理论思想的传播者和研究者，唯物史观的研究贯穿了李达整个的学术生涯，也是他对马克思主义理论在各领域研究的原点，如：历史学、经济学、法理学等多种不同跨学科的领域，有着多重维度的开展和研究。历史学是李达唯物史观研究中最为重视的拓展，他研究唯物史观便与历史的研究有着紧密联系，“之所以如此，不仅在于马克思创立唯物史观是与历史学研究直接相联系的，而且在于中国第一批马克思主义理论家从一开始就重视唯物史观的历史学向度”。① 这是由中国的实际情况决定的，中国数千年的历史源远流长，传统知识分子更愿意在历史研究中寻找他们治学的合理性，早期的马克思主义者身上也有着这一特点，从研究历史中寻找马克思主义的科学性和实践性是他们治学态度和习惯的传承，这样的研究也利于增强马克思主义理论的说服力，使得它能被广大知识分子所接受。在《现代社会学》这本著作中李达初步尝试用唯物史观来进行史学研究，后来李达又在他的哲学著作《社会学大纲》中，进一步加深了对唯物史观的认识，使唯物史观的研究更具有科学性和合理性。在对唯物史观有了充分的认识后，李达又用唯物史观做指导，对中国革命的道路和未来做了自己的研究。

（一）唯物史观的初步探索

在《现代社会学》这本著作中，李达用唯物史观的学说论述了社会的本质、构造、起源、变革等一系列基本理论问题，以及在社会的变革进化过程中产生的诸如国家、社会运动和革命的问题。此外，李达还论述了一些现实问题如：帝国主义、世界革命、国际社会主义运动、中国当前的社会性质和中国革命努力的方向等，通过理论分析为中国的革命做了概括性的分析，对革命者认

---

① 李维武：《李达对唯物史观的多向度开展》，《武汉大学学报（人文科学版）》2011 年第 1 期。

清中国革命的方向和前途有非常大的启示作用。

关于社会历史的本质之说，李达用唯物论作指导形成了一个唯物史观的社会说，对资产阶级的社会历史起源的说法进行了驳斥和批判，形成了科学性的唯物的社会起源学说。李达认为社会不是由契约组成的，也不是由人们的思想观念结合而成的，更不是因为人类进化而自然而然形成的，社会的形成是一个漫长的过程，人类社会的形成是因为生产力进步后带动生产关系变化，在生产关系中人和人发生交往产生密切的联系，遂有了人类社会，因此社会“乃由加入生产关系中之各个人结合而成”。[①] 李达首先分析了人类社会的起源，原始人类为了获得生存的物质结成群体一起来生产生活，在群体的生活中，建立了一定的生产关系，由此才形成了人类社会最初的形态；随着生产力的进步，人类社会的生产关系越来越紧密和庞大，每个个体都融入到社会生产关系网中，成为社会生产关系的一分子。因此，人类社会的形成是以生产力做基础的，生产力越来越发达，生产关系就越来越复杂，人类的社会历史才会演进。归根到底，社会历史的形成是由物质做基础决定的，而不是契约或者心性感想之类。李达在最后总结了唯物史观关于社会本质的理论，他认为社会历史的演变归根到底就是物质的生产历程，取决于生产力的发展。在社会历史演变中产生出来的上层建筑如精神文化等，都是由物质的生产关系中发展出来的，随着生产力和生产关系的变化而变化，故“社会之进步，亦即生产力之进步。此历史的唯物论之社会本质说之概要也”。[②]抓住生产力这一核心，是李达对唯物史观的社会学说的一个深入的认识，在此基础上就形成了其正确的社会学说认识和社会史观的认识，坚持了唯物论，为之后的马克思主义的学术研究奠定了科学的基础，避免了落入唯心论的思想中。

对于社会的构造，李达同样用马克思主义的唯物史观理论来进行深入的分析：社会的基础为在生产力基础上形成的生产关系，上层建筑为政治法制及与其密切相关的各种意识形态，而生产关

① 李达：《现代社会学》，武汉大学出版社2007年版，第16页。
② 李达：《现代社会学》，武汉大学出版社2007年版，第17页。

系的形成是在适应于生产力基础上形成的，是由生产力决定的，生产力是决定经济基础和上层建筑最基本的力量。所以“经济关系中之生产力苟有变动，则经济关系势必改造，因而政治法制及其意识形态亦必改造”①，这样的阐述符合马克思主义唯物史观的基本原理。对于上层建筑最核心的国家的产生，李达认为：“国家之成立，基于经济关系”，并用各个历史阶段的国家性质来说明，“古代国家建筑于奴隶制度之上，成为奴隶所有者支配奴隶之机关；封建国家建筑于农奴制度之上，成为封建阶级支配农奴之机关；近代国家建筑于工银奴隶制度之上，成为资产阶级统治无产阶级之机关。”② 李达认为国家是由于阶级对立而产生的，是不平等的经济关系的体现，在封建经济关系下形成封建统治的政权，在资本主义关系下形成资本主义的国家，这两类不同形态的国家政权都是在不平等的经济基础上形成的，是在对工农阶级的剥削基础上形成的。无产阶级革命后建立的国家是消灭了政治和经济上的不平等，工农阶级不再受到封建统治阶级和资产阶级的剥削压迫的国家，是人民当家作主的国家。这样的观点为无产阶级革命提供了强大的理论基础，激起了上千万的人民群众投入到无产阶级的革命浪潮中。另外，对于上层建筑中的法律、道德、宗教、艺术、哲学，李达认为它们都是统治阶级维持其统治的手段。法律是用来保护统治阶级剥削下层人民、维护其特权和既得利益的条约；道德和宗教是统治阶级约束被统治阶级在政治和思想上的无形条约，以此来限制人们的自由思想和反抗意识，是数千年来统治阶级在思想和精神层面的统治手段。至于艺术在过去社会更是为特权阶级所独占，为少数统治者所占用，广大的劳动人民不能享受艺术生活的滋味，更没有深厚的艺术修养。哲学是人类思想的反映，是指导人类生产生活的指南，对于哲学在社会中的建立和作用，李达认为它是“统治一时代人心之思想，常为统治阶级之思想。如此建立之哲学，即为特殊阶级之哲学”。③ 经济关系

① 李达：《现代社会学》，武汉大学出版社 2007 年版，第 18 页。

② 李达：《现代社会学》，武汉大学出版社 2007 年版，第 20 页。

③ 李达：《现代社会学》，武汉大学出版社 2007 年版，第 21 页。

决定上层建筑，上层建筑又对经济关系有重要的影响，上层建筑里的法律、道德、宗教、艺术等都是建立在一定的经济关系基础上的，封建制度下形成的经济关系决定了其上层建筑也是封建性质的，为封建制度的统治者所服务，资本主义制度下的经济关系形成了资产阶级性质的上层建筑，为资产阶级的统治者所服务。这两者都是脱离广大劳动人民的，为一阶层独自掌握，成为巩固其阶级统治，压迫人民的工具。只有建立在无产阶级经济关系基础上的上层建筑才是为广大劳动人民所需要所服务的。李达对社会构造的分析和论断是对马克思列宁主义的传承，是用无产阶级对社会历史的观点来分析社会构造的解说，为民众了解社会的构造和历史演变提供了指导作用，在当时是振聋发聩的，使国民对社会的构成和演变有了无产阶级性质的看法，突破了过去垄断者的束缚，使在社会中占主要的广大劳动人民有了对社会构造的新看法，认识到自身的独立性，开始起来反抗旧势力统治的压迫。

唯物史观在传入到中国之后最主要影响的就是中国共产党领导的无产阶级革命，在森严的封建堡垒中要想取得革命的胜利需要能指导革命胜利的理论，唯物史观强调的社会变革的观念对无产阶级革命提供了最有力的指导。李达在传播和研究唯物史观的过程中也着重研究了社会的变革，包括社会变革的概念、社会变革的条件、社会变革与阶级的关系等，并对社会构造的经济关系和上层建筑的进化方向做了讨论。

李达认为社会革命是社会进步的动力，推动历史的发展，并把它一分为二分为社会经济基础之上的革命和上层建筑的革命，并认为只有经济基础和上层建筑都带来变革才能激起社会革命的真正发生。谈到社会变革的原因，李达认为：“社会之所以变革，由于社会组织阻碍生产力发达。”① 李达分析了历史上的历次大的社会革命也即阶级革命的发生，分为了四个阶段：第一阶段是在原始社会后期，生产力的发展出现了阶级分化使公有制崩坏，自由民和贵族成为了掌握大量生产资料和权力的统治阶级，掌握了政

① 李达：《现代社会学》，武汉大学出版社 2007 年版，第 77 页。

治上的权势，建立了奴隶经济，以剥削奴隶或平民阶级，形成了第一次的阶级革命即李达说的“初期封建社会”。第二次的社会大革命形成了大地主贵族的封建阶级，即“高级封建社会”。初期封建社会小土地私有制度崩坏以后，大土地私有制度成立，大地主贵族的封建阶级建立了农奴经济以剥削工商农奴阶级，遂形成了第二次社会变革。农奴解放后带来大量的剩余劳动力，新式大规模工商业发达以后，新兴的资产阶级利用其经济上的优越势力推翻了封建阶级，形成了资产阶级以剥削工农无产阶级，资本主义社会形成，即第三次社会革命。资本主义社会形成后，生产力得到了极大的发展，但也带来了社会的分裂，形成了有产和无产两大阶级，形成了阶级的对抗，无产阶级利用其生产上的优越势力，企图推翻有产阶级建立社会主义经济，以期实现无产阶级的社会，这就是李达所说的第四次大革命。“过此以往，社会之革命或将继续演进，吾人固无庸推论，而历史所以昭示吾人者，社会之革命盖如此其进行不已也，是亦社会进化所必经之途径欤！”① 在李达看来社会历史是不断变革进化的历史，不是一个阶级掌控的历史，从封建社会到资本主义社会，从资本主义社会到社会主义社会都是社会变革进化的历史阶段，无产阶级领导的社会主义革命是符合社会变革进化的历史过程的，是符合生产力发展和生产关系变革的，是符合历史发展进程的，是先进的，是不可阻挡的。

对于社会变革的条件，李达从物质的条件和个人的努力两个方面来进行论述。对于物质条件方面李达从唯物史观的角度分析认为社会革命发生是因为社会生产力的进步带来的，社会生产力的发展的力量是巨大的，是不可阻挡的，它促进了生产关系的变革，落后的生产关系无法保障生产力的发展，因此必须要变革。不注重生产力的发展而只强调生产关系的变革，这样的变革是无法进行下去的，只有物质条件具备，生产力发达达到生产关系变革的条件才足以使社会组织产生变革，若没有充足的物质条件，急于进行社会革命只能“成就政治革命而止耳”，并不会完成社会的改

① 李达：《现代社会学》，武汉大学出版社 2007 年版，第 75 页。

造。对于个人努力方面，李达认为社会是由有意识的各个人结合而成的，社会是由复杂的社会思想交织而成的，所有的思想又均来自社会中每个人的意识。社会的变革一方面是受物质的条件的束缚，一方面又必须要社会中每个人有意识的行动付出努力才能实现，“故物质的条件与个人之努力二者皆社会变革之要件也。”① 物质条件的具备是社会革命的基础，没有充足的物质条件，社会革命必不能发生，这是第一位的；但也不能忽视个人主观能动性的发挥，历史上很多重大的变革之所以发生，有伟大历史人物的推动和发展，李达列举了欧洲17世纪的卢梭和19世纪的马克思来论证个人努力对社会变革的重要意义。17世纪欧洲的产业革命已经有了爆发的苗头，资本主义工商业迅速发展，但受到当时守旧的封建贵族在政治和思想上的压制，卢梭顺应社会历史的潮流，提出了天赋人权的自由主义学说，受到资产阶级的强烈欢迎，并将其作为资产阶级民主革命的理论指导，掀起了欧洲的资本主义革命。19世纪中叶，欧洲产业革命极大发展但也暴露出了诸多矛盾，种种问题造成了欧洲社会的动乱，广大人民迫切需要一场变革，在这个大的历史背景下，马克思创立了社会主义学说，成为了被压抑的无产阶级变革社会革命的工具，使社会主义思潮震荡于寰宇。李达说：“生今之世，为今之人，诚宜细察社会之潮流，熟审时代之精神，创造自身之历史，促进社会之进步。”② 这是李达用马克思主义的唯物史观研究社会历史所产生的理论论断，是他用历史唯物论的观点重新解释和研究历史，摒弃了传统和落后思想的束缚，开创了新的研究视角，满足了知识分子和革命者了解、学习马克思主义理论的迫切需要。此外，李达在书中还就中国的社会性质和革命问题做了初步的探讨，他认为中国目前的社会性质是半殖民地和半封建的，但并没有充分的论证，只是一个初步的思考。此外他还就中国革命道路的性质做了思考，认为中国的革命在半殖民地半封建社会有反帝反封建的双重任务，指出在民族民主革命中的无产阶级必须掌握领导权。

---

① 李达：《现代社会学》，武汉大学出版社2007年版，第88页。

② 李达：《现代社会学》，武汉大学出版社2007年版，第90页。

《现代社会学》是李达研究和传播马克思主义唯物史观的代表作，也是我国早期的传播马克思主义唯物史观的著作，有学者指出："它反映了中国早期马克思主义者对唯物史观的理解和运用所能达到的水平，标志着马克思主义哲学在中国传播的一个阶段的完成。"[①] 在历史学研究领域，李达在唯物史观方面研究的贡献也是巨大的，"为中国马克思主义史学由草创阶段步入形成时期奠定了理论基石"，"标志着马克思主义史学由最初的理论酝酿发展到了实际研究阶段"。[②] 在书中李达尝试着用马克思主义的唯物史观理论来研究社会历史中的种种问题如社会起源、进化、革命问题等，具有开创性作用，贡献是巨大的。在马克思主义传入中国之后，李达是较早地运用马克思主义的相关理论研究历史的学者，他翻译了大量的马恩著作，接触到了各国对马克思主义的研究的著作，因此能形成丰富又贴合中国实际的理论。李达可以说是马克思主义在中国兴起的开路者，他的研究态度和方法对后来研究马克思主义的学者有重要的影响，为后来马克思主义在中国的广泛传播并能指导中国革命起到重要的推动作用。

（二）唯物史观的深入研究

在初步研究了唯物史观的基本原理和问题后，李达并没有停下研究的脚步，他深知对马克思主义的唯物史观是需要进行更深入的研究的，之后他进一步研究了马克思主义的唯物辩证法并将辩证法的思想引入到唯物史观的研究中，提出了科学的具有辩证法思想的历史唯物论。恩格斯在论述社会主义如何从空想变为现实时也曾说过："唯物主义历史观及其在现代的无产阶级和资产阶级之间的阶级斗争上的特别应用，只有借助于辩证法才有可能。"[③] 历史唯物论和唯物辩证法是马克思主义哲学中不可分离、互有联

---

① 罗海滢：《李达唯物史观思想研究》，暨南大学出版社 2008 年版，第 32 页。

② 王东、王兴斌：《二十世纪上半期的中国马克思主义史学》，《历史教学问题》2005 年第 5 期。

③ 马克思：《〈社会主义从空想到科学的发展〉1882 年德文第一版序言》，《马克思恩格斯选集》第 3 卷，人民出版社 1995 年版，第 691—692 页。

系的，脱离辩证法来谈唯物史观会使其单一化、教条化，不利于唯物史观的正确发展和中国革命的进程。1935 年李达的《社会学大纲》出版，学界认为这是中国人写的第一部马克思主义哲学教科书，“就达到的水平和系统性而言，无一人出李达之右”[①]，是当时深有影响力的马克思主义哲学著作。《社会学大纲》重点论述了历史唯物主义和辩证唯物主义，将唯物辩证法的思想引入到唯物史观的研究中，是李达唯物史观研究的一大进步。

对于唯物辩证法与历史唯物论的关系，李达认为唯物辩证法的一般法则、原理等都是普遍的，都是从一切个别科学抽象出来的形成的一般性质的概况，它适合于一般和特殊现象的各个领域，具有抽象的概括性，“唯物辩证法，是一切科学的方法论”[②]。在历史领域中运用起来，唯物辩证法就成为具有科学性的历史唯物论。辩证法思想所具有的科学性为其作为科学研究的指导理论奠定了基础，李达用唯物辩证法思想作指导来进行唯物史观的研究，使李达的马克思主义唯物史观更具合理性，也为李达在研究历史方面提供辩证法思想，用唯物史观研究历史更能够辩证地看待历史问题，推进了历史研究的理论和方法的科学化。

具体来说，由于唯物辩证法的引入，李达对以往的唯物史观中的一些基本原理认识更加深刻。如对生产力的看法，李达此时的看法更为具体，他认为唯物史观所指的生产力，只是由特定生产关系给予形式的生产力，即在特定人类历史发展阶段上的社会的生产力，而不是普通一般意义上的生产力，是把生产力放在整个的认识社会历史中去分析的。这样的论断就牢牢把握住了生产力与人的关系，不至于使其抽象化，偏离人们的认知。同样，对于生产关系，李达也强调它的社会历史性，是意指着特定发展阶段上的社会的生产关系，不同的历史阶段必然有不同的生产关系，也必然会形成不同的上层建筑，有不同的阶级社会问题。生产关系具有社会性，在社会中生活着的人们都必然要加入这种生产关系，是不随自己的意愿转变的。“生产关系是与特定发展阶段上的

---

① 侯外庐：《韧的追求》，生活 · 读书 · 新知三联书店 1985 年版，第 36 页。

② 李达：《社会学大纲》，武汉大学出版社 2007 年版，第 228 页。

社会的生产力相适应的，各个阶段上的生产关系体系，是由各个阶段上的特殊的生产方法所规定的。”① 把生产力和生产关系放在特定的历史阶段内来论述，是李达在研究马克思唯物史观上的创新，唯物史观认为生产力和生产关系的进步是社会历史发展的动力，李达运用辩证法的思想把生产力和生产关系放在特定的社会历史阶段来分析，对于掌握历史发展的规律和法则有重要的作用。他把社会的发展看成是一定的历史发展阶段上的生产关系的产物，发现其进化和发展的法则，肯定社会历史的进步性，这样就肯定了无产阶级革命的进步性，为中国的社会主义革命发展提供了科学的有进步性的理论。

李达不仅论述了生产力和生产关系的辩证关系，对于唯物史观的基本原理之一的经济基础和上层建筑的关系，李达也着重进行了分析论证。他首先把社会的上层建筑分为两个方面：一是政治的法律的上层建筑，也就是上层建筑中用条文规定的，具有一定的阶级属性，是统治阶级用来维护其统治的最有效的手段；二是他称之为意识形态的也就是思想观念上的上层建筑，他肯定了意识形态的巨大作用，对于无产阶级的社会革命的文化建设提供了参考。对于政治和法律，李达认为在原始社会时期是不存在的，这时的生产力水平较低，人们共同劳动，生产手段归社会所共有，人与人在生产过程中的关系都是平等的；这个时代的社会的经济构造及其规律秩序，完全依靠传统习惯去维持，由宗族中年长而有经验的人指导，没有权力压迫。而进入到敌对的经济构造中后，出现了不平等的经济关系和其基础上的上层建筑关系，一方面统治阶级的社会集团依靠武力等独占社会的生产资源；另一方面被统治的社会集团被剥夺了生产资源，独占生产资源的社会集团利用其独占权利压迫后者，形成了两者互相对立互相冲突的状态，占有者为镇压被剥削者，创立了公共的强制的权力机关即国家，所以“国家是在敌对的经济构造上建立起来的，是一个社会集团统治别个社会集团的工具”。② 单靠掌握国家权力，统治者并不足

① 李达：《社会学大纲》，武汉大学出版社 2007 年版，第 232 页。
② 李达：《社会学大纲》，武汉大学出版社 2007 年版，第 234 页。

以对被统治者实行支配，遂组建了政府机关，创制种种法律，对被统治者宣布关于权利义务的规定和保障财产维持秩序的规定，来保障他们的统治利益。对于意识形态的上层建筑，李达首先解释了什么是意识形态，“社会意识的形式，即是意识形态”。社会意识是被反映了的社会存在，所以李达说：“各种意识形态，是按照社会现象的范畴，把社会意识的一定内容采取出来，实行抽象化、普遍化、系统化的精神生产物。”① 可以说意识形态就是社会意识抽象化的产物，社会意识如法律、哲学、宗教等，在对这些社会意识进行抽象归纳后即形成了法律的、哲学的、宗教的意识形态，这样的意识形态又是服务于他们所从属的社会阶级的。意识形态是在社会存在基础上形成的，特定历史阶段的社会存在产生出特定的社会意识形态，因此李达认为：“社会意识与意识形态，是随着经济构造的变动而不断变化的，都是历史的、暂时的、无常的产物。”② 因此，在不同的历史阶段，不同的经济构造基础上的社会，其意识形态也是不同的。

在谈到上层建筑对经济基础的作用时，李达也从这两方面来进行论述，首先是政治的法律的上层建筑对于经济基础的反作用。政治是在经济基础上成长起来的，是表现经济的东西，政治也会反作用于经济的发展。积极的方面是当政治作用于合法则的经济发展的方向时，它和经济相适应，经济就能发展，还能相当程度上反哺政治，促进政治的进步；消极的方面，当政治违背于合法则的经济发展的方向时，它和经济相冲突，经济的发展就被阻碍。李达还对意识形态的作用做了分析，他首先阐述了意识形态的概念，所谓意识形态就是“反映经济构造及政治的法律的上层建筑的东西”③，它对于经济构造和政治的法律的上层建筑具有反作用。建立在正确的上层建筑上的意识形态，能帮助人们正确地发现政治和经济的发展法则，在对这些法则了解和掌握后，运用这些法则去改变政治制度和经济发展中的不合理之处，推动社会历史的

---

① 李达：《社会学大纲》，武汉大学出版社 2007 年版，第 235 页。
② 李达：《社会学大纲》，武汉大学出版社 2007 年版，第 235 页。
③ 李达：《社会学大纲》，武汉大学出版社 2007 年版，第 235 页。

进步；如果是建立在错误的上层建筑上的意识形态，就曲解和否认政治与经济的发展法则，阻碍社会的进步，社会的发展必将暴露其反动性。历史唯物论在研究社会历史时，必须有着对相关的意识形态的无误认识，即“必须从物质生活的矛盾，从社会的生产力与生产关系的矛盾去说明”。[①] 强调物质第一性和社会生产力第一性，就牢牢把握住了历史唯物论的核心，对上层建筑和意识形态以及社会历史的发展和变革就有了正确的思考。

此外，李达在唯物史观的研究中还特别强调实践的重要性。“实践是检验真理的唯一标准”这句话是中国共产党在漫长的革命岁月中得出的真理，它是中国革命理论最重要的指导思想。理论不是教条，而是行动的指南，只有将理论付诸实践，社会的理论就不再是高高在上脱离人民群众的，而是具有了直接的现实性，能带来真实的改革社会的力量。实践和理论相比较起来，李达认为实践又是第一位的，社会实践是人们对于社会的认识的出发点，是判断一切社会认识正确与否的规则，是认识客体与认识主体两者间的联结点。重视实践，在实践中检验理论的可靠性是李达对中国革命理论的一个重要的贡献，强调实践的重要性可以避免人们在认识唯物史观时陷入简单化和教条化，丰富了唯物史观的内涵，扩大了唯物史观的能动性，能随着社会历史的进步而不断吸取新的营养，使它成为一门科学的发展的历史观。

李达将辩证法思想引入唯物史观的研究，就是为了使唯物史观成为科学的理论，使唯物史观免于陷入机械论和形式论中。机械论者主张历史唯物论是社会及其发展法则一般的学说，用抽象的形而上的社会发展法则代替具体的社会发展法则，没有看到社会发展规律的一般原则。形式论者则只注重研究各个历史发展阶段的社会形态，并只知道在“种种社会形态的种种发则”，注意各个阶段历史的特殊性，不能在整体上发现社会历史的一般法则，只见树木，不见森林。

李达驳斥了机械论和形式论的错误观点，并强调历史唯物论是

---

① 李达：《社会学大纲》，武汉大学出版社 2007 年版，第 237 页 。

"反映出统一的社会史的发展过程及其发展法则，反映出特殊的、异质的各种社会形态的发展及其转变的根本法则的理论"。[①] 就是强调了一般与特殊的关系，既要看到具体的社会历史发展阶段的原则，也要能够发现具有一般的、正确的社会历史发展的一般法则。李达说："历史唯物论只有在它正确地反映了社会的构成形态之自然史的过程与社会史的这种最一般的发展法则时，才成为科学的理论。"[②] 李达运用辩证法的思想研究唯物史观是为了使得唯物史观能成为历史研究的科学方法，为历史研究带来新的方法，促进历史研究的进步。他还指出了当作科学的历史唯物论的要点：一、看待一切历史的社会的现象，要结合特定历史阶段上的生产力及其基础上的生产关系来考察；二、在整体上看待各种社会历史时，也要注意整体内部的对立和统一的关系，这种对立关系的认识是理解各种社会历史现象关联性的基础；三、社会历史发展的根本动力还是在生产力和生产关系中去找寻，只有这样才能发现社会历史的发生、发展及没落的趋向。通过对唯物史观在理论和方法上的归纳和研究，李达概述了唯物史观即历史唯物论的本质意义，它不是抽象的脱离实际的而是"反映历史发展之具体过程的历史观，它是这种历史观之哲学上、理论上及方法论之本质的内容"。[③]

李达用辩证法思想做理论指导来研究唯物史观，不仅使唯物史观这一理论走向科学化，丰富了唯物史观的研究成果，扩大了唯物史观的影响力，而且"对于二十世纪三四十代我国马克思主义史学理论、方法论研究起了启导作用"。[④] 李达接着又用科学化的唯物史观来考察中国革命的前途和研究中国的历史，在史学研究领域做出了成就，为后来者用唯物史观研究历史做了重大铺垫，作出了巨大的贡献。

---

① 李达：《社会学大纲》，武汉大学出版社 2007 年版，第 244 页。
② 李达：《社会学大纲》，武汉大学出版社 2007 年版，第 244 页。
③ 李达：《社会学大纲》，武汉大学出版社 2007 年版，第 245 页。
④ 鲁涛：《李达史学思想研究》，湖南师范大学博士学位论文，2014 年。

（三）以唯物史观做中国革命的指导

李达不仅研究唯物史观，更重要的是他以唯物史观来寻求中国革命的道路。在用唯物史观的观点论析了中国社会的发展状况后，李达指出中国革命的发生是因为新的生产力的发展带来了巨大的变化要求生产关系的变革，因此在此基础上不得不建立新的生产关系，中国革命的道路必然是社会主义道路，并提出了自己对于中国革命发展的策略。

1. 中国革命的起源

唯物史观认为社会革命发生的一个最重要的原因就是社会经济基础的变化，生产力的发展要求生产关系发生变革来促进生产力发展，旧的生产关系与新兴生产力之间必然存在着矛盾，要化解这些矛盾必须要变革生产关系，亦即在经济基础之上的上层建筑性变革。由此李达指出中国革命之所以发生是中国新生产力发展的需要，生产力带来的巨大变化使社会的生产关系和阶级关系发生巨大的变化，尤其是当这个社会进入到新兴的资本主义产业革命时期后。鸦片战争以后，中国被迫打开国门，资本主义国家争先恐后地进入中国，在中国掠夺原料、开拓市场、开办工厂。随着新兴的生产方式进入中国，并在中国各地发展起来，到20世纪初中国的资本主义工商业已经有了一定的发展，“现代中国的社会，已经踏入了产业革命的过程，渐渐脱去封建的衣裳，穿上近代社会的外套了”。[①] 但其发展因受到国内封建势力和帝国主义的双重压迫而举步维艰。李达分析了当时中国经济状况的特点，并归纳为几点：“新式的工业的确有了相当的发展，但还只是刚到粗工业的阶段；农业、手工业逐渐走向破产；国际帝国主义和国内封建压迫加重，生产力受束缚艰难发展；贫困程度增加，劳动问题和农民问题，日形严重。”[②] 中国的产业革命之路与欧洲所走的

---

① 宋俭、宋镜明编：《中国近代思想家文库·李达卷》，中国人民大学出版社2015年版，第123页。

② 宋俭、宋镜明编：《中国近代思想家文库·李达卷》，中国人民大学出版社2015年版，第127页。

是两种相异的产业革命之路：欧洲是因为自身内部的产业矛盾激化而引起的革命，是自力的；而中国过去是两千多年的封建王朝统治，经济基础是稳定的农业社会的自然经济，及至鸦片战争爆发，西方列强纷至沓来，一定程度上促进了生产力的巨大发展。但这一时期，中国的社会仍处于封建制度社会，帝国主义势力和国内的封建残余势力杂糅相处，共同压迫着中国的广大农民，农民落后的自然经济无力对抗强势的资本主义经济，并迅速破产。中国的农业和手工业破产，农民失去经济命脉，而民族资本主义经济也先天不足，无力对抗帝国主义。这种畸形的经济结构造成中国的产业革命难以得到发展，经济凋敝，这样的经济基础必然促使着社会革命的发生，来推翻原有的不符合经济发展的统治，决定了中国经济革命、政治革命的历史必然性。

2. 中国革命的途径

对于中国革命道路发展途径，李达坚持唯物辩证法的具体问题具体分析的观点，认为必须结合中国国情具体分析，并且提出了自己的策略。李达较早地提出了将马克思主义与中国国情相结合的观点，他首先分析了中国的社会性质“不是资本主义社会，也不是封建社会，而是帝国主义殖民地化过程中的社会”①，即半殖民地半封建社会性质；并依据这样的社会性质分析，认为中国当前的社会性质是复杂的，有它本身特殊的特征，与欧洲各国存在着不同，不能用一般原理简单概括。因此，“现阶段的中国人，必先认清自己的历史使命就是要使中国从这种过程中解放出来。”②中国革命要按照目前中国国情制定符合中国革命的政策，这样的政策必须是符合中国国情的，是实践中检验得到的，有可行性的。

李达通过分析认为造成现时中国混乱的局面和落后的原因是外部帝国主义的侵略和内部军阀割据混战。对于帝国主义的侵略，李达认为中国地大物博，列强因为势力的对峙，不得不在中国划势力范围分而治之。李达认为帝国主义对中国的侵略主要可以分为政治和经济两个方面。经济方面的侵略主要是帝国主义用资本

① 李达：《李达文集》第2卷，人民出版社1981年版，第5页。
② 李达：《李达文集》第2卷，人民出版社1981年版，第5页。

来控制中国，使中国成为帝国主义的商品市场和原料产地；政治方面的侵略就是帝国主义利用军事武力或政治手段控制中国，用最少的付出达到他们的目的，最终是为了瓜分中国，使中国沦为他们的殖民地。

而对于国内因为军阀间混战所导致的四分五裂的政局，李达也做了深刻的分析："辛亥革命的结果，不幸终于流产，徒然造出了虚名共和的军阀割据局面"，"军阀跋扈，残民以逞，兵灾频仍，饥馑荐至，十里一关，五里一卡，苛捐杂税，百出不穷。"[①] 军阀混战导致国内交通机关破坏、百业荒废，军阀混战导致军事借款暴涨，最后由工商业担负，加剧了资本的流失，兵匪的骚乱也影响了工商业的正常发展和人民稳定的生产生活。总之，军阀割据局面不结束，国内就永远没有和平统一的局面，没有和平统一的环境，工商业就不可能发展，中国的产业革命就不可能发生。在内外部双方的压力下，中国革命必须要反帝反军阀，这样才能带来革命的成功。

在正确分析了中国社会的性质后，李达又提出了中国革命的任务和性质即"为求中国的生存而实行的革命一面要打倒帝国主义，一面要铲除封建遗物，前者是民族革命的性质，后者是民主革命的性质"，而关于革命的前途"其必然的归趋，必到达于社会革命，而与世界社会进化的潮流相汇合"。[②] 这是李达对中国革命道路的正确认识。此外，李达还特别主张团结所有能团结的力量，联合各个有志于中国未来的阶级共同反帝反封建，获得革命的胜利。可以看出李达关于中国革命的策略思考是顺应时势的，对社会各阶级力量有着清晰的认识，注意团结各方面的力量来完成民主革命，但也提出要坚定无产阶级的领导地位，坚持共产党的独立领导，团结可团结的力量，这是符合历史发展进程的，利于中国革命道路的实现。

---

① 宋俭、宋镜明编：《中国近代思想家文库·李达卷》，中国人民大学出版社 2015 年版，第 191 页。

② 李达：《李达文集》第 1 卷，人民出版社 1981 年版，第 558 页。

3. 中国革命的出路

关于中国革命的出路，李达坚定地认为必然是社会主义之路，这是符合历史发展趋势的，也是符合马克思主义唯物史观的。李达在20世纪20年代先后发表多篇论述社会主义的文章，相关的文章有《什么叫社会主义》《马克思派社会主义》等，结合唯物史观的基本原理论证了社会主义与中国经济、政治、文化的关系。通过这些分析，李达断定社会主义是符合中国广大人民的利益的，是中国革命前进的方向。李达还在这些论文中，初步探讨了在中国实现社会主义革命的时机，并用阶级分析的观点做了论证。中国原来的阶级对立主要是田主和佃户间的阶级对立，现在因为资本主义生产方式带来的产业革命的发展，形成了资产阶级和无产阶级两个阶级的对立，贫富差距越来越大，资产阶级掌握着社会大量的财富，可以吃喝享乐，而无产阶级因为破产和失业食不果腹，居无定所。对于社会革命的未来，李达认为就是马列主义主张的社会主义革命的道路即共产主义的观点，就是推倒阶级对立分化的旧社会，形成无阶级团结友爱的新社会，生产机关为社会全体所共有，个人和全体都能够自由发达的共产主义社会。而实现社会主义革命的手段，李达分析有三种即：议会政策、工会运动、直接行动。李达认为议会容易为有钱有势的资产阶级控制，无产阶级不能依靠议会来实现社会主义；工会运动需要广大的无产者联合起来才能够产生最广泛的影响，中国的无产者大多数为破产的农民和失业工人，他们是社会革命的中坚力量，要求最彻底的革命。李达认识到工人和农民的力量，因此他主张团结工人和农民组成一个团体，在合适的时候迅速组织起来发起大规模的运动，“把那地方的政治力，夺在我们手中，凭着政治上的势力，实现我们社会主义的建设，完全管理社会中经济的事业。”并认为是“社会革命的唯一手段”。①

李达还批判各种反对社会主义及各类假社会主义的反动思潮，提出要用科学的手段和方法组建无产阶级政党，以此来领导中国

---

① 宋俭、宋镜明编：《中国近代思想家文库・李达卷》，中国人民大学出版社 2015 年版，第 23 页。

的社会主义革命。这类批驳文章有《讨论社会主义并质梁任公》《无政府主义之解剖》等。梁启超在谈到社会主义时认为必须先有资本主义的发展才会有社会主义，他对社会主义运动的认识也仅停留在劳动者地位改善、工人获得分配均衡上，认为进行社会主义革命要进行温情缓和的路线。在对社会主义革命的方法和道路作了清晰的论断，并与资产阶级革命道路作了认真分析后，李达指出马克思的社会主义是符合历史潮流的，最终会取代资本主义的统治。他还指出了社会主义的最根本目的，“一面是救济经济上的不平均，一面是恢复人类真正平等的状态。”① 社会主义革命是最直接最有力的，它的目的就是使工人和农民获得经济上和政治上的平等，推翻压在他们身上的压迫。对于梁启超等改良主义者先发展资本主义再进一步来改良社会革命的主张，李达认为是不符合中国国情的，中国的国情决定了中国发展资本主义道路是行不通的，帝国主义和封建主义的双重压迫，中国的产业革命艰难发展，是不可能实现发展壮大的。不经过革命而用改良的办法，是资本家一直以来都想要的，他们得以在这种缓慢的改良革命中继续压迫广大的无产阶级，获取自己的特权利益。而无产阶级在这种长久的压迫下更无翻身的可能，只能世世代代受压迫。用改良的办法来渐行社会革命之路是根本不可行的。另外对于无政府主义者，李达认为无政府主义的政治主张是不成熟的，他们提倡个人主义这是值得肯定的，但以此为基础提倡绝对的自由、绝对的平等等不切实际的理念是错误的，没有对社会的正确认识，只是一番臆想是绝不可能实现的。李达奉劝他们“总要按照事实上理论上去为有效的努力，不要耗费有益的精神”。② 在对这些非社会主义或者伪社会主义的观点进行批驳后，李达明确提出了在中国组建共产党的历史任务，认为中国共产党才是中国无产阶级社会革命的真正有力的领导者，只有在中国共产党的科学正确的领导下实行社会主义革命，中国的无产阶级才能推翻统治者的压迫，

① 李达：《李达文集》第1卷，人民出版社1981年版，第5页。

② 宋俭、宋镜明编：《中国近代思想家文库·李达卷》，中国人民大学出版社2015年版，第23页。

建立真正平等的社会。只有中国共产党才能救中国。

四、李达对中国近代经济史的研究

（一）李达对近代经济史研究的缘起

李达在研究了马克思主义的唯物史观后，用它来考察和分析中国目前的社会情况和中国革命的道路，这是在理论上宏观的思考。回归到史学研究的领域，李达又着重研究了中国的近代社会经济史，其史学的研究也开始有了实际的研究。这样的研究是李达个人学术研究发展的进程，也是唯物史观这一理论内在的学理延伸，对近代经济史的研究是李达史学研究的另一个阶段，也是其史学研究最突出的成果。

1. 李达对近代经济史研究的缘起内在原因

李达是马克思主义唯物史观的研究者和宣传者，他对社会历史的研究也必然具有唯物史观派学人的共同特点，学者王学典在回顾20世纪唯物史观派研究者的特点时，指出他们研究的一个大的特点就是“更注重经济因素在历史变迁中的作用、把生产力的作用视作社会变动的最后之因”。唯物史观的基本原理之一就是认为生产力和生产关系构成了社会的基础，经济基础决定一切，因此“在唯物史观的指导下，社会经济史必然是作为一个核心区域而存在”①，可以说用唯物史观的思想做历史研究，必然要关注到社会经济史，这是唯物史观的学理基础。掌握这一特点我们就不难发现李达用唯物史观的原理研究历史，并且用唯物史观来对近代经济史进行更为深入的研究，是其学术研究的科学导向，也是其希望通过研究近代经济发展的历史，掌握历史演进的规律，寻找中国未来的出路。在《经济学大纲》的序言中李达表达了他对研究经济的看法就是“理解经济进化的一般原理在具体的中国经济状况中所显现的特殊的姿态，特殊的特征”“知道中国经济的来踪和

① 王学典：《20世纪唯物史观派史学的学术史意义》，《东岳论丛》2002年第2期。

去迹。”[①] 因此，李达又将研究的重心集中到了对中国近代经济史的研究上，观察中国近代经济发展的特点，和在此基础上带来的一系列变化，发现中国经济的来源和将来发展的方向，以此来发现中国社会的特点，为社会革命的演进提供研究的参考。

2. 李达对近代经济史研究的缘起外在原因

通过上述我们知道李达研究唯物史观进而研究社会经济，并关注近代经济史的研究，是其学理研究的内在逻辑，除此外还与当时的社会现实有关。20 世纪二三十年代在中国社会发生了一场关于社会性质和社会史问题的论战，李达虽然并没有直接参与到论战中，但也时常关注这场大论战，发表著作来阐释论战中的问题，他的《中国产业革命概观》《社会之基础知识》《经济学大纲》等著作都于这个时期完成并发表，来回应论战中的问题。可以说，20 世纪二三十年代的关于社会性质和社会史的论战，直接促使李达展开对中国近代经济史的研究。

中国共产党在创立早期的时候，发展还不成熟，受苏共和其领导的共产国际的指挥。列宁去世后，苏共内部在很多问题上出现分歧，包括对中国革命道路的问题，在对近代中国社会性质的认识上存在分歧，直接影响着国内的中国共产党人对革命道路的认识。以斯大林、布哈林为代表的一派认为中国国内现在主要的统治阶级是封建军阀和帝国主义，他们压迫着广大劳动人民，榨取民脂民膏，中国目前要进行的土地革命是资产阶级性质的民主革命，且任务是双重的，“中国的资产阶级民主革命不仅反对封建残余，同时也反对帝国主义”[②]，认为中国的革命是反帝反封建的资产阶级民权革命。而以托洛茨基为代表的一派，坚持认为中国已经没有封建地主阶级，封建生产关系也已无足轻重，资本主义生产关系在现今的中国已经占据统治的地位，中国革命的任务已经不再需要推翻封建势力了，中国应该进行资产阶级的社会主义革命。托洛茨基的观点被当时的中共领导人陈独秀等人所接受，他们认为近代中国在帝国主义侵入后传统经济结构已经被破坏掉，

---

① 李达：《经济学大纲》，武汉大学出版社 2007 版，第 16 页。
② 斯大林：《斯大林全集》第 9 卷，人民出版社 1954 年版，第 260 页。

帝国主义用他们的经济生产方式牢牢控制着中国，“中国资产阶级的民主革命之完成，应走俄国十月革命的道路。”① 陈独秀这样的认识是对中共领导的革命的反对，实际上是“取消革命”，不再继续中国的社会主义革命。1927 年大革命失败后，关于中国革命性质的争论越发激烈。1928 年中共召开六大，确立了对中国革命现状和性质的认识，认为中国除了帝国主义这个眼前最大的敌人，还有封建势力，“地主阶级私有土地制度并没有推翻，一切半封建余孽并没有肃清”，因此，“中国革命现在阶段底性质，是资产阶级民主革命”。② 中共六大确立了对中国革命任务反帝反封的认识，确定了中国现阶段的革命性质是资产阶级的民主革命。但是以陈独秀等人为代表的一些党内托派分子依然在宣传他们错误的思想，以陶希圣为代表的国民党反动派文人也来发表他们的错误言论，企图影响中共党内形成的正确的统一的思想。

20 世纪 30 年代初，托派分子刘仁静等人创办《动力》杂志，组成“动力派”，鼓吹中国的封建主义在鸦片战争以后就逐渐消亡，现在已经不复存在，封建势力已经退出中国的历史舞台，资产阶级是现在中国的统治阶级，中国已经是一个资本主义性质的国家。因此中国要进行的社会革命就是推翻资产阶级的统治，而不需要去关心所谓的封建势力的问题。与此同时，国民党反动文人陶希圣等人创办《新生命》杂志，组成“新生命派”，鼓吹“中国封建制度崩坏论”，认为中国的封建制度在春秋时就已经崩坏，中国从那时起就不是封建的国家了，把中国两千多年的封建统治时期称为商业的资本主义社会，而鸦片战争后的中国社会是帝国主义垄断的商业资本主义社会，认为中国已经没有封建阶级和封建制度，没有意识到封建社会经济关系依然延续。针对“动力派”和“新生命派”的错误观点，中国共产党以进步刊物《新思潮》和《读书杂志》为阵地强力反击，对于论战中的核心“中

① 陈独秀：《我们的政治意见书》，高军、李慎兆、严怀德、王桧林等编《中国现代政治思想史资料选辑》下册，四川人民出版社 1986 年版，第 38 页。

② 梁余：《中国共产党第六次全国代表大会底决议案》，《中国革命史参考资料》上，重庆大学出版社 1988 年版，第 285 页。

国的社会性质是半殖民地半封建性质还是已经是资本主义社会”这一问题，中国共产党坚定地认为中国社会目前仍然是半殖民半封建的社会，中国革命的前途是推翻帝国主义和封建主义这两个盘踞在中国大地上的两大势力，中国的革命必须坚持无产阶级的领导，以中国共产党为领导核心，完成反帝反封建的革命任务，带领中国人民反抗压迫，走向真正的民主。因此，在社会性质的论战中坚持正确的观点，反对错误的观点，是关乎中国革命前途的大问题，是正确认识中国社会性质、思考中国革命的未来、制定正确的革命纲领所必须要考虑的，这是关乎中华民族未来的重大问题。

随着关于中国社会性质论战的深入，扩大到了史学界，开始了关于中国社会史的论战，论战的核心问题聚焦在亚细亚生产方式问题、奴隶制向题、封建制问题和所谓商业资本主义的问题，在论战过程中各方势力你方唱罢我登场，争论得好不热闹。李达时刻关注着在社会史领域内的这场论战，并发表了一系列的研究成果，对论战中错误的观点进行批驳，并确立了自己研究的方向即从经济里去探求中国的社会史状况。李达在这一时期出版了他研究近代经济史的论著《中国产业革命概观》，在书的开端他分析当前的中国社会已经进入了资本主义的产业革命时期，研究社会革命的发展必须要考虑到与现时历史阶段相符合的经济状况，“凡是留心于国家改造的人们，必先依照这产业革命的经过，就中国经济发展的倾向作正确的分析，才能了解革命的理论，树立建设的计划。”① 用研究经济史的观点来论述社会史，分析中国近代的社会性质和中国近代社会史，依据唯物史观的基本原理从中国近代的经济发展状况中去探求社会发展进化的状况，有力地解决论战中的问题，为中共领导的革命辨明了方向。有学者指出，李达此时转向经济史研究的一个重要原因就是“回应中国近代社会性质和社会史的争论，澄清大革命失败后弥漫在共产党人中的迷茫和

① 宋俭、宋镜明编：《中国近代思想家文库·李达卷》，中国人民大学出版社 2015 年版，第 123 页。

困惑”。[①] 大革命的失败使中国的无产阶级革命陷入低谷，共产党人此时也陷入失败后的迷茫状态，为提振共产党人的革命士气，坚定他们对革命道路的信心，李达将自己的历史研究更具体化、深入化，用客观的事实来阐述革命得以成功的基础和未来，而经济史的研究无疑有着最具说服力的价值和影响。

（二）关于近代社会经济状况的研究

李达在中国近代经济史研究领域的论著主要有《中国产业革命概观》《中国现代经济史之序幕》和《中国现代经济史概观》等，李达以帝国主义侵入为标志分别从鸦片战争后帝国主义对中国经济的侵略、传统经济的崩溃和中国民族资本主义的发展三个维度解剖了中国近代经济。“他对中国近代经济的研究不仅有拓荒性的学术贡献，开创了中国近代经济研究的崭新范式，而且为中国共产党理解近代中国社会的性质、近代中国农村的经济特性，探索革命道路作了理论准备。”[②]

1. 关于近代社会经济状况的横向分析

在《中国产业革命概观》一书里，李达以产业革命为题，充分利用有关中国经济状况的数据和资料，系统地考察了中国近代经济的状况，分别考察了近代中国农业、手工业和资本主义工商业的状况以及凋敝的原因，分析了半殖民地半封建社会条件下中国的经济和产业革命的发展趋势。

在书的开头，李达首先用详实的数据分析了中国产业革命和欧洲产业革命的特点，比较了中国和欧洲产业革命的不同之处。欧洲产业革命的产生是因为机器和蒸汽机的发明改进了生产技术，极大地发展了生产力，新航路的开辟和美洲大陆的发现又极大地开拓了市场，刺激了生产的发展，总之是自身内部生产力的发达带来的生产方式的转变；而中国的产业革命是因外力的压迫由世

---

① 朗廷建：《李达对中国近代经济史的探索》，《马克思主义哲学研究》2015 年第 1 期。

② 裴庚辛：《论李达对中国近代经济研究的贡献》，《学习与实践》2015 年第 9 期。

界而渗入国内，鸦片战争后帝国主义的入侵，使中国传统的封建的自给自足的小农自然经济瓦解，不得不进入到世界主流的资本主义的生产方式中，这样的被动反应，刺激了中国产业革命的兴起，但因为中国沦为帝国主义的原料产地和分销基地更多的是对中国经济的破坏。在比较完中国和欧洲产业革命的不同之后，李达又按不同行业的发展状况分别从农业、手工业、近代工业等方面论述了中国近代经济的整体概况。

李达首先用详实的数据展现了中国农村的现状，归结为三个特点：一、全国荒地面积的增加，而且从1914—1918年四年时间里“荒地面积，竟增加到四万万九千万亩之多”。① 荒废土地面积的迅速增加令李达也感到惊讶。二、农业人口的减少。虽然统计的数字并不是很完备、准确，但从1914年到1919年，五年时间里农业人口减少了近三千万人。这么多农业人口的流失，李达认为除了近代以来城市化的发展，吸引大量农民到城市谋发展，“在都市的工业化开始之时，农民的工业化，自然也就增加了。”② 还有一个原因就是天灾人祸，遭遇天灾的小农无力挽救不得不进入城市，内乱频仍，被抓壮丁的农民，荒废了土地，即使解除壮丁复耕的农民也越来越少。三、进口粮食的增加。根据统计资料显示从民国元年到十四年（即1912—1925年，作者注）中国的进口总额整体呈上升的趋势，中国基本出于粮食入超的情形，作为农业大国，粮食反而要靠外国，这样的情形不免让人感到惭愧。李达在这个统计表的后面做了附记，对于粮食入超的原因做了分析，归结如下：一是荒地面积的剧增，导致粮食产量锐减；二是帝国主义的侵略把中国当成了他们的原料生产地，强迫农民不种粮食而改种棉花、烟叶等经济作物；三是鸦片的栽种地剧增，军阀盘踞地方连年征战，为搜刮军饷，强迫农民种鸦片。粮食的减少带来的是饿殍载道，流民满地，盗匪猖獗，这样的现实更进一步加剧了农

① 宋俭、宋镜明编：《中国近代思想家文库·李达卷》，中国人民大学出版社2015年版，第136页。

② 宋俭、宋镜明编：《中国近代思想家文库·李达卷》，中国人民大学出版社2015年版，第136页。

业的凋敝情况。

针对于农业凋敝，农民破产的原因，李达做了深入的研究，并总结出了三点主要的原因：一是帝国主义的侵略，二是封建政治的剥削，三是土豪地主的剥削。来自这三个阶级的剥削又有着不同的剥削方式，具体来说，帝国主义的侵略带来的主要有：一、赔款及外债的负担。清朝末年，从鸦片战争开始，每次帝国主义的入侵，清政府都免不了要割地赔款，北洋军阀时期各个军阀为争夺地盘又向帝国主义国家大肆借款，而这些赔款和借款，直接或间接都是由农民负担的。二、帝国主义在经济和商品方面的掠夺。中国的市场被打开后，中国国际贸易中逐渐由出超变为入超，帝国主义的商品逐渐占领中国市场，并由城市侵入农村。李达结合自己生活的经验来说明，开始在农村只有上等人家才用洋货、穿洋布、点洋灯，后来包括中等人家和下等人家，甚至是乞丐都用洋货，洋货在农民生活中占据了绝对的地位。农民为了生产生活必须用农产品去交换这类洋货，但这中间存在极大的价格差，农民所受盘剥可想而知。三、农民副业的衰退。养蚕、采茶、纺纱、织布等项是传统中国农民的副业，农民到市场上贩卖这些东西并换回补贴家用的商品，可以说是农民仅有的经济收入了。帝国主义入侵后，把中国卷入了世界资本主义市场，手工纺纱、织布根本无力抵抗机器大工业生产，传统占优势的丝茶贸易，也因为世界市场的扩大和栽种面积扩大而逐渐丧失掉优势。“农民副业的衰退，也是农村经济破产的原因。”[①] 四、农村金融系统的破坏和生产生活成本的增加。谈到农民生活成本的增加，李达回忆了自己的生活经历：“二十年以前（1908 年左右，作者注）我乡雇农每月的工资，虽不过民钱一千二百文，却可以买米六斗（斗米二百文），能养活三人，现在每月工资铜元钱六千文，只能买米一斗半（斗米四千文），要养活一个人还不够。即此可见一斑。”[②] 这

---

① 宋俭、宋镜明编：《中国近代思想家文库・李达卷》，中国人民大学出版社 2015 年版，第 139 页。

② 宋俭、宋镜明编：《中国近代思想家文库・李达卷》，中国人民大学出版社 2015 年版，第 141 页。

是李达切实的生活经历，是值得信服的，当时的农民用低价的农作物换取高价的商品，农民的生活困苦可以想见。农民贫困，还要受各方剥削，不得已只能变卖土地，因此自耕农变为佃农、雇农，彻底失去了赖以生存的土地，导致破产。

除了帝国主义入侵这个外因之外，农民还受国内的封建统治者的剥削。封建统治者的剥削自古以来就有，黄宗羲在《明夷待访录·田制三》中讲到“斯民之苦暴税久矣，有积累莫返之害，有所税非所出之害，有田土无等第之害”。[1] 历朝历代的农民身上都有沉重的赋税，交税除了交土地税还要交人头税，并且交税并无田地优良的差别，贫穷的农民会越发贫穷，在交税之外还有数不清的各类徭役负担，农民的生产负担沉重，几乎无生存之地，“嗟乎！税额之积累至此，民之得有其生者亦无几也!”[2] 李达在《中国社会发展迟滞的原因》一文中也论述了中国历代农民的赋税，归结为：一、税额逐渐加重；二、税种越来越多，汉代在“田赋”之外还有“算赋”“口赋”，唐代在田租之外有“庸”和“调”，宋代有“公田之赋”“民田之赋”“城郭之赋”“丁口之赋”“杂变之赋”等等，封建王朝往往在后期因为战乱更加剧征收，如明代的“三饷加派”等，巧立名目，横征暴敛。到了近代因为战乱频繁各级政府征收花样繁多的税，如附加税、警捐、学捐、水利捐、牛捐、户籍捐、屋梁捐、沙田捐、谷米捐、亩捐、屠宰捐等，名目之繁多，不胜枚举，可以说只要统治者能想到的，就一定会从农民身上盘剥。除了苛捐杂税，近代的军阀混战，军阀还预征钱粮，滥发军用票和银行券，强迫农民种植鸦片等来盘剥农民，预征的钱粮往往有三年五年，甚至有几十年的，滥发的各类票据引起通货膨胀，种植鸦片更是农民革了自己的命。这样沉重的盘剥与帝国主义的侵略相比更甚，激起的民怨也更沸腾，手无寸铁的农民没有保障自己权益的武器，只能忍受盘剥，直至破产流离失所。如果不废除掉这些盘剥，农民何来收入，经济何以能发展，国家何以能富强，民族何以能有未来。

---

① 黄宗羲：《明夷待访录》，中华书局 2011 年版，第 105 页。
② 黄宗羲：《明夷待访录》，中华书局 2011 年版，第 108 页。

除此之外，农民还受土豪地主的剥削，这类剥削可以说是导致农村阶级分化、贫富悬殊的直接原因。上述两类剥削，地主土豪也要交租交税，是不能避免的，可他们却把这些苛捐杂税转移到了农民的头上，在收税中间上下其手，不仅能少交或者不交，甚至能借机再捞一笔。破产的农民失去了土地，为了维持生活不得不向地主租用土地来耕种，此时的地主便乘机加重佃租来盘剥，并且在农民耕种期间，重利盘剥，农民每年收获的粮食基本存不下来，“一到秋货完了的时候，谷仓中就不能存放一粒谷子，竟应了‘放下镰刀无饭吃’的一句俗话”。[①] 农民忙活一年却得不到温饱，往往得向米店或地主借米维持生计，谓之“债米”，其利率往往很高，佃农还不上有的就不得不卖掉儿女，债务还累积到下一代，佃户无论多么勤俭终其一生也只能是佃户。“如此残酷的地租剥削，大大超出了当时的农业生产力水平和佃农的负担能力，在绝大多数情况下，它不仅囊括了佃农的全部剩余劳动，而且侵占了相当一部分必要劳动。入不敷出是这一时期各地佃农的普遍情况。”[②] 通过重重的盘剥，农民的生活贫穷状况也就不难想象。要想拯救凋敝的农业和破产的农民就必须进行革命，推翻腐朽的统治，拯救农民于水火中。农业是国民经济的基础，中国近代的农业如此凋敝，那么以农业为基础的国民经济自然也是一副凋敝的状态。

李达在考察研究过近代农业的现状后又接着考察和研究了近代的手工业、近代工业和资本主义工商业。手工业是农业以为从业人口最多的行业，传统的手工业以家庭为单位，进行简单的生产。近代以来，机器传入，生产力大大提高，传统手工业也逐渐破产，形成了以机器大生产为代表的提倡在市场中自由竞争资本主义的生产方式。传统的作坊式手工业生产根本无力对抗资本主义大机器的生产方式。随着传统手工业的破产，在此基础上形成的社会

① 宋俭、宋镜明编：《中国近代思想家文库·李达卷》，中国人民大学出版社 2015 年版，第 141 页。

② 汪敬虞编：《中国近代经济史（1895—1927）》，人民出版社 2012 年版，第 871 页。

关系也濒临消亡，“那成为中国社会纽带的大家族主义，和基尔特的社会连带的道德，终于破坏，自由的劳动者阶级便发生出来，那阶级的意识也侵入于中国社会之中了。”① 对于近代工业的发展，李达将其划分为了五个时期，即：以军事工业兴起代表的早期，洋务运动期间的官办及官督商办时期，外资侵入与资本主义萌芽时期，收回利权运动和保护民族资本主义发展的时期，工业自立的萌芽时期。这五个时期的划分基本与马克思主义学者对近代经济史的时期划分相同。李达分析了各个时期的特征并总结道：“所以中国近代工业的现状，实在是很贫弱的。”② 除此之外李达还分行业，运用各类统计数据详细论述近代工业的状况，对煤炭和钢铁工业、铁路和船舶工业、纺织业、化学工业、食品工业等行业部门做了深入的研究，总结出中国近代工业的特点。中国近代工业企业先天不足，没有完备的工业体系和技术积累，遭受着帝国主义和封建主义势力的双重压迫，企业被外国资本垄断，是帝国主义投出资本、采集原料、贩卖商品的对象，不能够自立自足，更谈不上发展。针对国内资本主义工商业的发展，李达分两节来论述：首先是对国际资本的侵入的论述。帝国主义通过战争强迫清政府签订了一系列不平等条约，获得了许多特权，清政府被迫开放多个通商口岸，成为帝国主义资本的投资地。此外清政府还面临战争失败的赔款及为打仗和镇压国内农民起义而向帝国主义国家借的外债，清政府为还款以税收为担保，将国家的财政出卖给帝国主义。帝国主义国家获得这些赔款又投资于中国的工业和银行业，牢牢把持着中国的经济命脉。而在国内资本积累方面，官僚资本是最早形成的，并在之后一直占据着国内资本的主导地位，近代官督商办企业的发展为官僚资本积累了原始资本，之后这些资本又流入银行业和工业。中国近代银行在外国资本主义侵入后也发生了变化，旧式的钱庄逐渐转变为新式银行，并办理现

① 宋俭、宋镜明编：《中国近代思想家文库·李达卷》，中国人民大学出版社 2015 年版，第 144 页。

② 宋俭、宋镜明编：《中国近代思想家文库·李达卷》，中国人民大学出版社 2015 年版，第 152 页。

代的银行业务，但其资本较小，实力弱，“在国内的财政界，金融界的活动，也只是在外国银行独占的市场中占一小部分的利益而已”。[①] 第一次世界大战期间，帝国主义忙于在欧洲战争争夺，中国民族资本主义发展迎来了一个较短的黄金时期，但是其发展的重心在轻工业方面，重工业依然没有大的发展。

在论述了中国的产业现状后，李达在书的第七章“怎样发展中国产业”中提出了自己的主张，首先就是要打破国际帝国主义的侵略。帝国主义侵略中国攫取了大量的特权，概括来说主要有：一、领土权。割让了中国大量土地。二、关税权。中国的关税无法自主决定，进口税率极低。三、工业经营权。《马关条约》签订以后，帝国主义国家在中国夺取了工业投资权，在中国大开工场，并拥有大量利于自身的特权，阻碍了中国工业资本的发展。四、国际投资。帝国主义通过直接或间接的投资，牢牢把握着中国的经济命脉。“总而言之，处在国际经济侵略之下的中国，幼稚的新式产业决没有顺利发展的余地。”[②] 帝国主义是阻碍中国近代经济发展最大的障碍，帝国主义为保存他们在中国的利益是绝不可能允许中国的资本主义发展的，只有彻底推翻帝国主义在中国的统治和其势力，中国的民族产业才会迎来发展，中国的革命才有未来。

此外还要推翻封建制度的统治，扫清封建的残余势力，封建制度和封建势力的长期存在是中国近代经济发展的第二大障碍。中国有两千多年的封建专制统治时期，及至近代虽然封建势力衰弱，但其仍然存在，并影响到社会生活的各个方面，在政治、经济、文化方面都有着很深的影响，中国要想真正地走向近代化，实现民主富强就必须铲除封建势力的余孽。李达通过研究分析，认为封建制度和残余势力对中国近代产业的发展的最大阻碍一方面是国内的军阀混战，另一方面就是绵延数千年的苛捐杂税。国内军

① 宋俭、宋镜明编：《中国近代思想家文库 · 李达卷》，中国人民大学出版社 2015 年版，第 183 页。

② 宋俭、宋镜明编：《中国近代思想家文库 · 李达卷》，中国人民大学出版社 2015 年版，第 191 页。

阀混战使国内交通和市场破坏，无法形成统一的市场，百业荒废，各类军事借款和兵匪骚乱也极大地拖累了新产业的发展。苛捐杂税是封建制度的遗物，如厘金、杂捐、杂税等，名目繁多数不胜数。这类杂捐杂税无法使从业者形成资本积累，进而来进行投资，发展新式工业，是行业的寄生虫。不彻底推翻封建制度扫清残存的封建势力，中国就不会有良好的发展环境，先进的新式产业就不能顺利发展，更无法壮大，因此必须清除其余毒。除了打破帝国主义和封建势力，李达认为还应该考虑中国问题的特殊性，中国近代的开端是受外来势力的冲击而开始的，其在近代化的历史中存在着诸多的具有自身特殊性的社会问题。李达分析了这些社会问题并将之归纳为五种，即农民问题、产业劳动者的问题、商业店伙问题、手工工人问题和失业问题，而居中心地位的就是产业劳动者和农民。中国的无产阶级劳动者数目众多，他们大多来自于破产的农村，自然经济破产后被迫卷入资本主义市场求生存，在半殖民地半封建的中国受到帝国主义的资本家和国内封建势力的双重压迫，工资低廉，剥削沉重，没有法律的保护。这样沉重的压迫使得他们有在政治上和经济上翻身的强烈愿望，“中国劳动的性质，一面是经济的同时又是政治的，他们迫于生活的困难，不得不要求经济的地位的改善，迫于民族生产的威胁，不得不从事反对帝国主义和封建势力”。① 可以说无产阶级的产业劳动者是反帝反封建的天然的生力军，是推翻帝国主义和封建势力最强大的力量。对于关乎中国广大农民的问题，李达一针见血地指出农民问题的中心是土地问题，这是最准确的论断，中国从古至今农民起义最大的原因就是失去土地的农民揭竿而起，土地是农民的命脉，失去土地就失掉了整个的生命。李达推崇孙中山平均地权的主张，认为其“洞悉了中国社会的症结所在”。② 给农民土地来进行耕种，抑制兼并，保障其生产生活，这样农村经济才能复兴，

① 宋俭、宋镜明编：《中国近代思想家文库·李达卷》，中国人民大学出版社 2015 年版，第 199 页。

② 宋俭、宋镜明编：《中国近代思想家文库·李达卷》，中国人民大学出版社 2015 年版，第 200 页。

才能为全国经济的发展奠定一个好的基础，促进全国经济的发展。而对于手工工人、商业店伙、失业者，李达主张发展国家资本主义来解决他们的问题，但没有详细论述，其主张还是不成熟的。

中国革命的根本目的就是为了能使中国的新式产业能发展起来，使国家富强，人民幸福，发展中国的新式产业就成为这一切的出发点，而“要发展中国产业，必须打到帝国主义的侵略，廓清封建势力和封建制度，树立民众的政权，发展国家资本，解决土地问题”。[①] 这是李达对当时的中国社会的前途所做的思考，可以看出他有着朴素的马克思主义社会革命的主张，推翻帝国主义、封建主义，发展国家资本，并能认识到土地革命的核心是解决土地问题，“联系到十多年后毛泽东在《中国革命与中国共产党》和《新民主主义论》等著作中所阐述的新民主主义革命理论，李达的上述结论显然是开启这一理论的重要源头之一”[②]。他关于中国革命要推翻帝国主义和封建主义的主张和对中国近代社会半殖民地半封建社会性质的论断都是正确的，是经过实践验证过的，是顺乎历史发展趋势的。

2. 关于近代社会经济状况的纵向分析

在通过《中国产业革命概观》这本书论述了中国近代的农业、手工业、资本主义工商业的发展状况后，李达又撰写了《中国现代经济史之序幕》和《中国现代经济史概观》两篇论文。这两篇论文是他希望完成的《中国现代经济史》一书中的内容，该书因为种种原因未能出版。在这两篇论文中，李达以帝国主义的入侵为界，从宏观历史的角度考察了中国的近代经济，李达认定帝国主义入侵之前的经济仍属于封建经济的范畴，并从唯物史观的生产力和生产关系方面来论述。他首先分析了在封建自然经济环境下农民的生产方式，他们“使用着手工的劳动手段，利用地主的土地，经营自然的农业，一面自己又经营家内的工业，在其小规模的生产上，去生产出必要的生产物与剩余的生产物”。这种生产

① 宋俭、宋镜明编：《中国近代思想家纹路·李达卷》，中国人民大学出版社 2015 年版，第 201 页。

② 卢琼：《论李达的近代经济史研究》，华东师范大学硕士学位论文，2007 年。

方式又形成了封建的生产关系，主要表现就是“土地所有者与直接农业生产者之间的关系”[1]，农民依附于掌握土地所有权的地主，辛苦劳作为他们卖命。鸦片战争以前的中国社会经济是封建的自给自足的小农自然经济，在其基础上形成的也是这样的封建生产关系，农民依附于地主阶级，受到他们的剥削和压迫。因此在中国古代社会直至鸦片战争以前，中国一直存在着封建剥削的生产关系，中国的封建势力一直存在。此外在社会史论战当中，针对以“动力派”和“新生命派”为代表的认为中国在秦以前是封建社会在秦以后是商业资本社会，中国在秦汉以后以至近代没有封建经济的观点，李达专门讨论了中国商业资本在封建经济关系中的作用。他认为：“商业资本确实是具有摧毁一种经济形态使转变为他种经济形态的作用的，但它自己并不能造出新的经济形态。”[2]商业资本在中国封建社会并不是起决定作用的经济形态，中国封建社会自给自足的小农自然经济限制着商业资本的发达。李达还专门结合鸦片战争前的世界经济和中国经济的联系来考察，当时的中国的商业资本发展很迅速，但是，“中国商业资本的发展，仍然是依存于封建的生产的方法。”[3] 通过分析，我们可知中国在鸦片战争以前的封建社会无疑是封建的经济关系，中国的革命任务依然要反封建、反帝国主义，而不能错误地套用外国革命的经验来解释中国的革命；中国近代以来的社会性质和社会矛盾要求我们的革命必须既要推翻帝国主义在华的统治，也要推翻在中国大地苟延残喘的封建残余势力，因为其危害依然不可小觑。李达对近代社会状况正确的分析，向人们宣传了正确的关于近代社会性质的认识，批判了错误的观点，对中国的革命发展有积极的影响。

鸦片战争之后，中国的国门被打开，中国被纳入国际资本主义市场当中，李达在《中国现代经济史概观》一书中划分三个时期来论述了中国这个时候的封建经济衰败以及伴随着的资本主义化过程。具体来说，1842—1880 年是第一期。在这一阶段，李达认

---

① 李达：《李达文集》第 1 卷，人民出版社 1981 年版，第 609 页。
② 李达：《李达文集》第 1 卷，人民出版社 1981 年版，第 615 页。
③ 李达：《李达文集》第 1 卷，人民出版社 1981 年版，第 623 页。

为包括了三个过程即资本主义开始侵入—封建势力反抗侵入—民族资本主义产生并开始发展这三个过程。其概况还是具有合理性的，这个时期帝国主义开始侵入中国，英国、法国、俄国等帝国主义国家用军事战争的手段打开中国国门强迫清政府割地赔款，开放通商口岸，签订不平等条约等。清政府内部的开明地主阶级的统治者如曾国藩、李鸿章等人面对侵略开始思变，学习西方的科技来抵御外侮。中国的民族资本产业伴随着帝国主义入侵也开始有了发展，商品生产和商品市场都扩大了，有了早期的资本形成。1881—1914 年是第二期。这个时期李达也概括为了三个过程即帝国主义加紧对华资本侵略——封建势力彻底投降——民族资本进一步扩大发展三个过程。这个时期帝国主义加紧了对中国的侵略，中法战争、中日甲午战争、八国联军侵华等，帝国主义的侵略也转向以资本输出为主，在中国广泛开设工场，中国彻底沦为帝国主义的原料市场和产品倾销地。封建统治阶级内部的洋务派也开始投资官商合办的民用工业，并获得了一定的成就。伴随着甲午中日战争的失败，洋务派的军事和民用工业受到沉重打击，封建统治阶级内部再也没有反抗帝国主义的力量了，统治者彻底投降于帝国主义。伴随着帝国主义的大规模投资设厂，民族资本主义在这一时期获得了更大的发展，并由商业资本升级为产业资本，力量大增，但依然无力与外国资本竞争。1915—1935 年（即李达写此文的时期）是第三期。对于 1915 年后第三个时期的发展，李达并没有完成著述，不能使我们继续研究他在近代经济史方面的观点和论述，这是一个遗憾。

通过对中国近代经济史深入细致的研究，李达更深刻地认识到了当时中国社会的性质和革命前途问题。在研究历程中，李达也对当时中国社会性质论战和继之而来的中国社会史的论战做了分析，批判了以陈独秀为代表的“脱陈取消派”和以陶希圣为代表的国民党反动派文人对中国社会性质和社会史问题做的错误论断，为中国共产党领导的社会主义革命指出了正确的、符合社会历史发展规律的道路。

五、李达史学研究的影响

李达是我国最早的宣传马克思主义的理论家之一，他将马克思的唯物史观、辩证法、科学社会主义等传入中国，并作了大量的研究，为中国马克思主义的传播和中国革命作出了巨大的贡献。李达是一位博学多才的智者，他在多个学科领域以马克思主义理论为基础来进行研究如历史学、法学、哲学、政治学、经济学等，促进了马克思主义在各个学科中的发展。在历史学领域的研究只是李达学术研究的一个方面，他以唯物史观为基础，对中国的社会史和经济史等作了具体和深入的研究，是将唯物史观应用于历史研究中的先锋者之一，为马克思主义史学在中国兴起作出了贡献，他在史学领域的开拓性研究也影响到后来一大批马克思主义历史学家，对他们用马克思主义的相关理论研究历史有很大的启发作用。

（一）奠定了唯物史观在马克思主义史学研究中的核心地位

李达是我国较早传播和研究马克思主义的学者，他对于唯物史观研究历史有突破性的建树，综合运用唯物史观的基本原理对社会史和中国近代经济史做了细致和深入的研究。在用唯物史观做理论指导对历史进行了深入的研究后，李达指出："人类历史的关系是有其内在的规律的，这就是生产关系一定要适应于生产力的性质和发展水平的规律。这 规律对于历史上各个发展阶段的社会形态（原始的、奴隶的、封建的、资本主义的、社会主义的）都是适合的。"① 用生产力和生产关系之间的关系来分析历史，并依据这一关系进行历史分期，进而对整个人类社会历史做一个总的概况，概括出人类历史发展的一般规律，这样的研究就使历史研究有了规律可循，也就使历史学的研究有了科学性，丰富了历史学研究的成果。除了强调历史发展有其自身的规律，李达还特别强调人民群众是历史的创造者和推动者，他研究了历史上各个

---

① 李达：《李达文集》第4卷，人民出版社1988年版，第542页。

时期的发展成果以及人民群众在其中所起到的重大作用，进而分析得出结论，历史上所有的丰富的优秀成果都是由人民创造的，当今世界各地所有的历史遗迹就是人民的劳动成果和智慧的结晶。研究历史必须要把人民群众的伟大作用放在第一位，要发现历史发展中的规律就要时刻关注人民群众。以往的历史研究只关注帝王将相等统治者的历史，或者以成王败寇论，关注英雄和成功者，而对广大劳动人民的付出和成绩忽视不见，这样的历史研究是偏离了正确的史学研究轨道的，使历史学研究封闭起来，只能做记录和搬运的工作，丧失了其研究的活力和科学性。可以看出，李达完全掌握了唯物史观的要意，在牢牢把握唯物史观的基本原理来研究历史基础之上，更能充分认识到人民群众在历史进程中的巨大作用，这样的看法大大促进了对唯物史的深入研究，扩大了唯物史观的影响力。“这些研究所得出的结论，不仅标志着我国马克思主义史学已由最初的理论研究，发展到实际研究，并为后来的郭沫若、吕振羽等人运用唯物史观具体研究中国历史，有重要的启发，对我国马克思主义史学的形成和自身建设也有深远的影响。”① 唯物史观的传播和应用是20世纪中国史学发展最重大的变革，“因为唯物史观的科学体系，证明它是说明人类社会历史发展及其规律的正确观念”②。中国是一个有悠久历史的国家，有五千多年的文明，在漫长的历史中涌现出了很多伟大的史学家，“究天人之际，通古今之变”是中国历代史学家都追寻的目标，而在封建时期的史学家写出的史学著作中多是记述帝王将相的，并没有涉及广大的人民群众，他们治史的目的也是为了寻找维系封建统治的方法，其研究方法也是注重考据，阐发义理，而没有注意到社会的经济基础即社会生产力对于历史演变的巨大作用。用马克思主义唯物史观做理论指导的历史学者在传统史学研究的基础上，通过注重历史发展规律和在历史演进中人民群众的力量这两方面的研究将中国史学研究带入新的高地。

---

① 桂遵义：《马克思主义史学在中国》，山东人民出版社1992年版，第56页。

② 瞿林东、邹兆辰、张剑平、曹守亮、黄静：《唯物史观与中国历史学》，上海人民出版社2013年版，第279页。

此外，20 世纪初马克思主义唯物史观传入中国之后又为中国的历史学家带来新的研究方法和视角，在唯物史观指导下涌现出来的一大批马克思主义历史学家注意发掘历史学的科学性，充分运用社会学、人类学、经济学等学科的研究方法，使历史研究更为科学化，能够寻找到历史发展的规律，为指导社会的变革和历史进步作了重要的贡献。唯物史观研究历史充分运用多个学科的知识，来使历史研究科学化，注重研究唯物史观的李达也做了早期的尝试。李达在他的《现代社会学》一书中就尝试用社会学、人类学的研究方法来研究历史，分析了人类社会的起源、构造、变革等历史；在《中国产业革命概观》和《中国近代经济史研究》等书中运用经济学里的理论分析了近代以来的中国经济史。李达的这种治学思路和研究历史的方法影响了后来的马克思主义史学家的治史方法，如吕振羽将经济史引入社会史的研究，用经济基础和上层建筑的辩证关系研究了中国的古代社会史；侯外庐将社会史与思想史研究结合，通过研究某一时期的社会存在来研究基于此社会存在而形成的某一历史阶段中饱含时代特色的思想史。将其他学科的研究方法引入历史学的研究，是马克思主义唯物史观研究历史的一个重要的创新之处，它使得历史研究更深入，与其他学科的联系更紧密，开辟了历史研究的新道路。

（二）培养了一大批杰出的马克思主义历史学者

李达不仅是一位伟大的马克思主义理论的研究者，而且还是一位伟大的马克思主义教育家，其一生都从事教育工作，在多个高校担任教授。新中国成立前在暨南大学、北平大学法商学院、湖南大学等高校担任教授，讲授马克思主义哲学和经济学等课程，新中国成立后又历任湖南大学和武汉大学校长，培养了一大批钻研马克思主义的学生。他的学生中有很多后来从事历史研究，如吕振羽、侯外庐等成为马克思主义历史学的专家，他们的史学思想师承于李达，并将其发扬光大。

李达与吕振羽的学术交往始于 1926 年，这个时期李达在湖南大学当教授，讲授马克思主义的唯物史观，吕振羽在这个时期经常听李达的课并常常向李达请教，两人结下了深厚的师生情谊。多年后吕振羽还回忆到他在上大学时听李达讲授唯物史观的场景，对李达老师的学术水平和人格魅力仍然崇敬不已，并高度评价李达是“我国有系统地传播唯物史观的第一人”。[①] 在李达的影响下，他的治学志趣也开始慢慢转向历史学领域，并用唯物史观做指导来研究历史。在 30 年代的社会史论战中，吕振羽积极投入论战，发表了多篇有影响力的论作，李达关注着他的学术作品并给予了一些指导，他特别叮嘱吕振羽历史研究要注意方法论和史料的重要性，没有科学的方法论指导是写不出有影响力的文章的，但没有史料做基础，文章便无从开始下手，要求他时刻注意二者的统一和灵活运用。李达的指导对于初入历史研究领域的吕振羽来说是非常宝贵的，坚定了他用唯物史观来研究历史，为他成为一代历史学大家奠定了基础。有学者指出：“吕振羽成一代大师，多受李达的影响，吕氏在学术、思想上，表现了斗争与创新精神，风骨嶙峋，在人格精神上也很像他的老师。”[②] 另一位受李达较大影响的历史学家是侯外庐。侯外庐在他的回忆录《韧的追求》中记述了他在北平大学法学院时和李达的交往，“我自得认识李达同志，仅半年交往，便终身师事。我常常去向他请教问题，他也很愿意和我交换看法。”[③] 可以看出李达在侯外庐心中的地位以及他特有的人格魅力。当时在大学教授马克思主义思想是不允许的，常常受到反动派的监视，李达冒着被逮捕的危险依然在课堂上传播马克思主义，他的大无畏的革命精神和孜孜不倦的治学精神影响着当时一大批爱国知识青年们，扩大了马克思主义的传播和影响力。

新中国成立后李达历任湖南大学和武汉大学校长，在教育界继续进行马克思主义理论的传播和研究。他编写了《学习社会发展

---

① 江明：《展读遗篇泪满襟——记李达和吕振羽的交往》，《文献》1980 年 12 月 30 日。

② 丁晓强、李立志：《李达学术思想评传》，北京图书馆出版社 2000 年版，第 18 页。

③ 张岂之编：《侯外庐著作与思想研究》第 1 卷，长春出版社 2016 年版，第 30 页。

史》《怎样学习党史》《唯物辩证法大纲》等一系列马克思主义学的教材，涉及哲学、历史学等方面。他还创办马克思主义夜大学，亲自讲授辩证唯物主义和历史唯物主义等课程，提高教师的理论水平。对于青年教师也是多加指导，常常听他们讲课，并指出他们的不足之处，帮助他们不断提高业务水平和理论水平。他指导过的青年教师姚薇元还说自己“解放后能够认真学习马列主义、毛泽东思想，胜任思想性较强的历史学的讲授，饮水思源，我不能不感谢李校长的教导”。[①] 李达在新中国成立后在教育界的工作使广大青年学习到马克思主义，团结了思想，为马克思主义史学在中国发展壮大起到了积极的推动作用，新中国成立后马克思主义史学的繁荣发展，李达的贡献是巨大的。

结　语

李达是一位伟大的马克思主义理论家、思想家，他在历史领域的研究也有着巨大的贡献，毫无疑问他也是一位马克思主义的历史学家，虽然他的历史学著述并不多，但他在唯物史观和中国近代经济史研究方面的成果和贡献无疑使他能被称为历史学家。李达的史学研究是基于马克思主义哲学思想来研究的，“李达的历史研究具有较多的抽象思辨”，“对理论问题有坚实的研究功底，学理性、思辨性更强”。[②] 在历史研究方面注重理论，注重现实问题的研究，注重研究历史来寻找历史演进的规律，这是李达治史的一大特点，也是马克思主义史学家的共同特征，他们研究历史的方法和研究成果开辟了历史研究新的领域，作出了突出的贡献。

对于像李达一样的马克思主义唯物史观派史学家来说，研究历史不单单是一项学术研究，而且更重要的是他们希望在历史研究中发现历史的有用的地方，即发现历史研究的价值；而他们所认为的历史研究的价值就是“他们渴望去塑造现代社会的命运”，也就是历史为现时服务，为未来的社会发展服务，找到历史发展的

---

① 姚薇元：《难忘李校长对我的教诲》，《武汉大学学报（社会科学报）》1981 年第 1 期。

② 鲁涛：《李达史学思想研究》，湖南师范大学博士学位论文，2014 年。

规律并根据这些规律作出他们的决策和进行一系列工作，趋利避害，更好地为他们以后的生产生活服务。而这一规律他们相信“就存在于他过往的历史进程之中”。① 只是等待他们去发掘出来，进行总结得出结论。学者王学典在回顾近50年的中国历史学时也指出：“唯物史观派自诞生之初就主张沟通过去与现在，注重在‘改变世界’而不是‘解释世界’上释放自身的能量，释古变今的现实性是其与生俱来的品格。”② 分析李达在历史学领域的治学路径，毫无疑问是属于“唯物史观”派的，他希望通过历史研究发现历史演进的规律，进而为中国的革命和未来提供指导，是贴近现实的治学方法。“这种态度的本身是绝对无可责难的，相反的，一个人如果真是从爱国家、爱民族的纯洁动机去治史，他正是表现了一种高贵的道德情操。”③ 李达是一位伟大的爱国者，近代以来国家危亡的局面，激励着他孜孜不倦地治学，寻求救国救民的道路。他用唯物史观作指导研究历史，期望的就是能发现历史演进的规律，为中国的革命和未来作指导。但是从历史学科严谨的治学要求来看李达在历史研究领域所做的研究，他的研究又是不够严谨的，他的历史著作并没有充足的史料来论述，史料的考证方面也不够严谨。在对社会历史进程的阶段划分上简单应用了马克思关于西欧历史的五段分期法，不免会教条化。在对阶级斗争理论的理解和阶级分析方法的运用上，因为时代的局限性表现得尤为突出，夸大了阶级斗争的重要性。他研究历史希望寻找到科学的规律，认为这一规律是科学的，是不可阻挡的“历史潮流”，这样的研究和政治运动结合就为政治运动扫清了障碍，提供了动力。这是那个时代学人身上所固有的特点。他们所有的学术研究的出发点就是为了救国救民，力图通过自己的努力换来一个光明的新中国，但这其中逃不离的就是和政治的结合。正如侯外庐在

① ［美］阿里夫·德里克：《革命与历史：中国马克思主义历史学的起源》，江苏人民出版社2005年版，第4页。

② 王学典：《近50年的中国历史学》，《历史研究》2004年第1期。

③ 余英时：《中国史学的现阶段：反省与展望》，王学典、陈峰编《20世纪中国史学史论》，北京大学出版社2010年版，第393页。

他的回忆录里提到的对于他们那一代马克思主义历史学者的感怀："我们这一代投身革命的史学工作者，是争先恐后、热热闹闹、纷争不已、悲喜交集，敞开赤诚的胸怀，披着鳞鳞的伤痕，饮着不尽相等的辛酸，一起奋斗过来的。"① 这是时代赋予他们的鲜明特色，是他们这一代学者必然经过的道路。李达从小所受的教育和他的爱国主义思想都在促使着他形成入世的治学态度，这是伟大的，高尚的。在今天我们回过头来再看李达的著作，有的观点可能已与时代不符，或者被新的观点所取代，但回溯历史，在宏观的视野下再观察，再思考，依然能发现他的著作中的那些闪亮的观点，依然被他的治学品格所折服，这都是我们后辈学人要向他学习的。

在新时期我们要更坚定地用唯物史观来研究历史，"唯物史观如一条主线贯穿李达马克思主义史学研究的整个过程。唯物史观为历史学走向科学奠定了基础，提供了观察、研究历史的最好尺度与工具。"②"因为实践一再证明：这种历史观是开放的而不是封闭的、是吸收的而不是排异的、是发展的而不是停滞的、是创新的而不是守旧的学说。"③ 但我们也要提防"左"的思想对历史研究带来的不利影响，我们要吸收一切优秀成果，充分利用进来丰富我们的研究，将中国的马克思主义历史学研究带入新的高地。

时间的车轮滚滚而过，那些浩如烟海的历史和历史中的人也会慢慢被人遗忘，追求客观完整的历史史实任重道远，追逐的脚步赶不上记忆消失的速度，可是并不能停下脚步，不断地求索，不断地追逐，才能寻得那迷糊的消失的记忆，这是可怜的，也是可喜的。

---

① 侯外庐：《韧的追求·自序》，生活·读书·新知三联书店 1985 年版，第 2 页。

② 鲁涛：《李达史学思想研究》，湖南师范大学博士学位论文，2014 年。

③ 田居俭：《历史研究必须以唯物史观为指导》，《历史研究》2014 年第 6 期。

翦伯赞史学思想研究

汪　妮

翦伯赞，湖南桃源人，20 世纪著名的马克思主义史学家，中国马克思主义历史学的主要开拓者和奠基人之一。翦伯赞一生著述颇多，专著和论文集 10 余种，论文 300 余篇，共约 400 万字。其中代表作有《历史哲学教程》、《中国史纲》两卷、《中国史论集》两辑、《历史问题论丛》、《中国史纲要》、《中外历史年表》等。这些著述对于丰富马克思主义史学理论，发展中国马克思主义新史学具有重要意义。因此，对于翦伯赞及其史学思想和史学成就的研究一直是学术界比较重视的一个内容，涉及此内容的著作和论文亦不在少数。具体而言，相关研究主要集中于以下几个方面：

对翦伯赞个人生平的研究，主要有《翦伯赞传》（张灿辉，湖南师范大学出版社，1997）和《新史学家翦伯赞》（张传玺，北京大学出版社，2006），两书都详尽地介绍了翦伯赞具有传奇色彩的一生。所不同的是，前者侧重于介绍翦伯赞在史学理论方面的成就，具体分析了翦伯赞在民族史和农民战争史等方面的研究成果；后者则是通过时间线索叙述了翦伯赞战斗的一生，着重体现了他“救国救民的伟大抱负、追求真理的坚强意志、探索学术的执着精神和宁死不屈的高尚品德”。两书对翦伯赞之于中国史学的贡献也有提及。另外，关于这一方面研究的论文成果也有一些。如张传玺的《为创建新史学奋斗的一生——翦伯赞新史学探索述论》（《高校理论战线》2010 年第 1 期）、《翦伯赞对建立中国新史学的贡献》（《历史教学》1999 年第 6 期），荣天琳的《论抗战时期翦伯赞对中国马克思主义史学的贡献》（《北京大学学报》1985 年第 2 期），陈梅的《略论翦伯赞对中国马克思主义史学的贡献》（《理论月刊》2014 年第 4 期）等文比较系统地从多方面分析了翦伯赞对中国马克思主义新史学所作出的贡献。又如王学典的《翦伯赞与中国历史科学的理论建设》(《历史研究》1990 年第 3 期)、《整合两大学术谱系的史坛巨子》（《北京大学学报（哲学社会科学版)》1998 年第 35 卷第 2 期)，前文强调了翦伯赞在中国历史科学的理论——方法论建设方面的特殊贡献；后文介绍了翦伯赞在整合史观派和史料派两大学术谱系上所作的努力。还有如瞿林东的《二十世纪的中国史学》(《历史教学》2005 年第 5 期)、王家范的《中国通史编纂百年回顾》(《史林》2003 年第 6 期）从中国史学的发展历程、中国通史的编纂进程等宏观角度对翦伯赞之于中国史学的贡献有一定切入介绍。

翦伯赞的史学思想所包含的内容是丰富的，所涉及的领域是广泛的。正因如此，就目前看来，全面系统地阐释翦伯赞史学思想内容的著作或论文寥寥无几。本人在力所能及的范围内，通过查阅相关资料，所能找到的比较系统地探讨马克思主义史学思想的文献有三：一是前文所提及的张灿辉的《翦伯赞传》；二是王学典的《翦伯赞学术思想评传》(北京图书馆出版社，2000)；三是广西师范大学苏敏的硕士论文《翦伯赞史学思想研究》。其他的研究成果则大多限于翦伯赞某一个或某几个史学思想的零散研究，这些研究归纳起来主要集中在以下几个方面：

新中国成立后，翦伯赞陆续发表了《论中国古代的农民战争》(《学习》1951 年第 3 卷第 4 期)、《对处理若干历史问题的初步意见》(《光明日报》1961 年 12 月 22 日）等文，对农民阶级的性质、农民战争的作用等问题作了系统的阐释。后来的研究者正是以他的这些论文及相关著述为根本，对他的农民战争史观进行了分析概括。其关于农民战争作用的“让步政策论”更是引起了史学界激烈的讨论。如张仁忠在《封建社会农民起义的作用——批判“让步政策论”》(《北京大学学报（哲学与社会科学版)》1973 年第 1 期）中就对翦伯赞的“让步政策论”进行了大张旗鼓的批判。粉碎“四人帮”后，政治上的自由促进了思想的解放，越来越多的学者开始从客观的角度评价“让步政策论”。如冉光荣、伍宗华的《应当全面地历史地评价改良、让步和改良、让步政策》（《四川大学学报（哲学社会科学版）》1978年第4期）、赵烨的《应该为“让步政策”恢复名誉》（《湘潭大学学报（哲学与社会科学版）》1979年第21期）、郑欣的《论“让步政策”与农民战争的作用》（《齐鲁学刊》1979年第2期），还有郑起东的《关于翦伯赞的“让步政策”论》（《北京日报》2010年4月1日）等文都肯定了“让步政策”论这一学术观点的积极作用。

翦伯赞是通过参加以探讨社会性质和历史分期为核心的社会史论战走上历史舞台的，所以，自加入马克思主义史学阵营起，翦伯赞就一直以马克思主义理论为指导，研究中国古史的分期问题，直至后来，成为三大派系之一——“西周封建说”的代表人物。迄今为止，史学界对翦伯赞古史分期史学思想的研究还没有专著问世，但论文成果还是有一些的。如李祖德的《马克思主义与中国古史分期讨论》（《学术月刊》1983年第8期）、张广志的《中国古史分期三家说平议》（《青海师范大学学报（哲学与社会科学版）》1988年第25卷第4期）、朱绍侯的《中国古史分期讨论与中国史研究》（《史学月刊》1998年第6期）、张剑平的《试论古史分期问题的探讨及其价值》（《延安大学学报》2003年第8期）、孙家洲的《“古史分期”与百家争鸣》（《炎黄春秋》2007年第5期）等。这些文章对关于中国古史分期的几种不同观点都有介绍，翦伯赞的“西周封建说”便是其中之一。

20世纪中国史料学的研究成果，是20世纪中国史学一笔可贵的财富。其中，翦伯赞有关史料的搜集与研究的理论，不仅是其史学思想的重要组成部分，而且是20世纪史料学的一个重要内容。因此，对翦伯赞的史料学思想进行梳理总结是很有必要的。如苏敏的《探析翦伯赞的史料观》（《南宁师范高等专科学校学报》2004年第21卷第3期）从史料的重要性、史料与理论的关系、史料学研究的开拓创新、古典文学作品中史料的发掘四个方面探讨了翦伯赞的史料观。《论翦伯赞的史料学思想》（刘敏，兰州大学，2007）、《翦伯赞的史料观及方法论探析》（单凤娟，曲阜师范大学，2008）两篇硕士论文从史与论的关系、各种文献资料和考古资料的史料价值、搜集史料的方法三个方面较为详尽地分析了翦伯赞的史料学思想。再如李勇的《作为史料双翼的史料与理论——重读翦伯赞〈历史哲学教程〉〈史料与史学〉》（《淮北师范大学学报（哲学与社会科学版）》2011 年第 3 期）一文更侧重于从史与论的关系入手，以重新认识中国马克思主义史学在史料和哲学关系问题上的处措。

翦伯赞一生著述颇多，其中不少著作更是被奉为经典，这些经典自然而然地成为学者研究的对象。如邓广铭等人写的《翦伯赞同志和〈中国史纲要〉》（《北京大学学报（哲学社会科学版）》1978 年第 3 期）、陈可青的《〈中国史纲要〉述评》（《史学史资料》1980 年第 6 期）、田珏的《翦伯赞与〈中国史纲要〉》（《历史教学问题》1985 年第 2 期）、刘后滨的《经典教材的生命力——评翦伯赞主编〈中国史纲要〉》（《北京大学学报》2007 年第 44 卷第 3 期）等都对翦伯赞主编的《中国史纲要》一书进行了述评研究，分析了它的特色之处，肯定了这一经典教材的强大生命力。当然，对翦伯赞之著述的研究不仅限于《中国史纲要》，还有关于其他著述的多角度研究。如李霞的硕士论文《〈史学要论〉与〈历史哲学教程〉的比较研究》（山东大学，2005）以及前文所提及的李勇的《作为史料双翼的史料与理论——重读翦伯赞〈历史哲学教程〉〈史料与史学〉》等。

此外，史学界围绕翦伯赞的相关研究中还有关于翦伯赞爱国主义史学思想的研究。如田亮的《论抗战时期翦伯赞懂得爱国主义史学思想》（《同济大学学报》1997 年第 8 卷第 2 期），苏敏、易灼君的《翦伯赞 20 世纪 40 年代所透视的爱国主义史学观念》（《哈尔滨学院学报》2004 年 25 卷第 2 期）等，这里就不再赘述。值得一提的是，由北京大学历史系编的《翦伯赞学术纪念文集》收纳了一众优秀的马克思主义史学家对翦伯赞个人及其思想、精神、贡献的评论性文章，还有翦伯赞的家人对他的回忆性文字。这些内容对于翦伯赞史学思想的研究无疑是有帮助的。

一、翦伯赞史学思想的形成

翦伯赞史学思想的形成是探讨翦伯赞史学思想体系的重要依

据，因此，在详细论述翦伯赞史学思想的内容、特色及地位之前，有必要对其史学思想的形成因素作一简要分析，以便更好地理解其史学思想体系。本部分内容主要以时间为线索、从翦伯赞的生平出发考察其史学思想形成的渊源和历程。

（一）家世族属背景是翦伯赞史学思想形成的根基

翦伯赞（1898—1968）生于湖南桃源的一个维吾尔族部落——翦家枫树岗，这支失去官爵又不与汉族通婚的回民，在当地社会是被边缘化的。或许，正是由于这种边缘感使得翦伯赞的祖辈非常重视子女的文化教育，在学习伊斯兰文化之余，也重视对汉文化的学习。翦伯赞的祖父就曾入汉人私塾读书，对汉文经典如《论语》《孟子》等都很熟悉。翦伯赞的父亲——翦奎午也就读于汉人的私塾和书院，并考中了清末最后一批秀才。翦奎午还自学几何、三角、微积分等近现代数学，并卓有地位，人送雅号“翦几何”。民国时期，翦奎午长期在常德中学任数学教师。在治学的20多年间，翦奎午以其“德善”的声誉著称于地方，成为常德桃源的文化名流。在这位严父的督导下，翦伯赞自五岁起便开始了其求学生涯。在读书闲暇之余，翦伯赞热衷于阅读历史小说，如《水浒传》《封神榜》《说岳》《说唐》《三国演义》等。他从这些小说中获得了一些与历史相关的知识，也受到了传统道德观念的影响，崇拜劫富济贫、锄强扶弱的英雄行为。14岁，翦伯赞进入父亲任教的常德中学预科就读。这一时期，他接触了《左传》《中庸》《纲鉴易知录》等经史典籍，其中《左传》一书他甚是喜欢，天天当做小说阅读，很多段落还能背诵。由于很早就表现出了对历史小说和戏剧的兴趣，翦奎午先生便让他利用课余时间翻读《资治通鉴》，并用红笔圈点，定期检查。读这些史学书籍，无非是为了让翦伯赞接受儒学的熏陶，接受汉学的教育，不曾想却为其成为一位杰出的历史学家奠定了基础。

翦伯赞的族属背景对其史学思想的形成还有另一方面的影响。在上小学时，翦伯赞便被人戏谑地称为“小回子”，即便学习再优秀，他也未曾摆脱这一称呼。这也使得翦伯赞自小便开始思考汉族和少数民族之间的关系。直到1919年，他从武昌商业专门学校毕业找工作时，有的机构以“不能用那个回子，他容易惹麻烦”为由拒绝聘请他。这种带有侮辱性的理由对翦伯赞的伤害可想而知，“回子”这一带有民族歧视的称呼再次引起了他对民族观念的重视，这也是他着手研究民族关系史的思想基础。“在唯物史观派的阵营中，伯赞在民族关系史研究中所倾注的心血、所花费的精力要远比郭沫若、吕振羽、范文澜、侯外庐等人都要多。对民族平等的向往、对大汉族主义和狭隘民族主义的愤怒谴责，是以他的切身感受为经验基础的。”①

（二）探索救国救民之道是翦伯赞史学思想形成的动因

翦伯赞的史学思想是在救国救民之道的摸索中日渐形成的。在就读中学本科期间（1912—1916），翦伯赞主要受到了两种思潮的影响，一是父亲倡导的“工业救国论”，二是梁启超主张的改良主义。翦伯赞比较系统地读过《新民丛报》上梁启超的政论，梁启超之于西学、法治、立宪等的见解对他产生了较大的影响，激发了他参政议政的热情。值得一提的是，翦伯赞在梁启超所撰之书的字里行间还汲取了关于史料学研究的养分，并发展成为其日后史料学思想的一部分。1916年，翦伯赞从北京政法大学转入武昌商业专门学校就读，在这里，他开始接触康德、黑格尔等人的理论，开始研究中国经济史，并最终写出了长达5万余言的毕业论文《中国币制史》，“这篇论文具备了他后期论文的特征”。② 1924年，翦伯赞远赴美国加利福利亚大学攻读经济学。但是，以宣扬资本主义为宗旨的资产阶级经济学并没有让他学到“救国救民”之道，反而加深了他对帝国主义侵略行为的憎恨和对半殖民地国家的同情。他继而开始接触马克思主义学说，读了《家庭私有制和国家的起源》《反杜林论》《共产党宣言》等著作。在读完《共产党宣言》时，他在日记中记道：“这是黑暗世界中的一个窗户，从这

---

① 王学典：《翦伯赞学术思想评传》，北京图书馆出版社2000年版，第2页。
② 张灿辉：《翦伯赞传》，湖南师范大学出版社1997年版，第6页。

里，我看见了光明，看见了真理，看见了人类的希望。”① 翦伯赞开始认识到，“实业救国”和“政治改良”在当时的中国都是行不通的，惟有革命，才能拯救中国。一年半后，翦伯赞带着对中国出路的新思考回到了祖国。

20 世纪 20 年代中期的中国史学界又是怎样一番光景呢？随着俄国十月革命的爆发和马克思主义的传入，新历史考证学兴起，马克思主义学说亦流行开来。20 年代中期，李大钊所著的《史学要论》一书的出版，标志着中国马克思主义史学之滥觞。翦伯赞在这一时期回国，国内的学术环境对他研究马克思主义的学说无疑是极有帮助的。1926 年 3 月，在举国震惊的“三一八”惨案中，翦伯赞遭到了枪击，子弹从他头顶飞过，差一点就丢了性命。血的教训使他进一步看清了帝国主义与封建军阀的丑恶嘴脸，最后放弃了憧憬多年的“实业救国”的幻想，并确立了自己的政治信仰和学术方向——马克思主义。直至 30 年代初期，翦伯赞已然成为了一名马列主义的忠实信徒。为了介绍苏联社会主义建设的成就，他系统地翻译了斯大林的重要文章《论消灭富农阶级的政策问题》《大转变的一年》《给集体农庄工作同志们的答复》《胜利冲昏头脑》等，并集结成册，于 1934 年出版了《苏俄集体农场》。

（三）学术交游是翦伯赞史学思想形成的条件

翦伯赞作为 20 世纪中国史学界享有崇高声誉的史学家，他的一生与多位史学人物皆有学术往来。其中，对其史学思想的形成有重要影响主要有两位，一是吕振羽，二是郭沫若。

吕振羽（1901—1980），唯物史观派史学的开拓者之一，是与翦伯赞渊源最深的一位良师益友。1928 年秋，经由弟弟翦仲襄介绍，翦伯赞与吕振羽相识，两人一见如故。“从此，两人经常在一起研究马克思主义理论，探讨中国的历史和社会问题。”② 20 世纪 30 年代，受吕振羽的影响，翦伯赞参加了当时轰动一时的社会性质论战与社会史论战。论战初期，吕振羽开辟前行，翦伯赞亦步

① 张传玺：《新史学家翦伯赞》，北京大学出版社 2006 年版，第 24 页。
② 张传玺：《新史学家翦伯赞》，北京大学出版社 2006 年版，第 32 页。

亦趋。1929 年，吕振羽发表了《农业社会之本质与前途》《变态的封建社会与中国社会思想》两文，翦伯赞则于 1930 年底 1931 年初发表了《前封建时期之中国农村社会》《中国农村社会之本质及其历史的发展阶段之划分》等文，其立论基本类似于吕振羽的观点。接着，两人又一起编著了《最近之世界资本主义经济》两册。直至论战后期，翦伯赞相继发表了《殷代奴隶社会研究之批判》《关于“亚细亚生产方法”问题》《关于历史发展中“奴隶所有者社会”问题》《“商业资本主义社会”问题》等长篇论战文章，这些文章基本上是依据吕振羽之前提出的见解完成的。这些文章的问世，不仅说明了翦伯赞是吕振羽的支持者，更反映了翦伯赞的史学思想已经初步形成，甚至可以独当一面，进行史学“破”“立”工作。

和与吕振羽的相识不同，翦伯赞和郭沫若相识于 1940 年的重庆，而在此之前的十年，两人则处于一种“相知却不相识”的阶段。这一阶段，两人的交往就在于因彼此所持观点的不同而引起的学术争议。1930 年，郭沫若的《中国古代社会研究》一书出版。在书中，郭沫若认为所谓“亚细亚”的原始共产社会是指西周以前的社会，西周是相当于希腊罗马的奴隶制时代，而中国历史真正进入封建时代是在东周以后，更确切地来说是在秦以后。近百年的中国历史则是资本主义制。翦伯赞对这些观点展开了犀利的“批判”。首先，他承认，郭沫若开辟了中国马克思主义史学的新纪元；然后，他指出，郭沫若在利用马克思主义史学理论研究中国历史时忽视了中国历史的特殊性，陷入了公式主义的沼泽；最后，他更是尖锐地表示，郭沫若对中国社会性质的研究，在方法论上犯了形式主义的错误，对中国具体的历史事实造成了歪曲，给中国古史研究带来了消极的影响。暂且不论翦伯赞对郭沫若观念的这些批判是否正确，不可否认的是，作为唯物史观派的开山祖师——郭沫若的唯物史观对翦伯赞产生了一定的影响，而且在一次次的学术讨论或争议中，翦伯赞对于马克思主义及其唯物史观的见解也愈发成熟与深刻。

三、翦伯赞的史学思想

翦伯赞是我国著名的马克思主义史学家，也是我国马克思主义历史学的主要开拓者和奠基人之一。他从 20 世纪 30 年代起，即以马克思主义唯物史观为指导，写下了诸多史学著作。翦伯赞的学术成就是多方面的，其中占主要地位的就是史学方面的成就。对翦伯赞史学思想的探讨，便是本文的重点。

（一）探讨中国社会形势发展史问题

1927 年大革命后，中国革命出现“退潮”，一些人认为有必要根据中国历史发展的倾向和中国现阶段的社会性质来重新估定中国革命发展的方向。因此，当时史学领域出现了关于中国形势发展史的热烈的理论斗争，这就是我们熟知的“社会史论战”。1930 年 11 月，翦伯赞发表了《中国农村社会本质及其历史的发展阶段之划分》一文，它标志着翦伯赞以马克思主义史学家的姿态走上了社会史论战的历史舞台。此后，翦伯赞相继发表了《殷代奴隶社会研究之批判》《关于“亚细亚生产方法”问题》《关于历史发展中“奴隶所有者社会”问题》《“商业资本主义社会”问题》等长篇论战文章。在这些文章中，他批判了关于中国社会形势发展史问题的错误见解，并提出了自己的理论观点。这些文章也使得翦伯赞和郭沫若、吕振羽一起，成为中国马克思主义历史学的开拓者。

1. 关于中国社会形势发展史的不同见解及其批判

翦伯赞指出，以胡适、顾颉刚为代表的“历史怀疑主义者”以“疑古”为旗号，以“史料缺乏”和“无信不征”为托辞，完全否认中国历史的开端是无阶级的“原始共产主义社会”，闭口不谈古史。“‘无法理解中国社会形势发展之整个的进程’，以致发出‘惶惑不解’和‘谜的时代’的悲叹，更进而编造出‘前资本主义’‘先资本主义’‘商业资本主义’等错误论点和体系，这是对中国史研究的极大危害。"[①] 他还指出，李季、陶希圣、王礼锡、胡秋原、严灵峰等人，都一味忙于旁征博引马克思、恩格斯、列宁的文句，而忽视研究具体的中国历史。因而"争辩的双方，都只以引经据典为能事，不以事实去说明历史，而以公式去推论历史，从而，这一为了解决现实的革命问题而引起的历史研讨，反而离开现实，变成经院派的空谈。这种经院派的争辩，即令就延长到一千年，其不能彻底清算中国社会发展中之社会的、经济的、政治的乃至意识形态上的诸问题，这是可以断言的。"[②] 当然，不可否认的是，这些历史学家研究的动机和批判的精神，对于中国社会形势发展史的研究具有一定的启蒙作用。

翦伯赞不仅对非马克思主义史学家的理论进行了批判，还对马克思主义史学队伍内部的一些见解作了指正。"首先把中国历史的研究，冲破'历史怀疑主义'的迷魂阵的，是郭沫若的《中国古代社会研究》。"[③] 翦伯赞认为，郭沫若开辟了中国马克思主义史学的新纪元，使中国古代史第一次由秦汉上溯到殷周。但是郭沫若对中国历史发展阶段的划分则陷入了公式主义的沼泽，他把西周时代当作是相当于希腊罗马的奴隶制时代，把真正处于奴隶时代的商代划入原始社会，把中国近百年的历史认定为资本主义制。这些观点"偏于一些零碎材料的分类，而没有能够把各种零碎材料归纳于具体的历史发展之中"[④]，以致忽视了中国历史的特殊性，在方法论上犯了形式主义的错误。对吕振羽，翦伯赞同意其殷商奴隶制的观点，但是他认为从母系氏族社会到父系氏族社会的历史转化，不是吕振羽所指出的剥削关系的转变，而是氏族制内部的变更，变更的只是形式，并不是本质。此外，吕振羽在阐释初期封建制与专制封建制的发生、发展和转化时，"过于着重个别阶段的特质之说明，而没有以同样的精力注意到阶段与阶段间的关

① 北京大学历史系编：《翦伯赞学术纪念文集》，北京大学出版社 1986 年版，第 96 页。

② 翦伯赞：《历史哲学教程》，新中国书局 1949 年版，第 152 页。

③ 翦伯赞：《历史哲学教程》，新中国书局 1949 年版，第 169 页。

④ 翦伯赞：《历史哲学教程》，新中国书局 1949 年版，第 63 页。

联。”[①] 而且“反复着几个类似的规律”，致使其观点“多少带有一点形式化的危险”。[②] 这些指正，都显示了翦伯赞作为一位优秀的马克思主义史学家所具有的独到的全面的眼光。

2　关于历史发展阶段的几个问题

为了说明历史发展的合法则性，翦伯赞对关于历史发展阶段的几个问题做了“破”“力”工作，批判和清算了社会史论战中所出现的“毒性理论”。[③]

翦伯赞认为，所谓亚细亚生产方法，在人类历史发展的过程中确实存在过。但它不是“东方社会之一种独特的社会形态”，也不是“前阶级社会的一般形态”，而是“相当于希腊罗马奴隶制社会时代之‘东方的’奴隶制的变种”。[④] 它不仅存在于古代的中国和埃及，也存在于俄国、日本、印度等民族。弄清了这一点，“我们便可以把历史发展从许多曲解中回复到其自身之发展的法则。”[⑤]

随着亚细亚生产方法问题的解决，奴隶所有者社会问题也得到了解决。但是，有些历史学家对这一问题还是有疑问的，奴隶社会究竟是一种独特的社会构成还是阶级社会中一种副次的东西？奴隶社会是整个世界上一般存在着的还是希腊罗马所独有的历史形态？翦伯赞对这些问题都一一作了回答：“奴隶社会是阶级压迫之一般的支配形态”，是仅后于氏族共产社会的“一个最重要的古典的经济范畴”，是“人类历史连续发展中必要的一环”。[⑥] 正如恩格斯所说：“没有奴隶制便没有希腊罗马的国家一级艺术科学，也就没有罗马帝国。没有希腊罗马帝国的基础，便不会有现代欧洲的文明。”所以，奴隶制并不是古代希腊罗马独有的社会形态，而

① 翦伯赞：《历史哲学教程》，新中国书局 1949 年版，第 63 页。

② 翦伯赞：《历史哲学教程》，新中国书局 1949 年版，第 186 页。

③ 翦伯赞：《“商业资本主义社会”问题之清算》，《世界文化》创刊号，1936 年 11 月 16 日。

④ 翦伯赞：《关于“亚细亚生产方式”问题》，《劳动季报》第 8 期，1936 年 3 月。

⑤ 翦伯赞：《历史哲学教程》，新中国书局 1949 年版，第 36 页。

⑥ 翦伯赞：《关于历史发展中之“奴隶所有者社会”问题》，《中山文化教育馆季刊》第 3 卷第 3 期，1936 年秋季号。

是整个人类史的共同过程，只是有着发达和不发达的形态之分而已。

而对于商业资本主义社会问题，翦伯赞则依据科学的社会经济形态论，尤其是马克思的《资本论》，尖锐地批判了陶希圣等人的“商业资本主义社会”或“前资本主义社会”论。他指出，“商业资本之不能代表历史上一独特的阶段，这差不多略具社会史常识的人们都应该知道的。”① 商业资本的本质构成是货币与商品的交换，只要有货币和商品流通所需的条件，商业资本就可以存在于奴隶社会、封建社会以及资本主义社会中。所以，商业资本是货币出现后的历史时代所共同具有的附属因素，是作用于各种生产方法的购买与出卖的分离关系，其本身并不是一种生产方法，自然就不能成为一种历史阶段。至于商业资本对旧的生产方法所起的分解作用，我们应该重视，但也不能夸大。另外，商业资本对旧生产力的分解程度，取决于旧的生产方法的坚实及其内部的构造，也就是说，取决于商业资本所依附的生产方法自身的性质，而非商业资本的作用。因此，在封建社会与资本主义社会之间不存在商业资本主义社会。

3. 关于中国社会的性质问题

1928 年，中共六大召开，大会指出当时中国社会的性质是半殖民地半封建社会，当时的革命是反帝反封建的资产阶级民主革命。此观点遭到了国内外的许多责难，责难的核心就是否定中国社会的性质是半殖民地半封建社会。翦伯赞对这些责难一一进行了批驳。

“从周秦一直到鸦片战争以前，三千年来的中国历史都是封建社会的历史。”② 在翦看来，西周末期到春秋战国时代是初期封建制时期，秦汉之际是初期封建制转入专制封建制的转换时期，此后便进入了中国封建社会的专制时期。中国封建社会经历了如此漫长的几千年是有原因的，“中国的封建统治者将他们剥削所得，

---

① 翦伯赞：《历史哲学教程》，新中国书局 1949 年版，第 42 页。

② 翦伯赞：《论中国古代的封建社会》，《翦伯赞史学论文选集》第三辑，人民出版社 1980 年版，第 150 页。

一部分用于强化阶级统治，一部分用于奢侈生活，另一部分则用于土地的再收夺。”① 换言之，他们并没有把掌握的巨额财富用于再生产，而是用于强化专制主义中央集权国家的统治。这就导致中国封建社会生产力增进缓慢，封建专制制度自然而然也就延续了很长时期。

然而，“中国的封建社会虽然很长，并不意味着是中国历史的停滞，具体的史实显示出来，中国的封建社会还是依照它自己的基本的规律不断地向前发展。”② 例如，“十八世纪上半期中国的封建社会已经发展到烂熟的程度，并且在它的内部孕育着资本主义的萌芽。这种萌芽状态中的资本主义因素，以其极其复杂的多样的散在的形式和不同的程度，出现于当时某些地区的封建社会经济结构的某些组成部门中。”③ 这就是封建社会经济的一大步发展。不过，直到鸦片战争前夕，从封建社会内部生长出来的资本主义不论在深度上还是广度上也都没有达到足以撼动封建社会经济基础的程度。而鸦片战争的爆发，中国主权沦丧，外国资本主义势力侵入中国，国内自给自足的自然经济开始解体，新兴的资本主义也被赋予买办的属性。外国资本主义为了在中国进行其“超经济的强制性”的剥削，以支持“中国的封建秩序之存续”来阻碍中国民族资本主义的发展。“因此在‘鸦片战争’以后，到‘七七’卢沟桥事变以前，中国民族布尔乔亚一方面受着外国资本主义的压迫，另一方面，又受着国内封建势力的束缚。同时，封建势力与布尔乔亚在对外国的关系上，又同一地有其隶属性。所以中国现阶段的社会，决不是资本主义社会，而是半封建半殖民地的社会。”④ 这样的社会性质也就决定了中国革命的性质是反帝反封建的民主革命。

---

① 马克垚：《中国有没有封建社会》，《史学理论研究》2004 年第 4 期。

② 翦伯赞：《论中国古代的封建社会》，《翦伯赞史学论文选集》第三辑，人民出版社 1980 年版，第 150 页。

③ 翦伯赞：《论十八世纪上半期中国社会经济的性质——兼论〈红楼梦〉中所反映的社会经济情况》，《翦伯赞史学论文选集》第三辑，人民出版社 1980 年版，第 292 页。

④ 翦伯赞：《历史哲学教程》，新中国书局 1949 年版，第 191 页。

（二）发展马克思主义唯物史观——辩证统一观

翦伯赞在《历史哲学教程》一书的绪论中提到："关于整个宇宙及其发展与人类的发展，以及这种发展在人类头脑中的反映，如果要得到正确的说明，就一定要应用辩证的唯物论。"① 可以说，辩证统一观"既是《历史哲学教程》的主要纲领，同时亦是翦在四十岁后持以论衡各家史学的信条，用以考察并研治中国历史的准则"。② 不仅如此，翦伯赞还从中国历史具体史实着手，根据自己的科学认识，丰富和发展了马克思主义唯物史观。

1. 一般性和特殊性的辩证统一观

"历史是具体的科学"③，历史的具体性，决定了历史研究必须从历史事实的特殊性和偶然性出发，以科学的唯物主义方法论为指导，总结出诸多历史事件中的一般法则。也就是说，历史的研究，"不仅要从多样性的具体历史中，抽出一般性，而且还要从其一般性中，去认识其特殊性。"④

一方面，翦伯赞反对抛开特殊性一味追求一般性。他指出："人类历史上的发展，都是经过了同一的相续的诸发展阶段，具有其一般法则，然而，由于空间的地理环境等条件的歧异，也能给与各自不同的特殊性。所以历史科学的研究，固然要以一般发展法则为前提，但只是理解一般的法则或者世界史的一般发展途径是不够的，因为世界史发展的一般法则，并不能把特殊摒除。"⑤ 他进而以人类社会历史发展的诸阶段为例，指出各民族都经历过奴隶社会、封建社会，但是各民族所表现出的形态是不同的，都有着他们自己的特色。单就奴隶制本身来说，从最原始的奴隶制到最发达的奴隶制，在形式上，它可以是"家内的""家长制的""古代希腊、罗马的"，亦可以是其他奴隶制形式。"亚细亚生产方

---

① 翦伯赞：《历史哲学教程》，新中国书局1949年版，第16页。

② 许冠三：《新史学九十年》下，香港中文大学出版社1986年版，第124页。

③ 翦伯赞：《论刘知几的历史学》，《史料与史学》，北京大学出版社1985年版，第127页。

④ 翦伯赞：《历史哲学教程》，新中国书局1949年版，第27页。

⑤ 翦伯赞：《历史哲学教程》，新中国书局1949年版，第27页。

式”就是奴隶制的一种特殊变种。阶级社会的剥削关系亦是如此，奴隶主对奴隶、封建领主对农奴、资本家对工资劳动者所施的行为都是剥削，却表现为不同的形式和程度。这就是特殊性所在。另一方面，翦伯赞也反对脱离一般性而一味强调特殊性。以中国和世界的关系为例，如果只强调中国的特殊性，就会使马克思主义的一般原理不能应用于中国史的研究，这就意味着背叛了马克思主义。所以，他强调在研究中国与世界的关系史中应做到既要看到中国，也要看到世界，还要看到中国与世界的相互联系与影响。现今中国所坚持的社会主义道路，所贯彻的“具体问题具体分析”思想亦印证了翦伯赞这一史学思想。

在翦伯赞看来，在历史发展中，一般性与特殊性也是不能游离的。“历史在不同的国度，会着上不同的色彩。”① 所以，不能用一般性掩盖特殊性，前者只对后者起主导作用。反之，不把特殊性统一于一般性之中，夸张各民族史的特殊性，则无法正确说明整个人类历史，最终陷入“多元史观”的沼泽中。

2. 主观能动性与客观规律性的辩证统一观

史的唯物论者彻底地指出了历史出发的诸前提，它不是抽象的原则，不是永恒不变的理性，更不是“神圣的预示”，而是现实的诸多前提。这些前提就包括现实的人类的存在以及他们的行为，他们生存的物质条件。“这些现实的人类以及其行动，便是史的唯物论之根本的前提”，“所以说物质诸条件，是构成历史上各时代的社会之最原始的基础。”②

纵观整个中国史，从汉代到清朝，历史发展理论皆以个人为中心，历史记载专述个人的生活，甚至就是一部部历代帝王的家谱。而真正创造了五千年历史的劳苦大众则被置之不论之列，各个时代对应的经济动因也被忽视了。反之，近代的历史家闭口不谈个人，对中国历史上伟大的农民革命领袖、民族革命英雄以及大有建树的封建帝王都缺少深入的正确的了解。翦伯赞认为，这是因

---

① 翦伯赞：《对处理若干历史问题的初步意见》，《翦伯赞史学论文选集》第三辑，人民出版社 1980 年版，第 67 页。

② 翦伯赞：《历史哲学教程》，新中国书局 1949 年版，第 86—87 页。

为新兴的历史家如郭沫若、吕振羽“过于偏重了历史之经济的动因，而忽略了历史之主观创造的动因”。[①] 以上两种历史观念，如今也表现在世界史发展的理论分析上。一方面，法西斯主义历史家，利用笔杆渲染神话、战争、帝王、英雄，制造出拥护战争、崇拜英雄的文化氛围，忽视一切经济生活以及历史发展的客观动因；另一方面，有些民众认为，法西斯的侵略战争与殖民地的反侵略斗争的展开完全是经济动因作用的结果，忽视了法西斯盗匪头目与殖民地革命领袖的主观指导作用。

翦伯赞批判了这两种错误的历史观念。他认为，客观的环境固然是推动主观意识的动力，但主观意识也可以反作用于客观环境。主观意识一经形成，便会走到客观环境的前面，成为指导人类改造客观环境的决定性力量。所以说，“历史发展是客观与主观的辩证的发展。”[②]

翦伯赞还从批判实验主义者与观念主义者的观点入手提出了关于人类历史创造问题的见解。他指出，实验主义者认为决定历史的是伟大人物的个人理想、动机和企图；史的观念论者认为历史是观念的产物，历史发展的动因是人类的“意欲”。这两种历史观点都是错误的。所谓个人的理想、动机和企图其实并不是个人的“意欲”，“而是一个民族或者一个阶级的整个的生活的要求之综合。”[③] 这一要求通过伟大人物的头脑表现出来，而成为民族意识或阶级意识。然后，伟大人物再在这种民族意识或阶级意识的指导下领导全民族或全阶级展开为实现理想的斗争。也就是说，历史是人民群众在领袖人物的指导下创造的。但是，这并不意味着推动历史发展的动因是个人或大众的“意欲”。只有当人类为了实现其“意欲”而做出一系列生产与生活的行为时，历史才能被创造出来。换句话说，历史发展的动因是“意欲”背后的物质生活资料的生产与交换。

阐释了历史创造的主体和发展的动因后，翦伯赞进一步分析了

---

① 翦伯赞:《历史哲学教程》，新中国书局 1949 年版，第 74 页。
② 翦伯赞:《历史哲学教程》，新中国书局 1949 年版，第 75 页。
③ 翦伯赞:《历史哲学教程》，新中国书局 1949 年版，第 72 页。

群众和领袖与历史创造的关系。他认为："全面讲述历史，应该是在肯定历史必然性和人民群众是历史的主人的原则下，承认个人在历史上所起的一定的作用。"① 以中国历史来说，如果没有秦始皇、汉武帝，没有陈涉、吴广，没有朱元璋、洪秀全，必然还会出现其他人物来完成相应的历史使命。但是，因为有了他们，中国的历史发展进程才会发展得更快。这些领袖人物成功或失败的经验教训，之于对日抗战，也是有极大帮助的。

3. 下层基础与上层建筑的辩证统一观

翦伯赞对马克思恩格斯关于下层基础与上层建筑相互作用思想的发挥是深刻的。他在《历史哲学教程》一书中，用"历史的适应性"整个章节详细地阐释了下层基础与上层诸建筑之辩证统一关系，分析了先阶级社会、奴隶所有者社会、封建社会、资本主义社会和目前伟大历史变革时代五个时期的不同国家与民族的经济基础与上层建筑的关系。

"经济是历史的骨骼，政治是历史的血肉，文化艺术是历史的灵魂"。因此，要写出一部有骨骼有血肉有灵魂的历史，就必须把三者结合起来，缺一不可。这也是翦伯赞全面性史学思想的体现。其中，政治和文化都是为经济服务的，写政治、文化不能与经济脱节。值得注意的是，"文化是经济的升华，基本上和经济是相适应的，但文化并不完全亦步亦趋地反映经济生活，有的跑到了经济的前面，有的落在了经济的后面。"因此，对于各时期的文化，"要具体分析，不能牵强附会。"②

在分析"适应于封建社会的经济构成之上层建筑诸形态"时，他提出对中国传统封建史学的批判与继承的理论问题，这是其对马克思主义史学理论的贡献。他认为，在中国的历史科学的神学史观形成过程中，从司马迁的《史记》到杜佑的《通典》、郑樵的

① 翦伯赞：《目前历史教学中的几个问题》，《翦伯赞史学论文选集》第三辑，人民出版社 1980 年版，第 38 页。翦伯赞：《对处理若干历史问题的初步意见》，北京市历史学会编《北京市历史学会第一第二届年会论文选集（1961 年 · 1962 年）》，北京出版社 1964 年版，第 30 页。

② 翦伯赞：《对处理若干历史问题的初步意见》，《翦伯赞史学论文选集》第三辑，人民出版社 1980 年版，第 69 页。

《通志》、马端临的《文献通考》，虽然已经在历史学上应用初步分类的逻辑学，并且能从社会的各方面去追叙历史，但他们的出发点还是以玄学史观为根据的，只重视封建统治者政权的变动，忽略了社会经济基础的发展变化以及由此引起的社会历史的巨变。因此，人们只看见朝代政权的更替，而看不见经济基础上的连续性。司马迁是中国史学的开山之祖，他打破了帝王家谱式的历史叙述法，不但以锐利的眼光注视社会经济而写了著名的《货殖列传》，还为“游侠”“市者”作“列传”。但他还是从政治的表层形式来说明历史，未能进一步以社会经济作为全部中国历史事实的根基来全面研究中国历史，未能从社会各阶层与各阶级间的相互矛盾中探讨历史发展的规律。当然，翦伯赞对封建史学并不是全盘否定的态度。在批判封建史学的糟粕成分之余，他呼吁同时代的马克思主义历史学家从中国具体的历史事实出发，努力清除中国封建史学的糟粕部分，以建立并巩固马克思主义唯物史观的指导地位。翦伯赞之于封建史学的批判与继承的观点对于拥有丰富的封建史学遗产的我国而言，具有特殊的理论意义，这无疑是对中国马克思主义史学理论上的又一个重要贡献。

最后，翦伯赞还以抗日战争为历史背景，分析了这一伟大历史变革时代的下层基础与上层建筑的辩证统一关系。随着资本主义发展到最后的阶段，国际金融资产阶级为了延长其统治，在政治上便表现出法西斯主义，反映到意识形态方面就是蒙昧主义、神秘主义、神甫主义、极端狭义的爱国主义。十月革命后，苏联社会主义国家建立。至此，世界上出现了两种对立的经济体制，反映到意识形态上就是观念论与辩证唯物论的斗争。随着苏联社会主义经济建设的成功，人类历史的崭新时代来临，被压迫民族争取解放的斗争开始与社会主义的力量合流。这一时期经济体制的变革、政治革命的发展反映到意识形态上就是“布尔乔亚的代言人更加公然地拥护战争、掠夺和屠杀”；“殖民地及弱小民族则在反侵略战争中，无论在文艺上、哲学上，在争取彻底的自由平等解放的基础上，都把现实的战斗意识发展到一个更高阶段”；“法西斯侵略主义的走狗也在这一时代表现其效忠于其主子的无耻作用”。① 这些，无不反映了下层基础与上层意识形态之间的辩证统一关系。

（三）构建以历史主义为原则的史学理论

历史主义史学理论的创建，是翦伯赞整个史学理论体系的核心。他提倡用历史主义原则指导历史研究，并将历史主义与阶级观点相结合，以匡正历史研究中所出现的“偏差”，进而提出了全面认识农民阶级、农民战争、地主阶级和剥削制度的观点。

1. “阶级观点”在中国史学界的运用

人们最初把阶级观点运用于中国历史研究是在20世纪30年代的社会史论战时期。郭沫若在其划时代的著作——《中国古代史研究》一书中，首次提出了中国历史上存在过奴隶社会，并对从东周开始的封建社会的阶级关系作了简单的叙述。继郭沫若之后，吕振羽在《殷周时代的中国社会》和《史前期中国社会研究》两书中，翦伯赞在《中国农村社会本质及其历史发展阶段划分》《关于前阶级社会的构成之基本诸问题》等文章中都对中国历史上的阶级关系作了简略的分析。不过，这一时期的历史学家大都是“为了划分历史阶段才使用阶级分析方法的，并不是在自觉地运用阶级斗争理论来分析中国的历史”。② 历史学家真正地运用阶级观点研究中国历史是在抗日战争时期。在这一时期，中国历史上阶级关系的演变得到了具体的分析与系统的整理。其代表作品有范文澜的《中国通史简编》、吕振羽的《简明中国通史》和翦伯赞的《中国史纲》一、二卷。然而，随着阶级观点在历史研究中的广泛运用，其消极倾向也接踵而至，那就是“片面反封建”。这种片面反封建的偏差在建国以后也仍未得到纠正。1958年，“厚今薄古”口号的提出，使得“片面反封建”和“片面捧农民”的错误倾向走向了极端，以致于出现一发不可收拾的局面。

翦伯赞对阶级观点的理解和运用，从本质上来说，就是从对

---

① 翦伯赞：《历史哲学教程》，新中国书局1949年版，第151页。

② 王学典：《翦伯赞学术思想评传》，北京图书馆出版社2000年版，第249页。

“片面反封建”的批判开始的。

首先，运用阶级观点研究历史，不是否认封建王朝体系的存在性。针对一些人认为，为了打破王朝体系，就应该把王朝的称号和王朝本身的历史从中国史中删去。翦伯赞指出，这种想法就“等于在倾倒脏水的时候连小孩也一并泼掉”①，是不可取的。王朝的称号不是历史学家臆造的名词，而是曾经存在过的历史事实。即便这个王朝的统治时期短到只有一天，它也是一个王朝，一个历史上真真正正存在过的王朝，这是无法抹去的客观存在。其次，王朝的称号是时代的符号，是中国历史发展进程的里程碑，它有助于中国人民更好地理解中国古代的各个历史阶段。最后，王朝的称号和公元与世纪一样，并不妨碍我们发现历史的规律性，妨碍我们发现规律的是以帝王为中心的历史观，而不是王朝的称号。所以，翦伯赞认为，作为“脏水”的以帝王为中心的历史观应该倒掉，但是作为“小孩”的王朝称号应该保留。

还有一些人认为，打破王朝体系，就应该把帝王将相的活动、统治阶级内部的斗争以及重要的政治制度都予以删减。翦伯赞对这一观点也进行了层层批判。人民群众是历史的主人，但这并不意味着可以排除以帝王将相为代表的统治阶级在历史上的作用。历史上既然有封建社会，而封建社会又有统治阶级，那历史上就不可能没有帝王将相。为了清除封建正统主义历史观，闭口不提帝王将相，忽视他们的主观创造，这就背离了马克思主义唯物史观。而把统治阶级内部的矛盾说成是“狗咬狗的斗争”，显然是将充满矛盾的阶级社会简单化了。西晋的八王之乱，虽然是统治阶级内部矛盾激化的结果，但也体现了当时社会的主要矛盾，是当时历史时期的主要内容，如何舍弃？阶级社会的各种矛盾是相互交错、相互转化的。若要从这些交错的矛盾中选出统治阶级内部的矛盾并且不影响其他矛盾，何其艰难？至于政治制度的删减问题，正如前文所述“政治是历史的血肉”，少了作为上层建筑的政治制度，历史就会变成了一副躯壳。

---

① 翦伯赞：《关于打破王朝体系问题》，《翦伯赞史学论文选集》第三辑，人民出版社 1980 年版，第 24 页。

其次，运用阶级观点研究历史，需要正确认识“厚今薄古”。“厚古薄今”和“厚今薄古”是历史科学战线上两条路线之争，前者是中国资产阶级历史学的特点，后者是无产阶级历史学的特点。当下，我们反对厚古薄今的倾向，坚持厚今薄古的方针是必要的。但是，我们必须正确认识厚今薄古的实质。厚今薄古不是分量多少的问题。就历史研究方面来说，厚今薄古只是要求以更多的精力和时间来加强近现代史的研究，这一观点并没有反对古代史本身，它所反对的是为古而古的资产阶级历史学的倾向。“这是一个思想问题，不是多少的问题。”① 厚今薄古亦不是先后顺序的问题。就历史教学方面来说，厚今薄古并非是在教学过程中采取现代史、近代史、古代史的倒叙顺序。通史教学的目的就是向学生传递一种贯通古今的基本历史思想，它不仅要阐明每一个历史阶段自身的发展过程，还要阐明前一个历史阶段过渡到后一个历史阶段的变革过程。

毛泽东曾说过：“不但要懂得中国的今天，还要懂得中国的昨天和前天。”② 这句话就告诉我们既要努力研究近现代史，又要以“温故而知新”的态度研究古代史。研究古代史是为了更好地懂得近代史，研究近代史是为了更好地懂得现代史。

2. 历史主义对“阶级观点”的矫正

“历史学是具有阶级性的科学。”任何阶级的历史学家在分析历史问题时，都会自觉或不自觉地站在自己的阶级立场之上。对于马克思主义历史学家而言，就是站在无产阶级的立场上用无产阶级的观点对待任何历史问题。“但是除了阶级观点以外，还要有历史主义。”③ 所谓历史主义，就是要把历史问题的研究放到特定的历史范围之内，这也是马克思主义最基本的要求。“离开了历史

---

① 翦伯赞：《目前历史教学中的几个问题》，《翦伯赞史学论文选集》第三辑，人民出版社 1980 年版，第 33 页。

② 毛泽东：《毛泽东选集》第 3 卷，人民出版社 1991 年版，第 801 页。

③ 翦伯赞：《目前史学研究中存在的几个问题》，《翦伯赞史学论文选集》第三辑，人民出版社 1980 年版，第 93 页。

主义，就不是马克思主义。”① 所以，分析历史问题必须把阶级观点和历史主义两者统一起来。“如果只有阶级观点而忘了历史主义，就容易片面否定一切；只有历史主义而忘记了阶级观点，就容易片面肯定一切。只有把二者结合起来，才能对历史事实作出全面的公平的论断。”② 故而，既要历史主义地看待农民阶级和农民战争，又要历史主义地评价封建剥削制度和地主阶级。

长期以来，我国的史学家在运用“阶级观点”研究封建社会的农民时，多数坚持全数肯定、绝不批评，更不批判的原则。他们认为谁要是批评或批判劳动人民，谁就违背了马克思主义。翦伯赞认为，在历史研究中应该肯定农民战争的领袖人物，但不能把他们当代化、理想化，更不能把他们和现代无产阶级的革命领袖等同起来。按照马克思主义研究历史，不仅要揭露批判封建统治阶级，也要分析批判农民阶级的局限性。翦伯赞对农民阶级的认识，在1960年代初期也有了系统的论断：

> 农民反对封建压迫、剥削，但没有，也不可能意识到把封建当做一个制度来反对。
>
> 农民反对封建地主，但没有，也不可能意识到把地主当做一个阶级来反对。
>
> 农民反对封建皇帝，但没有，也不可能意识到把皇权当做一个主义来反对。③

也就是说，“农民本身仍是一个封建阶级”。所以，封建社会的农民所进行的反封建、反剥削的阶级斗争是自发的，不是自觉的。无论农民战争的次数多么频繁、规模多么广大，甚至推翻了一个又一个封建王朝，最终还是没有从根本上摧毁封建经济与政治制度。农民阶级自己建立的政权，也只能是封建政权的性质。

---

① 翦伯赞：《关于历史学的“三基”问题》，《史料与史学》，北京大学出版社1985年版，第5页。

② 翦伯赞：《目前史学研究中存在的几个问题》，《翦伯赞史学论文选集》第三辑，人民出版社1980年版，第94页。

③ 翦伯赞：《对处理若干历史问题的初步意见》，《翦伯赞史学论文选集》第三辑，人民出版社1980年版，第60页。

当然，这并非否定农民阶级与农民战争的历史作用。翦伯赞认为，尽管“历史上的农民暴动的结果不是被镇压下去，就是在农民战争的废墟上产生了新的王朝，而社会的根本形态，仍然没有改变”。但是，“每一次大暴动都或多或少推动了中国封建社会的发展”。[①] 每一次大暴动之后，封建地主阶级为了维护自己的统治地位，都在一定程度上减轻了对农民阶级的剥削与压迫，从而减轻了封建生产关系对生产力的束缚，使封建社会有了继续发展的可能。所以，应该历史主义地对待农民阶级和农民战争。这就要求“在写农民战争的时候，不要忘记农民战争发生在封建时代，不要忘记农民是小所有者，也不要忘记农民并不代表新的生产力”。这三个“不要忘记”，集中表达了翦伯赞关于农民战争研究的根本态度：“不要强调农民战争的落后性、盲目性，也不要夸大农民战争的组织性和自觉性。”[②]

在正确认识农民阶级与农民战争的同时，也需要历史主义地对待地主阶级与剥削制度。翦伯赞引用了恩格斯在《反杜林论》中的一段话：“当一定的生产方式处在自身发展的上升阶段之时，甚至在和这种生产方式相适应的分配方式里面受到损失的那些人，也会赞美这种生产方式……只有当这种生产方式已经走过自身没落阶段的颇大一段行程之时，当它一般已经腐朽，当它的存在条件大部分已经消失而它的后继者已在敲门的时候……人们才开始从以往过时了的那些事实出发去申诉于所谓永恒的正义。”[③]

当地主阶级反对奴隶主阶级的时候，它是一个革命阶级；当封建制代替奴隶制的时候，它是一种进步的制度。只有当地主阶级走向没落的时候，当封建制度走向崩溃的时候，才是该骂的，该反的。

相继出现在历史上的每一种生产方式或社会制度，都是历史向

---

① 翦伯赞：《论中国古代的农民战争》，《翦伯赞史学论文选集》第三辑，人民出版社 1980 年版，第 175 页。

② 翦伯赞：《对处理若干历史问题的初步意见》，《翦伯赞史学论文选集》第三辑，人民出版社 1980 年版，第 61 页。

③ 恩格斯：《反杜林论》，人民出版社 1956 年版，第 153 页。

前发展的一个步骤，都是生产力向上发展的结果，封建剥削制度也不例外。每一项封建剥削制度，单独或孤立地来看，是落后的。但是如果把它放到整个历史发展的进程中去，它都或多或少具有进步性。封建制取代奴隶制本质上是一种剥削制度取代了另一种剥削制度，但是，“同样的剥削制度，封建制比奴隶制总要好些”①。

对于以帝王将相为代表的封建地主阶级，我们也不能“一竿子全部打死。”岳飞、史可法是封建将领，他们都忠于自己的皇帝，都曾与农民为敌，但他们也都曾英勇地保卫过自己的国家，并为此付出了生命。客观地说，他们的行为已经从狭隘的阶级利益上升到了国家民族的利益，所以，他们被称作民族英雄。而位于权利中心的统治者，他们为了稳固自己的统治，会对农民阶级做出让步，推行减轻农民负担的一些政策与制度，从而推动了历史向前发展。这些涉及政治、经济、文化多层面的政策与制度，虽然没有、也不会从根本上改变封建社会的性质与剥削制度的本质，但是就整个历史发展的进程来看，它无疑是进步的。所以，在研究封建社会的历史时，我们应该站在劳动人民的立场上用历史主义原则对待封建剥削制度与地主阶级。

3．*以历史主义原则评价历史人物*

翦伯赞还从史学界对历史人物评价中的非历史主义倾向入手，对历史人物的评价问题进行了更深一步的探讨。新中国成立后，屈原、荆轲、秦始皇等诸多历史人物都被重新评论。翦伯赞认为，这是一种很好的现象。然而，这些评论也存在着非历史主义的倾向。总的来说，错误倾向有四种：

一是“离开具体的历史条件，对历史人物提出过分的要求，甚至用今天的标准去要求历史人物”。② 例如说秦始皇是“极端的唯武器主义者”，指责他“登上宝座以后，胜利冲昏头脑，便开始

① 翦伯赞：《目前史学研究中存在的几个问题》，《翦伯赞史学论文选集》第三辑，人民出版社 1980 年版，第 94 页。

② 翦伯赞：《关于历史人物评论的若干问题》，《翦伯赞史学论文选集》第三辑，人民出版社 1980 年版，第 8 页。

脱离群众”；说关羽有“个人英雄主义”和“破坏统一战线”的行为；说岳飞具有“封建奴才思想”，不算是“民族英雄”；说史可法没有做好“统一战线”的工作，忠于阶级，而非忠于民族。这些说法都是非历史主义的，也都是错误的。评价任何历史人物，都必须把他放在一定的历史范围之内，联系其所处的历史时代与条件，进行具体的分析。我们不能要求一个两千年前的封建皇帝不依赖武器，不脱离群众；封建时代就是一个“个人英雄主义”盛行的时代，而“统一战线”一词出现于中国共产党诞生以后，因此，我们不能给关羽扣上那两大罪名；我们亦不能要求封建王朝的将相不忠于朝廷、不臣服于皇帝。

二是对历史人物给予不适当的或过分的表扬，将其“现代化”“理想化”。例如说西汉时代的铁官徒暴动是“无产阶级造反”；说李自成在政治上“能够团结各阶层”，在军事上已经“改变流窜作风”；说白居易“完全站在他那时代人民的一边——从而永远站在所有时代的前列”；说顾炎武的文学改革论能够和胡适的《文学改良刍议》相提并论……翦伯赞认为观点这都是错误的。为了进行爱国主义的历史教育，对一些历史人物的事迹进行宣扬是可以的，但这种表扬必须是恰如其分的。否则，不但不能进行爱国主义教育，还会抹杀历史事实。

三是“为了结合现实政治，常常把过去的历史人物或事件作一种轻率的历史类比，甚至不科学地把他们等同起来”。[①] 例如把明朝李如松东征与今天的抗美援朝相类比；把荆轲刺秦王与今天反侵略卫和平的事业相类比；把王安石的“青苗法”与今天的“农业贷款”政策相类比。翦伯赞认为这都是脱离现实的不科学的做法。现实与史实已经有了本质上的变革，简单的类比只会陷入非历史主义的沼泽。因此，“要严格运用历史主义原则，把历史事件和人物放在他们自己的历史条件之下，用无产阶级的阶级观点

---

① 翦伯赞：《关于历史人物评论的若干问题》，《翦伯赞史学论文选集》第三辑，人民出版社 1980 年版，第 7 页。

加以说明”。① 即评价历史人物时，不要影射，不要推论，不要附会，不要过多地追溯或展望。

四是用一条简单的公式——依据民族战争的性质评价与之相关的历史人物，至于是侵略还是保卫则取决于疆域的变化。翦伯赞认为，用今天的民族政策去要求历史上的古人，也是非历史主义的。“我们处理历史上部族或种族间的战争，以及处理与战争有关的历史人物时就不能用一条简单的原则贯串一切历史时代，而是要根据各个时代各个部族或种族间的具体历史条件来进行分析。”② 况且，一些民族战争单独看来是非正义的侵略战争，但是放在整个历史进程中，却是进步的。与之相关的历史人物也就不能以“侵略者”一词一言以蔽之。

总而言之，关于历史人物的评论问题一直是史学界的一个重要问题，要进行历史研究，就不可避免地涉及对历史人物的评价。我们必须反对以上四种以及其他的错误倾向，将阶级观点与历史主义两者相结合，正确评价历史上的杰出人物。

（四）探讨史与论的关系问题

“要使历史学走上科学的阶梯，必须使方法和史料合而为一。即用科学方法，进行史料之搜集、整理与批判；又用史料，进行对科学方法衡量与考验。使方法体化于史料之内，史料融解于方法之中。”③ 这是翦伯赞于 20 世纪 40 年代对史与论关系的基本认识，这种认识在 20 世纪 50 年代末 60 年代初有了更深一步的发展，即发展为“史论结合”的明确口号。

1. 对史料学的研究

基于对史料重要性的认识，翦伯赞在 20 世纪 40 年代的史学活动中，除了研究相持阶段的抗日民族战争的现实理论，还致力于

---

① 翦伯赞.《对处理若干历史问题的初步意见》,《翦伯赞史学论文选集》第三辑，人民出版社 1980 年版，第 72 页。

② 翦伯赞:《关于历史人物评论的若干问题》,《翦伯赞史学论文选集》第三辑，人民出版社 1980 年版，第 11 页。

③ 翦伯赞:《略论搜集史料的办法》,《史料与史学》，北京大学出版社 1985 年版，第 60 页。

对中国历史科学的开拓创新，并且“以史料学的探索最富学术意义”。[①]他发表了《中国史纲》一、二卷和《史料与史学》等一系列史料学的相关著作，对中国文献学上的史料、考古学的史料和史料的搜集运用等问题作了探讨与研究。

在翦伯赞看来，中国文献学上的史料浩如烟海。除了正史、正史以外的诸史、史部以外的经书外，“诸诗集、文集、词选、曲录、传奇、小说亦史，乃至政府档案、私人信札、碑铭、墓志、道书、佛典、契约账簿、杂志报纸、传单广告以及一切文字的记录，无一不是史料。”[②] 为了使中国历史得到更具体更准确的说明，必须对这些史料进行广泛的搜求。

就史料的价值来说，“正史不如正史以外之诸史，正史以外之诸史，不如史部以外之群书。”[③] 究其原因，二十四史因其“循环论的观点”“正统主义的立场”“大汉族主义的传统”“主观主义的思想”，以及“政治的限制”，导致其记载的内容多有失实，史料价值不及“没有政治的限制，能够尽量暴露史实的真象”的正史以外之诸史；而史部以外的群书因其所载记录反映了历史上所不载的社会发展的内容，保存了一些更为可靠的史料，使得其史料价值又高于正史以外之诸史。碑铭、墓志等考古资料的价值，翦伯赞也十分重视。在他看来，“只要有考古学的资料做根据，不但伪《古文尚书》上的史料可以引用，即更荒唐的‘纬书’上的史料乃至现在流行的关于远古之传说神话，也可以引用。”[④] 以史前史料为例，辨别其真实性不能根据文献的真伪，而要以这种史料与考古学的发展是否符合作为判断标准。合乎考古发现的，即便是伪书上的传说，也能够用于旁证；反之，即便是真书上的史料，也要存疑。所以，历史研究者不应该拘泥于咬文嚼字、寻章

---

① 许冠三：《新史学九十年》下，岳麓书社 2003 年版，第 125 页。

② 翦伯赞：《略论中国文献学上的史料》，《史料与史学》，北京大学出版社 1985 年版，第 15 页。

③ 翦伯赞：《略论中国文献学上的史料》，《史料与史学》，北京大学出版社 1985 年版，第 17 页。

④ 翦伯赞：《略论搜集史料的办法》，《史料与史学》，北京大学出版社 1985 年版，第 68—69 页。

摘句，而应该“以更大的努力不断地向考古发现吸收知识去丰富中国的历史，补充和订正中国的历史，把考古的发现应用到历史研究和历史教学中去”。①

此外，翦伯赞还在《略论搜集史料的方法》一文中，从四个方面具体说明了搜集史料的方法。他认为，在搜集史料之前，需完成三项准备工作：第一项，找出史料来源。通过目录学著作查找记载了所需史料的文献，并利用一种书类上的注释或引用语去找寻与这一史料有关的第二种书类。此外，还要“逐书搜求”，即搜求与这一史料相关的诸文献。第二项，辨别古书真伪。对于书的真伪，古人辨伪的结论只能用于参考，还需通过考查古书和著者的存在性，以及文字体裁、所载制度和事物、表现思想等多方面进行辨伪工作。值得注意的是，研究史前时代的历史，伪书上的史料是可以引用的。第三项，考证史料真伪。一方面批判地承继前人对文献史料的考证成果；另一方面，开拓一种新的考据学，对考古学上的资料进行考证。用现今既存的考古学资料，去权衡清代学者考证过的史料，从而使考古学的资料和文献上的资料统一起来。完成了上述工作，才能开始搜集史料。运用各种方法，从正面、反面、侧面，个别、综合，片面、类比等多层面网罗所有史料。再逐条摘抄、把史料从书本中钩索出来，并注明书名，分类整理。这一整理首先是依据其性质，其次是依据其时间，最后是在唯物辩证法的指导下，“从史料中抽出历史原理”。②

翦伯赞对史料学的这些探讨，促进了20世纪40年代马克思主义史学从强调“方法”向重视“史料”方向的转变，从而使得马克思主义史学理论可以朝着更为科学的道路发展下去。

2. 极力提倡史与论的结合

翦伯赞重视史料的重要性，同时也指出：“史料是重要的，但

---

① 翦伯赞：《考古发现与历史研究》，《史料与史学》，北京大学出版社1985年版，第59页。

② 翦伯赞：《略论搜集史料的办法》，《史料与史学》，北京大学出版社1985年版，第74—79页。

更重要的是理论。不用正确的理论来分析研究，史料等于废物。"①所以，"在历史研究工作中，必须把史与论结合起来。"②

要做到史与论的结合，就必须掌握史与论。关于掌握史料的方法上文已经提及，这里便不再赘述。至于理论学习，翦伯赞以忽视理论学习的三种情况作为切入点，得到了学习理论的三个步骤——第一要记得，第二要懂得，第三要会运用。具体来说，第一，一定要学好理论，"所谓理论，就是马克思主义、毛泽东思想。"③第二，不仅要能够背诵马克思主义经典著作中的名言，还要懂得其中的意思。讲到阶级关系，就骂地主一顿；讲到民族关系，就骂汉族一顿；讲到国际关系，就做自我检讨。这都是把马克思主义简单化了。学习理论，就是理解理论的实质。第三，要把理论应用于具体历史问题的研究中去，这种应用断然不是把史料贴上理论的标签或者把理论加上史料的注释，而是以理论为指导揭示隐藏在历史事实背后的本质。如此，才算真正掌握了史料与理论，进而才能做到两者的结合。

对待史与论的关系，翦伯赞首先驳斥了"唯史料论""史料即史学"。他认为，过分夸大史料的作用是资产阶级历史学的特点。史料之于史学，就像砖瓦之于房子，布帛之于衣服，没有砖瓦建不了房子，没有布帛制不成衣服。但是，砖瓦不等同于房子，布帛不等同于衣服。从史料到史学，就像从砖瓦到房子，从布帛到衣服，中间都要经过一系列的复杂的劳动过程。只有经过这种过程，材料才能变成理论，史料才会成为历史。另外，反对"唯史料论"，并不是反对史料本身，更不是把史料与资产阶级等同起来。翦伯赞指出，"史料不是资产阶级的专利品，任何阶级研究历史都要占有史料。地主阶级、资产阶级，无产阶级都要占有史料。在对待史料的问题上，我们和资产阶级的区别，不是谁要史料，

① 翦伯赞：《目前历史教学中的几个问题》，《翦伯赞史学论文选集》第三辑，人民出版社 1980 年版，第 46 页。

② 翦伯赞：《史与论》，《翦伯赞史学论文选集》第三辑，人民出版社 1980 年版，第 78 页。

③ 翦伯赞：《关于历史学的"三基"问题》，《史料与史学》，北京大学出版社 1985 年版，第 1 页。

谁不要史料。”[①] 而是在于用什么观点和方法来看待史料。马克思主义史学重视史料是为了通过对史料的分析、概括来解决历史问题。而不是堆积史料来装饰自己的博学。

“如果用马克思列宁主义的观点来运用史料，则史料愈丰富愈好，史料愈丰富，得出的结论就愈益正确。”[②]

1957年反右运动后，史学界展开了对“史料即史学”观点的大肆批判，陈伯达之流顺势提出“以论带史”的口号。翦伯赞对这一口号是不认可的，他认为，“以论代史”口号“反击了资产阶级的‘唯史料论’‘史料即史学’等谬论，从原则上扭转了那种轻视马克思列宁主义、毛泽东著作的资产阶级历史学的倾向”。[③] 但是，这个口号也带有很大的片面性。从马克思到毛主席都曾谈及，历史的出发点是具体史实，理论和概念只是研究历史的指导原则。而“以论带史”意味着研究历史要从理论出发，而非历史事实，这显然和马克思主义史学理论是背道而驰的。这一口号还演变为“以论代史”，致使历史教学和研究只是围绕马克思列宁主义的一般原理原则转来转去，教条主义倾向愈加严重。因此，翦伯赞认为这种提法应该废除，“正确的提法是观点和材料的统一”。[④] 他还强调，要做到观点与材料的统一，不是先写一段理论再写一段史料，或者先写一段史料再写一段理论，而应该是把史料融合于理论之中，或者说把理论体现在史料之中。

总之，只有把已有的理论知识与中国具体的实践相结合，以理论挂帅，从史实出发，才能对历史上的问题、事件和人物作出创造性的概括和客观的评价。

---

① 翦伯赞：《目前史学研究中存在的几个问题》，《翦伯赞史学论文选集》第三辑，人民出版社1980年版，第88页。

② 翦伯赞：《目前历史教学中的几个问题》，《史料与史学》，大学出版社1985年版，第46页。

③ 翦伯赞：《史与论》，《翦伯赞史学论文选集》第三辑，人民出版社1980年版，第84页。

④ 翦伯赞：《史与论》，《翦伯赞史学论文选集》第三辑，人民出版社1980年版，第84页。

（五）完善民族关系史的研究

因翦伯赞少数民族的族属背景与史学地位，新中国成立后，他被任命为中央人民政府政务院民族事务委员会委员，负责民族历史的研究，特别是民族史资料的编纂工作。在民族关系史研究中，翦伯赞撰写了民族平等的原则、民族同化与融合、民族之间的战争与和平、民族英雄和和亲政策等一系列有关民族史理论的文章。尤其在其《关于处理中国历史上的民族关系问题》一文中，对如何处理中国历史上的民族关系，提出了建设性的意见。这些观点“已经起到或正在起着对民族史研究工作的指导作用”。①

1．民族关系史研究必须贯彻民族平等的原则

作为少数民族出生的马克思主义史学家，翦伯赞一直很关注民族史研究的发展，大力倡导民族史领域的研究，还主张以民族平等的原则对待和评价历史上的少数民族及其英雄领袖人物，实事求是地撰写各民族的历史。他强调，在贯彻民族平等之原则的同时，还必须坚持历史主义之原则，还原各民族之真实历史。

针对很多历史学家在谈及民族关系时总是回避一些不平等的历史事件，个别的甚至歪曲历史事实来迎合民族平等政策的现象，翦伯赞指出：“各民族一律平等，这是马克思主义对待民族问题的基本原则。这种原则，适用于处理当前的民族问题，也适用于处理历史上的民族问题。”② “离开这个原则，我们就要犯错误。”③他强调，使用这一原则去处理历史上的民族关系，并不是把不平等的民族关系从历史上轻易地删去，也不是筛选出一些类似民族平等的史实来证明这一原则在中国古代早已实现，更不是把历史上不平等的民族关系说成是平等的。在漫长的阶级社会历史时期中，各民族在不同时期的发展程度是不一样的，此消彼长，自然

---

① 北京大学历史系编：《翦伯赞学术纪念文集》，北京大学出版社 1986 年版，第 23 页。

② 翦伯赞：《关于处理中国历史上的民族关系问题》，《翦伯赞史学论文选集》第三辑，人民出版社 1980 年版，第 110 页。

③ 翦伯赞：《对处理若干历史问题的初步意见》，《翦伯赞史学论文选集》第三辑，人民出版社 1980 年版，第 62 页。

而然地就使得各自的地位是不平等的。世界史是如此，中国史亦是如此。不平等的民族关系是阶级社会的历史产物，只要人剥削人的制度没有覆灭，民族对民族的剥削，就不会消灭。因此，历史研究者在研究民族关系时是用不着隐讳和粉饰的。

翦伯赞还从民族平等的原则出发，对"中国人"一词的涵义提出了新见解："凡生存和活动于今日中国领土以内的古代各民族，不论这些民族和当时中原王朝的关系怎样，应该承认他们都是中国人。"① 而对历史上的少数民族在边陲地区建立的政权，他认为，如果把这一类政权一概说成是中原王朝管理的"地方政权"或隶属于中原王朝的"地方性王国"，那就是把复杂的民族关系简单化了，是不可取的。历史研究者应该采取实事求是的态度对待攸关少数民族历史地位的问题，是独立汗国、王国就称它为独立的汗国、王国，是地方政权就称它为地方政权，不要轻易加上形容词，亦或是打上括弧。

同样地，贯彻民族平等的原则还要反对大汉族主义，但这并非意味着对汉族主导作用的全盘否定。《中华人民共和国宪法》明确指出，"在维护民族团结的斗争中，要反对大民族主义，主要是大汉族主义。"② 这一要求反映到史学领域就是要批判那种站在大汉族立场上写的历史。当然，批判大汉族主义并非否定汉族在中国史上的主导作用。承认汉族在中国史上起了主导作用，并不违背民族平等的原则，因为"权利是应该平等的，作用是不可能平等的"。③

中国的历史是各民族人民共同创造的，不承认这一点就不符合历史事实。同样，不承认汉族在中国历史创造中的主导作用，也是不符合历史事实的。我国疆域辽阔，各民族的历史发展是不均衡的，出现在同一历史时期的民族，往往处于不同的历史发展阶

① 翦伯赞：《对处理若干历史问题的初步意见》，《翦伯赞史学论文选集》第三辑，人民出版社 1980 年版，第 63 页。

② 《中华人民国和国宪法》（序言及部分条款），1982 年版，第 3 页。

③ 翦伯赞：《对处理若干历史问题的初步意见》，《翦伯赞史学论文选集》第三辑，人民出版社 1980 年版，第 62 页。

段，其中有先进的，也有落后的。先进的民族在历史上起的作用大，落后的民族起的作用小。而汉族，不论是在经济开发，还是文化创造，亦或在与外敌的抗争中都起着领导作用，这是历史事实。承认这种事实，对各少数民族的地位没有丝毫影响，因为决定汉族占据主导地位的，不是它的特权，而是它先进的生产方式，是它愈发强盛的经济与文化。即便当鲜卑人、契丹人、女真人统治半个中国的时期，当蒙古人、满洲人统治整个中国的时期，他们都不得不服从"历史的永恒定律"，让高于他们本族的汉族生产方式维持下去，以满足于征收贡赋，进而巩固自己的统治。也就是说，当汉族被其他少数民族征服而丧失政权时，汉族的生产方式并没有遭受实质性的破坏，汉族仍然起着主导作用，这点是毋庸置疑的。所以，在反对大汉族主义的同时，不能摒弃汉族的主导地位。这一观点也是翦伯赞坚持以历史主义原则对待过往历史的一个表现。

2. 战争与征服是过去民族交往的主要途径

各族人民之间的友好往来是民族关系的主流，但不能说在阶级社会的历史时期各族统治阶级之间就没有矛盾和冲突。过去，因生产水平低下，各民族之间的相互交往只能采取侵略、压迫和征服的形式，所以，"在中国史上，充满了民族之间的战争记录。"① 战争与征服就成为了过去民族交往的主要途径。

翦伯赞指出，在研究历史上的民族关系时，我们没有必要把所有的疮疤都展现出来，不过分强调战争是好的，但其中重要的战争史实还是应该予以说明，以便正确认识战争的实质。如何正确认识历史上的民族之争，翦伯也提出了自己的见解："判断一个战争的性质，不是根据民族的大小，也不是根据民族的先进与落后，而是根据构成这个战争的具体历史情况。"② 即弄清战争发动者的主观目的。由专制王朝发动的民族战争，其目的基本是为了掠夺

① 翦伯赞：《关于处理中国历史上的民族关系问题》，《翦伯赞史学论文选集》第三辑，人民出版社1980年版，第124页。

② 翦伯赞：《关于处理中国历史上的民族关系问题》，《翦伯赞史学论文选集》第三辑，人民出版社1980年版，第124页。

和奴役其他民族来满足本民族的发展需要。在战争的过程中，总会给被掠夺民族带来种种灾祸、暴行、劫难与痛苦。可即便如此，有些战争在客观上还是起了进步作用。正如翦伯赞所引列宁在《论社会主义与战争》一文中所说："历史上常常有这样的战争，它们虽然像一切战争一样不可避免地带来种种惨祸、暴行、灾难和痛苦，但是它们仍然是进步的战争，也就是说，它们促进了人类的发展。"①

以汉朝向西域的扩张为例，汉武帝最初出兵匈奴是为了抵御匈奴的侵略，漠北一役后则演变为抢夺西域物产与疆域的侵略战争。战争之后，西域各族人民成为了西汉的一员，既免受了匈奴人的奴役，又取得了与文化水平较高的汉族人民接触的机会，促进了当时西域各部族社会经济的发展；与此同时，汉族从西域获得了外来的物质和精神文明，发展了本族文化，进而丰富了中华文明。由此看来，只要战争在客观上破坏了有害的或反动的制度，整体上促进了人类社会的发展，那么，它就是进步的，即便它曾带来过灾难。

过去，少数民族的武装暴动都被说成是"入寇""内犯"或者"作乱"。而现在，少数民族的武装行动则被认为是"革命"，两者皆不可取。一般来说，历史上少数民族发动的战争多半是为了反抗汉族或其他统治民族的压迫和奴役，但其中也有例外。有些少数民族发动的战争，看起来好像是为了保卫自己的百姓，实则为了维护自己剥削和奴役本族人民的特权。为了维护这种特权，统治者不惜把自己的民族封闭起来，使本民族人民和文明世界隔绝开来。为了这样的目的而进行的战争，当然不是什么革命，而是破坏民族融合的反动战争。此外，近代史上，往往有某些少数民族因受到外国侵略势力的挑拨离间，不吝勾结国外势力分裂祖国，甚至发动战争进攻祖国。这样的战争，更加不是什么革命，而是背叛祖国统一的叛乱战争。

因此，谈及历史上民族之争，不能以一条准绳来贯穿一切时

---

① 列宁：《列宁全集》第21卷，转引自翦伯赞《翦伯赞史学论文选集》第三辑，人民出版社1980年版，第126页。

代，而要根据各个时代各个民族的具体历史背景进行分析。既要指出这些战争的主观目的，也要指出这些战争的客观结果。这也是马克思主义全面史观之体现。

提及历史上民族间的战争与征服，便不能略过“民族同化”与“民族融合”。在翦伯赞看来，民族同化是生产力高的大民族使生产力低的小民族在它的影响下，失去自己的民族特点，成为大民族的一部分；民族融合是几个民族在共同的经济基础和文化理念上相互影响，形成一个之前未曾有过的新民族。这两者是有区别的，不能等同起来。民族融合是历史发展的必然趋势，是一种进步的现象。但不能因此就把它提前塞进历史的轨道，把阶级社会的民族关系，一概说成是民族融合，这显然违背了马克思主义史观。按照马克思主义的观点，阶级社会的国家是各民族人民的大牢狱，在这个大牢狱之中，各族人民是不平等的，强的压迫弱的，大的欺负小的，这是一种常态。这种常态环境下的各民族不会出现民族融合，只会存在民族同化。不承认这一点，就会混淆阶级社会和社会主义社会历史时期的民族关系的本质差异，自然也就不符合历史史实。

翦伯赞明确指出：“实现民族融合的最主要的前提条件是消灭民族对民族的压迫剥削，而这在阶级社会是不可能的。”① 所以，“在阶级社会的历史时期，只有民族同化，没有民族融合。”② 新中国成立后，一些历史学者为了迎合民族平等的政策，总是避免使用“同化”一词，而以“融合”代之。其实，“同化”一词是可以用的。“因为所谓同化，实际上就是落后民族加入了先进民族的经济和文化体系，就是落后民族文明化。”③ 翦伯赞还列举了马克思、恩格斯、列宁所说的话来说明同化这个名词在民族史研究中是用不着避免的。值得一提的是，翦伯赞认可“同化”，但并不认

① 翦伯赞：《关于处理中国历史上的民族关系问题》《翦伯赞史学论文选集》第三辑，人民出版社 1980 年版，第 117 页。

② 翦伯赞：《怎样处理历史上的民族关系和阶级关系》，《翦伯赞史学论文选集》第三辑，人民出版社 1980 年版，第 105 页。

③ 翦伯赞：《关于处理中国历史上的民族关系问题》《翦伯赞史学论文选集》第三辑，人民出版社 1980 年版，第 121 页。

可以强迫和命令为特点的同化政策。

3．用阶级观点分析民族矛盾，不能用阶级矛盾取消民族矛盾

"民族矛盾虽然在本质上是阶级矛盾在民族关系中的表现形式，但民族矛盾不等于阶级矛盾。"① 民族之间的战争也不是阶级之间的战争，更不是同一阶级的两个政党之间的争夺战。因此，主张清兵入关不是满族侵犯汉族，只是改朝换代而已的观点是错误的。在翦伯赞看来，提出这种说法的人，可能是看到清兵入关之初，曾联合吴三桂攻打过李自成的农民军，因而就把清兵视为地主阶级，把清兵大举入关视为农民阶级和地主阶级之间的矛盾激化的结果。可是，努尔哈赤誓师伐明的"七大罪"是民族仇恨而非阶级仇恨；扬州、嘉定战役中死亡的汉族人民涉及各个阶层；抵抗清军的汉人有地主也有农民。这些历史事实都说明了清兵入关就是满族对汉族的侵犯战争，是民族矛盾激化的结果。

在征服战争结束之后，征服民族为了巩固其统治，往往让被征服民族中的剥削阶级参与到统治中来，成为其统治阶层的一份子。然而，这并不意味着新王朝是征服民族和被征服民族的地主阶级"联合政府"。例如，在元朝和清朝的统治阶层中有汉族地主阶级，这是事实。但这些汉族地主只是以个人的身份参与了新王朝的统治，并不能代表整个汉族。他们所做的一切行为都要以不损害新统治民族的利益为前提，这就决定了他们并不能取得与蒙古、满洲统治者平等的民族地位，不能进入权力核心机关，只能是既定政策的执行者，在执行不力的时候，还会被撤换。这与在民族平等的基础上才能建立的"民族联合政府"的涵义显然不符，因此，以"民族联合政府"一词混淆民族矛盾和阶级矛盾之差别的做法也是错误的。

"应该承认，在封建社会中，有种族矛盾或民族矛盾的存在，而且在种族征服或民族征服的战争中，这种矛盾往往上升到主要

---

① 翦伯赞：《关于处理中国历史上的民族关系问题》《翦伯赞史学论文选集》第三辑，人民出版社 1980 年版，第 127 页。

的地位。”① 当阶级矛盾上升到主要的地位，也不能说没有民族矛盾了，只能说民族矛盾下降到了次要的或从属的地位。

（六）独树一帜的通史研究

通史研究也是翦伯赞非常重视的领域之一。他认为，历史是一门贯通古今的学问，而通史的目的，就是要使学生得到一种贯通古今的历史概念。“前一历史阶段中孕育着后一历史阶段的因素，在后一历史阶段中残存着前一历史阶段的断片，不了解前一历史阶段，对于后一历史阶段就无法说明。”② 所以，通史要阐明从一个历史阶段到另一个历史阶段的变革过程。例如讲述奴隶社会、封建社会、资本主义社会各自的政治、经济、文化等特点，都必须按照历史发展的顺序才能阐明。翦伯赞的通史思想在前文的论述中已有多处体现，这里主要是探讨最直接明确地体现其通史思想的著作——《中国史纲》一、二卷和《中国史纲要》，可以说，这两部卷帙浩繁的著作探索了中国历史发展的脉络、规律，具有很高学术价值。

1.《中国史纲》

20 世纪 40 年代是中国通史编纂史上一个璀璨的时代。郭沫若、吕振羽、翦伯赞等马克思主义史学家，继承了 30 年代社会史论战的思想，分别撰写了中国古代史和近代史的专著，以表明各自对中国古代史分期的见解。30 年代，郭沫若在其《中国古代社会研究》一书中第一次用科学的方法将古代史由秦汉上溯到殷周之世，开启了中国马克思主义史学的新纪元；吕振羽在其《殷周时代的中国社会》一书中提出了殷代奴隶制和西周封建制的新见解。到了 40 年代，吕振羽的《简明中国通史》（上册，秦统一前）和范文澜主编的《中国通史简编》（上册，北宋以前）相继出版，“这两部具有时代标志性的新型国史，在 1948 年与 1946 年都以完

① 翦伯赞：《关于处理中国历史上的民族关系问题》，《翦伯赞史学论文选集》第三辑，人民出版社 1980 年版，第 127 页。

② 翦伯赞：《目前历史教学中的几个问题》，《翦伯赞史学论文选集》第三辑，人民出版社 1980 年版，第 35 页。

璧的形式进入通史之林。"[1] 这一时期另一部马克思主义中国通史，即是翦伯赞于1943年与1946年先后推出的《中国史纲》一、二卷，即今《先秦史》和《秦汉史》。

第一卷《先秦史》是关于史前史和殷周史的专著，是翦伯赞为建立自己关于原始社会、奴隶社会和初期封建社会学说体系的著作。翦伯赞对史前的神话与传说进行了科学分析，研究和运用了大量考古学的新发现——殷墟的遗物与甲骨、新旧石器时代的遗存，力求把殷周及其以前的古史"从神话的毒锈中洗刷出来，但至少它已使这一段古史显示它本来的面目。一言以蔽之，从神的历史还原为人的历史"。[2] 此书首先论证了原始社会的存在，并把它分为"前氏族社会"与"氏族社会"两个阶段，论证了人种、经济结构、生产关系、家族关系与意识形态各方面的全貌以及它们之间的相互联系。接着，本书肯定了殷代为奴隶社会，深入论证了奴隶主国家起源、生产力、经济结构、新产生的阶级关系、家族关系与意识形态诸方面全貌及其相互联系。最后，书中明确阐明了"西周封建论"的学说，把西周定为初期封建社会的形成阶段。第二卷《秦汉史》是关于秦汉史的专著。在此书中，翦伯赞运用考古学上的大量新发现，如汉简、石雕画像、碑刻、封泥、遗址和墓葬发掘报告等，按照西周封建论观点，于秦汉史时期建立起他的"中期封建社会说"，成一家之言。

《先秦史》和《秦汉史》是翦伯赞之于"中国通史"研究的初步成果，虽是第一、二卷，但内容并未见生涩，反而生动形象。《先秦史》收有猿人化石和古器物图片43张，制作了历史地图12张，各种世系表、大事年表8张；《秦汉史》也插入了20幅地图和50幅绘画。图文并茂，给读者增加了一些史事的直观性和空间与实践的概念，加强了文章的说服力，使两书生色不少。这种做法在当时的史学著作中，亦不多见。除了史料丰富、内容生动外，观点鲜明也是两书的重要特点之一。翦伯赞在写著两书时，皆以马克思唯物主义为指导，对当时的经济、政治、文化、民族等各

---

① 王家范：《中国通史编纂百年回顾》，《史林》2003年第6期。

② 翦伯赞：《中国史纲》，生活书店1946年版，第6页。

个方面，都进行了深入细致的剖析。并提出了“所谓礼者，实即等级制度的教条”“所谓刑者，乃是封建领主对农民行使统治的超经济的强制之权利的表现”“劳动人民是历史的创造者和主人”“中国历史是世界历史的一个组成部分”“各族人民是平等的，都是祖国的主人”等诸多建设性的观点。

2.《中国史纲要》

随着新中国的建立，中国通史编纂踏进了一个新的历史时期，翦伯赞的通史研究也有了新的发展。在总的观点上，他仍然坚持“西周封建论”。在某些次要问题上，其名称或观点有所调整，如将“前氏族社会”改称“原始群”，“夏代”归入“奴隶社会”，秦汉以后的封建社会不再用“中期”“后期”的分段等。他的新见解，一方面集中体现在所写的《关于两汉的官私奴婢问题》《两汉时期的雇佣劳动》《秦汉历史上的若干问题》等一系列文章中，另一方面便是体现在其主编的全国高等学校的通用教材《中国史纲要》之中。

《中国史纲要》是一部涵盖了中国原始社会、奴隶社会、封建社会和近百年半殖民地半封建社会历史的通史著作。该书共分四册，一共有70余万字。第一册从原始氏族社会至东汉，第二册从三国至唐，第三册从五代十国至清（鸦片战事以前），第四册从鸦片战争至五四运动。全书四册至1979年出齐，是目前已经出版的各家通史著作中首先全书出齐的一部著作。而这部史诗级著作的完成，离不开全国史学界的支持鼓励，更离不开翦伯赞的辛勤付出。翦伯赞在编写《中国史纲要》前就狠抓指导思想，《对处理若干历史问题的意见》一文就是纲领性的代表作。在这篇文章中，翦伯赞就如何处理历史上的阶级关系、民族关系、国际关系，怎样对待发展观点、全面观点，人民群众与个别历史人物以及政治、经济与文化，理论、史料与文章等问题，谈了自己的看法。“这些精辟的论述，有助于提高编写人员的认识水平，使观点趋向一致，从而促进了《中国史纲要》的编写工作。”① 指导思想确立后，

① 田珏：《翦伯赞与〈中国史纲要〉》，《历史教学问题》1985年第2期。

《纲要》编写所面临的难题便是古代史的分期问题。翦伯赞认识到，作为一部全国通用的教材，为了便于教学，必须要有一个统一的观点。因此，在编写的最初，《纲要》采用了郭沫若的“战国封建论”观点。后为更有利于百家争鸣，《纲要》采用了翦伯赞的“西周封建论”观点，并由其亲自撰写先秦部分。

《中国史纲要》作为通史教材，其内容也很好地贯彻了“通史”的特点。首先，考察中国历史上经济形态、社会结构和阶级关系的变化，是本书一条很鲜明的主线。如书中论述了商代的分封贵族与邑中平民、奴隶，西周的领主与野人，春秋时期的贵族与庶人，西汉的地主阶级与农民阶级，东汉的豪强地主与依附农民，魏晋南朝时期的世家大族与部曲佃客，十六国北朝时期的大族地主和依附民户，唐宋以后的一般地主与租佃农民，等等。如果把不同时段有关社会结构与阶级关系的描述贯通起来看，全书把它看成是国家结构和政治形态形成和变迁之基础的理论色彩是很明显的。其次，本书以发展的观点贯穿了对中国历史之演进的描述。以中国帝制时代的国家结构和政治体制为例，把专制主义皇权和中央集权政治体制放在一个不断发展完善的视角下来考察，从产生、确立到发展完善，它都是一个不断变化的过程。每一个阶段的变化，都有特定的背景和不同的内容。最后，该书还阐述了各个时期“文化方面的成就，少数民族和汉族的关系，中国和外国的政治关系和经济文化往来。所有这些方面，比五十年代出版的通史著作都更趋完善”。①

值得一提的是，本书对各少数民族的历史极为重视，自商代出现奴隶制国家以来，一直到辛亥革命前后，都有延续不断的叙述，从根本上改变了旧中国史学著作中那种歧视和轻视少数民族历史的状况。

三、翦伯赞史学思想的特色

通过前文的赘述，对翦伯赞丰富的史学思想可窥探一二。可以

① 陈可青：《〈中国史纲要〉述评》，《史学史资料》1980 年第 6 期。

说，翦伯赞的史学思想涉及了教育、哲学、政治等多个领域，其思想表现出来的特色也很明显，具体而言，有以下几点：

（一）高举马克思主义史学理论的旗帜

“翦伯赞同志的一生是学习、宣传和捍卫马克思主义的一生。”① 坚持马克思主义史学理论的指导，这是翦伯赞治史的鲜明特点。

翦伯赞一直遵循马克思主义的理论指导，尤其是注重马克思主义史学的理论探讨。他在抗战初期所写的《历史哲学教程》，就是一本探讨历史理论和方法的专著。在这部著作中，他结合历史实际，对马克思主义的唯物史观和辩证法作了系统而生动的阐述，并且运用历史唯物主义的观点和方法，对1930年代的中国社会史论战作了批判性的初步总结。

新中国成立初期，翦伯赞发表了诸如《如何研究中国历史》等多篇论述如何研究历史的文章，积极宣传历史唯物主义。这对于改造中国旧史学，建立马克思主义新史学具有积极作用。翦伯赞在北大工作期间，明确提出“巩固地确立马克思主义、毛泽东思想在教学和科学研究中的指导地位”，强调学习马列主义的重要性。他说：“资料是重要的，但是马列主义的学习更为重要，没有马列主义理论的指导，决不能在科学研究中作出任何创造性的成就。至多只能对前人的陈说加以补充注释，作一些拾遗补缺的工作。”②

20世纪50年代末60年代初，我国史学界和学术界一度刮起了主观主义、教条主义、虚无主义等极左歪风，翦伯赞针对这股歪风，结合史学研究的实际，提出了若干原则性的历史理论和史学方法论问题，如让步政策论、史论关系、阶级观点和历史主义等等。1962年，他在指导编写《中国史纲要》一书的过程中，就

---

① 张龙翔：《在翦伯赞同志学术会议上的讲话》，北京大学历史系编《翦伯赞学术纪念文集》，北京大学出版社1986年版，第6页。

② 翦伯赞：《巩固地确立马列主义、毛泽东思想在教学与科学研究中的指导地位》，《翦伯赞史学论文选集》第三辑，人民出版社1980年版，第134页。

运用马列主义理论、阐述了历史教学和研究中的一些重要问题，提出了正确处理这些问题的意见。为了反对错误倾向，他冒着风险，先后在北京、呼和浩特、苏州、上海、南京、扬州、南宁、桂林等地发表了一系列的讲话，公开提出“在真理面前，不能让步”。后来，他把自己的讲话写成文章，在报刊发表，其中《对处理若干历史问题的初步意见》是最重要的代表作。反对“左”倾口号和理论，就是捍卫最正确的马克思主义史学路线。这说明翦伯赞对坚持马克思主义的正确方向，树立真正的马克思主义史学风气，是具有强烈的责任感的。

翦伯赞的这一治史特色还突出表现在对古典文献资料的整理上。我国有灿烂的民族文化和丰富的文献资料，而相当一部分文化遗产就保存在古代文献中。因此，翦伯赞积极主张在马克思主义的理论指导下，对古典文献资料进行科学研究。

他认为：首先，整理古典文献史料与厚今薄古的方针是不冲突的，关键在于整理古典文献的人的观点和方法。如果“用马克思主义的观点方法来整理古典文献，就可让古书为今人服务，死书为活人服务”。[①] 其次，整理古典文献是非常细致的思想工作，标点断句、拾遗补缺、校勘、注释、辑佚、序跋等都是其工作内容。这些工作，“不但用得着马克思主义，而且要以马克思主义作为指导的原则”。[②] 最后，整理古典文献是一项科学研究工作。整理工作是对古典文献进行科学加工，恢复它们的本来面貌，分析它们的内容，指明精华和糟粕所在，使古典文献发挥推陈出新的作用。

可以说，翦伯赞“这一生走过的道路，就是学习和运用马克思主义立场、观点和方法的道路。他始终坚持马克思主义、坚持历史科学必须为人民革命事业服务。在任务艰难困苦的条件下，他总是以一种惊人的毅力，克服困难，奋勇前进”。[③]

---

① 翦伯赞：《从北大古典文献专业谈到古典整理问题》，《翦伯赞史学论文选集》第三辑，人民出版社 1980 年版，第 55 页。

② 翦伯赞：《从北大古典文献专业谈到古典整理问题》，《翦伯赞史学论文选集》第三辑，人民出版社 1980 年版，第 55 页。

③ 翦斯平：《艰难的历程——回忆我父亲翦伯赞同志的治史之路》，北京大学历史系编《翦伯赞学术纪念文集》，北京大学出版社 1986 年版，第 81 页。

（二）坚持实事求是的原则，力求一切从史实出发

实事求是是翦伯赞在史学研究的过程中一直坚持的优良作风。他在《对处理若干历史问题的初步意见》一文中就提出了六个不要，即：不要类比、不要影射、不要推论、不要附会、不要过多地追溯和展望、不要过多地引用经典著作的文句，这六个“不要”归结到一点，就是实事求是。马克思主义理论是我们必须遵循的指导原则，这点毋庸置疑。然而，不同的国家或民族因地理环境等条件的不同而处于不同的历史发展阶段，表现出各自不同的特殊性。这种“特殊性”就决定了各自的历史研究不能生搬硬套马克思主义理论，而应该从本国实际出发，以史料为根据，以理论为指导，从具体史实的科学分析中论证历史的真实性。翦伯赞指出，郭沫若就是因为在方法论上犯了公式主义的错误，没有做到具体问题具体分析，才致使其对中国历史阶段有了错误的划分。

翦伯赞实事求是的作风也表现在他勇于自我批评的精神中。他在《关于历史人物评论中的若干问题》一文中，就曾对影古射今的问题作过中肯的自我批评：

> 我在解放以前，也常用以古喻今的方法去影射当时的反动派。其实这种以古喻今的办法，不但不能帮助人们对现实政治的理解，而且相反，模糊了人们对现实政治的认识。特别是今天的现实与历史上的现实已经起了本质的变革，把历史上的现实和今天的现实等同起来，那不是把历史上的现实现代化使之符合今天的现实，就是把今天的现实古典化去迁就历史上的现实，两者都是非历史主义的，因而都是错误的。[①]

他在这里没有用任何借口来为自己辩护，而是从历史和现实的理论高度科学地剖析了影射方法错误之所在。

翦伯赞坚持实事求是之原则的另一个重要表现就是对封建史学采用批判与继承并存的方法。他反对简单地否定一切的虚无主义

---

① 翦伯赞：《关于历史人物评论中的若干问题》，《翦伯赞史学论文选集》第三辑，人民出版社 1980 年版，第 7—8 页。

的态度，主张从中国史学的实际出发，批判地对待封建史学，去其糟粕取其精华。首先，翦伯赞对封建史学的唯心史观，坚持了马克思主义的批判精神。他指出，封建史学家把中国历史“依据王朝的更替，割裂为许多片段”，只见“统治者个人之政权的转移，没有看见社会基础的经济的发展与转化，以及由此而引起之历史的飞跃”。① 司马迁打破了帝王家谱式的历史，并“以锐利的眼光，注视着社会经济方面而写成其有名的《货殖列传》”。② 但是由于受玄学史观的支配，他无法做到以社会经济为根基，从而从社会各阶级间的矛盾去研究全面历史运动的法则。同时，其“历史观受了邹衍终始伍德说的影响，而带有历史循环论的色彩”③。翦伯赞在评价二十四史时亦指出，从史料价值看，二十四史保存了许多宝贵的史料，可称之为“史料继承”，而从历史观看，二十四史则充满了循环论的观点、正统主义的观点、大汉族主义的传统、主观主义的思想和政治上的限制与禁讳。其次，翦伯赞坚持全面看待封建史学，积极探寻其中的优秀成分，这是理论上的新进展。他对伟大的封建史学家司马迁及其著名封建史学代表作《史记》在中国史学上的地位，给予了充分的肯定和赞扬。他指出：“写著历史之成为一种专门的学问，即所谓历史学，在中国，是创始于天才的史学大师司马迁。”④ 又说：“纪传体的开创”和“纪传体的活用”，二者都是司马迁在开创历史方法上的重大贡献。他高度赞扬了司马迁作为史学大师所体现出来的历史批判的科学精神和刚正不阿的史学家的高贵品格。他还称赞《史记》“不是一部人物纪传的汇编，而是一部富有灵魂的著作”；换言之，它“不是一部死板的记述的历史，而是一部生动的批判的历史”。⑤

---

① 翦伯赞：《历史哲学教程》，新中国书局 1949 年版，第 139 页。

② 翦伯赞：《历史哲学教程》，新中国书局 1949 年版，第 9 页。

③ 翦伯赞：《论司马迁的历史学》，《史料与史学》，北京人民出版社 1985 年版，第 115 页。

④ 翦伯赞：《论司马迁的历史学》，《史料与史学》，北京人民出版社 1985 年版，第 81 页。

⑤ 翦伯赞：《论司马迁的历史学》，《史料与史学》，北京人民出版社 1985 年版，第 102 页。

翦伯赞在治史过程中始终坚持实事求是的原则，即便是政治上的压迫，也不曾让他有过丝毫的动摇。他力主史学研究要从史料出发，坚持马列主义的理论指导，具体问题具体分析，并在研究过程中彻底贯彻唯物主义辩证法之全面观。

（三）鲜明的革命性与战斗性

在研究中国历史问题的同时，紧密联系现实革命斗争，这是中国老一辈马克思主义史学家的一个优良传统。他们既是马克思主义史学家，又是无产阶级革命家，他们通过总结历史的经验与教训，指出历史发展的规律并在实践中运用这些理论知识为无产阶级和社会主义服务。翦伯赞同样具有这一特质，他亦“是我国史学战线上一位积极宣传和勇敢捍卫历史唯物主义的战士”，“他的著作充满了强烈的革命精神和现实感”①，他的一生“是革命的一生，战斗的一生”②。

20 世纪 30 年代，他发表了诸多揭露当代资本主义危机及其侵略本性的文章，积极参与到理论战线的论战和斗争中。抗战初期，他亦写了很多关于抗战理论的文章，并写出了理论专著——《历史哲学教程》一书。抗战中后期，出于对民族命运和阶级命运的关怀，翦伯赞对南明史展开了一系列研究，以古喻今。在《辽沈沦陷以后的明王朝》一文中，他赞扬了明朝军民英勇抵抗的悲壮历程，总结了明朝君臣的政治腐败以致尽失辽东的教训，借此批判了国民党的不抵抗政策以致东北三省沦陷；在《论明代阉官及阉党政治》一文中，他指出明末政治腐朽和崩溃的主要原因是阉党专政与厂卫政治；在《论南明第二个政府的斗争》一文中，他又指出南明唐王政府的根本错误就在于不抵抗南侵清军，而是全面进攻张献忠的农民起义军。这也是对时下重庆国民党政权消极抗日积极反共政策的强烈谴责。至抗战末期，因中国军队在豫湘

① 宁可：《学习翦老治学态度和方法的两点感受》，北京大学历史系编《翦伯赞学术纪念文集》，北京大学出版社 1986 年版，第 139 页。

② 陈玉龙：《深切怀念翦伯赞同志》，北京大学历史系编《翦伯赞学术纪念文集》，北京大学出版社 1986 年版，第 73 页。

桂战役中的失败，国内民族危机空前加深，国民党政权的愈加腐朽与反动，更是加剧了阶级矛盾的激化。在此背景下，翦伯赞怀着愤慨与悲痛之情，又连续写下了三篇感时忧国之作。其中，《桃花扇底看南明王朝》一文是最出彩的代表作，也是南明王朝的挽歌之作。此文一方面批判了过去那些宣传同情论和惋惜论的观点，另一方面又影射了当时的重庆政权。另外两篇文章——《南明史上的弘光时代》和《南明史上的永历时代》，运用大量的史料，依据科学的理论，对南明王朝覆灭的历史规律作了创造性探讨和总结。

翦伯赞的革命性还表现在对民族平等之政策的支持与拥护上。1945 年，他以自己的家族历史为例，写了题为《我的氏族，我的故乡》一文，借一支维族群体几百年的经历，猛烈抨击了蒋介石《中国之命运》一书中所称的——中国没有少数民族，中国少数民族只是汉族的宗族——的谬论。他指出：“我的族人，也并不是所谓‘黄帝’的子孙，或是大汉族的一个宗族，而是来自新疆、所谓西夷之人。”[①] 这一言论在当时乌云密布的国统区，无疑是爆炸性的存在。倘若没有卓越的胆识和愿为真理现身的革命精神，怎能做到这一点？这种精神，是为民族命运和阶级命运战斗毕生的无产阶级史学家所独有的。这篇寓庄于谐之作，也反映了翦伯赞在阶级斗争尖锐而复杂的历史条件下，善于抓住战机，而且战术巧妙。

（四）追求真理，勇于探索

翦伯赞享有很高的声誉，不仅仅是因为其在史学领域所取得的伟大成就，也因为他“是一位开风气之先的马克思主义史学家”[②]。“因为他有那种追求真理的精神，勇于探索的精神”[③]，而做历史科

① 翦伯赞：《我的氏族，我的故乡》，《中国史论集（合编本）》，中华书局 2008 年版，第 576 页。

② 田珏：《开风气之先的史学家——怀念翦老》，北京大学历史系编《翦伯赞学术纪念文集》，北京大学出版社 1986 年版，第 158 页。

③ 周扬：《追求真理 勇于探索——在翦伯赞同志学术纪念会上的讲话纪要》，北京大学历史系编《翦伯赞学术纪念文集》，北京大学出版社 1986 年版，第 9 页。

学研究，就是要提倡这种精神。

当史学界对马克思主义史学理论的运用出现过多次“偏差”，更有甚者，假借马克思主义之名，行政治夺权之事时，翦伯赞总是挺身而出，坚持真理，大声疾呼。1957年反右运动后，陈伯达之流顺势提出“以论带史”的口号，这一口号后来演变为“以论代史”，光讲理论，不讲史实。翦伯赞对这一口号提出了尖锐的批判，“写文章满篇都是引用马克思、列宁、毛主席的话，就是没有作者自己的话，那你这篇文章应当还给马克思，还给毛主席，怎么能算是你张三李四写的？”① 他四处讲话、作报告，反对“以论代史”的口号，倡导理论与史料的辩证统一。20世纪50年代末，史学界光谈阶级观点不谈历史主义的情况越来越普遍。针对这一现象，翦伯赞写了诸多阐释历史主义和阶级观点之关系的文章，坚持把阶级观点和历史主义结合起来，以便“对历史事实作出全面的公平的论断”。② 在此基础上，他还就“厚今薄古”“古为今用”等口号作出了自己的解释，就“新教条主义”提出写历史要反对“六化”：不公式化、不概念化、不表面化、不简单化、不片面化、不“现代化”。翦伯赞的这些见解，在当时的历史条件下，确实起到了开风气之先的作用。③

翦伯赞对真理的追求与坚持，诚如邓广铭所说的那样，“翦老就是有科学的良心。当然不能说我们这些人没有科学的良心，但我们在当时没有顶住，他确实顶得住，而他在精神上所遭受的折磨，我们则没法与他相比。不管极‘左’思潮来自哪里，也不管它势头有多大，他总是抗得住。这一点尤其可贵，值得我们永远尊敬。”④

翦伯赞在坚持真理的同时，还大声疾呼要积极探索中国史学的

---

① 邓广铭：《在翦伯赞同志学术纪念会上的讲话》，北京大学历史系编《翦伯赞学术纪念文集》，北京大学出版社1986年版，第25页。

② 翦伯赞：《目前史学研究中存在的几个问题》，《翦伯赞史学论文选集》第三辑，人民出版社1980年版，第94页。

③ 田珏：《翦伯赞与〈中国史纲要〉》，《历史教学问题》1985年第2期。

④ 邓广铭：《在翦伯赞同志学术纪念会上的讲话》，北京大学历史系编《翦伯赞学术纪念文集》，北京大学出版社1986年版，第28页。

各个领域。他在写《历史哲学教程》之际，就念念不忘中国通史、分期史和专门史各领域的发展，主张开展一个历史科学之“拓荒运动”。他认为：“一直到现在，在中国历史科学研究的领域内，还存在着许多荒原区域。”这就需要继起的历史家，“用集体的力量，承继着我们先驱者努力的成果，依据正确的方法论，依据中国历史资料的总和，来完成中国史的建设”。[①] 1940年，翦伯赞迁居重庆后，就开始积极从事中国史科学的拓荒工作。至1944年，翦伯赞先后写成了《中国史纲》一、二卷，建立起自己的“初期封建社会”“中期封建社会”学说，开拓了“中国历史学上的荒原”。而在专门史方面，翦伯赞也取得了丰硕成果。以南明史的研究为例，翦伯赞对南明阶级的本质和历史发展规律所作的探索，推翻了旧史学家的错误观点，为南明史开辟了一条科学的研究方向。这些研究虽然仅是开端，但翦伯赞的“开创之功是具有历史意义的”。[②] 20世纪60年代，翦伯赞还主编了全国高等学校的通用教材——《中国史纲要》。该书以历史唯物主义的基本原理为指导，比较全面系统地论述了中国古代和近代的社会和历史情况及其发展进程，明确具体地论述了历代的政治、经济制度的发展变化、重要历史事件和历史人物、民族关系、中外关系和主要文化成就等主要内容。该书也是翦伯赞对中国通史领域之探索的成果之一。另外在考古学、民族史领域中，翦伯赞皆有开拓和创新之举，不愧为“中国马克思主义新史学的拓荒者之一”。[③]

（五）始终贯彻爱国主义精神

翦伯赞在其史学研究过程中始终贯彻着爱国主义精神，这是其又一个重要的思想特色。1939年，翦伯赞在《历史哲学教程》一书的“再版代序”——《群众、领袖与历史》中强烈谴责了汪精

---

① 翦伯赞：《历史哲学教程·序》，新中国书店1949年版，第4页。

② 荣天琳：《论抗战时期翦伯赞对中国马克思主义史学的贡献》，北京大学历史系编《翦伯赞学术纪念文集》，北京大学出版社1986年版，第118页。

③ 侯外庐：《学习翦伯赞同志的求真求实精神》，北京大学历史系编《翦伯赞学术纪念文集》，北京大学出版社1986年版，第14—15页。

卫、陈公博等汉奸卖国贼，称毛泽东、朱德、彭德怀同志是“历史上的伟大人物”，赞颂他们是“过去乃至目前正在领导并坚决执行中国民族解放斗争的缺一不可的人物”。书中还揭露了“崇拜战争和暴力”的法西斯主义是完全放弃科学研究的“蒙昧主义”“极端狭隘的爱国主义”，从而谴责了法西斯主义国家的侵略恶行。这部充满革命性和战斗性的著作亦因此成为抗日战争的思想武器。

20世纪40年代，翦伯赞先后发表了《中国史论集》和《中国史纲》一、二卷，两书以史为鉴，通过对历代反侵略的民族战争的研究，总结历史经验教训，为中国人民反抗日本法西斯侵略提供了宝贵的借鉴。这一期间，他还发表了关于南明史研究的多篇文章，这些文章通过探索封建社会末期的历史发展规律，揭露了蒋家王朝的腐朽妥协。40年代末期，身居香港的翦伯赞发表了《评南北朝的幻想》《孙皓的末日》《末代皇帝的下场——逃跑、投降、自杀、被俘》等文，其研究对象从南明史转为末代帝王，借古喻今。他指出，“摆在末代帝王面前的路只有四条：自杀，逃跑，投降，被俘”，四者之中“最好是自杀，其次是投降，至于逃跑和被俘，都是下策”。[1] 而“在今天，蒋介石再想来一个南朝，已经不可能了。今天中国历史发展的方向不是南北朝对立，而是一个统一的中华人民民主共和国”。[2] 这就预示了蒋家王朝必然面对灭亡的历史命运。总之，这些论著论点鲜明，谈古论今，“在国民党反动派背后发动的强大思想攻势，配合正面战场，为最后摧毁蒋家王朝，解放全中国起了重大作用。”[3]

民族主义是爱国主义的一个重要部分，注重民族史的研究也是爱国主义精神的体现。翦伯赞作为新中国民族史研究的领军人物，一直坚持以民族平等的原则对待历史上出现的各个民族。首先，他驳斥了蒋介石的“民族血统论”，认为不能以民族的大小作为承

① 翦伯赞：《末代帝王的下场——逃跑、投降、自杀、被俘》，《中国史论集（合编本）》，中华书局2008年版，第576页。

② 翦伯赞：《评南北朝的幻想》，《中国史论集（合编本）》，中华书局2008年版.第596页。

③ 陈清泉等编：《中国史学家评传》下，中州古籍出出版社1985年版，第1547—1548页。

认或否定民族存在性的依据，少数民族并不是汉族的宗族。“凡生存和活动于今日中国领土以内的古代各民族，不论这些民族和当时中原王朝的关系怎样，应该承认他们都是中国人。”① 其次，他反对“大汉族主义”，主张各民族的权利是平等的，但是各民族所发挥的作用是不平等的。值得肯定的是，汉族在中国史的发展历程中扮演了较其他少数民族更为重要的角色；但是，这不能成为所谓“大汉族主义”的依据，史学研究者必须坚持“民族平等”的原则。最后，他主张站在劳动人民的立场上以历史主义原则评价重要的民族事件及人物。以昭君出塞为例，这一事件在现在看来并不是国家的屈辱。“在一个多民族国家的历史中，两个兄弟民族的和解，不能说不是一个具有重大意义的历史事件，而王昭君在这个事件中扮演的角色，不能说不是一个重要角色。”② 可以说，王昭君在某种程度上是民族平等、友好、团结的象征。翦伯赞关于民族史研究的这些观点和思想，对新中国民族史研究起到了很好的指导作用。

四、翦伯赞史学思想在20世纪中国史学发展中的地位和作用

探讨翦伯赞的史学思想之于20世纪中国史学的地位和作用，首先要认识20世纪中国史学的变革历程。19世纪末20世纪初，民族危机加深，变法思潮日盛，梁启超“新史学”提出。直至辛亥革命爆发，其间有陈天华、章太炎等人的政论和史论出现。五四前后，马克思主义思想传入中国，马克思唯物主义史观为一批先进的中国史学工作者所接受。20世纪20年代中期，李大钊的《史学要论》出版，这标志着以唯物史观为指导的史学理论著作出现。20年代末，郭沫若写成了《中国古代社会研究》一书，此书1930年一经出版，便震惊史学界。此后，“一批马克思主义史家活

① 翦伯赞：《对处理若干历史问题的初步意见》，《翦伯赞史学论文选集》第三辑，人民出版社1980年版，第63页。

② 翦伯赞：《从西汉的和亲政策说到昭君出塞》，《翦伯赞史学论文选集》第三辑，人民出版社1980年版，第476页。

跃于三、四十年代，他们的著作，代表着一个新的史学发展方向。”① 新中国建立之后，马克思主义史学成为中国史学的新主流，推动了中国史学在科学道路上的发展。但是，自20世纪50年代中期逐步发展起来的“左”的思潮以及对马克思主义史学理论的教条式运用，给中国史学的发展造成了重大的损失。而十年“文革”更是使一大批优秀的史学家遭受了无情的打击，中国史学界沉浸在一片灰暗之中。1978年之后，各社会层面的拨乱反正工作展开，中国史学亦走上了健康发展之路。

（一）整合两大学术范式，促进中国传统史学范式的近代转型

综观20世纪，“中国史学经过了两次范式的变迁，第一次是本世纪初叶实证范式取代正史范式，第二次是40年代史观范式取代实证范式”。② 实证范式下的历史学家在继承、发扬乾嘉考据学派之“实事求是”原则的基础上，以“为真理而求真理”作为治史理念，奉行“以小见大”，擅用“清儒家法”，以其深厚的史学底蕴写下了《古史辨》《观堂集林》《历史语言研究所集刊》《隋唐制度渊源略论稿》等巨作。史料考订学派也因此雄据中国史坛三十年。然而，史料虽是历史研究的第一手资料，但堆积如山的史料本身并不能说明历史问题，只有经过史学家的分析、理解、概括、深究，方能说明历史之变迁，以通中外古今之变。因此，20年代，史料考订学派的史学价值观遭到了越来越多的诟病。30年代，史观派顺势崛起，其崛起的标志性事件便是轰动一时的社会史论战。但是，在论战之初，史观派的史学家因急功近利，“对于材料，毫不审查，见有一种材料，与其先入之见相合者，就无条件采用”③，致使其作品毁誉参半。郭沫若的《中国古代社会研究》亦是如此。这样，刚刚崛起的唯物史观派，一时间受尽了来自主流学派的史料考订派的奚落。

进入40年代后，史观派和史料考订派呈现合流的趋势：史观

---

① 瞿林东：《二十世纪的中国史学》，《历史教学》2000年第5期。

② 王学典：《翦伯赞学术思想评传》，北京图书馆出版社2000年版，第332页。

③ 马乘风：《中国经济史·序》，商务印书馆1937年版。

派逐步突出史料和求真在治史中的地位，史料考订派也承认了史观和致用的意义。在这关头，翦伯赞便开始了他为之奉献一生的辉煌事业——整合两大学术谱系，推进中国史学的发展。

首先，翦伯赞肯定了史料和考证工作的重要性。他指出："材料是知识的泉源。作为一个历史研究者，不应该拒绝历史资料。拒绝历史资料就是拒绝历史知识。"① 马克思主义并不反对史料工作，而且重视史料。"马克思不止一次的告诉我们，研究必须搜集丰富的资料，不占有资料，分析资料，便不能对于现实的运动作出适当的说明。"② 不重视史料，或者企图不通过史料的分析来说明历史，都是不对的。研究历史必须从实在的具体的史实出发，不能从空话出发。就如同恩格斯所说："哪怕是单单对于一个历史实例，都是一种科学工作，要求多年的冷静钻研，因为这是很明白的，单靠几句空话是做不出什么来的，只有大量的、批判审查过的，透彻地掌握住了的历史资料，才能解决这样的历史任务。"③ 翦伯赞引用恩格斯的这段话，正是对史料考订派的能力的一种认可。在认可的基础上，他进而指出："马克思主义者也并不反对考证，而且认为它是整理史料的一个必要的步骤。通过考证的办法，可以加强史料的可靠性，从而依据这种史料做出来的结论也就更为正确。"但是，"考证在历史研究中的作用，仅此而已。"④

其次，翦伯赞认为，被史料考订派奉为标准的"越专越好、越细越好、越古越好、离现实越远越好"的史料价值观是存在一定的缺陷的。他强调，史料是重要的，但史料并不等于史学。正如前文所述，在翦伯赞看来，史料与史学的关系就好像砖瓦与房子，布帛与衣服，惟有经过一系列复杂的劳动过程才能将两者结

① 翦伯赞：《目前史学研究中存在的几个问题》，《翦伯赞史学论文选集》第三辑，人民出版社 1980 年版，第 89 页。

② 翦伯赞：《目前历史教学中的几个问题》，《翦伯赞史学论文选集》第三辑，人民出版社 1980 年版，第 46 页。

③ 恩格斯：《卡尔·马克思〈政治经济学批判〉》，转引自翦伯赞《翦伯赞史学论文选集》第三辑，人民出版社 1980 年版，第 18 页。

④ 翦伯赞：《历史科学战线上两条路线的斗争》，《翦伯赞史学论文选集》第三辑，人民出版社 1980 年版，第 20 页。

合起来。这种劳动过程，便是正确方法的运用与实践，只有如此，方能把材料变成理论，把史料变为历史。倘若“没有正确的方法，不但不能进行历史之科学的研究；即从事于史料之搜集与整理，亦不可能”。[①] 所以，翦伯赞先是呼吁新史学家带着他们所掌握的新理论与新方法，走进中国历史资料的宝库，用历史资料检验方法论。接着他又指出，“方法”并不是治史的根本，只是治史的一种“工具”，因而不具有指导意义。在他看来，如果没有研究历史的资料，“即使我们有最正确的历史方法，则方法永远只是方法，因为方法的本身，并不就是历史，也不会自动的变为历史。”[②] 这段话显然是针对一些史观派的学者说的，其批判程度并不亚于史料考订派。

最后，翦伯赞在认识了史料和方法的地位之后，便开始了整合史料和方法的理论工作，以此推进两大学术派系的融合。史料与方法之相辅相成的关系，正如刘知几所云：“夫有学而无才，亦犹有良田百顷，黄金满籝，而使愚者营生，终不能致于货殖者矣。如有才而无学，亦犹思兼匠石，巧若工输，而家无楩楠斧斤，终不果成其宫室者矣。”[③] 换而言之，“只有掌握了更丰富的史料，才能使中国的历史，在史料的总和中，显出它的大势；在史料的分析中，显出它的细节；在史料的升华中，显出它的发展法则。”[④] 同时，还要透过史料所铺陈的现象看到历史真相的本质、把握历史规律的脉络。即用辩证唯物主义的方法分析史料，把史料变为历史。所以，要使历史学走上科学的阶梯，必须使史料和方法合而为一。即用科学方法进行史料之搜集、整理与批判；又用史料对科学方法进行衡量与考验。从而使方法体化于史料之内，史料

---

① 翦伯赞：《略论搜集史料的方法》，《史料与史学》，北京大学出版社 1985 年版，第 60 页。

② 翦伯赞：《怎样研究中国史》，《史料与史学》，北京大学出版社 1985 年版，第 60 页。

③ 翦伯赞：《略论搜集史料的方法》，《史料与史学》，北京大学出版社 1985 年版，第 60 页。

④ 翦伯赞：《略论中国史研究》，重庆《学习生活》第 10 卷第 5 期，1943 年 5 月 1 日出版。

融解于方法之中。

史观与材料、义理与考据、实证与阐释如同史学的两翼，缺一构不成完整的史学，而无论哪一翼膨胀，都将导致史学的失衡。实证与阐释、方法与史料的完美融合、浑然一体，才是真正的历史学。如果说，20 世纪 30 年代的翦伯赞主要是以一个历史哲学家的身份为世人所知，那么 40 年代的翦伯赞则多了一个史料学家的身份。他关于史料和方法的诸多阐释，为史观派和考订派两种学术范式的成功整合，提供了一个学术实践上的初步范例。更深刻地来说，其关于阐释和实证两个层面的整合促进了中国传统学范式的近代转型。直至后来，翦伯赞能够在胡适、傅斯年的大本营北京大学执掌历史系 15 年之久，并赢得了原北大、清华、燕京大学新旧两派史学家的信任和拥戴，无不是因为其为两大学术谱系整合所作出的巨大努力。

（二）融合史学理论与历史实践，捍卫中国史学发展的科学方向

一名优秀的马克思主义史学家，其“优秀”之处在于不仅能阐释马克思主义史学著作、传播马克思主义史学理论，更重要的是能够及时纠正在阐释和传播的过程中所产生的“教条主义”等“左”倾错误，维护马克思主义史学理论的严谨性、科学性，促进中国马克思主义史学思想朝着更为健康的方向发展和进步。在这一点上，翦伯赞毫无疑问是一个榜样。他总能从马克思主义史学理论中汲取养分，形成独具特色的理论观点，从而对 20 世纪的中国史学产生了重要影响。

1. 探索中国古史分期问题——“西周封建论”

关于中国古史分期的讨论，前后延续了半个多世纪，在特殊的历史条件下成为中国史学发展的特殊表现之一。关于这一问题的讨论，对中国马克思主义史学的发展产生了极为重要的作用。首先，它促进了马克思主义历史理论的学习和研究，培养了一批马克思主义史学工作者。其次，它极大地推进了中国古代史相关领域的研究。最后，作为百家争鸣的产物，它亦促进了其他相关学

科的发展。[①] 可以说，研究中国史学，中国古史分期讨论是一个绕不过去的大问题。本文拟就古史分期讨论所历经的三个时期，分析翦伯赞之于这一问题所作出的努力及其成果。

20 世纪 30 年代，是中国古史分期讨论的第一个阶段。这一阶段的焦点是围绕中国社会史论战，讨论马克思主义社会经济形态理论是否适用于中国历史的问题。论战主要是从如何理解马克思所说的“亚细亚生产方式”、中国存不存在奴隶社会、中国封建社会是否在秦汉以前早就崩溃了这三个问题展开的。翦伯赞紧随郭沫若、吕振羽的脚步，相继发表了《殷代奴隶社会研究之批判》《关于“亚细亚生产方法”问题》《关于历史发展中“奴隶所有者社会”问题》等文章，并在其《历史哲学教程》一书中对这三个问题进行了系统的回答。翦伯赞先是指出“亚细亚生产方式”是人类历史发展中的一种附有独特形式的奴隶制的社会构成，继而肯定中国历史存在过奴隶社会，最后强调从周秦一直到鸦片战争之前，三千年的中国历史都是封建社会的历史。从而有力地批驳了陶希圣等人对中国社会性质的歪曲，而且把马克思主义社会经济形态理论应用到中国历史研究上，为中国历史科学的建立和发展奠定了基础。

40 年代，是中国古史分期讨论的第二个阶段。这一阶段的焦点是具体划分原始社会、奴隶社会和封建社会的上限和下限问题。郭沫若、吕振羽、翦伯赞、侯外庐、范文澜等学者都发表了长篇巨著来表达自己的观点。这些著作，在理论上摆脱了从概念到概念的公式化倾向，在资料上做了比较详尽的考订工作，克服了忽视史料辨伪与不重视时代性的缺点。在这一时期，翦伯赞在《中国史纲》中将尧、舜、禹的“禅让时代”看作是“氏族社会”的发展时期，将夏朝看作是“氏族社会”的没落和向阶级社会转化的时期，将商朝看作是“中国史上之奴隶制经济的阶段”。[②] 在阐释了原始社会和奴隶社会的下限和上限之后，翦伯赞对西周封建

① 张剑平：《试论古史分期问题的探讨及其价值》，《延安大学学报》2003 年第 4 期。

② 翦伯赞：《中国史纲》第一卷，商务印书馆 2010 年版，第 156 页。

论的观点作了进一步补充。他将封建社会分为了两大阶段：第一阶段是从西周到战国时期，即“初期封建社会”；第二阶段是从秦汉到清朝鸦片战争之前，即“中期封建社会”和“后期封建社会”。翦伯赞的这些成果连同吕振羽、范文澜的观点一起使得“西周封建论”体系得以确立，并且自成一派。

新中国成立后，中国古史分期的探讨进入第三个阶段。这一阶段的讨论愈发激烈，形成了“三论五说”八种不同的意见。所谓“三论”，即西周封建论、战国封建论、魏晋封建论；五说，即春秋封建说、秦统一封建说、西汉封建说、东汉封建说、东晋封建说。这八种派系互相争辩，彼此诘难，但是，中国马克思主义历史科学亦在互相争鸣、互相探讨的过程中得到了发展。翦伯赞在这一时期陆续写了《关于两汉的官私奴婢问题》《两汉时期的雇佣劳动》《秦汉时期边疆各族的历史文物》《秦汉历史上的若干问题》《论十八世纪上半期中国社会经济的性质》等文章，并主编了作为教科书的《中国史纲要》。在这些著作中，翦伯赞对封建领主制和封建地主制、奴隶与农奴的身份和地位等问题进行了探讨，并改变过往观点，将夏朝作为中国古代奴隶制王朝的开端。这都是翦伯赞将马克思主义历史学理论与中国历史具体实践进一步结合的产物。在这一时期，翦伯赞还切实地贯彻了“百家争鸣”的方针。中国历史博物馆落成之后，“中国通史成列”按照何种分期观点来布置就成了一个大问题，翦伯赞和范文澜作为“西周封建论”的代表人物主动提议按照“战国封建论”的观点来布置，从而解决了这一棘手的学术争议。在受到委托主编《中国史纲要》一书之后，翦伯赞一开始提出为了教材的统一表述，采用“战国封建论”，以便于教学，后在中宣部部长陆定一的建议下才采用自己主张的“西周封建论”。

2. 历史主义地研究农民战争史——“让步政策论”

翦伯赞关于农民阶级和农民战争问题的理论，长期以来左右着人们关于这一问题的探讨，产生了广泛而深刻的影响。

在翦伯赞看来，在中国封建社会里，历史发展的动力是毛主席所说的“农民的起义和农民的战争”。所以，历史研究者要歌颂历史上的劳动人民，歌颂他们的英勇斗争。然而，作为一个马克思主义的史学家，不仅应该以热烈的感情歌颂农民阶级，还要以冷静的头脑、严格的科学态度全面地分析农民阶级，指出他们的优点，也要指出他们的缺点，从分析中接受教训。翦伯赞认为，在整个世界史范围内，不论是奴隶、农奴还是农民，他们都不可能意识到压迫和剥削他们的，不是个别的个人而是一个阶级，一种制度。直至资本主义初期的工人阶级也是如此，他们反对的锋芒，并没有指向资本主义制度，而是指向生产机器。他们不可能意识到其利益同整个社会政治制度的不可调和的矛盾。值得注意的是，翦伯赞在承认农民阶级的局限性与落后性的同时，并未否定农民战争的作用与意义。他认为，每一次农民战争都或多或少地促进了中国封建社会的发展。因为，每一次大暴动之后，新的封建统治者为了恢复封建秩序，必须对农民阶级作出适当的让步。这一观点便是翦伯赞“让步政策论”的基本内容。

“让步政策论”是用来评价农民战争历史作用的一个著名理论。它自延安时期被提出，到“文革”前夕因遭到政治批判被否定，很长一段时期内，它是被作为农民战争史研究的指导思想来对待的。新中国成立后，“让步政策论”更是广泛流行开来，只要是涉及农民战争的历史作用的通史、断代史和有关著作，均会出现“让步政策”这一字眼。“让步政策论”的巨大影响可见一斑。翦伯赞并非提出“让步政策论”的第一人，但“让步政策论”的流行则是在翦伯赞对其作出阐释之后才真正开始的。诚然，翦伯赞的“让步政策论”亦存在很多错误。譬如说，它以是否从根本上改变封建的社会状态作为判定农民战争成功与否的唯一标准，并由此认为封建社会中的农民战争都是失败的；它夸大了封建地主阶级所作出的一系列让步政策的作用；等等。但是，不可否认的是，“让步政策论”的出现，具有不可抹煞的时代意义。这一理论是对“农民动力论”之缺陷的纠正，它肯定了封建地主阶级之于历史进步的客观作用；也揭示了在封建生产关系之外，农民阶级是无法实现对历史的创造的。

综上所述，翦伯赞是我国 20 世纪“一位德、才、学、识四者兼备的良史”。[①]“在中国马克思主义史学史上，如果说郭沫若是中国古代社会研究的开山，吕振羽首次科学地认识了中国史前社会，范文澜最早提供了一个崭新的中国通史框架，侯外庐系统而深入地梳理了中国哲学史，那么翦伯赞在中国马克思主义史学史上的特殊贡献，则主要在于他一直致力于中国历史科学的理论和方法论建设。他一生都在强调马克思主义的史学理论与方法，并为之付出了生命的代价。”[②]

结　语

1979 年 2 月 22 日，在翦伯赞的追悼会上，北大校长周培源代表党和人民对翦伯赞一生做了公正的评价：“为无产阶级事业奋斗终生的中国共产党优秀党员，马克思主义史学家。”[③]

20 世纪 30 年代初，翦伯赞在社会史论战中崭露头角，30 年代末，《历史哲学教程》的出版，使他成为了一位名副其实的历史哲学家。40 年代，翦伯赞因政治原因，移居重庆。在居渝的 6 年间，他先后出版了《中国史纲》前两卷和《中国史论集》两辑及《史料与史学》等书，奠定了他在史学界后来居上的地位。至 50、60 年代，他先是注释、宣传毛泽东的历史理论，进而对陷入“公式主义”“教条主义”的史学观点进行了批判，从而构建了以历史主义原则为核心的马克思主义新史学。这一时期，翦伯赞还主编了《中国近代史资料丛刊》《历代各族传记会编》以及《中外历史年表》这　至今仍被认为是最好的工具书，与出了《关于历史人物评论中的若干问题》《关于处理中国历史上的民族关系问题》等带有独创性的文章。

翦伯赞的史学思想是一个完整、清晰且丰富的思想体系，本文从翦伯赞的诸著述入手，从其思想的形成原因、内容、特色以及

① 侯外庐：《学习翦伯赞同志的求真求实精神》，北京大学历史系编《翦伯赞学术纪念文集》，北京大学出版社 1986 年版，第 19 页。

② 王学典：《二十世纪后半期中国史学主潮》，山东大学出版社 1996 年版，第 404—405 页。

③ 张传玺：《新史学家翦伯赞》，北京大学出版社 2006 年版，第 346 页。

地位与作用四个方面对其史学思想体系进行了剖析。

翦伯赞史学思想的形成受诸多因素的影响，其中家世族属背景、爱国主义情感、学术友好交游是最为重要的三个要素。这三个要素与翦伯赞史学思想之内容和特色均紧密相连，家世族属背景与爱国主义情感是翦伯赞着手研究民族史的重要原因，亦是翦伯赞爱国主义治史特点的渊源；而学术友好交游则是促使翦伯赞史学思想不断发展完善的重要一步，正是有了马克思主义史学阵营内部的探讨与争辩，才使得中国马克思主义史学朝着科学的方向继续发展。

翦伯赞史学思想的内容是非常庞大的，涉及了政治、经济、文化、哲学等多个领域。本文旨在从翦伯赞的诸著述中抽丝剥茧，概括性地得出其思想之要点，再翻阅前人关于翦伯赞史学思想的著作，最后定于从社会形式发展史、史与论的关系、民族史研究、通史研究、发展辩证统一观以及构建历史主义原则的史学理论六大方面系统地介绍翦伯赞史学思想之内容。这一部分的内容，多是笔者以自己的语言和观点对翦伯赞著述的再解读，以便让翦伯赞的史学思想让更多人了解与认识。

翦伯赞史学思想的特色已然可以从其内容中窥探一二，其治史特点多是其人品与史品的体现——爱国主义、追求真理、实事求是、捍卫科学等。换而言之，研究翦伯赞的史学思想，我们不仅可以学到史学知识，亦可以学到处事之风。而翦伯赞史学思想的地位与作用更是不言而喻。翦伯赞一生为了宣传、捍卫马克思主义作出了巨大贡献，即便身处风口浪尖，也不曾退缩。正是因为有他这样坚持不懈的马克思主义史学家，才使得中国史学的发展熠熠生辉。翦伯赞作为北大、清华、燕京三大学府历史系第一任掌舵者，在整合“史观派”和“史料考订派”两大谱系上亦作出了巨大努力，进而促使中国传统史学向近代史学转型。

周谷城史学思想研究

朱 凯

到目前为止，海外尚无专门的机构和个人研究周谷城的史学思想，也暂未出现系统性的有关著述，已有的相关内容都是比较零星的介绍，如美国学者奥利佛发表的《中国大陆知识分子的整顿，1964—1965》，福可玛发表的《中国批评人道主义：1964—1965》，古德曼发表的《历史在派系斗争中的作用，1962—1964》，美国学者德里克发表的《革命与历史：中国马克思主义历史学的起源，1919—1937》等著述中都出现了对周谷城的碎片性的介绍，但仅仅只是将之列为某一特殊时代群体的组成部分。另一方面，针对周谷城的两部通史，国外部分学者有过单独的评论。对《中国通史》部分，美国学者德里克指出，周谷城采取了马克思主义的部分理论，象征着历史唯物主义在中国史学研究上的一次重要进步。但与之相反，针对周谷城在《世界通史》中否定“欧洲中心论”的观点也引发了部分海外学者的激烈抵触，他们在一段时间内撰文对周谷城进行反击，并批评他具有以业洲为中心的狭隘观点。这些外国学者从不同的角度对周谷城最重要的两部通史著作给予了自己的评价，也可算作是海外学者对周谷城史学思想的部分研究。

相较于国外零散的研究状况不同，国内对于周谷城的研究资料较多，对其史学思想的分析也比较系统，但是多以期刊类文章的形式出现，带有褒贬不一的评价。由于周谷城生活的年代跨度很大，再加上他在不同时期对于自身的作品多有删减和修改，所以关于他的资料搜集工作比较繁杂，很多原始资料出现重印和修订的现象，比如《中国通史》最早由上海开明书店于 1939 年出版，分为上下两册，到了新中国成立以后，周著《中国通史》又经历了数次修订，到现在内容已经发生了相应的变化。据不完全统计，目前已经结集出版的周谷城著作有《中国通史》（上海人民出版社）、《世界通史》（商务印书馆）、《中国社会史论》（湖南教育出版社）、《中国近代经济史论》（复旦大学出版社）等，另有张志哲主编的《周谷城史学论文选集》（人民出版社，1983）基本收录了周谷城不同时期所发表的历史学术论文。

20 世纪 80 年代以后，随着史学界对于通史关注度的提高，周谷城的史学思想开始受到重视，很多当代的学人以传记、论文等形式对他的思想进行了深入的讨论。其中传记类比较有代表性的是莫志斌撰写的《周谷城传》（湖南师范大学出版社，1997），对周谷城的生平和史学思想作了比较全面的介绍，让学界对周谷城有了更加理性的认识。论文方面，有鲍霁的《周谷城学术精华录》、孔繁敏的《纵论古今，横说中外——周谷城史学成就述略》、马克垚的《困境与反思："欧洲中心论"的破除与世界史的成立》、刑战国的《周谷城史学思想研究》等，都站在不同的角度对周谷城的史学思想进行了一定程度的探究。

一、周谷城史学思想的形成过程及成因

（一）周谷城史学思想形成的时代背景

周谷城曾说："细察各家学说，殆无一不是时代所压出。"[①] 如果将这句话映射到他自己身上，可谓恰如其分。作为我国著名的历史学家，周谷城几乎经历了我国 20 世纪的所有重大社会变革，也亲身经历了中国近现代历史学术思想的完整变迁。在这个过程中，他的史学思想也在不断地随着时代的变迁而逐步发展和完善，并最终自创新说，自成一家之言。周谷城的一生，从侧面印证了我国近代史学思想的发展，而他史学思想的不同发展阶段也被打上了各个时代的烙印。由《生活系统》的史学思想奠基、"历史完

① 周谷城：《秦以前之政治思想》，《民铎杂志》1927 年第 9 卷第 2 期，第 8 页。

形论”的提出、《中国社会史论》的撰写，到《中国通史》《世界通史》两部通史巨著的史学思想实践，再到新中国成立后各种新奇理论的提出，都伴随着时代的巨变孕育而生。研究周谷城史学思想的具体内容，有必要紧密结合不同的时代背景和学术发展动态去分析和思考，力图公正客观地去看待他的史学思想，这是最基本也是最重要的前提。

1. 传统史学的式微和新史学运动的兴起

具体而言，周谷城所经历的时代是复杂和漫长的，中国近现代史学思想也是在不断的蜕变中逐渐成型，这个过程并非一蹴而就。鸦片战争爆发后，中国门户洞开，随之而来的是西方文化的全方位冲击。这个剧烈而又急促的过程，使得中国的传统史学也受到了深刻的影响。在全盘否定和全面质疑的汹涌浪潮中，“中国两千年来建立的史学体系，顷刻间分崩离析，为梁启超所承认的只有纪事本末体和学案体，于是史学家相率进入两头不着岸的过渡时代，不遗余力地从事‘新史学’的建设”[①]。与此同时，以鲁滨逊新史学和兰克史学为代表的西方新史学理论开始传入并催生了相应的史学流派。“五四”运动以后，新史学运动中另一支重要的史学流派——马克思主义史学也在中国扎根并成为20世纪影响中国史学界的重要力量。这场自晚清开始的新史学变革的重要内容，在于通过科学实证的方法去研究史学，并通过西方史学译著为其提供史学观念、历史词汇、历史视野、研究方法、史料范围、知识体系和史书体裁上的养分和资鉴。[②] 它的蓬勃发展，实为“西学东渐”在史学界的延伸，它开启了中国史学的新篇章，为中国近现代史学理论的建立奠定了基本的论调。然而，我们不能据此总结出中国传统史学将逐渐走向衰败的结论。相反，传统史学通过考据等方法与西方史学理论有机结合的形式实现了向近现代的成功转型。古史辨学派和考证学派均立足于中国传统史学方法，使得一度被推翻的传统史学重新绽放出魅力，并成为中国近代史学

① 谢贵安：《中国史学史》，武汉大学出版社2012年版，第489页。

② 邹振环：《西方传教士与晚清西史东渐》，上海古籍出版社2007年版，第312—314页。

理论的重要组成部分。

梁启超所倡导的新史学认为，传统史学仅仅只是封建统治阶级麻痹人民的工具而非具有记录历史事实功能的学问，传统史学记载的内容局限于少数人的行为而非整个民族事件的维度，所以应该被毫不留情地否定。与之相对应的，他在新史学中提出了历史进化论的观点，并提出了民主的口号。对当时的史学界来说，这些全新的观点振聋发聩，让人耳目一新。众多学者的积极响应，为新史学运动的到来起到了推波助澜的作用。传统史学的逐渐衰落和新史学的崛起在此之后似乎已经不可避免地会发生。

这场激烈而深刻的新史学变革无疑改变了中国史学的前进方向，同时也在无形中影响了后来许多的有识之士。对于当时年轻的周谷城来说，这场变革的意义在于：新史学变革破除了旧史学的重重禁锢，从史学学术研究层面上建立起了世界史的概念，站在世界性的角度重新审视中国历史和世界历史，使周谷城在日后的研究中得以拥有更加开阔的学术视野。邹振环指出：中国史学由于梁氏《新史学》的问世，而从一种地域史的研究转变为一种世界史的叙述，即将域外世界的史学知识移植到中国本土上来，并且与中国传统史学产生交融。[①] 这种视野的开拓具体表现在对其历史哲学的影响上。梁启超曾说："历史与历史哲学虽殊科，要之，苟无哲学之理想者，必不能为良史。"[②] 其所强调的新史学在于以史学作为主体，借助于西方史学的理论和方法，努力地探求历史发展规律。周谷城早期历史哲学著作《生活系统》就是融合了心理学、伦理学、哲学等多门学科的知识，最后结合自己对于历史的理解而自成新说。《生活系统》中的理论构成了周氏历史史学思想的基本框架，而它的根源可以由此追溯到新史学运动的影响。另一方面，周谷城在《中国史学之进化》一文中也数次引证了梁启超的观点，并在梁启超的基础上对于创造中的新史学阐述

① 邹振环：《西方传教士与晚清西史东渐》，上海古籍出版社 2007 年版，第 313—314 页。

② 梁启超：《新史学》，转引自谢贵安编《中国史学史》，武汉大学出版社 2012 年版，第 533 页。

了自己独到的见解。

2. 近现代历史关键性事件中的演进

当然，到此我们仅仅只是从中国近现代史学发展的整体角度论述了周谷城所处的时代背景，如果从史学发展的细微角度对其进行认真的思考，那么或许能够有更多新的发现。在近现代历史的演进过程中，存在着诸多关键的历史节点，这些重大的历史性事件极大地推动了中国历史的发展，同时对于几乎所有置身于其中的人们都产生了不同程度的影响，对周谷城来说也不例外。事实上，这种变化对于周谷城史学发展的促进也是不容忽视的。

维新运动的失败与新旧学制的更替，使得少年周谷城萌生了向外国学习的想法，并从此将外语作为学习的重要工具；辛亥革命以后，师从钱玄同的周谷城对于文字学和经学又有了一定的研究；"五四"运动新学之风盛行，周谷城广泛涉猎各类书籍，博采众长，融会贯通，终于开始形成自己的风格；暨南大学的十年，《中国通史》的撰写所面临的是白色恐怖的威胁；新中国成立后《世界通史》的完成，终于打破"欧洲中心论"……这些清晰的历史片段见证了周谷城史学思想从萌生到成熟的过程，也显现出周谷城在不同的时代背景下的不同表现。

3. 不同时期史学发展的特点

综合来看，周谷城史学思想在不同阶段所表现出来的内容是具有差异性的，或者说他的史学思想主张是在不断变化的，这其实和他所处的时代背景紧密联系。所以，我们不妨简单地从整体上来探讨一下不同时期史学发展的特点。

在梁启超"新史学"未正式成型前，晚清史学界主要的发展潮流是以湖湘文化为代表的经世致用的史学思想，它所表现出来的特点主要有两方面的内容：首先，它所反映的核心价值观在于民族存亡意识的阐发和爱国主义精神的诠释。以龚自珍、魏源、康有为等人为代表，这一时期的历史著作有着救国图存的共同主题，通过分析历代王朝的兴衰，比对晚清政府所面临的危局，具有很强的时代危机感。其次，与西学的融合尤其是对日本史学的学习和借鉴在这一时期的史学发展中也有着非常鲜明的体现，如魏源的《海国图志》对部分西方传教士历史著作的引用，清末民初所采用的历史教科书《中国历史教科书》改编自《东洋史要》等。西方史学对于传统史学发展的影响是非常深远的，它改变了中国史学家对于“天下”的历史认知，提供了全新的、关于历史的时间和空间观念的范本，使得史学家的眼界变得非常地广阔，这也为进化史观在中国的传播奠定了基础。此时的周谷城尚处少年，正是孜孜不倦地求学时期，他说所读的书籍无从仔细考证，但是可以确信的是，日后他的史学思想有相当一部分也受到了这种史学思想新旧交替的影响，如他对传统王朝更迭的分期法的颠覆、《世界通史》中广阔的世界史观等。

到了梁启超“新史学”的提出和进化史观的形成时期，传统史学与新史学交替的激烈碰撞和交融又产生了中国近现代史学发展的一个关键的时间节点——新史学运动。这一时期的最大特点，在于对新史学理论体系的建设和对史学的反思同时进行，由此也产生了许多不同的历史学派，如以顾颉刚为代表的古史辨派，以傅斯年为代表的中国兰克学派，以王国维、陈寅恪、陈垣为代表的考证学派，以及后来以李大钊、郭沫若为代表的马克思主义唯物史观学派等。这些学派所争论和强调的焦点主要集中在史观和史料、考据和义理、实证和阐释的关系上，试图从不同的角度解读各自对于史学的认知。

目前学术界比较普遍的看法是，在唯物史观学派尚未真正崛起之前，占据学界主流的学派当属以实证为范式的史料考证学派。该学派强调对史料的考证或者说考据，信奉考证历史事实而非著史的治学态度，它的不足之处在于缺少对历史事实的解释说明，同时历史观缺乏着眼于全盘的考虑。唯物史观学派正是基于史料考证学派的短板，强调史学的研究应该更注重于全局的考虑，即将政治、经济、道德、宗教等内容都纳入到历史研究的范围来并辩证地看待，进而得出客观的分析。唯物史观为史学的发展引入了许多新的观点，但是在当时存在明显的不足，容易出现仅仅依靠薄弱的证据来支撑论点的现象。两大主流学派在 20 世纪 30 年代发生了一场影响深远的社会史论战，而这也成了中国近现代史学发展的重大事件之一。对于周谷城来说，他作为一名史学研究者就不可避免地会卷入到这场运动中来并深受影响。从《生活系统》的基础构建，到《中国社会史论》的撰写，再到《中国通史》的成书，我们很容易发现周谷城所主张的史学思想与上述的各个史学流派具有千丝万缕的联系，尤其是唯物主义史观学派。纵观周谷城的史学思想，其所采取的由哲学、艺术、美学等多个方面来阐释历史的方法其实就是唯物史观学派研究历史的方法，而从宏观上和整体上把握人类历史前进的脉络，不仅是周谷城两部通史的灵魂所在，也是唯物史观学派所坚持的。

进入 20 世纪 40 年代后，随着马克思主义在中国的深入，唯物主义史观学派逐渐成为了中国史学界的主流学派，并出现了像翦伯赞、吕振羽、范文澜等一大批著名的唯物主义史学家。然而此时的史学发展的特点更多地表现为主流历史学派的重新融合。史学家们的共识是："思想与史实应完美结合才能产生信史。"[①] 于是，史料学派和史观学派开始摒弃各自的偏见而逐渐趋同，一个显著的变化是，此时的唯物主义史观学派开始重视史料在治史上的作用，而史料学派也开始承认史观学派的阐述。这一时期，唯物主义史观的重要内容是：第一，强调运用历史辩证法来研究史学；第二，开展历史研究需要有"阶级观点"的支持。具体而言，历史是由人创造的，不以人的意志为转移的自然的进程，过去历史的演变，都建立在阶级对立的基础之上。周谷城的史学思想部分地借鉴了这种观点，但是又并非完全相同，在他的"历史完形论"理论中，史料和史观都并非历史。这其实可以理解为周谷城认为两种主流学派都有失偏颇，他的史学思想的核心更多地倾向于两者之间的有机结合。这实际上反映了周谷城有意识地吸收 40 年代以后史学界主流的部分学术思想，并在此基础上发展出了自己的全新理论。

综上所述，我们可以很清楚地看到周谷城史学思想的形成与其所处的不同时代背景有着紧密的联系，他史学思想的发展也深受

① 邓嗣禹：《近五十年的中国历史编纂学》，《山东社会科学》2004 年第 6 期。

不同时代的影响。整理周谷城所处的时代背景，对于研究周谷城史学思想的形成过程大有裨益。

（二）周谷城史学思想的形成过程

在谈及周谷城史学思想的形成时，国内外很多学者会选择性地从周氏的《生活系统》开始。不可否认，这是对其影响最为深远的书籍，事实上，周谷城自己也说到：“这在我个人的学术体系上，似乎是一个框框，但我后来的工作，如果称得上是治学，却实是依这个框框进行的。”①

根据周谷城的主要著述来逐步分析他史学思想的形成过程，不失为一种稳妥的方法。然而我们始终不应该忽视的另一个事实是：周谷城史学思想的发展是与其多年的历史教学工作分不开的，即在时代的变化过程中周谷城主要是以学者的身份出现的，这对于他史学思想的形成也有重要影响。他的主要著作的编写，多是在不同的时期和不同的学校完成的。据此，我们也可以试着通过周谷城在不同学校的学术活动并结合他的著述来对其史学思想进行一次简单的探讨，从而梳理出他史学思想的形成过程。

1. 周谷城史学思想准备期

周谷城在湖南第一师范任教期间，主要负责的是英文和伦理的教学，学术上还未有明显的表现，在“历史完形论”尚未真正提出以前，我们可以将此之前的时期划分为第一阶段，即史学思想准备期。一方面，因为这个时期他所著《生活系统》的主要内容还未直接与历史挂钩，学术思想也才刚露端倪。另一方面，作为这一时期最重要的标志，《生活系统》的撰写构成了周谷城当时学术活动的主要内容，代表了周谷城在史学研究上的初步尝试。

从思想上来说，由于从小接触到新式教育，年轻的周谷城思想比较开放，眼界也相对开阔，对于不同的学术思想都能够以同等认真的态度对待，这也使得从一开始他的思想就并未受到传统学术思想的完全禁锢。在经历了“五四”运动洗礼后，周谷城对于

① 周谷城：《我怎样研究起史学来的》，《文史知识》1983 年第 10 期。

吸收新鲜知识尤其是先进的西方学术思想表现出了非常浓厚的兴趣。从《资本论》到《伦理学原理》，再到马克思主义的书籍，他都有涉猎并进行过仔细的研读。更为难得的是，他所读著作多为原版，这也保证了他所接触到的学术思想具有原创性。只是思想上的开阔同时也意味着思想的复杂性，许多不同学科的知识杂糅在一起，要形成一个完整的系统往往需要关键性的指引。在谈及写作时，周谷城曾说："我写书和写文章，好像很杂；既写历史，又写逻辑，又写美学。但这不是偶然的，在我的思想系统中非写这些不可。这一点，我在一九二三年由商务印书馆出版的《生活系统》一书中已决定了。"① 从这里进行分析，并结合他随后在《生活系统》一书中"三个阶段""三种人生境界"的论述，我们可以看出，周谷城此时的想法集中于将纷繁芜杂的各种思绪整理成一个完整的体系，足以支撑这个体系的核心价值观还尚未敲定，史学思想虽然更多地集中于哲学思考的层面，但尚未形成哲学的世界观和方法论。

对当时的周谷城而言，思想上关键性指引的选择是不容易的。清末民初的中国，是一个动荡的时代，整个学术界也正在经历着传统史学流派与新史学流派、史料考证学派与唯物主义史观学派的激烈斗争。传统史学流派承袭嘉道以来的学术思想，而西方大量学术成果的引进又强有力地支持了新史学流派的发展。到了20世纪20年代，随着马克思主义史学的传入，新史学流派中又出现了全新的唯物主义史观学派。这些史学学派各自以不同的大学和学术研究机构为基地，展开学术上的论战，形成了百家争鸣的局面。他们都试图占据学术主流的阵地，影响更多的历史学者。湖南第一师范当时也受到了学术争辩的影响，各种学术思想交织。周谷城此时碰到了一个关键性的人物——毛泽东。在周谷城思想还未成型之时，毛泽东却已经有了自己的主张，他十分赞同唯物主义历史观。通过与毛泽东的多次交谈和在自修大学的任教经历，周谷城深受马克思主义的观点启发，并开始了学术系统构建上的

① 晋阳学刊编辑部编：《中国当代社会科学家传略》第1辑，山西人民出版社1982年版，第242页。

独立思考。在《生活系统》一书中，周谷城采用了历史辩证法的研究方法，这种倾向事实上已经开始偏近于唯物主义史观。

当然，周谷城此时总体来说对于史学的研究还不能称为系统，他的史学思想还仅仅是从长年累月的知识储备中初步生根发芽。更为关键的是，此时周谷城作为湖南第一师范的教师，他所研究的领域更多地与伦理和哲学相关，历史的研究更多地是为他当下的哲学和伦理思考服务的。所以，我们有理由将这一时期定义为他的史学思想准备时期。

2. 周谷城史学思想重要实践期

20 世纪 30 年代学术界发生的那场社会史论战，成为史学研究的又一个重要的分水岭，同时也成为周谷城史学思想的重要历史分期，以此为分界，周谷城逐渐地将学术关注的焦点集中于对史学发展的探讨上。这场论战所引发的学术效应是巨大的，众多的专家学者都参与到了这场轰轰烈烈的论战中，这其中就包括周谷城。对于社会性质问题该如何进行讨论和分析，周谷城在《中国社会史论》三卷中首次提出了自己的意见，他试着运用马克思唯物主义的观点来分析中国当时的社会问题："我们研究中国问题，于历史的势力及世界的势力，都不可忽视。"①

这反映出周谷城开始注意到通过了解中国历史和世界历史来解决社会问题的重要性。

周谷城史学思想的实践时期，大致可以从 1930 年在中山大学任教开始，直到 1949 年《世界通史》完成并出版。在这段时间内周谷城先后担任中山大学社会学系主任，上海国立暨南大学史地系主任和复旦大学历史系教授，开始真正意义上的与历史的交集。这一时期最显著的特征在于，周谷城提出了"历史完形论"等诸多关键性的历史学术观点，并形成独立的学术思考，而这个阶段最重要的标志是周谷城相继完成了《中国通史》和《世界通史》两部主要历史著作。

随着周谷城的教学生涯转入历史的教学，他开始认真思考史学

---

① 周谷城：《中国社会史论》下，齐鲁书社 1988 年版，第 671 页。

的学术价值，并有意识地构建自己的史学思想理论体系。在此期间，周谷城相继编写了《中国通史》《中国政治史》《世界通史》等多部富有独到见解的著作，并发表了数篇学术论文，这也使得他的史学思想终于清楚地呈现在世人的面前。由最初《生活系统》所形成的理论框架，周谷城进一步丰富了他的史学思想，反复提到要注重历史自身的完整性，强调历史完形的基本理论，并以此理论作为开展史学研究的依据——在史学界颇有争议的古史分期的问题上，周谷城根据自己的理论首倡“东汉封建说”，提供了一种可供参考的史学观点。与此同时，周谷城在《中国政治史论》中客观地论述反映了马克思的唯物史观，以及在《世界通史》中明确反对“欧洲中心论”，使得他的史学思想显得更加充实，马克思主义史学辩证的观点和唯物史观的运用凸显。这些旗帜鲜明的史学新观点不仅完整地体现了周谷城的史学基本思想，同时也让周谷城将自己的史学理论实践化了。

作为一名史学家，周谷城漫长学术生涯中最重要的史学著作基本都出自于这个阶段，他的基本史学理论和观点也于此同时完成了主体的构建。由此，我们可以将这一时期算作他史学思想的重要实践期，或者说是史学思想基本确立的时期。

3. 周谷城史学思想最终定型期

到新中国成立前，一方面，周谷城史学思想已经基本成型，即以《生活系统》所提出的历史哲学理论为基本框架、以“历史完形论”为中心观点、以通史研究为重点领域的主体内容。另一方面，周谷城还有意识地借鉴和运用了马克思主义唯物史观的相关论点，丰富了自己的史学理论。然而，我们并不能据此就认为周谷城史学思想已经实现了最终的定型。由于周谷城博闻强识的学术特点，他对于学术上有着区别于其他学者的要求，那就是他始终认为学科之间是可以相互影响的——周谷城认为历史同样可以与其他的学科产生交集——这与他史学思想上始终提倡的整体与统一的分别反映是契合的。所以，对于周谷城来说，他的史学思想只会随着他学术领域的不断拓展而变得更加丰富。以“时代精神汇合论”的提出为标志，周谷城的史学思想最终定型。

新中国成立后，周谷城长期担任复旦大学教务长并直到退休。这一阶段他工作的重心逐渐由教学转向学术研究，所关注的重点逐渐转向探讨美学、哲学等相关问题与历史的关系，而成熟的马克思主义史学观的运用，使得他的史学思想得到了扩展和升华，可以算作他史学思想的最终定型期。然而在这个时期，周谷城的学术思想也是最备受争议的时期。20 世纪 50、60 年代，由周谷城在哲学、史学与美学等问题上所引发的大讨论引起了中国学术界的普遍关注。而周谷城史学思想完整体系中始终所秉承的统一整体与分别反映的观点过于新颖，与那个时代的论调格格不入，这是主要原因。武克全分析说："周谷城从史学、美学、艺术创作的角度，阐述了如何正确认识矛盾斗争的限度、矛盾斗争与矛盾统一的关系，如何认识时代与时代精神，如何正确认识科学、道德、艺术的社会功能等重大问题的看法，批评了当时支配一切的'斗争哲学'的错误思潮。周谷城的这些文章，特别是其中提出的'无差别境界论'和'时代精神汇合论'，立即招来了一场人多势众的围攻。"① 到了晚年，周谷城关注的重点转移到如何妥善处理中西方文化问题上，这也是长期困扰学术界的问题。周谷城对文化做了一个总结："文化既是可分析的，又是成体系的。"② 从中我们依然可以看出他贯穿始终的治学思想。虽然我们根据周谷城不同时期在不同学校的学术活动，结合他同时期的学术著作，可以将他史学思想的形成过程大致分为史学思想准备期、史学思想重要实践期和史学思想最终定型期，但是他的史学思想在不同时期内也在不断地进步和发展。

（三）周谷城史学思想的成因

在仔细分析了周谷城史学思想的时代背景和形成过程后，我们不难看出周谷城史学思想并非一蹴而就，影响他史学思想形成和发展的因素是复杂而隐晦的，我们不妨根据周谷城贯穿始终的史

① 姜义华主编：《史魂——上海十大史学家》，上海辞书出版社 2002 年版，第 144—145 页。

② 周谷城：《文化不是铁板一块》，《中国文化报》1986 年 7 月 9 日。

学思想，即历史自身统一整体与分别存在的主线的影响因素去进行思考。

1. 周谷城史学思想形成的主要因素

具体而言，影响周谷城史学思想的因素主要有三点：第一，不同的时代背景所引发的史学变革，直接或间接地影响了周谷城史学思想的形成。如前文所述，晚清以梁启超新史学为代表的史学变革破除了封建旧史学的枷锁，为周谷城的史学思想提供了新的思路，并在一定程度上影响了他对于历史哲学的思考。这是最基本的因素。第二，马克思主义史学观的影响，这是最主要也是最为关键的影响。这点具体反映在他的多本著作中，如《中国通史》中注重对中外历史进行结合分析，辩证地来处理各个朝代的政治制度与文化制度的关系。美国学者德里克认为，周著《中国通史》注重历史证据，灵活运用了马克思主义理论，是运用历史唯物主义解释中国历史的最佳范例。① 第三，湖湘文化的影响。这点非常隐晦，也是不易考证的，然而我们却可以从侧面印证出这方面的影响。周谷城生长于三湘大地，从小就接受湖湘文化的熏陶，养成了心忧天下，敢为人先的优良品格。他参加了“五四”运动，并在白话文与文言文的辩论中敢于挑战北大校长蔡元培的权威。在《中国史学之进化》一文中，周谷城曾经指出：“史学成立的经过，当在求真；其存在的理由，则为致用。求真以致用可，若欲致用而首先毁灭其真则大不可。”② 这一定程度上反映了他在湖湘文化影响下对于“致用”的独到理解。

2. 周谷城史学思想的其他成因

如上文所述，周谷城史学思想的形成经历了一个漫长的过程，他的史学思想的成因必然是复杂的，除了不同时代背景、马克思主义史学观、湖湘文化等主要因素外，我们依然可以根据他史学著作所反映出来的蛛丝马迹和他史学思想的主体内容进行更为深入的分析。

---

① ［美］德里克著，翁贺凯译：《革命与历史：中国马克思主义历史学的起源》，江苏人民出版社 2005 年版，第 176 页。

② 鲍雾：《周谷城学术精华录》，北京师范学院出版社 1988 年版，第 300 页。

首先，周谷城史学思想的形成离不开他对于其他学科的熟练掌握。周谷城一生的学术范围，涵盖了史学、教育学、哲学、美学等多个领域，并且在这些领域都有着不俗的学术成果。史学在其中的地位，可以看成是周谷城用于支撑其他学科的核心内容，同时其他学科又为他研究史学提供了充足的学术养分。从马克思主义到实用主义，再到“机能心理学派”“完形派”等风格迥异的心理学内容，周谷城都深谙其道，并且将之灵活运用到了史学思想上，例如“历史完形论”的提出，就与“完形派”的心理学内容存在着一定的联系。

其次，周谷城史学思想的形成始终围绕的核心问题在于对爱国主义的阐发和对中国社会的现状分析。周谷城曾说：“至于供阅读用的书，为着阅读方便，能起爱国主义教育作用，非研究出一个很好的体系不可。”① 这里非常鲜明地反映了周谷城爱国主义思想对其史学思想体系构建的影响。另一方面，周谷城撰写《农村社会新论》《中国教育小史》等文章，体现出他关注中国近现代社会农村和教育等方面的现状，积极探索中国社会的变革。《生活系统》一书所关注的生活，其实可以引申理解为周谷城对于中国社会人民生活的关注，而以“历史完形论”为指导的历史论著，始终都有对国家民族现状深刻分析的朴素的爱国主义情怀。周谷城的史学观，反复强调着联系现实的重要性和爱国主义的必要性，这对于他史学思想的形成具有关键性的影响。

二、周谷城史学思想的基本理论及特点

（一）由《生活系统》形成的基本史学思想

关于这本书，周谷城在《生活系统·自序》中描述为“就是要说明生活进化所必须经过的几种很明显的状态”，而写这本书的目的，“就是要说明生活真相”。② 在全书中，首先他将生活和生活观区分开来，强调生活和生活观的主客观性，接着具体论述了人

① 周谷城：《世界通史》第一册，商务印书馆2005年版，“序言”第1页。
② 莫志斌：《周谷城传》，湖南师范大学出版社1997年版，第35页。

生观的三种不同的状态或阶段，即分立之境（或问题之境）、浑融之境（或无差别之境）和信仰之境（或奋斗之境），随后详细地解释了三种生活状态如何进行互相转化，并在最后得出自己的结论。仅从本书来看，我们似乎难以直接从中得出周谷城史学思想的基本脉络，但结合当时有关科学与人生观的学术争论来考虑，《生活系统》一书更多地归属于哲学的范畴。然而，正如孔繁敏所说："《生活系统》是周先生学术思想体系的萌芽，它与30年代所写的《历史完形论》和60年代所写的《统一整体与分别反映》以及《所谓意境》等思想是一脉相承的。"①《生活系统》一书可谓奠定了周谷城史学思想的基础。

从内容上来看，周谷城的三种人生之境，简而言之就是将生活分为物我两个主要的部分，物即为环境等各种其他因素，而我即为自我。首先将物我两分，进而从两者之间的相互作用中得出三种状态或者说阶段，即物我浑融、物我分立和奋斗之境。他的理论的实质在于：在分析问题或者看待事物的过程中，可以找到问题或者事物并非完全对立的两部分，这两部分结合起来可以看成是统一的整体，然而在一定的状态下（即有信仰）却可以相互转化，进而实现进化，达到第三种新的状态。从哲学的角度上来说，它的内容无疑是丰富的。如果将其转化为史学思想进而用来进行史学研究的话，却也是可行的——这恰恰就是周谷城日后史学思想的根基所在。以中国传统史学与近现代史学为例，两者之间可以看成是一个有机的整体，即中国史学。然而两者之间又存在着相互的作用，传统史学孕育着近现代史学的胚胎，而近现代史学又有着传统史学的内核。另一方面，两者之间又有着显著的区别。当西方史学传入后，中国史学通过进化最后趋于完善，既继承了传统，又适应了现代史学的发展。这个理论在《生活系统》中的具体反映，表现在周谷城对于传统与近代化的思考，以及科学与人生观的关系等分析上，而后延伸，则是他自成一家的"历史完形论"——这可以看成是他在《生活系统》理论下对于历史的一

---

① 孔繁敏：《纵论古今，横说中外——周谷城史学成就述略》，《历史教学问题》2001年第2期。

种全新思考。

周谷城在撰写《生活系统》前后正处在“五四”运动马克思主义开始传入中国的节点。在研读了西方许多不同学派的哲学著作之后，周谷城实际上是比较倾向于马克思主义的哲学理论的——这点从他对英文原版的《资本论》的认真研究中可以看出。《生活系统》作为周谷城历史哲学的代表性论述，它所反映出来的三种境界及其转化的关系，蕴含着马克思主义辩证法的哲学原理，这是周谷城日后整个史学思想所始终坚持的指导性思想之一。换句话来说，周谷城其实从《生活系统》一书开始，就已经运用马克思主义唯物史观来研究史学了。

《生活系统》所反映的是周谷城对于科学和人生观的思考，实际上他阐述了他对于思想和现实的态度：一切思想都不能脱离现实生活，正是由于生活才让人产生了不同的思想。这种观点具有一定的合理性，在日后转化成他治史的基本态度：周谷城坚持将史学的研究置于社会现状之中，对于人民在历史前进过程中所发挥的作用予以充分考虑。同时，周谷城在书中强调将知、情、意三种不同的精神状态与治学相联系，这种有机的结合事实上在他后来的史学思想研究中得到了充分的贯彻和体现。

（二）“历史完形论”的基本历史理论体系

由《生活系统》理论所延伸出来的“历史完形论”，可以算作是周谷城史学思想的主要内容，它构成了周谷城史学思想的基本理论体系，在周谷城史学思想的发展中起到了承前启后的重要作用。在深入了解“历史完形论”的基本内容之前，我们有必要明晰两个前提：第一，“历史完形论”作为一种全新的史学观和治史方法，强调的主体是通史而非专史。第二，“历史完形论”强调历史的完整性，这种完整性不以主观或者客观为转移，其本身就完整存在。这两点内容有助于我们更好地明白它的内涵。

“历史完形论”的基本理论主要有如下几点：

第一，史料史观不是历史。一方面，史料只是历史的片段，史料可以体现出完整的历史，但是它又不能等同于完整的历史。如果仅仅把研究的阶段停留在对史料的分析研究，只能称为史料学而非史学。另一方面，史观也无法代表历史本身。作为对历史的看法，它代表的是不同人对于历史的单独看法而非历史自身。历史这一名词的真正含义，应该包括历史自身客观的存在和历史在文字上的表现。可以看出，“历史完形论”侧重于通史基本理论的构建，有着独到的见解。

第二，人类过去的活动即为历史。这可以看成是“历史完形论”对于历史概念的一个细化说明，它的侧重点主要有两个方面，一是活动，二是自身之完整。一方面，通过文字摘录、典章制度和单独的史料等将历史静止化，这是旧史学最明显的弊端，如过去的史书完全以朝代为叙述的主要对象（或静止的对象），而故意忽视朝代之间的剧烈运动，或是将朝代更迭的历史人为分割，同时通过分朝叙述或者分类叙述的方法也使得活动的对象被忽视。另一方面，仅仅注重史料而忽视人类活动自身也是难以反映出历史的全貌的。

第三，历史具有客观性。历史是人类过去的活动，它的存在具有客观性，人为地或者说主观地作用于史学的研究，无异于强史就我，最终难免会转入到传统的资鉴说的范畴中去。维持历史客观性的意义，在于它能让历史之自身显得清晰明了，使后世治史读史之人能够增加新的知识。而资鉴说则有所不同，它不惜破坏历史的客观性，摘取单独的先例，用来当作今天的训条。当然，这里的前提在于资鉴说的目的，是在阐明历史之自身之全体而非历史自身之部分。

第四，历史自身存在着完整性。这点可以说是“历史完形论”的主要观点，也可以算是递进式的总结。在谈及破坏完形的各体史书和维护完形的通史释义时，周谷城也多以此条作为基本的标准。具体而言，历史的完整性包括两个方面的内容：首先是历史自身的完整性与历史的部分存在的关系。周谷城认为：“历史自身之部分离却历史自身之全体，亦往往不得其解。”① 即历史的部分

① 周谷城：《周谷城史学论文选集》，人民出版社 1983 年版，第 47 页。

都是包含在历史的整体之中的，仅仅研究历史自身之部分而非历史自身之全体将无法得到很好的了解。其次是历史自身的完整性还表现在对于历史的完整性分析上。历史作为人类过去的活动受到诸多因素的影响，周谷城认为："历史科学亦必分析人类过去活动之全体的诸因素，寻出诸因素间不可移易的关系，始得谓之认识了历史。"①

另外，"历史完形论"还就如何维护历史自身的完整性进行了具体的阐发。首先，周谷城对旧史书最常采用的纪传、编年、纪事本末等体例进行了批评，并认为这几种体裁都不适合编著通史。因为它们都破坏了历史自身的完整性，没有能够说明组成历史各个因素之间不可移易的关系。纪传体采用分类记述的方式，常将完整的事情分散记录于不同的《纪》或者《传》中，使得历史自身的完整性被分裂捣碎，它只适合保存史料而不能作为通史；而编年体按照年份逐一记录，也会将一件完整的事情分散记录在不同的年代中，后来的研究者如果想了解这件事情的完整历史就必须重新加以还原，这从根本上来说也是破坏了历史自身的完整性；至于纪事本末体，虽然比较接近历史自身完整性的要求，但是它对于历史事件相互之间的关系没有交代，即没有说明历史各个因素之间不可移易的关系，最终也算是破坏了历史自身的完整性。其次，周谷城强调通史不能被看成是专史之和。通史之意义，在于"通"，而中国自古以来的专史包括新体史书都无法表述历史自身的完整，专史的对象没有聚焦于人类过去的活动而仅仅只是叙述历史的某一个方面，所以也不能被视为通史。真正的通史，周谷城认为至少应该具备三个条件：选材以历史自身为标准；行文以说明史事为标准；标题以符合内容为标准。②

通过以上的分析，我们已经基本清楚地看到"历史完形论"的全貌，而它的特点也显得尤为鲜明。"历史完形论"的创新，在于对"通史"二字的深刻理解和对历史自身完整性的重新诊释，而它所包含的观点对于今天通史的研究也是值得借鉴的。

---

① 周谷城：《周谷城史学论文选集》，人民出版社 1983 年版，第 49 页。

② 周谷城：《周谷城史学论文选集》，人民出版社 1983 年版，第 66—68 页。

（三）周谷城历史哲学的形成

在确立了“历史完形论”的史学思想主体后，周谷城先后出版了《中国通史》《世界通史》等多本著作，并发表了数篇学术论文，实践了他的史学思想理念。然而周谷城的史学思想并未就此止步，知识渊博的他将自己的史学思想大大地拓展了。从史学到美学，再到哲学，周谷城的史学思想与其他的学科进行了有机结合，并得出了新的结论。20 世纪 60 年代，周谷城先后发表了《史学与美学》《艺术创作的历史地位》等多篇文章，开始站在史学的角度去探讨其他的问题。在《史学与美学》一文中，周谷城由史的创造谈到美的创造，联系到美的创造的科学过程，最后又由美的创造再谈到史的创造的问题。这不禁让我们联想到他在《生活系统》中所阐述的生活之境轮转进化的学术思想，两者之间似乎有着异曲同工的感觉。周谷城在文中指出：“绝对的平衡统一，平静无波，可能是我们热烈所求的，但不是事实许可的。事实许可的，总是对立斗争与平衡统一互相交错。历史的发展与生活的发展，总是以对立斗争为推动的原因。每次平衡统一动摇，对立斗争出现，历史家可进行科学分析，制出蓝图，以便遵行，获得主客观的再统一。”① 这里反映出周谷城史学思想的一脉相承，同时也看到了他对于美学的思考。

在《艺术创作的历史地位》一文中，周谷城又提出了它的历史哲学新论：“无差别境界论”和“时代精神汇合论”。所谓“无差别境界论”，就是在矛盾之间存在着不矛盾的境界。在旧的矛盾与新的矛盾之间存在着缓冲地带，即不矛盾。而“时代精神汇合论”，则是指各个不同时代的时代精神都是统一的整体，然而不同阶级乃至不同个人的具体反映却又是不尽相同的，即统一的整体和分别的反映。这两种论点的基本出发点都是站在艺术的角度，试图提出可供参考的意见，然而正是这两种不合时宜的观点，却引发了一场时代大争论，这些观点也成为周谷城学术生涯最备受

① 周谷城：《史学与美学》，上海人民出版社 1980 年版，第 114 页。

争议的学术理论。对于观点正确与否我们不便评价，但是我们却可以将这两种观点看成是艺术领域对于周谷城史学思想的一种促进。从史学的角度来考虑，周谷城无疑又向前迈进了一步：统一的整体与分别的反映的论述，如果与“历史完形论”进行对应，就是历史自身之完整与人类过去活动（即历史）之全体的各个因素以及各个因素之间不可移易的关系。两者之间的理论是存在着共通的，它们都根植于周谷城史学思想的主体之上。无论是统一的整体还是历史自身之完整的表述，其实都是在强调着全面客观的态度，史学或是艺术领域的研究始终都不能以主观去审视研究的对象，而应该尊重客体的完整性，在确保全面客观的前提下有必要把组成整体的各个有机部分仔细地分析清楚，弄清楚它们之间的联系。这显然可以认为是一种非常独特而富有哲理的史学思想理论。虽然它的适用性暂时还不能给予定论，但此时我们可以认为周谷城的史学思想已经显得更加成熟了。

（四）促进中西方文化交流的“文化综合说”

历史作为一门科学，所包含的内容极为广泛。马克思和恩格斯曾说；“我们仅仅知道一门唯一的科学，即历史科学。”① 文化史就是其中的一个重要的分支。根据周谷城关于历史是人类过去的活动的论述，这其中也包含着人类在过去的文化活动。周谷城一贯的史学思想强调历史自身的完整性，到了20世纪80年代，周谷城的学术研究开始侧重于文化史的研究，特别是中西方文化的交流，他发表了《中国文化史研究的意义和希望》一文，并主编了《中国文化学会史丛书》和《世界文化史丛书》。此时他的史学思想已经完全成型，并最后以文化史为之画上了圆满的体止符。武克全先生也认为，周谷城特别关注中国文化史和世界文化史的研究，力主中西方文化交流，“文化综合说”是其一生治学的总结论。②“文化综合说”可以看作是学界对于周谷城文化史研究的一种概括

① 《马克思恩格斯选集》第1卷，人民出版社1972年版，第21页。

② 姜义华主编：《史魂——上海十大史学家》，上海辞书出版社2002年版，第148页。

性的称呼，它的具体内容不仅包括晚年周谷城文化史研究的成果，还应该涵盖周谷城长期以来所形成的史学思想。关于周谷城文化史研究的论点，有以下几个方面：

第一，关于“文化”内涵的理解。周谷城认为，所谓文化，无论是中国的或是世界的，东方的或西方的，都只能是一个概括的、复杂的统一体，决不是铁板一块，针插不进、水泼不进的东西。① 从字面上来理解，我们可以看出周谷城将中国文化与西方文化看作是一个统一的整体，且两种文化都包含着各自组成的诸多因素，这与他关于历史自身之完整的论述是契合的。而“绝不是铁板一块”的观点，就是说文化绝不是孤立静止的，两者之间必然存在着互动和交流。

第二，中西方文化交流的问题。既然文化不是孤立的，那么文化交流在所难免，这种交流自然就带来了变化——即使这个交流的过程可能需要很长的时间。当双方的差距不是很大的时候，这种交流就会减少而逐渐趋于平衡，这种平衡叫做生态平衡。周谷城首先就古代国际间的交流谈了具体的看法。他选取“丝绸之路”为例，期间大量引用了斯坦因的著作。他认为“丝绸之路”是在漫长的时间中逐步建立起来的，它所途经的国家或地区由于文化之间的差距不是很大，且都具有较强的国力进行对外交流，因此确保了交往是自由的、平等的。这种文化交流的特点在于交流是双向的，且交流的文化以双方的主流需要为准。但发展到了今天的文化交流，只能是相互渗透，而不会轻易地使一方被另一方所取代。有人认为世界文化的发展会走向东方文化的复归，这是机械论。今后世界文化发展的最终趋势，是东西方文化走向综合。这基本可以看成是“文化综合说”的核心内容，因为它把中西方文化交流的过程和最后的趋势讲得非常清楚。同时它也再一次回归到周谷城史学思想主体的范畴中，即强调了统一的整体与分别的反映的历史哲学观点。

第三，如何看待中西方文化交流的结果问题。文化之间的交流

---

① 莫志斌：《周谷城传》，湖南师范大学出版社 1997 年版，第 278 页。

是互相渗透而非最终取代的，同时又是各取所需的，所以周谷城进而认为中西方文化交流的结果只会使双方的文化变得更加丰富，在保留双方固有文化的基础上更加进步，虽然在这个变化的过程中会出现损益，但是总体反映出来的还是双方文化的提高而不是降低。至于说中国传统文化在今天文化交流中所处的地位，周谷城认为好的传统和作为科学的东西都不会消亡，都会发扬光大。今天国际间社会交流关系的密切，使得西方文化对于中国传统文化会有更多诉求。

第四，如何看待文化交流后民族主义的问题的变化。对此，周谷城强调了三点：首先，中西方的民族问题曾经几度紧张，但是随着我国的精神文明被西方所接受，而西方各国的科学技术也被我们所欣赏，按照这种趋势发展到了一定阶段，双方的发展就能够达到一种接近的状态，即生态平衡的状态，民族文明紧张的问题必将趋于缓和。其次，发展中国家与发达国家之间的民族关系可能一度紧张，但是随着发展中国家的迎头赶上和发达国家经济上对于发展中国家的依赖，最后的结果将会是乐观的。最后，在中国的民族问题上，民族的三个因素，即血统、宗教信仰、语言文字随着文化的交流最后都会发生积极的变化。仔细分析这三点，“文化综合说”可以看成是其基本的理论基础，周谷城关于民族问题的见解是独特的。

总而言之，周谷城关于文化交流及文化内涵的一系列观点和见解，用今天的观点来分析无疑是能够给予我们启发的。举例来说，周谷城所说的中西方文化交流必然走向综合，这比较符合今天我们所谈及的“全球化”的观点，即在世界范围内的各个国家各个民族之间的交流正在变得日益密切，发展中国家与发达国家之间的差距正在进一步缩小，无论是政治、经济、文化还是其他领域，各个国家之间的相互依存度都变得更高。这也体现出周谷城先生“文化综合说”的远见卓识。当然，对于周谷城在民族问题上的观点，还是值得进一步探讨的。

三、周谷城史学思想的实践

（一）《中国社会史论》的撰写及其特点

由《生活系统》开始，周谷城确立了其史学思想的基本框架，而到了《中国社会史论》的撰写，则成为其早期史学思想的具体实践。这本书阐发了周谷城在社会史方面的独特论断，表明他在对中国社会史的研究中始终坚持从中外两个角度进行考虑，从中国历史发展的全局考虑的观点反映出周谷城史学思想中“历史完形论”和全局观的雏形，同时作为周谷城史学思想体系重要组成部分的马克思主义史学观在本书中也得到了充分的体现。这本著作可以看作是周谷城充分运用辩证唯物论和历史唯物论的革命之作。

《中国社会史论》成书于20世纪30年代早期，当时正值中国大革命失败，马克思主义思潮广泛传播的时期，中国的知识分子普遍开始关注未来革命的前途和命运。在这种背景下，身在中山大学任教的周谷城撰写了《中国社会史论》三卷，它们分别是《中国社会之结构》《中国社会之变化》和《中国社会之现状》，试图从历史的角度分析中国社会的变迁，揭示中国社会转变的原因，寻找出改造中国社会现状的途径。周谷城明确指出：“研究中国，当然不外要了解中国；了解中国的用意，当然又在要改造中国。”① 他旗帜鲜明地阐述了改造中国现状的愿望。

《中国社会之结构》共分为五章，第一章论述社会结构，二至四章讨论统治阶级、被压迫的民众和知识分子的划分，最后一章为社会结构与新形势。首先，周谷城讨论了凭借政治权利取得经济利益的统治阶级与主要从事劳动生产被人剥削的阶级之间的冲突与斗争，并得出“历史上的变乱，便是这两阶级冲突暴发的时候。历史上的太平，便是这两阶级相安于无事的时候”② 的观点。通过仔细分析两大阶级的形成，统治阶级剥削被压迫者所必须具

① 周谷城：《中国社会史论》下，齐鲁书社1988年版，第669页。
② 周谷城：《中国社会史论》下，齐鲁书社1988年版，第672页。

备的四个条件，最后总结出这种阶级的结构是不平等的，而从古至今这种现状都没有发生过丝毫的改变。其次，周谷城又谈到了统治阶级与政治制度、土地制度的关系，指出“土地制度是统治制度的基础”[①]，统治者通过不合理的政治制度、土地制度从民众身上攫取利益，迫使民众供养统治阶级，最后使得贫富差距变得悬殊。周谷城认为：“中国社会之结构，就是以人民养活统治阶级这件事为其特色。中国社会之所以有病，中国社会之所以必须改造，也只是为着这件事。”[②] 再次，周谷城分析了历代农民起义的史实，辩证地分析了农民起义的实质，认为封建社会农民起义的主要力量是被剥削的民众，反对的是腐化的统治阶级，而这种暴动的最后结果是旧的统治阶级的倒台和新统治阶级的成立。最后，周谷城谈到了近代中国社会结构的变化。他认为军阀统治是西方势力干预后的产物，此时的统治阶级最上一层为外国资本主义，中间为大小军阀，下层为土豪劣绅，他们共同构成的统治阶级对于普通民众的压迫依然严重。

《中国社会之结构》作为《中国社会史论》的重要组成部分，其特点在于充分反映了马克思主义史学的观点。如关于统治阶级与政治制度、土地制度的论述，来源于马克思主义史学关于经济基础与上层建筑的相关理论；关于中国近代军阀政治的独特看法，也非常符合唯物史观的论断。这也从侧面反映出周谷城早期的史学思想是受到了马克思主义影响的。

《中国社会之变化》一书则是在分析了中国社会结构后对近代中国社会之变化的进一步探讨，全书紧紧围绕近代西方资本主义势力的入侵从而引起中国社会巨大变化的中心议题展开。全书共分为四章：第一章为帝国主义与产业革命；第二章为都市的发展；第三章为农村的崩溃；第四章为都市发展与农村崩溃中的军阀。首先，周谷城一针见血地指出：“帝国主义的侵略是中国社会变化的动因，换言之，中国社会的变化，是帝国主义的侵略逼迫出来

---

① 周谷城：《中国社会史论》上，齐鲁书社 1988 年版，第 60 页。
② 莫志斌：《周谷城传》，湖南师范大学出版社 1997 年版，第 76 页。

的。"[①] 帝国主义的侵略分为先急后缓两个阶段，这表现在军事、经济等领域。就经济领域而言，帝国主义的侵略以八国联军侵华为分水岭，在此之前为刺激，之后则为阻碍。其次，周谷城分析了帝国主义压迫对于中国社会变化的影响，他认为帝国主义的压迫促成了中国近代的产业革命，这种高压下的产业革命的主要作用是负面的，它催生了城市的畸形发展，进而加速了农村的崩溃，接着促使近代军阀的形成，最终造成了社会意识形态的变动——这种由帝国主义侵略所导致的"多米诺"链式反应，正是近代中国社会变化最真实的反映。近代中国之危机，在于"帝国主义者造成军阀，以为侵略中国的工具；军阀复依赖帝国主义者，以为横行的奥援。两者互相结合，把中国弄到将就灭亡的地位"。[②]

周谷城在《中国社会之变化》中的观点可谓是鞭辟入里，尤其是对帝国主义压迫下中国社会变化的分析深刻地揭示了近代中国的发展现状，结合当时的时代背景来分析，它的观点无疑是正确的、科学的。它的特点在于：立意明确，角度新颖，线索清晰，分析深刻。周谷城从中国封建时代以来的阶级斗争出发，以近代中国经济变革的变化为切入点，仔细地分析西方资本主义入侵中国后所带来的各种影响，详细阐释了近代军阀形成的本质及原因。他将中国变迁的大势置于西方资本主义的发展过程中去考虑，符合他史学思想中从全局和整体角度考虑的观点，同时也是马克思主义史学观的影响使然。

周谷城不满足于对过去和现在中国变迁的研究，在《中国社会之现状》中他又谈到了中国社会未来的发展问题，力图解答当时人们所普遍关注的几个问题。《中国社会之现状》分为六章，包括斗争的中国、经济辩证的动态、社会阶级的重组、维持秩序的政治和教育、思想的变动等内容。首先，周谷城在阶级论的基础上提出了中国的历史就是一部斗争史的观点。它分为三个不同的阶段：第一阶段是秦以前，此时主要是不同种族之间的斗争，汉族在对异族的征服过程中逐渐转化出了掌握政治权利的统治阶级

① 周谷城：《中国社会史论》，齐鲁书社 1988 年版，第 331—332 页。
② 周谷城：《中国近代经济史论》，复旦大学出版社 1978 年版，第 133 页。

以及被压迫的被统治阶级，于是出现了第二个阶段，即阶级对立的时期。直到鸦片战争以前主要都是阶级之间的斗争，这种斗争是建立在经济剥削和政治压迫的基础之上的，它的结果就是引起“乱”，而由“乱”到“治”的过程就是斗争的结果，也是中国封建历史循环往复的原因。第三个阶段则是与入侵的国际资本主义有关，这里的斗争复又转化为新的种族斗争，即中外斗争。西方资本主义以武力战争为手段，以经济侵略为主要目的，是新种族斗争的主要特点。另外，周谷城着重强调了经济的剥削的因素是考虑中外斗争的前提。其次，周谷城关于近代中国经济是一种“辩证的动态”的论述。周谷城认为：“从原有的经济上发生出经济的变动；经济变动的结果，又复帮助国际资本主义之发展，前者乃过去经济变而为现代经济的过程；后者乃中国经济变而为世界经济的过程。由过去到现在，由中国到世界；其中一往一复的情形，无不与辩证的运动相吻合。”① 最后，周谷城总结性地认为，中国的历史就是一部斗争史，近代中国在社会经济、社会阶级、政治、教育等领域的变化都与国际资本主义的高压有关，这种变化促进了国际资本主义的继续发展，却最终有可能使得中国丧失掉原有的民族性，化为世界的一部分。从时代性来分析，这是一种符合中国社会发展客观规律的结论性总结，同时也是对中国未来的深深担忧。周谷城所考虑的经济因素的重要影响抓住了社会变化的根本动因，非常符合马克思主义的观点。

总结来说，周谷城以一个革命史学家的身份仔细分析了中国自古以来社会结构的变迁以及今后发展的趋势，站在全球性的角度审视了国际资本主义对于中国社会结构变化的种种负面影响，忧国忧民的情感在这篇文章中自然而然地流露出来，表现了一个革命史学家应有的气质，同时也反映了他的预见性。它的创新在于，把中国的历史问题置于世界性的角度去思考，在经济的辩证关系中分析中国社会结构变化最根本的原因，为我们提供了一种全新的思路。同时周谷城“前此的阶级对立，只对立于黄种人中；后

① 周谷城：《中国社会史论》下，齐鲁书社 1988 年版，第 793 页。

此的阶级对立，将扩大至全世界的民族。在新的种族斗争进行之时，中国也就成了世界的社会关系中之一员”① 的观点非常具有预见性，它体现了周谷城史学思想中全面性考虑的历史观，同时也是马克思唯物史观与辩证法灵活运用的最好例证。

（二）运用“历史完形论”的《中国通史》

周谷城所著《中国社会史》体现了其早期的部分史学思想，然而终究不能完整地反映出他史学思想的主体。随后在暨南大学任教期间，他又花费了数年时间精心写作，完成了《中国通史》上下两册，并于 1939 年出版。《中国通史》可以看作是周谷城史学思想的扛鼎之作，由此也奠定了他在中国史学界尤其是通史领域的特殊地位。周谷城在《中国通史》中首次提出“历史完形论”，并在此后的研究中反复地运用此理论，最终形成了其独特的史学思想理论体系。与此同时，周谷城开创性地结合世界历史发展的脉络去撰写中国通史，不仅沿袭了撰写《中国社会史》时世界性的历史视角，同时也为中国通史的写作提供了新的方向。关于它的特点，当时出版此书的开明书店的广告词曾作了如下形容：“汇合最新的史学理论，形成自己的一套系统，用来说明中国数千年往事，轻快自然，头头是道，书中有任何其他中国通史著作未曾运用过的史学理论，未曾采录过的新鲜材料，未曾使用过的编制方法。文字诚朴，动人情感。”②

根据“历史完形论”的理论，周谷城编写《中国通史》“意在指出历史事情的有机组织和必然规律”，即写出一部具有历史自身之完形的通史，而这也构成了全书的首要特点：结构严密，严格遵照反映历史自身的完整性的要求。从结构上来看，《中国通史》记述了从原始社会到“五四”运动时期的中国历史，根据史书编撰常用的古代史、中世前期、中世后期、近代史四大阶段划分法，将其分为四个阶段：第一阶段的古代史从公元前 2000 年至公元 9 年王莽新政时期，此时“是由并立的诸族归并为统一帝国的归并

① 莫志斌：《周谷城传》，湖南师范大学出版社 1997 年版，第 96 页。
② 莫志斌：《周谷城传》，湖南师范大学出版社 1997 年版，第 136 页。

过程”①；第二阶段从公元9年至公元959年的五代末期，此时为封建社会逐渐发展至全盛的时期，阶级斗争和各族间的战争比较激烈；第三阶段则从公元960年即北宋初年开始，至1840年鸦片战争爆发，此时可以算作封建社会持续的时代，经济形势开始发生局部变化；最后一个阶段从1840年至1919年“五四”运动爆发，周谷城将之定为半殖民地半封建时期，此时期阶级斗争和民族斗争交织在一起。以《中国社会史论》中的阶级斗争和民族斗争的史学思想为线索，以“历史完形论”为具体的指导，周谷城在《中国通史》中所采用的历史划分实现了内容上的连贯性。同时周谷城采用了每段历史时期分别作序加以概括，从而又确保了整体的完整性。

从内容上来说，周谷城注意到中国的史家在撰写通史时习惯于将朝代更替之际的历史一分为二，一部分被当作前朝灭亡的原因，另一部分则作为后朝崭新事业的开端，所以周谷城在《中国通史》中记述改朝换代之际的历史时十分注重保持其完整性。如第三编第一章社会的剧烈冲突，周谷城将西汉的社会矛盾与东汉的建立结合叙述，突出了两汉转换之际的社会变动；第四编第一章北宋的建立，周谷城首先对唐中叶以来的社会变乱进行了仔细分析，指出了藩镇割据对于北宋的影响，并进而提出唐宋风云转换的历史变化；第七章由元入明也同样突出了朝代转换的历史变化。由于注重保持完整性，朝代之间的历史变化就有机地形成了一个连贯的整体，历史的完整性就显现出来。在撰写关于中国经济、文化、思想、教育等制度的变化时，《中国通史》也同样凸显了完整性的特点，力图克服以往的纪事本末体史书未能表现所记述的事实之间的必然联系的缺点。如在谈到宋代理学的产生、内容与作用的时候，周谷城先是仔细分析中国思想的演变，把理学产生之前的阶段分为两个时期：自殷商至秦汉为第一个阶段，殷商时以迷信为主，这是古代思想演变中最早的因素，到了春秋战国随着生产进步出现了百家争鸣思想为之一变，儒、法、道等多种思想

① 莫志斌：《周谷城传》，湖南师范大学出版社1997年版，第145页。

交织混合，在秦汉之际实现思想的统一；紧接着汉、魏、隋、唐时期由于中原与西域通商密切，印度的佛教思想传入中国，与秦汉之际的儒、法、道等思想二次融合，终于形成了宋代理学。这种思想的演变联系了前朝的变化，又考虑到了外来因素的影响，宗整地反映了理学的形成过程。又如在记述第一编游徙部族定居时代（周平王迁都洛邑之前）与第二编私有田制生成的时代（至新莽元年）的关联时，周谷城先着墨于先民如何对付自然问题、部族战争问题、宗教诸问题、社会次序的树立问题等层层递进的关联，通过社会整体与部分之间关系的反映最终得出西周社会经济繁荣的原因，进而总结出“西周经济的发达，恰恰成了春秋战国时代政治社会各方面发生变化的原因”①，使得两编之间的关联自然而完整。

《中国通史》的第二个特点在于：力避公式主义，用事实说话。通史之义，首要在于对“通”的理解。周谷城认为，自古以来中国史家对于通史的理解大约有几种：一种着重于历代事情前后相续的记述，写成一书，称为通史，如《史记》《通鉴》等；一种将历代的各种专科史料分类并列于一本的史书，也称为通史，如杜佑的《通典》、马临端的《通考》等；一种同时将通史与专史囊括其中，也称为通史，如郑樵的《通志》等；还有一种是仅代表作者主张学说的书籍，即“通义”，也被称为通史。根据“历史完形论”的理论，凡按照这些说法写成的书籍都非真正的通史，而对于新体史书，则是“今之新体史书，全然不能发挥教育的效用；令人循诵数遍，尚不能得一明确之印象，其原因就在抛弃了历史自身之完整性。所有史料之排比，乃至典章制度之说明，虽井井有条，然都离开了完整的历史，或离开了完整的人类活动，成了无联系的零碎东西”。② 抛开学术正确性与否来分析，现在来看周谷城关于通史之“通”字含义的理解在当时无疑是非常独特的。他抛开了传统史学写作的基本特点，即避开了公式主义的干扰，坚持用“历史完形论”的理论进行通史的写作，为通史理论

① 周谷城：《中国通史》上，上海人民出版社 1957 年版，第 87 页。
② 周谷城：《周谷城史学论文选集》，人民出版社 1983 年版，第 63 页。

的发展作出了新的贡献。

从内容来看，周谷城在我国古代历史的分期问题上没有遵循史学界流行的中国封建社会始于春秋战国之交的观点，他开创性地提出了公元9年（新莽元年）为中国封建社会开端的新观点，成为我国史学界古史分期论之一派。周谷城的理由是：首先，在秦和西汉时代，奴隶主的势力依然很大，生产关系依然属于奴隶制时期。1990年10月3日《文汇报》刊载的周谷城的《再谈对中国古代史分期的看法》一文中，周谷城解释说此点的理论基础是基于恩格斯的历史唯物观："一切社会变迁和政治变革的终极原因，不应当在人们的头脑中，在人们对永恒真理和正义的日益增进的认识中去寻找，而应当在生产方式和交换方式的变更中去寻找；不应当在有关的时代的哲学中去寻找，而应当在有关的时代的经济学中去寻找。"① 其次，从世界历史整体发展情况和全局的角度来考虑，秦汉之际同时期的古代许多文明发达的奴隶制国家如埃及帝国、亚述帝国、波斯帝国、印度帝国、罗马帝国等在社会阶级、法制内容、学术思想和宗教信仰等方面依然处在奴隶制社会阶段，而"秦汉帝国与这些帝国同一系列，其内容断不会相差很远"。② 力避形式主义，用事实说话的另一个鲜明的例子，是周谷城关于农民起义和农民战争的描述。在中国传统的史书中，史学家们往往喜欢用较大的篇幅撰述并将其历史作用夸大。在《中国通史》中，周谷城实事求是地评价了历代农民起义的经过，并紧密联系他在《中国社会史论》中有关阶级对立的相关史学思想观点，如描写宋代方腊、宋江的农民起义，周谷城就指出方腊的部下多为被剥削的农民，起义因不堪统治阶级的剥削而发生，这种人民暴动对统治阶级的影响是致命的，"人民暴动在种族战争中有决定作用，足以影响种族战争的进展"。③ 仔细分析，这种建立在事实基础之上的新论点颇有独到之处。

《中国通史》的第三个特点在于：视野开阔，采用比较性的研

① 《马克思恩格斯选集》第3卷，人民出版社1972年版，第424—425页。
② 周谷城：《周谷城史学论文选集》，人民出版社1983年版，第251页。
③ 周谷城：《中国通史》下，上海人民出版社1957年版，第104页。

究方法将中国历史的研究置于世界历史的范畴中。周谷城"历史完形论"认为，通史要符合历史自身之完整性，就要找出影响历史事件的各种因素以及这些因素之间不可移易的关系。对于中国历史来说，强调的因素就包含外国因素的影响。如在佛教的传入过程中，魏、晋时代主要是西域僧人，包括安息、月氏、康居、印度等国的僧人来中国传教，到了唐代又发生了部分变化，即中国求法者西行赴印度，亲自迎回真经。这种佛教文化的交流过程又带动了其他领域的交流，在中国最后又促进了宋代理学的产生。就理学的发展而言，佛教的传入恰恰就是外国因素的影响。又如对于古代封建制与中世纪封建制的划分，周谷城援引古代埃及帝国、古巴比伦王国的政治制度为例，指出前者为古代部族战争的必然结果，而后者为不同部族间的支配关系（或剥削关系）。这些都明显考虑了外国因素的影响。以周谷城的观点来推断，中国历史的发展从来就不是孤立的，要做到通史记述中的历史自身之完整，就必须将外国的因素结合考虑。

（三）打破"欧洲中心论"的《世界通史》

《世界通史》与《中国通史》可谓一脉相承。周谷城曾说："我著《中国通史》时曾力求得到通史的统一整体，其初版导言曰《历史完形论》，意在指出历史事情的有机组织和必然规律。撰写《世界通史》亦复如此，统一整体或有机组织也是必要的，否则写出的书也必然是流水账式的。"[①] 这说明《世界通史》也是在"历史完形论"的理论指导下完成的，它体现了周谷城史学思想的连贯性。对于《世界通史》，史学界的评价非常高，尤其是对其中所包含的新颖的史学理论和编撰方法赞誉颇多。随着《世界通史》的出版，周谷城成为我国史学界以一己之力同时完成两部通史著作的唯一史学家。

关于《世界通史》，它最显著的特点在于推陈出新，打破了所谓的"欧洲中心论"。周谷城在对世界史学界撰写通史的普遍特点

---

① 周谷城：《周谷城史学论文选集》，人民出版社 1983 年版，第 111 页。

进行分析后认为，今日世界通史的著作主要以单纯的零碎事件堆砌为主，真正阐明了历史有机统一整体的史学家很少。很多中外史学家习惯从单一的角度来撰写，这样会导致历史结论的偏差，“欧洲中心论”就是这种写作的产物。周谷城对“欧洲中心论”的主要内容做了一个概括：“从埃及开始，接着便是希腊、罗马，称之谓古典世界。古典世界之后，便是基督教。这样的作法，便是欧洲中心论。”① 周谷城强烈地反对这种论点，认为以“欧洲中心论”为中心观点的史书有几个非常明显的特征：首先，大凡此类书籍都以亚非古国的历史作为开端，然而介绍的内容却非常短浅。这缘于欧洲历史发展较晚，从开始就无法构成世界历史的中心。欧洲的资产阶级学者先入为主地将以古巴比伦王国、非洲古国、中国、印度等非欧洲体系在内的国家的历史仅仅作为世界历史的开端，营造出以欧洲史为中心的世界史氛围，这是一种特殊的思想。其次，无论是古代史还是中世纪史，均以欧洲史为记述的重心，古代史过分着墨于希腊、罗马的历史，中世纪史又仅仅只包含着基督教、文艺复兴、地理大发现等与欧洲密切相关的重大历史事件，同时期的亚洲历史被选择性地忽略了。再次，十五世纪地理大发现后的世界历史依然以欧洲为中心。地理大发现在世界历史发展的进程中非常具有代表性意义，以之作为世界历史的分水岭。在此之前，所谓的世界活动几乎都发生在亚、欧、非三洲之间，之后随着欧洲资本主义的对外扩张，世界史的主导地位渐渐被欧洲所掌握。持“欧洲中心论”的学者记述这段历史的重点在于欧洲的对外扩张，那些遭受到侵略的国家和地区的历史却没能得到公正的叙述。最后，“欧洲中心论”还提出了一个荒谬之极的观点，即那些被欧洲殖民者侵略的地方竟然是“白种人的负担”。该观点由美国史学家海斯、穆恩和韦兰在其合编的《世界史》中提出：“要引导千百万的陌生人走上欧洲文明和进步的道路，是一个负担，而且是一个沉重的负担。”② 此种言论不仅美化

---

① 周谷城：《周谷城史学论文选集》，人民出版社 1983 年版，第 112 页。

② ［美］海斯、穆恩、韦兰著，中央民族学院研究室译：《世界史》，生活·读书·新知三联书店 1975 年版，第 1060 页。

了欧洲资本主义侵略的罪行，也让被剥削的亚、非、美洲的各族人民的历史成为了欧洲历史发展下的衍生品。凡此种种，过分地渲染欧洲历史的重要性而忽视亚洲以及亚欧之间的活动，将近代欧洲殖民史凌驾于各国历史之上，显然是不符合历史事实的，这是赤裸裸的种族优越论。

周谷城在《世界通史》中据理力争，以有力的历史事实一一批驳了这些观点。如关于古代史中希腊和罗马的代表性问题，他明确指出世界文明的摇篮并非只有希腊和罗马，根据考古学的发现，早在公元前3000年左右，尼罗河流域、幼发拉底及底格里斯河流域、印度河流域等地区均已出现了城市，同时期中国也出现了人类的文明，所以印度、中国等文化是可以与希腊、罗马的历史相提并论的。又如针对地理大发现后被欧洲侵略的国家和地区竟成为“白种人的负担”的荒谬理论，周谷城一针见血地指出：“欧洲中心，自地理大发现以后，就是一个以经济利益为目的的侵略中心。”① 这种只注意到欧洲的扩张和侵略，而没有对被侵略的亚、非、拉美诸国历史正面叙述的世界史，本身就是“欧洲中心论”的鲜明反映，不符合客观事实，也与历史整体性的表现相违背。不过，周谷城同时也指出反对“欧洲中心论”不能一概而论，对于世界历史中某一段时期欧洲史是重点也不能够抹煞：“十六、十七、十八世纪，欧洲在世界历史的发展上，确实成了重点，这是事实，不能否认，如实叙述是应该的。”② 总的来说，周谷城反对“欧洲中心论”是建立在实事求是的基础上，重点突出，符合马克思唯物史观，确实称得上是世界通史编撰的创新。

《世界通史》的第二个特点在于：部分与全局有机结合，探索世界史的统一整体与相关组成部分的合理表达。周谷城研究历史时曾说：“部分与全局，同在而有别，有别而同在；部分不能不影响全局，但全局终必决定部分。这等道理应用于历史研究中，可得解释问题的方便。”③ 反映在《世界通史》上，就是始终坚持从

---

① 莫志斌：《周谷城传》，湖南师范大学出版社1997年版，第214页。
② 莫志斌：《周谷城传》，湖南师范大学出版社1997年版，第216页。
③ 周谷城：《周谷城史学论文选集》，人民出版社1983年版，第74页。

全局或者说整体的角度来记述世界历史的发展进程，力求把握亚、欧、非等诸国历史之间的联系，最后得出一部完整的世界历史。

周谷城在《世界通史》中提出："世界通史并非国别史之总和。"[①] 这与"历史完形论"中专史之和不是通史的观点显然是一致的。他进一步认为，世界通史也不能是百科全书式的或者历史材料的简单堆砌，而"务必力求有统一整体和有机组织，以便得出历史的规律性"。[②] 这一点首先在《世界通史》章节的总体安排上就有所反映。《世界通史》原来分为四篇，由于各种原因最后成书三篇，它们分别是：第一篇远古文化之发展；第二篇亚欧势力之往还；第三篇世界范围之扩大。三篇以时间和地理因素为主线，从人类的起源开始阐述，以不同民族文化的发展为线索，通过文化、宗教等多方面比较分析中西方文化的发展变化，进而到中西方文化交流的自然发生，将世界史的发展记述成一个完整的、动态的演进过程。具体而言，周谷城在第一篇中论述了人类的起源、生活的演进、远古文化区和古文化的传播等内容，完整地介绍了不同人类文化区的动态，最后自然而然地引出东西方文化的互相传播，指出文化间的交流促成了以不同文化为代表的各个人类势力必然会存在着互动，为第二篇亚欧势力之往还做了铺垫。在第二篇中，周谷城又详述了波斯势力的兴起、亚历山大的东征、东西方文化的演进、东西方文化的交流，分析了世界范围扩大的根本原因。最后一篇中，则由欧洲社会变革开始，谈到重商主义在西方的成功与在东方的失败，带来了近代世界的变化和东西方思想的发展。通篇来看，《世界通史》各个章节之间互相独立，但又存在着必然的联系，从而构成一个统一的整体，摆脱了传统世界史的记述中专史叠加的情况。

结合具体的内容来分析，周谷城也十分注意历史统一整体与局部的有机联系。以第二篇亚欧势力之往还为例，他首先强调此前世界史的重点在亚、欧、非三洲之间，古波斯的兴起和亚历山大的东征为随后新波斯或萨珊波斯的兴起奠定了基础，而新波斯又

---

① 周谷城：《世界通史》第1册，商务印书馆2005年版，"序言"第1页。
② 周谷城：《周谷城史学论文选集》，人民出版社1983年版，第112页。

是东西往来的桥梁。接着阿拉伯帝国兴起后的西进刺激了西方十字军的东征，随后的蒙古人的西进又给欧洲带去了极为深远的影响，“亚欧势力之往还，东西文化之交流，终于促成东西两极社会政治各方面的变革。尤其西极，欧洲方面，社会政治各方面的变革，关系重大：世界范围的扩大，几乎以此为唯一的动因。然这一变革的由来，又与东方有直接关系。”[①] 这就体现了周谷城对于历史规律性的精准把握。

《世界通史》的第三个特点在于：中西结合，重视中国历史文献资料对编撰世界史的重要作用。周谷城撰写《世界通史》之前，史学界对于世界史的普遍观点就是对中国史的摈弃，这不仅反映在世界史中几乎没有中国史的叙述，也体现在中外史学家编写世界通史时对于中国历史文献资料不予采用上。在周谷城编写的《世界通史》中，我们可以发现西汉司马迁的《史记》、东汉班固的《汉书》、唐玄奘法师的《大唐西域记》、二十四史等史料的综合运用，这为编写世界史无疑提供了全新的研究视角，即可以在世界史的研究中加入本国历史的研究成果。在周谷城看来，虽然世界史的发展过程可以看成分区并立的过程（周谷城将世界分为六个文化区），然而它同时又存在着各个方面的往来交叉，经济、宗教、军事等各个方面的交流必然会在各国的史书中留下可供借鉴和参考的史料，所以在研究外国史的时候可以也有必要考虑本国历史的因素。周谷城的这种治史思想沿袭了其“历史完形论”中历史自身完整性与影响其因素之间不可移易的关系的理论，自此也构成了他以《中国通史》和《世界通史》两本著作为基础的史学思想理论主体。

（四）阐发史学史理论的《中国史学之进化》

从《生活系统》开始，到《世界通史》的完成，周谷城的史学思想逐步成型，这个过程与其对通史的不懈研究是离不开的，史学界也普遍认为周谷城史学思想的主体与通史有关。但是事实

① 周谷城：《世界通史》第3册，商务印书馆2005年版，第596页。

上周谷城对于史学史也有专项研究，并就史学史相关理论提出了自己独到的见解。这部分同样也是周谷城史学思想的重要组成部分之一。它所包含的历史哲学与《中国通史》中“历史完形论”的相关理论存在着紧密的联系，可以看成是对“历史完形论”的进一步阐发。同时它所提出的新的治史方法对于其后《世界通史》的撰写具有重要的指导意义。

《中国史学之进化》原为1944年周谷城发表于《复旦学报》的一篇专门探讨史学史发展的论文，其后这篇文章与周谷城的《历史与人生》等其他论文结集成册，最后仍取名为《中国史学之进化》。总体来说，它的内容主要分为六个部分，即历史与史学之别；起于实用的记录；道德文学与史书；由史书进到史学；史学的独立发展；创造中的新史学这六个部分。从总体上构成了周谷城对于史学史的见解。仅就周谷城的独特观点而言，主要有以下几点：

第一，关于历史与史学的区别。周谷城认为：“历史为人类过去之活动，属于生活之范围；史学为研究此种活动之结果，属于知识之范围。”① 显然，周谷城关于历史的表述与“历史完形论”的理论是一致的，而他关于史学的表述，则与梁启超对历史学的定义比较相近（梁启超认为历史学与自然科学相对应，属于社会科学）。周谷城进一步解释，历史在生活的范围，属于独立完整的存在，历史是客观的。而史学则属于知识的范畴，它是伴随着历史而产生的。有历史而无史学是很正常的，如果说有史学而无历史则是错误的。过去的治史之人多将两者混淆，所以会导致治史目标的错误。据此，周谷城指出：“介于历史与史学之间者为记录，记录之后面为历史，记录之前面为史学；史学之发生成长，记录实为其第一步功夫。”② 将两者之间的区别和联系更加清晰地阐述出来。

第二，史学的独立发展经历了记录——史书——独立发展创造的过程。周谷城认为，在史学尚未成系统的时候，有关历史的记

① 周谷城：《中国史学之进化》，《复旦学报》1944年第1期，第167页。
② 周谷城：《中国史学之进化》，《复旦学报》1944年第1期，第168页。

录已经出现，此时是史学发展的开端，随着文化的日益进步和成书变得容易，史书的记述开始出现，如《史记》《汉书》等，这也成为史学的发展变得独立的标志。但是不足之处在于，纪传体史书在经历了汉唐数百年的发展到了明清时代已经变得庸俗且止步不前，编年体史书在司马光的《资治通鉴》之后也变得式微。其后袁枢的《通鉴纪事本末》、郑樵的《通志》、马端临的《文献统考》等不同新类型的史学著作先后出现，这些史书都可以看成是比较科学的史书，可以从中选取有用的史料。这又可以看成是史学独立发展和创造的过程。在这个过程中，注重考证史料和整理史料是其鲜明的特点，尤其是发展到明清时代以后。周谷城援引了梁启超的话："乾嘉以还，考证学风统一学界，其洪波自不得不及于史。"①

第三，新史学的创造需要注意的问题。首先，周谷城认为应该确认史学的研究对象。史学作为科学就必定有相应的对象，如生物学的对象是生物、矿物学的对象是矿物一样，史学研究的对象就是历史，历史是人类过去的活动。在这里周谷城引用了他在《中国社会史论》和《中国通史》中的理论，强调了阶级和阶级斗争，认为史学首先要阐明历史的自身，保持其完整性。其次，周谷城提出要稳定史学的地位。史学与其他科学虽然不同，但是它们不是对立的。以梁启超为代表的史学家认为史学是与自然科学相对的，属于社会科学，周谷城对此持有否定的意见。它的理由在于，自然科学和社会科学的定义非常难界定，同时史学所包含的东西也非常宽泛，无法完全将之划入到社会科学的范畴中。再次，关于史学方法的改进问题。周谷城认为，史学界由于坚持史学与其他的学科是相反的理论，所以治史的方法往往局限于旧有的理论而难以创新。其实无论是政治学或是经济学等其他学科的创新都是可以被史学拿来用的。根据"历史完形论"理论的扩展，周谷城认为："任何科学方法之用，在分解该科对象之诸种因素，求出其间不可移易之关系，或因果定律；史学方法之用，亦复如

① 梁启超：《清代学术概论》，商务印书馆1930年版，第54页。

此。”① 周谷城还以海森堡的“量子说”作为自己的理论支撑，论证了这种理论的正确性和可行性。

总的来说，周谷城的《中国史学之进化》是“历史完形论”在史学史领域的一次大胆实践，他对于史学发展过程的理解建立在史学是科学的基础上，辩证地分析了中国史学上各种体裁的优劣，指出了史学独立发展过程的不同阶段。另外，就新史学而言，周谷城提出史学并非与其他科学相对且能够利用其他学科的方法研究史学的论点非常新颖，其随后在《世界通史》中的实践更是证明这一论点的正确性，对于我们今天的史学研究来说无疑非常有意义。

四、周谷城史学思想的学术和现实意义

（一）周谷城史学思想的学术意义

回望过去，我国历史学的发展过程漫长而曲折，自成体系的史学思想少之又少。这既缘于晚清以后西方史学思想的深刻影响，又缘于我国史学家始终坚持传统治史的方法。在这种学术背景下，周谷城仍然能够纵横古今，自成一说，这种精神是非常难得的，而他的独特的史学思想也是值得我们仔细去探讨的。具体而言，周谷城史学思想的学术意义有以下几点：

首先，周谷城“历史完形论”的史学理论丰富了我国通史理论的研究，为我国史学的发展作出了积极的贡献。长期以来，我国的史学研究偏重于从过去的治史方法中寻找方法，或是借鉴西方系统史学思想理论体系作为理论支撑，难以实现史学理论的创新突破。对于新出现的史学理论，但凡与主流史学思想相违背，或是理论过于超前而难以理解，往往就难以被主流观念所接受——事实上这种现象普遍存在于科学研究的各个领域。“历史完形论”，正是在这种学术环境下产生的，这不得不说是一种勇敢而大胆的尝试。“历史完形论”的理论核心在于：历史乃人类过去的活动，

① 周谷城：《中国史学之进化》，《复旦学报》1944 年第 1 期，第 195 页。

历史自身存在着完整性，它包含着组成历史的各个因素，以及组成这些因素之间不可移易的关系。仅就通史而言，周谷城的“历史完形论”可谓见解独到，蕴含着深刻的历史哲学。梁启超曾说：“吾侪今日所渴求者，在得一近于客观性质的历史。”① 周谷城这一史学理论的创新之处正在于对历史客观性质的正确理解。周谷城将“历史完形论”先后灵活地运用于《中国通史》和《世界通史》两部巨著中，形成了其独立完整的通史理论体系，成为我国通史领域的里程碑式的人物。今天的通史研究者尤其是中国史的研究者们已经将周谷城的“历史完形论”的史学理论作为重要的参考，不得不说这是周谷城对史学研究的一大重要贡献。

其次，周谷城首次提出将中国史的研究置于世界史的范围来研究，强调采用“比较研究”的方法进行仔细的分析，为我国史学的研究开拓了新的思路。这不仅来自于“历史完形论”的影响，同时也是周谷城学贯古今、融通中外的结果。在《中国通史》中，这样的例子比比皆是，如论述中国与东南亚、非洲及至欧洲各国的经济关系，周谷城就中国的不同时代依次展开，指出汉、唐时代陆路交通为中西交流的主要方式，到了唐、宋时代则逐渐被东南沿海及阿拉伯海的海上交通所取代，国际贸易市场的核心变为中国的东南部。唐、宋时期主要的通商国家是亚洲各国，到了明、清时代则由东南亚发展到了非洲、欧洲国家，这种密切的国际联系，凸显了中国在封建时代的经济发展并非孤立存在。说到西汉时期的“丝绸之路”时，周谷城强调了西汉与西域、中亚乃至西亚各国的关系，在经济、政治、文化等各个方面都存在着联系。汉武帝派遣张骞出使西域，本身就带有抵抗匈奴的鲜明政治目的，张骞在大夏看到了中国的产品，是大夏人从印度贩回的，而印度又是得自中国，这体现了一种密切的经济联系。至于文化，最明显的一个例子在于印度佛教的传入和中国西行求法的互动。到了唐朝时期，日本留学生与东渡僧人之间的互动也是具体的反映。周谷城的这种比较研究的方法，将中国与世界的互动完整地展现

① 梁启超：《中国历史研究法》，上海人民出版社 2014 年版，第 33 页。

出来，使得中国史的内容显得更加丰富，即使放置于今天的研究中也是非常先进的。现在我们谈及“全球化”的问题，事实上就是将中国与世界的发展紧密地联系到一起，这一点和周谷城先生的研究论述颇为相似。

再次，《世界通史》所反对的“欧洲中心论”非常具有前瞻性和学术性，使我国史学研究在世界史的领域打破了以往的陈腐观点，开始辩证地看待历史发展的客观规律。同时，这也是周谷城在我国通史领域的一次勇敢而大胆的创新。新史学变革以前，中国史学界在世界史的研究领域中可以说几乎是空白，旧有史学家醉心于用考据学的方法来研究中国史，而当时世界史学界处于欧美学者独霸的垄断地位，以欧洲为世界中心的理论比比皆是；新史学改革之后，随着西方史学理论的传入和国门的开启，中国的史学家尤其是世界史领域的研究者开始出现，然而却立即陷入了“言必称希腊”的怪圈之中，所编撰的世界通史类的书籍可谓只知欧洲而不知中国何为。事实上，当时要打破这种“欧洲中心论”是非常困难的，马克垚分析指出非西方国家和地区的史学，是学习西方史学后建立的，缺乏从自己的历史出发建立的理论。① 周谷城首先站出来，以大量的论证和有力的历史事实反驳了这种“欧洲中心论”，开创性地将中国史划入到世界史的范畴之中。同时，他将中国史料作为世界史研究的有效部分的方法也让中国的史学界首次认识到本国史料的合理性。到了新中国成立后，中国史学界一度受到苏联史学的影响，苏联史学中类似“欧洲中心论”的观点再次甚嚣尘上。周谷城在《世界通史》中反对“欧洲中心论”的史学观点再次成了反击这种论调的有力武器。非常难得的是，周谷城在《世界通史》中并非盲目反对“欧洲中心论”，在第三篇中他仍然以欧洲为中心进行了详细论述，这体现了其史学思想实事求是的本质特征。另一方面，周谷城所反对的“欧洲中心论”在今天的史学界已经成了主流的观点，西方学者也开始普遍从全球性的角度来考虑世界史的编撰，如美国著名学者斯塔夫利阿诺

---

① 马克垚：《困境与反思：“欧洲中心论”的破除与世界史的成立》，《历史研究》2006 年第 3 期。

教授在编写《全球通史》时就和周谷城的观点一致，并曾虚心向周谷城请教过。英国当代著名史学家杰费力·巴勒克拉夫也曾指出："世界上每个地区的各个民族和各个文明都处在平等的地位上，都有权利要求对自己进行同等的思考和考察。"① 这体现了周谷城史学思想的前瞻性和正确性。

复次，周谷城研究历史学借鉴其他学科的方法也是值得我们参考的。发展到今天，各个学科之间的联系已经日益紧密，史学研究的范围也相应地扩大了。同时史学的研究越来越侧重于学术理论的发掘和对于前人研究的整理工作，大学和专业学术组织开始成为史学研究的主力，史学研究的具体工作也落实到受过专业训练的史学工作者手中。这种形式上的转变，也预示着史学研究已经不能仅仅依靠某些著名学者或者学派的努力来完成，史学发展的未来在于学术群的共同努力。对于我们来说，史学研究在经历了前人的数代积累后，已经具有了一定的理论基础，如何科学地将其发掘出来并加以利用是工作的重心。这个时候，周谷城在《中国历史之进化》中所提出的改进史学的方法就显得非常有参考价值。如历史学与地理学的联系。地理学的研究方法应用于历史的研究中，就可以让我们从地理因素的角度去分析历史发展的进程。事实上，周谷城在《中国通史》和《世界通史》中也曾采用了这种方法。在《世界通史》中，周谷城根据地理学上热带、寒带、温带的具体分布，分析出人类不同文化区的分布与气候的影响就是一个鲜明的例证。又如历史学与天文学的关系。天文学的计算方法和时间的制定，对于史学就是一种直接的帮助。通过天文学所提供的精密计算的时间，史学家能够对于史料中所出现的混淆不清的时间进行整理，进而推断出历史事件的具体年代。另一方面，天文学对于历法和天体的观测结果，本身就能用来判断历史典章制度的正确性与否。这种多学科间的方法联合虽非周谷城首倡，然而他却是能够将此种方法实际运用于史学研究的史学家先驱，这是非常值得我们学习的。

---

① ［英］巴勒克拉夫：《当代史学主要趋势》，上海译文出版社 1987 年版，第 158 页。

最后，有必要强调周谷城“统一的整体和分别的反映”的辩证历史哲学思想。仔细分析周谷城的所有著作，就会发现其中最鲜明的特征就在于周谷城所反复强调和贯彻的思想理念。无论是《生活系统》的人生三种境界，或是“历史完形论”的历史自身之完整与组成的各个因素，亦或是“无差别境界论”和“时代精神汇合论”，周谷城始终都是在辩证地看待问题，试图从整体与部分、全局与部分的角度去把握和分析历史。专史之和非通史，这是在强调整体与部分的辩证关系；国别史之和非世界通史，这同样是在强调整体与部分的有机联系。进一步来说，周谷城史学思想中所坚持并始终贯穿的一个思想，正是来源于其对于史学的哲学思考，即统一的整体与分别反映。中国史也好，世界史也罢，其实都无法避免历史被人为分割、单独论述的问题，而中国旧有史学研究方法也存在着同样的问题，中外的史学家不能说没人注意到这个问题，但却没有几个人真正能够很好地辩证地去看待它。这是周谷城认真治史的态度使然，也是他始终坚持马克思主义史学的辩证观与历史唯物论的关系使然。周谷城试图告诉我们一个道理，历史是客观存在的，所以对历史学必然不能孤立地去看待和分析。对于我们今天的史学研究来说，专注于某部分的历史研究固然是可行的，但是我们在研究的过程中应该尽量避免陷入孤立分析的状态。这种孤立，不是史料运用的孤立，也不是史学观点的孤立，而是对于全局观的模糊性的把握。即使对于部分研究很透彻，然而不站在全局的角度去思考的话，会很容易忽略部分与部分之间的必然联系，这不是正确的治史的方法。另一方面，现代史学的研究倘若与世界史学研究的发展相孤立也是不行的，对于同一历史事件，中外史学家的态度有可能完全不一样，此时辩证地看待和分析进而从整体的角度去研究就显得尤为重要，只有这样得出的结论才是让人信服的。我们现代的史学研究者，完全可以借鉴周谷城的“统一的整体与分别的反映”的史学思想去进行历史研究，这也是坚持马克思主义史观的必然要求。

（二）周谷城史学思想的现实意义

作为一名喜欢独立思考，学贯古今的革命史学家，周谷城对于历史的态度始终是认真而负责的。在他漫长的学术生涯中，中国史学的发展经历了数次大的变化，曾经也一度遭受到“左”的思想的侵袭而止步不前，然而周谷城始终坚持自己的学术思想毫不动摇，这种勇气非常值得钦佩和学习。从现实意义的角度来考虑，这种坚持真理、实事求是的史学思想就是我们必须贯彻的，而这种治史的精神也是周谷城史学思想现实意义的首要体现。

对于史学研究工作者来说，治史的目的在于阐明历史，反映历史的客观存在。而在治史的过程中难免会受到主流史学思想的影响，科学的、进步的影响固然是好的，然而有时候消极的、偏激的影响也是存在的。这些负面的影响难免会使我们对历史的判断容易产生偏差。如新中国建立初期史学界对苏联史学的一味效仿，20 世纪 60 年代流行于史学界的极左思潮等等，都是这些影响的具体表现。对于史学的研究来说，这些不仅没有帮助反而会使得史学的研究工作止步不前，甚至倒退。所以，实事求是地进行史学研究就显得非常有必要。周谷城漫长的史学研究中始终贯穿着实事求是的精神，他所有的史学思想新观点几乎都是建立在他对于史学研究知识的不懈积累、扎实的中文和外文功底，从浩瀚的史料中广泛涉猎，去芜存菁，运用自如的基础之上。同时，他敢于坚持真理，并勇敢地质疑学术权威的观点。如对于蔡元培的“史料本是史料学”的观点，周谷城就持否定的意见，并认为史料是历史的片断，绝不能代表历史的本身，因为它只是寻找历史的指路碑和历史的代表。又如对于梁启超认为史学是社会科学，并与其他学科相对的论断，他在《中国史学之进化》中就根据海森堡的原子理论明确提出质疑，认为史学的原理与其他学科类似，所以其他学科的新方法都可以考虑被史学所利用。周谷城实事求是的思想可谓体现得淋漓尽致。他也用自己的实际行动提醒我们：无论什么时代，也无论面临着多大的阻力，我们都必须实事求是地去进行史学的研究。对于正确的思想和观点，我们都必须毫不动摇地坚持，不能因为学术权威的观点就产生怀疑。做学问来不得半点虚假，也容不得朝三暮四地反复，只有坚持实事求是，坚持真理毫不动摇，才能够真正地实现学术上的突破，实现史学研究的发展。今天，当我们讨论社会上所出现的“学术造假”“论文造假”等丑恶现象的时候，有必要好好地进行反思，同时也应该充分认识到坚持真理，实事求是精神的重要性。

周谷城史学思想的第二个重要的现实意义在于：让我们明晰了史学的社会作用。周谷城曾说：“今天无论什么学问，都要直接或间接好好地为现实服务。”① 更进一步来说，就是要为“祖国社会主义社会的经济基础服务”。② 这是史学最重要的社会作用。从这里，我们可以看出周谷城作为一个革命史学家的历史使命感，同时也对此种观点深以为然。史学是进化的，如果说传统的史家是为了完成为帝王将相著书立传、编撰典章制度的使命的话，那么新史学变革以后史学家所担负的历史使命就为之一变了。史学思潮由神权、君权时代转入了民权时代，普通民众的活动成为史学的对象。同时，在求真与致用的引导下，史学也不再仅仅是记录历史的简单文字，而成为引导人民思想的有力武器。在新中国成立后，史学的发展更是与之紧密相连。对于今天的读史之人来说，了解祖国和世界的发展脉络，明白今天的社会主义是如何来的，社会主义道路为什么体现了历史发展的必然规律，等等，都是非常有必要的，也是当代史学家应该解决的问题，即让史学发挥出它应有的社会作用，这是第一层意义。史学为现实服务的深刻内涵在于，今天的史学研究需要从过去的教训和经验中汲取有价值的学术内容，并使其符合时代特性的基本要求。对于当代的史学研究来说，史学为现实服务的作用不应该拘泥于过去的口号式表达，而应该真正将史学落实到为今天社会的发展提供有意义的借鉴的层面上来，这又是一层意义。

周谷城史学思想的第三个现实意义，即创新才是史学发展的原动力。历史的本质是科学，而科学就必须创新才能够向前发展。正如新史学变革彻底打破了旧史学的统治地位一样，周谷城在史学思想上的创新对于我国通史领域的研究同样起到了非常重要的作用：第一，周谷城在《中国通史》中提出的“历史完形论”将

---

① 周谷城：《史学如何为现实服务》，《文汇报》1958 年 4 月 14 日。

② 周谷城：《史学如何为现实服务》，《文汇报》1958 年 4 月 14 日。

中国史的问题与世界史的发展联系起来，通过比较的研究方法提出的历史分期，都为以后的中国史研究提供了新的思路。第二，周谷城在（《世界通史》中明确反对“欧洲中心论”的观点，以一己之力挑战西方史学界的独霸地位，破除陈规，堪称世界通史领域又一新的理论创新，到今天为止，这一观点已经成为世界史学界的主流观点。另一方面，周谷城的《史学与美学》，以及“时代精神汇合论”等观点，都是周谷城以史学为出发所建立的新颖学说，它本身就突破了史学与其他学科之间的壁垒，实现了史学与其他学科的有机结合，并促进了其他学科的发展，这又是一大创新。周谷城用事实告诉我们，创新在史学发展中非常重要，无论是对于一个人史学思想的形成和拓展，还是对于史学研究思维的开拓，都具有积极的意义。对于今天的史学工作者来说，创新性的研究不仅有助于我们根据自身的特点找寻出适合的研究方法，同时也能帮助我们拓展史学的研究范围，通过其他学科的辅助找出历史事件的完整性。

结　语

总而言之，我们从周谷城史学思想的时代背景出发，初步探寻了周谷城史学思想的形成过程，基本了解了周谷城史学思想的主要内容，即以《生活系统》为基本框架、以“历史完形论”理论为核心的指导思想、以马克思唯物史观和辩证思想为基调、以“文化综合说”作为最终总结的一套完整的史学思想体系。更具体地说，周谷城史学思想中所始终坚持的一个核心理念缘于周谷城历史哲学的辩证思考：在尊重事物客观存在的基础上，辩证地把握统一的整体与有机组成部分或者说全局与部分的辩证关系，比如人生三种境界的轮转、历史自身之完整与组成历史的各个因素以及各个因素之间不可移易的关系、统一的整体与分别的反映、历史的全局与部分。而这些就是周谷城史学思想的精华所在。

本文的创新之处有以下几点：第一，本文充分考虑了不同时代背景对周谷城史学思想的影响，从整体和部分的角度分别仔细论述了周谷城从中国近现代史学发展过程中所汲取的营养；第二，关于周谷城史学思想形成的历史分期，本文主要是根据周谷城在不同学校的学术活动结合相关时期的著述来进行思考的，所以划分的时间节点与其他学者有所不同；第三，本文认为周谷城史学思想的成因中有湖湘文化的影响，这与周谷城作为湖南人和从小所接受的教育有密切关系；第四，本文在论述周谷城史学思想实践的过程中始终坚持与其史学核心观点“历史完形论”有机结合，力求得出周谷城史学思想不变的主线。

当然，限于资料匮乏的缘故，我们今天所探讨的内容可以看成是对周谷城史学思想的一次初步总结。周谷城一生先后经历了中国历史的多个重大变革和转折时期，他在不同时期多有著述，目前已知的周谷城最具代表性的著作分别有《生活系统》《中国通史》(上下册)、《中国政治史》《中国史学之进化》《世界通史》(共三册)、《史学与美学》，先后发表的学术论文结集成册的有《周谷城史学论文选集》，还有《周谷城传略》，等等，是否有未知的和没有公开的著作和论文等尚不清楚。我们所得出的结论正是建立在这部分已经被史学界所承认的史料的基础之上的，所以我们今天对周谷城史学思想的初探可以视为对周谷城史学思想的总体反映。另外，我们所探讨的周谷城史学思想与其不同时期的时代背景紧密相连，而非同一个时期的论述，其中所提出的对周谷城史学思想的部分看法仅供参考。

论吕振羽及其史学素养

郑和泽

吕振羽研究一直备受学术界关注，对于吕振羽的纪念性学术活动也召开过多次。可以说，对吕的研究著述是很多的，这些研究成果可以分为三类：专著、学术论文、硕博论文。

关于吕振羽的评传就有若干部，影响较大的包括刘茂林、叶桂生撰写的《吕振羽评传》（社会科学文献出版社 1990 年版）、朱发建、张林发撰写的《吕振羽传》（湖南师范大学出版社 1999 年版）、朱政惠撰写的《吕振羽学术思想评传》（北京图书馆出版社 2000 年版）。而朱政惠的《吕振羽和他的历史学研究》一书则注重把吕振羽的史学放到五四以来中国史学发展的全过程中去考察，同时重视对吕振羽史学思想的研究，所以该书的布局是根据吕振羽的史学思想的嬗变来安排的。戴开柱《吕振羽早期思想与实践研究》（湖南师范大学出版社 1999 年版）论述了吕振羽一生前 36 年的思想和行踪，分为求学阶段、求索阶段、开始史学新领域研究，投身抗日救亡运动。书中用较大的笔墨论述了湖湘文化对吕振羽成才的影响，吕振羽同许多湖湘士子一样，早年受到湖湘文化的影响很大，这些影响又主要来自于：一是其父亲开蒙馆对吕振羽的启蒙教育；二是在县城中学时，国文教师萧承舆等的教育；三是在千年书院岳麓书院读大学时受到的影响。这些专著写作思路大体相同，主要记述了吕振羽的生平，其参加革命、从事史学研究、到大学当校长、教授等事迹，以叙事为要。

对于吕振羽研究的学术论文多达几百篇。彭忠信在《吕振羽伦理思想探析》一文中，认为吕振羽的伦理思想在我国早期马克思主义伦理学研究中具有非常重要的地位，吕振羽在长期的史学研究中，以马克思主义史学家的科学眼光，科学地揭示了道德的起源、道德的本质以及道德社会作用的不同性质，反映了他在道德伦理方面的真知灼见。① 作者认为他的这些关于伦理思想的研究，对于后来的学者正确认识我国早期马克思主义伦理具有非同寻常的意义，十分值得肯定。李子文《历史研究如何坚持马克思主义——吕振羽史学思想管窥》一文对吕振羽的史学思想进行了探讨，主要的观点是吕振羽反对客观主义，为无产阶级政治服务；批判“半实用主义”，坚持马克思主义的科学历史观；另外，注重历史的具体性，力避原理原则式的叙述和抽象的论断，主张应对客观事实具体、系统研究后得出结论。作者认为，要坚持马克思主义思想进行历史研究，那么总结和继承吕振羽以及其他老一代马克思主义史学家的史学思想，对于坚持马克思主义，推动社会主义历史科学的深入发展，是非常必要的。②

朱政惠发表在《史学理论研究》上的《吕振羽的史学致用实践及其思想》一文中指出：吕振羽的史学致用实践及其思想对中国马克思主义史学的发展起过十分显著的作用，对这一问题作历史回顾和研究是必要的。吕振羽的史学致用思想决定着他一生的史学实践。③ 他在很多演讲和论文中，阐述了这一思想。如《给陶希圣的关于历史唯物主义的信》（载《食货》1935 年第 1 卷第 8 期）、《谈史学——致青年同学》（载《学生杂志》1940 年第 20 卷第 6 期）、《怎样研究历史》（载《中学生》1941 年第 42 期）、《关于治史方法方面的零片意见》（载《史学研究论文集》）、《怎样学习历史》（载《历史教学》1961 年第 10 期）等。这些文章涉及史学为什么必须致用、史学如何才能致用，以及和史学致用有关的种种问题。

还有一些论文则着眼于对吕振羽的总体评价。李大生在重读吕振羽《简明中国通史》之际，写成《发扬老一辈马克思主义历史

---

① 彭忠信：《吕振羽伦理思想探析》，《求索》2007 第 8 期。

② 李子文：《历史研究如何坚持马克思主义——吕振羽史学思想管窥》，《史学集刊》1991 第 4 期。

③ 朱政惠：《吕振羽的史学致用实践及其思想》，《史学理论研究》1992 第 4 期。

学家的优良传统——重读〈简明中国通史〉》，高度评价了这部著作，认为它在中国史学发展史上占有突出的地位，不仅构筑成吕振羽同志完整的马克思主义史学体系，在中国历史研究中独树一帜；而且它沾溉了无数后学，使之受益匪浅，直至今日，其体现的治史精神对于后来学者的继承和发扬，仍然具有十分重要的意义。[①] 林安西，孙懋德在《纪念吕振羽老校长百年诞辰》一文中，肯定了吕振羽在担任原大连大学（大连理工大学前身）校长兼党委书记期间取得的成绩，分析了他的教育实践和教育思想的开创意义和特色，颂扬了他为大连理工大学的建设和发展打下了坚实的基础，影响也十分深远，并号召全校师生要继承和发扬吕振羽等老一辈教育家倡导的优良校风，以求让学校综合实力提高到国内外知名强校，为实施科教兴国战略做出更大的贡献！萧致治则在《继承吕老之学精神为发展马克思主义史学作贡献》一文中，总体上肯定了吕振羽为中国马克思主义史学做出了重大贡献，作者认为这取决于他的难能可贵的治学精神，即勇于探索、勤奋刻苦和把史学研究与现实斗争恰当结合，方向明确。直至今日这种精神仍具有现实意义，值得研究借鉴和继承发扬。[②] 刘力平在《论吕振羽史学研究的特质》上对吕振羽史学研究的特质进行了概括，包括在指导思想上，坚持历史唯物主义原理；在研究动因上，坚持“经世致用”；在研究原则上，坚持“学术性与革命性相统一”“史论相结合”和“独立思考、实事求是”的原则；在研究方法上，坚持运用考古材料与文献资料相互印证、相互补充的研究方法。[③]

对于吕振羽史学成就除了宏观上的评价外，也有部分微观层面的研究。刘爱文在《吕振羽的“两个时期的同时过渡”说》一文中探讨了吕振羽对中国革命前途的研究，特别是他的“两个时期

① 李大生：《发扬老一辈马克思主义历史学家的优良传统——重读〈简明中国通史〉》，吉林大学社会科学研究处编《吕振羽和中国历史学》，吉林大学出版社 1996 年版，第 98 页。

② 萧致治：《继承吕老治学精神为发展马克思主义史学作贡献》，《邵阳师范高等专科学校学报》2001 第 1 期。

③ 刘力平：《论吕振羽史学研究的特质》，《零陵学院学报》2005 第 2 期。

的同时过渡说”，他肯定了中国革命的前途是社会主义，而他认为实现社会主义需要一个过渡时期，要完成两大任务：一方面完成资本主义这个阶段的任务；一方面从事社会主义经济的创设。吕振羽的论述系统、完整、明确，它的基本精神与毛泽东新民主主义理论中的有关论述是相符合的，理应受到推崇。[①] 梁银妹在《吕振羽对亚细亚生产方式研究发展的呈现与原因》中概述了吕振羽对亚细亚生产方式研究发展的呈现与原因，厘清了吕振羽对亚细亚生产方式问题的具体修正情况。[②] 李廷勇则撰文《吕振羽对中国经济史的开拓性研究》阐述了吕振羽对中国经济史的研究。吕振羽研究从原始社会直到20世纪二三十年代，在诸多方面作出了重大的贡献，主要表现在：（一）对史前期社会生产情况的清理；（二）对殷商时代社会经济特点的阐释；（三）对封建经济发展不同阶段性质及其特点的揭示；（四）对中国资本主义萌发问题的最早考察。[③] 朱发建、张晶萍在《吕振羽对中国原始社会史研究的开拓》一文中对吕振羽《史前期中国社会研究》进行了专门探讨，分析了该书的主要内容和成就，指出运用马克思主义理论和方法，系统地探索有文字记载以前的上古历史，初步建立起关于中国原始社会史的科学体系，并摸索出一套研究原始社会史的科学方法，成为中国原始社会史研究的开创之作之一，并由此奠定了吕振羽作为中国马克思主义史学开创者之一的历史地位。[④] 由于吕振羽《史前期中国社会研究》影响颇大，引起广泛关注，刘茂林早在1990年就专门对此书做过分析研究，在《吕振羽和他的〈史前期中国社会研究〉——纪念吕老逝世十周年》（《吉林大学学报》1990年5期）一文中，刘茂林细致介绍了吕振羽这部著作的主要

---

① 刘爱文：《吕振羽的“两个时期的同时过渡”说》，《邵阳师范高等专科学校学报》2001 第1期。

② 梁银妹：《吕振羽对亚细亚生产方式研究发展的呈现与原因》，《云南社会主义学院学报》2012 第1期。

③ 李廷勇：《吕振羽对中国经济史的开拓性研究》，《中国经济史研究》2001 第3期。

④ 朱发建、张晶萍：《吕振羽对中国原始社会史研究的开拓》，《湖南教育学院学报》1995 第3期。

内容，分析吕振羽在“亚细亚生产方式”“奴隶制”“商业资本主义”等方面的意见，并给与高度评价。

关于吕振羽史学研究的硕博论文也有几篇：于文善《抗战时期重庆马克思主义史学研究》（华东师范大学博士学位论文，2011年）、任正军《吕振羽与中国社会经济史研究》（山东大学硕士学位论文，2008年）、王娟《中国现代史家民族通史研究的理论与方法》（安徽大学硕士学位论文，2007年）等。

总体说来，对于吕振羽的研究已经比较成熟，但是这些研究略显零散，缺乏系统性论述。或者就是对吕振羽史学贡献作宏观叙述，或者就是分别论述吕振羽对于经济史、政治思想史、民族史、社会史等一方面的研究。本人查阅大量资料，尚未发现有对吕振羽史学素养从史学、史才、史识、史德方面做系统性研究的。这正是本文的价值所在。

一、吕振羽及其史学撰述活动

（一）新中国建立前的吕振羽

吕振羽，1900年1月28日出生于湖南武冈①，名典爱，字行仁，学名振羽。② 少年时就开始在父亲的私塾内开蒙读书，很早就接受了中国传统文化的教育和熏陶。在以后的学术研究中，吕振羽能够得心应手地运用中国古典书籍，与早年接受的传统教育是

① 关于吕振羽的出生时间，有三种说法：一是1900年1月30日，一是1901年2月27日，一是1900年1月28日。戴开柱通过实地调查和查阅《吕氏三修族谱》，在《论青少年吕振羽思想的演变》（《历史教学问题》1993年第4期）一文中提出吕振羽的出生时间是1900年1月28日。戴开柱认为《吕氏三修族谱》所记载的吕振羽生年可视为是目前唯一可信的依据。本文取戴开柱的说法。

② 关于吕振羽原名问题，有两种说法，一种是刘茂林、叶桂生的《吕振羽评传》中说的吕振羽，名典福，字振羽；一种是朱政惠《吕振羽与他的历史学》说的吕振羽，名典爱，字行仁，学名振羽；《吕氏三修族谱》记载与朱政惠一致，而戴开柱认为，吕振羽名典福（戴开柱：《吕振羽身家的几个问题考释》，《湖南师范大学社会科学学报》1998年第4期，第90页）；于文善在博士论文《抗战时期重庆马克思主义史学研究》中认为吕振羽，字行仁，学名振羽，湖南邵阳人，是位融革命与学术于一炉，集革命家和学者于一身的著名历史学家（华东师范大学博士学位论文，2011年）。

分不开的。吕振羽的曾祖父曾参加太平军，具有强烈的反抗意识；其祖父天资高迈，个性坚强，“助弱锄强，援贫屈富之行事，尤足见其特性。”[①] 其父亲曾致力于功名科举，有些许学问，由于种种原因科第不中，只能回乡从事耕读生活，适逢军阀统治之时，筹饷派捐，负担沉重，吕振羽父亲乃放弃耕读生活，专事家务劳动，感于军阀残暴统治之恨，多次想离家迁徙。照吕振羽自己说，其父性格和其先祖很像，痛恨豪强，同情愚弱，在对吕振羽兄弟的教育上，“常为羽兄弟道农村黑暗，至明白而易晓。于羽兄弟之生活意识殊有至大影响。”[②] 吕振羽的曾祖父、祖父、父亲皆有坚强的个性、嫉恶如仇，在这样家庭的耳濡目染之下，养成吕振羽后来坚韧的性格、远大的抱负、体恤社会的怜悯之心也不是偶然的了。其母亲勤劳贤淑、慈祥温和，是典型的中国传统女性。吕振羽曾回忆，“吾于吾母从未闻嚣声，未见愠色，此殆所谓淑媛之典型”。[③] 母亲的影响给吕振羽坚强的性格里注入了伴随其一生的纯朴笃厚。

1915 年，吕振羽进入家乡的新式教育学校——武东中学，次年考入了武冈县立中学，在这里吕振羽接受到新学教育，对社会问题、民族危机有进一步的理解，逐渐从传统旧学的枷锁中摆脱出来。1919 年五四运动的浪潮影响到湖南武冈，具有一腔爱国热情的吕振羽带领同学们，用“反日仇货”的形式声援北平，他们把一批日货放到南大门外的沙滩焚毁，这一举动震撼了整个武冈，吕振羽还因此被推举为武冈学生联合会的会长。关于吕振羽“反日仇货”行动，最早进行吕振羽研究的刘茂林、叶桂生在《吕振羽评传》中有记载：

吕振羽、李秋涛等学生首先发难，联络武冈师范及其他一些中等学校学生，响应北京的“五四”运动。他们集合起三千多学生，举行了声势浩大的游行示威，发传单，贴标语，呼口号，并查抄

---

① 《吕氏留念亭碑序》，《邵阳市交通志》，中州古籍出版社 1991 年版，第 339 页。
② 《吕氏留念亭碑序》，《邵阳市交通志》，中州古籍出版社 1991 年版，第 339 页。
③ 《吕氏留念亭碑序》，《邵阳市交通志》，中州古籍出版社 1991 年版，第 339 页。

了日货，以示对日本帝国主义的仇视。他们的这一举动，得到了广大群众的拥护。连萧承舆老师的日本脸盆，也拿出来焚毁了。吕振羽等人把搜查的大量日货，集中起来，点火焚毁，当时围观者人山人海，一时烈焰冲天，火光熊熊，人人拍手称快。①

响应“五四”的游行示威、焚毁日货的行动体现了吕振羽强烈的爱国主义情感和突出的组织才能，更重要的是它激发了吕振羽工业救国的念头。1921 年中学毕业以后，吕振羽考入湖南大学电机专业，他虽然酷爱文史，但是为了救国，他宁愿放弃自己喜好，选择工科电机专业，为实现其工业救国梦想默默准备着。在近代中国，救亡图存是每一个有识之士的共同梦想，前后出现众多的民族救亡的思想主张，如郑观应的“商战”、王韬的“兴利”等，其中工业救国是影响颇大的。可以说，吕振羽等人的“反日仇货”行动很大程度上是受了“工业救国”主张的影响，同时“反日仇货”运动又进一步刺激了吕振羽的“工业救国”梦想。

1921 年吕振羽考入长沙高等工业专科学校（即后来的湖南大学），进入湖南大学学习是吕振羽人生中具有转折意义的一件事，这个转折意义，倒不是因为他学习了卓越的电机技术，而是因为1925 年他与李达的结识。吕振羽抱着一腔热情进入湖南大学学习电机，但是当他看见一位留洋的博士连一台机器都不能修好时，他就怀疑起“工业救国”的可行性了。当然促使他最终放弃工业救国念头，转变学习经济学、继而从事史学研究的是李达。1925 年在反对反动校长宾步程的“驱宾运动”中，吕振羽表现积极，并被推选为驱宾大会的副主席，这受到了当时湖南省学生联合会主任夏明翰的赏识，推荐他去听李达的社会学课程。李达讲授的是唯物史观的社会学，与西方一般的社会学不同，尤其对中国问题的深刻剖析令吕振羽深受震动和至为佩服。因为他听课尤其认真，且经常就各种社会问题向李达请教，引起了李达的注意，从此两个人在学习与工作中建立了深厚的友谊。

1926 年在“打倒军阀”口号的号召下，吕振羽毅然决然参加

① 刘茂林、叶桂生：《吕振羽评传》，社会科学文献出版社 1990 年版，第 10 页。

了北伐军，欲走从戎的救国道路。大革命失败以后，辗转来到日本，进入日本明治大学学习政治经济学，学成回国，即开始著书立说，1929 年应聘为《村治月刊》的编辑，开始了学术救国的生涯。在担任《村治月刊》编辑期间，发表《中国外交问题》《中日问题批判》《中国国民经济趋势之推测》等，探索中国未来的出路。如在《中国国民经济趋势之推测》一文中，吕振羽从资本、工银劳动、土地所有权、世界市场、对外贸易等 5 个方面，剖析了中国经济的结构以及存在的问题。吕振羽认为，“资本主义经济在中国虽然有了一定的发展，但在国民经济中没有占主导地位”，它只能“依附于封建的统治之下去求生存”。再加上外国资本主义的经济侵略等，就决定了“中国资本主义前途无望”。当然中国还无法跨越资本主义的历史阶段，直接进入社会主义，资本主义走不通，社会主义又不能立即走上去，所以“便只有一个国家资本主义的道路，把历史的两个过渡期间同时渡过——同时完成历史的两个阶段的使命”。①从文字与分析上可以看出，吕振羽此时已经开始用马克思主义原理观察中国问题。

“村治”无果，吕振羽又与刘思慕等人于 1930 年创办《新东方》杂志，并在同年的 10 月组织了“东方问题研究会”，通过对东方问题研究，希冀与世界上各个弱小民族联合起来，共同遏止帝国主义，摆脱殖民压迫。《新东方》的发刊词鲜明地彰显了其对中华民族出路的探求、对中华民族复兴的迫切愿望：

> 我们只知道东方的病根在于“只觉得遍身疼痛，而不知痛在何处”。不知痛在何处，自然无从医治。所以医治东方的病，必须先从诊察痛处下手。先以绝对客观的态度，应用归纳法把东方所有的问题，调查描写出来，以便创造一个独立平等的新东方，就是本刊的第一个使命。怎样团结融合东方各被压迫民族以共筹解决整个东方问题的方略，就是本刊的第二个使命。共同研究怎样来接受西方同情我们的好意，和怎样来提醒或铲除东方内部的蟊贼，又是本刊的第三个使命。

---

① 吴泽：《吕振羽史论选集》，上海人民出版社 1981 年版，第 3 页。

东方的健儿啊！请大家齐集这新东方的旗帜之下。

我们是有代价的奋斗！

我们是死境中寻生路！①

然而东方问题研究会以及《新东方》杂志很快就受到国民党的忌恨。第二卷1—3期原订为发表“中国革命问题专号”，预计1931年3月出版，但是由于国民党政府的干涉，到6月才与读者见面，所以只好把1—6期办成合刊，也把中国革命问题专号改为“周年纪念特号”，而且第二卷的7—12期也不得不变为合刊出版。1931年下半年，国民党方面强迫东方问题研究会和《新东方》杂志迁到上海，并强令他们改变宗旨，这遭到了吕振羽等人的极力反对，而由于种种原因，1932年“东方问题研究会”宣告解散，《新东方》也停刊。吕振羽救亡之路再次受阻。

1932年以上海为主战场的中国社会性质论战②影响到平津地区，翦伯赞等人创办了《丰台》旬刊加入论战队伍。吕振羽也应邀撰写《中国革命问题研究》，该文核心观点仍是中国的资本主义前途无望，批判了论战中提出中国是资本主义社会的论点，指出中国革命的任务是彻底反对帝国主义、消灭封建主义，进行的是资产阶级的民主革命。1933年李达到北平，任中国大学教授兼经济系主任。在李达的力荐之下，吕振羽受聘中国大学教师，不到一年时间即被晋升为教授。由于李达、吕振羽等人的广泛影响力，中国大学因此被称为“红色大学”，而吕振羽也成为“红色教授”。在李达的指导和影响下，吕振羽在其讲稿基础上经过“探险式”的研究于1934年写成《史前期中国社会研究》，这是其正式进入史学研究领域的重要著作。

1937年全面抗战爆发以后，吕振羽一度被困北平，脱险后辗

① 《新东方》创刊词，1930年1月。

② 1928年大革命失败以后，革命处于沉寂状态，而学术界却活跃起来，纷纷探讨“中国向何处去”的问题，且因为早在苏联、日本就发生的“亚细亚生产方式”论战影响到中国，30年代初，中国发生了社会性质论战。1930年郭沫若写作《中国古代社会研究》引起了强烈反响，1931年上海神州国光社的王礼锡在《读书》杂志上开辟专栏，专门为中国社会性质论战提供战场，由此而掀起了论战的热潮。

转来到南京，接到周小舟来信，延安方面让他到湖南长沙开辟抗日工作，9 月抵达长沙，受到了学术界、新闻界等朋友的热烈欢迎，湖南《大公报》还邀请他介绍卢沟桥事变经过以及平津地区的现状。可见当时吕振羽已经具有相当的影响力，这也是延安方面让他到长沙从事抗战工作，以及后来周恩来邀请他到重庆的重要原因。在湖南从事抗战工作期间，吕振羽先后在《大公报》《民国日报》《前进周刊》《中苏半月刊》和《文化批判》等报刊上发表了 30 多篇十几万字的政论、时评类文章，“在配合党宣传抗战救亡理论和捍卫抗日民族统一战线方面作出了重大贡献”①。吕振羽在湖南抗战工作有两件事值得一提：

一是领导和组织湖南文化界抗敌后援会（以下简称文抗会），文抗会主要由新闻界、文艺界、学术界等有识之士组成，在吕振羽等人领导下，队伍不断壮大，成为抗日战争时期中共领导的最大的全省性群众团体，对于湖南抗日救亡运动的兴起、发展和对抗战初期湖南重新建党起了非常重要的作用。它是湖南重新建党的“基地”，“给湖南抗日救亡运动以大的推动”，促使湖南人民的革命斗争汇合入全国抗战的洪流，成为不可征服的力量，最后赢得了抗战的胜利。② 文抗会目的是为抗日战争提供后援力量。文抗会在成立的前 4 个月，在吕振羽等领导下，全部工作富有生机活力，对于湖南民众的抗日运动确实起到了先锋队和领导者的作用。与此同时，吕振羽还组织创办了中苏文化协会湖南分会，出版《中苏》半月刊。文抗会与中苏文化协会湖南分会轮流举行每周一次的时事座谈会，吕振羽每次都会参加，就座谈中的问题发表总结性讲话。这种座谈会受到各阶层青年的欢迎，起到了广泛的教育作用。这些举措把湖南文化界积极组织起来，形成一股重要的抗日力量。

二是 1938 年在邵阳创办塘田战时讲学院，这是在国统区创办

① 戴开柱：《论抗战初期吕振羽在湖南的革命活动及其历史地位》，《史学集刊》1996 第 1 期，第 48 页。

② 戴开柱：《论抗战初期吕振羽在湖南的革命活动及其历史地位》，《史学集刊》1996 第 1 期，第 46 页。

的一所以统一战线形式出现培训中共干部的学校，凡是有志于抗战事业的都可以入学。吕振羽为塘田战时讲学院的副院长，实际上负责整个讲学院的具体工作。塘田战时讲学院的成立和发展充分体现了吕振羽灵活运用抗日民族统一战线的策略和智慧。为了学院能够顺利成立，吕振羽利用各种关系，上下周旋，有策略地邀请了一些湖南地区有影响力的国民党人士，获得他们的支持和帮助，如邀请当时湖南省政府主席张治中为塘田战时讲学院的名誉董事、湖南省参议会议长赵恒惕为董事等。这些都展现了吕振羽卓越的智慧和过人的胆识。

1938 年 11 月湖南“文夕大火”以后，原省政府主席张治中被免职，由薛岳代任，薛岳积极奉行“溶共、防共、反共”的方针，吕振羽的塘田战时讲学院因此被迫关闭。此时，周恩来来电令他到重庆南方局继续从事理论战线工作，在湖南地下省委的护送下，吕振羽与夫人江明来到桂林找到中共地下党驻桂林办事处主任李克农，从桂林辗转到了重庆。吕振羽在重庆的主要任务是从事史学研究和理论战线的斗争。1940 年他出于民族自尊心和民族救亡心理，对日本法西斯侵略理论的鼓吹者秋泽修二进行了猛烈抨击，吕振羽读了秋泽修二的书非常气愤，“拍案而起，连夜构思文章，一口气干了下来”①，写成《中国社会史诸问题》，对秋泽修二的“东方社会长期停滞”的荒谬理论逐一驳斥，认为秋泽修二判定“专制主义及中央集权的官僚制”规定了“中国社会以‘停滞’‘退化’‘循环过程’的特性”，这在理论上、在历史的具体内容上，“都是完全不对的”。② 吕振羽对秋泽修二的谬论进行批判，在当时社会上产生了重要影响：

第一，他的“率先”行动，迅速激起和形成一支清除以秋泽修二为代表的日本帝国主义御用文人“毒素”的“消毒”群体。第二，吕振羽对秋泽修二反动史论的理论反攻，击中了他的要害，暴露了其侵略主义的本质，澄清了中国史论上的是是非非，使人

---

① 朱政惠：《吕振羽学术思想评传》，北京图书馆出版社 2000 年版，第 157 页。

② 吕振羽：《“亚细亚生产方式”和所谓中国社会的“停滞性”问题》，《理论与现实》1940 年第 2 卷第 2 期。

们认清了他的反动实质，从而维护了中国人民抗击日本帝国主义侵略的正义性，增强了世界人民对中国人民抗战的道义支持。第三，还激发了中国史学家对中国历史发展特点的深入探讨。它还成为中国马克思主义历史科学发展的契机。[①]

在重庆期间，为了与蒋介石的"尊孔读经"作思想理论上的斗争，在周恩来的指示下，吕振羽写作《简明中国通史》。该书是中国第一部用马克思主义写成的通史类著作，其价值不言而喻，它对中国优秀的传统文化作了一个系统的总结，构筑了吕振羽完整的马克思主义史学体系，"在中国历史研究中独树一帜"。[②]

皖南事变爆发以后，吕振羽申请调任盐城新四军军部，先是到华东解放区，后跟随刘少奇。吕振羽与夫人江明本打算去延安，但刘少奇等认为去延安路上危险重重，便让吕振羽在中共中央华中局党校任教，吕振羽化名吕刚，在华中局党校讲授中国社会史、中国哲学史等课程，并编写了《中国社会史问题十讲》《中国哲学史问题十讲》等。1942 年，吕振羽任刘少奇政治秘书，随刘少奇到延安，一路跋涉，千难万阻，即使这样，吕振羽依旧坚持学习，没有一点松懈，把能够利用起来的碎片时间都利用起来。吕振羽之所以能在史学研究上取得如此辉煌的成就，与他的勤奋刻苦是有直接关系的。1942 年底，吕振羽成功到达延安。毛泽东亲自接见了他，并询问了他关于《中国政治思想史》撰写的情况。王稼祥也对此书多有赞词，王子野在回忆录中就提到："在我印象中，他对吕振羽同志的《中国政治思想史》……很赞赏的。"[③] 延安期间，吕振羽在《解放日报》等刊物上发表历史类文章数篇，并与蒋介石的《中国之命运》针锋相对，撰写了《国共两党和中国之命运——驳蒋著〈中国之命运〉》。

1945 年日本宣布投降以后，我军进入东北。吕振羽从延安到

---

① 戴开柱：《抗战时期吕振羽在重庆的革命活动述论》，《山东社会科学》2002 第 6 期，第 97—98 页。

② 吉林大学社会科学研究处编：《吕振羽和中国历史学》，吉林大学出版社 1996 年版，第 98 页。

③ 王子野：《从一份提纲想起——回忆王稼祥同志》，王稼祥选集编辑组编《回忆王稼祥》，人民出版社 1985 年版，第 134 页。

达冀热辽，参加冀热辽救济分会领导小组方面的工作。1946 年，中共冀热辽分局又派吕振羽前往北平，协助军调处三人小组的“解放区救济总会”代表伍云甫与“联合国救济总署”“国民政府行政院救济总署”进行谈判。1947 年，吕振羽接到中央命令去湖南工作，因交通梗阻，加上身体染恙，只能和江明在东北停留。他们利用这个机会了却了一直以来的一桩心愿。原来曾经在他们离开重庆时，撰写《简明中国通史》的工作受到影响而中辍，对此吕振羽感到很是内疚。在大连滞留养病期间，吕振羽和江明协力编著，到 1948 年 2 月，完成《简明中国通史》后半部的初稿，由大连光华书店出版。1948 年以后到新中国建立前，吕振羽还在中共辽东省委、东北人民政府中任职。

新中国建立之前的吕振羽一方面笔耕不辍，坚持史学研究和写作，始终活跃在理论战线上，另一方面他又积极参加革命活动，抗日战争、解放战争都有他积极奔走的身影，从北平到湖南，从湖南到重庆，从重庆到苏北，从苏北到延安，再从延安到东北，吕振羽奔波在中国大片土地上。他是一位典型的革命学者，“熔革命和学术于一炉，集革命家与学者于一身”①。

（二）新中国建立后的吕振羽

1949 年 10 月，吕振羽任大连大学的校长兼党委书记。大连大学是东北的第一所综合性大学，他到任以后，立即召开全校大会，并在大会上作了报告，介绍了大连大学的办学方针，还亲自撰写文章，细致而深刻地阐明大连大学既要继承和发扬解放区多年以来形成的办学经验和方法，同时也要能在此基础上提高和正规化。吕振羽颇有一套自己的办学思想和理念，他主张对于旧中国大学的办学方法要加以扬弃；对于苏联办大学的经验，要有选择地学习，不能抄袭和生搬硬套。吕振羽还为大连大学起草了一系列规章制度，保证各项工作有章可循，井然有序。确定正确的方向是吕振羽管理大连大学的首要问题，他在《连大一周年》文章中指

---

① 朱政惠：《论吕振羽史学》，《历史研究》1989 第 4 期，第 160 页。

出："中国共产党领导人民民主革命的目的，是在建设新民主主义社会，并过渡到将来的社会主义社会以至共产主义社会"，所以，"不能不需要大批的各种人才"。① 为了培养各种人才、增强学校的师资力量，在请示中央宣传部以后，他派遣专人到香港、上海等地聘请了几十位专家学者到大连大学任教，此一举措使得大连大学在很短的时间里就建立起一支拥有教授、讲师 270 多人的教师队伍。

1951 年大连大学进行调整，吕振羽因此奉调到东北人民大学担任校长。此间，李达掌执湖南大学，因为他们都对湖大有特殊的感情，所以李达邀请吕振羽同去湖大担任副校长，共同建设湖大。李达写信给吕振羽说："你如离开大连大学，就同我去办湖南大学，何如?""只要你我去加强领导，稳可以把湖大办好，不难赶上北大和清华。"② 这表明李达对吕振羽的充分信赖。当然，由于吕振羽到东北人民大学担任校长兼党委书记，未能与李达共建湖大。执掌东北人民大学与大连大学一样，吕振羽首先就是强调学校的办学方针，制定规章制度。吕振羽刚去东北人民大学时，学校还处于初创时期，一切工作都还是无绪状态，专业设置欠缺，师资力量更加薄弱，数学、物理、化学三个系是从外校接受过来的，有一定的基础。文科方面，只有经济、法律，中文、历史都是新设立的，基础很差。历史系更是差中之差，只有一个教研室，中国史有两名副教授，一位讲师，世界史就更可怜得很，只有两名讲师，其他的教师都是新毕业的研究生，总共 14 人。吕振羽就在这种情况下，大胆开办历史系，颇具胆识地起用了这些新毕业的年轻人。东北人民大学的历史系就是在吕振羽的领导下一步步发展起来的。

新中国建立以后，吕振羽虽然身染痼疾，还要承担繁重的行政工作，但是他始终保持对史学研究的热情。建国后吕振羽著作数量不比以前，但却加强了史学史、史学理论、民族史等方面的研

---

① 吕振羽：《连大一周年》，转引自林安西、孙懋德：《纪念吕振羽老校长百年诞辰》，《大连理工大学学报（社会科学版）》2000 第 3 期。

② 李曙新：《李达与吕振羽的师生情》，《湖南党史》1998 第 1 期。

究，这些研究成果都收录在《吕振羽史论选集》中。20 世纪 50 年代后期，吕振羽更加着力于中国民族史的研究，这与周恩来的指示有很大关系。1957 年，吕振羽出席了在山东青岛召开的民族工作会议，在会上，周恩来说："今天有吕振羽同志在场，他知道的比我清楚。我很希望我们的历史学家讲一讲中国民族的发展史，可以证明我们民族的交叉时代很多。"又说："像吕振羽同志这样的作家，我倒是希望他能多写一点。"① 此后，吕振羽的重心放在民族史研究上。当然吕振羽重点转向民族史研究还与他出生经历以及新中国成立后的工作有关系。他出生于湖南邵阳，那里是少数民族聚居区，有汉族、瑶族、苗族等，从很小时候吕振羽就感受到民族的差异，新中国成立后，他从事的工作很多也多与民族有关系，以上综合原因促使他的研究重点向民族史倾斜。

其研究成果诸如《从远古文化遗存看我国各民族的历史关系》（《人民日报》1958 年 4 月 23 日）、《中国民族关系发展的基本特点》（《民族团结》1958 年第 4 期）、《关于历史上民族融合问题》（《历史研究》1959 年第 4 期）、《论我国历史上民族关系的基本特点》（《学术月刊》1961 年第 6 期）、《新疆和祖国的关系》（《民族团结》1962 年第 2 期）、《中国历史上民族关系的几个问题》（《学术月刊》1963 年第 1 期）等，有部分受到国际关注，并被转载翻译。这都表明吕振羽的研究是卓有成就的。

1956 到 1962 年，吕振羽兼任中共中央高级党校历史教授和历史教研室顾问，指导历史教研室的教学和研究工作。这里需要指出，吕振羽本打算是 1956 年到党校任教，但由于当时到国外参加学术会议，且其后又因为脑瘤养病耽搁了；同时 1957 年的反右运动，党校停办一年；此后中央又决定党校停办一年，全体教师到农村工厂锻炼②，所以到了 1959 年吕振羽才算正式进入党校工作。在工作期间，他把为中共中央高级党校 1959 年班讲课的笔记整理成《中国历史讲稿》。《中国历史讲稿》的前二讲是中国历史引言，着重讲了学习历史的重要性、必要性、指导思想以及介绍了中国

① 朱政惠：《吕振羽学术思想评传》，北京图书馆出版社 2000 年版，第 300 页。
② 朱政惠：《吕振羽学术思想评传》，北京图书馆出版社 2000 年版，第 83 页。

马克思主义史学的发展过程；第三至十八讲，是对中国历史上的原始公社制、奴隶制、封建制诸阶段及转变过程的阐述，同时对历史上的一些重要人物作了客观公允的评价。还对中国古史分期、春秋战国的百家争鸣、历代农民起义的性质与作用、资本主义萌芽等问题进行讲解，介绍了国内史学家有代表性的观点，也提出了自己的看法和见解。关于中国社会性质的论战部分，吕振羽回顾了当年包括自己在内的马克思主义史学家与以陶希圣、李季为代表的反马克思主义各流派进行论争的主要问题。《中国历史讲稿》作为讲稿性质，颇有中国通史的意味，它体现了吕振羽对中国历史的宏观把握和过人的读史写史讲史的才能。

1962 年冬，吕振羽接受李达的邀请回到湖南长沙，参加纪念王船山逝世 370 周年学术研讨会，在闭幕式上讲了话。接着他回到了家乡邵阳，搜集革命史料，先后在武冈、邵阳、邵阳地委直属机关干部会上作关于中国历史特点和革命传统的报告，还访问了烈士家属，参观农村、工厂，广泛地搜集和整理革命斗争史的相关资料。在长沙参加会议这次机会，李达邀请他到武大讲学，而吕振羽因事提前返京，未能到武大与老师会晤，而这一次竟然就成了亦师亦友的两个人的永别。

1963 年 1 月 5 日，吕振羽与夫人江明从长沙返京，火车到保定时，吕振羽就被秘密逮捕，从此便在社会上销声匿迹，而他的著作也因此都成了禁书。吕振羽之所以被逮捕，是康生、陈伯达等人说他有重大的历史问题，在那种阶级斗争“年年讲，月月讲，天天讲”的年代里，又是从文化界开刀的情况下，吕振羽当然不能幸免。[①] 对吕振羽监禁审查多达 800 多次，审查内容基本相同，主要还是关于 1935 年他与周小舟在华中局刘少奇的指示下，与国民党方面进行谈判，为了抗战达成民族统一战线问题。这件事情是经过毛泽东等批准的，而康生等人为了把矛头指向刘少奇，诬陷说刘少奇的指示是背着毛主席、党中央的阴谋行为，对吕振羽审查正是让他作伪证。吕振羽坚守正义，绝不为此折腰。在长达

---

① 刘茂林、叶桂生：《吕振羽评传》，社会科学文献出版社 1990 年版，第 199—200 页。

13 年的监禁生活中，吕振羽凭借着《人民日报》和《光明日报》两份报刊资料，坚持史学研究和创作，在废报纸上写成 20 多万字的史学评论文章和 3000 多首诗词，这些诗词加上他以前所作整理成十卷的《学吟集初草》。

仅凭借两份资料，从事史学研究的难度可想而知，在这样条件下尚能写出 20 多万字的史学评论，全是吕振羽厚实的史学基础和超人的史学研究能力使然。虽然没有引证资料，但吕振羽的史学评论依旧不乏创新和独到见解，其中有不少都是值得重视的。这些史学评论共 32 篇，以中国思想史、哲学史为主。如 1964 年 2 月的《〈反对封建复古主义和思想史上的一次大解放〉读后》、1964 年 8 月 4 日的《关于中国哲学史的发展规律和研究方法问题》、1964 年 8 月 5 日的《关于佛教在中国的传播与发展》、1964 年 8 月 22 日的《关于王充思想的阶级性问题》等等。另外还有关于中国政治、经济史方面的评论，如 1964 年 11 月 2 日写成的《关于农民战争问题的讨论》、1965 年 3 月 3 日的《评两种革命论》、1964 年 11 月 6 日的《历史唯物主义还是历史唯心主义?》、1964 年 12 月 18 日的《关于买办资本的特性问题》等，内容涉及面广，有思想深度。《学吟集初草》中收录的虽是诗词，然不能仅作诗词看待，它更多的是吕振羽借用诗词的形式表达对历史人物、历史事件、中国传统文化等的看法，传达出他的史学观、史学思想，是吕振羽"咏史""叹史"之作，"一部有思想性、学术性的史论作品"①，这些没有参考资料的史学研究成果是吕振羽杰出史学素养的鲜活印证。

1966 年"文化大革命"爆发，吕振羽被直接投入北京西郊的秦城监狱，正式宣布被逮捕，罪名即是 1935 年去参加的"南京谈判"，吕振羽奉刘少奇命令去执行勾结任务。从此，"吕振羽连读报、运笔的自由也失去了。日日夜夜的逼供，接连不断的审讯，在一年多的时间里就有八百多次。他的身体急剧地被摧垮了"②，不能读报和写作对吕振羽来说是更大的折磨，这让他处在肉体和

① 朱发建、张林发:《吕振羽传》，湖南师范大学出版社 1999 年版，第 212 页。
② 刘茂林、叶桂生:《吕振羽评传》，社会科学文献出版社 1990 年版，第 209 页。

精神的双重痛苦之下，这同样也是中国史学史上一个重大的损失。吕振羽在狱中坚贞不屈，侯外庐对此在1980年的悼念文章《怀念吕振羽同志》中给予他高度评价：

他不顾个人安危，不怕横加罪名，敢于为我党历史上这个最大的冤案伸冤辨诬，真不愧是二十世纪新中国的董狐！他和那些好作谤书、专写秽史的丑类形成了鲜明的对照。振羽同志是中国史学优良传统的真正继承人，是马克思主义历史科学党性和科学性相统一原则的忠实坚持者，这对于我们广大史学工作者有着深刻的教育意义。①

侯外庐的评价可谓中肯，是对吕振羽学术人品的高度概括，能把马克思主义史学的党性与科学性真正结合起来的，除吕振羽之外，能有几人？

1975年1月，邓小平恢复工作，江明写了一封申诉信，要求释放吕振羽，并且亲自把信送到国务院信访室转交给邓小平。在大家的共同努力以及邓小平的批准之下，2月，吕振羽终于被释放出来。1978年被平反之后，吕振羽担任中国社会科学院顾问，一直到1980年7月17日逝世。而就在1980年春天时，他还出席了中国史学会在北京召开的会议，处处体现着他对中国史学事业发展的关怀和对史学研究的热爱，7月在《简明中国通史》的重印序言中说：我坚信，在马克思主义的指导下，在党的正确领导下，我们的史学工作也必然和其他科学部门一样蓬勃发展！

二、吕振羽的史才

（一）“独创一格多论述”

史家的史才最直接地表现在其著述上，著述多且学术价值高则其史才素养自不待言。吕振羽一生著述颇丰，共有十多部专著、一百多篇论文，总四百多万字。其中具有广泛影响力的专著有

---

① 侯外庐：《怀念吕振羽同志》，《中国史研究》1980第4期。

《史前期中国社会研究》《中国政治思想史》《中国民族简史》《中国社会史诸问题》《简明中国通史》等几部。现简要介绍这几部著述。

《史前期中国社会研究》成书于 1934 年，是为中国社会史论战而作。该书史料充实、治学态度严谨，具有很高的学术价值，奠定了吕振羽的史学研究的地位。荣孟源指出，该书“是我国运用马克思主义来研究中国古代神话传说的第一部书，后人研究中国历史，在古代神话传说方面，是沿着吕先生所开辟的道路前进的”①。该书由北平人文出版社 1934 年初版；1936 年，日译版由东京改造社出版，题为《中国原始社会史考》：1943 年，上海耕耘出版社为此书再版，题为《中国原始社会史》；1947 年，上海耕耘出版社又出版了《史前期中国社会研究》《殷周时代的中国社会》合辑本，书名定为《中国社会史纲》；1949 年，上海耕耘出版社再版时又将该书改名为《中国原始社会史》；1961 年，北京三联书店出修订本。《史前期中国社会研究》是吕振羽的第一部成名作，是他在中国大学当教授时，在其讲稿《中国上古及中世纪经济史讲义》基础上写成。全书原分 10 章，1961 年三联书店改版时，又增加了建国后写的少数民族社会历史调查资料，及对全国各地地下发掘的文物分析两文，共 12 章。书中第二章《中国社会形式发展的诸阶段》，是他对整个中国社会史的总纲。反映了吕振羽的历史观、方法论和他对中国从古代至近代社会的社会形态发展诸阶段的总体看法。

吕振羽写作《史前期中国社会研究》的出发点有三个：其一是纠正中国史学界存在的“疑古思潮”。当时中国史学界一度流行着以顾颉刚、钱玄同等为代表的疑古学派的“疑古思潮”，他们否认中国原始社会，认为中国的历史从殷代开始，对此，吕振羽在书中一一驳斥。其二是应对中国社会性质论战。他在书的初版自序中说：“我之来参加中国社会史研究和论争的动机，完全由于感觉这一问题很重要，已迫切的需要解决。其次，深深的感觉一般

① 荣孟源：《悼念吕振羽先生》，《史学集刊》1983 年第 4 期。

中国史研究者——尤其是那些冒充‘辩证论’的‘历史家’们——大多不是如实的在履行着实验主义的方法论，便又陷入了机械论的歧途。结果虽然给我们提出了一些问题，但不曾替我们解决了问题。对历史事实的混淆颠倒，徒然又替中国史蒙上一层新面具。因此使我不能不冒险来尝试。”① 其三是补充郭沫若《中国古代社会研究》的不足。他敬佩郭沫若的研究成果和大胆尝试的勇气，但是对于郭沫若提出的殷代原始社会、西周奴隶社会等说法不能认同，欲通过研究予以修正。吕振羽具有卓越的史才，在《史前期中国社会研究》中提出的中国古史分期具有深远影响，其殷代奴隶制、西周封建制、秦到鸦片战争之前为变种的封建制度、鸦片战争以后为半殖民地半封建社会的分期至今被沿用，郭沫若等马克思主义史学家纷纷赞同吕振羽的观点。

该书运用马克思主义唯物史观研究中国原始社会，其开创性不必说，其史学价值更是不容忽视。正如朱政惠所说：

综观《史前期中国社会研究》的全部内容，作者实际上在按照四条原则处理问题：(1) 凡史前社会缺乏考古史料的阶段，尽量以古籍神话内容弥补，如当时旧石器时代考古发现很少，这一段内容阐述主要借助于神话传说；(2) 凡无法用考古学证实的有关远古社会家庭婚姻形态和社会制度的空白，也以神话传说材料予以充实；(3) 凡已发掘的确凿的考古资料，务必充分引用，如对仰韶文化的分析；(4) 从空间和时间两方面考察神话传说和考古材料的可结合性。这四条原则确保了整个研究过程的顺利进行。②

所以，该书不管从史料的选用、写作的目的、著述的方法、史学观点的提出等方面都凸显了吕振羽杰出的史才素养，日本学者后藤富男在该书日译本的序言中，也充分肯定了这一研究方法。

---

① 吕振羽：《史前期中国社会研究》，生活 · 读书 · 新知三联书店 1961 年版，“序言”第 6 页。

② 朱政惠：《论吕振羽〈史前期中国社会研究〉的学术价值》，《江淮论坛》1991 第 4 期。

他说："在对殷以前的中国古代社会的理解方面，作者以考古学的遗物为经，以神话传说为纬，并进而用世界史的观点进行剖析的方法，是妥当的。"①

《中国政治思想史》原是吕振羽1933年到1935年在北平中国大学等校讲授中国政治思想史课程的讲义，1936年在南京整理增订扩充成书，于1937年6由上海黎明书局出版。以后多次改订或修订，计有1939年桂林文化供应社版、1945年延安新华书局版、1947年新中国大学丛书、1953年三联书店版、1955年人民出版社版。此外，1940年和1941年，日本青年外交协会和人文阁还分别出了日译本。② 全书40多万字，共分为十编。《中国政治思想史》从书名上看是以政治思想史为研究内容，而实际上该书内容更多的是讲述中国哲学史，所以严格来说，它是一部以中国哲学通史为内容的中国思想通史。该书是吕振羽运用马克思主义研究中国政治思想史的重要成果，一经问世就受到了广泛关注，当时的出版界给予了高度评价，认为其是政治思想史方面的时代巨著；它"开启了40年代以侯外庐为首的马克思主义史学家研究中国思想史的先声"，是"中国马克思主义的思想史研究走向成熟的十分关键的枢纽之作"。③

吕振羽写作《中国政治思想史》的目的性和指向性是很明显的，"当时因为与陶希圣作斗争，为了针锋相对，故用了陶希圣的书所用的名字。"④ 可见，此书的写作与前文提到的《史前期中国社会研究》一样都有着强烈的现实指向性，都是吕振羽时代责任感和使命感的产物。在《中国政治思想史》初版序言中，吕振羽道出了该书写作的背景和迫切性，"马克思主义者对这方面研究的历史还很短，有些研究者虽企图运用马克思主义的观点、方法，而由于运用上的错误，没能作出正确结论；资产阶级学者的著作，

---

① [日] 后藤富男：《〈支那原始社会史考〉译者序》，转引自张书学编《中国现代史学思潮研究》湖南教育出版社1998年版，第420页。

② 于文善：《抗战时期重庆马克思主义史学研究》，华东师范大学博士学位论文，2011年。

③ 朱政惠：《吕振羽和他的历史学研究》，湖南教育出版社1992年版，第98页。

④ 刘茂林、叶桂生：《吕振羽评传》，社会科学文献出版社1990年版，第120页。

由于其立场和方法论的关系，都未能得出较正确的结论，像梁启超等人的作品，在当时曾有相当的进步意义，到今日却已成了落后的东西；那些由假马克思主义观点出发的托派汉奸作品，不独由于其方法论的错误，而且由于其别有用心的卑鄙阴谋，其作品便完全是反科学的有害的东西，不当作为学术研究来看的东西，所以到现在还没有一部能比较令人满意而符合时代需要的产品。然对于中国社会文化思想作一较正确的总估计，在工人阶级领导的民族现实的实践斗争上，在民族文化传统之批判的继承的要求上，又是一件不容缓的事情”。[①] 正是在资产阶级由于观点立场上问题不能得出正确结论，假马克思主义者别有用心制造伪科学以及马克思主义对这方面研究欠缺，而现实斗争又急需的情况下，吕振羽着力于政治思想史的研究。

吕振羽能根据时代需要，及时调整自己的史学研究内容，且每一个领域的研究都能取得杰出成绩，《中国政治思想史》写作周期虽然短，但是却能获得一致好评和普遍赞誉，这正是吕振羽非同寻常的史学素养的鲜明例证，而且吕振羽史学研究和写作方法科学、思路清晰，如在《中国政治思想史》初版序言中所说“我的编著体裁，根据我对中国社会史研究的初步结论，首先把中国史全部过程划分为各个阶段，各个阶段又划分为其发展过程的各时期；从各个社会阶段和时期的阶级阶层的构成上以及其相互关系的变化上去论究政治思想的各流派，又把每个流派中各思想家的思想，作为其自己的一个体系去论究”[②]，不具史才者不足以为之！

《中国社会史诸问题》是吕振羽在1940—1942年为批判日本法西斯侵略主义鼓吹者秋泽修二的荒谬理论而作。重庆耕耘出版社1942年初版；华东人民出版社于1954年修订再版；三联书店1961年再次修订。秋泽修二是日本法西斯在史学界的代言人和造势者，在《支那社会结构》等书中捏造中国社会发展是“千年过

① 吕振羽：《中国政治思想史》，生活·读书·新知三联书店1955年版，第2—3页。

② 吕振羽：《中国政治思想史》，生活·读书·新知三联书店1955年版，《序言》第2页。

渡”和“奴隶制循环”，中国的社会是长期停滞、倒退、循环的，这样的长期停滞只有靠外力才能改变，而近代的鸦片战争恰好是中国近代化得以转变的契机。秋泽修二通过这样的逻辑过程得出日本法西斯侵略中国是促进中国发展，打破“东方社会长期停滞”的。吕振羽读此书，气愤异常，连夜撰文进行批判，吴泽在《我国马克思主义史学的开拓者——吕振羽》一文中写道：

吕振羽对秋泽修二法西斯侵略史观的那场批判是令人难忘的。那时，日寇的铁骑正蹂躏着祖国的大好河山，以秋泽修二为代表的反动军国主义文人为他的主子的侵略行径张目，鼓吹侵略有理论，先后抛出《东方哲学史》和《支那社会构成》两本专著，胡说中国社会历史是“循环”“退化”的，需要“皇军”的武力去“最后的克服”……他一谈起秋泽修二的那两本书，就怒不可遏。他日以继夜地奋笔疾书，一连写了《关于中国社会史的诸问题》《中国社会史上的奴隶制度问题》《亚细亚生产方式和所谓中国社会的“停滞性”问题》等文章，驳斥了秋泽修二的法西斯侵略史观……后来这些文章辑成一集，题名《中国社会史诸问题》。①

吕振羽对现实政治极具敏感性和洞察力，有浓厚的民族尊严感和爱国主义情感，单是他为批判秋泽修二连夜著述，一气而成多文，其深厚的史才素养就由此可见一斑。

吕振羽在《中国社会史诸问题》中对错误有害的史观进行批判，并且饱含民族关怀地检讨民族文化，指出对于民族文化应该秉持的立场，“必须从反对‘道统’史观、进化史观以及一切非科学假科学的史观和毒素的斗争中，去把握民族文化的优良传统，吸收其对民族民主革命有用的东西，抛弃其对民族民主革命有害的东西。最重要的而且是主要的，应特别致力去发掘和研究真正属于人民的东西”②。在对待外来文化的态度上，吕振羽进行反思

---

① 吴泽：《我国马克思主义史学的开拓者——吕振羽》，《人民日报》1986年12月5日。

② 吕振羽：《中国社会史诸问题》，生活·读书·新知三联书店1961年版，第142页。

和规诫。在对待外来文化的的方针上，同样要防止出现两种偏向：一是“文化贩运主义”，其本质“正是帝国主义支配下的半殖民地经济政治所反映的文化、教育的特色，帝国主义文化侵略直接所引起特色”。二是“公式主义或关门主义”。吕振羽认为，文化关门主义错误的形成主要在两方面：一是他们没能从历史的实践过程去认识各民族文化的接触。二是在于他们忽视了此时此地中国民族的具体环境和具体的革命斗争。① 可以说，吕振羽对于本民族文化以及外来文化的辩证态度是很客观的，不管从《中国社会史诸问题》的内容、论点，还是吕振羽写作此书的立场、勇气，都是值得我们后人珍视的。正如吴泽所说，他“使我懂得作为一个无产阶级的史学工作者，该怎样坚持革命的批判的马克思主义史学的光荣传统和优良学风”。②

《简明中国通史》是第一部用马克思主义唯物史观写成的中国通史，该书分为上下两册，上册于1941年在重庆完成，下册1948年在大连时吕振羽和夫人江明协力完成。1948年5月，上下册一起出版。不久，大连光华书店再版，新华书店进行校正再版，三联书店在香港分二册初版，东北新华书店初版、新中国分局分上、中、下三册出版。建国后，第一次增订本于1951年发行，由“三联书店”出版。第二次补订于1953年，由人民出版社出版；以后又经过多次印刷。这本书是吕振羽在史学研究道路上一个重要里程碑，这是他由中国古代史、思想史研究转向通史研究的一个标志，“也是作者在抗战中奉献给时代和社会的一份非常重要的精神产品”③。《简明中国通史》是在周恩来的指示下写作的，为了与蒋介石提倡的“尊孔读经”针锋相对。关于撰写《简明中国通史》的情况，朱政惠在《吕振羽学术思想评传》中记录了吴泽先生对他的回忆：

---

① 吕振羽：《中国社会史诸问题》，生活·读书·新知三联书店1961年版，第159—160页。

② 吴泽：《我国马克思主义史学的开拓者——吕振羽》，《人民日报》1986年12月5日。

③ 朱政惠：《吕振羽学术思想评传》，北京图书馆出版社2000年版，第50—51页。

当时生活书店曾约吕老和我写一部中国通史，吕老和我商量，说他写通史，一个朝代一个朝代写，我写社会史，一个社会形态一个社会形态写。当时我一直写到半殖民地半封建社会，写到芦沟桥事变。吕老因为皖南事变离开重庆，没能写下去。但看得出，这些书在重庆上市时，很受欢迎。有的书店还挂起了大横幅。①

该书上册写作于重庆，而下册由于革命需要，吕振羽去了东北，因此耽搁了。直到1947年下册著述工作才开始，此时的吕振羽疾病缠身，且生活艰难，更主要的是手头资料严重缺乏，连二十五史以及历代年表这样常见的资料也不能找到，只能靠一些日文资料，就是在这样艰苦条件下，吕振羽与夫人江明还是完成了下册的写作工作。从这件事就能看出吕振羽不畏困难，刻苦治学的珍贵品质。

在该书序言中，吕振羽交代了受众："本书是为一般自学青年及中学与大学一二年级学生而写的……为叙述的简便，对本国史上许多会引起争论的问题，都未加论辩。"② 吕振羽颇具史才，为了让读者读起来简便，把本来设想的逻辑结构原始公社制、奴隶制、初期封建制、专制主义封建制、半殖民地半封建改成了读者习惯上的历史观念，以年代记的叙述展开。这种写法与中国从来的通史写作是不同的，在写不同的史书针对性不同的时候，其写作手法等各方面也是有所差异的，比如《史前期中国社会研究》则对中国社会史论战核心人物作出批判并且逐一驳斥，对原始社会史的很多尚未被涉及的研究都做了或多或至少的假设及研究；而在写《简明中国通史》时力求读者简便，把可能引起争议的内容都进行了甄别。吕振羽在书中指出自己写作通史的与众不同时指出："第一，把中国史作为一个发展的过程来把握；第二，力避原理原则式的叙述和抽象的论断；第三，尽可能照顾中国各民族的历史和其相互作用，极力避免大民族中心主义观点的渗入。"③

---

① 朱政惠：《吕振羽学术思想评传》，北京图书馆出版社2000年版，第51页。

② 吕振羽：《简明中国通史》上，东北书店安东分店1959年版，"序言"第1页。

③ 吕振羽：《简明中国通史》上，东北书店安东分店1959年版，《序言》第1—2页。

既能从照顾各民族历史的全面性出发、又能从中国社会发展的整体性考虑，且又把受众的历史水平作为参考，可以说，吕振羽在处理《简明中国通史》时构思缜密，游刃有余。

《中国民族简史》是中国第一部马克思主义的民族史著作，由吕振羽1947年在东北哈尔滨时完成①，由大连大众书店出版发行。1943年蒋介石推出《中国之命运》一书，在书中鼓吹国民党才是中国的未来，书中歪曲了"中华民族"的含义，实质是民族优越论、大汉族主义；与此同时，吕振羽认为，在中国民族民主革命运动中，要解决的两个国内问题，一是土地问题，一是民族问题，尤其是"中国民族问题，从来还没有系统的研究过"②，而现在抗战胜利结束了，进入到和平民主事业的斗争之中，因此"国内民族问题，立即就要全面地提到行动日程上，我们应同时展开这个问题的研究工作"。③ 另外，吕振羽还从学理上分析了中国民族史研究的现状，认为：

中国国内民族问题，客观上迫切需要解决，在我们的主观上也早已提到行动的日程，但我们对国内各民族，尤其对各少数民族历史和现实情况的了解，还相当隔膜。外国资产阶级学者对中国各民族的研究，大都从侵略主义的观点出发，国内资产阶级学者的研究，则大都从大汉族主义的立场出发，大地主大资产阶级御用的著作，尤其是陶希圣校对的《中国之命运》，便不过是封建买办法西斯大汉族主义的扯谎宣传，是其对中国各民族和人民的挑战，这对于我们基本上都没有好处，只有坏处。④

基于现实斗争以及学术研究的需要，吕振羽加紧写作《中国民族简史》，并于1947年完成。

吕振羽在书中大致勾勒出了汉族、满族、蒙古族、回族、突

① 关于《中国民族简史》首版问题，一般认为首次发行是在1948年9月由东北光华书店出版，后来朱政惠先生研究吕振羽，在搜集资料时发现了1947年由大连大众书店出版的《中国民族简史》，证明首版的时间为1947年，而非1948年。

② 吕振羽：《中国民族简史》，光华书店1948年版，第1页。

③ 吕振羽：《中国民族简史》，光华书店1948年版，第1页。

④ 吕振羽：《中国民族简史》，光华书店1948年版，"序言"第1页。

厥、藏族、羌族、罗罗、瑶族等各个民族的发展历程、风俗习惯、宗教信仰以及革命斗争过程，脉络清晰且不乏创新之处。如："今天通俗所称谓的回族，是依于其宗教上的共同信仰，把国境内的回族和所谓缠回混淆不分，实际，所谓缠回，乃是一个单独的少数民族，严格科学意义上的回族只包括所谓甘回和萨拉回等部分，也即资产阶级学者所称谓的汉回，共有人口约七百万左右。"① 英文的中国年鉴、申报年鉴等估计有七千万、五千万或三千万，而吕振羽根据书面资料以及实地考察认为只有七百多万。吕振羽对中华民族人种来源问题的研究也是具有启发意义的，在研究中，吕振羽指出中国民族的第一个来源是蒙古人种、第二个来源是马来人，还有诸如一些次要的人种高加索等，人种没有纯种之说。通过研究批判了希特勒幻想的纯种的雅利安血统和日本纯洁的大和民族是不可能的，认为"是与人类起源及民族形成的历史逻辑，根本不相符的"②。书中类似于此的观点还有不少，充分说明该书的学术价值。蔡美彪对于吕振羽的民族史研究有过一段精确科学的评价：

> 无论是研究政治史、经济史、文化思想史、科学技术史、民族史或其他领域的历史，都需要相关的学科例如哲学、政治学、经济学、社会学、民族学、考古学、文学艺术以至自然科学的基本知识，并把相关学科的研究方法与历史学方法相结合。倘使一个史学作者把自己的知识局限在狭隘的范围，而不去研究任何一门相关学科，那么他的研究工作便难免陷于空泛的评论而难于取得有科学价值的成果。从这个意义上说，吕老提出的研究方法问题，不仅对于民族史研究而且对于历史学各个领域的研究都具有普遍的意义。③

以上即是对吕振羽《史前期中国社会研究》等几部专著的简

① 吕振羽:《中国民族简史》，光华书店 1948 年版，第 82 页。

② 吕振羽:《中国民族简史》，光华书店 1948 年版，第 11 页。

③ 吉林大学社会科学研究处编:《吕振羽和中国历史学》，吉林大学出版社 1996 年版，第 124—125 页。

单介绍。吕振羽的史学研究具有很强的时代责任感和历史使命感，他能根据时代、斗争的需要穿梭于社会史、民族史、经济史、思想史等各个领域，且能在他所从事的不同领域的研究中取得令人瞩目的成绩，其杰出的史才在这些辉煌的著述中得以彰显。

（二）“挟史笔于雷鸣电闪”之间

史家史才另一个方面的表现即是语言灵活、运笔自如。若单从著作数量来说，拥有十几本专著、上百篇论文的吕振羽不算最为突出，中国古代史家乃至于近现代史家有丰硕研究成果的不在少数。吕振羽之所以能够受到广泛推崇，关键还是他研究著述的价值。体现学术价值的除了重要理论和史学观点外，语言文笔的娴熟运用也是不容忽视的。吕振羽在著述撰文中也特别重视语言的表达，批判时，严厉而诙谐；论述时，平实而严谨；倡中国优秀文化，激情而豪迈；言各民族命运，沉痛而凝重。

吕振羽的不少著作都是为批判而作，如《史前期中国社会研究》批判了中国社会史论战中各家对“亚细亚生产方式”的解释、《中国社会史诸问题》批判了秋泽修二的“东方社会长期停止论”等。在批判中，吕振羽的语言尖锐而幽默。在对胡适的实验主义进行抨击时，吕振羽说：“他从美国布尔乔亚学者哪里抄来一些术语，从所谓的实验主义出发，粉饰中国哲学，然后就继续不下去了。”而对于李季，吕振羽如是说：“不论他是否居心想创造历史发展法则的新理论，但是因为其一定立场限定他对历史唯物论的隔阂，使他对中国社会史研究所作的结论，不能不陷于机械论的公式主义的谬误。”① 针对胡适，吕振羽用了“粉饰”来形容他对中国哲学史的研究，并且认为胡适只写了上册是因为“继续不下去了”；用“他或者并不是有心”来评价李季的研究，更是充满了嘲讽意味。而对于陶希圣观点的动摇、理论的混乱问题，吕振羽的批评用语更加生动，他说：“他似乎在企图重新创造一历史发展法则的各别性——多元性的理论，结果不惟对中国历史的实际性不

---

① 吕振羽：《史前期中国社会研究》，生活·读书·新知三联书店 1961 年版，第 4 页。

曾把握着……在儒家所画定的圈子中淌来淌去。"[①] 因为陶希圣一直是吕振羽理论斗争的核心，所以对于陶希圣的抨击很严厉，"连中国历史的真实都没有把握"，毫不留情，而一个"在儒家圈子里淌来淌去"就把陶希圣的左右摇摆活灵活现地表现出来了。

对所谓假唯物主义、唯物论者讽刺时，吕振羽用词尖利却不乏幽默，令人莞尔。他写道："究起他们的本源来，本是和唯心论者有其血缘关系的，因而他们不惜把历史唯物论七折八扣之后，便又跑回到唯心论的怀抱里去，呼爹唤妈，同时却拼命扯着唯物论的招牌，不肯放手。"[②] 吕振羽因为读了秋泽修二的书拍案而起而作数篇文章进行批判，其愤怒其激烈程度可想而知，所以在《中国社会史诸问题》中对秋泽修二毫不客气，他把秋泽修二比作小丑，并且对其荒谬的理论逐一驳斥后，说"秋泽修二的小丑形象在真理之前是无所逃形的"。[③] 而在论述商业资本主义的时候，吕振羽又凸显了他讽刺式的诙谐，他说：

不幸的很，一拿出原文和上面那段零碎割裂的引文对照一下，锦簇花团的美人背后便露出一条狐狸尾巴来。"恭喜我们的'学者'，由于这种神出鬼没的手段，而获得了"负有国际声誉的学者"的荣衔；可怜我们这群"小的"，真是受骗的"不亦乐乎"。[④]

诸如"锦簇花团的美人背后便露出一条狐狸尾巴来""神出鬼没的手段"等这些让人捧腹的词句，颇见吕振羽的批判之功和对语言使用的灵活性。

提到近代以来在中国风行的经过翻译的各种西方科学书籍，吕振羽认为它们多是贩运式的介绍，没有在中国生根的基础，与中

① 吕振羽：《史前期中国社会研究》，生活·读书·新知三联书店 1961 年版，第 4 页。

② 吕振羽：《史前期中国社会研究》，生活·读书·新知三联书店 1961 年版，第 6 页。

③ 吕振羽：《中国社会史诸问题》，生活·读书·新知三联书店 1961 年版，第 100 页。

④ 吕振羽：《史前期中国社会研究》，生活·读书·新知三联书店 1961 年版，第 17 页。

国的现实没有关联。对这些从西方国家照搬过来的书籍、学说进行批判，吕振羽很严谨，“自洋务运动到五四运动以前的时期，已翻译了多种‘西洋科学’的书籍；但多系（我只说多系）贩运式的介绍，没有通过其时中国民族的具体环境加以批判、改造和消化”，“他们所编写的许多专著和课本，也多是（我只说多是）与中国无关，好像是美国人、英国人在美国、英国的讲话”①。在用“多系”“多是”时吕振羽还专门强调“我只说多系”及“我只说多是”，这样就避免了“找麻烦者”不必要的钻空子。当然，在“多系”“多是”等有收敛的客气之外，吕振羽还是进行了讽刺，讽刺中充满调侃和戏谑。他在书中又说：“可惜本文注重在立的工作，不注重在破的工作，不然就这些‘别开生面’的议论一一加以分析，简直可以写成一部《历史方法论批判》的书来。”②

读吕振羽的著作，我们可以明显感到其卓越的雄辩能力，除了运用嘲讽、调侃的语言之外，吕振羽还重视文字的气势和压迫力，一个显著的例子即是他对马札亚尔的“亚细亚生产方式”研究的痛批。他认为马札亚尔提出的“亚细亚生产方式”诸特征，在理论上是一种错误，而在政治上含有极大的危险，因为如果是这样“当然没有地主阶级，没有农奴或者农民阶级的存在，也就没有社会革命的存在了”。对马札亚尔观点进行批判时，吕振羽用了一系列类似于排比的语句，气势逼人：

他无异把土地占有，在“土地国有”的名义之下隐蔽起来；把地主的阶级构成在“官僚”的名义之下隐蔽起来；把土地对于农民的束缚，在国家“永佃制”的名义下面隐蔽起来；把地主对农民的剥削关系，在国家“赋税的形式”下面隐蔽起来；把地主的阶级支配的政权，在所谓“社会事业”和“水利调节”的基础

① 吕振羽：《中国社会史诸问题》，生活·读书·新知三联书店 1961 年版，第 155 页。

② 吕振羽：《史前期中国社会研究》，生活·读书·新知三联书店 1961 年版，第 7 页。

上，建立一座空中的楼阁来。①

在研究原始社会史时，吕振羽认为《山海经》说明的大部分是野蛮时代的社会，《穆天子传》则大部分是开化初期及中期的社会，对这些资料有选择地使用是有必要的，而这遭到不少研究者的反对，对此，吕振羽进行了一连串质问，令人应接不暇：

《山海经》对古代社会有所说明，是十分明白的，“那班博学鸿儒”“大法师”“大真人”们不了解这些情形，原无足怪。独是一般美国系的学者和一般冒牌的辨证论者们，也同样表现无知，而认为是“无稽”和“怪诞”。当然也不算是奇闻。难道他们身沐美国老板的“春风化雨”，连那位有名的美人莫尔根先生都不曾认识吗？难道既在七折八扣的玩弄历史唯物论，连和那历史唯物论有密切关系，马克思和恩格斯曾加以赞许和肯定的莫尔根的《古代社会》都不曾见过吗？尤其是，恩格斯的《家庭、私有制和国家的起源》那样一部划时代的经典著作，都不曾过目吗？还是故弄玄虚呢？

这些文字现在读来依旧觉得一气呵成、气势恢宏，可谓脍炙人口。

如前文所说，表现吕振羽史才的是其文笔的灵活，该诙谐时则诙谐，需要凝重的时候则凝重。在《中国民族简史》一书中，吕振羽论述中国多个民族的大致发展过程、风俗、宗教等内容，当然吕振羽并不是单纯普及关于民族史的知识，写作此书还是出于现实政治、革命的需要，所以书中用一定篇幅介绍各个少数民族的血泪史和苦难历程，以此说明民族革命的必要性和艰难。在书的结语中，吕振羽对各民族的历史以及斗争的艰辛进行了总括，写得很沉重：

上述各少数民族，由于长期历史过程中，不断遭受先进民族统治阶级的侵略、支配，大民族主义以至帝国主义的摧残，不断夺

① 吕振羽：《史前期中国社会研究》，生活·读书·新知三联书店1961年版，第10页。

去适合其生存和发展的自然条件，并遭受人口的直接杀戮掠夺和间接减员……以致其生产、文化等方面所表现的社会情况，限于各种不同程度的落后状态中，历史发展的过程被滞迟、歪曲以至相对逆转，且妨害其种族的繁殖。特别是近百年来，帝国主义对中国的侵略，直接间接所加于他们的残害，在满清政府与大地主大买办阶级所起清道作用的基础上，有计划地进行歼灭与猎杀，更使其种族濒于绝灭的危险。这表现了人类历史黑暗阴森的一面。①

"歼灭""猎杀"等词无疑是对历史赋予各个民族苦难的激烈控诉，"濒于绝灭的危险"使读者感到深深的担忧，而"人类历史黑暗阴森的一面"更是给人一种沉重和压抑的感觉。

最后还需要指出，吕振羽著述写史的归宿是爱国主义和民族自尊自信，所以虽然文中多有尖锐的批判、戏谑的调侃、沉痛的控诉，虽然在书中会提出一个个问题、摆明一个个苦难，但结语处总是充满了希望和憧憬，而在表现这些令人向往的美好希望时，吕振羽的笔端洋溢着豪迈的激情。如在《中国民族简史》末，他号召各个被压迫和遭受苦难的民族起来反抗斗争时，语言颇具鼓舞性："现整个世界已临于光明，人类的前史快完结，一切落后的少数民族也都临到光明；苏联境内的各少数民族，已经都生活在光明世界里，享受愉快、幸福的生活。在中国，解放区内的各少数民族，也都走上了光明的道路；只是生活在解放区以外的那些兄弟民族，还在遭受法西斯大汉族主义阴森黑暗的支配，但他们今后的斗争，就不会没有前途了，光明在迎候他们！"②

通过上述论述可以知道，吕振羽著作的魅力不仅仅在于其观点的创新、学理的价值，还在于其俯拾皆是的进行尖锐而幽默批判的词句、平实而严谨论述的章节、激烈而沉重控诉的段落，这些发人警醒、引人思考、耐人寻味的语言，是吕振羽史才素养的生动体现，这值得每一个后世的史学工作者借鉴与学习。

---

① 吕振羽：《中国民族简史》，光华书店1948年版，第159页。
② 吕振羽：《中国民族简史》，光华书店1948年版，第160页。

三、吕振羽的史识

（一）“对古书的材料进行一次开挖”

史家史识的其中一个表现是对史料的选用与甄别上。史料是史学研究的基础，中国史料学派的代表人物傅斯年曾说“一分史料，一分史学；十分史料，十分史学”，并主张为搜集史料，要有“上穷碧落下黄泉，动手动脚找东西”的精神。当然中国几千年历史，史书材料可谓汗牛充栋，找到资料后能够知道如何科学甄别，并能恰当选用，这才是一个优秀史学研究者所应当具备的史识。我国杰出的马克思主义史学家吕振羽对于史料的运用和鉴定能力很值得我们后世史学研究者重视。

早在吕振羽尚未正式进入史学研究领域时，李达就告诫过他史学研究必须尊重史实，恪守历史的真实性和科学性，而当吕振羽着手进行中国史前社会史研究时，李达再次给他提供了研究上的指导：

研究中国历史要注意两个向题：一是方法论，要生动地应用马克思主义的理论，切不可误人实用主义或机械论的歧途；二是史料，要尽可能充分地搜集史料，鉴别真伪，切不可歪曲历史的真相。①

吕振羽一生谨记李达老师对他的教诲，对资料的真伪鉴别上颇下功大，养成了他对于史学研究所需要的史料很强的敏锐性和甄别能力，这是他成为具有卓越史识的优秀史学家的基础。

吕振羽对中国浩如烟海的史料进行过分类，并介绍了史料的寻找办法：“首先是书籍、档案资料；其次还有地下出土的大量文物，还有民俗资料包括民族建筑，还有人们世世代代口传下来的东西。”而对于没有文字的少数民族，他们的历史根本没有记载，像东北的赫哲族，解放前只剩下 300 多人，吕振羽认为“对这些

① 江明：《展读遗篇泪满襟——记李达和吕振羽的交往》，《文献》1980 年第 4 期。

少数民族的历史只能去做调查研究”。面对这么多的材料，应该怎样去处理呢？吕振羽认为：“首先是沙里淘金，可以按照各个朝代来找，找一个朝代有关生产力和生产关系的材料，有关阶级构成和阶级关系的材料等，同时要注意收集包括各种思想、各种主张、各种观点的材料，同时要注意材料的时间性，注意时代，这样就可以看出它的发展和变化。”①

对于收集到的资料，不能立马就使用，因为资料真假未定。吕振羽做民族史研究时曾深有体会：“我们在工作和实地接触几个少数民族的情况后，不只发现了一些书本材料大多不可靠，且改变了我自己过去一些不切实际的认识”，“我更深的感觉到，从事研究工作的进步史家和民俗学者，应从单凭书本等死材料出发的方向，转入实地调查和从具体斗争出发的方向”。鉴于此，吕振羽认为对这些史料“首先要去伪存真，因为我们调查到的资料不完全是真实的，所以我们要用各种方法分辨真伪；然后再由粗到细，粗的就不要了，因为很乱的材料堆积起来的历史是没有办法读的”；最后就是由表及里，就是要抓住内在的东西加以分类，对所鉴别真伪后留下来的资料进行整理，吕振羽建议“或作卡片，或作笔记。我过去是用本子记，现在科学的方法是作卡片，分类整理”②。

那么又如何合理运用史料进行史学研究呢？吕振羽认为要有正料与副料两种相结合。在写作《史前期中国社会研究》时，吕振羽所根据的材料“第一为各种古籍中的神话传说式的记载，第二为仰韶各期的出土物。可说是以后者为正料，以前者为副料的”。③原始社会史研究中，吕振羽引证的文献达到110种以上，同时还把仰韶文化期出土的文物作为重要参考。在研究民族经济史时，吕振羽引用了历代文献中的有关资料，如《山海经》《陈书》《五代史》《新唐书》《太祖实录》《元朝秘史》《盛京通志》等史籍；还

① 吕振羽：《中国历史讲稿》，人民出版社1984年版，第33—34页。
② 吕振羽：《中国历史讲稿》，人民出版社1984年版，第34页。
③ 吕振羽：《史前期中国社会研究》，生活·读书·新知三联书店1961年版，第6页。

有许多笔记小说资料，如《世说新语》《日知录》《辍耕录》《程史》《萍州可谈》《蜀檄记闻》以及近代学者研究的地方民族史著作：《东北文化史大系》《云南民族的地理分布》《满洲源流考》《几个云南土族的现代地区分布及其他之估计》《清代通史》等，甚至还有英国、日本、法国等研究汉学的成果。但是上述的文献资料尚不足够，在吕振羽看来这些只能作为副料使用，除此之外还要运用调查研究方法取得口述资料和实地考察资料，注意将民俗资料调查研究与书本材料相结合。吕振羽在史学研究中极其重视两种史料的结合，除原始社会史、经济史外，诸如在民族史研究中，探讨汉民族的来源时，就是从地下发现，文献记载、民俗资料来加以分析和解答。

史料分类和整理尚属不易，而对丰富复杂的史料进行真伪鉴别更是困难。但这道困难的手续必须完成，因为它直接影响到史学研究的科学性和实在价值。吕振羽就尤其重视对史料的选用和鉴别上，他在《史前期中国社会研究》开篇就指出进行原始社会研究的困难，“问题在于历史材料的不充分，和既有材料的难于正确引用，古代遗存下来的典籍，无论其是否真确可靠，也是极其有限的，而地下发现的古代遗物，就更属极少有限的部分”，而这些极少数部分的正确性还是值得质疑的。吕振羽举殷墟一例加以说明史料甄别的重要性：

殷墟只是从盘庚迁都以后的首都，那么迁都之前的殷代文物是不是全部或者部分运到了新都；由于不规则开挖，长期的水冲击流失，加上几千年的侵蚀，遭到破坏；保存到今的部分还不曾全部开挖出来。所以能够看到的只是殷代材料的一部分，而且开挖出来的主要是王室的，民众的生产生活有没有呢？①

针对这种情况，如果对于出土的文物不进行甄别，直接使用，则不能反映历史全貌不说，还很可能出错，因为被侵蚀的材料是否为重要的材料呢？如果是重要材料则必然会影响到历史的真实

---

① 吕振羽：《史前期中国社会研究》，生活·读书·新知三联书店1961年版，第1页。

性，且典籍记载不可靠的地方太多，不少被后人因为各种目的篡改了，对于典籍的不可靠，吕振羽曾举例说明：

如说战国时燕的东北境在冀东，赵的西北境到了山西大同。实际不然，我们在原热河（今一部分归河北，一部分归内蒙）的兴隆发掘出战国的东西，特别是发现了铁范。这次我到内蒙去，曾看到了很多地方发掘的战国时燕的东西，足见燕的东北境已到热河。还看到了在旧包头城东十五里的大青山下发现的赵国的长城，据说在那里发现了许多赵国的古物，如箭头之类。这些发现，证明过去的历史记载有些是不确实的、是保守的。又如历史上没有记载金在东北地区有农业。但是从地下发掘的文物看，金在这里是有过农业的。①

所以吕振羽强烈呼吁："我们在中国史的研究上，对古书中的材料，也必须要经过一次开挖的手续，才能正确引用。"②

吕振羽对于史料运用卓有见识，尤其是他对伪书中真成分和真书中伪成分的论述很精彩。在《史前期中国社会研究》中他详细分析了为什么伪书中会有真成分：

古代伪书中，一部分出自战国诸家的假托，一部分出自后代诸家的假托，在战国时代，大家竞相从历史中寻找根据，证明自己的学说，不惜托古，因而演成伪造史实的风气。其实伪造历史是剥削阶级的传统。但无论伪书作者的动机如何，也无论其出自战国时代还是汉人之手，都用自己时代的意识去扮演出来。如果是凭空臆造，在当时也不可能有说服力和站得住脚的。如司马迁的《识记》和班固的《汉书》对于殷代的记载，多与现代考古发现暗合，因而他们在当时必有可靠史料的依据，为我们今日所不及见者。③

---

① 吕振羽：《中国历史讲稿》，人民出版社 1984 年版，第 277 页。

② 吕振羽：《史前期中国社会研究》，生活·读书·新知三联书店 1961 年版，第 5 页。

③ 吕振羽：《史前期中国社会研究》，生活·读书·新知三联书店 1961 年版，第 5 页。

因为吕振羽《史前期中国社会研究》史料丰富详实，论述严谨，所以一般难以找出问题，因此攻击者就向吕振羽引用汉代伪书发难。引用汉代伪书而引发质疑一事，吕振羽曾对荣孟源提起过，荣孟源在《悼念吕振羽先生》文中这样记录吕振羽对质疑的解释：

伪书中有真的成份，在书中已经说过了。我研究的是神话传说，出于战国书中的神话传说，和出于西汉书中的神话传说，都是根据当时社会流传的神话传说再加以粉饰。正史中的神话传说是如此，伪书中的神话传说也是如此。正史中的伪成份要分别出来，伪书中的真成份也要分别出来。对于我国古史中的材料，都要经过详细分析才能引用。伪书记载了当时社会流传的神话传说，为什么不能用呢？①

对于神话传说资料的引用问题，吕振羽又明确指出其可行性，并主张大胆使用“抽出来的真实可靠的部分”：

那些散见于各种记载中的神话传说的来源，我们虽不敢完全确定，但它们能反映历史上一定时代的实际，是我们敢于确定的。剥削阶级的人们虽或不免有造谣的特长，但以绝少社会科学知识的古人，“无中生有”的制造，如若全无根据，断不能造得那样合于历史的真际事实。所以我们从他们谰言连篇的废话中，抽出真实可靠的部分来，我认为这是历史研究上的一个必要而严肃的工作。②

正是因为在史料运用上具有非凡的见识，以及过人的胆略，所以吕振羽才能在史前时期中国社会研究、中国经济史、思想史、民族史等领域取得重大成绩。他在《吕振羽史论选集》中表明了自己在史料运用上进行“探险”的勇气：“现下研究中国经济史的，大抵都只肯从殷代开始；对殷代以前的那个悠久的传说时代，

① 荣孟源：《悼念吕振羽先生》，《史学集刊》1983 第 4 期，第 3 页。

② 吕振羽：《史前期中国社会研究》，生活·读书·新知三联书店 1961 年版，第 50 页。

都很小心地不去过问。可是问题长此的悬下去，似乎太不妥当，若是严格的说，我们对殷代的可靠史料，也还是很不够的。所以我们对那一悠久的传说时代，应该来作一次探险的工作。”① 这次“探险”工作，吕振羽开创性地运用了神话传说资料、地下考古资料，并把二者相互发明和印证，勇气可贵，成就瞩目。

对吕振羽选用和甄别史料的才能以及胆识，翦伯赞先生作出这样的评价：他说：“吕振羽的这一大胆的尝试，不管其正确性达到何种程度，但把中国历史研究的领域突破了‘阶级社会’的界限，从殷代再提前到无阶级的原始时代，因而把‘历史怀疑主义者’在中国历史上所设定的封锁线也彻底毁灭了。在这一点上，吕振羽对于在中国无阶级社会史的研究上，是尽了一个开辟的任务。”② 翦伯赞的评价，不仅道出了吕振羽史学研究的成就与贡献，还表彰了其在资料使用方面的高超史识，这正是值得我们引以为榜样而加以引鉴学习的！

（二）“争鸣百家富新章”

史家从事史学研究的目的和归宿应当是在纷繁复杂的历史中寻找社会发展的规律，以史为鉴，资当世之事。史学、史才固然重要，如刘知几所说“夫有学而无才，亦犹有良田百顷，黄金满籝，而使愚者营生，终不能致于货殖者矣。如有才而无学，亦犹思兼匠石，巧若公输，而家无楩楠斧斤，终不果成其宫室者矣”③，然有史学、史才，撰述作文只能算是对史料的整理和堆砌，算不上是真正意义上的史学研究，只有在研究中提出观点、理论，并进行有创见性的论述，方是真史家。

吕振羽对历史研究的重要性和意义有过论述，他认为历史就是应该用来现实服务，现实的政治、革命也应该借鉴历史，从历史中汲取智慧。在《中国历史研究提纲》中，吕振羽阐述了史学研究的目的和方向：

---

① 吴泽：《吕振羽史论选集》，上海人民出版社 1981 年版，第 27 页。
② 翦伯赞：《历史哲学教程》，河北教育出版社 2000 年版，第 211 页。
③ 《旧唐书 · 刘子玄传》。

历史研究的任务，在究明历史自身的运动和发展过程的规律性，把握其现实的动向，以及构成历史动力的诸契机与其主导从属的关系，去指导人类社会生活之现实奋斗的方向，提高历史创造的作用——加强指导原则和实践能力，同时适应现实的要求，科学地批判地继续过去人类文化的优良成果——民族文化的优良传统的承袭。①

而在《怎样学习历史》文中，吕振羽对于历史学习和研究的目的做了六个方面的总结：

学习历史，是为了提高我们的马克思列宁主义理论水平，更好地认识、掌握和执行党的路线、方针和政策，来为我们的社会主义革命和建设服务，为共产主义事业服务；

学习历史，是为了认识人类历史发展的客观规律，认识历史发展的前途，鼓舞斗争的信心，更好地发挥群众的主观能动作用；

学习历史，是为了吸取历史上的经验教训，不只为着吸取有用的东西，而又为着避免或少犯错误，以便更好地推动我们的革命和建设事业前进；

学习历史，是为了批判地继承历史的遗产，来为共产主义事业服务；

学习历史，是为了学会应用马克思主义的理论和方法，通过具体的、全面的、准确的史料去系统地理解和研究社会的经济结构、阶级关系（包括民族关系）的发展过程，以及重大事件、事变和历史人物等等，并揭发其本质，作出科学的结论，从而使我们学会应用马克思主义的理论和方法，去观察、研究周围的环境，当前的重大事件、事变，或关于当前的经济、政治、军事和文化等等，作出科学的结论；

学习历史，还能够培养和发扬我们的爱国主义和国际主义的精神。②

---

① 吕振羽：《本国历史研究提纲》，吕振羽、翦伯赞等编《中国历史论集》，东方出版社 1945 年版，第 152 页。

② 吴泽：《吕振羽史论选集》，上海人民出版社 1981 年版，第 603—606 页。

可以看出，不论在《本国史研究提纲》还是在《怎样学习历史》中，吕振羽都强调了历史学习与研究是为了“认识人类社会历史发展的客观规律”，都把落脚点放在了对于现实的指导上，这表明吕振羽史学研究从一开始就把握了正确的方向与原则。正如我们所熟知的，吕振羽对于史学每一个领域的研究都是基于现实的召唤，而他的每一项研究成果也都是为了且能够为现实政治、革命提供指导和借鉴。脱离社会的史学研究是没有生命力的，吕振羽的研究紧扣现实，因此具有历久弥新的活力。吕振羽的研究之所以备受推崇，除了因为其具有浓厚的现实意义之外，更重要的还是这些成果中包含着许多具有开创性的理论和观点。

蒋大椿在《八十年来中国马克思主义史学》一文中对吕振羽史学研究的开创性成果作了一个大致总结，他认为吕振羽是中国马克思主义史学的第二位开山大师，为中国马克思主义史学的发展作出了杰出贡献：

> 其贡献在于第一，开拓了马克思主义的中国原始社会史研究，给无人过问的史前时期整理出一个粗略系统。在史料学上，吕振羽则成为运用马克思主义观点研究中国古代神话传说以探求历史的第一人。第二，首创殷代奴隶社会说。第三，最早提出西周封建论。第四，最早提出中国封建社会内部分期理论根据，并对中国封建社会内部分期作出了最初的划分。他也是中国封建社会内部资本主义萌芽问题的最早提出者。第五，他的《中国政治思想史》是用马克思主义理论和方法系统地研究中国思想发展史的开山之作。①

在吕振羽诸多的开创性贡献中，尤以对“亚细亚生产方式”的探讨、西周封建论的提出、中国古史分期问题、中国民族史研究、中国封建社会晚期资本主义萌芽问题最受关注，这些研究开拓了中国马克思主义史学研究的道路和方向，长期影响着建国后中国史学的发展。现就“亚细亚生产方式”、中国古史分期问题做

---

① 蒋大椿：《八十年来的中国马克思主义史学（一）》，《历史教学》2000 第 6 期，第 7 页。

简要介绍。

“亚细亚生产方式”是马克思东方社会理论体系的核心内容，对“亚细亚生产方式”的探讨是20世纪30年代中国社会性质论战的重要部分，此前在苏联、日本已经展开对“亚细亚生产方式”的争论，吕振羽对此做过深入研究。他把中、苏、日对亚细亚生产方式争论形成的诸见解分成五种观点：

（一）认为马克思所指出的“亚细亚的”社会，系意味着东方社会的一种特殊的发展形式；（二）认为系不同于奴隶制而又与之平行地结合的一种阶级社会的生产方式；（三）认为系意味着东方封建社会的特殊性，或在历史发展的一般规律的基础上，东方社会发展过程中的一种特殊色彩；（四）认为系意味着先于奴隶制即氏族制的生产方式，或由原始公社制到奴隶制的过渡期的生产方式；（五）在清算马扎亚尔的“水”的理论的过程中，具有支配意义的戈德斯等人的见解，却根本否决了所谓“亚细亚的”问题。①

对上述的五种争论，吕振羽做了归纳，他认为（一）、（二）两种说法，明显是误入了历史多元论的歧途，这是不可取的；（三）、（四）两说，不但不能符合马克思的原意，而且也不能符合历史发展的具体内容；哥德斯等人的见解，不仅没有解决问题，反而是取消问题。吕振羽1934年时曾受普列汉诺夫、哥德斯等人影响，认为马克思在后来著作中不提“亚细亚生产方式”是因为受了摩尔根的《古代社会》影响，而马克思用这样一个词是为了说明东方社会的特殊性，它表现的社会形态更多的是封建制度的变种。这个时期的吕振羽也相信奴隶制度只存在于古希腊、罗马。而当我们读《中国社会史诸问题》时，明显看出吕振羽已经修正了自己的观点，对哥德斯等理论进行了反省和批判。他此时认为：关于“亚细亚生产方式”的问题，在前苏联、日本及中国，以科瓦列夫为首提出的结论，驳倒了戈德斯等人“封建制度”的结论。吕振羽相信，科瓦列夫等人观点使得对这一问题至少已达到接近

---

① 吕振羽：《中国社会史诸问题》，生活·读书·新知三联书店1961年版，第2页。

正确解决的程度。依据科瓦列夫和自己的研究，吕振羽认同科瓦列夫的意见，即“亚细亚生产方式”系意味着古代希腊、罗马以外之世界史其他部分的奴隶制的变种。吕振羽给出完整的解释：

“亚细亚的”社会的内容，一面具有奴隶主和奴隶之社会的阶级构成和它们间特定的生产关系，这在本质上与古希腊罗马是相同的，但一面又具备着土地国有、中央集权、公社形态、国家治水事业等特殊形态，这是古希腊罗马所不具备或不在其全部过程中都具备的诸特征……其他则是建基于地理等条件的差异性和其发展的不完全性等等而形成起来的。所以在所谓古代东方各国间，又都有其各自的特殊性。这种种特征之矛盾的统一，便构成古代东方奴隶制度一系列的共有的特殊性及其各自独有的特殊性。由于古代东方各国有其独特的诸特征，马克思、恩格斯为给予一个有别于古希腊罗马的明白概念，故又称之为“亚细亚生产方式”。①

由赞同封建制度转向奴隶制度变种说，体现了吕振羽良好的理论修养和严谨的治学态度，这种转变不是随波逐流，而是基于他细致认真的研究。需要指出的是吕振羽认同“亚细亚生产方式”是奴隶制度变种，有一个重要前提，即他创造性提出的殷代奴隶制度说及西周封建论。这就牵涉到吕振羽令另一个创见——中国古史分期问题。

吕振羽在中国社会性质论战中脱颖而出，在他的参加论战的第一篇文章中就从中国社会经济形态的发展上对中国古史作出了分期，认为殷代以前是原始氏族社会、殷为奴隶社会、西周为“领主制”的初期封建社会、由秦代至鸦片战争前为“地主制”的封建社会、鸦片战争以后为半殖民地半封建社会。在这里吕振羽具有创见性地把封建制度分为“领主制”与“地主制”，他认为至战国时，中国封建社会出现一种变化：“一方面，新兴地主经济之暂时确立，和商业资本的抬头，一方面原来的封建贵族之大批的没落。因而直到周秦之际，这种内部的变化的因素已经存在，旧封

① 江明、桂遵义选编：《吕振羽史论选集》，上海人民出版社 1981 年版，第 308 页。

建领主所支配的农奴经济，不能不让渡到新兴地主的农奴经济"①，并且认为经过这种变化，秦以后一直到鸦片战争之前的封建制度都是地主制封建制度。

在《殷周时代的中国社会》一书中从经济结构、意识形态、国家政治形态等方面，论证了殷商奴隶制社会的性质，从西周社会的经济、生产关系、政治、阶级关系等方面对西周封建制论进一步作了具体的论证。在《中国社会史诸问题》中，吕振羽再次提及中国社会史论战，并总结当时得出的结论为三种：其一中国已经是资本主义社会，其二中国还是封建社会，其三中国是半殖民地半封建社会。对此吕振羽批判道："实则前两说都没有从支配国民经济领域的生产力与生产关系的对立统一的生产方式、即社会基础上立论，而是纯然无耻地在反对民族民主革命的说教……中国民族解放运动的实践过程证明，只有中国社会的半殖民地半封建性质的结论是正确的"②，进一步巩固了其社会分期的观点。

抗战时期，吕振羽发表《中国社会史上奴隶制度问题》，对郭沫若的殷代原始社会、西周奴隶社会制度提出批评，再次阐述了自己的殷代奴隶制即西周封建论：

马克思说过，封建的土地赠予，并不是单纯概念下的土地，而是连同土地上的人民。武王分赠给鲁公、康叔和唐叔的"六族七族的殷民、九宗的怀姓"是连同其居地、以之建立藩屏的。但这种人口究作为农奴还是奴隶而赐予呢？要看直接生产者在生产中的地位。西周的"庶人""夫""农夫""白丁"或"小人"等是直接生产者，他们是"分田而耕"的"食力"的农。在周代，也看不见土地占有者任意杀死"庶人"的事情。至于"庶人"之随同"臣"、"僕"等被赠赐而转移其从属的主人，是并不足怪。僕、皂、舆、隶、僚、台、牧等，其身份系同奴隶，他们主要系使用在公私杂役及贵族家内服役等方面的"贱奴"，大都不是直接生产

① 江明、桂遵义选编：《吕振羽史论选集》，上海人民出版社 1981 年版，第 34 页。

② 吕振羽：《中国社会史诸问题》，生活·读书·新知三联书店 1961 年版，第 3 页。

者，至少已不是生产劳动的主要担当者。因此，我们把西周论证为封建制度时代。[①]

吕振羽在1934年提出其古史分期法，其后不断补充完善，在对《殷周时代的中国社会》《简明中国通史》等书的修订中都不同程度进行扩充和调整，这种分期方法影响颇为深远，郭沫若在进行多次研究后，认同吕振羽观点，并对自己之前的论点作了修改。另外翦伯赞、侯外庐等马克思主义史学家都对此表示认可。吕振羽在史学研究中提出的诸多创新理论和观点，如前文所提到的古史分期、“亚细亚生产方式”的探索、资本主义萌芽等，都在为其卓越的史识素养添砖加瓦，这些创新理论、观点共同铸就了吕振羽的史学成就。

四、吕振羽的史德

(一)“二十世纪的董狐”

刘知几在《史通》中提出史才、史学、史识的“史学三长”，而章学诚认为刘知几提出才学识还不能“尽其理”，所以在《文史通义》中章学诚提出“史德”说。刘知几把史识作为史家进行史学研究时的最高标准，而章学诚却认为才学识是史学家、文学家皆可以具备的，任何人都可以提出“史识”，没有约束提出的都是荒谬的言论，这就导致混乱。为了防止混乱，章学诚把“史德”作为最高准则，用“史德”来约束史识，把史识规范在“史德”之下。在某种意义上，史识类似现在人所说的观点、理论，史德则类似于立场态度，用今天话说就是，有了正确的理论，未必能得出科学的结论，关键还要有正确的立场。[②] 用章学诚的话来说，史德，即是著书者的心术，它是一种职业道德，要求著史者能够“不虚美，不隐恶”。本文取“史德”有两意，一是能够不畏强权，

---

① 吕振羽：《中国社会史诸问题》，生活·读书·新知三联书店1961年版，第79—82页。

② 雷戈：《“史德”新论》，《史学月刊》2006第8期。

秉笔直书，对历史的真实负责；一是有崇高人格，虚怀若谷，能接受别人的批评，且能对自己的研究持开放态度。这一节中谈第一方面内容，第二节谈第二方面内容。

追求历史的真理是吕振羽史学研究长期坚持的原则，在写作《简明中国通史》时斗争矛头指向的是蒋介石提出的“尊孔读经”，一般来说，为了理论斗争的需要，与“尊孔读经”针锋相对必然把孔子批判得体无完肤、一无是处；但是吕振羽并没有这样，他认为孔子的思想有些是积极的，需要批判地继承：

孔子时代，纲纪败坏，朋友之间大吃小，夫妻之间也出现了很多不好办的事情，兄弟之间为了争权夺利，弟弟杀死哥哥，还有儿子杀死爸爸的。所以孔子提出三纲五常进行约束。同时，孔子还提出“爱人”，当时还有奴隶制存在，他说要把人当人看待。在政治上，孔子提出要讲“礼”，要对农民“用刑”。《尚书》上讲吕刑，就是把暴力镇压当成统治农民的唯一手段，孔子讲不行，不仅要用刑，还要用“德”，即先用道德去教育，就是软化、欺骗，“德”行不通再用刑法。所以，我们说，孔子思想虽有消极的一面，但是又有进步的一面，要历史主义地去看。①

孔子思想长期支配了中国封建时代的思想，而且对东亚乃至于全世界都产生了深远影响，所以吕振羽认为对孔子要能两点论看待。即使在“文革”那个政治高压时期，吕振羽也没有屈服，改变自己的立场。当“批林批孔”运动开始的时候，吕振羽本可以借以“邀功”，但是他依旧坚定地坚持对孔子的两点论。

吕振羽的史德还表现在他对秦始皇的评价。20 世纪 50 年代末，毛泽东对秦始皇作出肯定评价，很多史学界人士掀起了一股赞扬秦始皇热潮；但是吕振羽没有盲目随波逐流，他指责秦始皇的好大喜功、严刑峻法、焚书坑儒等暴君行为，指出秦始皇“整知识分子整得很厉害”，所以知识分子没有替他讲好话的，在当时的政治环境中能有此胆识很不容易。当然吕振羽发出不同声音并

---

① 吕振羽：《中国历史讲稿》，人民出版社 1984 年版，第 126 页。

不是为了标新立异，他之所以做出这样评价，是因为他对秦始皇的态度向来也是两点论的，他在批判秦始皇的同时也肯定了其历史功绩：

秦始皇是暴君，但是也有可以肯定的地方。秦始皇很有才干，精力充沛，很勤政，他每天要看120斤重的公文，很认真。还有一个长处，就是经常注意掌握情况，他曾到全国各地巡游过好几次，就连边疆地区也都去过。后来的历史学家骂他去游山玩水，这是冤枉了他。事实上他是去了解情况，做“调查研究”的。司马迁在《史记》上说，秦始皇对所有的情况，对他的部下的好坏、功过，都很了解。从这些地方看来，我们应该肯定秦始皇这个人。①

吕振羽对历史人物评价最大程度上追求客观公正，很少有一刀切的评价。对于在学术界一直受到差评的隋炀帝，在批判了他的过失之后，仍然指出他很有才能，认为他很有能力，文章和诗写得很好，力气很大。对于一向被学界诟病的隋炀帝大兴土木以及对朝鲜劳民伤财的远征，吕振羽有另一种看法：

这个人在政治上雄心很大，他和后来的李世民一样，也想把一度同中央朝廷疏远了的边疆地区，都要重新恢复起来，巩固起来。他想把新疆、青海、突厥族，以及东北都要纳入隋朝的版图，而且还要打通对朝鲜、日本的交通。②

吕振羽对隋炀帝的雄心表示了同情和理解，认为当时的时代不同，国家条件不行，基础太薄弱，不能允许他大搞特搞，否则就会因此伤了国家元气，因而动摇了统治的基础。在当时的时代背景下，吕振羽能够且敢于作出这些与众不同的定论需要过人的勇气，当然这种勇气最根本的还来源于他对历史的科学性与真理性的追求上，正是因为这种对历史真理的执着追求，所以吕振羽才能在狱中面对“四人帮”逼供，大声疾呼：“我要坚持自己的历史真实，也要坚持他人的历史真实。伪造历史是没有好下场的。不

---

① 吕振羽：《中国历史讲稿》，人民出版社1984年版，第136页。

② 吕振羽：《中国历史讲稿》，人民出版社1984年版，第208页。

论是伪造自己的历史，还是伪造他人的历史，都只会受到历史的惩罚。”“打倒伪造历史的恶魔”①，这是他具有的崇高史德使然。

吕振羽被侯外庐称为“二十世纪的董狐”还在于他始终能够秉笔直书。《中国青年》杂志从1959年第9期上开始刊登吕振羽和夫人江明对刘少奇的回忆文章，其后这些回忆文章由中国青年出版社出版发行，名为《跟随刘少奇同志回延安》。这篇回忆录成稿过程非常严谨，做了一次次修改和校正。先是吕振羽、江明两个人口述，编辑记录整理出来，再由两个人修改定稿，江明用红笔做记录，其后由吕振羽用蓝笔修改。编辑们为了吸引读者，追求可读性，希望尽量用文学语言，在回忆中多一些故事情节。吕振羽对此很支持，尽量按照他们要求，满足他们的这个愿望。因为江明的文学水平高，且对往事细节记得清楚，吕振羽便在回忆了事情的梗概和基本内容之后，交给江明回忆具体情节，以增强回忆录的故事性；文字尽可能生动活泼，以情感人。但是吕振羽始终以历史的真实为基准，“坚持凡是回忆不起来的情节，概不勉强；行文不可因词害义。”②

如在描写某天夜景时，编辑为了烘托气氛，用了优美的文学手法，“在一个深夜，月色皎白，窗外树影婆娑。”吕振羽看后马上问：“是什么树？是不是枣树？”在吕振羽看来，如果是枣树，时间不对。经过认真推敲，他让编辑把这类与实际不符的描写删去。吕振羽在回忆录中讲述了一次夜行军，走了一夜，到了根据地的一个村庄里，少奇不让打扰老百姓，就下令在场院中休息。天亮了，少奇和大家都是一样，衣服被露水打湿了。编辑觉得这个故事可以进一步加工，以便增加更为感人的效果，建议写上随行人员都流下了泪水。但是吕振羽却说，他记得只看到了露水，没有看到什么泪水，拒绝加上这样描写。吕振羽对历史真实负责，认真对待自己回忆的每一个细节，“不尚浮华，宁缺毋滥，表现了史学家的忠诚和责任感”。③ 这个事例充分说明了吕振羽高尚的史德

① 刘宣：《怀念吕老》，《文献》1980第2辑。
② 陈瑞云：《吕振羽史德的启示》，《史学集刊》1997第1期。
③ 陈瑞云：《吕振羽史德的启示》，《史学集刊》1997第1期。

精神，而这种精神得到了肯定，当他把回忆录交给王光美看的时候，王光美回信给他，说回忆录很像刘少奇，这是对吕振羽莫大的认可。

（二）“立学高风世馨香”

吕振羽史德的另一个表现是他虚怀若谷，接受别人的批评，对自己的研究始终持开放态度。他是中国史学界的权威人物，但是从来不以权威自居，主张对于一切历史著作，都不要被权威所惑，要能够实事求是地从实际进行考察，“对史学研究成就的衡量，亦不以作者的名声大小、地位高低为标准，而注重对于走向历史成为科学的进程中，作了些什么创造性的贡献，比前人多解决了些什么问题，新增添了些什么积极的科学的东西或因素。”① 吕振羽从来都是把学术争论与现实生活分开来的，而且学术争论只能限于学术上，不能用学术权威来压迫其他学术观点的提出。并且吕振羽也认为学术上的这种论争是很有必要的，这是中国历史学能够得到发展的重要条件。

如在中国古史分期问题上，郭沫若的观点是殷代原始社会制、西周仍是奴隶制。吕振羽从不回避这种分歧，不怕引起纠纷，公开、坦诚地论述自己的观点。尽管郭沫若与自己意见不同，但是吕振羽对于郭沫若及其学术地位，仍是十分尊重。他还称赞郭沫若的渊博学识和科学的治学精神，“主张学员和历史教研室干部好好学习郭沫若的史学著作。”② 我国另一位杰出的马克思主义史学家尚钺，在观点上与吕振羽更不同，他持“魏晋封建说”，吕振羽对此不赞成。但他承认尚钺以及尚钺提出的“魏晋封建说”在中国历史学发展上的地位。尚钺对于中国封建社会晚期资本主义发展问题的学术观点，曾经遭受到不应有的批判。而就在批判的那段时间，吕振羽仍旧支持中央党校请尚鉞讲课，认为尚钺的观点是学术性质的，其政治方面没有问题。吕振羽这种宽广的胸怀令

① 吕振羽：《关于中国史学史的一些问题》，《文献》1982 年第 1 期。

② 魏晨旭：《吕振羽同志与中共中央党校历史教学》，吉林大学社会科学研究处编《吕振羽和中国历史学》，吉林大学出版社 1996 年版，第 31 页。

人感佩！

吕振羽对自己的研究始终坚持开放态度，他对自己的论著就一直不断修订。《简明中国通史》1941年完成上册，1948年在大连时和江明协力完成下册，新中国成立以后屡次进行修订，1959年最后一次修订再版。修订主要是在新中国成立后，且修订的内容主要是史料方面的，尤其下册是在大连完成的，那时吕振羽不仅身体不好，更重要的是著作需要的资料非常欠缺，“连二十五史及年表之类的书报也找不到手，仅能凭日文材料和极少数的中文书籍作参考”①，而且写得很仓促没有修改。吕振羽对此很愧疚，所以新中国成立后对这部书念念不忘，只要有空闲，他都会在史料上、观点上进行补充和完善，如修订了一些不妥的论点，根据马克思主义，所谓资本主义萌芽：一、应有自由出卖劳动力的人口的存在；二、资本家要直接把资本投人生产、购置设备、雇佣工人。但吕振羽在1948年出版的《简明中国通史》下册中，错误地把商人向茶丁、灶丁订购茶、盐、或卖原料给独立手工业者、收买他们的产品当作是资本主义萌芽的材料。在修订本中吕振羽对此作了更正。

《中国社会史诸问题》是吕振羽在1940年写成的，1961年三联书店又对此修订再版。在1961年版的序言中，吕振羽交代，这本书已经有20多年了，由上海耕耘出版社发行，解放后，华东人民出版社1954年印行了两次，耕耘出版社出版的附录一《日本法西斯的中国历史观批判》，大旨与本书本文对秋泽修二的批判差不多，所以没有收入华东人民出版社版；耕耘版的附录二《本国史研究提纲》，华东人民出版社的附录，现在已经没有什么实际意义，所以抽出；另外将延安《解放日报》1943年8月7日专论《国共两党和中国之命运（驳蒋著〈中国之命运〉）》收入这次三联版作为第五篇。对作出重要修订的原因，吕振羽作了如下的解释：

一、由于小册子所集各文是在国民党统治区写作和发表的，为

① 朱政惠：《吕振羽和他的历史学研究》，湖南教育出版社1992年版，第190页。

了争取它和读者的见面，曾经对若干问题的论断采用了拐弯抹角的笔法，也采用了一些较晦涩的词汇如所谓“资本者集团”之类；为了争取国民党抗战，在提到蒋匪时甚至也有一些原则性错误的措词——虽然在小册子的基本内容上是肯定无产阶级领导权的。二、这本小册子是在国民党统治区印行的，内容曾遭受若干重要篡改，如“新民主主义”被改为“三民主义”、“民族民主革命”被改为“民族革命”。我当时身在抗日民主根据地（老解放区），无从知道这种情况，也未能加以挽救。三、耕耘出版社不只多鲁鱼亥豕之讹，且有不少重要缺落。这都应一一加以修订。①

在对历史人物评价方面，吕振羽也进行了反思。在给中共中央高级党校学员讲课时，吕振羽讲到春秋战国时期的连横合纵。指出，秦国当时搞的连横，就是以秦国为核心，联合其他六个国家，这些国家都要听秦国的，共同对付那些不听话的反秦势力。秦国连横方针的策划者是范雎、张仪。吕振羽在之前的《简明中国通史》中对此评价不高，语言尖锐，在《中国历史讲稿》中他进行检讨和反省：

在我的《简明中国通史》中对这几个人所用的字眼多少带有一些挖苦性质，由于这些人搞的连横运动具有比较进步的政治内容，所以最好不要挖苦它。我这是不自觉的受传统影响带来的，希望把那些字眼改一下。②

随着时代的发展和政治形势的变化，吕振羽对中国古代思想家思想评价以及其阶级定位都进行了调整，在《中国政治思想史》初版时，吕振羽就强调该书是在讲义稿的基础上扩充修订而成的，“在系统上和原来的讲稿比较，虽没有过多的改变，然已不仅有详略的不同，而对于历史上各派思想家所代表的阶级立场，都有重

---

① 吕振羽：《中国社会史诸问题》，生活·读书·新知三联书店 1961 年版，“序言”第 8 页。

② 吕振羽：《中国历史讲稿》，人民出版社 1984 年版，第 123 页。

新估定的，自不免有结构上的部分的变更”。① 1955 年吕振羽又对《中国政治思想史》进行了修订，其对思想人物的评价方面做了调整，如将原版中“封建主集团的政治学说——孔丘的保守主义”改为“封建主集团的政治学说——集大成的孔子（丘）学”；将“表现初期市民阶级朴素的政治意识的叶适陈亮哲学”修改为“反映初期自由商人集团一些要求的叶适陈亮学说”等，这些修订都是吕振羽高尚史德的鲜明例证。

最能表现吕振羽崇高史德的不仅是他自己能不断进行反省、修订的自我检讨精神，更主要的还是他对自己的作品持开放态度，接受来自各个方面的批判意见。在研究汉民族以及少数民族问题时，吕振羽指出：“由于地下的发现还有不少空白，特别由于我所掌握的材料可能很不够，意见还极不成熟，论证也可能有不少错误，恳切地期待同志们的批评和指教。”② 而且吕振羽并不是客气的谦辞，他确实虚心接受来自各方面的意见，并且依据这些意见对自己的作品进行修改。在《中国民族简史·序》中，吕振羽根据其他同志的建议和提供的资料，反省了自己的研究：

由于实际生活的不够，常不免为人家书本的虚伪与片面材料所蒙蔽，而构成一些不切实际的乃至错误的论断，如在 1933 年的史前期中国社会研究，即中国原始社会史里论述中国人种的起源问题，忽略了第二个主要来源的马来人种，同时把一些马来人种的民族误认为蒙古人种。在 1940 年的简明中国通史中，对于回族，也强调了他们的宗教性，不自觉地作了人家的尾巴；在 1934 年的殷周时代的中国社会和 1936 年的中国政治思想史里对于统治者为统治中国人民所叫嚣的正统问题，所施行的改良政策，都相当忽视，没有足够的去把握其实际意义。③

---

① 吕振羽：《中国政治思想史》，生活·读书·新知三联书店 1955 年版，“序言”第 1 页。

② 吕振羽：《史前期中国社会研究》，生活·读书·新知三联书店 1961 年版，第 299 页。

③ 吕振羽：《中国民族简史》，生活·读书·新知三联书店 1950 年版，“序言”第 2—3 页。

对于给他提出意见和建议，提供宝贵材料的的学者朋友，吕振羽表达了真诚的感谢，“彭光涵、王时真给了我很多的实际帮助，提出不少可贵意见，我衷心的感激他们”。[①] 在1950年9月3日，《光明日报》上发表了柴德赓的《对吕著简明中国通史的几点意见》、吕景先的《我对于吕振羽著中国政治思想史的几点意见》，与此同时，还发表了吕振羽的信，在信中吕振羽表示“深深地钦佩而又感谢”柴、吕两先生[②]，并且准备审查和改正原著。

从以上论述我们可以明显感知吕振羽崇高的人格和高尚的史德，他能始终坚守真理，不畏强权，能秉笔直书，不随波逐流，在任何环境下都不改变自己对历史科学性与真理性的追求；与此同时，他温和谦让，虚怀若谷，能时刻保持一种自思自省的态度，对史学研究、对社会、对国家和民族，他尽职尽责，不愧为“二十世纪的董狐”！

结　语

1980年7月17日，我国著名的马克思主义史学家吕振羽逝世，中国社会科学院给吕振羽的悼词中说：吕振羽的一生，是革命的一生，战斗的一生。在五十年的革命实践中，他忠于党，忠于人民，勤勤恳恳，艰苦奋斗，为党的无产阶级阶级革命事业作出了应有的贡献。作为马克思主义历史学家，他始终不渝地努力运用马克思主义立场、观点、方法，来研究中国的历史，在我国的经济史、社会史、思想史、民族史等多方面都做了许多有益地探索，为“五四”以来我国马克思主义新史学的建立和发展作出了重要贡献。

正如悼词中所说，吕振羽的一生是革命的一生。青年时立下报国宏愿，先后在“工业救国”“村治救国”“改良救国”“学术救国”等思想中徘徊。他积极参加革命，为了革命需要，他在祖国的万里河山纵横驰骋，从北平转战到湖南，从湖南转移到重庆，

---

① 吕振羽：《中国民族简史》，生活·读书·新知三联书店1950年版，“序言”第4页。

② 陈瑞云：《吕振羽史德的启示》，《史学集刊》1997第1期。

由重庆到苏北，从苏北来到延安，再从延安奉命去东北，在革命需要的每一块土地上都印刻着他的足迹。

吕振羽的一生还是学术的一生。从20世纪30年代毅然加入中国社会性质论战时开始，吕振羽就从来没有离开过史学研究的阵地。他是中国马克思主义史学的奠基者和弘扬者，他的笔触划过了经济史、社会史、思想史、政治史、民族史等各个领域，并且在每一个领域里都点亮了一盏指向灯，照亮后行者前进的道路。

他有杰出的史才，第一个用马克思主义研究中国原始社会史，写成影响深远的《史前期中国社会研究》；第一个用马克思主义研究中国政治思想史，他著述的《中国政治思想史》成为毛泽东、王稼祥等随身携带的必备书籍；他还是第一个用马克思主义研究中国通史的史学家，《简明中国通史》让不少书店挂起横幅、鼎力推荐。他的文笔灵活，语言娴熟。批判时，严厉而诙谐；论述时，平实而严谨；倡中国优秀文化，激情而豪迈；言各民族命运，沉痛而凝重。进行尖锐而幽默批判的词句、平实而严谨论述的章节、激烈而沉重控诉的段落，发人警醒、引人思考、耐人寻味的语言，在他的所有著作中俯拾即是。

他有卓越的史识，在对史料的选择和运用上有自己独到的见解，他敢于把上古的神话传说故事当做副料，敢于用汉代的伪书佐证自己的论点；他能从伪书中甄别出真的成分，也能把真书伪的成分剔除出去。他不相信单一史料的证史价值，一直主张把典籍资料与地下出土的文物相互发明，力求历史的真实。他在诸多领域提出了开创性观点，他率先开拓研究的中国封建晚期资本主义萌芽问题、中国古史分期——西周封建论问题等至今仍影响着史学界的发展，他对中国民族问题的研究受到国际社会、学术界的广泛关注。

他有高尚的史德，能够恪守史学研究的道德标准，始终坚持对历史科学性和真理性的追求。他固守着自己对历史的认识，不会因为学界都为秦始皇高唱赞歌而成为弄潮儿，遮盖秦始皇的历史罪过；不会因为“四人帮”的“批林批孔”而背叛主见，抹杀孔夫子的积极思想。他秉笔直书，不尚浮华，拒绝文以害义，他坚信“伪造历史的人是不会有好下场的”！他虚怀若谷，不以权威自居，始终以一颗开放而平和的心态接受着来自各个方面的批评。

虽然，他的研究存在问题，他的观点还有欠缺，他的著述不免瑕疵，但是历史是复杂的，对于历史人物，我们要能充分予以同情之理解，每一个时代都有每一个时代特有的条件，不能过多苛求历史！最后，马克思主义史学最大的特征实际上应该是时代性与前进性，阶级斗争不是马克思主义史学的主题，为现实服务才是最核心的精神，不同时期的社会政治状况不同，马克思主义史学研究的方向和着力点也要相应变化。要把马克思主义史学作为意识形态的工具，但是不要把势能混淆为动能，其靠政治而形成的影响力不能压迫其他史观的发展，这才是中国史学研究得以发展的必由之路。

下编　民国湖南文艺教育思想研究

齐白石艺术思想述论

曾　媛

齐白石自身作品与著作主要有《蛙声十里出山泉》《古树归鸦》《逋蝶》《罗浮觅句图》《借山吟馆诗草》《白石诗草》《白石印草》《白石老人自传》等。基于齐白石的历史地位与巨大成就，学界对于齐白石及其艺术思想和艺术成就的研究一直是比较重视的，涉及这方面内容的著作和论文亦不在少数，为当下对齐白石的研究提供了不少的参考与帮助。

在关于研究齐白石的著作中，多数是以年谱、传记形式，记录、评述齐白石人生历程、艺术轨迹，如商务印书馆于1949年3月出版，由胡适、黎锦熙、邓广铭所编写的《齐白石年谱》以及由刘振涛、禹尚良、舒俊杰等主编，梁小平、文鸣、贺中和编辑，湖南师范大学出版社1994年出版的《齐白石研究大全》。《齐白石研究大全》一书1946年记事中记载到："秋，（齐白石）托胡适试写传记。胡在《齐白石年谱·序》中说：'民国三十五年秋天，齐白石先生对我表示，要我试写他的传记。有一次他亲自到我家来，把一包传记材料交给我看。我很感谢他老人家这一番付托的意思，当时就答应了写传记的事。'"① 黎锦熙与齐白石是同乡同里的世交，齐白石与黎锦熙祖父之间的交情已有半个世纪之久，这都是源于他们对艺术的共同爱好和追求，有时齐白石去黎锦熙家探讨艺术吟诗作画直接住上好几个月。齐白石亲自托付胡适为其撰写自传，1948年6月，胡适邀请黎锦熙合作编写《齐白石年谱》。自

---

① 刘振涛、禹尚良、舒俊杰：《齐白石研究大全》，湖南师范大学出版社1994年版，第126页。

七月起，通过不停地走访查证，考证谱事，耗费大量精力与心血经半年之久最终完成补订。1949 年，“三月，商务印书馆印行胡适、黎锦熙、邓广铭编《齐白石年谱》，该年谱止于上年白石八十八岁（实八十六岁），约三万字。编者有序、跋，并附白石诗抄、国画作品”。①（引用《齐白石年谱长编》）《齐白石研究大全》全书分为生平研究和艺术研究两部分，生平部分详细记述了齐白石一生对于艺术是怎样执着与追求的坎坷之路，让我们能了解是怎样的人生经历促成了这样一位国画大师。生平研究部分还附上齐白石师友交往选录，记载了齐白石与周围交好的师朋亲友之间的交往的详情，有利于我们研究齐白石与他的这帮文人学友是如何互相影响互相学习的。

此外对齐白石生平进行详细研究的还有《齐白石传略》（龙龚，人民美术出版社，1959）、《齐白石外传》（戚宜君，世界文物出版社，1984）、《齐白石的世界》（郎绍君，北京时代华文书局，2016）、《齐白石谈艺录》（齐白石，河南美术出版社，1984）、《从齐白石题跋研究白石老人》（李应强，文史哲出版社，1977）、《齐白石艺术研究》（齐良迟，北京商务印书馆，1999）等著作，其中收录了诸多学者对于齐白石老人的生平成就及艺术造诣发表的著述与看法，都对学界当下的研究起到了不可估量的作用。

由于研究齐白石的文献数量较多，在这里我挑选一些比较具有代表性的文章简单概括。比如谢丽娟的硕士论文《齐白石艺术伦理思想探析》一文从儒家、道家、佛家三个角度剖析了齐白石的艺术伦理思想是怎么启蒙、发展和最终形成的。管庭瑞的《齐白石艺术思想探析》（《大众文艺》2013 年第 2 期）论述了齐白石“似与不似”的绘画理论、“学我者生，似我者死”的教育思想、“学古而变，取西而化”的取舍理念三个方面。侯君波的硕士论文《妙在似与不似之间——齐白石艺术美学思想探析》、王建华的硕士论文《齐白石艺术与中国传统文化的契合研究》、李季琨的《齐白石与湖湘文化》（《理论与创作》2006 年第 3 期）、韦昊昱的

① 刘振涛、禹尚良、舒俊杰：《齐白石研究大全》，湖南师范大学出版社 1994 年版，第 131 页。

《齐白石涉四川诸史实再研究——以民国成都〈新新新闻〉报道为例》、刘新华的《齐白石篆刻印章艺术的美学思想》（湖南科技大学学报（社会科学版）2013 年第 5 期）、李一冉的《齐白石衰年变法的实质及其对当代中国画坛的启示》（《美与时代》2012 年第 6 期）和庄伟涛的《对传统艺术的解构与重建——试析齐白石的“衰年变法”》（《南方论刊》2006 年第 10 期）都对于齐白石晚年的“衰年变法”的主要内容以及齐白石衰年变法对当代的影响启示作了深入探讨。

随着齐白石作品在海外被收藏、研究，他对各国艺术尤其是周边国家及地区都产生了很大的影响。韩国首尔梨花女子大学研究生院美术史专业教授洪善杓在其文章《韩国画坛对齐白石画风的接受》中写道：“纵观中国绘画对近现代韩国画坛的影响，最令人瞩目的应是画家齐白石。20 世纪 30 年代，东亚现代主义开始兴起，作为‘现代中国的大画家’，齐白石开始在‘殖民地朝鲜’的书画界被人们所熟知，1945 年解放以后，人们欲突破殖民地文化的日本画风格，人们开始正式吸收和应用齐白石的画风。而 20 世纪 70 年代后期，人们为了从抽象美术的影响中解脱出来而发起了彩墨造型运动，从这一时期起，齐白石的画风再一次开始被人们关注和灵活应用。”还有柳时浩的申请博士论文《吴昌硕、齐白石对近现代韩国画的影响》、金容澈的《齐白石对现代韩国画的影响》中也提到齐白石所活跃的清末民初的这段时期刚好是韩国殖民地时代和解放后现代美术胎动期，齐白石的绘画及理念给近现代韩国画及传统绘画带来了深远的影响。还有朱万章的《齐白石艺术在日本的传播及其他》（《美术研究》2013 年第 1 期）一文也阐述了齐白石的艺术风格是怎样登上了日本的国土，并且在周边国家受到了青睐引起了广泛的注意。

除白石老人自己的回忆录之外，还有许多其亲友为追忆齐白石而撰写的著作，如《我的祖父白石老人》（齐佛来，西北大学出版社，1988）、《父亲齐白石和我的艺术生涯》（齐良迟）以及启功的《记齐白石先生轶事》。这些回忆录为笔者的研究及后文分析提供的大量有用的信息。

一、齐白石艺术思想形成的历史背景

齐白石赖以成长的人文环境及家庭背景是探讨齐白石思想体系的重要依据，因此，在详细论述齐白石艺术思想的内容、特点及影响时，有必要对其艺术思想的形成原因作一简要分析，以便更好地理解其艺术思想体系。这一部分内容主以时间为线索、从齐白石的生平经历出发来考察其艺术思想形成的渊源。

（一）齐白石早期艺术思想形成——从雕花匠到画匠

齐白石（1863—1957）生于湖南省湘潭县南百里的杏子坞星斗塘的一个农民家庭。齐氏祖籍原是江苏砀山，迁至杏子坞星斗塘后一直以务农为生，家庭条件十分艰苦，仅一亩水田几间茅屋。白石出生于太平天国运动失败的前一年，在这动乱的时代下，除了部分大发横财的军属和久居此地的名门望族之外，大多是些穷苦人家。家中共有祖父祖母、父母以及白石五口人。为了养活这五口之家，白石祖父齐万秉与父亲齐贳政除务农外还要兼做零工。白石祖父略识字，白石幼年时从祖父教导识字。在《题霜灯画荻诗》中白石云："天寒围炉，王父就松火以柴钳画灰，教识'阿芝'二字……"至八岁，祖父齐万秉已无法再传授更多的知识，母亲周太君将自己平日积存的几斗谷换了纸笔，以供白石从外祖父周雨若读书于白石铺风林亭。白石自记读书村学时，每逢"春雨泥泞，祖父左提饭萝，右擎雨伞，朝送孙上学，暮复往负孙归"。(《白石自状略》手稿甲本)① 和谐温馨的家庭环境与来自家庭成员的无限支持是齐白石在艺术领域取得如此巨大成就的根基。

入私塾后，齐白石渐渐喜欢上了绘画，私下偷偷画起画来。尤其喜欢画身边常见的诸如雷公神像、钓鱼老头、飞禽走兽、花鸟鱼虫等。但迫于家境贫寒，家中负担不起齐白石绘画所需的纸张，所以经常受到外祖父的责备。后来因家贫辍学，但齐白石对于绘画和学习的喜爱已经从此萌生，只能在家砍柴打杂的齐白石每趁

---

① 刘振涛、禹尚良、舒俊杰：《齐白石研究大全》，湖南师范大学出版社 1994 年版，第 11 页。

闲暇时候便翻读私塾里没学完的《论语》或习画。八岁时齐白石临摹的人生中第一张画像——雷公神像激起了齐白石对于绘画的极大热情，可以说是齐白石绘画生涯的起点。

齐白石 12 岁时，祖父病殁。这对本来就贫困的齐白石一家更是雪上加霜，能下田劳作的只有白石父亲一人。为生活所迫，只得令白石学木工。先后拜师本家堂叔祖齐仙佑和远房本家齐长龄学做大器作。但由于齐白石自幼体弱多病，不胜大器作的体力活，考虑到他的身体状况，父母便让他换一门手艺。在一次偶然的机会下得知了周之美这位雕花木匠，于是辞了齐师傅后便拜周之美为师。在向周之美学艺的过程中，齐白石不仅学会了老师所教的平刀法，还在此基础上进行了创新增添了花样，仔细琢磨改进了圆刀法。《齐白石自传》中曾说："那时的雕花匠所雕的花样，差不多都是千篇一律的。祖传下来的一种花篮形式，更是陈陈相因，人家看的很熟。雕的人物也无非是麒麟送子、状元及第等一类东西。我以为这些老一套的玩艺儿，雕来雕去，雕个没完，终究人要看得腻烦的。我就想法换个样子，在花篮上面，加此葡萄石榴桃梅李杏等果子，或牡丹、芍药、梅兰竹菊等花木。人物从绣像小说的插图里勾摹出来，都是些历史故事。还搬用平日常画的飞禽走兽，草木虫鱼，加些布景，构成图稿。我运用脑子里所想得到的，造出许多新的花样，雕成之后，果然人都夸奖说好。我高兴极了，益发地大胆创造起来。"① 可以看出，由于做木工的实际需求使得齐白石不得不在绘画上下一番功夫以在雕刻上取得更好的成果。此时的齐白石才年满 19 岁，但对于自己手头的工作有了自己独特的见解，并且敢于对传统的事物进行创新，打破陈旧的枷锁，发现不一样的新东西。

1882 年白石 20 岁，此时的齐白石依旧跟随师傅周之美在白石铺一带做木工。虽说是找到了一门养家糊口的手艺，但每日所得收入依旧是入不敷出，生活依旧很清苦。只得在夜间闲暇时出售一些自己做的小手工艺品赚些钱补贴家用。同年，在一主顾家中，

---

① 刘振涛、禹尚良、舒俊杰：《齐白石研究大全》，湖南师范大学出版社 1994 年版，第 16 页。

齐白石无意间捡到一部名为《芥子园画谱》乾隆年间翻刻的图集。“此画谱原名《芥子园画传》，原以明代著名画家李毓芬画本，由清初王概增广而成。它将人物、山水、花卉、草虫、翎毛等各种画法，分门别类地按图论析诸家程式，为初习绘画不可多得的教材。白石仔细阅读之后，自觉自己以前的画作多不合规矩。便向主顾借回，买了薄竹纸和颜料毛笔，利用晚上工闲时间一幅一幅地摹绘，足足花了半年功夫才把这套《芥子园画谱》摹绘完，订成十六本。从此，做雕花木活，就以《芥子园画谱》为依据，花样叠出。所作之画也合乎画理，避免了不相匀称的毛病。”① 可见，这本画谱对于齐白石的绘画生涯是至关重要的一个转折点。在这之前齐白石的学画只是源于自己对绘画的一腔热情而并未系统有序地学习过，遇到这本画谱之后齐白石才开始了真正意义上的学画。

“白石弟子胡橐回忆说：‘记得我小的时候开始学画，白石老人要我首先学习《芥子园画传》，要我照着样子仔细临摹一遍，最好也能象他那样用油纸蒙在画谱上摹绘，并且老人打开了柜子，在厚厚一堆的素材底稿里，竟找到了幼年用油纸摹绘的《芥子园画传》小稿给我看。我还清楚地记得，这十几张底稿勾画非常仔细，一丝不苟，比一般刻本还精彩。老人说，他对《芥子园画传》下过三四年功夫，每一段主要内容都能大致记得。’”② 对于该画谱，齐白石可以说是下了一番功夫，进行了将近三四年时间的研习，可见其待事勤恳认真的态度。

此后，齐白石便跟随萧芗陔、文少可学习画人像，二人乃齐白石最早的习画老师。萧芗陔算是湘潭一代颇具盛名的画人像高手，且同样精通山水、人物、花卉以及作诗裱画。这段时期的齐白石虽已开始学画，但仍以雕花为生。习画之后给齐白石带来的是雕花的手艺愈加受到乡民的青睐，画名一时间传于乡里。

---

① 刘振涛、禹尚良、舒俊杰：《齐白石研究大全》，湖南师范大学出版社 1994 年版，第 17 页。

② 刘振涛、禹尚良、舒俊杰：《齐白石研究大全》，湖南师范大学出版社 1994 年版，第 17 页。

这一时期的中国正处于社会极大动荡时期，前后经历了甲午战争、戊戌变法等一系列重大变故，而齐白石依旧在乡间做着他的雕花木工。1889 年，以胡沁园为师习画花鸟虫鱼兼习诗文，以陈少藩为师学作诗文。又结交王仲言为友，自此齐白石弃木工改为画匠。齐白石常以其从萧芗陔、文少可所学画人像技艺为为人作画，生意愈加兴旺，收入渐增，不再为缺油短米而忧愁。连幼年时不赞同白石读诗习画的祖母也为之欣慰。在与师友吟诗习画的过程中，齐白石对篆刻的兴趣愈浓，便从黎松庵、黎薇荪、王仲言学刻印。以上是齐白石作为民间画家的时期，这一时期对于齐白石早起艺术思想的形成，清贫凄苦的家境、温馨的家庭氛围、家人的慈爱以及齐白石自身坚定的求学意识都起到了奠定基础的作用。有了家人的督促与保护加上自身对文学艺术的爱好，才能使得齐白石在下一阶段能正式走上求艺的道路，也决定了他所结交的师友是什么样的人。

（二）齐白石中期艺术思想形成

齐白石艺术轨迹生涯中一个重要的转折点便是他 37 岁时拜王闿运为师，由民间画师转变为文人画家。白石 40 岁至 47 岁间“六出六归”遍游陕西、北京、广西、广东、上海等地，扩大了视野，活跃范围不再局限于他以前生活的那个小圈子，增加了交游，对其后来绘画风格和艺术见解的形成有重要影响。

齐白石与王闿运都是湖南湘潭近现代史上两位杰出的文化名人，曾为丰富我国文学艺术的宝藏作出过重要贡献，且相互之间有着密切的交往。有诗云：“湘皋九畹惠兰滋，天遗人才好护持。一代风流双岳峙，璜翁画卷绮楼诗。”① 这首诗所体现的便是国画大师齐白石与国学大师王闿运（号湘绮）之间的往来。王闿运（1832—1916），字壬秋，号壬父，亦号湘绮，世称湘绮老人（以其晚号湘绮楼而得名），湘潭县云湖桥山塘湾人。咸丰二年（1852）中举之后曾任教读，被人尊崇。光绪二十五年（1899）齐

① 刘振涛、禹尚良、舒俊杰：《齐白石研究大全》，湖南师范大学出版社 1994 年版，第 166 页。

白石由龙山诗社社友张登寿介绍，慕名来到湘潭县城拜访王闿运，这便是齐白石初识王闿运。齐白石拿出自己的诗文、字画、印章请王闿运评阅。其实王闿运早已有意收齐白石为徒，奈何齐白石自认不愿趋附王氏，张登寿也屡次劝齐白石拜湘绮为师，齐白石担心他人谓其“标榜”自己为“王门子弟”而生炫耀之疑。但最终齐白石得知王闿运的厚意终于正式拜王为师。在王闿运门下学艺之后，由于得到王的指点齐白石诗文得到很大提高，又通过王的关系结识了两广总督谭钟麟及其儿子谭延闿、谭泽闿兄弟，几人屡屡一同观摩金石书画，切磋技艺。再者，齐白石还随王闿运外出游历，结识名流，将齐白石原本局限于乡野的生活与艺术视野开阔了。

在这个时期他首先接触到了晚清社会中一些封建文人和旧官僚，如王闿运、樊樊山、夏午诒、郭葆荪、杨度等。受他们的影响，一方面提高、丰富了他的文化修养，另一方面也限制了他的视野和对当时社会问题的认识，他对于当时风起云涌的资产阶级民主革命的思潮是不甚了解的。可贵的是他在那种有条件附骥尾直入青云的环境中，能洁身自好，拒入仕途。

这一时期齐白石的绘画、篆刻、书法、诗歌风格有了大的变化。在绘画上，通过实地写生和对八大山人、石涛、金冬心、徐青藤诸家名作的细心揣摩，改变以工笔画为主的现状，开始走上了大写意的花卉翎毛一派，并推出了他的山水画杰作《借山图卷》；在篆刻上由师丁敬、黄小松，转习赵之谦，并将汉印的格局融入赵之谦一体，在短时间内连续拓出三套印草；在书法上，从学何绍基体，改学魏碑，临《爨龙颜碑》《郑文公碑》和《麓山寺碑》，出入金冬心、李北海之间，疏落有致；在诗歌上，从喜读清乾嘉间诗家之作，转而苦读唐宋名家，所作多清奇秀丽。

后来通过卖画刻印，经济地位渐有改善。44 岁时置田地建房屋于茶恩寺茹家冲。十年后正是这种经济地位的改变，结束了他 48 岁开始的乡居清适的田园生活，在兵匪共扰的恐慌岁月里，齐白石不得不背井离乡，环境促使他在艺术上更进一步去开拓。

（三）齐白石后期艺术思想的形成

齐白石55岁为避乡乱到达北京，于57岁正式定居北京。在陈师曾的劝导下，在清初扬州画派黄慎及同时代的吴昌硕绘画艺术的启发下，以“饿死京华，君等勿怜”的坚定决心和“人誉之，一笑，人骂之，一笑”的不畏外界评论的宽广胸怀和革新精神开始了他的“衰年变法”：

一是变“未足畅机”的“工致画”，追求“妙在似与不似之间”的新境界；

二是变“冷逸如雪个”的旧时风格，追求更符合作者个人气质和对生活理解的真挚情感的表达。通过“十载关门”的艰苦摸索，齐白石独创了红花墨叶两色花卉与浓淡几笔的虾和蟹，终于开辟了自己的道路。

与此同时，他的篆刻与书法已融化诸家，自成一派，并达到了炉火纯青的新艺术境界，他的诗歌也形成了清新朴实的风格。这一切标志着齐白石在宽广的艺术领域里的完全成熟。

在这30年间，由于社会的动荡，齐白石经历了三个不同的艰难时期：

1917年55岁至1936年74岁20年间，齐白石过着不稳定的画师生活。他深受军阀混战之苦，常常惶惶不可终日，在艺术上又受到北京地区中国画界保守势力和宗派势力的排挤，直到发出“吾草木众人也”“一切画会无能加入”的不平之鸣。但是另一方面，他也受到了具有革新精神的陈师曾、徐悲鸿、林风眠等人的器重。由于陈师曾等人的活动，齐白石的画名才能远播国内外。

1937年75岁至1945年83岁，在抗日战争期间，齐白石住在沦陷后的北平，仍旧依靠卖画为生。他深居简出，锁门拒客，拒绝与敌伪来往，并于1943年停止卖画，把一个画家兼诗人的爱国情感倾注在自己的作品里面。

1946年至1948年，蒋介石发动的内战，带给齐白石的是物价飞涨，无法卖画为生。他在抗战胜利之初“看到眼中来”的“太平”，完全是一个虚幻的假象，他再一次真切地渴望一个真正意义上的太平时代的到来。

1949年中华人民共和国成立，齐白石“已卜余年见天平”，开始了新的艺术生活。在此后的八年间，齐白石博大精深的艺术，真正得到人民的理解和社会的高度评价，并获得了世界性的声誉，在国内外产生了重大的影响。他1953年获得人民艺术家荣誉状，周恩来总理亲自为他90岁寿辰祝寿，并提任全国美协主席；1954年当选第一届全国人大代表；1955年获得德意志民主共和国艺术科学院院士荣誉状；1956年荣获国际和平奖。

在这个时期，一方面在党和政府无微不至的关怀下，齐白石不再以卖画为谋生手段，他心情舒畅，精神焕发，创作了大量的作品，并在他的作品里以极大的热情讴歌幸福与和平的生活；另一方面，齐白石并没有满足于已取得的艺术成就，他在90岁的高龄还开始临摹《曹子建碑》，他的画作也仍在不断地革新，在他的心目中永远只有“变法”。

艺术是无止境的，然而人的生命是有限的。齐白石在1957年春夏间作完最后一幅“牡丹”后，便开始患病，并于9月16日永久地放下了他手中那支饱经风霜的彩色画笔。齐白石逝世后第六年，他被评为世界十大文化名人之一。

二、齐白石艺术思想的内涵

上文笔者探讨了齐白石的出生背景以及思想形成的条件，而本章内容属重中之重，分别从绘画、刻印、书法及诗文四个方面详细举证论述了齐白石在艺术上的主张，即齐白石艺术思想的主要内容。在绘画上齐白石主张艺术“妙在似与不似之间”，衰年变法，独开红花墨叶一派，尤以花鸟鱼虫自然景观为重，兼顾人物、山水，名号响彻大江南北，同时与绘画大师吴昌硕共享“南吴北齐”之美誉。早年齐白石依靠卖画、雕刻为生，所以他的艺术，是根植于纯朴的民间审美与乡野情怀之上的，并将其与传统的文人艺术相结合，不失风雅而又还原生活本真。他的艺术风格立足于传统，无论是工笔画还是写意画，他拓宽了民间传统艺术，巧妙地结合雅与俗，达到雅俗共赏的高深境界，给后人留下了不可估量的艺术瑰宝。然而齐白石并没有留下在各艺术领域的专业著述，所以只能从他的题画诗文及杂记中提取总结。

（一）齐白石艺术思想之绘画

1.“妙在似与不似之间”

“我的绘画启蒙，就是一本芥子园。”① 年少时偶然遇到的这本《芥子园画谱》打开了齐白石通往学画之路的大门。37 岁拜王闿运为师习画后，他的艺术道路也发生了重大转变。在此之前，齐白石作为一名民间画师，平日除给人画像之外，兼卖一些他所钟爱的山水人物、花鸟草虫画。这个时期他的绘画取材多来自于他赖以成长的故土人情，这一时期的作品有《蔬香老圃图》《水墨芙蓉水禽图》等。“仰观罗山苍翠，幽鸟归巢，俯瞰溪水澄清，见蟹虫其横行自若……”② 如山间的梅花、河边的鸳鸯、枝上的飞鸟都是他热衷于描绘的情景。

黎锦熙说：“辛丑以前，白石的画以工笔为主，草虫早就传神。他在家乡一直养着草虫——纺织娘、蚱蜢、蝗虫之类，还有其他生物，他时常注视其特点，做直接写生的练习，历时既久，自然传神，所以他的画并不是专得力于摹古。”③ “六出六归”④ 时期齐白石外出远游，历经大半中国，进行实地写生，将祖国的大好山河尽收眼底，这使得他的绘画风格和艺术主张都发生了一系列变化。期间通过对八大山人、石涛、金冬心、徐青藤等诸艺术家的学习与吸纳，以工笔画为主要格局的绘画风格渐渐过渡到大写意的花卉翎毛一派。《借山图卷》便是齐白石将他“六出六归”期间游历于祖国大江南北山水间所作之画收纳整编而成的，这个时

---

① 刘振涛、禹尚良、舒俊杰：《齐白石研究大全》，湖南师范大学出版社 1994 年版，第 225 页。

② 刘振涛、禹尚良、舒俊杰：《齐白石研究大全》，湖南师范大学出版社 1994 年版，第 27 页。

③ 刘振涛、禹尚良、舒俊杰：《齐白石研究大全》，湖南师范大学出版社 1994 年版，第 36 页。

④ 《齐白石回忆录》中自称“五出五归”，而《齐白石研究大全》中改为“六出六归”。

期他的绘画风格已经不局限于以往的花鸟草虫和人物，而更多的是对山水风景的大写意画。

在绘画思想上，齐白石主张“作画妙在似与不似之间”，且“太似为媚俗，不似为欺世”。早期的齐白石还没有达到如此境界，但早已发出“古人作画，不似之似，天趣自然，因曰神品”[①]的过人见解。

“我早年跟胡沁园师学的是工笔画，从西安归来，因工笔画不能畅机，改画大写意。……所画的东西，以日常能见到的为多……我写实物，并不一味的刻意求似，能在不求似中得似，方得显出神韵。”[②]工笔画是一种精细画法，“有巧妙而精细画者”，追求对事物形态极其相似的描绘，与其相对的便是写意画。早年齐白石长于工笔画，与王闿运结为师友后逐渐研习写意画，他自己也说：“余自游京华，画法大变，即能知画者，多不认为老萍（白石）作也。”[③]在北京定居后，一次偶然机遇与一代大师陈师曾及陈半丁等人订交，在与陈师曾订交的这短暂六年中齐白石画风发生了翻天覆地的变化，也决心在北京闯出一条新的路子来。

陈师曾，名横恪，号朽道人、朽者、槐堂，江西义宁人。早年留学欧美日本，也曾是绘画大师吴昌硕入室弟子，长于大写意花卉，笔力矫健，气魄潇洒，在北京极具盛名，有《中国文人画之研究》《北京风俗图》等著述与作品。传统水墨画发展到明清开始出现一些弊端，曾经达到巅峰的中国画艺术需要突破笔墨陈规的束缚。吴昌硕则是近代中国第一位以大胆的变革迎接挑战，是清朝最后一位也是现代第一位大画家，承袭了文人画的美学传统，在画面上他大胆采用西洋红，用明亮的色彩赋予花鸟画以新鲜的活力，笔酣墨饱，浑厚苍劲。陈师曾与齐白石的订交起源于他对齐白石刻印的欣赏，在谈论刻印之余竟发现齐白石的绘画也同样

---

① 刘振涛、禹尚良、舒俊杰：《齐白石研究大全》，湖南师范大学出版社 1994 年版，第 231 页。

② 刘振涛、禹尚良、舒俊杰：《齐白石研究大全》，湖南师范大学出版社 1994 年版，第 37 页。

③ 刘振涛、禹尚良、舒俊杰：《齐白石研究大全》，湖南师范大学出版社 1994 年版，第 232 页。

出色，并给出“画吾自画自合古，何必低首求同群”[①] 的意见，可以说为齐白石日后的“衰年变法”指了一条明路。他劝齐白石在绘画上不必求媚世俗，一定要画出自己所独有的风格，这也与齐白石当时在京时所处的环境有关。因为在此之前，齐白石的画风学的是八大山人的冷逸风，“冷逸如雪个”，这种绘画风格在当时的北京并不受欢迎，最受欢迎的是吴昌硕的大写意画派。齐白石靠卖画为生的日子过得很艰难，作品无人问津，上门求画的更是寥寥无几，也就更别提懂他画的人了。在这种情况下，齐白石自己也意识到只有对自己进行革新，另辟门户才能在这里有出路，并发出了“余作画数十年，未称已意，从此决定大变，不欲人知，即饿死京华，公等勿怜，乃余或可自问快心时也”[②] 的感慨。所以才有后来的“衰年变法”。

经过她的不懈努力，吸取了近代各家的长处，创造了自己的独有风格。相较变法之前，变法后白石老人笔下的花卉大多是粗枝大叶，但并非胡乱涂抹，也不是随性玩弄笔墨，而是笔笔都经过精心推敲，作品《墨蝶雁来红》就是变法后的一个典范。齐白石笔下的雁来红虽是横竖几笔，但能让观画之人如秋风拂面，倾斜摇撼的雁来红栩栩如生，绽放出旺盛的生命力，让人感到秋意正浓，精神顿爽。可以看出齐白石摒弃了之前画面布局繁满的手法，从简练中求丰满，从静中求动，从神似中寻找形似。用笔简练，结构合理，一笔一划纵横来去自如，笔断意不断。他还说过“粗大笔墨之画难得形似，纤细笔墨之画难得神似”[③]，这也是对于“似与不似”的把握难度的肺腑之言。

笔者认为“似”也就是指形似，而“不似”便是指的神似，“不似之似”便是指在形似基础上的神似。作画首先要形似，如果画作根本无法与所应对的事物联系起来，那么这只是一种欺人罢

① 刘振涛、禹尚良、舒俊杰：《齐白石研究大全》，湖南师范大学出版社 1994 年版，第 192 页。

② 刘振涛、禹尚良、舒俊杰：《齐白石研究大全》，湖南师范大学出版社 1994 年版，第 70 页。

③ 刘振涛、禹尚良、舒俊杰：《齐白石研究大全》，湖南师范大学出版社 1994 年版，第 77 页。

了。但在形似的基础上还要神似，“作画要形神兼备。不能画的太像，太像则匠。又不能画得不像，不像则妄”。[①] 齐白石认为画的太像，则为匠气，只是一种对客观事物呆板机械的临摹并没有与心中的想象结合起来，绘画本就是一种画家对于物象所做出的反馈再加上内心的情感与想象相结合后产生一部作品的过程，这也说明了艺术是来源于生活但又高于生活的。

2. “我行我道，我有我法”

齐白石曾对他的学生说过：“你不要只注意学我的皮毛，而要多钻研，自己多写生。然后再创作发挥才对。……要记住：学我者生，似我者死。”[②] 齐白石的这一习画主张至今还是很多人求艺路上的至理名言，时刻用来警醒自己。他认为在学习绘画上，应该着重强调的是老师如何立意、布局，再将心中的花想怎样通过自己的手法描绘出来，而不是只放眼于在物象形态上的执着，要透过物象的外形看内在艺术形象。临摹描绘只是学画的第一步，临摹好了之后还要在此基础上进行发挥与创新，不能完全学习他人风格与手法，还要融汇自己的创新，这样才能真正在艺术上有自己的成就，继承传统是不能生搬硬套的，是要取其精华去其糟粕、与时俱进的。“师其心而不师其迹，夺其心而不学其手”，在齐白石看来，学他人的画学得再像无济于事，那仅仅是存货于别人的影子下，没有自己的主张见解，也就是所谓的“匠气”，而并没有达到真正的艺术境界。齐白石也强调“要每日作画，不教一日闲过”[③]，“三日未作画，笔无狂态”[④]，这说明对一个东西的学习是连续的不能中断的，只三日未作画便觉手下无狂态，这也是齐白石激励自己的学生不要半途而废，帮助树立艰苦奋斗不懈努

---

① 刘振涛、禹尚良、舒俊杰：《齐白石研究大全》，湖南师范大学出版社 1994 年版，第 231 页。

② 刘振涛、禹尚良、舒俊杰：《齐白石研究大全》，湖南师范大学出版社 1994 年版，第 230 页。

③ 刘振涛、禹尚良、舒俊杰：《齐白石研究大全》，湖南师范大学出版社 1994 年版，第 223 页。

④ 刘振涛、禹尚良、舒俊杰：《齐白石研究大全》，湖南师范大学出版社 1994 年版，第 223 页。

力的求艺精神。

他还认为："画中静气最难在骨法，骨法显露则不静，笔意躁动则不静，余要脱尽纵横习气，无半点喧热态，自有一种融合闲逸之处，浮动邱壑间，非可以躁心从事也。"① 想要成为一名出色的画家，不仅要有才气和独到的见解，还必须得具有艺术家的修养和不计名利、不贪恋官场之心。

3."学古而变，取西而化"

齐白石对西方的油画颇为欣赏，他曾称赞道："你看这些西洋画（指油画）画的山水、人物都很逼真，好的是颜色多样。"② 这说明在西方艺术对于中国传统艺术的冲击之下齐白石并没有像顽固保守派一样全盘否认，也没有对传统艺术进行批判而全盘接受西方艺术，而是抱着一种欣赏、谦虚的态度对待，他能看到事物的优点。"得与克罗多先生谈，始知中西绘画原只一理。"③

经过对西方艺术的积极了解，和对自己情况的冷静分析，他制定了具体的路线并付诸实践。这充分反映了齐白石积极开放的思想观念和理性的自我选择能力。齐白石作为传统的国画家，却有着与西方现代艺术相互辉映的思想。这是因为他不仅站在时代的前沿，更站在人生的前沿去感悟艺术。西方现代艺术是西方思想体系的延伸，是西方社会变革的产物，它不同于中国的艺术。西方现代艺术注重探索和发现，中国的艺术注重情感与联想。站在时代的交叉点，对时代负责和对传统负责同样重要。

（二）齐白石艺术思想之篆刻

齐白石曾在1956年作品集自序中写到："予少贫，为牧童及木工，一饱无时而酷好文艺，为之八十余年，今将百岁矣。作画凡数千幅，诗数千首，治印亦千余。国内外竟言齐白石画，予不

---

① 李应强：《从齐白石题跋研究白石老人》，台北文史哲出版社1977年版，第80页。

② 刘振涛、禹尚良、舒俊杰：《齐白石研究大全》，湖南师范大学出版社1994年版，第225页。

③ 刘振涛、禹尚良、舒俊杰：《齐白石研究大全》，湖南师范大学出版社1994年版，第225页。

知其究何所取也。印与诗，则知之者稍稀。予知知之者真知否?将以问天下后世……。”这说明世人对齐白石的了解并不全面，流传较为广泛的仅仅是他的绘画，而其他诗文、书法、篆刻都知者稍稀。从这句话里能看出齐白石本人也是心有不甘的，对于他其他领域的艺术成就不为人知他是感到疑惑的。

笔者认为篆刻艺术实际上是与刻印、书法分不开的，是这两者结合而来的一种艺术形式。中国的篆刻艺术历史悠久，可追溯到先秦时期。不同的历史时期的篆刻艺术都有其自身的特点。齐白石早年为谋生补贴家用曾当过木匠，后又跟随周之美师傅学习多年雕花，这也为他后来的篆刻打下了坚实的基础。其实他的刻印早在 20 岁前就已经开始了，但仅仅是他闲暇时的业余爱好，为题画之用。“我在光绪十八年，三十三岁时，所刻的印章，都是自己的姓名，用在书画方面而已。刻的虽不多，收藏的印石，却有三百来方，我遂自名为三百石印斋，……民国十六年以后，在北平陆续收购的印石，又积满了三百石”①，所以齐白石作画常用“三百石印富翁”落款。

他曾在《白石印章序》中这样概括自己的篆刻生涯：“余之刻印，始于二十岁以前，最初自刻名字印，友人黎松庵借以丁黄印谱原拓本，得其门径。后数年，得二金蝶堂印谱，方知老实为正，疏密自然，乃一变。再后喜天发神谶碑，刀法一变。再后喜三公山碑，篆法一变。最后喜秦权纵横平直，一任自然，又一大变。”②拜胡沁园、陈少藩为师后，结识黎松庵、黎薇荪等人并与王仲言一同讲求篆刻之学，还利用了自己早年跟随周之美师傅习得的雕花功夫，篆刻手艺日渐增长。收到印友黎松庵赠与的丁龙泓、黄小松刻印拓片后，对丁、黄二人之刀法齐白石甚是喜欢并日日研习。黎戬斋《记白石翁》中曾提到“家大人（黎薇荪）自蜀检寄西泠六家中之丁龙泓、黄小松两派印影与翁摹之，翁刀法因素娴

① 李应强：《从齐白石题跋研究白石老人》，台北文史哲出版社 1977 年版，第 28 页。

② 李应强：《从齐白石题跋研究白石老人》，台北文史哲出版社 1977 年版，第 28 页。

操运，特为矫健，非寻常人所能企及。……翁之刻印，自胎息黎氏，从丁黄正轨脱出。初主精密，后私淑赵㧑叔，犹有奇气，晚则轶乎规矩之外。”①48岁时齐白石在长沙胡石庵家居住时获观一代印学大师赵之谦的《二金蝶堂印谱》，便从此改摹赵氏，后又将汉印格局融入赵之谦体，为人刻印，深受欢迎。齐白石这一时期刻印风格受赵氏很大影响，并以此为契机大量仿刻，还在仿刻的过程中发挥出了自己的特色，刀法有了进一步提升，手法古朴不失意趣，作品有《我生无田食破砚》，被称为“为六百年来摹印家立一门户”。50岁后长期研习汉印，并认为“汉铜印妙处不在斑驳，而在浑厚”，他偏爱秦汉印的浑厚，逐渐将其与赵氏风格融为一体，然后能自具特色，专攻汉铸印、凿印，常有个人独到之处。“刻印，其篆法别有天趣胜人者，唯秦汉人。秦汉人有过人处在不蠢，胆敢独造，故能超出千古。”齐白石从秦安刻印中领悟到，做任何事只有“胆敢独造”才能“超出千古”，“以天趣胜人”。齐白石认为“秦汉人有天趣在老实也”，即质朴自然之意，又“脱尽凡格，不见做作，即为佳刻”。如果说他七十岁之前的作品还有这猛利、着意、匠心等痕迹的话，那么他晚年所刻如“傅霖之印”“黄济国”“谢氏吉金乐石”等在字法、章法、篆法、刀法上已然达到浑然天成的娴熟境界，体现了理性与感性的统一。

晚清印坛，印家如林，而能自成家法，独树一帜，标领时代风骚的为数不多，赵之谦的疏密、黄牧甫的奇正，尤其是吴昌硕的酣畅淋漓、气象雄伟的印风居于清末民初，在“人人昌硕，家家缶庐”的笼罩下能冲破封锁、超越自我而独造我法者，齐白石当之无愧。齐白石在领悟到秦汉人的玄机法门后，结合自身开创了具有强烈个性、现代超前意识的齐派篆刻。他独创的“单刀冲凿法”愈加说明了这一点：“余刻印不拘古人绳墨，而时俗以为无所本，余常哀时人之蠢，不思秦汉人，人子也，吾亦人子也，不思吾有独到处，如令昔人见之，亦必钦仰。”确实它的独到之处是被后人所崇敬、效仿的，他的独到之处是富有创新性的。

---

① 刘振涛、禹尚良、舒俊杰：《齐白石研究大全》，湖南师范大学出版社1994年版，第30页。

齐白石在石质的印章上，一是完全能以刀代笔，能表达出老人书法的艺术。拿刀刻石时，会形成参差不齐的刀痕，把横、直、圆、斜等单线刀痕构成的书法，造成极为美丽的字形，颇显自然有趣。定居北京后，他的篆刻显现了改头换面的大转变，完全脱离了他所批判的“做摹蚀削”的旧法。他认为“世间事贵痛快，何况篆刻、风雅事也”，求痛快，但痛快不是逞性妄为。这个时期他所刻的印章，每一颗都是刚健古拙、纵横快利的。他十分讲究篆法，以许慎《说文解字》为本，又参取汉代官私印和汉魏碑碣文字，自已也添上些自认应作的修改和创新。印上横笔竖笔，从来都不是死板的对称。二是有疏密，有参差。一些难配置的文字，只要入印，他都安排得恰到好处。刻的时候一面下刀，即所谓单刀法。表现为：白文左边和下边平整，右边和上边随刀势自然缺损；朱文右边平正，上边和下边的应平应缺，常有变化，一般是上边平。一颗印章如果要刻成是很快的，左手握石，右手持刀，“如闻霹雳，挥刀有风声”。刻后略去边，即不再改。这种独创的风格和独到的功力，首先得力于雕花木工的锻炼，掌刀稳而又操作自如，像邓石如、丁敬、黄易、赵之谦的学习并且学习到位，也是一个渊源；重要的还是在于艺术家敢于“去雕琢，绝摹傲”。齐白石说过“予之刻印，少时即刻意古人篆法，然后即追求刻字之解义，不为‘摹’‘作’‘削’三字所害，虚掷精神。人誉之，一笑；人骂之，一笑”①，只有这种不为传统中的某些固定方法所束缚，勇于推陈出新，才能走出自已的风格。

（三）齐白石艺术思想之书法

诗、书、画、印是大多中国古代文人都必不可少的特长，齐白石也不例外。他的书法起源于他幼年时期，在祖父的帮助下入私塾进行了为期半年的学习，这一时期由于受到私塾的影响，其书法形态以馆阁体为主。馆阁体是由科举制度形成的考场专用字体，是一种方方正正柔媚而无力的字体，在明清两代最为流行。齐白

① 李应强：《从齐白石题跋研究白石老人》，台北文史哲出版社 1977 年版，第 28 页。

石向来厌恶做官，也不喜“考场体”，27 岁又拜胡沁园、陈少蕃为师后，受二人影响，书法变习馆阁体为何绍基体（何绍基，清道光年间著名书法家，湖南道州人）。后来专临“爨龙颜碑”，后来又学“郑文公碑”，学的很有功夫的是魏碑，写信提款曾经都用这一体。

在“五出五归”后，学李北海体、金冬心体的时间最长，临李北海“麓山寺碑”和“云麾将军碑”，拜金冬心的拙意。此外还学了“三公山碑”“天发神谶碑”“曹子建碑”与郑板桥、吴昌硕等人的字体。他写篆字最得力于“天发神谶碑”，气魄浑厚。60 岁前，齐白石把所临碑帖融化吸收，写成了“齐白石体”。观摩齐白石六十岁后写的书信，已分辨不出哪一笔是金冬心，哪一笔是李北海，哪一笔又是何绍基了。在书法上，齐白石也是独树一帜，自成一家。“苦临碑帖到死不变者，为死于碑下”，这与他“学我者生，似我者死”的艺术思想是一致的，临碑帖也要吸收他的内在精神，一生只临碑帖的人是写不好字的。齐白石行书吸收郑板桥的笔法最多，这一点很少有人知道，可见老人对郑板桥的书法也下过很深功夫。一横一竖，一撇一捺，都要一次笔到成功。若一次不成，重描一次，就成败笔。不仅重描，就连运笔稍稍停顿、迟疑，也要失去原有的精神，因为稍稍停顿就使全幅无法一气呵成。晚年齐白石的书法进入化境，他主要以治印的手法写字，所以骨力深透纸背，确有用笔如刀之感。70 岁以后自成一格，篆书纯从秦权汉印而来，气魄雄伟，笔笔如凿，妙在帅真淳朴，毫无做作痕迹。80 岁时书法水平已到了炉火纯青的地步，写字富有画意，用墨浓淡干湿随意点写，很是有趣，不是一般书法家能企及的。齐白石对于他所心仪的书家都能用心体悟，临池不辍，浸淫很深，不浅尝辄止，故均颇得神髓。他把“妙在似与不似之间”的道理体会得很深刻，他曾说：“我是学习人家，不是模仿人家，学的是笔墨精神，不管外形像不像。不要学习人家的短处，更不要把人家的长处体会错而变成了狂怪，因而就误入了歧途。”“窃意好学者无论诗文书画刻，始先必学于古人或近时贤。大入其室，然后必须自造门户，另具自家派别，是谓名家。”由此我们就可以感受到他在转益多师后，能师古不泥的思想根源。

齐白石的漆书可以说写得形神俱似。他曾经用这种字体去抄写自己的诗集，准备出版。另外他中期的梅花，上面的题跋，都有冬心体的字。而以楷书论，齐白石的冬心体，比起金冬心自己所写的字，自由而豪迈得多，也少了冬心的一种矜持、做状的感觉。但在笔力上却比冬心稍逊。

齐白石的篆书在转折上都用方笔，这样加上他沉厚的笔意，使他的篆书能一洗清代以来柔媚的习气。齐白石的篆书和工整的小篆结体有异，亦不同于经典的金文和甲骨文，在结字上理和篆刻，更多的是注重空间布白，为了形式的完美甚至会一改传统篆书的结字体式。删繁就简，易圆为方，在看似规整的空间内营造丰富的变化，在看似生涩的体势中演绎通脱浑融。“我书意造本无法”，他强调在书法创作中自立门户，不依傍前人的原创意义，但并非真的“无法”。郎绍君评论齐白石书法：“字有画意，是齐白石书法的一大特点。”由是，我们可以看出齐白石凭借着其对绘画和篆刻的超拔才情大胆地结字造型，不蹈成规，匠心独具，从而形成自家的书法风格。

当然作为真实的人他也会有自己人生的局限，在对“真”的坚持下形成了他“以俗为雅”的审美理想，在齐白石老人的书法作品中自然是隐约体现出来的，虽不如画和诗那样显见，但跳跃在行书体势上的“放”的意韵之美，的确是令人感动的。“行”得如意时便“奔跑”，“奔跑”不尽兴便“跳跃”乃至“喝喊”，大概这就是艺术的真实。齐白石的书法用笔法在对前人继承的同时，无疑也受到清代崇碑派书法余风的很大影响，从它师法何绍基、吴昌硕就能看出。而“力”与“势”在齐白石的笔下得到进一步的发展，愈见猛厉，而此种猛厉又不失蕴藉。我们姑且先抛开碑帖之争的纷扰，从艺术表现语言的丰富性上看，齐白石对笔墨的控制和对线条的锤炼是成功的，因为他的线条艺术语言的是独具个性的。这一个性就奠定了其独特书法艺术思想的基础。李可染就曾评价齐白石的书法说：……“笔墨讲得最好的是黄宾虹，实践得最好的是齐白石。齐白石的字写得很好，力能扛鼎。”齐白石

93 岁时写的“和平”两大篆字，运笔稳健而爽快，“平”字最后一笔，尤为稳健老辣。齐白石书法精深，利用书法功夫到绘画上，一笔可以画出一条大鱼的身躯或一条有骨有肉的螃蟹腿，三笔可以画出鹰的尾巴，又圆又硬，特别健壮。这固然是时代使然，也是老人早年的雕花木作，以及长时期的治印功夫打下的坚实基础。

（四）齐白石艺术思想之诗文

1. 齐白石艺术思想之诗

世人对于齐白石的了解大多集中于他的绘画，普遍认为齐白石的画最为出名，而对齐白石的诗却知之甚少。齐白石的诗其实并不逊色于他的绘画，而只是因为他的画名气太大而掩盖了诗的光芒。齐白石自己曾说过：“我诗第一，印第二，字第三，画第四。”看到这里大家确实会感到疑惑，笔者也想对齐白石的诗文一探究竟，这到底只是虚妄之说，还是事实呢？

齐白石今天的成就都是绝非偶然的，他的诗亦如此。前文笔者便提到幼年时期，祖父便对齐白石的学习严加管教，曾督促其背诵《三字经》《千家诗》。27 岁时，齐白石结识了恩师胡沁园和陈少藩，从此齐白石便读书拜陈少藩，学画拜胡沁园。白石便在胡家住下，“烧松烟以夜读，步落月而晨吟”，潜心钻研诗词书画。胡沁园除了授画之外还对齐说：“光会画，不会做诗，总是美中不足。”（《自传》）又说，画是诗之魂，诗是画之神，二者缺一不可。陈少藩教齐白石读《唐诗三百首》《孟子》《聊斋志异》、唐宋八大家古文，并且主张“法古而不泥古”，不必完全搬照古板的程序，教学极其灵活生动让学者受益匪浅。“莫羡牡丹称富贵，都输梨橘有余甘”，这便是齐白石在胡沁园一次集会上作的诗，这也是齐白石第一次作诗。王仲言在《白石诗草跋》中记道：“山人天才颖悟，不学而能。一诗既成，同辈皆惊，以为不可及。”

早期齐白石并不像一些文人喜欢作诗炫耀自己的才能或者为了谋求官职，他的诗多是表达对于家乡田园的喜爱，而且此时的他作诗全为作画而题。光绪二十年（1894），“春末，‘借五龙山僧寺为诗社，社友王仲言辈，凡七人，谓为七子，推璜为龙山社长。’”

32 岁的齐白石加入了龙山诗社并被推举为社长，与其他地方文人王仲言、罗真吾，罗醒吾、陈茯根、谭子荃、胡立三合称为“龙山七子”，与地方文人交友的范围逐渐扩大，也接触到更多平时所不能接触的新奇事物，并从艺匠阶层过渡到文人阶层。齐白石题画诗中有两首诗是这样写的，其一是“曾为旧友黎德恂壁间画松寄题”，诗中有两句是“安得安闲情似旧，卧君书屋听溪声”；另一“丹枫黄菊画赠黎松庵”，诗云：“三十年前溪上路，丹枫乱落黄花瘦。与君颜色未曾凋，人影水光独木桥。”这些诗都描绘了齐白石在乡间的生活现状，表达了他对家乡的眷恋与对大自然的喜爱之情。37 岁拜王闿运为师后，王闿运预言道：“看齐木匠刻字画，又一寄禅张先生也。”① 寄禅先生，就是湘潭有名的和尚诗人八指头陀。他出身贫寒，靠自己发奋读书，寒窗苦学终成名。可以看出王闿运对于齐白石的评价相当之高，但又指出：“齐璜拜门以文诗为贽。文尚成章，诗则薛蟠体。”1936 年齐白石游历四川经过巫峡时曾作诗《过巫峡》云：“怒涛相击作春雷，江雾连天扫不开，欲乞赤乌收拾尽，老夫原为看山来”，可以看出他的诗用词直率，充满霸道与悍气。这个时期齐白石的诗确如王闿运所言，作诗完全直抒胸臆，他自己也说自己写诗心里头想到什么都写进去，没有在字面上修饰过。“我是对死板无生气的东西，作诗讲究性灵，不愿意像小脚女人似的扭捏作态，因此各有所长，也就各做一派。他们能用典故，讲究声律，这是我比不上的，若说些陶冶性情，歌咏自然的句子，他们也不一定比我好了。”② 可以看出齐白石作诗，向来是不求藻饰，自主性灵，以简单明快的辞藻入诗，与他的画一脉相承同样充满了乡野感与蔬笋气。齐白石尤其反对模仿他人，学这学那，搔首弄姿。而王闿运这一评价激励了齐白石，使他意识到自己学问太浅，尚未成气候，对于作诗用词的准确以及表达方法还需大力改进，便更加刻苦地学习诗文了。

---

① 刘振涛、禹尚良、舒俊杰：《齐白石研究大全》，湖南师范大学出版社 1994 年版，第 32 页。

② 李应强：《从齐白石题跋研究白石老人》，台北文史哲出版社 1977 年版，第 22 页。

光绪二十八年（1902），齐白石受友人夏午诒、郭葆生邀请，前往西安游学，之后便开始了他的“五出五归”出游学艺。1904年王闿运召集齐白石等门人饮酒联诗，首唱“地灵胜江汇，星聚及秋期”，门人面面相觑，未有一人能联上。“南昌联句”发生后，白石受到了很大刺激，他心底意识到“做诗这一门，倘不多读点书，打好根基，实在不是容易的事”。所以他决然将昔日随性所作诗文予以焚毁，对待诗文字画越发地认真。《白石诗草·自序》中写道：“五出五归，行半天下，游兴尽矣。乃造借山吟馆与南岳山下，借补少小时旷废之功。”《借山吟馆诗草·自记》又说自记“四十至五十多感伤，故喜放翁诗。所作之诗，感伤而已。虽嬉笑怒骂，幸未伤风雅”。此时的齐白石已经行得万里路，读得万卷书，见闻广博，感伤为诗，苦吟甚勤。对于自己的诗文用词字眼愈加严苛，一字未妥，便再三删改直至适宜。

1917年，齐白石本不打算再作远游，无奈连年兵乱，使得生活十分不安定，存在极大隐患，也给齐白石的求艺之路带来了不稳定。为避祸乱定居北京之后，齐白石诗歌创作的主旋律也为之转变，由对家乡的眷恋与热爱转变为浓厚的思念之情，如题《渔翁》：“江滔滔，山巍巍，故乡虽好不容归。风斜斜，雨霏霏，渔翁又欲之何处，桃源在，人已非。”诗中很明确地表达了齐白石心系故乡却有家不能回归时物是人非的无奈。这种思想情感的改变并不是偶然的，正是由于有前面五出五归的游历，在游览外面精彩世界的同时也深深体会到家乡的不可替代。对家乡生活的陶醉与眷恋油然而生，随之而来的回忆与思念也涌上心头。此时的齐白石诗文风格基本主题已转变为思乡情结，并且与以往的直抒胸臆不同，在深刻程度与艺术性上也有了质的升华和格局的提高。在题《残荷图》诗中齐白石云：“年少何曾欲远行，开门无物不关情。身闲心静全无事，七月枯荷秋气清。”这句诗立马让人联想到白石幼年与父亲一同在星斗塘田间劳作时的快乐光景。不难看出该诗表达了齐白石背井离乡的无可奈何以及对故乡的真切思念之情，而七月枯荷、水塘草虾等家乡独有景物此时已凝结成了齐白石睹物思人、思乡的借体。抗日战争爆发北平沦陷后，齐白石一直深居简出，并时常称病在家不见客不卖画。然而1940年2月家乡寄来快信得知妻陈春君病逝，1943年12月继室胡宝珠病逝，这给本就愁闷难遣的齐白石带来了双重打击。家国的不幸使得这一时期的齐白石满怀积忿却无处发泄。“对君斯册感当年，撞破金瓯国可怜。灯下再三挥泪看，中华无此整山川”，以及“大好江山破碎时，鸬鹚一饱别无知，渔人不识兴亡事，醉把扁舟系柳枝”等诗中都体现了齐白石内心的忧愁与失意。齐白石古稀之年，有感于国难家愁，“诗性从此挫矣”。

齐白石是一个率直至性的人，他所作诗文在朴实中流露真情，表达他对父母、妻子、子女、师友间的感情，对一草一木大自然的寄情，以致对国家、社会及人类的热爱。他不是一个为艺术而艺术的国画家，他的艺术从生活中出发，因此他的艺术也更能牵动人心。

齐白石的诗，用词浅白且大胆创新，人家想不到不敢用的句子他都拿来一试，这反而使齐诗显得天真风趣、灵动巧妙。可以说齐白石作诗风格受到唐人李商隐、陆龟蒙影响，尤其是抒怀、咏物、赠答、田园等方面的题材。又因从小清贫的成长背景，齐诗并不完全隐晦婉转，他的诗构思独特，直抒性情，善于利用生活中的事物来表达心意。齐白石的诗可以说从晋陶渊明、唐杜甫、宋苏东坡到陆游、徐青藤、朱晦庵、陈白阳、瞿佑、袁随园、龚自珍等都有受到影响并吸收运用。而杜甫、陆游、朱希真、金冬心、郑板桥等人可谓对齐白石影响更大。可见齐白石诗是广纳海川吸取精华却又独辟门户风格独特的，大多是坦诚、真挚、亲切诙谐的自然风格。齐在自传中说道：“我的诗，写我心里想说的话。本不求工，更无意学唐学宋。骂我的人固然很多，夸我的人却也不少。从来毁誉是非，并时难下定论。等到百年以后，评好评坏，也许有个公道。”他还说：“余四十以前之诗，樊樊山、易实甫称誉之。五十以后，皆口头语，不为诗也。”王国维说：“社会上之习惯，杀许多之善人。文学上之习惯，杀许多之天才。”①齐白石艰苦的身世或者可以说其实是一种幸运，使得他这种艺术

① 李应强：《从齐白石题跋研究白石老人》，台北文史哲出版社1977年版，第25页。

上的天赋并未被世俗所磨灭，在大自然的灌溉下萌芽，长成一棵参天大树。他的不为作诗而诗的气概与品质是我们现代人所缺失且应效仿的崇高品质。这是一位具有真实农村生活体验的知识分子的真实质朴的乡野情怀，是融爱恋与体验于一体的人生感叹。

2. 齐白石艺术思想之文

前文提到世人对齐白石诗知者稍稀，那齐白石的文相较其诗可以说是更加不为人所知了。他不似有的文人接受良好的文化教育背景渲染，也没有自幼就被浓厚的文学氛围所熏陶长大，凭借的是自己内心对学术对艺术的一腔热血，所以他的文人色彩相较而言显得稍许淡薄。但我们深入研究会发现，齐白石在文章著述方面也是毫不逊色的，从类型上和数量上来看，还是他艺术创作的大宗。齐白石的文对他来说其实并不能说是一种艺术创作，而更多时候是齐白石本人记录生活点滴，抒发内心情感的一种载体，都是有感而发应有之为的。所以齐白石对于自己的文章并未像他的诗、画一般进行收纳整理及出版。1963 年人民美术出版社出版的《齐白石作品集》囊括了齐之绘画、刻印、书法、诗词，却也并未包含齐白石历年来所作之文章。

在笔者看来，齐白石的文章多是一些对自己生活的描写，或者与亲友的相处。如白石写他的《母亲周太君身世》中有一段：

田家供灶，常烧稻草，草中有未尽之谷粒，太君爱惜，以捣衣槌槌之，一日可得谷约一合。聚少成多，能换棉花。家园有麻。太君春纺夏绩，不歇机声。织成之布，先奉翁姑，余则夫妇自著……①

又有：

“太君年三十后翁弃世……从此家境奇穷。［太君］恨不见纯芝兄弟一日长成，身长七尺，立能反哺。”②

像“奇穷”“恨不能”“立能”等字眼都体现了齐白石作诗的

① 齐白石：《齐白石回忆录》，东方出版社 2012 年版，第 132 页。
② 齐白石：《齐白石回忆录》，东方出版社 2012 年版，第 132 页。

特征，他不拘泥于对某些字眼的运用，字词间没有那些过分华而不实的词藻，造句用词都力求能最大程度表达内心真实感受。从所记叙的内容来看，文章主要包括与亲友交际、生活琐事、以及自己在艺术创造上的记录。他的文章为后人研习他所在这段社会时期里文学、艺术发展上以及齐白石个人与其艺术成就的研究提供了大量史料，价值不可估量。

民国三十五年（1946），齐白石曾携带一包传记材料亲自拜访胡适，并请胡适为他撰写传记。众所周知胡适与陈独秀同为新文化运动的先驱，大力倡导白话文，提倡新文学创作，胡适看过这些材料之后对齐文深深赞叹，并写道：

> 我读了这些材料，很喜欢白石老人自己的文章。我觉得他记叙他的祖母，他的母亲，他的妻子的文字（那是我还没有看见他的《祭次男子仁文》）都是很朴素真实的传记文字，朴实的真美最有力量，最能感动人。他叙述他童年生活的文字也有同样的感人力量。他没有受过中国文人学做文章的训练，他没有做过八股文，也没有做过古文骈文，所以他的散文记事，用的字，造的句，往往是旧式古文骈文的作者不敢做或不能做的！①

齐白石早年学的是文言文，依靠自己刻苦自学，27岁后师从陈少蕃读《孟子》，闲暇时又学习《红楼梦》《西厢记》《聊斋志异》等古典文学名著，还时常听老师讲解唐宋八大家古文。27至37岁这十年中，齐白石写诗作画之余，也会偶尔作一些文章。与挚友一同吟诗作画期间，还通过写信交流的方式来锻炼文笔。后来游历期间齐白石又积极主动读书，他自己称逐渐可以“老实成文”。王闿运评价齐白石称：“文倒还像个样子，诗却成了红楼梦里呆霸王薛蟠的一体了。”这说明在37岁前齐白石的文章已经略有小成了。齐白石的成长过程中，王闿运的栽培与指导是至关重要的，在他的教导下，齐白石的文章从“老实成文”发展到“经世致用”，能够将记叙、议论、抒情结为一体，文风抑扬有致、深

---

① 齐白石：《齐白石回忆录》，东方出版社2012年版，第132页。

婉动人。后来开始广泛涉猎两汉、魏晋及明清佳作，并一度倾心桐城派清顺徐婉的文风。

齐白石文章的另外一个特色就是情感的真挚深沉，这主要表现在他祭奠亡故亲友的系列纪念文章以及绘画题跋之中。齐白石是一个感性的实践者，他的生活体验表达发自肺腑，深挚内蕴，例如《悼次男子仁文》：

……仁儿年六岁，其兄十二岁，相携砍柴于洞口，柴把未大如碗，贫人愿子能勤，心窃喜之。夏，命以稻草棚于塘头守莲，一日吾入自外，于窗外独立，不见吾儿，往视之，棚小不及身，薄且筛日，吾儿仰卧地上，身着短破衣，汗透欲流，四旁野草为日灼枯，余呼之曰："子仁！睡邪？"儿惊坐起，抹眼视我，泪盈盈，气喘且咳，似恐加责。是时吾之不慈尚未自觉也。……八年之间，吾尝游桂林及广州。吾出，则有吾儿省祖理家，竹木无害。吾归，造寄萍堂，修八砚楼，春耕小园，冬暖围炉，牧豕呼牛，以及饭豆芋魁，摘蔬挑笋，种树养鱼，库书理印，琢石磨刀，无事不呼吾儿。此吾平生乐事也。儿事父母能尽孝道，于兄弟以和让，于妻女以仁爱，于亲友以义诚。闲静少言，不思事人，夜不客宿，绝无所嗜。年来吾归，尝得侍侧，故能刻印。……世变日亟，无奈何，九月初六日忍令儿辈分灶。十一月初二日，吾儿病作，初八日死矣，越二十六日将葬杏子树三角园。痛哉！初三之日尚坐吾厨下，手携火笼，足曳破步鞋，松柴小火与母语，尚愁其贫。不意人随烟散。悲痛之极，任足所之。幽栖虚堂，不见儿坐。抚棺痛苦，不承儿应。儿未病，芙蓉花残。儿已死，残红犹在。痛哉心伤！膝下依依二十年，一药不良，至于如此！汝父母未死，将何以至之也。……①

寥寥数百字，胡适读完这篇悼文，甚为感动，在《齐白石年谱》序中几乎全文摘引，并写道："朴实的真美最力量，能最感动人。""朴实的真美"与真感情，当然还有被岁月所洗练的文句，

---

① 齐良迟：《齐白石艺术研究》，商务印书馆1999年版，第55页。

在齐白石这一类纪念、感怀的文章中得以充分体现。我们不必以"贬"中国文人来抬升齐白石，但他的文章给历史带来的价值是不可被磨灭的。心血为文，感慨成章，具有"朴实的真美"与真情是齐白石文章的重要特征。同时还巧妙地将叙事、写景、抒情完美结合，文笔功底令人赞叹，如《与黎大培銮书》中写道：

璜自游广州归，几似进谒，因以事牵未果，愧甚。一日独坐，回忆十年前与公频相晤时，蜕园、云溪多同在坐。聚必为十日饮，或造花戕，或摹金石，兴之所至，则作画数十幅。日将夕，与二三子游于杉溪之上。仰观罗山苍翠，幽鸟归巢，俯瞰溪水澄清，见蟹虫横行自若。少焉出于竹屿之外，归诵芬楼，促坐清谈。璜不工于诗，颇能道诗中之三味。有时公或弄笛，璜亦姑妄和之。月已西斜，尚不欲眠。①

此类文章既将自己的生活琐事一一完整地记录了下来，又不失风趣地使用了灵动的文笔，不像之前王闿运所言齐白石的文风只是"薛蟠体"而已，讲究了文采，行文从容自然，潇洒如行云流水，全文并无斧凿之痕，让读者能身临其境，当时的画面的栩栩如生的展现在读者眼前。齐白石的文章和他的诗一样，并不是他苛求功名利禄的工具，不是炫耀其才华的手段，仅仅只是他内心对艺术的一种向往和生活的实际需要。亲情感怀，牵肠挂肚，使读者身临其境，流连忘返，可谓文学艺术上的一块瑰宝。

齐著文章另外还有一个不应该忽略的部分，就是齐白石的篆刻印文以及他为自己取的斋号与画题，这些是齐白石不同时期心态的直观表达和真实写照，语言凝练直白，出语成熟老道且富于哲理，不失为齐白石散文艺术中散落的明珠。像"为客负梨花""梦想芙蓉路八千""客中月光亦照家山"等条目，意境清奇、构思独特，咏之荡气回肠，把对于故园的思念之情表达得含蓄委婉，见出作者的高雅情愫及品格。"草间偷活""身与心为仇"等句，富于人生智慧，读之如醍醐灌顶。齐白石把自己的人生体验与人生

---

① 齐良迟：《齐白石艺术研究》，商务印书馆1999年版，第27页。

智慧都锤炼成一句话、几个字，咏之却让人回味无尽，反而是从这些一句话长度的文章中，更能见出齐白石的文学创造天赋。因为这些文字是从一位饱经风霜雨雪的生活实践者的内心深处自然流淌出来的，是对人生最真切的喟叹、最深沉的直白，所以一语道破人性本身，这才是文学！

四、齐白石艺术思想的影响

自近代以来，中国社会一直处于动荡不安的状态，政治、经济、文化各个领域都受到了来自西方的强大冲击，在国外受过先进教育的一些知识分子、艺术家如蔡元培、鲁迅、胡适等都在谋求变革和创新，尤其在五四运动发生之后，掀起了一股艺术大众化的思潮。

20 世纪上半叶是我国历史上一个很重要的关键时期，在这一时期艺术界发生了重大的变革，在这里不得不先提到“清朝四王”。“四王”指的是王时敏、王鉴、王原祁和王翚这四位清初著名画家，他们都主张仿古，视宋元名家的笔法为标准，并得到了当时统治阶级的认可和提倡，因此当时整个中国书画艺术环境都以这四人所倡导的思想为主流审美，话语权都集中在这些拥有主流审美的传统艺术家手中，艺术变成了服务于那些拥有一定社会地位的人的工具而并非平民的大众的，非主流的艺术被限制压抑，甚至大众审美也被这些艺术家所操控着，意识到这个问题的艺术爱好者为数不多，这种氛围是不利于中国传统艺术健康持续发展的。那些在艺术主张或喜好上与他们无法达成一致的艺术家们便得不到当时社会的认可，齐白石就是其中一员。当时的一些风格保守的刻印人，见齐白石木匠出生便屡屡嘲讽其是“木匠”，看不起他的身份笑他不懂金石、刻印，说他“离开了古人，所刻‘太野’，不成艺术”。面对这样无端的指责与不被理解，齐白石并没有被世俗的洪流所击垮，在坚持自身特色的基础上博取众长，展露出一个全新的自我。齐白石说：“余四十以前之诗，樊樊山、易甫实称誉之。五十以后，皆口头语，不为诗也。”① 他曾将50岁以前苦苦吟作的诗稿付之一炬，并写下《焚稿》一诗：“旧稿全焚君可知，饥蚕那有上机丝。苦心岂博时人笑，识字无多要作诗。”因为他知道以前作的那些诗只是形式上的诗，而他要保留的颇受毁誉的“口头语”式的“不为诗”之诗，是直抒真情实感的淋漓的生命之作，这正是齐白石艺术思想真正的精神所在。

胡适也说过：“白石虽然拜在湘绮门下，但他的性情与身世，都使他学不会王湘绮那一套假古董，所以白石的诗与文都没有中他的毒。”② “看他的诗文，倒是很符合民初《新青年》所提出的文学革命三大主义：‘推倒雕琢的阿谀的贵族文学，建设平易的抒情的国民文学；推倒陈腐的铺张的古典文学，建设新鲜的立诚的写实文学；推倒迂腐的艰涩的山林文学，建设明瞭的通俗的社会文学。’”③

齐白石作为一名出生在湘楚大地上的湖南人，他一生的艺术历程可以说是在湖湘大地上完成的。齐白石所赖以生长的土地，湖湘艺术源远流长，诗词、书画人才辈出，形成了一种特定地域环境下催生的的文化，即湖湘文化。早期与齐白石有长期来往的如王仲言、胡沁园、陈少藩、黎松庵等艺术爱好者，几人常常聚在一起谈论风雅之事，研习绘画、诗文、篆刻，亦师亦友，交往甚欢。胡沁园系湘潭县中路铺竹冲韶塘人，出身书香之家，家境宽裕，为人慷慨，性情开朗，喜结交朋友。爱好诗文书画，能写汉隶，会画工笔花鸟草虫，诗也作得很清丽，是齐白石的恩师兼挚友。在胡沁园悉心栽培下，齐白石学业大进，能画亦能诗，渐渐略有名气。后来齐白石为艺术远游，为生活奔波，与恩师聚少离多，常常写下诗词怀念恩师，如《看菊怀沁园师胡宅》：“青鬓乌丝来唤翁，年年佳日喜秋风。红云满地先看菊，犹记停车谒沁

① 齐良迟：《齐白石艺术研究》，商务印书馆1999年版，第258页。

② 李应强：《从齐白石题跋研究白石老人》，台北文史哲出版社1977年版，第25页。

③ 李应强：《从齐白石题跋研究白石老人》，台北文史哲出版社1977年版，第25页。

公。”86岁的齐白石在《蝴蝶兰》上题到：“吾乡有陈少藩先生，工诗。吾初弃斧斤时，作蝴蝶兰画为赠，题云：‘栩栩枝头飞有意，春风吹动舞衣裳。’陈喜，召至门下。”陈少藩先生在齐白石的艺术生涯上也起到了十分重要的作用。随后又结识湘潭本土名人王闿运、黎铁庵、谭延闿、谭泽闿、杨度等诗词书画之师友，并与他们订交，几次陪王闿运远游写生。齐白石出身穷苦，在异常艰难的条件下发奋成才，他艺术上的成就与王闿运的栽培与提拔是分不开的，在王闿运的影响下，齐白石由民间画师逐渐转变为文人画家，最后成为一代大师。“齐杨声望倾朝野，笑傲王侯亦自知。旷世逸才应无我，衰年变法为乘时”这首诗便是指的齐白石与杨度。杨度与齐白石是同窗学友，一同受业于晚晴名儒王闿运，是王闿运的得意门生，他们互相学习，互相勉励，齐向杨学习诗文，杨向齐学习绘画，往来酬答，感情深挚，成为莫逆之交。杨度的弟弟杨钧与齐白石同为至交，杨钧在1928年刊行的笔记《草堂之灵》中说：“吾邑有四异人者：曰张乌石，曰寄禅，曰沈山人，曰齐白石。四子者，皆余至交，故其事特能详焉。”杨钧在四十岁开始作画后，常与齐白石切磋技艺，可见两人感情之深。可以说齐白石的成长坏境充满了浓郁的湖湘文化气息，尤其是被湖南人踏实肯干、艰苦奋斗的这种韧性所感染，他周围环绕的都是有深厚艺术底蕴的人文艺术圈，在长期的耳濡目染下，加上自身脚踏实地、勤学好问的良好学风，齐白石的艺术生涯日益提升。

定居北京，毅然决定进行“衰年变法”后，齐白石研习多家艺术风格并将它们消化，融入自身多年习得的技艺，独创一派，收获到了大批来自海内外的喜爱者。湖湘大地孕育出来的伟大的艺术家，又将湖湘文化带到了世界各个角落，“完成了重振民族文化雄风的神圣使命”①。

结　语

中国画坛巨匠，一代国画宗师齐白石经历了将近一个世纪的漫

---

① 李季琨：《齐白石之与湖湘文化的意义》，《怀化学院学报》2006年第6期。

长岁月，走过了坎坷的人生历程和艰苦的艺术创作道路。他凭着对祖国大好河山的热爱和聪敏好学的执着精神，从大自然中吸取养分，“为万虫写照，为百鸟传神”。一生刻意求新，不断进取和完善，但他又并非故步自封，晚年仍旧执意改革画风力求“衰年变法”，他的变法别开生面，令人耳目一新，形成了他自己独特的风格。他的画无论工笔还是写意都与大自然有关，并富于生活乐趣，绚丽、淡雅兼而有之，深具动人魅力。他的画题材频繁，大多咏物或托物言志，构思、立意、章法、布局都妙趣横生，给人们留下了数以万计的精美作品，表现了中华民族的伟大气魄，牵动了几代人的心灵。他曾说过“学我者生，似我者死”，继承传统是不能生搬硬套的，要寻找最适合的方法。齐白石一生培养了很多人才，为继承和弘扬中国传统艺术作出了巨大贡献。

一个人只有真实地面对自己，面对世界，才会从胸中滋生出豪迈气势，这种气势不是东施效颦，更不是故作姿态，而是发自骨子里的真切。基于这种豪迈的气势，自然就会形成其独特的艺术思想。齐白石的艺术思想中充满了天真烂漫的平民意识与朴实健康的审美情调。

舒新城“新教育”思想研究

李景梅

迄今为止学术界对舒新城教育思想的研究还是比较薄弱的，笔者收集到的资料，主要是一些从某方面或角度来研究舒新城思想的论文资料，如道尔顿制实验、课程改革思想、教育史的研究等。至于有关舒新城教育改革思想系统全面的专著，则是凤毛麟角，屈指可数，对于舒新城在“新教育”运动期间的改革思想的研究也是极少的。

专著方面：

《舒新城教育思想研究》一书，由崔运武著，辽宁教育出版社1994出版。此书对舒新城一生的主要教育实践和思想成果作了绵密的梳理，包括舒新城的教育改革、教育史研究和教育蓝图的构想等方面，全书全面系统、细致深入，阐述了舒新城从力行“新教育”改革向教育史学和教育理论研究转变的整个历程，生动地重现了舒新城这位教育学人，从醉心于微观的教育方法研究到宏观的教育蓝图描绘这一学术成长之路。该论著是迄今为止在舒新城研究方面较为少见的专著，具有较高的学术价值，可为我们研究舒新城教育思想提供参考和借鉴。

《舒新城教育论著选》一书，由人民教育出版社2004年出版，吕达、刘立德编著。全书分上下两册，按时间先后顺序将舒新城1916年至1949年间的80余篇教育论著进行收集整理，囊括了舒新城对教育体制改革、教育发展现状及出路、教育史、教育理论、职业教育、电化教育等诸多教育本身和教育外围问题进行探讨的成果。我们可以通过此论著把握舒新城教育改革思想的方方面面及其思想发展的线索，是研究舒新城教育思想与实践难得的材料。

论文方面：

著名日本教育史家阿部洋的《中国近代教育的特质——舒新城教育思想考察》，通过研究舒新城的教育思想尤其是舒新城对当时中国教育现状的体认，再现了中国近代教育的矛盾状况和问题。该论文为我们认识舒新城教育改革活动的受阻直至转向到教育史的研究这一教育家的个人际遇与当时中国教育大背景的关系提供了可借鉴之资。阿部洋的另一篇论文《舒新城的中国教育近代化论——他的教育思想与实践》，对舒新城在中国近代教育史研究过程中逐步形成自己教育史观的始末进行了分析和评论，为我们深入认识舒新城思想发展提供了一个视角。

于述胜的《学术与人生——解读舒新城和他的道尔顿制研究》，从舒新城人生经历的角度解读舒新城引进和研究道尔顿制的潜在因素：是在传统与现代、情感与理智、中国与西方的张力关系中展开的非简单的西化行为。

王建军的《忧患下的史作——论舒新城的教育史研究》向我们解读了一个对中国新教育满怀忧患意识的教育家，如何以质疑的眼光去反思中国近代教育史，继而对中国近代教育形成了一个基本看法，揭开中国新教育发展进程中冰山一角的过程。另外，他的《盲目趋新与教学改革——舒新城对道尔顿制教学实验的忧虑》则主要论述了20世纪20年代，在实施道尔顿制实验过程中，教育界刮起盲目求新之风，舒新城对此表示出的强烈忧虑，他强烈地批评了这种不问原理、不问需要、仅仅标榜新名词的不良之风，并指出盲目趋新已经成为中国教育界的顽疾，严重阻碍了教育改革的推进。

谢长法的《舒新城与职业教育》，介绍了舒新城职业教育思想和实践，以此论证了舒新城在中国近代职业教育发展史上作为职业教育倡导者、职业教育史研究开拓者的重要地位。

赵艳红的《舒新城与道尔顿制在中国的传播》，主要阐述20世纪20年代道尔顿制风行中国的时代背景，舒新城倾心于道尔顿制的原因和他介绍、推广道尔顿制的过程，总结了舒新城对道尔顿制失败原因的反思及历史其意义。

黄书光的《舒新城在上海的新教育探索》，此文对舒新城在上海期间的教育改革活动进行了研究，尤其是对舒新城实行道尔顿制实验进行了深入分析和探索，对舒新城探索适合中国国情民性的教育模式与教学方法的尝试与思考，给予了高度评价和肯定。

河北大学陈晗的硕士学位论文《舒新城中学教育思想研究》则是专门对舒新城中学教育思想的一个较系统的考察，包括对舒新城改革中学课程、引进道尔顿制和中学德育思想的论述。

另外，关于舒新城的留学思想、教科书编写和电化教育等思想的文章，也有零星出现在各类报刊杂志上。

一、舒新城生平及实践

舒新城（1893—1960），湖南溆浦人，是我国近代教育史上一度负有盛名教育家，同时也是教育史研究、出版以及辞书编纂领域功勋卓著的学者前辈。他是我国近代“新教育”运动的主要参与者与推动者，20 世纪 20 年代，舒新城率先在中学实施选科制和学科制，对中学课程进行研究和改革，较早倡行中学阶段的男女同学，反思和重建学生自治模式、构建新的德育内容，率先介绍和引进道尔顿制，后来转向中国近代教育史的研究，开创性地构建了中国近代教育史学科的框架，并在此基础上形成了关于中国教育改革发展的宏观系统的思想体系。他一生胸怀国家，心系教育，从事教育、出版事业和辞书编纂达半个世纪，为我国教育文化事业的发展劳顿 生、功勋卓著，是我国教育义化发展史上享有盛誉的杰出人物。

（一）求学若渴的湘西学子

1893 年 7 月 5 日，舒新城出生在湖南溆浦县东乡刘家渡。从曾祖父时代起，舒家就以佃田力耕为生，到了其父及叔父辈，虽经营过副业，但也只是“家道稍可过去”，生活仍然比较清贫，正如舒新城自己多次提到的那样，他是“贫苦的佃家之子”。然而就是这样的一个佃农之家，却同中国旧时多数家庭一样，希望其子弟能走上科举致仕这样一条光大门楣的古老道路，这其中尤以舒新城母亲的态度最积极和坚决。其母徐氏，自幼便是孤女，八岁入舒家做童养媳，性格孤僻，但天资很高，舒新城“祖父祖母及父亲畏之”，在舒家掌管一切重要家事，对舒新城期望很高，“望我将来绝不再步祖先的后尘作胼手胝足的农夫，只祷祝我长大时作一个读书种子，得一官半职以显扬我舒家与徐家祖先。”① 所以1898年正月，不足五岁的舒新城在家人的一片祝福声中，进入本乡的私塾，开始了他的求学之旅。

从1898年到1907年，舒新城先后就读于家乡的刘家私塾、胡氏家馆、迴龙阁私塾、张氏私塾和鄜梁书院，陆续学完“四书”“五经”，并学习作八股文和应制诗，1905年以后不再习八股和应制诗，改学张之洞的《论说入门》和《了凡纲鉴》，并读《新民丛报》和范缜的《神灭论》，受到无神论的影响，他学习兴趣浓厚，经常得到先生的嘉奖，被乡人视为“神童”。在这段接受私塾和书院教育的时期里，传统教育给他留下了终生难忘的美好记忆。这些私塾和书院一律地处静谧幽美的乡村山林，朴实而清新的自然环境涤荡了舒新城稚嫩的心灵；乡间父老对塾师的崇敬和对学童的钟爱让舒新城倍感亲切与鼓舞；更让舒新城印象深刻且无限怀念的是传统教育无年级、无铃声的自主学习方式，以至于多年后他仍然记忆犹新，并把这种方式变相地植入他的教学改革中。

1908年秋，舒新城进入溆浦县立高等小学，接受与以往私塾书院有别的正规学校教育。在这里，他接触到了部分新知识，但由于他对新式学堂班级授课制十分不习惯，统一而严格的学校管理制度对他来说，更成为了一种枷锁；加之课堂上教师又讲得“太平常”，所以他的学习主要还是靠自己大量地阅读课外书籍，常常是“身在讲堂，心在阅读室”。那时他读过的书报种类繁多，新旧并存，既有新式报刊，又有革命小册子，还有小说和旧式理学论著，新旧读物对他的影响皆比较深远。1911年6月，受革命学说影响，他带领本校同学进行罢课，未毕业即中途被迫退学。辛亥革命前夕，溆浦县成立“自治研究所”，舒新城为继续读书，

① 舒新城：《我和教育——三十五年教育生活史（1893年~1928年）》（以下简称《我和教育》）。

曾短时入校就读学习，半年即毕业。1912 年夏至 1913 年夏，舒新城先后就读于常德省立第二师范学校单级教员养成所和长沙游学预备科。1913 年 6 月，前往武昌文华大学中学部暑期英文补习科学习，在湖北的湘人多受“二次革命”牵连，舒新城学业未完成即归长沙。

1913 年 8 月，没有小学学历的舒新城，借用族人舒建勋的中学毕业文凭，冒名考入了湖南高等师范英语部，入校后经举报被查出，但由于他自己据理力争且成绩优秀，为校长所器重，得以留校继续读书。1915 年，经校长同意，他依旧改“建勋”为原来的“新城”。湖南高师是岳麓书院的前身，这里曾是朱熹、张栻的讲学之所，是传统文化传承和繁衍的温床，加之学校自然环境如诗如画，美不胜收，为舒新城所眷念。在新旧思想相互激荡的民初，湖南高师校长吴嘉瑞、教导主任刘宗向都以旧学著称，湖南高师也是“趋新与复古，互为雄长”。在这样的文化氛围之下，舒新城一面希冀“成为一个理学大师，重步朱、张的后尘”，在另一面则“又希冀在新时代做一个出色人物”，所以他的学习内容广博，新旧杂陈，“在文字方面给我最大影响的，第一是校内各种揭示，第二是《曾文正公全集》，三是一般人不注意的两部书：一是谢芦隐的《致今世少年书》（青年协会出版），一是李廷翰的《贫民教育谈》（商务印书馆出版）”①。舒新城在湖南高等师范学院学习刻苦，成绩名列前茅，1917 年毕业后以教师身份开始正式迈入他人生的重要阶段。

（二）十年辗转的教学生涯

舒新城的教学生涯，其实在 1911 年被溆浦县立高小开除学籍后就开始了，因为被学校开除而不敢回乡，作为权宜之计曾暂时在友人开办的学馆里教体操和算术，次年又往由鄜梁书院改办的县立初等小学校代课，这是他教师生活的初期尝试。1917 年夏天从湖南高师毕业后，进入兑泽中学任教。在兑泽将近一年多的从

① 舒新城：《我和教育》，中华书局 1945 年版，第 110 页。

教时间里，舒新城针对当时枯燥单一的教学方法进行了一些初步变革，教学成果比较理想，所以曾一度得到校方和学生认可，他自己也从中体验到成功的愉悦。只可惜这样的局面却被同行之间的竞争所阻断，由于他的独树一帜和小有成就给同行造成了巨大的压力并为部分学生所反感，各种矛盾交织最终引发了学生罢课，矛头指向舒新城，致使他在 1918 年夏被迫离开兑泽中学。从这里看来，舒新城的教学生活从一开始就与主动思考和革故鼎新结下不解之缘，他以后的教育实践一直都在探索与革新、矛盾与斗争中前行，加上政局不稳，所以在近十年的从教生涯中，辗转于多所学校，经历了诸多的风雨。

从兑泽中学离开后，舒新城便开始了从事教育研究活动的尝试，大量购买当时已有的教育学书籍，发现当时的中文教育书籍大多是一些陈词滥调，读罢很不满意，遂设法各方收集英文版的西方教育论著如杜威（J · Dewey）的《民主主义与教育》、桑代克（E · Thorndike）的《教育学》和《教育心理学》，读之大开眼界，受益良多，遂如获至宝，而从事教育研究和著述的志愿也渐萌芽。1918 年夏，由人介绍，舒新城担任湖南教会教师讲习班讲师，舒新城将新读之西方教育学和心理学知识整理成讲义进行讲授，受到教会教育界的欢迎，也因此被邀请入长沙福湘女校任教育学科教师，还兼任湖南省立第一中学的音乐教师。翌年春，任福湘女校教务主任。此时，他大量阅读西方教育学、心理学书籍，除了杜威、桑代克的著作，还有詹姆斯和贺恩的著作，并以贺恩的一本书为依据编成《心理原理实用教育学》，这成为他从事教育著述的肇始。受“实用主义”“教育社会化、生活化”的影响，他以教务主任这一身份在福湘女校推行教学改革，使福湘女校呈现出前所未有的勃勃生机，但这与教会学校的办学初衷却相去甚远。1919 年 10 月，舒新城因不满学校对学生思想的禁锢，在《学灯》上发表《我对教会学校的意见与希望》一文而被整个湖南教会教育界视为“危险分子”，终于失去了福湘女校教师一职。

1919 年，中国教育领域在五四新文化运动大潮的席卷下，开始了一场轰轰烈烈的“新教育”运动，舒新城酝酿已久的教育改革理想得到了一个很好的施展机会，也促使他走向了人生的第一个巅峰。1919 年 11 月，舒新城因创办进步报刊评论当时湖南教育实况，受当局胁迫于 1920 年避难上海，7 月，因湖南政治形势好转，又重新被湖南第一师范聘请，担任该校教育科主任，主讲教育学和心理学，并推行选科制和按能力分组制。因力行改革，舒新城小有名气，为当时教育界名流张东荪所赏识，1921 年 7 月，在张氏的邀请之下，前往上海吴淞中国公学中学部即后来的吴淞中学任职。舒新城在该校利用担任中学部主任一职，展开了教育教学改革，开中学男女同学之先河，推行选科制和学科制。1922 年，积极参与学制改革的大讨论，并于当年 10 月起，在中国公学中学部进行道尔顿制实验，同时大量发表文章介绍和宣传道尔顿制。1923 年 1 月，因试行道尔顿制中国公学中学部发生风潮，舒新城被迫辞职。

1923 年 2 月，接受东南大学附中主任廖世承的邀请，任该校研究股主任，对东大附中的道尔顿制实验给予指导，并开设暑期道尔顿制培训班，还前往沿海等地演讲，为道尔顿制作宣传。1924 年 4 月，道尔顿制实验在东南大学附中宣告失败，舒新城又一次辞职，随后，他前往东部沿海三十多所学校考察当地的教育状况，对道尔顿制在这些地区的实施进行了分析和研究。

1924 年 10 月，舒新城离开南京往四川，出任成都高师教育学教授，在那里继续从事道尔顿制的理论研究，发表大量有关道尔顿制的论文。除此之外，他还经常外出演讲和调查，成为当时成都高师的高调人物，也因此而引发风潮，几于丧命，最后于 1925 年 6 月仓惶离开该校，从此决定结束教学生涯。

将近十年的教育实践，让舒新城对中国的教育有了更进一步的认识，对教育的不满与怀疑随着道尔顿制实验的失败而变得更加强烈，这促使他转入了另一个领域：教育史的研究和著述。

（三）孜孜不倦的教育著述生活

在舒新城近十年的教学生涯中，实践活动和理论研究一直都在同步进行着，所以在他进入教育史学研究之前，教育论文和著述就已成绩斐然。从1917年舒新城湖南高师毕业走上从教之路开始，直至1925年离开教育第一线之后几年，在当时一些著名的教育期刊如《教育杂志》《中华教育界》《教育与人生》上，舒新城发表的教育论文数量已达70多篇，其中有关道尔顿制的论文占到了三分之一；而在此期间出版发行的教育著作包括译著也有近十部，如商务印书馆1920年版的《心理原理实用教育学》，中华书局1922年版的译著《个性论》，有关道尔顿制的《道尔顿制概观》（中华书局1923年版）、《道尔顿制浅说》（中华书局1926年版）、《道尔顿制讨论集》（中华书局1924年版）、《道尔顿制研究集》（中华书局1924年版）、《道尔顿制概要》（商务印书馆1925年版）；中华书局1924年版《现代心理学之趋势》；中华书局1925年版《舒新城教育丛稿》（第1集）。这一个时期，舒新城对于教育改革言行并举，特别是道尔顿制的实践和论著使他一跃成为当时教育界响当当的人物。

此后，在全国各地的道尔顿制实验纷纷沉寂、新教育运动宣告破产之际，舒新城退出了教育第一线，开始从事对教育史的研究，以图“向后”寻找中国教育萎靡不振的历史原因，并希冀以史为鉴，重新寻找到一条中国本土化的教育之路。舒新城从对教育史的研究开始，通过史料的收集和整理，根据实际需要编辑了一批近代中国教育史资料书，有教育年鉴式的《民国十四年中国教育指南》（商务印书馆1926年版）和《民国十五年中国教育指南》（商务印书馆1928年版），《近代中国教育史料》全四册（中华书局1928年版）；在收集史料的基础上，针对当时迫切需要解决的现实问题，先后发表了关于中国近代教育史的论文多篇，另外还著成论著《近代中国留学史》（中华书局1927年版）、《收回教育权运动》（中华书局1927年版），以及《近代中国教育思想史》（中华书局1929年版）和《中华民国之教育》（与孙承光合编，中华书局1931年版）。他在研究教育史的同时，反思新教育并寻找教育新出路的论文和论著也陆续完成和出版，论著有《教育通论》（中华书局1927年版）、《中国新教育概况》（中华书局1927年版）、《现代教育方法》（中华书局1930年版）、《中国国教育建设方针》（中华书局 1931 年版）、《致青年书》（中华书局 1931 年版）等等。教育史研究基础上的论著，为舒新城奠定了近代教育理论家的不可替代的地位。

1928 年，舒新城进一步转型，应陆费逵之聘请，主持新华书局的《辞海》编辑工作，1930 年正式进入中华书局，从事辞书编撰和出版事业。在长达 30 年的中华书局生涯里，舒新城笔耕不缀，在教育文化领域呕心沥血，贡献了毕生的智慧和才华。在进入中华书局以前，舒新城就和余家菊合作完成了《中国教育词典》（中华书局 1928 年版），后来又陆续主持编纂了《中华百科辞典》（中华书局 1930 年版）和《中外人名辞典》（中华书局 1940 年版）。舒新城在辞书编撰方面的最大贡献是《辞海》的问世，由他担任主编，在他的带领之下，从 1928 年开始，经过几十位编辑人员艰苦卓绝的努力，终于在 1936 年出版了《辞海》巨著两册，舒新城也因此在教育家之外，又获著名辞书编纂家之殊荣。

在教育理论著述和辞书编纂之外，舒新城的自传、回忆录和书信日记类著作也数量可观。1936 年由中华书局出版了回忆录《狂顾录》，另外还整理旧有书信、日记编辑成《十年书》（中华书局 1945 年版）和《漫游日记》（中华书局 1945 年版），从 1930 年冬开始撰写的自传《我和教育》也在 1945 年由中华书局出版。

1945 年以后，舒新城继续主持中华书局编辑所工作，并继续关注教育，醉心于电化教育事业，1948 年结集出版了《电化教育讲话》。1949 年以后，舒新城除了主持中华书局的工作外，还担任文化教育界和政界多种职务。1958 年 5 月，在毛主席的关怀下，中华书局《辞海》编辑所成立，舒新城任主任，开始修订《辞海》，1960 年春初稿基本完成。1960 年 11 月 28 日，舒新城因重病离世，走完了他为教育文化事业鞠躬尽瘁、奋斗不息而卓有成效的一生。

二、舒新城“新教育”思想之来源

舒新城生于晚清，活跃于民国，这个时代的中国学术界同仁们，所面临的是一个纷繁复杂、变化万千的社会，此时的中国，政治、经济、军事、外交、文化、教育等诸多方面都处在一个巨变的时代。中国学人在这个新与旧、东方与西方、传统与现代相互激荡的大时代里，思想上之斗争、选择与变迁，在舒新城这一思想个体上也留下了深深的痕迹。这样的一个时代，成为舒新城教育思想抹不去的背景，而这一时代所特有的各种思想之交相辉映就成为舒新城教育思想之渊源。舒新城曾说过："我以为人的思想之所以如此如彼，除了他的思想能力是根据他的天禀而外，其余都是为时代的轮子所转移；所以一个人的思想，精密讲来，都是反映时代的镜子，我个人的生活在人群中，在中国社会上，当然是渺沧海之一粟，算不得什么。但是我所处的时代与环境却有很重大的意义与价值。"①

（一）时代背景

1. 近代以来国势衰微的刺激

清末至民初，中国社会动荡不安，西方列强对中国的侵略步步紧逼，国家民族危在旦夕，中华几千年的古老文明在西方文化的冲击下不断退却，被迫寻找出路。中国社会在外力逼迫下，一系列巨变接踵而至，洋务运动、戊戌变法、清末新政这一连串从器物层面到制度层面逐步深入的改革，大大改变着中国社会的方方面面，可无论怎样改变，也挽不回整个清王朝江河日下的颓势；辛亥革命将满清统治者从社会顶端驱逐下来，建立了共和的政体，但民主的根基并不稳固，袁世凯、张勋的复辟闹剧，让共和国陷入风雨飘摇之境；与此同时西方列强在中国各自扶持自己的势力，各方军阀割据混战，社会政治诡异多变，经济发展迟缓，国贫民困，内忧外患。这种国势衰微的大环境不仅让有识之士痛心疾首，也激发了他们的历史责任感和民族自尊心，他们怀着各式各样的救国理想，为救亡图存奔走呼号，不遗余力。中国的有识之士逐渐觉醒，从文化层面来改造中国进而挽救民族危亡，成为历史的呼唤和时代的要求，而对文化改造负有重任的当属教育领域。在

① 舒新城：《我和教育·序》，中华书局1945年版。

五四新文化运动对旧文化、旧传统进行彻底批判之际，教育改革的浪潮风起云涌，国内掀起了一场轰轰烈烈的“新教育”运动，改革者们希冀通过教育改革从文化领域来挽救国家民族于危亡之际，而舒新城正是活跃于这一改革浪潮中且屈指可数的改革者之一。

舒新城出生于甲午战争的前一年，入私塾那一年中国发生了“百日维新”，在溆浦县立高小时爆发辛亥革命，在此之前他因思想倾向革命在学校组织罢课被开除学籍。辛亥革命后的社会更为动荡，舒新城漂泊不定，辗转各地，先到常德，后入武昌文华大学中学部，因二次革命的影响而被迫离开，再而入湖南高师，又逢复辟帝制的逆流，高师毕业后辗转各地的从教生活，目睹了诸多因政局不稳而引发的教育上之混乱。舒新城在从溆浦县的一个小村庄走向长沙、上海、南京、成都等诸多通都大邑的岁月中，不仅他个人备尝了国家动荡与贫困带来的艰辛和苦闷，也耳闻目睹了社会动乱造成的民不聊生的惨状，这些都刺激着舒新城。这位从民风强悍、民族情感浓烈的湘西地区走来，有着救国理想与抱负的农家子弟，他的思想由最初实践具体的教育方法到反思中国教育发展再而设计宏观的中国教育体系，其发展历程正是在这种国势衰微的大时代里逐步萌发和壮大，并终成一家。

2. 近代中国教育发展的状况

近代中国的教育发展经历了一个由传统向近代逐步转变的过程，这一转变是在西方文明的入侵与冲击下启动的。从1862年清政府设立京师同文馆开始至民国初年，因为传统的根深蒂固和文化教育领域发展的落后性，中国教育的发展实质上是混乱和缓慢的，五四之际出现的“新教育”运动，正是教育的落后与社会发展需要不相适应这一矛盾的总爆发。

中国近代教育肇始于洋务运动。洋务派为维护清朝统治，在“中学为体，西学为用”的教育思想指导下，设立学堂、改革科举、派遣留学生，大力培养洋务人才，并颁行了假道日本模仿而来的西方学制系统《壬寅学制》，但普通学子为仕途功名而读书的目的并没有因此而改变，所学内容仍是孔孟之道、先贤古训。维新运动后清政府废科举、继续兴学堂，“中学为体，西学为用”指导思想继续发挥作用，“忠君、尊孔”依旧是钳制人民思想的枷锁，与教育的近代化格格不入。

辛亥革命推翻了中国两千多年的封建统治，建立了民主共和的政体，教育上颁行了新的学制系统，教育宗旨中去掉了不合时宜的“忠君、尊孔”条目，代之以“注重道德教育，以实利教育、军国民教育辅之，更以美感教育完成其道德”，改革教学内容，提倡男女平等教育，对封建特权和等级制的取消，使革命后的教育呈现出鲜明的资产阶级民主主义色彩，各种教育思想从西方传来，中国近代教育事业得到发展；可是发展不是一蹴而就的，从西方借鉴而来的资产阶级民主政治文明和教育思想，并不能在短时间内为一般民众所接受并自觉践行，在共和形式之下，传统的价值体系并没有完全失效，封建伦常对一般民众的影响还在，乡村里的私塾先生在挂上新式学堂牌子的中小学里，照常地传道授业解惑，课堂采用的是那种注入式、照本宣科式的教学方式，因为师资的缺乏和素质低下，有很多教师竟连照本宣科式都无法胜任，升官发财依旧为诸多读书人的追求与梦想。舒新城对这一时期的“洋学堂”教育有切身体会，且十分反感，比较起来反而怀念以前的私塾和书院里宁静自主的读书生活。袁世凯的复辟更使民主共和的曙光蒙上一层厚厚的阴霾，为帝制的合法性做全方位的铺垫，文化教育成为袁世凯大做文章的重大领域。1915 年由大总统特定《教育纲要》，对教育宗旨进行了修改，以“爱国、尚武、崇实、法孔孟、重自治、戒贪争、戒躁进”七项为纲，大力推行封建旧教育和伦理道德，读经成为课堂的重要内容，教育的近代化在这种倒行逆施下已然受阻，而袁世凯时代结束后的军阀混战更使教育事业一度瘫痪。

五四新文化运动高举“德先生”和“赛先生”两面旗帜，“铲孔孟，覆伦常”“重新估价一切”，彻底批判旧文化旧教育，并深入发展成为一场轰轰烈烈的“新教育”改革运动。这一场“新教育”改革运动更加广泛地学习西方，各种教育思想从西方涌入中国，国内的教育学人秉持各自的教育理念和改革理想，融入这一火热的教育大讨论和大建设之中，试图将西方先进的教育理论和经验与中国实际相结合，在此基础上改造中国的教育模式，建立具有中国特色的教育体系。他们的改革充满了热情与活力，但也困难重重，改革过程中怎样处理中西两种文化因素在教育中的关系，怎样整合西方的先进教育文化和中国的传统教育文化来建设有中国特色的教育模式，是摆在中国教育学人面前的一个重大课题。舒新城正是在这一课题范围内展开了他一生艰苦卓绝的教育改革探索，在这一探索过程中，早年所受的中国传统教育和从西方远渡重洋而来的现代教育文化，成为他教育改革思想斑驳的底色和作为新元素启发着他的改革思维。

（二）思想渊源

1. 传统教育的熏陶

舒新城发蒙于清末兴学堂、废科举之际，成长于五四新文化教育变革中，特殊的时代与环境，使他既受过近代师范教育和教育科学的浸染，同时也承受了私塾、书院传统教育的熏陶。

从1898年进入私塾到1907年进入鄜梁书院，舒新城先后就读于家乡的刘家私塾、胡氏家馆、迴龙阁私塾、张氏私塾和鄜梁书院，这些个私塾与书院，地处湘西环境优美静谧的乡村，良好的读书环境让舒新城多年后仍充满怀念与向往。不仅如此，私塾与民间水乳交融的联系让舒新城更是推崇不已：“学塾与人民之间，不独无后来学校与人民的隔阂或仇视，且成为彼此不可分离的友谊，现在回忆起来，那时的情景，真所谓三代以上的羲皇上人了。”[①] 对私塾书院宁静优美的自然环境和良好的民间关系的缅怀，是传统教育留给舒新城美好的情感体验，这样的体验促使他后来对近代教育与社会隔膜、不为社会大众所信任和接受深为不满，多次在自己的文章和演说中对此种脱离社会的教育体系进行激烈的批判，并希望通过改革，建立与社会和生活紧密联系的教育模式。

---

① 舒新城：《我和教育》，中华书局1945年版，第27页。

另外，私塾书院的教学内容和个别教学方式也对舒新城产生了深刻的影响。舒新城在私塾主要学习“四书”“五经”，也作过八股文和应制诗，1905 年以后不再习八股和应制诗，改学张之洞的《论说入门》和《了凡纲鉴》。舒新城幼年天资聪颖、记忆过人，能读善背，经常被先生嘉奖，在书院他的文章时时得以“发帖”[①]，因而常可得奖励，如此一来，舒新城的私塾书院生活充满了成就感，而学习内容中包含的传统道德规范，也对舒新城更产生了潜移默化的影响，使之对传统的儒家道德颇为称颂。到了湖南高师，在作为湖南传统文化中心的岳麓书院，舒新城除了学习近代师范课程之外，又重阅了早年已经倒背如流的古书，还阅读了《曾文正公全集》，这些加上学校从《朱子教条》中抽取出来的各种揭示，也让青年舒新城苦闷的心中似乎豁然开朗，多年以后这些修身处事之条目在他的德育改革中得以重现。私塾书院的教学以个别教学为主，舒新城在那里养成了自主学习的习惯，他自己的一生也得益于这种习惯的养成，所以他对这种传统教育方法推崇备至，正如崔运武先生说的那样：“他一生中的教育改革活动，就是从力求在新的教育体制下再现这一个别化的教学形式开始的，并且将这一努力贯穿于他的教育实践与理论建构中。”[②]

除了上述这些外，传统教育留给舒新城美好回忆的还有如父子般的师生关系、先生们渊博的学识和令人肃然起敬的操守与气度仪表。如果说私塾书院所传授的传统道德为舒新城所悦服，那么私塾书院那种雍容肃穆的学习氛围、自主的学习方式、如诗如画的自然环境、与民间水乳交融的联系以及如父子般的师生关系等，更是让舒新城终生难忘，留给他的都是愉悦的体验。这种幼年和少年时代留下的美好感受很难从舒新城的头脑中抹去，而且在与后来的新式教育体验相比较的过程中前者的美好形象更加凸显，这成为他后来教育改革中时时再现传统因素的一个深刻缘由。

---

① 旧式书院中，学生每隔一段时间完成先生布置的一篇文章，优秀者其文章可被先生公开宣读和张贴，称为“发帖”，并可因此获得奖励。

② 崔运武：《舒新城教育思想研究》，辽宁教育出版社 1994 年版，第 6 页。

2. 西方教育思想的启迪

1913年舒新城进入湖南高师学习英文，他之所以选择这一专业的最初原因是受当时留学热的影响，希望能为出洋做准备，虽然最终没能如愿以偿，但因为有了这样四年的英文功底，在教育理论研究之初，就得以较先接触到当时西方的一些英文版教育原著，这样看来也不啻是一大意外收获。在高师时舒新城就为着"教育救国"的理想而开始注意教育的理论与实际，但翻开当时国内能接触到的教育理论著作，全是从日本引进的那老一套的教授论、训育论、养护论，而这样的教育理论在舒新城看来只不过是不切合中国国情的空谈；中国的教育之所以不尽人意，正是盲目照搬了这种教育理论的缘故，因此舒新城渴望一种新的教育思想来揭开他心中的诸多疑惑。

舒新城高师毕业之际的中国大地，正值新文化运动如火如荼之时，中国的知识分子阶层在文化领域开始了一场声势浩大的除旧布新运动，向西方学习突破了原来由器物而制度的范围，向哲学文化领域纵深发展，教育改革成为历史的呼唤。1918年舒新城离开兑泽中学，此时的他主动回应教育改革的时代潮流，开始再一次搜寻教育方面的著述，在美国牧师饶师伯的帮助下，舒新城借阅到了英文原版的教育理论书籍，桑代克（E. Thorndike）的《教育学》和《教育心理学》以及杜威（J. Dewey）的《民本主义与教育》等书，舒新城"读之如获至宝，始知教育要社会化、生活化等论据，及刺激与反应原则，及其在教育上之应用等等。更知教育科学之外尚有教育哲学，于是从事教育著述之志愿愈坚"。[①] 也是在这一年，舒新城进入福湘女校。在这所教会学校的图书馆里，舒新城兴奋地发现杜威、桑代克、詹姆士（W. L. James）、孟禄（P. L. Monree）、霍尔（S. L. Hall）等西方教育大师级人物的著作，詹姆士的《小心理学》、桑代克的《教育学》和《教育心理学》之外还有《大教育学》、孟禄的《中等教育》和《教育词典》都在他阅读的范围之类，这些西方的教育理论著作让他如

① 舒新城：《我和教育》，中华书局1945年版，第138—139页。

饥似渴，精神上大为愉悦，教育理论素养突飞猛进。而此时五四运动之爆发，更是把新文化运动推向了高潮，国内思想文化界在“五四”春雷之震动下，各种刊物携带着各种新思想漫天扑向中国这片古老大地，浇灌着这片土地和这片土地上的人，包括舒新城。同年，杜威来到中国，开始了他为期两年多的讲学之旅，他的“教育即生活”“学校即社会”理论差不多成为中国教育界的口头禅。舒新城本来就已深受杜威教育思想的启发，而这时教育界更是借杜威来华的契机，大力宣传其学说，各种报章杂志连篇累牍地介绍杜威在华的讲学情况，并开辟有杜威专栏，舒新城阅读良多，受益匪浅。1920 年秋，更有杜威、罗素、蔡元培、吴稚晖、张继、张东荪、李石岑等来长沙演讲，教育界为之振奋。在这种大环境的作用下，舒新城也备受鼓舞，开始了教育著述的尝试。他于 1919 年 7、8 月间，以美国教育家贺恩（H. H. Horne）的《教育上的心理学原理》为基础，兼采杜威、桑代克、詹姆士等的学说，结合自己的教学经验，写成了《心理原理实用教育学》，与此同时，他还在福湘女校进行了初步的教育改革实践，受到学生欢迎。

五四运动和杜威来华，对当时中国刚刚兴起的“新教育”运动的推动和刺激作用自不待言，舒新城也因此融入到这一轰轰烈烈的教育改革大潮中，而让舒新城最终站在“新教育”运动大潮之潮头的则是从美国传来的道尔顿制（Dalton plan）。由美国的帕克赫斯特女士于 1920 年 2 月首创于美国马萨诸塞州的“道尔顿实验室计划”，一般简称道尔顿制，理论来源是当时世界流行的自由主义教育观和学校社会化主张。此制以“自由”“合作”和“时间预算”为原则，此原则正好与五四新文化运动所提倡和追求的个性自由与解放之目标相吻合，也与舒新城所倾心之传统的个别教育有相似之处，于是舒新城对道尔顿制一见如故，成为在中国介绍和推行道尔顿制的主将，至此也赢得教育家之大名。除道尔顿制之外，舒新城对教学方法中的设计教学法、葛雷制、蒙特梭利教学法等也颇感兴趣并有研究，在他以后的改革中对这些方法也有采用。

西方教育思想和教学方法为舒新城教育著述和改革实践提供了教育理论基础和范式，是带领舒新城在教育研究领域由苦闷懵懂走向明晰的一线曙光，舒新城正是在五四新文化运动所带来的新的文化元素与他早年所受之儒家文化传统的双重涤荡下，才走进了他艰苦而卓绝的教育文化人生，成为中国近代教育史上一颗至今仍散发着智慧之光的教育明星。

三、舒新城“新教育”思想的主要内容

对教育现状本就不满意又深受西方先进教育思想启蒙的舒新城，在“新教育”运动的号角吹响之际，毫不犹豫地融入到这一场轰轰烈烈的教育改革大潮之中，针对学制改革、课程改革、德育改革、男女同学以及道尔顿制的试行问题，提出了一系列见解和主张，这些思想有很多在现在看来仍然具有积极意义，至于那些受时代和环境影响而失之偏颇的地方也值得后人去研究，作为我们探寻教育规律的借鉴。

（一）关于学制改革

民初建立的资产阶级共和国虽然经历了诸多曲折和劫难，但形式尚存，且一战期间帝国主义无暇东顾，中国的资本主义由此获得了一个发展的黄金时期。这种政治和经济上的发展呼唤着具有现代生产技能和道德品格之资产阶级公民的大量出现，五四新文化运动正是这种呼唤的集中表现，而“新教育”运动则是响应这一强烈呼唤应时出现的。怎样大批量生产出适合政治经济发展需要的共和国公民，教育要完成这一新任务，旧的教育组织形式显得无法适应，迫切需要建立新的范式。舒新城和他同时代的教育学人们正是体认到了这一时代的新需要，在批判旧的学制系统的同时，提出了自己对新学制的构想，并以自己的言行呼唤和推动了新学制的出台。

舒新城所构想的新学制系统的重心，在于他有所实践因而颇为熟悉的中等教育阶段。纵观他的整个中学学制设计方案，是以延长学制为前提，在分科的基础上实施选科制和学科制的一个配套

改革系统。他的这一套学制改革构想的形成，首先是从对旧学制即辛亥革命后之《壬子癸丑学制》的批评入手："我对于现行中学学制所最不满足者有下列数事：1．年限过短。2．第一年课程与高小第三年级重复。3．课程的规定太机械。"①舒新城指出1912年的《壬子癸丑学制》规定初等教育与中等教育年限一共是十一年，中学只有四年，其中中学第一年的课程和高小三年重复，高小一年级的课程几乎又与国民四年级的重复，这样算来则整个中等教育与初等教育合计起来不到十年，对于"完足普通教育"都无法实现，更谈不上兼顾到时下社会需要强烈的职业教育了。另外由于中学课程内容全国统一，且以升学预备为单一目标，这样就与社会实际需要严重脱节。"至因上列三项原因，中学校四年教育所产生的结果，除造成少数升学之学生外，大概为增加社会上之寄生虫。"② 社会与教育的矛盾和隔膜由此产生并愈演愈烈，改革现行的学制势在必行。

在批评了现行学制的弊端之后，他以1921年参观京、津、宁三地四所重要中学即北京高等师范之附属中校、南开学校之中学部、南京高等师范之附属中校和江苏第一中校的课程表及规程为参考，结合他所了解的国内其他一些具有代表性之学校的情况，指出当时中学校学制变化的一个趋势："1．中学校分科；2．中学校趋向于兼顾升学预备与职业教育；3．中学校修业年限有延长之趋势，并注重学科制。"③ 由此进一步肯定地提出中学校学制改革已成为教育发展之大趋势。

通过对学制改革必要性和现实可能性的研究，再结合国内已变更部章之中学校的情况，舒新城拟定了新的中学学制和课程表。在这个学制系统中，他将中学修业年限延长为五年，实行学分制，他还设定了颇具弹性的提前或延长一年毕业的细则；在延长修业年限为五年的基础上，舒新城主张实行分科之下的选科制和学科制：分科从第四年开始，分为文、理、商、师范科，选科制则是

① 舒新城：《中学学制问题》，《教育杂志》14卷1号，1922年1月。
② 舒新城：《中学学制问题》，《教育杂志》14卷1号，1922年1月。
③ 舒新城：《中学学制问题》，《教育杂志》14卷1号，1922年1月。

把学生所学科目分成必修科和选修科，学科制即打破原来的年级制，根据学生各科程度的高下为标准以能力分组来学习。

舒新城对他拟定的这一中学学制进行了详细的说明：第一，整个学制拟定的主要依据是教育目标的变更——升学预备与职业教育兼顾。无论是从尊重个性、培养个性的时代潮流来看，还是从社会经济发展需要来看，中学校于升学预备之外，还有职业教育之要求，即要培养具备现代生产技能和资产阶级共和国公民素质的人才。第二，打破年级制而采用学科制的原因。舒新城主要以指出年级制的弊端来凸显学科制的优越性和实施的必要性。年级制之下，学生的功课程度是以时间“年”为标准，在一年的时间里学完一年的功课则为一级，因此之故，会有如下弊病存在：学生因智力的强弱不同，学习速度不一，统一在一年的时间内完成统一程度的功课，势必不能把优秀者和驽钝者都顾及到，“所以一方面阻抑优等生的进步，一方面使劣等生不能不躐等或用功过度。”优者受阻，劣者受困，是年级制的弊病之一；年级制下学生因某一、二科不及格而留级，对于已经合格的科目不得不重复学习，造成脑力、经费和时间的浪费，且使学生学习兴趣下降，是为弊病之二；对教师来说，年级制之下的教学，因学生程度不一，教授不能同时兼顾优劣而左右为难，弊病之三；在“教育即生活，学校即社会”的实用主义教育观念影响之下，舒新城认为学校不应该存在人为的等级划分，学生应该是在一个具有共同精神的团体里学习和生活，年级制使高年级学生常常对低年级学生看低或命令，年级之间时有冲突，此为弊病之四。年级制有以上四种弊端，而学科制在舒新城看来正好可以避免这些缺陷，“学生的程度以各科为标准，某一科合某种程度，即在相当程度的一级听讲，不致因一、二科不合格而牵涉各科；也不致因多数人牵涉少数人，所以第一、第二、第三三种弊病均可免除。而且一人可在各级听讲，……那么年级的界限也自然打破了。”① 这里，舒新城把重心放在了年级制弊端的列举和学科制实行之必要性上，关于学科制

① 舒新城：《中学学制问题》，《教育杂志》14卷1号，1922年1月。

在当时将面临的实际困难，是舒新城思考不及的。第三，对修业年限平均为五年，主要是与以往四年比较，年限过短功课水平不及，于升学不利，大学因此须增设预科，再者职业教育之技能水平在短时间内也难以达到应有水平。第四，对于分科只有文、理、商、师范科。主要以当时国内大学所设科别和社会急需为参考，具有临时性。第五，分科从第四年起。舒新城认为中学生无论其毕业后是升学还是走向社会谋职业，作为现代公民，都必须具备较高的基本科学知识和素养，所以主张前三年让学生学习普通科学，后二年选习分科课程。第六，对于学生选修何种科目。舒新城主张参考家长、学生和老师三方面的综合意见，以顾及到学生个性的发展和社会的需要，避免盲目选择。第七，中学校设商科和师范科与实业学校和师范学校的冲突问题。舒新城主张单轨制，将与中学同等之分歧学校都在“中学校”三字之下办理，所以不顾及与现行之相冲突的地方。

舒新城的这一新学制构想总体上是符合当时教育发展基本价值取向的，他的兼顾升学预备和职业教育、用学科制来取代年级制以及实施选科制等等，都体现了西方进步教育的以儿童为中心和五四新文化运动对个体自由与发展的推崇与追求，是中国资本主义经济发展之需要在文化上的反映。1921 年 11 月，以六三三为普通教育分段标志的新学制草案，正是在包括舒新城在内的教育界人士之呼吁和期盼中出炉，其基本结构与舒新城的构想甚是相合。舒新城在对新学制进行讨论时赞誉有加，并按照新学制将自己在中国公学中学部的学制年限变为六年，这也从另一方面证明了舒新城对于学制改革大方向的构思是符合时代潮流的，也是基本值得肯定的。同时，舒新城对新学制还提出来了一些修改意见，譬如六年义务教育、节省军费开支来筹措教育经费等方面，很明显这些意见在当时是不切实际的，而且学制构想中对年级制的批判和对学科制的推崇在理论上虽是可取的，但一经付诸实践，学科制却在有限的师资和财力条件下难以为继，甚至不如年级制。这是舒新城们缺乏对当时国情的深刻认识而造成的，他在学科制的这条路上来不及多加思考，而是向前走得更远，其后不久对道尔顿制的介绍与引进正是为解决年级制的困境之故。

（二）关于中学课程改革

学制改革是为实现新的教育培养目标而进行的教育组织形式的变更，这种变革同时也呼唤着教育内容的调整即课程结构的变革。舒新城在参与学制改革讨论后不久，立即投入到课程改革方案的设计中，1922 年 5 月，舒新城以五万字的论文《中学校课程的研究》向教育界展现了自己的中学课程改革构想。

为什么要进行课程改革？舒新城从理论角度说明了课程改革的必要性。他以自己《心理原理实用教育学》中关于教育要“适合社会之要求”这一教育的基本属性为立论基础，指出：“教育是随社会变迁而变迁的，从人类史上考察之，并没有永久不变的教育宗旨，更没有永久不变的教育方法。”① 即教育要适应社会需要则必然随着社会的变化而变化，包括教育的目的和手段，在新的社会历史环境下，作为教育手段的课程，其变革具有某种必然性。对当时中国教育所面临的新的历史环境，舒新城早有认识，那就是资本主义对具有现代生产技能和道德品格的人才的需求。中国要改变在西方文明面前的弱势地位，就必须奋起追赶，经济发展对教育提出了改革的迫切要求，课程改革势在必行。

以什么为标准来进行课程改革？课程改革包括课程标准的制定和各科分量的配置，这些是课程组织结构设计的依据。舒新城首先提出了课程改革的“一般原则”，即课程改革的一个总的取向和基本标准：第一，“课程是达教育目的之一种方法”；第二，“课程是随着教育的变迁而变迁的”；第三，“课程的内容于适合现代生活之中要具有打破现实生活的精神”；第四，“课程应具有达到教育目的的简捷性”。② 这四条原则即标准，规定了课程在教育之中的地位以及和教育目的的关系，明确了课程设计要面向社会的需要和发展并具备打破现实的创造性和高效率的操作性。在“一般原则”之下，舒新城深入到课程设计的“特殊原则”，也是他最为

---

① 舒新城：《中学校课程的研究》，《教育杂志》14 卷号外，1922 年 5 月。
② 舒新城：《中学校课程的研究》，《教育杂志》14 卷号外，1922 年 5 月。

熟悉和关注的中学课程方面，由于中学生正处于青年时期，他们的身心变化较大，针对青少年的特殊身心状况，舒新城提出了六条具体原则：“（1）中等教育的目的在兼顾普通文化和职业教育，课程的内容也应当两方顾到。（2）中学学生身心发育正盛，思想变迁甚速，课程科目应有选课以应其需要。（3）中学学生活动力强，课程材料宜选择与日常生活切近者，使与环境多有接触。（4）中学学生感情特盛，课程的科目宜多，方面宜广，以丰富其生活而使之社会化。（5）中学教育非以研究纯粹科学为目的，课程材料的排列宜多心理的少论理的。（6）中等教育应注重学生自动，故授课时间每周最多不得过三十小时。”[①]这些原则以学生的身心发展和社会需要为核心，深刻体现了当时教育文化领域的主要潮流，即尊重个性的自由与发展以及教育为现实社会服务的主旋律，因而具有正确性和进步性，在课改再次成为教育改革之重心的今天，仍然值得我们借鉴。解决了这些理论的和原则的问题，舒新城进入到具体的课程设计领域，他所面临的是课程的主要内容问题。

那么，课程内容应该纳入哪些学科种类呢？舒新城指出，中学校课程内容的范围，“以新学制系统草案所规定之标准的第一、二、三条为中学教育的目的，则此范围内的科目应当为达到此目的的一种方法”，这三条标准即根据共和国体，发挥平民教育精神；适应社会化之需要，发展青年个性，使得选择自由；注意国民经济力。[②] 这是总的精神。涉及具体的学科分类，舒新城主要以两个方面作为客观根据：第一是他所收集的当时国内四类学校的中学课程表，这四类学校有遵照部章之中学校师范学校，变更部章之中学校师范学校，教会所办之中学校师范学校，实行新学制之中学校。第二是以美国教育家 H. H. Horne 及 W. C. Ruediger 的课程分类为标准。这样结合中国教育界的实际情况和外国教育专家的经验，再加上他本人在教育实践中形成的个人见解，舒新城拟定了中学校各科的课程表，我们可以粗略分析一下其中较具代表

① 舒新城：《中学校课程的研究》，《教育杂志》14 卷号外，1922 年 5 月。

② 《第七届全国教育会联合会议决案学制系统草案》，《教育杂志》，13 卷 12 号，1921 年 12 月。

性的初级中学普通科、高级中学文科预备科以及职业科商科的课程设计。课程表如下：

初级中学普通科

a. 标准

1. 以养成升入高级中学学生为目的。

2. 采用学分制，技能科实验科每周授课一小时为一学分，余均一小时为一学分。

3. 从第三年起采行选科制。

4. 每学期最多不得过二十八分，每年以四十周计算。

5. 学生须习满一百六十四分方得毕业。

6. 选修科最多不得过必修科百分之二十。

7. 外国语数量最大，占百分之三十，国语次之，占百分之二十，其余艺术、体育、科学常识、社会常识、数学、及选修科占百分之五十。

b. 课程表一（必修科）

表一

学年	第一年				第二年				第三年				共计
	第一学期		第二学期		第一学期		第二学期		第一学期		第二学期		
学科 学分	学科	学分	学科	学分	学科	学分	学科	学分	学科	学分	学科	学分	
国语	国语 文选 3 语法 2 作文 1	6	国语 文选 3 语法 2 作文 1	6	国语 文选 3 语法 1 作文 1 演说 1	6	国语 文选 3 语法 1 辩论 1 演说 1	6	文学 作品 3 修辞 1 作文 1	5	文学 作品 2 修辞 1 作文 1	4	33
外国语	读法 7 造句 2	9	读法 7 造句 2	9	读本 5 文法 3	8	读本 5 文法 3	8	读本 4 文法 3 作文 1	8	读本 3 文法 3 作文 1	7	49
数学	混合数学	5	混合数学	4	混合数学	4	混合数学	4	混合数学	4	混合数学	4	25
物理科学					应用理化	3	应用理化	3					6
社会科学	史地 政法	3	史地 经济 社会	3									6

续表

学年	第一年				第二年				第三年				共计
	第一学期		第二学期		第一学期		第二学期		第一学期		第二学期		
学科 学分	学科	学分	学科	学分	学科	学分	学科	学分	学科	学分	学科	学分	
生物科学	生理卫生	3	动植物	4									7
地质科学					土壤地质	2	地质学大意	2					4
神科学					普通心理学	1	普通心理学	1					2
哲学					伦理	1	论理	1					2
艺术	手工图画	1	手工图画	1	手工图画	1	手工图画	1					4
体育	柔软体操徒手游戏	1	柔软体操徒手游戏	1	柔软体操球戏	1	柔软体操徒手游戏	1	球戏击技	1	球戏击技		6
总计		28		28		27		27		18		16	144

b. 课程表二（选修科）

表二

学科 学期	国文	外国语	世界文化史	数学	物理学	化学	矿物学	地质学	土壤学	用器画	社会学	经济学	进化论	笔记	手工	音乐	哲学概论	图画	心理学	教育学	论理学
第一学期	3	4	3	3	3	3	2	2	2	2	2			2	2	2		2			
第二学期	3	4		3	3	3	2	2	2			2	2		2	2	2	2	2	2	2

高级中学文科预备科

a. 标准

1. 以养成升入大学文、法、哲等科之学生为目的。
2. 学生须习满一百五十六学分方得毕业。
3. 从第二年起设选修科，选修科占科目总学分百分之二十，必修科占百分之八十。

4. 每学期最多不得过二十六学分。

5. 国语、外国语数量最多占百分之五十。

b. 课程表一（必修科）

表三

学年	第一年				第二年				第三年				共计
	第一学期		第二学期		第一学期		第二学期		第一学期		第二学期		
学科细目学分	学科细目	学分	学科细目	学分	学科细目	学分	学科细目	学分	学科细目	学分	学科细目	学分	
国语	文言文选3 文学要义2 修辞学 作文1	6	同上	6	文学名著3 文字学2 作文1	6	文学名著3 文字学2 作文1	6	文学名著3 文学史2 作文1	3	文学名著3 文学史2 作文1	3	30
外国语	文学名著5 修辞学3 作文1	9	同上	9	文学名著5 文学史3 作文1	9	文学名著4 文学史3 作文1	8	文学名著2 应用文2 作文2	6	文学名著2 应用文2 作文2	6	47
第二外国语		7		7		6		6		6		6	38
科学概论		4		4									8
翻译										1		1	2
共计		26		26		21		20		16		16	125

b. 课程表二（选修科）

表四

学科 学期	法制概要	经济学	哲学史	社会学	社会心理学	中国近世史	西洋近世史	法学概论	财政学	论理学	生物学	社会问题
第一年	3	4		4	3	3		3		3	3	
第二年		4	4	3	3		3		4	3	3	4

高级中学职业科商科

a. 标准

1. 以养成中等商业职工为目的。

2. 学生须习满一百一十学分，实习足三十二学分之时间方得毕业。

3. 实习从第二年起，时间占百分之三十。

4. 必修科占百分之六十，选修科占百分之十。

5. 选科从第三年起。

6. 必修科选修科均商业科目。

b. 课程表一（必修科）

表五

学年	第一年				第二年				第三年				共计
	第一学期		第二学期		第一学期		第二学期		第一学期		第二学期		
学科细目学分	学科细目	学分	学科细目	学分	学科细目	学分	学科细目	学分	学科细目	学分	学科细目	学分	
社会经济	高等经济4 经济学史2	6	高等经济4 经济学史2	6	社会学	4	社会学	4					20
普通商业科目	商业要项6 广告学4 商业地理4 打字2	16	珠算2 商业算术4 簿记8 打字2	16	商业算术4 商业史2 速记2	8	商业史4 速记2	6	卖买学3 保险学3	6	卖买学3 保险学3	6	58
银行会计	银行学	4	银行学	4	会计学	4	会计学	4					16
实习						10		12		12		13	47
共计		26		26		26		26		18		19	141

b. 课程表二

表六

学科 学期	财政学	金融论	货币学	运输论	商业政策	汇兑论	股份交易	国际贸易	商品学	国防公法
第三年	3	3	3	3	3	3	3	3	3	3

从以上三种类型的课程表中，我们不难发现舒新城的课程设计基本上是遵循了他所拟定的原则和要求。首先，确实兼顾了普通

文化与职业教育，各种职业技术科目的设置凸显了职业教育在中学教育阶段越来越重要的地位，适应了社会对中等技术人才的迫切需要；其次，课程科目的门类有很大的拓展，在初级中学设置了哲学、普通心理学、教育学和论理学等新的科目都是以往课程科目中没有或少有的，加上大量选修科目的设置，为开拓学生的视野和培育学生的兴趣爱好提供了较好的空间；再次，采用学分制和延长修学的年限，保证了学生对基础知识的学习质量。这种课程设计的总的走向是正确的，对后世的课程研究不乏借鉴的地方。不过，他的这一课程结构设计也存在一定的弊端，如课程科目设置的极大扩充，实际上已经涵盖了一部分高等教育的内容，这样势必加重学生的学习负担，造成学生对某些学科只能是囫囵吞枣或走马观花般地学习；另一方面，这样的课程设计也对教师和学校的配套设施提出了更高的要求，在民国政治腐败动荡、经济落后的社会现实面前，也只能成为一种停留在教育家理想中的美好愿望罢了。

（三）关于教科书的编写

课程组织结构的改革和设计，为课程内容确定了大的范围，具体到每一学科应怎样设计教学的内容，也即怎样编写教科书，这是关乎教学成败的重要问题，对此，舒新城也进行了理论研究和思考。1922 年 3 月，舒心城就关于教科书的编写问题在《教育杂志》上专门撰文论述过，以混合心理教科书的编写作为个案，详细而周密地陈述了自己对编写教科书的见解。

舒新城指出，“科学与学科”“一般图书与教科书”在教科书的编写当中容易混淆，如何理解和界定此两对概念十分重要。他承认科学与学科的不同，并指出，所谓教科书，就是“要将科学底系统和研究者的态度同精神，去迁就读者底能力、时间，并要顾及读者读了此书以后的效用”。① 这一区分可以说是编写教课书时所应遵循的最高原则，此原则反映了舒新城尊重儿童身心需要

① 舒新城：《编制混合心理教科书的意见》，《教育杂志》第 2 卷第 14 号，1922 年 3 月。

的教育理论观念。在此最高原则下，舒新城从三个方面论述了教科书编写时应注意的问题：第一，是教科书的材料选择。舒新城认为在选择材料的时候应该以应用为主，所以根本的依据是：以科学的应用为准而不是系统地展示科学的逻辑体系，具体而言要以学生的日常生活需要为中心。舒新城在这一点上过度注重实际应用，因而忽视了学科体系的结构，但舒新城在教科书内容的选择上及时修正了这一偏差。他指出，教科书内容的选择“第一要明白科学的内容，第二要估定科学的价值”，他把这二者归纳为“适用”和“精要”两点。这样就将学生的需要和学科内容的选择两者都涵盖进去了。第二，是教材内容的编排。舒新城列举了当时人们所熟知的四种教材组织方法，即逻辑法，心理法，直线法，圆周法。舒新城分析了各种方法之利弊后指出，学生的需要是选择教科书编排方法的依据，心理法和圆周法为最适宜，为此，还必须在编辑时注意“系统简明”“学习便利”。这与他在设计课程组织结构时主张的“课程材料的排列宜多心理的少论理的”是两相呼应的。第三，是教科书的叙述方法。他主张采用归纳法，以学生日常生活为基础归纳总结，他说：“科学是从常识抽绎而成的，用常识来说明普通科学，并不是不可能的事。叙述无论什么科目都用日常的实例来作例，讲完了例再归纳起来作科学定理或原则，学生因为日常事实和他们旧观念相联络的原因，对于科学也容易记忆了。”① 由此，他把教科书叙述方法归纳为“常识的”和“归纳的”两点。

总的看来，舒新城关于教科书编写的主张是以学生的需要和社会生活为核心，打破了以往教科书脱离社会和学生生活、教条演绎而深奥难懂的积习，具有积极意义。他在学科和科学的区分上没有指出科学的本质，在教科书内容的选择上偏向于学生生活常识和经验，甚至在教科书内容的排列上仅仅偏执于心理与圆周的编辑方法，这些从现代教育学理论来看，都是有失偏颇的；但在当时的历史条件下，舒新城能有以上探索和见解，已实属不易。

---

① 舒新城：《编制混合心理教科书的意见》，《教育杂志》第 2 卷第 14 号，1922 年 3 月。

（四）关于德育

如果说辛亥革命是用武力从政治制度上结束了中国两千多年的封建专制统治，那么五四新文化运动则是要借思想启蒙从意识形态上剔除钳制中国民众精神与思想长达两千多年的封建道德枷锁。“反对旧道德，提倡新道德”，这是新文化运动的一面大旗。时代呼吁树立新的道德观念以适应新的经济和政治形势的发展，“新教育”运动健将们也掀起了一场声势浩大的道德教育改革，从德育目标到德育内容，从德育体制到德育方法，他们有言有行，积极投身这一改革浪潮中。与他们有所不同的是，舒新城这一次没有对时尚的德育体制推波助澜，而是背流而行，主要表现在他对学生自治模式的反思与重建以及德育内容的独到设计上。

1. 反思与重建学生自治模式

学生自治是五四学生运动以后发展起来的学生团体组织，它的形成反映了五四以来，民众的政治参与意识空前高涨，团体生活需要明显增强，是社会发展进步的结果，也是受欧美实用主义教育思想即“教育即生活，学校即社会”之影响，模仿西方学校中学生自治会而形成的一种德育模式。这种学生自治形式在五四之后受到教育界和知识分子的推崇，与当时国内的“联省自治”相呼应；加之当时“学校犹政府，学生犹国民”的呼声较高，学生自治会在全国风行一时，部分学生自治会逐渐在实际运行过程中走向无政府主义，独立于学校行政并干预校务，校方对学生的督导作用被大大削弱，更为恶劣的是“强者越位操纵，弱者不负责任”，失却了学生自治会建立的初衷。舒新城对于学生自治本身是赞同的，但对于五四以来学生自治大半发展成为议会式的团体，加入政治运动并干预学校行政，造成风潮不断和混乱不堪的现象颇为不满，所以他在学生自治会风靡全国之时，没有像在学制改革和课程改革中那样积极助新，而是进行了反思和批评。

舒新城指出，学生自治的目的，在于锻炼青年的团体活动能力和养成其组织能力，在西方国家推行的效果较佳，但在我国中等学校推行后造成极端放任主义，结果不能令人满意，其原因是多方面的。首先，提倡者对学生自治会缺乏研究，推行者只是模仿西方学生自治会的形式，关于其精神则不能领会，导致把自治会当作议会式的机关；其次，中学教育者由于自身素质有限，只限于教授书本知识，而不注重也无能力在道德方面给予正面引导和熏陶；再次，中国学校“素不注意团体生活的训练”，对学生的训育由封建的死板机械，经过民初肤浅的人格感化，突然进入五四后的自由开放，学生们无疑是从一个极端走向另一个极端，则无政府主义代替有组织有纪律的团体生活成为了必然。所以，这种“根基未植枝叶先茂的学生自治”，不但难以养成团体活动能力和组织能力，反而造成与团体生活相反的局面，大多数缺乏自治能力和习惯的的学生被少数强者牵着鼻子走。另外，舒新城还指出，政治之不良、舆论的无端鼓吹，使学生被“黠者利用以之为政争之具”。[①] 舒新城的这些分析是比较深刻的，他从社会政治因素、历史文化习惯方面分析，抓住了这种学生自治模式在热闹背后存在的症结：由于历史和现实的原因，缺乏自治能力的学生在没有指导或指导不力的情况下，大多走向了自由散漫。在舒新城对学生自治的反思中不难看出他的价值取向，即学生自治的模式本身是符合培养具有现代公民意识德育目标的良法，只是在教师指导、自治范围和团体训练上有欠缺，这样一来，他重建学生自治模式的基本思路已呼之欲出了。

针对学生自治会所存在的不足，舒新城首先提出了改革的要旨：“由养成团体生活的习惯着手，至能完全采用地方自治为止。”[②] 这就为学生自治会确定了一个循序渐进的发展形式，避免一蹴而就造成的冒进与混乱。其次，舒新城十分重视教师在学生自治会中的地位和作用。他分析指出，中学生确已初具自主意志和个性，但处于青春期的他们敏感而容易冲动，社会生活经验和学识尚不完全，完全放任自流的学生自治是违背教育规律的，也是对学生及其不利的。所以舒新城认为，教师在学生自治会中的指导和监督作用是必不可少的，其重要性和必要性正如教师在知

① 舒新城：《一个改革中学生自治的方案》，《新教育》7 卷 5 期，1923 年 12 月。
② 舒新城：《一个改革中学生自治的方案》，《新教育》7 卷 5 期，1923 年 12 月。

识传授过程中一般。再次，舒新城在强调教师指导作用的同时，并没有忽视青年的能动作用。中学生好活动、好自由，为尊重他们的个性发展，“规律生活之中要有自由的活动”。总而言之，舒新城力求在学生自治会中以学生为中心，教师处于辅导地位来达到学生团体活动能力的健康发展。为此，舒新城设计了学生自治会改造的方法：“（1）教师与学生共同为团体之活动分子。（2）团体组织以学生为本位，教师只是利用机会引起其动机，自立于辅导地位。（3）团体生活完全由学生自主，教师只在旁监督。”这一改造的方法可以说就是舒新城重建学生自治模式的基本精神和原则。

在这一基本精神和原则下，他制定了具体的改造方案：整个方案分为“全体的”“局部的”和“地方自治制”。他认为现阶段的学生自治会距离地方自治制还有一段距离，所以未加详细说明，这样改造方案其实只包括两个主要部分，即关于“全体”的和关于“局部”的。在“全体”的这一部分里，又分为“强制的”和“自由的”两部分。所谓“强制的”，主要内容是：参加学生自治的每组或每班之内，由学生共同议定规章并报告训育处备案，推举一到二人负责执行规章并由指导股从旁监督，由专任教师二到四人担任辅导员指导本组事宜，辅导员出席会议并发言但无表决权，辅导员每月集合一到二次，交流各组情况，“共筹进行办法”。组与组之间设联席会议，由每组代表出席联席会议解决各组相互联事宜。所谓“自由的”，主要是师生共同组织各种学术研究会，同为会员，各会自定章程，报教务股备查等等。在“局部”这一部分，又分为“顾问部”和“小团体”。“顾问部”是针对老生设置，由校长任部长，部员由专任教师担任，每学期伊始公布部员名单，学生自愿选择一名教师担任本期顾问，职责是指导学生行为以及帮助处理学生私事，每个顾问指导二十或三十人。“小团体”是针对新生设置，新生以寝室为单位，从简而易行的清洁整理之类做起，以《训育大纲》的规程为标准，指导股进行监督，“比较优劣而执行赏罚”，各室组织就绪，再分为若干区进行。每个寝室也可派教员为顾问。舒新城对这一方案进行了较为详细的说明，“师生共同生活为团体活动之基本方法”，学生年龄越大年级越高，则在日常生活和学习方面自主进行的范围越宽泛，教师只是从旁监督；顾问制类似于导师制，除对学生学习和日常事务指导外，同时注重学生的个人问题。他的目标是“俟团体生活的习惯养成，再由小团体连成大团体，采行地方自治制的精神”。①

舒新城的这一方案，是对当时被大肆鼓吹的学生自治模式作冷静思考后，提出的比较理智的改进措施。他力求将学生自治从过于政治化的状态扭转到教育范围之内，他不否认学生自治这种既尊重学生个性与自由又要求训练学生团体活动能力的德育模式，而是以比较犀利的眼光捕捉到了当时学生自治潜在的问题，并力求改善这种德育模式，以便更好地发挥这种模式的教育功能，培育具有团体活动能力的民主社会公民，以改变中国传统的德育模式和封建道德观念。在这一点上，他的这一重建方案具有进步意义。另一方面，由于舒新城目睹了诸多学生风潮给学校带来的混乱，自己本人也曾因学生风潮而受影响，所以他力求将学生自治的范围局限在学校学习和日常生活方面，这在当时的特殊历史环境下，对青年学生走向社会、投身政治以挽救民族危亡，具有一定的消极作用。

2. 变革德育内容

重建学生自治模式是对德育方法层面的改革，在这种方法之下以何种内容来塑造民主社会青年学生之人生观、世界观和价值观，是德育改革的又一项重要内容和艰巨任务。作为一个颇具社会良知和责任心的教育工作者，舒新城非常重视德育内容的变革，他的积极投身其中也就顺理成章了。那么，在打倒孔孟、批判封建纲常礼教后将以何种素材作为新道德的内容，舒新城的变革经历了一个不断调整的过程，即从流连于传统道德，到逐步向新道德迈进，再到最终确立与时代发展一致的资产阶级民主社会之德育内容体系。这个过程体现在《训育大纲》的拟定和两本教科书《公民课本》和《人生哲学》的撰写上。

---

① 舒新城：《一个改革中学生自治的方案》，《新教育》7卷5期，1923年12月。

辛亥革命后的中学德育内容，在课程上是以修身课来体现的，加入了一些关于个人对国家、社会以及人类之责任的规范知识，要求学生掌握一定的资产阶级国家公民常识，但在个人的待人接物、安身处事上依然大部分运用的是传统的伦理道德规范。舒新城最初的德育内容设置也基本延续了这一模式，他用伦理课代替了修身课，修身课分为日常生活规章和社会伦理知识，前者主要集中表现在他“根据实践伦理的德目，如清洁、合群、互助、勤学、容物、省克，举若干事例编成条文极简单的《训育大纲》”。这些条文是学生自治改革中用来指导学生日常生活的行为规范，很多都是“从《朱子教条》抽绎而来”。① 后者集中在社会道德规范即前面所提及的民主社会之公民常识方面。总的来说，这时舒新城的德育内容改革依旧是流连于传统道德规范当中，对传统教育的愉悦体验以及对朱熹和曾国藩等理学大师学说的服膺，是他思想上一抹难以退去的色彩。不可否认，传统文化中的一些有关个人修养和正确处理人我、物我关系的道德精髓，运用到学生自治中指导学生将其落实到具体的学习生活，是无可厚非的，也是可取的。但时代对新道德的呼唤，急切要求道德内容不能徘徊不前，除了传统道德的精华，还必须尽快构建与社会政治经济发展一致的新道德内容，在改革逐步深入中舒新城显然也体认到这一点，他开始调整德育内容的构建。

这种调整首先表现在《公民课本》的撰写。1922 年底，舒新城按照全国教育联合会新学制课程标准起草委员会专家组的决定，以“能明人己关系，而实践公众生活之规律者”为最低标准，撰写了中学德育课本，内容“包括法制、经济、家政、伦理、公共卫生”，这一课本已不再局限于对公民常识的简单把握，而是带有明显的现代政治思想及社会常识教育的性质。在教材中，他设计了六个部分：团体生活、政治组织、经济生活、社会问题、国家关系、道德问题，主要阐明了中学生必须了解的日常生活的伦理规范以及个人与团体、个人与社会、个人与国家等的关系。这种

① 舒新城：《我和教育》，中华书局 1945 年版，第 207 页。

调整的第二个表现就是《人生哲学》课本的编辑。舒新城有感于"多数青年对于'人生'无多方面之观察、考量，因而见解狭隘、生活烦闷"①，认为有必要在中学开设这方面的课，并撰写了《人生哲学》课本。该课本分为六大部分，论述人生哲学的意义及研究方法与目的，人生的机体，人生活动分析研究，人生活动综合研究，人生的究竟，人生的修养。受当时国内科学与玄学之争的影响，舒新城把人生哲学定义为："以科学实证为根据，研究人生的机体、活动、究竟、修养问题，而为意义与价值之探讨的学问。"② 主张以科学来解决人生诸多问题，养成正确的人生观和世界观。这两本教科书的撰写，在德育内容的构建方面，涵盖了德育的思想教育、政治教育和道德教育诸方面，并以科学的进化观作为立论基础而充满强烈的新时代气息。在国人思想仍然很大程度上被传统道德禁锢，普通民众缺乏现代科学理性精神的时候，舒新城的德育内容变革具有积极意义，也产生了重大影响。

（五）关于男女同学

在热火朝天的"新教育"运动中，中学男女同学也成为改革者们关注的又一焦点，舒新城在国内较早地倡行了中学阶段的男女同学，成为教育领域"比较先着一鞭的事情"。

中国自古以来女子教育不发达，专门的女子学校出现在鸦片战争后，且由外国教会为方便传教而创办。清末，政府主办的学校大多是男女分校，这主要受中国传统旧文化"男女授受不亲"的影响，同时也是受近邻日本之男女分校制度的影响。辛亥革命后，民主观念渐入人心，男女平等思想开始传播，国内出现了男女同校同学的呼声，于是 1912 年的学制改革规定初小男女可以同学。至五四前后，随着对传统陋习和封建礼教的批判以及西方教育思想的传入，提高女子社会地位、提倡男女平等的呼声更是耸动寰宇，男女同学从初小延伸到高小，其后各大学也相继向女生开放，中学阶段的男女同学问题被顺势提上日程。当时社会上对中学阶

① 舒新城：《我和教育》，中华书局 1945 年版，第 353 页。

② 舒新城：《人生哲学》，中华书局 1924 年版，第 12 页。

段的男女同学持反对意见的很多，一部分反对意见仍是用中国传统的观念作为论据，认为我国长期男尊女卑，女性在家从父从夫从子，如若接受与男子同等的教育，就会“自行择配及渐涨蔑视父母夫婿之风”①，加之男女青春期敏感冲动，易作出违背社会传统道德之事，有伤风化；另一部分意见从生理学和心理学的角度，指出男女心性不同，接受教育的快慢不一致，男女同学对女子不利，不能体现男女平等；还有一部分人从现实的角度指出，中国学校的设备没有注意到女子的特殊性，不适合女子。

舒新城针对这些观点，逐一提出了自己的不同看法。他指出，中学不能男女同学，主要的原因是人们认为男女不能接触过多，在他看来，这是社会的原因，“只要社会习惯能改，一切都无问题”；而且，“男女隔绝的社会习惯，在工商业社会之下，终于不能永久保存，终于要打破，则小学及大学既经打破，中学何以不可打破。”舒新城还指出男女同学的好处，他觉得“女生的精细，很可以补男生的粗暴；男生的勇敢，可以补她们的畏缩。男女生在一起或者反有益处”。② 对于认为男女心性不同而反对男女同学者，舒新城同样从心理学的角度给予反驳，他承认男女在心性上的差异，但他同时也提出，“男女之间的差异，其量不比男子与男子、女子与女子间的大”，社会上的很多职业都适合女子，如师范、商业等都是女子能够胜任的，那么诸如设有这些学科的学校，都是女子可以和男子同时就读的。至于男子中学的设备不适合女子的观点，他认为不是男女同学是否应该的问题，而是如何实行的问题。舒新城从社会习俗、男女身心特点和社会发展趋势等方面，论证了男女同学的可行性，构成了比较完整而合理的男女同学思想，具有教育民主的性质，是对五四时期民主思潮的积极回应，也是给中国近代教育中男女同学的发展助了一臂之力；同时在男尊女卑、女子无才便是德等封建伦理道德思想仍然充斥人们头脑的当时，提倡中学男女同学对于转换民众的思想观念具有不可忽视的意义与价值。

---

① 舒新城：《中国近代教育史资料》中册，人民出版社1961年版，第388页。
② 舒新城：《我和教育》，中华书局1945年版，第226页。

（六）关于道尔顿制

20世纪20年代的中国，社会心理的发展变化表现出前所未有的斑驳复杂，旧的思想文化固然还占据很大市场，而对新思想元素的追求也达到极致，处在千年未有之变局的大时代，思想界在抛弃旧的东西后急于寻找新的内容来填补空白，教育领域也是如此，否定旧制迎接新制成为一种势不可挡的潮流。就在舒新城为学制、课程、德育等改革摇旗呐喊时，从美国又传来了一种新的教学组织方法即道尔顿制，正是这一新制的传入使舒新城彻底地抛弃了原来的班级制教学，在中国掀起了一场波涛汹涌的道尔顿制试验大潮，而舒新城也真正成为了“新教育”改革运动的主将和代表为教育史所记载。

1. 引进道尔顿制的原因

舒新城对道尔顿制的引进与传播，其背景是分科制和选科制在实践过程中遇到的困难和问题日益增多且无法解决。分科制和选科制的确使得舒新城感受了较之以前单一死板的模式所未有的愉悦，但由于课堂仍然处于以铃声和钟点为界限的班级授课制模式之下，致使改革成效不显著，并出现新的困难。如学生按能力分组后，对师资力量的需求成倍增长，各分科教室的数量也远远不够，这样一来各科之间的冲突和教员与教室之间的冲突，让整个学校的教学工作运转困难；再如学生虽按能力分组，学生和学生之间不再因进度差异而相互牵制，但就单个学生来说，各科之间的较大差异仍然存在，由于这种科与科之间的发展不平衡造成的学生升级或毕业的障碍依然不能解决。正如舒新城所说：“从前的私塾发现弊端，为社会上的先进者所怀疑，于是有年级制的学校；近代年级制发现弊端，于是有学科制的改革。我们实行学科制时间有数年了，亲自试验过的学校也有数处了。去年以来，因为我们在教育上有自由试行主张的机会，昔日我们所想到的好处大部分都得着了，想不到的难题也大部分做过了。但上面所讲的疑问与困难，还是一天一天地增多，于是我们便想到非根本改革现行的教授制度不可。"① 另外，舒新城对道尔顿制一见钟情，其中的另一潜在心理因素则是他对早年所受私塾和书院教育的深切怀念，对没有年级界限、没有铃声的个别教学和自主学习生活的念念不忘；加之舒新城此时已深受杜威、桑代克教育理论影响，让他无论是在情感上还是在理智上都为迎接一种全新自由的教育组织方法做好了准备。此时恰逢中国教育学者鲍德徵在《教育杂志》上发表了《道尔顿实验室计划》以及余家菊在《中华教育界》上发表了《达尔登制之实际》，舒新城读罢觉得此制无论是从事实上还是理论上都可回答和解决学科制之下的诸多疑难，于是对道尔顿制加以宣传和实施，并最终在中国教育界掀起了道尔顿制热。

2. 对道尔顿制的学理认同

道尔顿制，是美国进步教育家柏克赫斯特女士于1920年创立的一种教学方法，全名为"道尔顿实验室计划"即The Dalton Laboratory Plan，此制首先在美国马萨诸塞州的道尔顿市市立中学实行，所以简称为道尔顿制。它的理论基础是卢梭的自由主义教育观和杜威的学校社会化主张。道尔顿制主张废除年级和班级教学，使学生在教师指导下，根据教师拟定的学习计划和各自的学习进度，依据各自的能力、需求和爱好，自主安排时间和选择作业室，自主学习并相互合作，使不同智力和不同学习程度的学生都得到自由而充分的发展。换言之，实行道尔顿制的学校，是要允许儿童自由生活，不予过多干涉，在学生之间消除人为的等级，不同年龄程度和学习进度的学生融为一体；学习方面，教师依照学生的能力指定功课，学生按照自己的学习进度安排学习内容，自由支配学习的时间，没有铃声和课表的干扰。

舒新城在介绍和倡行道尔顿制的同时，也对道尔顿制进行了大量的理论研究和探索，这种研究和探索首先是从认同柏克赫斯特关于道尔顿制的两个理论基点开始的。其一，是天性内发论。这一理论导源于卢梭的自由主义教育观，经蒙台梭利进一步强化为"自由"原则。舒新城在有关道尔顿制的诸多演讲和文章当中，多

① 舒新城：《什么是道尔顿制》，《教育杂志》第14卷第11号，1922年11月。

次指出儿童天生就具有自动力，教育对儿童的自动力需予以尊重。他从生物学的角度指出："我们知道生物有两大机能：就是求生与传种，这两大机能是天生的，是遗传的。各种生物生命，繁殖种族的方法虽然不同，但却能自动地满足这两种要求却是相同的。人类属高等动物，因幼稚期较长，需要人帮助的地方较多，但我们决不能说他不能自动。"① 舒新城就此肯定了道尔顿制关于天性内发论这一理论基点，并指出立于此理论基点上的"自由"是道尔顿制的根本原则。其二，关于道尔顿制的另一个理论基点——学校即社会，以及由此理论推理出的"合作"原则。舒新城明确指出"学校即社会"是现代教学法之公共注意点，是世界教育发展的趋势所在，道尔顿制的这一理论符合世界潮流的趋向。由此舒新城对这一理论推理出来的"合作"原则十分看重，多次强调"道尔顿制有两条很重要的原则，就是自由与合作。这两条原则，在道尔顿制重占同样的位置，不可有所轩轾"。在分析和认同这两个理论基点的基础上，舒新城指出："我们知道道尔顿制的特点是：教学单位是个别的，组织单位是团体的；其机能是：利用环境使师生共同生活，调和教与学的活动，使各个学生——无论天才、中才、劣等生——的个性与群性得适当的均齐发展；其目的是：把教与学混合为一，养成无恐怖的人们（Fearless human being）。"②

道尔顿制作为一种教学组织形式，除理论基点和原则外，重要的内容在于实施方法，包括实验室即作业室、作业指定和成绩记录表。首先，试验室是学生进行作业的地方，其中的设备包括书籍、图表、试验用具，因为班级制被废除，所以实验室兼具自修室、实验室、图书室和教室的作用。实验室全天开放，每一室有教师一到两人，学生们在教室内自由学习，必要时可请求老师指导；指定作业又称为学习工约，教师将每一门学科的内容按月分成若干部分，学生每次和老师签订一个月的工约，根据自己的情

① 舒新城：《道尔顿制与小学教育》，《教育杂志》第15卷3号，1923年3月。

② 舒新城：《道尔顿制到底有什么优点，行道尔顿制到底有什么条件》，《教育与人生》第8期，1923年12月。

况自主学习，完成后换取下一个公约，实行弹性毕业制；成绩记录表，是记录指定作业完成情况的表格，分为学生作业记录表、教师实验室记录表和每周进度统计表，是学生自己和老师对作业进度情况的记录和反应。这些方法系统而复杂，舒新城在他的演讲和论文中用大量的篇幅对此进行说明和解释，他对这三种方法之间的关系和地位这样分析道：“作业室在道尔顿制方法中是第一个先决问题，倘使这个问题不解决，其他各事都无从进行。”对作业室的设置，舒新城提出了科学的环境、美化和经济三原则，并认为这是不可不掌握的。其次是功课指定，他说：“功课指定也可以说是道尔顿制的中心问题：因为作业室设备不周，固然可以使其他事情无从进行，倘使作业室设备完备，功课指定若无精彩，其结果必比学年制还坏。”功课指定也需注意一些原则，诸如演绎法、兴味、教师会合讨论、各科互相联络等等。最后是成绩记录表。舒新城认为此方法的作用易被忽视，原因是不明了其目的，所以他指出柏克赫斯特女士创造这些表格的目的，“第一在于办法简单，时间经济，使一般学校易于仿形；第二在利用这些表格为支配标准教材，改进教学方法的辅助。”① 舒新城对此三种实施方法在整个道尔顿制中的地位和相互关系的把握是比较到位的，他理解和研究的方向符合也柏克赫斯特的本意。

可以看出舒新城是满怀着改革教学方法进而改善教育事业的热情，对道尔顿制的理论、原则以及方法进行了深入细致的研究，希望就此同其他道尔顿制试验者进行磋商和相互砥砺，力求以正确的埋论和方法指导道尔顿制试验。此种科学的态度和精神使他在道尔顿制的传播和实践中，成为当时首屈一指的道尔顿制方面的专家人物，并继学制、课程和德育改革之后，以力行道尔顿制的传播和实践将“新教育”运动推向了高潮！

3. 对道尔顿制的中国化变通

舒新城对道尔顿制可以说一见钟情，他对道尔顿制的推崇和宣传不遗余力，在推行道尔顿制后的两年中，除了坚持不懈地实践

① 舒新城：《道尔顿制可有的弊端》，《中华教育界》第13卷第2期，1923年8月。

道尔顿制外，还在在当时著名的多家教育杂志上发表论述道尔顿制的论文，并著有道尔顿制专著四部以及翻译外国关于道尔顿制的著作。在教学和著作之余，舒新城还四处演讲并考察所到之地道尔顿制实施的情况。在此过程中，舒新城并非盲目地照搬道尔顿制的理论和方法，他在道尔顿制试验如火如荼之时，清醒地提出了对待外国教育理论和方法必须要有的良好心态，要“本着科学的精神和批判的态度”，不可一味“趋新以自炫”“不问需要，更不问原理，一若把新方法的名词加上去，便可以作新教育家。”① 在此基础上，他明确提出了对国内教育者的希望：“第一，我希望国内教育者对道尔顿制抱试验的态度；第二，我希望国内教育者本此制的精神创造出适合国情的新制度。”② 由此可以看出，舒新城对道尔顿制不是要全盘照搬，而是要在认同道尔顿制基本原理和原则的基础上灵活变通并有所创造，为现实的教育改革服务。这种变通主要体现在以下几个方面：第一，对道尔顿制理论结构的变通。他认为帕克赫斯特的道尔顿制仍然保留了原有的学科体系，没有达到“学校即社会”所要求的高度，传统的学科体系和教材的逻辑编排使学校与真正的社会生活还存在很大差距。他指出：“据我个人的直感所及，只承认此制可以解决学科教学上的困难，而不承认其能把学校与社会生活打成一片。”随后，舒新城进一步提出改革措施：“在中学校实行此制，关于学科方面，应以设计教学法相辅而行，关于学科以外的生活，应采用格里学校制度的精神；小学仿形此制，除设计教学法及格里学校制度外，应辅以蒙台梭利教学法。”③ 舒新城对杜威“学校即社会”理论的深信不疑与极度推崇，使他在与传统决裂的道路上远远超过了柏克赫斯特，他要求打破传统的学科体系以及去除教材的逻辑结构，完全与社会生活打成一片的激进主张使他的改革陷入更大的困境之中。第二，对道尔顿制下的学校行政之变通。传统的学校行政是

① 舒新城：《道尔顿制可有的弊端》，《中华教育界》第13卷第2期，1923年8月。

② 舒新城：《什么是道尔顿制》，《教育杂志》第14卷第11号，1922年11月。

③ 舒新城：《什么是道尔顿制》，《教育杂志》第14卷第11号，1922年11月。

教和育分离，教导处主管教学，训育处主管学生德育，总务处则主管学生的吃饭和住宿，三个部门各司其职。柏氏的道尔顿制，仍然只是在这一基础上对教学的组织进行改革，而舒新城认为，因为中国国力贫乏和师资不足，仅仅改革教学组织形式还不够，训育和总务方面也应当进行相应改组。他提出：中国实施道尔顿制，全校可设一个事务处，由校长一人对内外事务负总责，校长之下设若干办事员，管理和统计学生的学习、生活和行为情况，把以前部门三分取消，这样一来，就把事务与教育完全独立分开，一方面从经济方面节省了许多，另一方面又可以达到教与育协调发展的效果，避免了权限的冲突。第三，对实验室即作业室的设备的变通。舒新城对作业室的设置问题十分重视，如前所述，他认为作业室在道尔顿制方法中是一个先决问题，环境在教育中的感染和熏陶作用是至关重要的。他认为“要受潜移默化之效，只有注重美育”。鉴于中国的特殊经济情况和特点，舒新城在道尔顿制原有的“科学的环境”原则基础上，加上了“美化”与“经济”两个原则。所谓的“美化”原则，是指作业室内物品要井然有序，室内可以适当地进行装潢设计，可以不时地更换内容。所谓“经济”原则，是因为当时中国社会动荡，经济萧条，没有过多的财力来支持教育改革，所以舒新城提出自制一些简单的教学用具，这样既增加了教学的乐趣又减少了不必要的开支。其中，美化与经济原则，恰恰为柏克赫斯特所忽视，特别是“经济”原则，对于立足本土实践、防止不顾条件的全盘西化教育有其重要意义。第四，对道尔顿制下教师指导的变通。道尔顿制主要强调学生的“自由”和“合作”，对于学生怎样养成自动的学习习惯，教师在其中怎样指导学生，柏克赫斯特没有特别论述。舒新城指出，传统课堂所采用的注入式教学方法，已养成中国“学生乏研究之心，教师缺指导之力”的状况，现在在道尔顿制之下，要使学生自动，必须从提高教师的指导作用入手，故此，“教师应当必具的精神有二：即研究性与共同生活的精神。”① 教师的指导不是

① 舒新城：《什么是道尔顿制》，《教育杂志》第14卷第11号，1922年11月。

消极的应付，而是应该积极地鼓励，辅助学生养成自学的习惯。由此，舒新城进一步制定出教师指导的具体方法，诸如“以程度深浅，人数多寡为标准，分一班为数组，各组都给以特殊的作业范围”，教师巡视作业室，“考察学生的学习的方法，于必要时，给予指导”，等等。对于在教师指导下，学生怎样自动，舒新城根据自己早年私塾和书院生活的自学经验，提出了三个自学指标，即“观察现象”“阅读参考书”与“做笔记”，并对各个指标进行了具体详细的说明。舒新城对道尔顿制下教师指导作用的主张，是与他关于师生关系的一贯主张保持一致的，即学生是中心，教师是主导，主导围绕中心运转的原则。

舒新城对道尔顿制的理论和方法的中国化变通，是他根据自己对道尔顿制的研究和理解以及对中国教育发展状况的认识，本着科学的精神和试验的态度，对道尔顿制的实施原则和方法等诸多方面所作的符合中国国情的修正和补充，其改革的基本方向是符合教育发展大趋势的，是值得肯定的。另外，他积极向西方学习并结合中国实际研究教育和改革教育的精神，是值得我们后来人推崇和学习的。

4. 对道尔顿制失败的反思

道尔顿制自1921年传入中国，1923年试行达到高潮，至1925年渐渐走向低潮归于失败，其失败的原因何在，教育界对此展开过讨论，而舒新城作为推行此制最力者，其反思比一般人更早也更深刻。1923年，还在道尔顿制的试行处于炙热状态之际，舒新城就对道尔顿制试行中出现的盲目和混乱现象表示出了很大的不安，并因此撰成长文《道尔顿制可有的弊端》，提出了教育界当时试行道尔顿制出现的弊病。

舒新城主要从两个方面分析了在试行道尔顿制过程中出现的失误。首先，是“好新”。舒新城指出中国人自1840年鸦片战争以来从全面排外而中体西用再而全盘西化，最终造成了一种“外国的东西好”“能模仿外国的便是新”的盲目趋新之风，教育界也是如此，“无论什么新方法发现出来，许多教育者不问它的原理何在，这方法是否是我们所需要；只要是新的，就采行起来，等到试用之后，成效不见，便归罪于方法之不良，其实方法的本身何能负此责任!”① 舒新城分析的这个原因正符合当时中国的实际情况。在东西方文化剧烈碰撞的过程中，传统文明的节节败退使得人们对西方文明的态度发生逆转，对新思想新方法的盲目选择和竞相尝试似乎成为一种时髦，涌入教育界的西方新思想和新方法你方唱罢我登场，更是让人目不暇给；而采用新方法者，并不是都对新方法有详细的了解和研究，新方法是否符合需要、是否可行自然也考虑不周详，只是一味地求新；更有一部分人利用新方法之名义以达到其他不良之目的，有名无实。其次，是教育理论的缺乏。舒新城指出，中国现代学校制度的历史短暂，大部分教育者“因环境的种种关系，对教育原理自难有精深的研究。等到研究教育方法时，便很容易流于机械——某方法原来是怎样就是怎样，不能斟酌环境的需要而有所变更——并且因所见不广而容易发生门户之见”。② 由于教育理论的缺失，造成或者把道尔顿制看得太容易，或是在学理上对道尔顿产生误解以致方法上发生错误和偏差。以上两个方面的失误，舒新城将其归结为一个总因：缺乏科学的态度和实验的精神。

总的来说，舒新城对道尔顿制本身的理论原则和方法是基本肯定的，他对道尔顿制失败的反思主要集中在中国教育界的实施方面，他抓住了当时教育界的通病即“缺乏科学的态度和实验的精神”，这确是道尔顿制中国化失败的重要原因，但这绝不是根本原因。道尔顿制的理论基点之一即天性内发论，过分夸大儿童的主观性和自觉性，是唯心主义的人性本善论，它将一切注意点集中在对儿童个性自由的尊重上，这就为试行过程中学生和教师以“自由”的名义偷工减料、表面应付实在的学习和教学任务开了方便之门；另外，中国当时特定的政治和经济状况，根本不能为道尔顿制的试行提供良好的物质和文化环境。舒新城们没有深入研

---

① 舒新城:《道尔顿制可有的弊端》,《中华教育界》第 13 卷第 12 期，1923 年 8 月。

② 舒新城:《道尔顿制可有的弊端》,《中华教育界》第 13 卷第 12 期，1923 年 8 月。

究中国的国情和班级制的优点，彻底否定和舍弃了在中国施行不久的班级制教学，其失败在所难免。不过，正是从道尔顿制失败的反思中，舒新城逐渐意识到中国教育的困境决不是一两种教学方法可以解决的，他后来指出："教育是不能与人生相脱离的，教育是社会生活的一种，所以真正教育必须与现实的人生、当前的社会相适应，并且是不断来改造它的，脱离一定社会条件的教育都是假教育和无用的教育。"① 随着道尔顿制在中国施行的热潮渐渐冷寂，作为"新教育"运动兴起标志之一的《新教育》也于1925 年宣布停刊，这就意味着在中国曾一度汹涌澎湃的"新教育"改革运动也落下历史的帷幕，而倾心于道尔顿制和"新教育"的舒新城也转入另一个领域，为寻找中国教育的出路而继续探索。

四、舒新城"新教育"思想评价

舒新城，这位出身湘西农家、对中国教育事业满怀热忱的教育先驱，在自己教育生涯的早期即以学科制、选科制的试行，融入到 20 世纪 20 年代那场席卷全国而意义深远的"新教育"运动中，继而又通过课程改革、更通过首倡道尔顿制，助"新教育"运动走向高潮，并成为"新教育"运动的风云人物。他将自己教育救国的理想与追求在这场轰轰烈烈的改革大潮中淋漓尽致地付诸于现实，为中国近代教育事业的发展作出了不可忽视的贡献，更为可贵的是他对这场改革的诸多方面与环节贡献出的闪烁着智慧的思考与探索，为我们后来者留下了宝贵的精神财富。正确认识与评价舒新城"新教育"改革思想，对于我们重新审视 20 世纪初期那场席卷全国的教育改革运动提供了一个视角和入口，对于我们当今建设有中国特色的社会主义教育事业，培育适合时代要求的人才有着深刻意义。

（一）历史意义

不可否认，舒新城是 20 世纪 20 年代中国"新教育"运动史

① 舒新城：《近代中国教育史稿选存》，中华书局 1936 年版，第 233 页。

上的一位杰出人物，他对近代教育事业的发展所作出的贡献是有目共睹的。首先，舒新城作为“新教育”运动的主要参与者，他的思想紧跟时代潮流，积极回应五四新文化运动所提倡的“科学”与“民主”精神，以开放的胸怀学习和研究西方教育理论和方法，在教育界高扬“培养个性，尊重人格”这一至高无上的价值观，较早地在中学实施学科制、选科制及学制改革，在中学推行男女同学，并在中国掀起了试行道尔顿制的热潮，这一系列的改革举措无一不围绕一个中心展开，即个性的尊重和培养。舒新城的改革思想体现出了强烈的时代气息，将“个性”“自由”“民主”与“平等”等近代资产阶级民主观念植入民心，为发展我国近代化的教育事业作出了贡献。其次，舒新城在时局动荡、经济困窘的恶劣生存环境里，一直热心教育和推行教育改革并因教育改革几度深陷困境而矢志不渝；他的教育改革始终以救国为终极目的，力求在引进西方教育思想的同时，建立中国自己的教育制度和寻找适合中国国情的教学方法；他的“新教育”改革思想具有鲜明的爱国主义色彩，激励着当时许多有志从事教育事业和教育改革者。最后，舒新城呼吁教育界以“科学态度和实验的精神”兼顾中国的国情和民性来研究教育问题，，他的这种学术研究的精神具有辩证主义色彩，对当时的教育界不乏指导作用。

（二）现实意义

舒新城的“新教育”改革始终坚持以儿童为中心、以培养个性、尊重人格、培育具有资产阶级民主主义素质的人才为最高目标，此种教育改革观念，具有浓郁的人本主义气息，他的这一以人为本的教育议题仍是我们今天教育要面对的重要课题；他指出的“教育要与现实的人生相呼应”，要为现实的人生服务，以社会生活为依归，是实用主义教育观念的体现，于我们今天建设面向未来、面向现代化、面向世界的社会主义教育事业不啻为一种历史遥远的启示；其他诸多改革思想如课程改革、德育改革以及对教学方法的探讨，在改革开放的现时代、在西方各种教育思想理论和方法再一次登陆中国和新一轮教育改革即素质教育改革的呼声一浪高过一浪的历史时刻，对于我们如何进行新时期的教育改革以及如何实现西方先进的教育理论和方法的中国化，提供了诸多可资借鉴的经验和教训。

（三）局限性

舒新城“新教育”改革思想从总的来说是符合当时时代潮流和教育发展趋势的，无论从历史还是现实的角度，都具有进步意义和有用价值，但其偏颇之处和局限性也是不能视而不见的，我们要正确认识和面对这些思想上的瑕疵。首先，舒新城作为一个接受过传统教育熏陶的知识分子，由于历史和个人的原因，他思想深处一直有一根看不见的线影响着他教育改革的整个过程，这就是传统教育的怀旧情结。无论是他主张学科制的能力分组，还是他引进葛雷制、分团教学法和道尔顿制，无一不是因为他崇尚与留念传统教育个别的、自由的学习方式的不自觉表现。他无法割舍对传统教育的情愫，但又不能在时代进步的大趋势下背道而驰，所以他毫不犹豫地完全否定了班级制，对主张打破班级制的各种西方教学方法逐一尝试，并最终对主张个别教学的道尔顿制情有独钟而极力推行。可以说，对传统教育的留念是使他无法正确认识班级制教学优点的一大障碍，也是促使他在过分追求自由学习方式这一条道路上走得越来越远的原因。他的行动与理想的矛盾，是想通过现代的教学形式回归传统的私塾书院精神，而这一条道路他走得是如此地艰辛。其次，作为一个有良知的爱国知识分子，舒新城试图以教育来挽救国家民族于危难，他主张建立中国自己的教育体系、创造中国自己的教学方法，但他在认识中国国情与民性的时候，是不深刻甚至有时候是幼稚的。如不了解班级制在中国这一个资本主义刚刚起步的国家存在的必要性和合理性，主张抛弃班级制教学而引进西方先进的教学方法；不能深刻认识中国政治黑暗和动荡、经济落后的国情，主张全民皆要受高等教育和教育经费从军费中提取的看法等。这些思想上的局限有着深刻的社会历史原因，是中国知识分子在国家危难和中西方文明激烈碰撞的时代，在中国与西方，情感与理智、传统与现代之间的艰难选择与整合，这个过程中出现思想认识上的偏差是无法避免的，所幸的是舒新城 1925 年结束教育生涯之后，对“新教育”运动进行了深刻反思，指出：“中国的教育问题，决不是一个教学方法所能解决的。”① 在后来的教育研究和反思中，他逐渐意识到这些偏差的存在，他的教育思想也逐步地走向成熟，最终自成一家。

结　语

舒新城对中国教育改革的探索并没有随着道尔顿制试验和“新教育”运动的偃旗息鼓而停下脚步，通过对道尔顿制的反思，联系自费考察和入川任职时的所见所闻，他开始了对整个“新教育”运动的审视并开始注意中国教育的实况，中国教育的矛盾和混乱以及教育脱离社会的状况，使舒新城的教育观受到更加强烈的撞击，增加了他对中国教育的不满和困惑，刺激了他进一步全面改革中国教育信念的萌发。

如何全面改革中国的教育，舒新城选择了一条以退为进、向后寻找答案的路径，即埋头于中国近代教育史的研究。舒新城希望通过对中国近代教育史的梳理，挖掘中国教育何以矛盾和混乱的深层原因，以便对症下药。通过对中国近代教育史的考察，舒新城指出中国近代教育的建立过程所具有两个特质：第一，建立契机的外发性和盲目的模仿。第二，资本主义教育与小农制社会的矛盾。由于此两个特质，中国近代教育发展迟缓并充满各种矛盾对立的乱象：城乡教育发展的畸形与不平衡，失业和无业者的泛滥，教育商品化导致教导失效和教育信仰的崩溃，外国宗教势力对中国的奴化教育和文化侵略，等等。针对这些乱象，舒新城指出中国教育的改造不应该单纯模仿外国，必须从小农制社会的基本国情出发，在批判地继承传统教育的基础上进行改革。在此基础上，舒新城提出了全面改革的一系列构想，从教育建设方针的制定，到以“三馆”为重心的教育制度的设计，再到提倡教育行

---

① 舒新城：《中国教育建设方针》，《教育杂志》第 20 卷第 5 号，1928 年 5 月。

政改革和教育经费独立，以及教育权的回收和留学教育方针的再建等，舒新城为中国教育的发展绘制了一幅宏伟蓝图。虽然他的这一宏伟构思在今天看来缺乏新意甚至有很多过于理想的地方，在当时也未能付诸实施，但他的思考与探索对于引发人们检讨中国教育现实和探索中国教育发展的新模式具有积极意义，尤其是他对教育史学科的建树，为后来者从教育史角度研究教育问题开创了先例。随着抗日战争的爆发，舒新城在强烈的爱国主义情感激励下，对教育的探索又有了新的领悟，他提出新的教育方针“要立国必得农村工业化、工业国防化、国防电气化”。[①] 新中国成立后，舒新城在致力于《辞海》修订的同时，仍然继续他在教育上的探索，在《一个帮助初中、高小毕业生继续就学的具体方案》中，他重提了电化教育和三馆制的教育理想，是为中国后来广播电视教育的胎动。

舒新城，从实施学科制和选科制改革融入“新教育”运动，到告别道尔顿制逸出“新教育”，从埋头中国近代教育史的研究到提出中国教育新的构想，他的一生就是为探求中华民族理想教育样式而锲而不舍、鞠躬尽瘁的一生，中国近代教育的不断进步，融入了舒新城百折不挠的探索与努力，他的教育事迹和教育思想，永远值得我们学习和怀念。

---

① 舒新城：《十年来我的教育见解的递变》，《中华教育界》复刊1卷1期，1947年1月。

欧阳予倩戏剧思想研究

黄志强

一、欧阳予倩戏剧思想探源

（一）留日生涯对欧阳予倩戏剧思想的影响

1902年冬，欧阳予倩在友人的鼓励下，东渡日本东京求学，在留日学生之中，常有看戏的活动。一方面是出于兴趣爱好，另一方面则是学习日语的需要并借此来了解日本社会。欧阳予倩在求学的闲暇之余，有机会观看日本的“新派剧”演出。

1. 日本“新派剧”对欧阳予倩的影响

“新派剧”是日本著名的剧种之一，又被称作“壮士剧”或“书生剧”。分别由日本剧作家角藤定宪和川上音二郎倡导，二者都被认为是新派剧创作的先驱。新派剧形成于日本明治维新以后，一方面取材于日本传统戏剧，另一方面它受到西方现代话剧的影响，从而形成的一种新兴的戏剧形式。表现手法多以写实为主，用以展现现实生活。“新派剧”最初是用做政治宣传的，后来经过不断的发展，到二十世纪初“春柳社”成立时，“新派剧”已经呈现出繁华兴盛的景象了。“新派剧”在演出上采用纯粹对话剧的形式，在舞台风格，人物造型上都是采用了西方的形式。“新派剧”对中国的现代话剧的诞生产生了深远的影响，西方话剧得以传入中国，“新派剧”起了非常重要的桥梁作用。

1907年，“春柳社”在日本东京演出了《茶花女》的第三幕《匏址坪诀别》，演出形式和舞台风格主要模仿日本的“新派剧”。此次演出主要由中国留日学生组成。欧阳予倩有幸观看了这一次演出，很受鼓舞，便也产生了要加入他们的想法。不久，经过朋友的介绍，他如愿加入了春柳社，从此投身于戏剧事业，再也没有回过头。由于《茶花女》的演出成功，“春柳社”成员便产生了上演新戏的想法。很快，他们便确定了演出的剧目。“春柳社”的早期活动主要把目光投向西方国家，在一番考量之后决定上演《黑奴吁天录》，该剧是美国女作家斯托夫人的长篇小说，后由曾孝谷改编而成，在国内又被译为《汤姆叔叔的小屋》，主要反映的是有关美国奴隶制罪恶的故事，演出引起了巨大的反响，好评如潮，这也鼓舞了春柳社的成员。《黑奴吁天录》在当时日本著名的“新派剧”演员藤泽浅二郎的帮助和指导下排练了十多次，和《茶花女》一样，该剧的舞台设置和演出形式等主要还是对日本新派剧的模仿，演出采用了话剧的演出形式，整场戏全部采用了话剧式的口语对白，没有了朗诵、加唱等艺术形式。该剧也是第一部中国人自己创作并演出的话剧，而且这部戏完全采用了现代话剧的分幕写法。这是欧阳予倩第一次登上戏剧舞台，虽然只出演了两个小角色，但对他却意义重大。1959 年，在欧阳予倩 70 岁的时候，为纪念中国话剧的第一个剧本《黑奴吁天录》的诞生，他充满激情地用十天的时间写成了《黑奴恨》的剧本，这也是他一生中创作的最后一部戏剧作品，这足以可见《黑奴吁天录》在欧阳予倩心中的地位。

《黑奴吁天录》的演出取得了巨大的成功，不仅在当时的留日学生中引起了巨大的反响，而且在当时的东京戏剧界也产生了不小的震动，日本评论界对演员们的表演大为惊叹。《黑奴吁天录》的成功演出，也为今后“春柳社”的演出提供了范本，也使欧阳予倩下定了投身戏剧界的决心。

欧阳予倩在日本留学期间，坚持参加“春柳社”的各种活动，后来又陆续演出了《生相连》《画家与其妹》等作品，这一早期的艺术实践使得欧阳予倩为今后的艺术生涯积累了最初的一笔宝贵的舞台经验。藤泽浅二郎是当时日本著名的戏剧改革家，也是当时日本有名的“新派剧”演员，春柳社的各项演出事宜，都有他的热心帮助，《茶花女》《汤姆叔叔的小屋》都是由他担任导演，他还就演技和表演风格等方面积极热心地给予“春柳社”社员指导。欧阳予倩的好友陆镜若曾师从藤泽浅二郎学习表演，由于这层关系，欧阳予倩获得了比别人更多与藤泽浅二郎接触的机会，也更进一步地了解了藤泽浅二郎的演出技巧和戏剧主张。这样的经历，使得欧阳予倩对于日本新派剧的认识更加全面和深刻。

河合武雄是另一位对欧阳予倩表演风格有直接影响的日本著名“新派剧”演员，他擅长演绎剧中的女性角色，欧阳予倩对他的表演非常喜爱。河合武雄本身非常魁梧，但只要一扮上角色，他的表演便十分自然与细腻，对角色的把握非常准确。河合武雄扮演的女性角色，有时候甚至比其他女演员的演出还要精彩。欧阳予倩在《自我演戏以来》中曾说：“我比较看河合武雄的戏看得多，受他的影响也不小。”① “我欢喜演他所扮演的那路角色，所以特别注意他些。”② 大概是出于自己也是女角扮演者的缘故，欧阳予倩对河合武雄给予了更多的关注。河合武雄就像一个榜样一样在鼓励着欧阳予倩。为了使自己扮演的女性角色更加自然，欧阳予倩为此付出了许多努力，有一段时间他专门观察年轻女子的动作神态并牢记在心里。在《家庭恩怨记》一剧中，欧阳予倩演出的是一个叫“小桃红”的女性角色形象，该角色在剧中是一个“坏女人”，他便特别留心生活中一些“坏女人”的动作神情，同时在表演中加入自己对角色的理解和感悟，将“小桃红”这一角色惟妙惟肖地展现了出来。“求真”一直是欧阳予倩坚持不懈的演出理念，强调艺术的“真”也一直贯穿在他的舞台表演之中，并且还将它运用在戏剧创作之中。欧阳予倩的这种艺术观念的形成与“春柳社”早期的所接触到日本“新派剧”有直接的关系。

1910 年，欧阳予倩的父亲欧阳自耘患病，于是东渡日本东京求医，后医治无效不幸去世，欧阳予倩在万分悲痛之中，送父亲的灵柩回国。1912 年初，陆镜若等人在上海成立了“新剧同志会”。他们保留了原来“春柳社”的演出风格，“在上海演出的时

① 欧阳予倩：《自我演戏以来》，上海三联书店 2014 年版，第 23 页。
② 欧阳予倩：《自我演戏以来》，上海三联书店 2014 年版，第 24 页。

候，就挂出春柳剧场的招牌。"[①] 1914 年，陆镜若还组建了"春柳剧场"因此，他们也被称为"春柳派"。由于主要构成人员还是原来"春柳社"的成员，因此春柳剧场成员或多或少地都受到了日本"新派剧"的影响，无论是演出形式还是表演特点都还保留有日本"新派剧"风格。

春柳剧场的成员们对待艺术的态度是严谨而真诚的。当时上海滩的舞台大都被买办富商所掌控，主要演出商业化的剧目，春柳剧场想要在此打开一片天地是不容易的，他们只好去到外地演出，叫"跑码头"。一次在外演出的时候，碰巧赶上天下雨，而且只来了三位观众，他们便想弃演，可三位观众不答应，说："我们是真心实意从远道而来的，你们只要得知己，何必要人多才演呢？"这话立刻使演员们都振奋了起来，居然演得比平常要好上许多。演员们那种庄重而严谨的态度，他们把演戏当作一门真正的艺术，要知道在当时，伶人社会地位低下，能做到这一点是非常不容易的。

"春柳剧场"采用和日本"新派剧"类似的演出形式：第一，演出的剧目有完整的剧本，且剧场流程、语言、对话等严格按照剧本来进行，整部戏全部用的口语对话，抛弃了传统京剧旁白，动作语言等。第二，将现代话剧的分幕演出方法继承了过来。这一优良传统是"春柳社"早在日本演出《黑奴吁天录》时便继承下来的，这一方法在以前中国传统戏曲中是从来没有的。

由于春柳社的主要组成人员是留日学生，因此他们的表演也不自觉地就带有日本"新派剧"那种"细腻""自然"的风格。欧阳予倩是春柳社的主要演出人员之一，通过对日本"新派剧"的模仿和学习，逐渐认识到了中国传统戏曲之外的戏剧之美，并形成了自己"艺术至上"的艺术观，并在早期的艺术实践中，为以后的戏剧生涯打下了坚实的基础。

---

① 欧阳予倩：《忆春柳》，《中国话剧运动五十年史料集》第一卷，中国戏剧出版社 1958 年版，第 85 页。

2．日本谷崎润一郎对欧阳予倩的影响——以《潘金莲》的创作为例

谷崎润一郎是日本著名的“唯美派”小说家、剧作家，从1926年到1931年，他就一直与欧阳予倩保持密切的联系，欧阳予倩在广东戏剧研究所担任所长时，便将自己创办的《戏剧》杂志定期的寄给谷崎润一郎，而欧阳予倩剧作《潘金莲》的创作也是在这一时期，同时期欧阳予倩将谷崎润一郎的作品《空与色》译介到中国，并搬上戏剧舞台。由此可见，两个人的关系是非常密切的。

艺术至上是谷崎润一郎艺术思想最重要的特点。他认为，艺术性应当放在文学的首位，其次才是为人生。在谷崎润一郎看来，恶比善、丑比美更加接近美的本身，表现出一种“以丑为美”的美学观点。他常常将邪恶力量当作美来赞扬，在谷崎润一郎的文学世界里，美是衡量一切的标准，他的作品多表现出一种对女性美的崇拜，女性常常是作品的主角，对女性绝对崇拜和绝对顺从，谷崎润一郎强调女性的美，在其作品中，女性通常处于主导的地位。相似的观点，欧阳予倩在他的剧作《潘金莲》中有具体的体现。

《潘金莲》是欧阳予倩在1925年起草的一部多幕话剧，是一部带有唯美主义倾向的作品，在1927年在南国社开游艺会时上演。在《水浒传》和《金瓶梅》的描写下，潘金莲一直被描写成荡妇的形象，她与西门庆通奸并谋杀了自己的丈夫武大郎。潘金莲的这一荡妇形象在人们的心中根深蒂固。而在欧阳予倩的剧中，他却扭转了潘金莲的荡妇形象，将潘金莲塑造成一位追求自由、敢爱敢恨的新女性形象。

全剧共分五幕。作者给潘金莲设定的人物形象是“潘金莲——二十余岁，一个个性很强而聪明伶俐的女子。”① 这里我们可以看出作者一开始便要把潘金莲在人们心中的固有形象扭转过来。第

① 欧阳予倩：《欧阳予倩全集》第一卷，上海文艺出版社1990年版，第57页。

一幕通过张大户在家和他的妻妾的谈话，展示了当时妇女嫁鸡随鸡嫁狗随狗，没有自主权力，依附于男人的处境。“她们一面调着弦，一面都偷眼看张大户，伺他的喜怒。”① 潘金莲原本是张大户家的丫鬟，张大户见她生得美丽，便想收她做妾。她不肯，张大户便把她嫁给了武大郎，算是报复她。虽然潘金莲身份卑微，可是却丝毫不怯强权，即使张大户有钱有势，她也丝毫没有退缩，宁愿嫁给武大郎也不愿屈服于张大户。第二幕表现了潘金莲的强烈个性，显示对男性中心社会的挑战，她爱的人是武松，与西门庆偷欢，也只是为了消愁解闷，“我也不过是拿他解闷儿小钱，一声厌了，马上就散。”② 张大户还对她念念不忘，想要把她接回去，她也坚决不同意。第三幕发生在武大的灵堂上，武松守灵，潘金莲向前表示自己的爱慕之情，武松装糊涂拒绝“（呆着看潘金莲走去）想不到世界上有这种女人！（走到桌前拿壶中酒一饮而尽，轻轻地说）咳，哥哥安得不死！”③ 武松对哥哥的死表示怀疑，却又苦于没有证据。第四幕，武松在酒楼宴请何九，在何九，郓哥的帮助下，查明了武大的死因。第五幕，是全剧冲突的高潮部分，在乡党的见证下，武松揭露了武大死亡的真相，潘金莲向武松表白自己的心迹，武松还是结果了潘金莲的性命，至此，全剧终。

《潘金莲》是在五四运动的背景下创作的，在文学史上的意义重大，剧作敢于挑战数千年的男权文化，大力歌颂女性自由解放。五四运动以后，西方的民主和自由的观念开始传入中国，许多有识之士也开始歌颂和呐喊。鲁迅在1918年发表了长文《我之节烈观》，对当时社会上盛行的“女子节烈乃挽救社会的良药”之类的观点进行有力的反驳。胡适也写了《贞操问题》来支持妇女解放和个性解放。在这样的时代背景之下，《潘金莲》的问世，也恰恰符合了时代的主题。作者对潘金莲充满了同情，在《潘金莲》的自序中他写道“一个女子，当了奴婢，既不能拒绝主人的强奸，又不能反抗主人的逼嫁，尽管有姿色有聪明有志气有理性，只好

---

① 欧阳予倩：《欧阳予倩全集》第一卷，上海文艺出版社1990年版，第58页。
② 欧阳予倩：《欧阳予倩全集》第一卷，上海文艺出版社1990年版，第64页。
③ 欧阳予倩：《欧阳予倩全集》第一卷，上海文艺出版社1990年版，第78页。

隐藏起来，尽量的让人蹂躏。除掉忍气吞声把青春断送，没有办法。这种境遇，又何以异于活埋？”① 潘金莲以孤身一人之力对抗以男性为主导的封建礼教世界，剧中的四位男主人公，都用各自的男权武器来压迫奴役潘金莲，张大户是潘金莲的主人，潘金莲不愿意屈服于他的淫威，做他的小妾，张大户便随意便把潘金莲许配给了丑陋之极“阳谷县里第一个不成形”的武大，这样的婚姻可想而知自然是不会幸福的。但在武大看来，潘金莲是他的妻子，她必须无条件地忠于自己，这一观念牢牢地把潘金莲束缚在一个自己根本不爱的人身边，武大郎也只是把她当作自己的一个附庸而已。武松是潘金莲喜欢的人，但是叔嫂之间的鸿沟是永远无法逾越，也逾越不了的。而在西门庆那里，潘金莲也无非就是一个漂亮的玩物罢了，在西门庆的心底里，对潘金莲也没有一丝的尊重，她丝毫没有一点儿社会地位。有深爱的人，却永远也无法碰触，潘金莲作为一个个性极强的女子，内心的痛苦无法解除，最终只能走向毁灭。

欧阳予倩在《潘金莲》自序中写，编写《潘金莲》这一剧本是出于偶然，也不是存心替潘金莲翻案，但《潘金莲》至少有意或者无意地是在一种非常明确的指导思想下写成的。“旧时的习惯，男人尽管奸女人，姘外妇，妻子丝毫不能过问；女人有奸，丈夫可以任意将妻子杀死，不算犯法。所以潘金莲时时刻刻有被杀的恐惧，结果激而至于杀人。平心而论，我们对她的犯罪，应加惋惜，而她最后的被杀，更是当然的下场。”② 这句话流露出作者对处在封建社会底层的女性的深切同情。也许正是怀着这样的出发点，欧阳予倩笔下的潘金莲这一形象颠覆了人们以往对潘金莲形象的认识。而潘金莲的形象的颠覆性主要表现在以下三个方面：

第一，潘金莲由原来的施害者形象变为受害者的形象。欧阳予倩的创作保留了原来小说中最基本的元素，大体的故事情节没有变化，并且在此基础上进行加工创作。潘金莲被张大户强行嫁给武大，她是男人的绝对附属品，没有任何自主的权力，和一个自

① 苏关鑫编：《欧阳予倩研究资料》，知识产权出版社 2009 年版，第 118 页。

② 苏关鑫编：《欧阳予倩研究资料》，知识产权出版社 2009 年版，第 119 页。

己不爱的人在一起，最终以毒死亲夫的结局告终。“她的犯罪，应加惋惜。”①

第二，戏剧突出地展现了潘金莲的内心痛苦与绝望。在与男权和封建礼教的对抗中，潘金莲最终被戕害了，她处处戴着镣铐，没有一点自由，只能任人摆布。在第二幕与王婆的对话中我们可以看出潘金莲的痛苦与无奈。

潘金莲：可闷死我了！

王 婆：（一面打哈欠一面说）天气实在不好，教人一些儿精神也没有。

潘金莲：人要死了，怪不得天气。

王 婆：这是什么话？

潘金莲：我真是想死！②

…………

王 婆：从古到今就是男尊女卑，你白生气有什么用处？还不是过一天算一天！

潘金莲：所以我想死。③

年轻的潘金莲追求自己的爱情不可得，青春又受到压抑，便想到了死，希望以此来摆脱痛苦，在她正要自尽的时候，可巧又遇到了西门庆，可他们之间并没有爱情。“是的，是通奸，不过是通奸，因为我和他并不是真正相爱。”④ 这让她彻底堕落与疯狂了。“与其寸寸节节被人折磨死，倒不如犯一个罪，闯一个祸，就死也死一个痛快。”⑤从这对话中我们不难发现欧阳予倩对力与美的追求与崇拜，面对武松要杀死她的威胁，潘金莲说：“能够死在心爱的人手里，就死也心甘情愿！”⑥ 她丝毫不畏惧死亡，只求能够死在心爱的人手里。

---

① 苏关鑫编：《欧阳予倩研究资料》，知识产权出版社2009年版，第119页。
② 欧阳予倩：《欧阳予倩全集》第一卷，上海文艺出版社1990年版，第66页。
③ 欧阳予倩：《欧阳予倩全集》第一卷，上海文艺出版社1990年版，第67页。
④ 欧阳予倩：《欧阳予倩全集》第一卷，上海文艺出版社1990年版，第90页。
⑤ 欧阳予倩：《欧阳予倩全集》第一卷，上海文艺出版社1990年版，第90页。
⑥ 欧阳予倩：《欧阳予倩全集》第一卷，上海文艺出版社1990年版，第90页。

第三，潘金莲在追求幸福而求不得的过程中走向了堕落与毁灭。她认识到了在封建社会女性悲惨的境地与遭遇，男人和女人的命运是不同的，潘金莲是一个觉醒了的女性形象，她要对抗的是整个封建社会，以一己之力对抗整个封建社会，只能是至死方休。这也是潘金莲的悲剧所在。

在《潘金莲》中，张大户、西门庆、武松这三个主要的男性角色，欧阳予倩都赋予了一定的贬义色彩，只有对潘金莲这一女性，是大力赞扬的。作者通过描写张大户这一形象，表现地方乡绅“维持风化”的虚伪，借以批判封建社会“吃人”的本质。张大户意欲占有潘金莲，潘金莲不肯嫁给这“有钱有势又老又丑的劣绅”，张大户便要挫一挫潘金莲的锐气，让她心服口福，拿她嫁给武大，在得知武大死后，便立马想把潘金莲收回来。“我想金莲本来是我家里的丫头，她不守本分，不识抬举，只得嫁了她，她又不守妇道，闹得很不好听，我有意拿她仍旧收回来，再管教管教她……伦常风化总是最要紧的……”① 张大户处处为自己的一己私利辩护，还要冠冕堂皇地说是为了“伦常风化”。武松虽然是个“游侠少年”但旧观念很深，西门庆不过是一个“好勇好色”“自命不凡的土霸”。对此田汉写道：“这个戏在潘金莲的唱念中就有一些无原则地崇拜力与美的词句，像最后愿意死在自己心爱的人的刀下的那些地方更表现了被虐待狂的倾向。”

二、欧阳予倩戏剧改良思想

（一）对中国传统戏剧的回归

1915 年夏天，26 岁的欧阳予倩应杭州西湖舞台之邀，在杭州与武生常春恒搭档演出《卧薪尝胆》、启明社的周剑云演出《神圣之爱》，还演出了《宝蟾送酒》《黛玉葬花》等戏。之后，以“红楼戏”为代表的新编剧目逐渐成为欧阳予倩的拿手好戏，也正是凭借了这些拿手好戏逐渐巩固了自己在京剧圈子里的地位，一度

① 欧阳予倩：《欧阳予倩全集》第一卷，上海文艺出版社 1990 年版，第63 页。

有“南欧北梅”的称号，并从此开始了他十五年职业京剧演员的生涯。同年九月，春柳社核心人物欧阳予倩好友陆静若不幸去世，加之“新同志剧会”的衰弱，欧阳予倩渐渐由新戏转向传统戏。

对于这段经历，欧阳予倩的感受是“职业伶人的滋味，觉得很不佳妙”①。一方面，在旧时从事戏剧演出是不被人所重视的，戏曲行业也被称为下九流的职业，戏曲演员的社会地位很低，常常被人看不起。而欧阳家是世代的诗书之家，他又是从日本留学归来的留学生，在欧阳予倩演出新戏的时候，就遭到了家里的强烈反对，甚至有人说“欧阳家从此完了”。② 妻子写信给欧阳予倩劝他回家，他回信说“挨一百个炸弹也不灰心”。到了欧阳予倩要下海演出京戏，当初一起演出新戏的朋友也表示反对，一个同学对他说：“予倩，你怎么搞得！你怎么得了！搞搞新戏嘛，还可以说是社会教育，搞旧戏这算什么……”还有一些人见到他就说些风凉话。后来他在《我怎样学会了演京戏》中写道：“像这样，我学京戏只有人反对，没有人赞成，更没有人帮助。”③ 由此可见，在当时“五四”时期新文化启蒙思潮的影响，一切向西方看齐，处处求新的大时代背景下，欧阳予倩学习传统戏曲承受了巨大的压力和偏见，这也从另一个方面表现了欧阳予倩学戏曲的决心。

另一个重要的原因是他无法实现自己的艺术梦想：演出自己想演的戏。虽然在那里是“挂头牌的旦角”，但是总觉得没有一点儿发挥自己长处的机会。而且常常有日本的朋友给他寄来最新的文学批评和文学创作的书籍，他看了之后“对现状愈发的不满”，愁苦烦闷的态度表露在外面，因此有许多人说他神经病。要了解欧阳予倩所产生苦闷的原因，我们须把目光投向他当时所演出的海派京剧舞台。

“海派京剧”指的是发生在上海一带的戏剧现象，在历史上又被称作“南派”京剧或者“外江派”京剧，它以“古典京剧为母体，以写实主义为主张，在舞台表现上以连台本戏、真刀战枪、

---

① 欧阳予倩：《自我演戏以来》，上海三联书店 2014 年版，第 75 页。
② 欧阳予倩：《一得余抄》，作家出版社 1959 年版，第 200 页。
③ 欧阳予倩：《一得余抄》，作家出版社 1959 年版，第 200 页。

直简自由的音乐和机关布景为特征，创造出一个新的戏剧形态；同时，海派京剧还有属于自己的舞台、编剧、剧目、表演艺术家群体、剧场经营家、戏剧评论家、宣传阵地等等，从而鲜明的确立了海派京剧的美学观念，并创造了中国近代戏剧史上长达半个世纪之久的戏剧历史”。①海派京剧一直走在戏剧改良的前列，一开始演出了很多抒发家国之恨、身世之感的作品，但内容和形式却没有得到良好的结合，在戏曲舞台上，用了写实性的布景和道具，但处处是虚拟的表演形式。比如，演员穿着西装扬着马鞭，但是却做着传统戏曲里趟马的动作。以至于在后来的商业大潮中，为了迎合市场的需求，使得原本综合多门艺术而成的京剧呈现出杂耍化的倾向。欧阳予倩对此深感痛心，在《戏剧运动之今后》中写道：“旧剧到今日本是古董。纯粹的旧剧可以当古董，还有古董的价值。可是目下各舞台所演出的戏，却不是古董了，他们完全用的是旧剧的表演法，加上彩画的布景，和西洋的戏法，及随意造成的奇装异服；不管调和不调和，东拼西凑，成为一种支离破碎莫名其妙的东西。”②

不单单是“海派京剧”的戏曲舞台，当时除“春柳社”之外的很多其他文明戏团体，皆是用日本“新派”的底子，然后加上中国旧戏的旧办法混在一起。“分幕务求明显，所以多不用暗场，每幕之间又有幕外无理的滑稽异常之多，几乎每个戏里都有一个滑稽仆人梳着一根红绳扎的小辫子……引得台下大笑。往往一家遭了惨祸，主人痛哭的时候，这种仆人出来一跳，或者怪叫几声，台底下的悲悯情感完全送到九霄云外去了，诸如此类，不一而足。”③ 对于这种舞台怪像，舞台的演出混乱，戏剧形式的不完备，欧阳予倩痛心疾首，因此他极力想改良京剧，他便渐渐从新剧转向传统戏剧。

---

① 张福海：《中国近代戏剧改良运动研究（1902—1919）》，上海古籍出版社 2015 年版，第 89 页。

② 苏关鑫编：《欧阳予倩研究资料》，知识产权出版社 2009 年版，第 200 页。

③ 欧阳予倩：《做职业俳优的时期》，《自我演戏以来》，上海三联书店 2014 年版，第 86 页。

关于欧阳予倩转向传统戏剧，我认为，主要出于兴趣爱好及对传统戏曲的热爱。欧阳予倩在他的自传文章《自我演戏以来》中写到：小时候家里管教很严，看戏的机会非常少，有一次亲戚家里拜堂会，家里的佣人带他去看戏，看到“有两个人在那里画花脸，引起了我无限的兴趣……我觉得唱戏实在好玩……”① 从此以后，他便在家里自己模仿了起来，“不是口里乱哼，便是舞刀弄杖的乱跳。有时学着画花脸。”② 拿他母亲画画的颜料“大涂而特涂，弄得满桌满镜台乌七八糟……”③ 之后有一次，母亲回外婆家去了，他便和妹妹把姑姑请过来一起演戏玩，“我第一个发起要唱戏，编演当然都是我一手担任。我穿上妹妹的衣服，戴上母亲的勒子，头上盖起红窗帘装新娘，妹妹装新娘的母亲，姑姑装新郎，我们从出嫁起一直演到拜天地吃酒席为止，时间费了一上午……我做小孩的时候演的戏，以这出为最得意，最有精彩，这比平日和许多小孩子演操兵，演拿贼好玩的多。”④ 从这里我们不难看出，欧阳予倩从小便对戏剧萌生了喜爱之心，这也为他日后投身戏剧埋下了伏笔。

欧阳予倩认为，“新戏萌芽初茁，即遭蹂躏，目下已如腐草败叶，不堪过问。”⑤ 这个我们之前讲过，从日本归国后，欧阳予倩积极投身到戏曲改良和文明戏的建设浪潮之中，但理想与现实的种种落差，使得他充满了苦闷与彷徨；加之“春柳剧场”内部矛盾加剧，会员中不断有人故意找他的麻烦，挑他的刺，甚至有人动刀，欧阳予倩奋起反抗，后经好友陆静若等相劝，才避免一场伤亡事故，但欧阳予倩也因此心灰意冷，之后离开了“春柳剧场”，这也使得他逐渐转向中国传统戏曲。他一边加入民鸣社，继续文明戏的演出，一边把京剧与西洋名剧做比较，想弄明白两者差距到底在哪里。之后他逐渐发现，京剧有许多的可取之处，就像

① 欧阳予倩：《自我演戏以来》，上海三联书店 2014 年版，第 1 页。
② 欧阳予倩：《自我演戏以来》，上海三联书店 2014 年版，第 2 页。
③ 欧阳予倩：《自我演戏以来》，上海三联书店 2014 年版，第 2 页。
④ 欧阳予倩：《自我演戏以来》，上海三联书店 2014 年版，第 3 页。
⑤ 苏关鑫编：《欧阳予倩研究资料》，知识产权出版社 2009 年版，第 225 页。

埋在土里表层的夜明珠，只要有识之士来发掘，便可放出更大的光芒。因而，他刻苦学习京剧，终于在 1916 年正式成为京剧演员。欧阳予倩在 1918 年发表的《予之戏剧改良观》中写道："中国旧剧，非不可存。唯恶习惯太多，非汰洗净尽不可。"① 一方面他认识到了戏剧所包含的社会批判功能和文化启蒙功能，"戏剧者，社会之雏形，思想之影像。"② 同时他也认识到了中国传统戏曲存在的局限性与不足之处。欧阳予倩认为，剧本文学是戏剧的核心要素，但中国传统戏曲"剧本文学既为中国从来所未有，则戏剧自无从依附而生。元明以来之剧、曲、传奇等，颇有可采，然绝不足以代表剧本文学"。"旧戏者，一种之技艺。"③ 旧戏，仅仅是一种技艺，并不能称为剧本文学，就像木匠掌握了做桌子的技术一样，因此对中国传统戏曲的改革迫在眉睫。"五四"以来，戏剧被认为是拯救民族危机的一剂良方，当时以易卜生为代表的欧洲近代写实剧在中国盛行，中国传统戏曲的内容大都是才子佳人、王侯将相，难免对中国传统文化遗产产生偏差的认识。因此中国传统戏曲被当时的知识分子所轻视，也是可以理解的。

在欧阳予倩看来，中国传统戏曲有着其自身存在的诸多优点。"纯粹的旧剧可以当古董，还有古董的价值。"④ 例如，中国传统戏曲的虚拟性表演，这一技巧丰富了戏剧的表现力，不受西方如"三一律"和"第四堵墙"之类规则的影响，如几个人便可表现千军万马，演员在舞台上走几个圈便是跨过了万水千山。中国戏曲形成于中国漫长的历史文化之中，是中国劳动人民千百年来真实生活的反映，有丰富而优良的传统，虽然演员的动作和装扮非常的夸张，但是它所展现出来的人物情感和生活确实是非常真实的。中国戏曲自诞生之日起，便受到了广大人民的喜爱，在广阔的中国大地上，形成了风格多样、种类丰富的不同剧种。因此，中国传统戏曲有许多值得继承和发扬的优良传统。欧阳予倩认为"中

---

① 苏关鑫编：《欧阳予倩研究资料》，知识产权出版社 2009 年版，第 226 页。
② 苏关鑫编：《欧阳予倩研究资料》，知识产权出版社 2009 年版，第 225 页。
③ 苏关鑫编：《欧阳予倩研究资料》，知识产权出版社 2009 年版，第 225 页。
④ 苏关鑫编：《欧阳予倩研究资料》，知识产权出版社 2009 年版，第 200 页。

国戏剧有七百年甚至一千年的历史，其中有精华也有糟粕，因为是封建社会的产物，不可能只有精华没有糟粕，我们要看主流是什么？我认为中国戏剧的传统是反抗性、斗争性、正义感强烈的传统、无论剧作表演都有鲜明的人民性”。[①]但欧阳予倩也认识到，中国传统戏曲所产生的文化背景是古代封建社会，“因为是封建社会的产物，不可能只有精华没有糟粕”[②] 题材也多是才子佳人，王侯将相，或多或少掺杂着不正确的观点和看法，需要辩证地对待，如旧戏舞台陈旧呆板、演出程式化等问题，因此对传统戏曲的改革也提上了日程。

（二）戏剧改良的实践——以桂林文化城为例

欧阳予倩与广西可以说有很深的渊源，他的祖父欧阳中鹄在1910年曾出任过广西桂林的知府，父亲去世后，他带着自己的妻子来到了祖父为官的地方，并度过了两年寄情山水的生活，在桂林常常喝得酩酊大醉，写四不像的打油诗，一抓就是一首，随作随弃，和夫人比赛背诵诗词，好不快活，遗憾的是后来先祖去世，他只得从桂林返回湖南。光阴易逝，一晃十多年过去了，后来抗日战争爆发，欧阳予倩积极投身于抗日救亡运动，他的活动引起了敌伪汉奸的注意，形势所逼，与此同时，时任广西大学校长的马君武邀请他到桂林，主持戏剧改革。欧阳予倩便回到了十几年前的故地，开始了新的戏剧事业。

欧阳予倩到达桂林后，便把自己的京剧剧本《梁红玉》出版，并将版权捐赠了出来。后将《梁红玉》改编为桂剧，由桂剧剧团演出，并对《梁红玉》的排演方式、剧本形式、表演方式等方面都进行了大刀阔斧的改革。后一经演出，盛况空前，连续演出了28场，为广西各界人士所瞩目。“这是大型剧目在不同剧种之间相互移植的较早的实验，为以后的剧目移植积累了经验。”[③]该剧热烈地赞颂了抗击外国侵略者的英雄人物，揭露了敌寇和汉奸的罪

---

① 欧阳予倩：《欧阳予倩戏剧论文集》，上海文艺出版社1999年版，第304页。
② 欧阳予倩：《欧阳予倩戏剧论文集》，上海文艺出版社1999年版，第304页。
③ 陈珂：《欧阳予倩评传》，上海古籍出版社2012年版，第177页。

恶嘴脸，与当时的要求全面抗战气氛很相符，演员们认真细致的表演，获得了观众的一致好评。后因与马君武在戏曲改革方面的分歧而短暂开桂林。第二年9 月，广西当局通过白鹏飞对欧阳予倩发出了第二次邀请，欧阳予倩便举家再次入桂，此后，在桂林一呆就是七年，直到1946 年政治形式恶化，才被迫离开桂林。欧阳予倩对桂林充满了感情，在抗战时期，他一直在桂林进行自己的戏剧事业，他主持的西南戏剧展览会，是当时中国戏剧史上空前的盛会，他也见证了桂林文化城的发展与兴衰。

欧阳予倩是中国剧坛上一位不可多得的全才，他是中国话剧的创始人之一，他也是一位戏剧改革家和戏剧教育家，并从1919 年开始就致力于戏曲改革，取得了非常丰富的成果，在话剧京剧表演、剧本创作、电影编导、戏剧理论创作、旧戏改革、戏剧教育等方面取得了非常高的成就，单单就戏剧改革，就有1919 年应张謇之邀，在江苏南通，创办了有名的“南通伶工学社”，给学员们提供详细的演剧指导，之后创建“更俗剧场”，希望通过建立新式剧场，改革旧时代旧剧场中的种种不合理因素。1928 年赴广州筹建“广州戏剧研究所”并担任研究所所长。后来，广州戏剧研究所因故停办，又赴上海与应云卫等组织“现代剧团”。1939 年应广西省政府之邀赴桂进行桂剧改革，组织成立“桂剧实验剧团”，并创办新式学校“桂剧学校”。在欧阳予倩诸多戏剧改革中，以其对“桂剧”的改革最为有名，在桂林的七年时间里，也是他一生事业的一个高峰期。他主要从三个方面来改革桂剧：第一，桂剧剧本的整理和改编；第二，桂剧演出形式的改革；第三，桂剧人才的培养。

1. 桂剧剧本的整理和改编

桂剧是清代嘉庆年间，湖南祁阳剧传入桂林后，经过一段时间的演变发展，才逐渐演变成为桂剧，经过100 多年的发展，至20 世纪30 年代末已经发展形成了广西的主要剧种之一。欧阳予倩对桂剧的改革，首先便着手对桂剧剧本的整理和改编上。欧阳予倩到达桂林后，为了对桂剧有个粗略的了解，便以研究者的角度去看戏，慢慢地他发现桂戏颇有“素朴和细腻的美点”，但就其内容来说，“至于桂剧的内容，同样是支持着封建思想和奴隶道德，要根本加以摧毁，自不用说。”① 因此其传达的思想内涵也与时代相脱节，对于五四新文化运动提出的“自由、平等、博爱”等主题更是相距甚远。传统桂剧想要焕发新的生命力，必须与时代主题相结合，并为之注入新的时代内涵，首先要在内容上进行革新，才能为广大人民群众所接受和喜爱。

抗战爆发以来，救亡和图强是人们生活工作中最重要的事情，国家和民族处于危机存亡之秋，全面抗战，一致对外，抵御外侮，民族独立和国家独立也便顺理成章地成为了眼下最紧要的事情。“在桂林文化城，戏剧被认为是抗战宣传最好的武器，拥有桂林及周边地区大多数观众的地方剧桂剧，也必须与时俱进，反映时代精神。”② 欧阳予倩改编了《桃花扇》《梁红玉》《黛玉葬花》《木兰从军》等剧目。同时也对桂剧中比较有意义的传统剧目进行整理，如《关王庙》（《玉堂春》的一折）、《抢伞》（《双拜月》的一折）、《断桥会》（《白蛇传》的一折）、《烤火》（《少华山》的一折）等。剧目整理方面的工作主要是把一些迎合观众的庸俗调情的内容删去，代之以健康、积极、高尚的情绪。其中，影响最大的还是《桃花扇》《梁红玉》《木兰从军》等几个戏。

《桃花扇》便是欧阳予倩在极短的时间内改编出来的，原作者是明末作家孔尚任，是一部展示亡国之痛的历史剧。作品主要揭露了南明王朝政治的腐败和衰亡原因，反映了当时的社会情况。欧阳予倩借用了其主要情节，借以抒发自己心中的感慨，上演后引发了观众的强烈共鸣，他热烈地赞颂了歌女李香君和乐工柳敬亭等人的高尚的民族气节，批判了以阮大铖为代表的卖国求荣的走狗形象。《梁红玉》是欧阳予倩只用了一周的时间便创作出来的一部京剧。随后欧阳予倩将版权捐赠了出来，并把《梁红玉》改编成桂剧，由桂剧剧团演出。梁红玉是宋朝著名抗金女英雄，历史上更多的是流传她“桴鼓亲操”的故事，欧阳予倩将更多的笔

① 欧阳予倩：《欧阳予倩全集》第六卷，上海文艺出版社1990年版，第329页。

② 陈继华：《欧阳予倩与桂林文化城》，广西师范大学硕士学位论文，2007年，第4页。

墨落在她与底层民众的交往上，通过对金兀术被困黄天荡一事的不同处置，以及通过对她与哈密嗤话语交锋等几个场面，突出地表现了梁红玉的深谋远虑，以及依靠群众奋战救国、“宁愿战死，不做亡国奴”的思想。《梁红玉》一经上演便产生了巨大的反响，激发了群众的抗战热情。《木兰从军》这个故事更是如此。欧阳予倩在剧中借花木兰父亲之口说道：“国家养兵千日，用兵一时。如今国家有难，每一个老百姓都应当去打仗，何况我是吃的国家的粮，躲在家里也不像话。”高度赞扬了爱国主义精神，鼓舞了普通民众的抗战热情。欧阳予倩通过整理和改编这些剧目，将其中迎合观众庸俗情调的内容删去，代之以健康积极高尚的情绪，使桂剧在内容上焕然一新，纠正了桂剧中落后低级之处。

2. 桂剧演出形式的改革

对桂剧演出形式的改革，包括了对桂剧演出方式的改革、对桂剧音乐的改革、对演员化妆及其剧场舞台装置的改革、对排演制度的改革等几个方面。过去排旧戏是没有台本的，像今天严格的按照台词本一句一句对白，过去是没有的，仅仅是写一张“提纲”，大家坐拢起来说一下就完了；而“提纲”所写的内容，也无非就是各幕之间演员上场的顺序表，这样三五天便可排一出戏。旧戏原来也是有一定的词句的，但是是师徒间口耳相传，全凭记忆，因此不通的地方、上下不连贯的地方和出错的地方也是有的，但又无从更改。有一些没有学过的戏，因为“应行”的缘故，也要临时赶鸭子上架。“应行”就是说“应某一行当”，譬如应生行的有其几出戏一定要会，旦角也有一定要会的戏；各行角色，都有他们“应行”的戏。会戏会得多的叫作“肚子里宽”，受人尊敬。什么戏都会的叫作“不挡”，会的戏太少的角色就难免要呕气。有面子的角色可以把自己会的戏开张单子给派演的，请他照那个范围派演，普通的角色便有时被派演他所不会的戏，够得上说话的就交涉一番，有时吵两句，够不上说话的便只好乖乖地找人临时学，词句没有记着，上台去胡乱唱叫作“放水”。用张“提纲”或是“乔稿”排整本戏，时间又很短，上台之后演出的效果自然难以保证。“我的戏是决不让人放水的。”①欧阳予倩对演员的要求非常严格，在排旧戏的时候，不单要求演员们把台词念好，甚至在一些重要的部分，他还一定要求演员照着他的方法念唱。在排桂戏《梁红玉》的时候，他一面教演员们念台词，同时每一个身段、每一个动作，他都亲自做示范，要求演员们每一个动作都连贯起来，甚至要求每个人在舞台上的表演要和其他演员的动作联系起来，浑然一体，不至于突兀和生疏。其中最难的要属排位，旧戏演员往往由于习惯使然，常常费了好大的力气才排好的位置，一道舞台上就又全部都乱掉了。

对音乐的的改进欧阳予倩也颇下了一番功夫。中国传统的音乐主要以“声乐”为主，这里的“声乐”是指人喉咙发出来的声音，其次，才是竹制品乐器发出来的声音，最次的便是丝弦弹拨发出的声音。所以有“丝不如竹，竹不如肉”的说法。因此“戏曲里的器乐与西方相比更显寒碜，它的主要功能在于对声乐的衬托、补充，给动作表情以节奏等，无法像西方器乐那样联合起来产生自己独立的组织和表意功能。”② 欧阳予倩则重新制定音乐提纲，单独训练乐师，将器乐的地位提高到与声乐相同的位置。

3. 桂剧人才的培养

在旧时，戏剧演员社会地位低下，1911 年以后，广西各地赌博盛行，台下赌博，台上唱戏，俗称“唱赌戏”。桂剧逐渐走向完全商业化的道路，以追逐利益为目标，失去了艺术本该有的独立品格。1933 年，广西发布了禁止赌博的禁令后，许多赌场被当局关闭，原来唱赌戏的剧台班子为寻找生路，只得投奔商人或者资本家，在其戏院或者酒楼里谋一份生路，因此又逐渐沦为酒楼招揽顾客的工具，演员也常被顾客找去陪酒。戏剧的功能仅仅只是作为人们的消遣和娱乐，并没有发挥出它的教育和文学功能，欧阳予倩对此深感痛心。

欧阳予倩大力推进戏剧人才职业化，以戏剧为职业，“演员自然是靠演戏维持生活，正如其他职业部门的工作者靠他们自己的

① 欧阳予倩：《欧阳予倩全集》第六卷，上海文艺出版社 1990 年版，第 332 页。
② 陈建军：《欧阳予倩与中国现代戏剧》，人民出版社 2016 年，第 82 页。

技能吃饭是一样的。演戏的应观众的需要供给他的技术，看戏的为满足自己的需要出些券价，这是最公平的。不过我们为生活，同时也为艺术，决不能为生活而忘了艺术，所以应是职业的而不是商业的。”① 商业剧团以经济利益为最高目标，为了经济效益可以放弃艺术效果，投观众的“好”，只要能获得收入，便不管堕落与否，趣味高低，只顾赚钱，因此便很难把演戏是为艺术作为最高追求，如此反复，便陷入了恶性循环，戏剧的健康发展，更是无从谈起了。

欧阳予倩努力提高戏剧演员们的文化知识和表演水平。桂剧实验剧团的前身是南华戏院，在此基础上，加以改革创新。剧团中很多演员都具有深厚的旧戏演出功底，属于科班出身，但旧戏班的演出传统对他们影响很深，在演出技巧和思想文化上，仍然是以前老的那一套在起作用，旧戏对其思想上的影响更甚。欧阳予倩曾就此发出过呼吁，他对旧戏演员呼吁道：“亲爱的伶工们啊！你们应当是舞台艺术家，你们应当是民众的叫唤者！你们不是能够作了赌博的工具就是满足，你们有你们的使命，有你们的地位；快些觉醒罢！要在你们的意志和自力底下求生，才是真的！”②

抗战时期，欧阳予倩首先给演员们改名，舍弃艺名，用自己的真实的名字，这一举措旨在为演员们争取基本的社会地位。他还抽出时间给演员们上课，以提高他们的业务能力和知识文化水平，促使演员们认识到自己的价值，提高对戏剧演员这一职业的认同感和自信心。他还从北京特意聘请京剧大师来给演员们授课，进行基本功的训练，鼓励演员们从角色出发进行独立创造。在生活上，他也同样对演员们提出了要求，要求演员们早睡早起，按时作息，改变以前不好的生活作风和习惯。欧阳予倩一步一步地帮助演员们改变旧思想、旧观点，树立正确的人生观、价值观。在他的耐心指导下，桂剧实验剧团的演员们懂得了如何做人，如何演好戏．桂剧也由此成为全国十大戏曲之一。

---

① 苏关鑫编：《欧阳予倩研究资料》，知识产权出版社 2009 年版，第 234 页。

② 苏关鑫编：《戏剧运动之今后》，《欧阳予倩研究资料》，知识产权出版社 2009 年版，第 204 页。

三、欧阳予倩的戏剧观

（一）戏剧是社会的反映

春柳社自成立之初，就把改良戏剧作为自己的奋斗目标，在《黑奴吁天录》的节目单前写道："演艺之事，关系于文明之巨。故本社创办伊始，特设专部，研究新旧戏曲。冀为吾国艺界改良之先导。"① 五四以来，当时的有志之士，对教育救国十分的重视，他们同时也看到了戏剧在社会教育和救国救民方面的巨大潜力。陈独秀在《论戏曲》一文中说："戏园者，实普天下之大学堂也；优伶者，实普天下人之大教师也。"欧阳予倩对此是十分赞同的，他认为戏剧是社会的翻版，是社会的反映，有什么样的社会，便会产生什么样的戏剧。在封建专制的古代社会，便产生了歌舞升平的戏剧，在当今人人求解放、求自由的社会里，应当有什么样的戏剧呢？欧阳予倩先是看到了，自从辛亥革命以来，时代已经对戏剧提出了新的要求，但艺术界对此还没有意识到要跟随时代的变化而转型。因此他希望戏剧能成为一种教育，代表一种社会思潮，具有推动社会改革的作用，同时能为挽救民族危亡和建设人类幸福服务。

1840 年的鸦片战争，又经过了甲午海战、八国联军侵华之后，清政府的步步退让，使中国的国际地位一落千丈，国家民族陷入了前所未有的危机之中，中国面临着国家破灭、民族生死存亡的危险时刻。在这危险的紧要关头，中国的知识分子们毅然站了出来，为挽救国家日渐衰微的局势奔走呼号。欧阳予倩是自日本留学归来的新式青年，在目睹了日本的发达与中国的贫穷落后之后，毅然担负起改造社会、开通民智的重担。他很早便认识到戏剧这一新型艺术形式在对民众进行社会教育方面起到的重要作用，在 1918 年曾说；"戏剧者，社会之雏形，而思想之影像也……一剧本之作用，必能代表一种社会，或发挥一种理想，以解决人生之难

① 欧阳予倩：《欧阳予倩戏剧论文集》，上海文艺出版社 1984 年版，第 143 页。

问题，转移谬误之思潮。”①

1929年在《戏剧运动之今后》中，欧阳予倩指出：“明白戏剧和社会的关系，就知道戏剧运动，就是一种社会运动。”② 在谈到中国戏曲为什么要改革的时候，欧阳予倩认为眼下中国的传统戏曲已经与时代发生了脱节，需要重新构建适应时代的为民众利益而呼吁的戏剧。因此在欧阳予倩创作的戏剧作品中，有很大一部分是直接取材于当下的现实生活中，对现实生活中的种种不合理现象进行批判描写。九江学院陈建军在他的著作《欧阳予倩与中国现代戏剧》一书中，将这种现象归纳为“注重一地一时效果的戏剧创作”。欧阳予倩在1948年曾说过：“我曾写过几十个剧本，多为紧急应变之作，注重一地一时效果，不够创作的精密准备，我是否能被称作一个好作家，我不敢轻于自信。”③ 欧阳予倩这样说，自然是他自谦的话，但我们可以看出，始终把目光瞄准当下的现实生活，是欧阳予倩一贯的创作理念和剧作特点。

在“九一八”事变和“一·二八”事变期间，日本侵略的铁骑踏入中国东北，其后为逼迫南京国民政府屈服，突然向上海闸北的国民党第十九路军发起了攻击。欧阳予倩之后便陆续创作了《上海之战》《苦斗》《不要忘了》《九一八到一·二八》等剧目，揭示了欧阳予倩注重“一地一时”的戏剧创作理念。其中以活报剧《不要忘了》最为著名，该剧生动形象地记录了南京国民政府面对日寇入侵我国东北奉行不抵抗政策到1932年日军进攻上海的历史，表现了由于南京国民政府的不抵抗政策，造成东北沦陷，以及帝国主义为了各自利益而瓜分中国的野蛮行径。

1931年，日寇入侵东北，军官甲和军官乙致电北平询问长官命令。与此同时下级官兵们主张奋起抗日，兵工厂的工人代表也来见军官甲和军官乙，要求抵抗，不然军工厂便会落入日寇之手，东三省便会彻底断送。军官甲劝大家回去等待命令，同时北平方面的司令官回复军官甲、乙不许抵抗，工人代表失望离开。军官

① 苏关鑫编：《欧阳予倩研究资料》，知识产权出版社2009年版，第225页。
② 苏关鑫编：《欧阳予倩研究资料》，知识产权出版社2009年版，第198页。
③ 《文艺生活》1948年第9期，第4—5页。

甲一面下令不许抵抗，一面派人解除兵工厂工人武装，外面枪声大作，风雨飘摇。随后，奉天省政府门前挂起来日本旗，工人代表被枪杀。英、法领事为了挟制苏俄，把中国变成英、法、美公共的殖民地，支持日本占领满洲，安排由国联出面与日本交涉中国问题。人民群众在得知政府的不抵抗政策后，自发地组织起来请愿，要求政府对日宣战，收回东北三省。一位军人代表政府答话："政治外交，政府自有权衡。如果真正爱国，你们就多多捐助军饷。"一名群众高喊："现在已经不是请愿的时候了，我们应当自动武装起来打倒帝国主义及其走狗。"欧阳予倩在剧中夹叙夹议，通过剧中人物之口，来表达广大人民群众的的心声. 田汉认为这种形式"对于又深又广地表现一个重大的国际事件来教育人民又很大好处"。①

1932 年上海，日司令要求英、美司令共同把中国军队赶出上海，使上海成为非战区，根本铲除排日运动。日本定于 1 月 28 日晚上用四个小时占领闸北。英、美司令表示乐意合作。日领事强迫上海市长封掉全部抗日会和《民国日报》，向日本浪人道歉赔偿。市长被迫答应。1 月 28 日晚上 9 点半，日司令让日领事送信给中方，要求马上撤退租界附近的中国军队。日本当天进兵淞沪。警备淞沪的十九路军军官动员大家抵抗退兵上海的命令。官兵一致准备抵抗。南京派来监视退兵的宪兵也参战。日本。日学生、工人开会反对和制止帝国主义战争，被日宪兵当作不良分子捉拿。十九路军兵士们争着去炸日本军车。军官要他们作好长期抗日的准备，然后带着决死兵去见团长。团长让五个决死兵留下遗嘱。一群兵士赶来敬酒。军政部嘉奖海军对"一・二八"事变保持中立。海军军官乙颇为自得。军官甲不愿当亡国奴，带兵抵抗日军。十九路军的几位兵士拥过来责问团长和众军官为何退兵。原来这个团孤军奋战了一个多月，敌众我寡，团长下命暂时退守昆山，保全实力。众绅士、女士去欢迎国联调查团。工、农、学生前去揭破国联对华阴谋。众绅士在准备欢迎词，高谈以柔克刚的道理，

① 苏关鑫编：《欧阳予倩研究资料》，知识产权出版社 2009 年版，第 279 页。

要求国联调查团主持公道。一个短衣人走来，说要用以牙还牙的办法。由殖民地专家组成的国联调查团表示他们专为主持公道而来中国，警告中国人不要排外。众绅士恭敬地请他们主持公道。忽然一位青年上前，宣告中国不要这些殖民地专家。警察把他抓走。日本代表也来欢迎调查团，一同进房，举杯相庆。一个中国工人高呼："打倒帝国主义！反对这个分赃的代表团！"群众把绅士和警察挤到一旁。高处房子的窗口突然伸出几尊大炮，群众的呼声愈高："看哪！这就是帝国主义的公道！……起来呀，打倒帝国主义！"

中国是一个具有非常漫长封建历史的国家，人们没有国家的概念，现代意义上的国家概念经鸦片战争后才传入中国，到20世纪初，中国的帝制虽然已经结束，但是现代意义上的国家还远没有建立起来，中国仍处于军阀混战割据的局面，广大人民仍然生活在贫困落后之中。在此种情况下，如欧阳予倩在内的诸多戏剧家们便有意或无意地担负起了帮助人们实现对现代民族国家认同的重担，因此当观众在观看这样的剧作在舞台上上演时，使非常容易地就能产生情感的共鸣。通过观看这样的一类戏剧，不仅使观众明白了时事，也激发了观众内心中强大的爱国情感，实现从"只知有家，不知有国"到建立起民族意识和国家意识的转变。

（二）戏剧的使命是使人们认识人生，认识自己

欧阳予倩非常重视戏剧表现的内容，在前面一节已经提到，戏剧是社会的反映。自从辛亥革命以来，时代对戏剧提出了新的要求，但戏剧却没有顺应时代的进步而进步发生改变。在20世纪初期，话剧只存在于上海等繁华都市的少数知识分子之中。与此同时，中国传统的地方戏曲也走向了商业化的道路，日益变得"洋不洋，土不土"，与广大民众之间的距离越来越大，抗战的爆发，无论是出于宣传的需要还是出于社会教育的需要，戏剧与民众的距离越来越拉近了。

其实早在文学革命时期，戏剧界就提倡从现实生活中获取创作素材，描写普通人的喜怒哀乐，如实地对现实生活进行反映，提

倡现实主义，但由于条件不成熟，戏剧家的理论主张和实践处于分离的状态，戏剧对大多数人来说仍然是一个遥远的话题。到了20世纪20年代末30年代初期，大革命的失败和日寇的入侵，文艺界在上海又掀起了激烈的大众化讨论，中国左翼剧团联盟也开始以“演剧大众化”为口号，向广大的人民群众普及话剧这一新兴的艺术。

抗日战争的爆发，抗战与时代救亡的主题，使得戏剧家们认识到了戏剧必须承担起一定的社会责任，必须要在教育民众，唤起民众方面有所作为，因此，在敌人的枪炮声中，广大的戏剧家纷纷离开了繁华的大都市，或到延安，或到抗战大后方，扎根于中国广袤的土地，使戏剧在大众化和通俗化方面有了长足的进步。

能否适应时代的发展潮流，满足社会的需要，是检验和衡量一切理论和观念的最好标准。欧阳予倩在《演〈怒吼吧中国〉谈到民众剧》一文中说道：“如今的时代，是革命的时代。革命的对象是帝国主义，革命的主体是被压迫的民众。所以说现在是被压迫阶级求解放的时代……我们要为民众喊叫。要使民众自觉，团结起来，抵抗一切暴力，从被压迫中自救。”① 因此欧阳予倩要倡导的戏剧是真正能表现人生的新戏剧，使民众能产生认识人生、认识自己力量的戏剧。

1921年，在汪仲贤的邀请下，欧阳予倩与矛盾等人一同成立了民众戏剧社，致力于继续推动五四新文化运动对现代戏剧建设的期许，并将之后的戏剧发展方向定为发展普通老百姓都能看懂的通俗戏剧。他们在宣言中主张戏剧应该是反映社会现实，并承担起一定的社会教育功能，认为戏剧是推动社会进步的车轮，同时又是寻找社会病根的X光机。

针对当时社会上流行许多关于平民剧的错误观点，诸如平民剧就是价钱卖的便宜的戏；平民剧就是看的人多的戏；平民剧不应当讲什么艺术，不妨卑微，只要不读书不识字的人看得懂就行了之类的观点，欧阳予倩都是不认同的。他认为：“然则试问大新先

① 苏关鑫编：《欧阳予倩研究资料》，知识产权出版社2009年版，第214页

施各公司屋顶花园得戏，和其他大舞台的戏，哪一种是民众剧呢?”二者演出的内容是完全相同的，不过由于演员的差别，设备的复杂与简单，就有了票价的高低，但是二者所演出的戏仍然是贵族的，“要知道花六元看一看的天女散花，和花三两毛钱看的天女散花是一样的。”[①] 同时，针对有人认为剧场容得下的人多，同时有很多人去看戏，就是平民剧，欧阳予倩反问道：“倘若演的是同情封建，赞美特殊阶级的戏，看的人尽管多，能说是平民戏吗?”[②] 针对持戏剧应当不讲艺术，只要不读书不识字的人都能看得懂的就是平民剧的观点，他认为持这种见解的人，绝对是看不起平民，不单是看不起，甚至是侮辱了，因为持此种观点的人，大都以为艺术只能存在于特殊阶级间，没有贵族性便不能称为艺术，这与真正的平民剧是使人们认识人生、认识自己的理念恰恰是背道而驰的。

平民剧取材于现实生活，最大程度地贴近普通老百姓的生活，从而使他们认识自己，促使他们向上。欧阳予倩主张平民剧是要建筑在平民身上，即“民享 for the people，民有 from the people，民治 by the people”[③]，他认为第一步就是要“民有，即以平民为主，用平民的资料来编戏剧”，这样首先可以让民众认识他们自己，认识到他们的价值，促使他们向上。其次，同样可以使上层社会不忘底层人民的疾苦。普通民众认识到了自己的价值，便会尊重自己，爱惜自己。上层社会对底层人民多一些关爱，阶级矛盾便会得到缓和，社会也会因此变得更加和谐美好，平民剧的意义也就显现出来了。

欧阳予倩认识到，戏剧的使命就是要如实地反映生活，反映真正的人生，从而使人们认识人生，认识自己。他热烈呼唤充满生机与活力的民众戏剧，他认为戏剧家在创造民众戏剧的时候要做到“戏剧的情节要单纯而有趣，从而使观众在不知不觉中，受到

---

① 苏关鑫编：《欧阳予倩研究资料》，知识产权出版社 2009 年版，第 194 页。
② 苏关鑫编：《欧阳予倩研究资料》，知识产权出版社 2009 年版，第 191 页。
③ 苏关鑫编：《欧阳予倩研究资料》，知识产权出版社 2009 年版，第 192 页。

很深的暗示”。[①] 欧阳予倩认为，平民剧应该就像“润物细无声”一样，不能显示出刻意造作穿凿的痕迹，“不宜给他们太激烈的教训，尤其不宜从我们演戏的人严立界限。好似我们故意去演给他们看，故意去教训他们，那就不好了。”[②] 他认为只有对观众给与足够的尊重，正确地引导他们，不糊弄他们，才能实现戏剧的使命，使人们认识人生，认识社会。

在认识到平民剧要取材现实生活，贴近人民生活，才能为广大人民群众所喜爱、所接受的这一创作要求的同时，欧阳予倩也意识到，“不是从平民间获取的资料也非绝对不能称为平民剧。”他举例像高尔基和哈普特曼《织工》一类的戏，描写了下层阶级的悲哀，也可以称为平民剧。他认为：“戏剧是社会的反映，从这反映所得到的经过一种新的组织再放射出来，便能很鲜明的认识人生，认识自己，能给人类新力量，而助其发展。”[③]

（三）戏剧是艺术，不是浅薄的娱乐

关于戏剧的艺术与宣传的争论问题，从 20 世纪 20 年代以来就一直没有完全解决。欧阳予倩在 1919 年赴日考察后将日本剧作家小山内薰《演剧还是娱乐》一文介绍到了国内，该文也代表了欧阳予倩对戏剧的看法和观点。小山内熏在演讲中，着重介绍了英国近代戏剧批评家罗斯的《艺术还是娱乐》和剧作家杨斯的《我们的近代剧是艺术还是娱乐》。罗斯在文中认为，演剧既有追求艺术的，也有追求娱乐的，追求艺术更能体现舞台的伟大，但是如果以艺术来约缚和妨害娱乐，或者以艺术降格来迁就娱乐的话那就是非常愚蠢的事情了。杨斯则把一位农村青年对《哈姆莱特》的一通胡乱批评和歌德对《哈姆莱特》的赞美进行比较，并认为艺术的愉悦比娱乐的愉悦来的更加的伟大和高尚，因为戏剧是“活画人生……诸君从来所忽略或放过的无限的感慨、暗示和讽刺，都在舞台上活跃而来。诸君不因笑之多寡对剧作家加以判断，

① 苏关鑫编：《欧阳予倩研究资料》，知识产权出版社 2009 年版，第 195 页。
② 苏关鑫编：《欧阳予倩研究资料》，知识产权出版社 2009 年版，第 189 页。
③ 苏关鑫编：《欧阳予倩研究资料》，知识产权出版社 2009 年版，第 147 页。

是看所得人生的经验之多寡为标准而加以判断的”。① 杨斯的文章写于1851年，罗斯的演讲发表于1892年，二者都是旨在将戏剧提升到与绘画、诗歌、音乐等其他艺术样式同样的地位；小山内熏把他们二者的观点介绍到日本国内也是为了要改变日本传统戏剧以娱乐为中心的现状，并呼吁多演出西方戏剧以此来为日本戏剧界增添新鲜的血液。因此我们就不难理解欧阳予倩为什么要把日本剧作家小山内熏的演讲引入国内了。

欧阳予倩和洪深，田汉三位并称为中国话剧奠基者，在很多方面他们显示出相同的特点，面对国家内忧外患，老百姓苦不堪言，生活在水深火热之中，使得他们抱有同样的救国志向——忧国忧民，反抗不合理的旧社会。同样对戏剧事业的热爱，并愿意为此奋斗终生，他们也是相似的，但是在对话剧运动的实践中，对于话剧的运动和创作等问题上，他们却产生了一些分歧。1930年田汉加入“左联”，洪深加入“剧联”至此一直到抗战初期，欧阳予倩和他们之间就不止一次地发生过争论，欧阳予倩强调艺术，坚持自己的艺术立场，认为要借戏剧做宣传工作，一定要先有戏剧才行。他认为：“我们用戏剧来宣传，决不是徒然来几句激烈的话来搏一时的喝彩，是要让民众在我们所演的戏剧中，认识革命的精神，认识社会的情形，认识自己的地位。进一步说：是要世界上的人们在我们的艺术里，认识我们民族奋斗的精神，所谓革命的戏剧，是要编者都站在时代的前面，不是说每个人上台演说一段，叫几声打倒帝国主义就算满足。”② 他认为以标语口号而代替戏剧的情感交流和传达，把戏剧当成宣传工具，其衰微是必然的。持这样的观点使得欧阳予倩与将艺术作为宣传的现代文艺思潮产生了分歧，并发生过摩擦。这就是“突击派”与“磨光派”的激烈讨论。“突击派”以田汉为代表，主张戏剧要为革命和抗战作出积极的贡献。田汉是我国近代戏剧史上出了名的“快手”，一方面是得益于他的天赋与才华，另一位方面，是他具有敏锐的时代视

① ［日］小山内薰：《演剧是艺术还是娱乐?》，《予倩剧论》，广州泰山书店1931年版，第146页。

② 苏关鑫编：《欧阳予倩研究资料》，知识产权出版社2009年版，第187页。

角，以及强列的社会责任感。“突击”在此有两层含义：一个是写作具有强烈的目的性，带着任务写作；二个是指写作速度快，但作品没有经过仔细的打磨，稍显粗糙。而以欧阳予倩为代表的，便是“磨光派”，他们强调作品的艺术性，要求演员有扎实的基本功，而洪深则介于欧阳予倩和田汉之间。

欧阳予倩是比较早的对辛亥革命前后改良戏剧的政治教化进行反思的戏剧家之一。他认为，清朝末年以来，社会上的方方面面都在发生翻天覆地的变化，戏剧也不例外，旧戏中的一些陈旧思想观念也被新式的爱国思想所替代，这原本是很好的事情，但同时也有一些令人感到遗憾的地方。“可惜一般伶工，不过拿些新名词或取演说的形式，或不管妥与不妥胡乱应用，以取悦一时，不能把真正的思想融汇在艺术里面。这种浅薄的方式，只显得不调和，不自然，观众也就极容易厌倦。我亲眼看见潘月樵的大声疾呼，刘艺舟的尽情谩骂，虽然是痛快淋漓，然非但不能感动观众，而且引起许多反感，致使人家不愿或者不敢去看戏。”① 受限于表演者的文化水平，“新思想，新名词”被当作一种时髦，不管理解不理解，生拉硬拽地被搬到戏曲里面，结果反而使得观众厌倦，甚至引起反感，欧阳予倩对此作了深刻的反思。

四、欧阳予倩对话剧民族化道路的探索

话剧为中国从来所没有，近代以来，由西方传入我国，因此，“一部20世纪中国话剧史，在某种程度上说，就是西方话剧在中华大地上生根、萌芽、成长并逐渐民族化的历史。”② 要使从西方而来的话剧适应中国的具体情况，为中国普通的老百姓所接受，符合大众的审美观，就需要对话剧做中国本土化的改造，适应中国人民生活的特点，为大众所接受。民族精神就蕴含在民族生活之中，通过对民族生活的展示，可以一窥中华民族的民族性格，只有对民族性格全面地了解才可以对一个民族有更深刻和细致的认识。如果戏剧脱离了本民族的特性，那就会演变成纯粹的宣传

---

① 原载1929年5月25日《戏剧》第1卷第1期。

② 刘方政：《中国现代话剧史论》，人民文学出版社2009年版，第160页。

工具，也便不能长远的发展。欧阳予倩是我国著名的戏剧艺术家，是我国现代话剧运动的创始人，早在1907年加入春柳社，通过改编国外的剧作，来进行戏剧改革实验，对戏剧民族化进行探索。本章节将从两个方面，来探讨欧阳予倩进行的戏剧民族化改革的尝试与成果。

（一）东西交融的戏剧思想

欧阳予倩从小就对戏剧充满好奇，在家里偷偷地化妆，用家中的毛巾，毯子等做道具演戏，虽然为此也挨过打，但他依然乐此不疲。早年对戏曲的热爱，在他的心里种下了一颗种子，以至于在他从日本留学归国后，投身戏剧事业，大家都表示不理解，他也依然坚持自己的想法，不为所动。1907年在日本观看到的春柳社的演出，使得他惊奇地意识到，戏剧原来是这么一回事，童年时种下的种子，渐渐地生了根发了芽，于是加入了春柳社，从此开始了此后一生的戏剧事业。后演出《黑奴吁天录》这个戏，他看到台下的观众为剧中人物流着眼泪，对奴隶贩子恨得咬牙切齿时，与观众的情感共鸣使得他认识到了戏剧艺术对社会的教育功能。中国知识分子向来都有着建功立业，报效国家的优良传统，当他惊奇地发现戏剧也能为社会作出贡献，便满怀喜悦地走上了戏剧这条道路，这也在一定程度上弥补了他报考日本军官学校因为眼睛近视而未能如愿的遗憾。

近代以来，国门被迫打开，西方的思潮相继涌入中国，对国人进行思想启蒙。戊戌变法前后发生了一系列文学革命运动，即诗界革命和小说界革命。梁启超认为，戊戌变法的失败，就在于普通老百姓“民智未开”。而戏剧恰恰也是提高民众觉醒的有力工具。在戏剧界，梁启超发动戏剧改良运动，并积极进行戏剧创造。

五四以后，民主与科学的观念深入人心，有识之士纷纷学习西方，提倡新文学，反对旧文学。以胡适、刘半农等为代表的新文化先锋，对中国传统戏剧发动了猛烈的攻击，认为旧戏在以下两个方面存在不足：

首先，旧戏讲究唱念做打，形式往往大于内容，演出程式化，只重视演出的形式，而忽略了演出的内容。这与重视社会教育功能的现代戏剧相脱节。观众从戏剧中不仅仅是想要获得感动时流几滴眼泪、生气时握紧愤怒的拳头的感性情感共鸣，更想通过观看戏剧，从而获得对人生的感悟和对现实的认识。傅斯年认为："真正的戏剧纯是人生动作和精神的表象，不是各种把戏的集合品。"这就要求戏剧在表现内容方面有所突破与创新。

其次，旧戏所表现的思想内容多为君臣父子、传统的忠孝节悌、旧道德一类，中国进入了资产阶级民主主义革命新时期，中国社会的各个方面都发生了翻天覆地的变化，旧戏中的传统道德文化已经无法适应时代的发展与进步，甚至阻碍了时代进步的潮流。周作人说："旧文学是非人的文学，而种种非人的思想和合结晶旧戏。"[①] 周作人将旧文学归为非人的文学，也便从根本上否定了它的价值。

欧阳予倩同样是受到过西方先进思想的熏陶的进步青年，在五四中，社会主流主张打倒一切旧的，以此来树立新的，但在对待传统戏曲的问题上，欧阳予倩却有自己的一套看法和观点，与当时的激进派不同，欧阳予倩主张对传统旧戏进行辩证的看待，即认识到传统旧戏中有不合理不符合时代潮流的部分存在，也认识到传统旧戏有可取之处。提倡通过改革，来使传统戏曲重新焕发出生机，并为社会发展做出贡献，改造人生。

国门的打开使得外国思想文化相继涌入中国，传统戏曲的弊端逐渐地显现出来，已经无法表现急剧变化的动荡社会了，对戏曲思想内容方面的改革创新也迫切地提了出来，结合当时中国具体的实际情况，老百姓的文化水平普遍不高，因此迫切地需要通俗易懂的戏剧来唤起大众，直接照搬西方话剧和改编外国剧本成为了当时的创作趋势，对西方话剧的照搬照抄使得剧作家的初期尝试很难取得成功，但这一举措对中国文化产生了非常重要的意义。1920 年由汪优游主持的《华伦夫人的职业》一剧在上海演出，该剧的原作者是萧伯纳，作品主要表达对资产阶级的不满，统治阶

---

① 周作人著，张明高、范桥编：《周作人散文》第 2 集，中国广播电视出版社 1992 年版，第 121 页。

级资本原始积累的罪恶性，在一个没有道德可言的社会里，人人自危，批判了贪得无厌、腐朽的资产阶级。同时对底层社会人民给与深切的同情，是黑暗的社会造成了这一切，逼得人们无以为生。此剧本在今天看来仍具有深刻的进步意义。但在当时，由于社会环境，且与人们长期以来形成的观剧传统习惯不符合等因素外，演出之后，观众反映平平，但其对后来中国戏剧产生了一定影响。这次改编的失败，使得戏剧界集体反思，汪优游也认识到，为了纠正旧剧的弊端，以及对文明新戏的盲目迎合，而忽视了对中国观众长期以来形成的审美习惯。这也使当时的戏剧家们认识到，要达到戏剧的社会教育的目的，首先要能把观众吸引到剧场中来，其次才能谈戏剧的社会教化功能，看戏的目的不仅仅是单纯的娱乐，但毫无疑问，娱乐是吸引观众看戏的重要原因之一。虽然《华伦夫人的职业》以失败告终，但它是将戏剧改良理论付诸实践的一次重要尝试，为中国话剧建设开辟了一个新的局面。

1918 年，《新青年》杂志推出了“易卜生”专号，将易卜生及他的“社会问题剧”介绍到了中国。作为新式知识分子的欧阳予倩，自然也接触到了易卜生的作品，他极力推崇易卜生的社会问题剧，并创作了《泼妇》和《回家以后》等“家庭问题剧”，在剧中，欧阳予倩塑造了中国式“娜拉”。“娜拉”是易卜生《玩偶之家》中的女主人公，为了给丈夫治病，娜拉无疑之中犯了“伪造字据罪”。后来，丈夫升职为经理，想要开除一名员工，那名员工以娜拉的“伪造字据罪”相威胁，丈夫得知后，气愤不已，并对娜拉恶语相向，骂她毁了自己的大号前程。后来危机解除后，丈夫又对娜拉恢复了良好的态度，甜言蜜语。可娜拉却在这一正一反的事情中，彻底看清了丈夫的真面目，当她丈夫的自私、虚伪的丑恶灵魂暴露无疑的时候，最终断然出走。

欧阳予倩据此创作了《泼妇》一剧，该剧讲述的是进步女青年于素心和丈夫陈慎之自由恋爱结婚，可丈夫却在当了银行副经理之后要纳小妾来“充人物”，于素心愤然与之离婚，并带走了小妾王氏。“如今你还是跟我，让我叫你受些相当的教育，可以自立。我把你当亲妹妹看待，以后决不再叫男人来骗你！”① 于素心在得知丈夫要纳小妾之后，通过对一连串的反问，淋漓尽致地展现了于素心反抗封建思想道德的决心和争取女性自由独立的勇气。“你从前对我是怎么说的？你向来对我是怎么说的？你方才对我是怎么说的？你不是反对一夫多妻制的吗？你不是主张神圣恋爱的吗？你不是自命为主张女子解放的中坚分子吗？你不是绝对以真实不欺为信条的吗？你不是主张‘废娼说’，不忍拿金钱去压迫那无辜的女子吗？你始终不能不取掉你那正义人道的假面，到了今天，你证明自己从头至尾全是诈伪！”② 我们不难从中看出易卜生笔下“娜拉”的影子，于素心在看清了丈夫陈慎之的真正面目后，“对自己有高度自信，因此表现出镇定自若、毫不妥协的英雄气概。她反对的不仅是封建迷信，还有封建制度；她争取的不仅是个人的解放，还要帮助别人（王氏和儿子）解放，追求社会的大解放。从她的身上可以看到时代的光芒，反映出对“五四”精神真诚而执着的追求。”③

除了借鉴外国剧作家的优秀作品而进行改编和创作外，欧阳予倩还翻译了很多的外国戏剧理论到国内，1921 年 5 月，他与沈雁冰、郑振铎、熊佛西等人在上海组织成立“民众戏剧社”。剧社的宗旨是“以非营业的性质，提倡艺术的新剧”，并于同年 5 月创办了中国较早的戏剧刊物《戏剧》，共出 6 期，集中阐述了该社的戏剧主张。欧阳予倩在《戏剧》杂志上陆续发表译编的《西洋歌剧谈》《法兰西的歌剧》《德国的歌剧》《英吉利之歌剧》《俄罗斯之歌剧》等作品，介绍国外的戏剧思想和戏剧创作理念。1929 年欧阳予倩翻译了日本作家川口笃的《现代法国剧团之趋势》，从四个方面介绍了法国剧团的发展情况，分别从写实主义在当今法国的情况、德国和法国的国立剧场、法国的民众剧运动、欧洲的国际戏剧运动四个方面对法国剧坛的现状进行分析。此后还陆续翻译

① 欧阳予倩：《欧阳予倩全集》第一卷，上海文艺出版社 1990 年版，第 52 页。

② 欧阳予倩：《欧阳予倩全集》第一卷，上海文艺出版社 1990 年版，第 51 页。

③ 范文瑶：《论欧阳予倩话剧民族化的探索和实践》，山东大学硕士学位论文，2012 年。

了日本剧作家小山内熏的《日本戏剧运动的经过》、日本作家岸田国士的《包多丽许研究》、野崎昭夫《高尔基与莫斯科艺术剧场》等文，将国外先进的戏剧思想介绍到国内。

东方和西方戏剧思想的交汇，使得欧阳予倩形成了自己独特的戏剧观，他既不赞同以胡适、刘半农、钱玄同等为代表的新文化先锋主张对旧戏彻底地抛弃，也不赞同当时社会上“以为旧剧为中国的国剧应当保存国粹的人确实不少，而且有人以为根据新理论来改革戏剧就是忘本……以为中国戏很好，用不着什么新运动”。[①] 欧阳予倩在这两派之间，他是折中的，他主张向西方学习先进的戏剧创作理念，改编国外优秀的剧目到国内，但同时也认识到对西方的照搬照抄是不能够成长发展起自己本民族的戏剧的，他主张要和中国具体情况相结合，博采众长，为我所用，创造出具有本民族特色，为大众所欣赏和喜爱的民族戏剧。

（二）话剧民族化的探索与实践

在前一节我们已经说到，要成长为自己的本民族的话剧，就要对话剧这一外来的剧种进行本土化的改造，才能为广大人民所接受，西方话剧以对话为主，加之写实主义的表现手法，与实际相结合，正好适应中国现代生活，因此得到了当时先进知识分子的喜爱。

春柳社与进化团是中国早期话剧中产生过较大影响的两个剧团，但却走上了两条不同的艺术道路。春柳社的主要组成人员是留日学生，强调戏剧作为一门综合的艺术所持有的社会功能，主张像西方和日本新派剧学习，以“为吾国艺界改良之先导”为已任。进化团是由任天知在1910年冬天在上海组织成立的，由于任天知是同盟会会员，剧团成员也多是倾向革命的青年，因此进化团的戏剧活动具有浓厚的革命色彩，并在表演中继承了一些中国传统戏曲的表现手法。在当时的演出中，进化团的剧目更受人们的欢迎。此外还由于春柳社是由学生组织起来的剧团，在排演剧

① 欧阳予倩：《戏剧运动之今后》，见《欧阳予倩研究资料》，知识产权出版社2009年版，第200页。

目上，主要以改编外国优秀剧目为主，内容多为表现国外人民生活，远离中国现实，因此多少有些水土不服。而进化团上演的多为抨击时政、宣传爱国思想的时事剧，符合了时代的发展潮流；进化团成员还在辛亥革命爆发后，积极投入光复上海的武装斗争，在光复上海后，进化团接连演出了由任天知创作的揭露清政府腐败、歌颂孙中山领导辛亥革命的《共和万岁》《黄金赤血》等剧，随后又赴江浙一带演出，为辛亥革命做了有力的宣传。春柳社还存在忽视了中国观众长期以来形成的旧剧观赏习惯等问题，在内容和形式上都不够民族化，而进化团也存在单纯追求戏剧效果而忽视了戏剧艺术性等问题。但不管怎样，春柳社和进化团都是我国戏剧剧团早期对话剧民族化的宝贵尝试，为中国后来的戏剧事业发展积累了宝贵的经验和财富。

“自话剧正式移植到中国之后，是否反映民族的生活现实就成为了话剧能否被大众接受的试金石。”① 春柳社和进化团的实例告诉剧作家们，话剧要想在中国获得长久的生命力，必须贴近本民族的文化与生活，同时不应当仅仅是于对民族生活的简单描写。欧阳予倩是春柳社的创始人之一，在对话剧民族化的探索道路上，从早期翻译改编外国的优秀剧作，到后来的创作出属于自己本民族的优秀剧作，在各种思想交汇下，欧阳予倩一步步地成长了起来。《欲魔》是欧阳予倩根据俄国大文豪列夫·托尔斯泰《黑暗之势力》改编而成的五幕话剧，原载于 1937 年 5 月 1 日《文艺月刊》上，后出单行本，是欧阳予倩话剧民族化道路探索上的里程碑式的作品。该剧主要围绕长工李奇展开，李奇是富农张裕福家的长工，可是却和张裕福的继室花月英存在不正当的关系，为了谋求张裕福的财产，在李奇之母李洪氏的指使下，花月英下毒毒死了自己的丈夫，李奇也一脚踢开了当初和自己好的王秀英而和花月英结了婚；后来张裕福的大女儿小金又有了李奇的孩子，李奇之母李洪氏又设计将小金嫁给了陈家；在小金出嫁前夕，小金生下了和李奇的孩子，为了不让这以事情败露，李洪氏，花月英

---

① 刘方政：《中国现代话剧史论》，人民文学出版社 2009 年版，第 163 页。

和李奇又将刚出身的孩子活埋在草棚里；在女儿小金和女婿回门之时，李奇不堪重重压力，向世人坦白了一切的罪恶。该剧和原著情节大体相似，“一个农民杀死了跟妻子带来的女儿通奸所生的孩子，而在这个女儿的婚礼上当众忏悔”。在环境描写和背景设置上，显现出了浓烈的中国北方气息，全然没有春柳社时期对外国话剧生硬模仿的影子：“富农张裕福之家——一间北方农民家的厅堂。中间有门通外面，左手有门通张裕福夫妾的卧房。靠着门的左边是一个土灶，右边是一个火炕，墙上一个小窗户。炕的旁边置一小桌，上面放着茶壶、茶杯之类的东西。室内有水桶、锄头之类的东西。台前左边一张方桌，四只板凳，靠墙有一张旧木睡椅，这家主人张裕福常坐的。台前右边放着纺纱车，两只小矮凳。”① 这是典型的北方农村的布局，在人物语言上，人物性格刻画上，也是典型的中国北方特色，剧中还在第三幕中穿插着中国传统戏曲之中的唱词。李奇本来是被剥削的对象，可他在自己取代了张裕福后，坐上了张裕福以前常坐的那张椅，摇身一变称为剥削阶级后，也变成了一个贪图享乐的人。剧中还多次表达了对社会黑暗的不满，李奇的父亲李大顺养的牛死了，他来找儿子借钱买牛，当他得知儿子的钱是放在银行里吃利息，不是自己劳动所得的时候，坚决不再要李奇硬塞在他手里的钱。李大顺说：“怪了！你说三十块二十块一期，那不是这个……那么你又说本钱不会动，比方仓里的米，你天天挑会挑不完吗？你一定受了人家的骗了，你查查问一下就知道了。尽管取着花，木钱不动，那才这个啦！”② 善良朴实的李大顺甚至不能理解怎么会有这样的事情，李奇的新长工胡大忠回答说“一点儿不假。我以前的东家是做生意的，他把钱搁在银行里，他尽睡觉，一点儿事也不做，利钱会送上门来。他们是吃利钱的。”③ 李大顺还是不解：“这太好笑了，吃利钱，吃利钱，那么吃谁呢？”④ 李大顺不禁发出反问，那么到

---

① 欧阳予倩：《欧阳予倩全集》第一卷，上海文艺出版社 1990 年版，第 330 页。
② 欧阳予倩：《欧阳予倩全集》第一卷，上海文艺出版社 1990 年版，第 364 页
③ 欧阳予倩：《欧阳予倩全集》第一卷，上海文艺出版社 1990 年版，第 365 页
④ 欧阳予倩：《欧阳予倩全集》第一卷，上海文艺出版社 1990 年版，第 367 页。

底钱是哪里来的呢？反映出剥削阶级的黑暗与罪恶。

前文已经提到，对传统戏曲的回归，欧阳予倩创造了诸如《忠王李秀成》《梁红玉》《桃花扇》《木兰从军》等剧本，对历史题材的再创造，也是欧阳予倩的戏剧创作的一个重要内容。历史剧通常取材于重大的历史事件和历史人物，在不违背历史史实的前提下，对事件或人物进行艺术性的改编和创造，并运用想象加以补充和丰富，历史剧以其独特的文化背景和历史内涵，最能突出地表现本民族性格和文化特质。

《忠王李秀成》是欧阳予倩对历史题材创作的成熟之作，全剧分五幕，1941 由桂林文化供应社出版，讲述太平天国在 1860 年以后发生的事情，主要描写太平天国首府天京被曾国荃重兵包围，后天京陷落，李秀成被杀。作者尤其强调这一悲剧带来的历史教训，“指出了太平天国的失败，并非由于清廷力量的强盛，由于帝国主义的直接干涉，而是太平天国的迷失了革命方向，内部发生分化和裂痕所致。太平天国之败，不是败于满清和帝国主义之手，而是败于内部的分裂，败于奸臣贼子的挑拨离间霸道当权，鱼肉民众，以至民怨兵叛。”① 戏剧教育家们在面对现实社会遭遇的不平和对社会的不满后，往往由于种种的限制和不方便，不能直接地抒发出来，因此借助戏剧这一艺术形式，通过主人公之口表达自己的不满。1938 年武汉会战后，日军兵力不足，短时间内无力发起大规模进攻，对国民政府便转为以政治诱敌为主，辅以军事打击，中国的抗日战争进入战略相持阶段；国民党政府却趁此机会，对皖南新四军军部直属部队等发动突然袭击，掀起第二波反共高潮，史称“皖南事变”。国民党政府的这一行动激起了全国人民的愤慨，在中华民族生死存亡的紧要关头，国民党政府却逆行倒施，欧阳予倩从太平天国的历史教训中得到了启发，借历史的曲笔，通过对太平天国失败的描写，来警醒民众，并通过描写李秀成的勇敢、至死不降来鼓舞民众，激发抗日热情。

---

① 韦昌英、黄今：《读〈忠王李秀成〉》，《欧阳予倩研究资料》，知识产权出版社 2009 年版，第 309 页。

结 语

欧阳予倩是我国著名的戏剧家、戏剧教育家、戏剧改革的开拓者之一。1889出生在湖南浏阳的一个书香门第之中，祖父欧阳中鹄是清末著名的学者，曾是桂林的知府，也是唐才常，谭嗣同的老师。虽然欧阳予倩生在旧式家庭中，可他却从小对演戏有着浓厚的兴趣。1902年，年仅13岁的欧阳予倩来到长沙求学，在求学期间，在一些同盟会教员的影响下，欧阳予倩于同年冬季，赴日留学。本想考取日本的军官学校，却因视力近视，未能如愿。

1907年，中国江苏等地因水患灾害造成饥荒，急需救济。消息传到日本，由李叔同和曾孝谷等组织成立的综合性文艺团体"春柳社"决定举办赈灾义演，筹集善款。欧阳予倩在观看了曾孝谷，李叔同等人演出的《茶花女》后，很受鼓舞，并重燃起对演戏的热情。他想："他们都是大学和专门学校的学生，他们演戏受人家欢迎，我又何尝不能演？"①于是便加入了春柳社。从此开始了他戏剧事业的一生。

欧阳予倩可谓是中国戏剧界的全才，他的一生都奉献给了中国的戏剧事业，并为我们留下了丰富的文化遗产。他在戏剧改革、戏剧理论的建设、戏剧表演、话剧创作等方面均取得了非常丰富的成果。

欧阳予倩既有西方先进的理论基础，又具有中国传统戏曲的扎实根底。五四以后，在全盘否定传统戏剧的浪潮中，对于传统戏剧，他有着自己独立的思考。在抗日救亡运动中，他坚持"戏剧是社会的反映"并以此来警醒人生，使人们真正认识自己，来鼓励抗日救亡运动。他重视戏剧的社会教育功能，但同时也坚持要拿戏剧做宣传工作，首先得有戏剧，不能为了宣传便对戏剧粗制滥造，因此忽视戏剧的艺术性，对此他是不认同的。他写下的回忆自传性著作《自我演戏以来》，既是对自己前半生戏剧生涯的回顾，也是对中国话剧早期历史的记录，为中国话剧史留下了弥足

① 欧阳予倩：《自我演戏以来》，上海三联书店2014年版，第9页。

珍贵的资料。欧阳予倩的戏剧创作，深刻地记录了时代的脉搏，他的“一地一时”的创作观念，使得他的作品中，充满了对时代烙印的刻画和对民族精神的生动写照。他对中国传统戏曲的革新，使中国这一古老的艺术形式焕发出了崭新的生机与活力。东西交融的文化观念的形成，使得他具有长远的目光，亲力改革传统戏曲中的弊端，发挥其中有益的部分，扬长避短，又把目光投向西方，吸收世界先进的戏剧理念，创造出属于本民族的话剧，对今天人们的戏剧创作和戏剧欣赏习惯仍有深远影响。

参考文献

一、史料

1. 王兴国. 杨昌济文集. 长沙：湖南教育出版社，1983.

2. 杨昌济. 达化斋日记. 长沙：湖南人民出版社，1977.

3. 杨昌济. 达化斋日记：校订本. 长沙：湖南人民出版，1980.

4. 杨昌济. 西洋伦理学史·西洋伦理学评述. 长春：时代文艺出版社，2009.

5. 中共中央文献研究室. 毛泽东早期文稿. 长沙：湖南出版社，1995.

6. 毛泽东. 毛泽东选集. 北京：人民出版社，1966.

7. 舒新城. 中国近代教育史资料. 北京：人民教育出版社，1961.

8. 湖湘文库编辑出版委员会. 杨昌济集. 长沙：湖南教育出版社，2008.

9. 中国革命博物馆，湖南省博物馆. 新民学会资料. 北京：人民出版社，1980.

10. 曾国藩. 曾国藩全集. 长沙：岳麓书社，1986.

11. 曾国藩. 曾国藩家书. 北京：中华工商联合出版社，2007.

12. 王夫之. 读通鉴论. 北京：中华书局，1975.

13. 中国蔡元培研究会. 蔡元培全集. 杭州：浙江教育出版社，1997.

14. 蔡和森. 蔡和森文集. 北京：人民出版社，1980.

15. ［德］约·狄慈根. 狄慈根哲学著作选集. 北京：生活·读书·新知三联书店，1978.

16. 向达. 唐代长安与西域文明. 重庆：重庆出版社，2009.

17. 向达. 中西交通史. 长沙：岳麓书社，2012.

18. 向达. 中外交通小史. 上海：商务印书馆，1930 .

19. 樊绰. 蛮书校注. 向达，校注. 北京：中华书局，1962.

20. 巩珍. 西洋番国志. 向达，校注. 北京：中华书局，1961.

21. 樊锦诗，荣新江，林世田. 敦煌文献·考古·艺术综合研究. 北京：中华书局，2011.

22. ［美］刘易斯·亨利·摩尔根. 古代社会. 北京：中央编译出版

社，2007.

23. 杨东莼. 评托尔斯泰主义（傅立策讲演）. 上海：北新书局，1930.

24. 杨东莼. 世界之现状. 北京：昆仑书店，1929.

25. 杨东莼. 中国史学术史讲话. 上海：北新书局，1932.

26. 杨东莼. 国际新闻读法. 上海：大众文化社，1936.

27. 杨东莼. 开明新编高级本国史. 上海：北新书局，1947.

28. 杨东莼. 本国文化史大纲. 上海：北新书局，1931.

29. 罗福惠，胡永弘. 杨东莼学术论著选. 武汉：华中师范大学出版社，1997.

30. 章开沅. 实斋笔记. 上海：东方出版中心，1998.

31. 政协武汉市委员会文史学习文员会. 武汉文史资料文库：第8辑 历史人物. 武汉：武汉出版社，1999.

32. 中国人民政治协商会议湖南省委员会文史资料研究委员会. 湖南文史：第四十五辑. 长沙：湖南文史杂志社，1992.

33. 桂林市政协文史资料委员会. 桂林义史资料：第15辑. 桂林：漓江山版社，1990.

34. 周鲠生. 解放运动中之对外问题. 上海：太平洋书店，1927.

35. 周鲠生. 最近国际政治小史. 上海：商务印书馆，1929.

36. 周鲠生. 革命的外交. 上海：太平洋书店印行，1929.

37. 周鲠生，王云五. 最近国际政治小史（万有文库第一集一千种）. 上海：商务印书馆，1929.

38. 周鲠生. 国际政治概论. 上海：神州国光社，1930.

39. 周鲠生. 国际公法之新发展. 上海：商务印书馆，1934.

40. 周鲠生. 日本暴行与国际法. 上海：独立出版社，1939.

41. 周鲠生. 战时外交问题. 上海：青年书店，1940.

42. 周鲠生. 现代英美国际思想动向. 上海：世界知识出版社，1963.

43. 周鲠生. 新学制公民教科书：第一册（初级中学用）. 上海：商务印书馆，1924.

44. 周鲠生，梁鋆立. 国联改组问题之另一观察·最近国际法上几个重要问题. 南京：南京正中书局，1934.

45. 周鲠生，罗伽. 现代国际政治概况·中国青年怎样应付非常时期. 教育书店，1937.

46. 俞仲久. 宪法文选. 上海：会文堂新记书局，1936.

47. 中国第二历史档案馆. 任骏、周鲠生等为汇报美国外交走向事致王世杰函（1939 年 4 月—1944 年 5 月）．民国档案，2010（2）．

48．周鲠生．近代欧洲政治史．武汉：武汉大学出版社，2007．

49．吴经熊，华懋生．法学文选．北京：中国政法大学出版社，2003．

50．萧志华．武汉文史资料：1990 年第 2 辑．武汉：武汉市政协文史资料委员会，1990．

51．耿云志．胡适遗稿及秘藏书信：30．合肥：黄山书社，1994．

52．翦伯赞．历史哲学教程．石家庄：新中国书局，1949．

53．翦伯赞．中外历史年表：公元前 4500 年—公元 1918 年．北京：中华书局，2008．

54．翦伯赞．中国史纲．北京：商务印书馆，2010．

55．翦伯赞．中国史十五讲．北京：中华书局，2011．

56．翦伯赞．翦伯赞史学论文选集：第三辑．北京：北京人民出版社，1980．

57．翦伯赞．史料与史学．北京：北京大学出版社，1985．

58．翦伯赞．中国史纲要．北京：北京大学出版社，2006．

59．翦伯赞．中国史论集：合编本．北京：中华书局，2008．

60．翦伯赞．历史问题论丛：合编本．北京：中华书局，2008．

61．翦伯赞．历史哲学教程．石家庄：河北教育出版社，2002．

62．北京大学历史系．翦伯赞学术纪念文集．北京：北京大学出版社，1986．

63．甘肃省民族研究所，甘肃省民族学会学会．中国民族关系史论文选集．兰州：甘肃民族出版社，1983．

64．宋俭，宋镜明．中国近代思想家文库·李达卷．北京：中国人民大学出版社，2015．

65．李达．社会学大纲．武汉：武汉大学出版社，2007．

66．李达．现代社会学．武汉：武汉大学出版社，2007．

67．李达．经济学大纲．武汉：武汉大学出版杜，2007．

68．李达．李达文集．北京：人民出版社，1981．

69．胡宏．胡宏集．北京：中华书局，1987．

70．王夫之．读通鉴论．北京：中华书局，1975．

71．宋镜明．李达．石家庄：河北人民出版社，1997．

72．马克思，恩格斯．马克思恩格斯选集．北京：人民出版社，1995．

73．斯大林．斯大林全集：第 9 卷．北京：人民出版社，1954．

74．高军，李慎兆，严怀德，等．中国现代政治思想史资料选辑：下册．

成都：四川人民出版社，1986.
75. 六大以来. 北京：人民出版社，1981.
76. 黄宗羲. 明夷待访录. 北京：中华书局，2011.
77. 列宁. 列宁选集：第2卷. 北京：人民出版社，1995.
78. 吕振羽. 吕振羽史论选集. 上海：上海人民出版社，1981.
79. 吕振羽. 史前期中国社会研究. 北平：人文书店，1934.
80. 吕振羽. 中国政治思想史. 北京：人民出版社，1955.
81. 吕振羽. 中国社会史诸问题. 北京：生活·读书·新知三联书店，1961.
82. 吕振羽. 简明中国通史. 北京：人民出版社，1959.
83. 吕振羽. 中国民族简史. 哈尔滨：光华书店，1948.
84. 吕振羽. 中国历史讲稿. 北京：人民出版社，1984.
85. 吕振羽. 吕振羽集. 北京：中国社会科学出版社，2001.
86. 吕振羽. 中国历史论集. 厦门：东方出版社，1945.
87. 顾颉刚. 古史辨. 上海：上海古籍出版社，1982.
88. 蒋廷黻. 中国近代史. 上海：上海古籍出版社，1999.
89. 蒋廷黻. 近代中国外交史资料辑要. 上海：上海商务印书馆，1931.
90. 蒋廷黻. 蒋廷黻选集. 台北：传记文学出版社，1978.
91. 蒋廷黻. 筹办夷务始末补遗. 北京：北京大学出版社，1988.
92. 蒋廷黻. 蒋廷黻回忆录. 谢钟琏，译. 台北：传记文学出版社，1979.
93. 齐白石. 齐白石谈艺录. 郑州. 河南美术出版社，1984.
94. 费正清. 费正清自传. 天津：天津人民出版社，1993.
95. 齐白石作品集. 北京：人民美术出版社，2015.
96. 周鲠生. 时局之根本的解决. 太平洋，1923，4（2）.
97. 梁鋆立. 评周鲠生著《国际公法之新发展》. 外交评论，1935（4）.
98. 杨昌济. 各种伦理主义之略述及概评. 东方杂志，1916（2）.

二、专著

99. 修彩波. 近代学人与中西交通史研究. 北京：光明日报出版社，2012.
100. 湖南省文史研究馆. 湖湘文化述要. 长沙：湖南人民出版社，2013.
101. 罗海滢. 李达唯物史观思想研究. 广州：暨南大学出版社，2008.
102. 汪敬虞. 中国近代经济史（1895—1927）. 北京：人民出版社，2012.
103. 桂遵义. 马克思主义史学在中国. 济南：山东人民出版社，1992.
104. 冯友兰. 中国哲学史新编：下册. 北京：人民出版社，1998.

105. 阿里夫·德里克. 革命与历史：中国马克思主义历史学的起源. 南京：江苏人民出版社，2005.

106. 王学典，陈峰. 20世纪中国史学史论. 北京：北京大学出版社，2010.

107. 余英时. 中国思想传统的现代诠释. 南京：江苏人民出版社，1995.

108. 周秋光，莫志斌主编. 湖南教育史：近代卷. 长沙：岳麓书社，2002.

109. 王兴国. 杨昌济的生平及思想. 长沙：湖南人民出版社，1987.

110. 朱发建，张发林. 吕振羽传. 长沙：湖南师范大学出版社，1999.

111. 湖湘文库编辑出版委员会. 湖湘学派与湖湘文化. 长沙：湖南大学出版社，2010.

112. 湖湘文库编辑出版委员会. 湖湘文库·湘学史：二. 长沙：湖南人民出版社，2008.

113. 湖湘文库编辑出版委员会. 湘籍近现代文化名人·哲学家卷. 长沙：湖南大学出版社，2010.

114. 达德学院校友会. 达德学院建校五十周年纪念文集. 广州：广东人民出版社，1996.

115. 中国当代社会科学家：第5辑. 北京：书目文献出版社，1983.

116. 严如平，宗志文. 民国人物传：第9卷. 北京：中华书局，1997.

117. 阎文儒，陈玉龙. 向达先生纪念论文集. 乌鲁木齐：新疆人民出版社，1986.

118. 李沛诚. 杨昌济教育思想简论. 长沙：湖南教育出版社，1983.

119. 李沛诚. 杨昌济的教育思想及教育实践. 长沙：湖南教育出版社，1998.

120. 王继平. 晚清湖南史. 长沙：湖南人民出版社，2004.

121. 王继平. 晚清湖南学术思想史稿. 长沙：湖南人民出版社，2004.

122. 钱基博. 近百年湖南学风. 北京：中国人民大学出版社，2004.

123. 侯外庐. 韧的追求. 北京：生活·读书·新知三联书店，1985.

124. 张岂之. 侯外庐著作与思想研究：第1卷. 长春：长春出版社，2016.

125. 丁平一. 湖湘文化传统与湖南维新运动. 长沙：湖南人民出版社，1998.

126. 彭大成. 湖湘文化与毛泽东. 长沙：湖南出版社，1991.

127. 唐凯麟. 伦理学. 北京：高等教育出版社，2001.

128. 罗国杰，等. 伦理学教程. 北京：中国人民出版社，1991.

129. 檀传宝. 信仰教育与道德教育. 北京：教育科学出版社，1999.

130. 李泽厚. 中国现代思想史论. 北京：生活·读书·新知三联书店，2008.

131. 刘统. 早年毛泽东：传记史料与回忆. 北京：生活·读书·新知三联书店，2011.

132. [美] 埃德加·斯诺. 西行漫记. 董乐山，译. 北京：生活·读书·新知三联书店，1979.

133. 万俊人. 现代西方伦理学史：上卷. 北京：北京大学出版社，1990.

134. 宋斐夫. 新民学会. 长沙：湖南人民出版社. 1980.

135. 黄向阳. 德育原理. 上海：华东师范大学出版社，2000.

136. 王俊奇. 近现代二十家体育思想论稿. 北京：人民体育出版社，1993.

137. 瞿林东，邹兆辰，张剑平，等. 唯物史观与中国历史学. 上海：上海人民出版社，2013.

138. 丁晓强，李立志. 李达学术思想评传. 北京：北京图书馆出版社，2000.

139. 刘茂林，叶桂生. 吕振羽评传. 北京：社会科学文献出版社，1990.

140. 张书学. 中国现代史学思潮研究. 长沙：湖南教育出版社，1998.

141. 王伟. 中国近代留洋法学博士考（1905—1950）. 上海：上海人民出版社，2012.

142. 裴艳. 留学生与中国法学. 天津：南开大学出版社，2009.

143. 何其生. 珞珈国际法：学人与学问. 武汉：武汉大学出版社，2011.

144. 王凯. 民国的背影：那些人那些事. 北京：电子工业出版社，2010.

145. 潘念之. 中国近代法律思想史. 上海：上海社会科学院出版社，1998.

146. 李少军. 国际政治概论. 上海：上海人民出版社，2006.

147. 王福春，张学斌. 西方外交思想史. 北京：北京大学出版社，2005.

148. 袁南生. 外交舞台上的湖湘人物. 长沙：湖南人民出版社，2010.

149. 程斯辉. 中国近代大学校长研究. 人民教育出版社，2010.

150. 朱政惠. 吕振羽和他的历史学研究. 长沙：湖南教育出版社，1992.

151. 朱政惠. 吕振羽学术思想评传. 北京：北京图书馆出版社，2000.

152. 王子野. 回忆王稼祥. 北京：人民出版社，1985.

153. 王国荣，丁剑勇，曹维劲. 20 世纪中国学术名著精华. 上海：学林出版社，1998.

154. 张灿辉. 翦伯赞传. 长沙：湖南师范大学出版社，1997.

155. 张传玺. 新史学家翦伯赞. 北京：北京大学出版社，2006.

156. 王学典. 二十世纪后半期中国史学主潮. 济南：山东大学出版社，1996.

157. 王学典. 翦伯赞学术思想评传. 北京：北京图书馆出版社，2000.

158. 陈清泉. 中国史学家评传. 河南：中州古籍出版社，1985.

159. 许冠三. 新史学九十年. 长沙：岳麓书社，2003.

160. 罗海滢. 李达唯物史观思想研究. 广州：暨南大学出版社，2008.

161. 尹达. 中国史学发展史. 郑州：中州古籍出版社，1985.

162. 张书学. 中国现代史学思潮研究. 长沙：湖南教育出版社，1998.

163. 林甘泉，田人隆，李祖德. 中国古代史分期讨论五十年. 上海：上海人民出版社，1982.

164. 瞿林东. 中国史学史教程. 北京：高等教育出版社，2011.

165. 丁晓强，李立志. 李达学术思想评传. 北京：北京图书馆出版社，2000.

166. 张岂之. 侯外庐著作与思想研究：第 1 卷. 长春：长春出版社，2016.

167. 阿里夫·德里克. 革命与历史：中国马克思主义历史学的起源. 南京：江苏人民出版社，2005.

168. 王学典，陈峰. 20 世纪中国史学史论. 北京：北京大学出版社，2010.

169. 王学典. 20 世纪后半期中国史学主潮. 济南：山东大学出版社，1996.

170. 陈之迈. 蒋廷黻的志事与平生. 台北：传记文学出版社，1967.

171. 詹姆斯·哈威·鲁滨孙. 新史学. 何炳松，译. 桂林：广西师范大学出版社，2005.

172. 何炳棣. 读史阅世六十年. 桂林：广西师范大学出版社，2005.

173. 罗志田. 乱世潜流. 上海：上海古籍出版社，2001.

174. 罗志田. 二十世纪的中国：学术与社会. 济南：山东人民出版社，2001.

175. 张红. 抗战中内迁西南的知识分子. 南昌：江西人民出版社，2004.

176. 赵梅春. 二十世纪中国通史编撰研究. 北京：中国社会科学出版社，2007.

177．严昌洪．中国近代史史料学．北京：北京大学出版社，2011.

178．齐良迟．齐白石艺术研究．北京：商务印书馆，1999.

179．张次溪．齐白石的一生．北京：人民美术出版社，2016.

180．邹禹．齐白石的乡土与烂漫．北京：东方出版社，2009.

181．齐佛来．我的祖父白石老人．西安 西北大学出版社，1988.

182．郎绍君．齐白石的世界．台北：羲之堂出版，2002.

183．李应强．从齐白石题跋研究白石老人．台北：文史哲出版社，1977.

184．刘振涛，禹尚良，舒俊杰．齐白石研究大全．长沙：湖南师范大学出版社，1994.

185．龙龚．齐白石传略．北京：人民美术出版社，1959.

186．李祥林．中国书画名家画语图解．北京：中国人民大学出版社，2013.

187．喻本伐，熊贤君．中国教育发展史．武汉：华中师范大学出版社，1999.

188．张彬，周谷平．中国教育史导论．杭州：浙江大学出版社，2007.

189．六十年来的中国近代史研究，台北：中央研究院近代史研究所，1990.

190．尚辉，赵国荣．齐白石研究．湘潭：湘潭大学出版社，2007.

191．韦昊昱．齐白石涉四川诸史实再研究——以民国成都《新新新闻》报道为例．齐白石研究，2014.

192．喻本伐，熊贤君．中国教育发展史．武汉：华中师范大学出版社，1999.

193．张彬，周谷平．中国教育史导论．杭州：浙江大学出版社，2007.

三、论文

（一）期刊论文

194．王兴国．近代湖湘伦理思想的变迁．伦理学研究，2011（3）.

195．孙海林．论杨昌济教育思想的基本点．湖南第一师范学报，2002（9）.

196．李佑新．青年毛泽东与杨昌济的思想关系及其湘学渊源．船山学刊，2001（1）.

197．李佑新，陈龙．毛泽东实事求是与湘学经世务实传统．湘潭大学学报，2008（1）.

198．汪澍白．毛泽东早期伦理思想初探．求索，1983（6）.

199．肖朗．吸收与改造：康德伦理道德思想在近代中国．社会科学战线，2005（5）.

200．刘岳丙．杨昌济的思想与日本·上．船山学刊，2010（2）.

201．刘岳丙．杨昌济的思想与日本·下．船山学刊，2010（3）.

202．彭大成．杨昌济的英才思想及对毛泽东的影响．中共党史研究，2008（5）.

203．彭大成．杨昌济与湖南大学的创立．湖南师范大学教育科学学报，2003（2）.

204．詹小平．杨昌济及其教育思想述评．湖南第一师范学院学报，2002（3）.

205．熊吕茂．论杨昌济的教育思想．河北师范大学学报：教育科学版，2007（4）.

206．韩秀珍．杨昌济的实业教育思想．湖南师范大学教育科学学报，2003（6）.

207．魏长龙．论杨昌济的民族伦理观及对青年毛泽东的影响．前沿，2010（6）.

208．魏长龙．论杨昌济的生活伦理观及对现代社会的启示．前沿，2010（10）.

209．崔雪茹．杨昌济家庭伦理思想述评．船山学刊，2010（2）.

210．黄亦君．中西之间：杨昌济的伦理世界及其对西方的认识．贵州文史丛刊，2012（2）.

211．吴北萍．杨昌济的教育思想与贡献．兰台世界，2013（1）.

212．李宣平．近20年徐特立教育思想研究综述．湖南第一师范学院学报，2003（1）.

213．唐殿强．关于王夫之教育思想的全面述评．廊坊师范学院学报：社会科学版，2001（2）.

214．熊吕茂，肖高华．论曾国藩的教育思想与教育实践．湖南工业大学学报：社会科学版，2004（3）.

215．周秋光．湖湘文化的个性特征与历史缺陷及现实价值．湖南社会主义学院学报，2009（3）.

216．吴洪成，李占萍．从“善良之品性”到“道德人格”——杨昌济的德育理想探析．河北大学学报：哲学社会科学版，2009（1）.

217．朱瑞芬．解读向达的敦煌信札档案．山西档案，2004（5）.

218．伏俊琏，冷江山．向达先生的敦煌文学研究——纪念向达先生诞辰

110 周年. 敦煌学辑刊，2011（2）.

219. 王艳. 向达欧洲访书记. 图书情报工作，2004（3）.

220. 刘华. 向达的图书馆治学之路. 兰台世界，2013（13）.

221. 管军波. 向达先生与馆藏西文书刊. 东南文化，2005（5）.

222. 徐亮工. 向达先生与《华阳国志校补图注》. 四川民族学院学报，2010（1）.

223. 张彬. 向达学术成就及为人处世探微. 丝绸之路，2011（10）.

224. 陈玉龙. 向达先生的治学道路及其学术成就. 史学月刊，1987（3）.

225. 荣方超. “交换馆员”王重民、向达欧洲访书考. 国家图书馆学刊，2013（3）.

226. 孟彦弘. 不合时宜的倔强——解放后的向达先生. 书城，2009（9）.

227. 孟昭晋. 读王重民致向达书信. 图书情报工作，2001（4）.

228. 潘墉：纪念向达先生诞生九十周年. 云南师范大学：哲学社会科学学报，1992（4）.

229. 陈玉龙. 向达先生的治学道路及其学术成就. 史学月刊，1987（3）.

230. 舒绍祥，高作梅. 敦煌艺术的拓荒者——记史学泰斗向达. 湘潮，1996（1）.

231. 张海林. 清末江苏“商变”浅论. 近代史研究，1998（6）.

232. 修彩波，俞晓辉，等. 向达对整理中外关系史料的贡献. 东方论坛：青岛大学学报，2005（4）.

233. 修彩波. 向达与《唐代长安与西域文明》. 历史教学问题，2012（3）.

234. 修彩波. 中西交通史学科发展脉络探析. 青岛农业大学学报：社会科学版，2013（2）.

235. 张兴胜. 唐代长安的“胡化”风气. 丝绸之路，1997（6）.

236. 蔡振翔. 向达佚文《试论〈大唐西域记〉的校勘问题》评介. 文教资料，2009（24）.

237. 李谋盛. 周鲠生教授传略. 晋阳学刊，1988（6）.

238. 刘中猛. 国际法之父周鲠生先生述略. 兰台世界，2011（23）.

239. 韩培德. 周鲠生先生生平、贡献和设置纪念周鲠生法学奖金的重要意义. 法学评论，1986（1）.

240. 韩培德. 纪念、回顾与展望——在纪念周鲠生先生诞辰一百周年暨国际法研究所成立十周年大会上的讲话. 法学评论，1991（2）.

241. 林海. 周鲠生：新中国国际法奠基人. 检察日报，2014-12-16.

242. 张文彬. 国际法：西方传统与中国特色——重读周鲠生《国际法》随想. 比较法研究，1993（2）.

243. 费泉蕙. 国际法权威周鲠生. 世纪行，1994（12）.

244. 梁西. 联合国与中国——纪念周鲠生先生诞辰一百周年. 武汉大学学报：社会科学版，1989（4）.

245. 慕亚平，马新民. 试论周鲠生的国民外交理论. 法学评论，1990（5）.

246. 黄进. 推荐读《周鲠生教授传略》. 武大国际法评论，2010（S1）.

247. 高鹏. 周鲠生："中国国际法之父". 世界知识，2013（2）.

248. 朱与墨，李昆鹏. 周鲠生国际法思想及其外交实践述评——湖南一师法政人物思魂录之四. 湖南第一师范学院学报，2010（2）.

249. 卜璐. 周鲠生国际法思想评述. 武大国际法评论，2010（S1）.

250. 吴友法. 武汉大学学报史略（1930—1948）. 武汉大学学报，2000（5）.

251. 赵可金. 中国大陆国际关系理论研究四十年. 东亚研究，2007（1）.

252. 高飞. 我国外交学研究的现状和主要问题. 国际论坛，2007（1）.

253. 欧阳军喜. 历史要重演吗？——1948年的周鲠生胡适之争及其意蕴. 安徽史学，2011（4）.

254. 李智媛. 龚自珍"尊史"思想研究. 零陵学院学报，2002（12）.

255. 穆兆勇. 史海钩沉：共和国第一部宪法起草中的四位顾问. 党史博览，2003.（9）.

256. 邓广铭，陈庆华，张寄谦，张传玺. 翦伯赞同志和《中国史纲要》. 北京大学学报：哲学社会科学版，1978（3）.

257. 郑欣. 论"让步政策"与农民战争的作用. 齐鲁学刊，1979（2）.

258. 张仁忠. 封建社会农民起义的作用——批判"让步政策论". 北京大学学报：哲学与社会科学版. 1973（1）.

259. 冉光荣，伍宗华. 应当全面地历史地评价改良、让步和改良、让步政策. 四川大学学报：哲学社会科学版，1978（4）.

260. 赵烨. 应该为"让步政策"恢复名誉. 湘潭大学学报：哲学与社会科学版，1979（21）.

261. 陈可青.《中国史纲要》述评. 史学史资料，1980（6）.

262. 李祖德. 马克思主义与中国古史分期讨论. 学术月刊，1983（8）.

263. 田珏. 翦伯赞与《中国史纲要》. 历史教学问题，1985（2）.

264. 荣天琳. 论抗战时期翦伯赞对中国马克思主义史学的贡献. 北京大学

学报：哲学与社会科学版，1985（2）.

265. 张广志. 中国古史分期三家说平议. 青海师范大学学报：哲学与社会科学版，1988（4）.

266. 朱绍侯. 中国古史分期讨论与中国史研究. 史学月刊，1998（6）.

267. 张传玺. 翦伯赞对建立中国新史学的贡献. 历史教学，1999（6）.

268. 张传玺. 为创建新史学而奋斗的一生（上）——翦伯赞新史学探索述论. 高校理论战线，2010（2）.

269. 王学典. 德才学识兼具的一代良史翦伯赞. 文史哲，1997（1）.

270. 王学典. 翦伯赞与中国历史科学的理论建设. 历史研究，1990（3）.

271. 王学典. 翦伯赞与当代中国史学界的历史主义思潮. 史学理论，1987（2）.

272. 王学典. 翦伯赞：整合两大学术谱系的史坛巨子. 北京大学学报：哲学社会科学版，1998（2）.

273. 田亮. 论抗战时期翦伯赞的爱国主义史学思想. 同济大学学报：社会科学版，1997（2）.

274. 瞿林东. 二十世纪的中国史学（上）. 历史教学，2000（3）.

275. 张剑平. 试论古史分期问题的探讨及其价值. 延安大学学报：社会科学版，2003（4）.

276. 孙家洲. “古史分期”与“百家争鸣”. 炎黄春秋，2007（5）.

277. 王家范. 中国通史编纂百年回顾. 史林，2003（6）.

278. 李勇. 作为史学双翼的史料与理论——重读翦伯赞《历史哲学教程》《史料与史学》. 淮北师范大学学报：哲学社会科学版，2011（3）.

279. 颜德如. 翦伯赞史学观述评. 学术评论，2012（z1）.

280. 陈梅. 略论翦伯赞对中国马克思主义史学的贡献. 理论月刊，2014（4）.

281. 蒋大椿. 八十年来的中国马克思主义史学（四）. 历史教学，2000（9）.

282. 刘宗诚. 对少数民族史工作的三点建议. 科学通报，1955（11）.

283. 李大生. 发扬老一辈马克思主义历史学家的优良传统——重读《简明中国通史》. 史学集刊，1991（4）.

284. 吕振羽. 关于历史主义和阶级观点问题的争论. 吉林大学社会科学学报，1981（2）.

285. 吕振羽. 关于农民战争问题的讨论. 史学集刊，1982（1）.

286. 李金狮. 关于中国历史上民族关系问题的讨论情况简介. 历史教学，

1963（7）.

287．林安西，孙懋德．纪念吕振羽老校长百年诞辰．大连理工大学学报：社会科学版，2000（3）.

288．萧致治．继承吕老治学精神为发展马克思主义史学作贡献．邵阳学院学报：社会科学版，2001（1）.

289．王学典．翦伯赞与中国历史科学的理论建设．历史研究，1990（3）.

290．戴开柱．抗战时期吕振羽在重庆的革命活动述论．山东社会科学，2002（6）.

291．张民．历史学家吕振羽．贵阳文史，2008（6）.

292．李子文．历史研究如何坚持马克思主义——吕振羽史学思想管窥．史学集刊，1991（4）.

293．冯晓蔚．刘少奇秘书吕振羽的史学革命．红广角，2012（4）.

294．刘爱文．吕振羽的“两个时期的同时过渡”说．邵阳学院学报：社会科学版，2001（1）.

295．朱政惠．吕振羽的史学致用实践及其思想．史学理论研究，1992（4）.

296．梁银妹．吕振羽对亚细亚生产方式研究发展的呈现与原因．云南社会主义学院学报，2012（1）.

297．李廷勇．吕振羽对中国经济史的开拓性研究．中国经济史研究，2001（3）.

298．朱发建，张晶萍．吕振羽对中国原始社会史研究的开拓．湖南师范大学教育科学学报，1995（3）.

299．刘茂林．吕振羽和他的《史前期中国社会研究》——纪念吕老逝世十周年．吉林大学社会科学学报，1990（5）.

300．彭忠信．吕振羽伦理思想探析．求索，2007（8）.

301．陈抗生．吕振羽论治学．邵阳学院学报：社会科学版，2010（2）.

302．王启慧，刘茂林，翟清福．吕振羽社会科学著述系年．吉林大学社会科学学报，1982（3）.

303．陈瑞云．吕振羽史德的启示．史学集刊，1997（1）.

304．蒋大椿．吕振羽史学的始创性贡献．湘潭大学学报：哲学社会科学版，1997（2）.

305．唐光怀．吕振羽史学研究的马克思主义特质探析．船山学刊，2006（4）.

306．刘开军．吕振羽晚年咏史诗中的民族思想与史学史理论．淮北师范大学学报：哲学社会科学版，2011（3）.

307．戴开柱．吕振羽研究综述．求索，1994（3）.

308．林甘泉．吕振羽与中国社会经济形态研究．史学史研究，2000（4）.

309．舒文．吕振羽在三十年代的孔子研究及其意义．清华大学学报：哲学社会科学版，1997（2）.

310．杜蒸民．吕振羽在中国资本主义萌芽研究上的重大贡献．史学集刊，1987（1）.

311．李廷勇．吕振羽中国政治思想史研究轨迹探析．西南大学学报：社会科学版，2001（4）.

312．戴开柱．略论吕振羽的民族文化遗产继承观及其现实意义．甘肃社会科学，2003（6）.

313．陈前．论抗日战争时期马克思主义史学的迅速发展．中共党史研究，2005（3）.

314．戴开柱．论抗战初期吕振羽在湖南的革命活动及其历史地位．史学集刊，1996（1）.

315．朱政惠．论吕振羽《史前期中国社会研究》的学术价值．江淮论坛，1991（4）.

316．朱政惠．论吕振羽马克思主义世界观的形成．史学月刊，1988（2）.

317．朱政惠．论吕振羽史学．历史研究，1989（4）.

318．海波，王鲁．纪念和学习李达同志——哲学系教师座谈纪要．武汉大学学报：人文科学版，1981（1）.

319．胡乔木．深切地悼念伟大的马克思主义理论家李达同志——在纪念李达同志诞辰一百周年座谈会上的讲话．武汉大学学报：人文社会科学版，2000（6）.

320．陈先初．湖湘传统史学及其近代转型．湖南大学学报：社会科学版，2013（1）.

321．李达．纪念王船山逝世二百七十周年学术讨论会开幕词——1962 年 11 月 18 日于长沙．江汉论坛，1962（12）.

322．曲广娣．论湖湘文化及其对李达的影响．湖湘论坛，2009（2）.

323．李维武．李达对唯物史观的多向度开展．武汉大学学报：人文科学版，2011（1）.

324．王东，王兴斌．二十世纪上半期的中国马克思主义史学．历史教学问题，2005（5）.

325．王学典，陈峰．20 世纪唯物史观派史学的学术史意义．东岳论丛，

2002（2）.

326．郎廷建．李达对中国近代经济史的探索．马克思主义哲学研究，2015（1）.

327．裴庚辛．论李达对中国近代经济研究的贡献．学习与实践，2015（9）.

328．卢琼．论李达的中国近代经济史研究．华东师范大学，2007.

329．牛润珍．唯物史观对中国史学的十个方面影响．河北学刊，2013（3）.

330．江明．展读遗篇泪满襟——记李达和吕振羽的交往．文献，1980（4）.

331．姚薇元．难忘李校长对我的教诲．武汉大学学报：人文科学版，1981（1）.

332．王学典，郑珺．近五十年的中国历史学．历史研究，2004（1）.

333．田居俭．历史研究必须以唯物史观为指导．历史研究，2014（6）.

334．蔡乐苏，尹媛萍．蒋廷黻史学理念释要．清华大学学报：哲学社会科学版，2008（3）.

335．朱梅光．蒋廷黻外交史料学理论与实践．船山学刊，2008（1）.

336．蔡乐苏，金富军．蒋廷黻外交思想探析．清华大学学报：哲学与社会科学版，2005（1）.

337．蔡乐苏，岳秀坤．蒋廷黻学术思想之理论基础初探．清华大学学报：哲学与社会科学版，2011（2）.

338．浦薛凤．十年永别忆廷黻．传记文学，1976，29（5）.

339．许纪霖．磁器店中的猛牛．读书，2000（8）.

340．蔡乐苏，尹媛萍．反抗帝国主义的另一条道路——论蒋廷黻的琦善研究．湖南大学学报：社会科学版，2008（6）.

341．欧阳军喜．蒋廷黻与中国近代史研究二题，复旦学报：社会科学版，2001（2）.

342．尤小立．从著作和回忆录看蒋廷黻的思想和行为取向．江苏社会科学，2004（3）.

343．刘文沛．从《中国近代史》看蒋廷黻的史学思想．忻州师范学院学报，2006（1）.

344．王金静．从蒋廷黻《中国近代史》看其韬光养晦策略．井冈山大学学报：社会科学版，2008（6）.

345．纪宁．蒋廷黻的史学思想及学术实践．青海师范大学学报：哲学与社会科学版，2015（1）.

346．王聿均．蒋廷黻先生对中国近代史研究的倡导．近代中国研究通讯，1986（1）.

347．李建军．蒋廷黻的外交史观．安徽史学，2000（3）.

348．冀满红，吕霞．从外交史家到外交家．历史教学月刊，2009（5）.

349．刘文沛．蒋廷黻史学成就概述．宜宾学院学报，2006（9）.

350．管庭瑞．齐白石艺术思想探析．大众文艺，2013（2）.

351．李季琨．齐白石与湖湘文化．理论与创作，2006（3）.

352．刘新华．齐白石篆刻印章艺术的美学思想．湖南科技大学学报：社会科学版，2013（5）.

353．李一冉．齐白石衰年变法的实质及其对当代中国画坛的启示．美与时代旬刊，2012（6）.

354．庄伟涛．对传统艺术的解构与重建——试析齐白石的“衰年变法”．南方论刊，2006（10）.

355．金容澈，Yongcheol．齐白石对近现代韩国画的影响．美术，2007（10）.

356．朱万章．齐白石艺术在日本的传播及其他．美术研究，2013（1）.

357．王秀锦．齐白石花鸟画的艺术特色浅析．河南农业，2007（20）.

358．唐爽来．齐白石花鸟画中的笔墨精神．艺苑，2008（10）.

359．彭育龙，蒋明高．论齐白石篆刻的形式美．艺海，2009（4）.

360．宋涛．浅谈元代甘旸《印章集说》中“有意无意、自然而然”的思想．书法赏评，2010（3）.

361．孙昊楠．印章艺术中的情感表达．艺术生活，2015（1）.

362．罗随祖．论齐白石及其篆刻．艺术市场，2011（9）.

363．叶祝弟．马克思主义与21世纪中国美学研究的新视阈．探索与争鸣，2013（4）.

364．王帅，杨朝旭．浅谈齐白石篆刻艺术的特点及成就．大众文艺（理论），2009（6）.

365．张云龙．齐白石印章边款艺术略识．辽宁教育行政学院学报，1999（2）.

366．阿部洋，赵刚．中国近代教育的特质——舒新城教育思想考察．教育评论，1988（1）.

367．王建军．盲目趋新与教学改革——舒新城对道尔顿制教学实验的忧虑．课程·教材·教法，2005（5）.

368. 于述胜. 学术与人生——解读舒新城和他的道尔顿制研究. 北京大学教育评论，2007（4）.

369. 郑国民. 道尔顿制在中国实验的启示. 北京师范大学学报：社会科学版，2003（3）.

370. 孟向荣. 杨东莼审阅《我的前半生》. 纵横，2007（11）.

371. 高巍. 三老上书毛泽东：胡愈之、周世钊、杨东莼. 党史博览，2000（11）

（二）学位论文

372. 林喜艳. 湘学背景下青年毛泽东思想的形成及特征. 湘潭大学，2008.

373. 李伟. 湖湘传统文化对青年毛泽东伦理观的影响. 华中师范大学，2004.

374. 苏敏. 翦伯赞史学思想研究. 广西师范大学，2004.

375. 邵华. 郭嵩焘史学思想研究. 湘潭大学，2006.

376. 郑和泽. 论吕振羽及其史学素养. 湘潭大学，2014.

377. 刘敏. 论翦伯赞的史料学思想. 兰州大学，2007.

378. 于文善. 抗战时期重庆马克思主义史学研究. 华东师范大学，2011.

379. 周艺. 郭沫若史学思想中几个问题的探讨. 广西师范大学，2005.

380. 任正军. 吕振羽与中国社会经济史研究. 山东大学，2008.

381. 李晓靖. 陶希圣中国社会史论纲. 华中师范大学，2008.

382. 王发栋. 延安时期革命史叙事范式初探. 山东大学，2006.

383. 王娟. 中国现代史家民族通史研究的理论与方法. 安徽大学，2007.

384. 鲁涛. 李达史学思想研究. 湖南师范大学，2014.

385. 龚云. 20世纪30—60年代初中国近代史研究的政治取向. 中国社科院研究生院，2003.

386. 宋俊. 蒋廷黻史学研究——兼论20世纪30年代中国近代史研究的两种范式. 华东师范大学，2006.

387. 叶振辉. 蒋廷黻与中国外交——特别注重1947至1961之一时期. 台湾大学，1977.

388. 张慧中. 蒋廷黻对中国近代史的研究及其贡献. 台湾政治大学，1982.

389. 黄德宗. 蒋廷黻及其政治思想的演变（1895—1935）. 台湾师范大学，1992.

390. 谢丽娟. 齐白石艺术伦理思想探析. 南华大学，2012.

391．侯君波．妙在似与不似之间——齐白石艺术美学思想探析．江西师范大学，2007．

392．王建华．齐白石艺术与中国传统文化的契合研究．海南大学，2013．

393．柳时浩．吴昌硕、齐白石对近现代韩国画的影响．中国艺术研究院，2014．

394．汪楚雄．"新教育运动"述论．华中师范大学，2006．

395．陈晗．舒新城中学教育思想研究．河北大学，2007．

396．宋玖林．杨昌济伦理思想研究．湖南师范大学，2006．

397．魏长龙．杨昌济伦理思想探论．湖南师范大学，2006．

398．李中武．杨昌济体育教育思想研究．湖南大学，2009．

399．张金荣．改造中国与世界的历史抉择——中西文化交流中的毛泽东早期思想．湖南师范大学，2008．